IDENTITÉS CULTURELLES RÉGIONALES OU AUTOCHTONES ET ÉTATS UNITAIRES : A LA RECHERCHE D'UNE CONCILIATION

Le droit aujourd'hui

La collection « Le droit aujourd'hui » regroupe des études juridiques concernant des problèmes d'actualité nationale et internationale, dans divers domaines (éthique, politique, questions de société…).

Dernières parutions

Jacques DELGA, *Avocat, Parcours et règles essentielles*, 2024.
Béatrice BLOHORN-BRENNEUR (dir.), *La médiation sur les cinq continents, rêve ou réalité ? GEMME 20 ans déjà !*, 2024.
Anaïs VIAL, *Le droit à la mort*, 2024.
Béatrice BLOHORN-BRENNEUR (dir.), *Médiation, écologie, environnement et intelligence artificielle*, 2024.
François GERBER, *Tempête Xynthia. La responsabilité des acteurs locaux dans les conséquences de la submersion*, 2023.
Olivier SALOMON, *Interprétation artistique et propriété intellectuelle, Essai d'une théorie du voisinage des droits exclusifs au sein de la propriété littéraire et artistique*, 2023.
Sarah TOUBAL, *Le rebond du débiteur. Contribution à l'étude du droit de la défaillance économique*, 2023.
Claire BORREL, Loïc PELISSIER, Abélisse PINCHON, *Altruisme et Droit*, 2023.
Cristina Elena POPA TACHE, *Le dynamisme du droit international public contemporain et la transdisciplinarité*, 2023.
Charles COLOMAR, *Le droit de l'art en question(s). 20 réponses juridiques sur des thématiques artistiques*, 2023.
Marcel Yannick MISONGUI, *La protection juridictionnelle par la Cour de justice dans l'ELSJ et la PESC après le Brexit*, 2023.
François CAMPAGNOLA, *Précis de droit de l'énergie*, 2023.
Sébastien DEMAY, *La charge de travail à l'ère du numérique*, 2023.
Meganne NATALI, *Le droit international face au trafic illégal de biodiversité sauvage*, 2023.
Rahma BENTIROU MATHLOUTHI (dir.), *Proportionnalité, droits fondamentaux et juge, Proportionality, fundamental rights and judges*, 2023.

Le droit aujourd'hui

La collection « Le droit aujourd'hui » regroupe des études juridiques concernant des problèmes d'actualité nationale et internationale, dans divers domaines (éthique, politique, questions de société…).

Dernières parutions

Jacques DELGA, *Avocat, Parcours et règles essentielles*, 2024.
Béatrice BLOHORN-BRENNEUR (dir.), *La médiation sur les cinq continents, rêve ou réalité ? GEMME 20 ans déjà !*, 2024.
Anaïs VIAL, *Le droit à la mort*, 2024.
Béatrice BLOHORN-BRENNEUR (dir.), *Médiation, écologie, environnement et intelligence artificielle*, 2024.
François GERBER, *Tempête Xynthia. La responsabilité des acteurs locaux dans les conséquences de la submersion*, 2023.
Olivier SALOMON, *Interprétation artistique et propriété intellectuelle, Essai d'une théorie du voisinage des droits exclusifs au sein de la propriété littéraire et artistique*, 2023.
Sarah TOUBAL, *Le rebond du débiteur. Contribution à l'étude du droit de la défaillance économique*, 2023.
Claire BORREL, Loïc PELISSIER, Abélisse PINCHON, *Altruisme et Droit*, 2023.
Cristina Elena POPA TACHE, *Le dynamisme du droit international public contemporain et la transdisciplinarité*, 2023.
Charles COLOMAR, *Le droit de l'art en question(s). 20 réponses juridiques sur des thématiques artistiques*, 2023.
Marcel Yannick MISONGUI, *La protection juridictionnelle par la Cour de justice dans l'ELSJ et la PESC après le Brexit*, 2023.
François CAMPAGNOLA, *Précis de droit de l'énergie*, 2023.
Sébastien DEMAY, *La charge de travail à l'ère du numérique*, 2023.
Meganne NATALI, *Le droit international face au trafic illégal de biodiversité sauvage*, 2023.
Rahma BENTIROU MATHLOUTHI (dir.), *Proportionnalité, droits fondamentaux et juge, Proportionality, fundamental rights and judges*, 2023.

IDENTITÉS CULTURELLES RÉGIONALES OU AUTOCHTONES ET ÉTATS UNITAIRES : A LA RECHERCHE D'UNE CONCILIATION

Héloïse Plaquin

IDENTITÉS CULTURELLES RÉGIONALES OU AUTOCHTONES ET ÉTATS UNITAIRES : A LA RECHERCHE D'UNE CONCILIATION

Les exemples de la Corse en France
et du peuple sámi de Norvège

L'Harmattan

5-7, rue de l'École Polytechnique, 75005 Paris
http://www.editions-harmattan.fr
ISBN : 978-2-14-033118-3
EAN : 9782140331183

SOMMAIRE

REMERCIEMENTS

Je tiens à exprimer mes remerciements à monsieur Abdelwahab Biad, co-directeur de cette thèse, pour l'intérêt qu'il a exprimé à l'égard de ce sujet et pour sa confiance en mon travail pendant toutes ces années. Je le remercie de m'avoir encadrée tout m'en ayant rendue autonome et de m'avoir laissée une liberté de pensée dans l'approche de ce sujet.

Ma gratitude va aussi à monsieur le Professeur Eivind Smith, qui a co-dirigé cette thèse depuis Oslo, en Norvège. Outre ses encouragements toujours chaleureux et ses précieux conseils scientifiques, il a joué un rôle essentiel dans la conception même du sujet de ce travail à deux égards : d'abord, à l'occasion d'une année Erasmus, il m'a fait découvrir dans une publication de droit constitutionnel norvégien, la problématique du peuple sámi et de ses enjeux aux plans national et international. La lecture de son étude a alors été décisive pour la rédaction de mon mémoire de Master-Recherche puis pour son approfondissement à travers la présente thèse. Ensuite, de nombreuses discussions à Oslo ont suivi, permettant l'émergence de ce sujet de doctorat.

Je remercie également l'Université d'Oslo de m'avoir enseignée le norvégien et l'Institut de droit public pour son accueil simple, chaleureux et efficace pendant ces quelques années de vie en Norvège.

Je remercie l'Ecole Doctorale Droit-Normandie et le CUREJ qui m'ont apporté le cadre nécessaire à la réalisation de ma thèse, ainsi que mes collègues pour leur soutien amical.

J'adresse mes remerciements aux membres de mon jury, monsieur le Professeur émérite Paul Tavernier en qualité de président, monsieur le Professeur Philippe Lagrange et monsieur le Professeur Marc Joyau en leur qualité de rapporteurs, et monsieur Stéphane Pessina Dassonville pour avoir accepté de siéger et de lire mon travail.

Enfin, j'adresse ma profonde reconnaissance à mon mari Nicolas pour sa présence indéfectible et à Dominique pour les longues heures de relecture minutieuse, ainsi qu'à mes proches et à mes amis.

Une pensée particulière pour ma sœur Astrid. A ses côtés j'ai appris à cultiver l'inclusion et la bienveillance à l'égard des singularités de chacun.

INTRODUCTION GENERALE

« La recherche d'un *modus vivendi* commun est devenue un véritable défi en ce début de XXIe siècle.[1] » Cette pensée de Bernard Wicht, ancien président du Comité directeur de la culture, du patrimoine et du paysage du Conseil de l'Europe, a été exprimée à propos de la diversité culturelle et souligne l'importance de la recherche d'une compréhension mutuelle dans des sociétés fragmentées et plurielles.

La thématique d'un vouloir-vivre ensemble dans la diversité des cultures et non dans l'adversité a d'abord été appréhendée par les sciences sociales sous l'angle de l'étude des relations majorité(s)-minorité(s). Depuis les années 1990, elle est devenue une préoccupation majeure des organisations internationales et européennes, qui ont élaboré des instruments juridiques ayant une force contraignante ou une valeur déclaratoire et offrant une protection catégorielle aux personnes membres de minorités nationales ou ethniques, religieuses et linguistiques, et aux peuples autochtones. Ces organisations ont aussi adopté des textes valorisant la diversité culturelle, le dialogue interculturel et l'autonomie locale.

Le Comité des droits de l'homme et la Cour européenne des droits de l'homme ont également développé une jurisprudence s'inscrivant dans ce sens. Par exemple, dans le contexte européen de protection des minorités, la Cour strasbourgeoise a élargi son interprétation du principe de pluralisme culturel et affirme que l'État en est le garant.

Tout en affirmant le maintien de la souveraineté des États et leur intégrité territoriale, le droit international et européen reconnaît en substance, aux côtés des droits universels déjà accordés, des droits collectifs politiques, économiques, sociaux et culturels spécifiques aux personnes appartenant à des minorités et aux peuples autochtones[2]. Ce *corpus* visant la préservation des identités culturelles

---

[1] Bernard WICHT, « La diversité culturelle : le sens d'une idée » *in Diversité culturelle et mondialisation*, Abdou DIOUF (dir.), éd. Autrement, collection Revue Autrement Mutations, novembre 2004, p.10-28.

[2] Parmi les textes visés figurent l'article 27 du *Pacte international relatif aux droits civils et politiques* adopté par l'Assemblée générale des Nations unies dans sa résolution 2200 A (XXI), le 16 décembre 1966 ; la *Convention-cadre pour la protection des minorités nationales*, élaborée au sein du Conseil de l'Europe par le Comité *ad hoc* pour la protection des minorités nationales (CAHMIN) sous l'autorité du Comité des Ministres, puis adoptée par le Comité des Ministres du Conseil de l'Europe le 10 novembre 1994. Elle est ouverte à la signature des États membres depuis le 1er février 1995 ; la *Déclaration des droits des personnes appartenant à des minorités nationales ou ethniques, religieuses et linguistiques*, adoptée par l'Assemblée générale des Nations unies dans sa résolution 47/135 du 18 décembre 1992 ; la *Convention concernant les peuples indigènes et tribaux dans les pays indépendants* adoptée par l'Organisation internationale du travail à Genève, lors de sa 76e session, le 27 juin 1989. Elle est entrée en vigueur le 05 septembre 1991 ; et la *Déclaration des droits des personnes appartenant à des minorités nationales ou*

individuelles et collectives vulnérables, et le plus souvent minoritaires, interagit avec d'autres textes émanant de l'Organisation des Nations Unies pour l'éducation, la science et la culture (UNESCO) et du Conseil de l'Europe. Ils contribuent tous, directement ou indirectement, à la sauvegarde de la diversité biologique[3], du patrimoine culturel matériel et immatériel[4] et à la défense de la diversité culturelle dans son ensemble, qualifiée en 2001 par l'UNESCO de « patrimoine commun de l'humanité[5] ».

Sans distinguer entre les différentes formes d'États, que ceux-ci soient unitaires ou composés, ces instruments juridiques invitent les États concernés à s'engager dans un processus de réformes à l'égard de leurs minorités en prenant toutes les mesures nécessaires et pertinentes afin de créer un cadre étatique permettant, ou n'entravant pas, la réalisation des droits énoncés. Les instruments juridiques offrant une protection internationale et européenne des droits des peuples autochtones et des personnes membres de minorités ne tiennent pas spécifiquement compte de la forme des États qui auront à mettre en œuvre les droits octroyés.

Pourtant, en théorie l'articulation de certaines dispositions, en particulier celles de la *Convention n°169 relative aux peuples indigènes et tribaux* et celle de la *Convention-cadre pour la protection des minorités nationales*, qui reconnaissent des droits spécifiques et collectifs, peut poser davantage problème aux États-parties de

---

ethniques, religieuses et linguistiques, adoptée par l'Assemblée générale des Nations unies dans sa résolution 47/135 du 18 décembre 1992.

[3] La *Convention sur la diversité biologique* a été adoptée lors du sommet de la Terre à Rio de Janeiro le 5 juin 1992 et est entrée en vigueur le 29 décembre 1993. Son protocole, plus récent, est le *Protocole de Nagoya sur l'accès aux ressources génétiques et le partage juste et équitable des avantages découlant de leur utilisation à la Convention sur la diversité biologique* (dit Protocole de Nagoya sur l'accès et le partage des avantages) a été adopté par la 10e réunion de la Conférence des Parties à la Convention sur la diversité biologique des Nations unies, le 29 octobre 2010. Il est entré en vigueur le 12 octobre 2014.

[4] La *Convention pour la sauvegarde du patrimoine culturel immatériel* a été adoptée par la Conférence générale de l'UNESCO, réunie à Paris du 29 septembre au 17 octobre 2003 en sa 32e session ; la *Convention sur la protection et la promotion de la diversité des expressions culturelles* a été adoptée par la Conférence générale de l'UNESCO, réunie à Paris du 3 au 21 octobre 2005 pour sa 33e session ; et la *Convention-cadre du Conseil de l'Europe sur la valeur du patrimoine culturel pour la société* (dite Convention de Faro) a été adoptée par le Comité des Ministres lors de la 941e réunion des Délégués des Ministres, le 13 octobre 2005.

[5] L'article 1er de la *Déclaration universelle de l'UNESCO sur la diversité culturelle*, adoptée le 2 novembre 2001, dispose : « La culture prend des formes diverses à travers le temps et l'espace. Cette diversité s'incarne dans l'originalité et la pluralité des identités qui caractérisent les groupes et les sociétés composant l'humanité. Source d'échanges, d'innovation et de créativité, la diversité culturelle est, pour le genre humain, aussi nécessaire que l'est la biodiversité dans l'ordre du vivant. En ce sens, elle constitue le patrimoine commun de l'humanité et elle doit être reconnue et affirmée au bénéfice des générations présentes et des générations futures. »

forme unitaire dont le fondement repose sur le principe constitutionnel d'indivisibilité. Ce conflit de normes peut aussi exister avec la *Déclaration des droits des personnes appartenant à des minorités nationales ou ethniques, religieuses et linguistiques*, ou plus bien encore, avec la *Déclaration sur les droits des peuples autochtones* qui, elle, reconnaît formellement aux peuples autochtones un droit à l'autodétermination interne et des droits fonciers sur leurs territoires ancestraux ; ces textes n'ont pourtant qu'une valeur déclaratoire, mais l'État s'est politiquement et moralement engagé sur la scène internationale et sur la scène nationale.

Une résolution de l'Assemblée parlementaire du Conseil de l'Europe adoptée le 24 juin 2003 relative aux *expériences positives des régions autonomes comme source d'inspiration dans la résolution de conflits en Europe* a renforcé cette direction en affirmant que « de nombreux États en Europe sont parvenus à apaiser des tensions internes, ou sont en phase de le faire, en créant des autonomies territoriale ou culturelle; ces dernières offrant une panoplie de principes et de mesures concrètes afin de résoudre ces conflits internes.[6] »

Or, dans les États unitaires, « tous les citoyens sont soumis au même et unique pouvoir. Un Parlement unique légifère pour l'ensemble des citoyens, ceux-ci sont soumis à l'autorité d'un seul gouvernement et d'un droit identique où qu'ils habitent [7] ». Ils « affichent deux grands points distinctifs : i) ils constituent une structure unifiée qui ne comporte qu'un seul appareil gouvernemental qui centralise la gouverne de l'État ; ii) cet appareil exerce ses compétences souveraines sur l'ensemble d'une collectivité et couvre sous ce rapport l'entièreté du territoire de l'État de façon homogène, sans admettre de différences régionales trop saillantes[8] ». L'unité du pouvoir politique se traduit juridiquement par l'unité du pouvoir normatif, c'est-à-dire par l'existence d'une seule catégorie de lois, qui ont vocation à s'appliquer sur l'ensemble du territoire. L'organisation de l'État unitaire peut être, selon les cas, plus ou moins décentralisée, ou déconcentrée. Mais les normes locales édictées par les autorités décentralisées ou déconcentrées ne peuvent l'être qu'en application et en conformité avec les normes nationales. Le pouvoir réglementaire qui leur est reconnu est résiduel et les matières dans lesquelles elles peuvent intervenir sont déterminées par la loi nationale [9] . Les principes d'indivisibilité et d'unité forment la base constitutionnelle du caractère unitaire de ces États. Le principe d'indivisibilité « protège le caractère unitaire de l'État en assurant sa prééminence normative. Il

---

[6] Résolution 1334 portant sur « Les expériences positives des régions autonomes comme source d'inspiration dans la résolution de conflits en Europe », Assemblée parlementaire, Conseil de l'Europe, 19e séance, 24 juin 2003.

[7] Philippe ARDANT, *Institutions politiques et droit constitutionnel*, 8e édition, LGDJ, 1996, p. 32.

[8] Guy GOSSELIN, Marcel FILION, *Régimes politiques et sociétés dans le monde,* Presses de l'Université de Laval, 11 mai 2007, p. 20-21.

[9] Michel VERPEAUX, « L'unité et la diversité dans la République », *Les Nouveaux Cahiers du Conseil Constitutionnel*, n°42, janvier 2014, Lextenso, LGDJ, p. 7-16.

implique l'unité du pouvoir législatif et du pouvoir réglementaire gouvernemental à l'échelle nationale[10] ».

Les exemples des États français et norvégien s'inscrivent dans cette problématique car d'abord, ils sont tous deux de forme unitaire. Leurs Constitutions énoncent en effet toutes les deux dans leur article 1er, les principes constitutionnels d'indivisibilité et d'égalité.

Ceux-ci figurent dans la Constitution française depuis 1791 et dans le texte constitutionnel actuel qui affirme : « La France est une République indivisible, laïque, démocratique et sociale. Elle assure l'égalité devant la loi de tous les citoyens sans distinction d'origine, de race ou de religion. [...] », et son article 2 dispose que : « La langue de la République est le français ». La Constitution norvégienne, adoptée à Eidsvoll le 17 mai 1814 et appelée *Grunnloven,* énonce aussi le principe d'indivisibilité dans son article 1er : « Kongeriket Norge er et fritt, selvstendig, udelelig og uavhendelig rike. Dets regjeringsform er innskrenket og arvelig monarkisk. [11] » Et son nouvel article 98 inséré par la réforme constitutionnelle du 13 mai 2014 pose un principe général d'égalité devant la loi et une interdiction de toute forme de discrimination : « Alle er like for loven. Intet menneske må utsettes for usaklig eller uforholdsmessig forskjellsbehandling. »

De plus, à partir des années 1970-1980, les États français et norvégien ont été confrontés à une crise politique intérieure à cause de mouvements d'affirmations identitaires régionales[12] (basques, alsaciens, bretons, occitans, et corses) pour l'un, et ceux de minorités ethniques et linguistiques (kven, rom, skogfinn et sámi) pour l'autre.

Plus particulièrement, ils ont connu des relations conflictuelles, parfois violentes, respectivement avec une partie de la population insulaire corse et la majorité sámi, qui ont revendiqué la reconnaissance juridique de leurs identités culturelles, à travers l'octroi d'un statut spécial leur permettant d'exercer une autonomie culturelle et/ou politique. À l'instar d'autres États en Europe, ayant

[10] Gérard MARCOU, « Le principe d'indivisibilité de la République », *Pouvoirs*, n° 100, janvier 2002, p.52.

[11] « Le royaume de Norvège est libre, indépendant, indivisible et inaliénable. La forme de son gouvernement est une monarchie limitée et héréditaire ». Traduction personnelle.

[12] « Le terme de "culture régionale" fait référence à la région comme territoire de vie. », Marina CASULA, « L'identité corse : une relation récursive entre identités et territoires vécus », *Nouvelles perspectives en sciences sociales*, vol. 2, n° 1, 2006, p. 39.

Christian BROMBERGER et Mireille MEYER proposent une définition de la notion de culture régionale : elle « connote, dans des proportions variables, un art de vivre ancré dans un territoire, un sentiment de pays, un "entre soi", un folklore pittoresque volontiers exhibé à des fins touristiques, la défense et la promotion d'une langue et de ses expressions singulières, parfois une revendication d'autonomie, voire, récemment, d'indépendance », Christian BROMBERGER et Mireille MEYER, « Cultures Régionales en débat », *Ethnologie française*, « *Cultures régionales. Singularités et revendications* », vol. XXXIII, n° 3, 2003, p. 357.

sur leur territoire des communautés culturelles possédant des identités distinctes et revendiquant le droit d'exprimer, de maintenir et de transmettre leurs particularismes culturels, la France et la Norvège ont eu à se prononcer sur ce double conflit, à la fois d'ordre culturel et normatif.

L'État norvégien reconnaît légalement l'existence des minorités ethniques et linguistiques kven, skogfinn, rom et celle des sámi sur son territoire. Pour cette raison, il a ratifié tous les instruments juridiques offrant une protection internationale et européenne des minorités et des peuples autochtones [13]. Contrairement au royaume de Norvège, la République française se réfère à son principe constitutionnel d'indivisibilité appliqué au territoire, au pouvoir normatif et au peuple pour ne pas reconnaître officiellement l'existence de minorités nationales sur son territoire. L'ensemble des textes internationaux et européens protecteurs des droits des peuples autochtones et des personnes appartenant à des minorités ne s'applique pas au cas de la Corse. Elle présente donc une illustration de résolution de conflits différente de celle qu'offre l'exemple norvégien. Ce point de départ explique les solutions formellement divergentes que les États français et norvégien ont adoptées à l'égard de la Corse et des Sámi.

Malgré cette différence, les exemples de la Corse et des Sámi sont comparables pour plusieurs raisons.

Outre la forme unitaire des États français et norvégien et leur exigence commune de respect du principe constitutionnel d'indivisibilité, des réformes étatiques législatives et constitutionnelles ont été engagées par ces États afin de prendre en compte les spécificités culturelles corse et sámi et d'apaiser les conflits. Ces réformes internes ont mené à l'instauration d'institutions démocratiques et représentatives : le Parlement national sámi d'une part, et l'Assemblée de Corse, d'autre part.

De plus, la Corse est un territoire insulaire donc distinct du territoire continental français ; la situation géographique diffère de ce fait de celle du comté de Finnmark, qui, lui en revanche, est situé à la fois dans une continuité territoriale avec l'État norvégien et en Laponie, terres ancestrales des Sámi sur un plan géographique et historique. Cette vaste région géographique, encore dénuée de statut juridique propre, s'étend au nord de la Norvège, de la Suède, de la Finlande et de la péninsule de Kola en Russie. Toutefois, sur un plan juridique et

[13] La *Convention nº 169 relative aux peuples indigènes et tribaux* (1989) de l'Organisation internationale du Travail a été ratifiée le 19 juin 1990 par le Parlement norvégien. Le 1er mars 1998, la Norvège a également ratifié la *Charte européenne des langues régionales ou minoritaires* et, le 1er juillet 1999, la *Convention-cadre pour la protection des minorités nationales* du Conseil de l'Europe. Enfin, elle a voté en faveur de la *Déclaration des Nations unies sur les droits des peuples autochtones* le 13 septembre 2007.

administratif, jusqu'à la loi du 22 janvier 2002[14], le statut de l'île de Corse était similaire à celui du comté de Finnmark. Il est difficile de définir les limites d'un territoire sámi, et celles d'un territoire corse : les Sámi et les Corses n'ont jamais eu l'exclusivité de ces terres, sur lesquelles ils ont toujours cohabité avec d'autres peuples.

Enfin, les populations sámi/norvégienne, et corse/continentale sont mélangées, confondues. Tant en Corse qu'en Norvège, plusieurs siècles de cohabitation ont entraîné un brassage ethnique, linguistique et culturel important. À l'instar des personnes corses installées sur l'ensemble du continent, « en dehors des régions intérieures du Finnmark où ils représentent une majorité, les samés [sámi] sont dispersés sur presque tout le territoire norvégien.[15] »

Sur un plan géographique et historique, la Corse est une île de la Méditerranée occidentale. Les sources écrites, principalement grecques, et surtout les fouilles archéologiques effectuées dans l'île renseignent sur l'histoire, riche et complexe, de la Corse dans le monde méditerranéen.

Les traces des premières occupations humaines remontent au Paléolithique, soit au IXe millénaire avant l'ère chrétienne[16]. À l'instar du peuple sámi, il s'agit de groupes semi-nomades : chasseurs-cueilleurs, certainement pêcheurs, et éleveurs transhumants.

Dès le néolithique, les Corses auraient été une population de langue italique, en provenance du continent, qui auraient parlé une langue proche de celles parlées en Toscane et en Ligurie. En fait, ce lien avec la Toscane remonte au Mésolithique où les ressemblances s'expriment non seulement par la diffusion de la grande culture céramique de type « Cardial » ou « Impressa »,[17] mais aussi par la langue.

Aujourd'hui encore, et malgré la conquête de Rome lors de la première guerre punique, le corse moderne présente des traces de ces anciennes relations étroites avec la Toscane : le corse moderne est en effet un dialecte du toscan[18] . D'un point de vue sociologique, cette composante linguistique permet de classer les Corses parmi les minorités culturelles et territoriales de langue latine ou romane.

A la fin du IVe millénaire, la Corse est une véritable société insulaire organisée en villages constituant des réseaux d'échanges, et entretenant des rapports commerciaux avec les voisins de Sardaigne et du Continent.

---

[14] Loi n° 2002-92 du 22 janvier 2002 *relative à la Corse*, publiée au *JORF*, le 23 janvier 2002, p. 1503.

[15] Bjarne MELKEVIK, « Autochtones et droit : le nouveau droit norvégien des Samés (Lapons) », *Les Cahiers de droit*, Volume n° 32, numéro 1, Faculté de droit de l'Université de Laval, 1991, p. 42.

[16] Emmanuel LE ROY LADURIE, *Histoire de France des régions. La périphérie française, des origines à nos jours*, éditions du Seuil, 2001, p. 170.

[17] La civilisation qui apparaît au début du VIe millénaire avant J-C est appelée Néolithique ancien ou « Cardial » à cause de l'apparition de la fabrication de la poterie décorée à l'aide de coquillages de cardium (coquillage local).

[18] Emmanuel LE ROY LADURIE, *op.cit*, p. 18-19.

Dès le VIe millénaire, l'île a connu une succession d'influences, voire de dominations, culturelles et mercantiles : les Ligures, puis les Phéniciens qui ont probablement donné à l'île le nom de Kyrnos. Ensuite, les Étrusques ont réellement entrepris l'exploitation de la Corse, après s'être partagé la domination de la Méditerranée occidentale avec les Carthaginois pour en contrôler le commerce. En fait, l'Histoire commence officiellement en 565 avant J.-C. avec la fondation d'Alalia, l'actuelle Aléria, par une colonie grecque. L'occupation romaine débuta en 269 avant J.-C. Après les invasions vandales et la domination byzantine, la Corse fut sous le contrôle du Vatican pendant un certain temps, avant les dominations Pisane (1077-1284) et du roi d'Aragon (1284-1346). Gênes conquit ensuite l'île et la contrôla jusqu'au milieu du XVIIIe siècle, où la Corse connut une brève période d'indépendance avant d'être annexée à la France par le traité de Versailles du 15 mai 1768.

Les Sámi quant à eux constituent un peuple autochtone transfrontalier[19] installé en Europe septentrionale, plus précisément en Norvège, en Suède, en Finlande et en Russie dans la péninsule de Kola[20].

Mieux connus sous le nom de Lapons, qui, traduit du scandinave « Lapp » signifie littéralement « vieux chiffons » ou « porteurs de haillons », ils rejettent cette appellation péjorative pour se désigner par le terme « Sabme » ou « Sámi », dont ils ont réussi à faire scandinaviser la forme en « saame » ou « same » en norvégien[21], ou bien en anglais « sami » ou plus rarement « saemieh ». Ces mots désignent tous une personne sámi, ou le peuple ou les langues sâmes. Le vaste territoire de la Laponie, au sens géographique et historique, est appelé le « Sápmi » et « Lapland » en anglais.

Dans un rapport d'octobre 2006[22], l'Institut suédois de Stockholm, a estimé la population sámi à environ 70 000 personnes disséminées dans les quatre États mentionnés ci-dessus. Parmi eux, approximativement 40 000 vivent en Norvège – soit un peu moins de 1% de la population norvégienne –, 20 000 sont en Suède, 6 000 en Finlande et seulement 2 000 vivent en Russie.

---

[19] Pour une raison de logique interne, les notions de peuples autochtones et de minorités nationales sont définies ultérieurement dans la démonstration, dans la Première Partie, Titre I, Chapitre I.

[20] Les Sámi font partie des quelque 350 millions de personnes appartenant à des groupes autochtones, soit 5% de la population mondiale répartie dans plus de 70 pays du monde, ce qui représente environ 5 000 langues et cultures. *In* « L'UNESCO et les peuples autochtones : un partenariat pour la promotion de la diversité culturelle », publication de la Division des Politiques Culturelles et du Dialogue Interculturel, 2 août 2006, p. 58-113.

[21] Christian MERIOT *in* Johan TURI, *Récit de la vie des Lapons*, Paris, éd. L'Harmattan, 1997, p. 15.

[22] Ces données apparaissent sur le site de l'Institut suédois, Svenska Institutet, www.si.se. Dans le même sens, voir aussi Elina HELANDER, « The Sami people: demographics, origin, economy, culture » *in Majority-Minority Relations: the case of the Sami in Scandinavia. Guovdageaidnu, Norway : report of the World Commission on Culture and Development*, 2-4 July 1993, éd. Royal Norwegian Ministry of Cultural Affairs, Norwegian National Commission for UNESCO, Nordic Sami Institute, 1994, p. 23-34.

Les langues sâmes sont d'origine finno-ougrienne[23] et correspondent à neuf dialectes[24] parlés indépendamment des frontières politiques. Les Sámi ne sont pas un groupe homogène mais se caractérisent, au contraire, par une grande variété géographique et sub-culturelle, y compris linguistique.

Certains ethnologues rattachent l'origine génétique des Sámi aux Finnois, mais ces études sont contestées et leur origine reste mystérieuse. La communauté scientifique diverge aussi sur la datation de leurs origines ; celle-ci varie entre dix et six mille ans avant notre ère. En 98 après J.-C., Tacite les mentionne déjà dans son œuvre *De origine et situ Germanorum* et il les appelle les Fenni[25]. On retrouve ce peuple sous la plume d'Ottar, historien à la cour du roi d'Angleterre Alfred le Grand, qui les décrit comme un peuple nomade et chasseur. Il semblerait donc que les Sámi aient été présents sur les terres de Laponie[26] bien avant la formation des États scandinaves et l'arrivée des populations sur les terres lapones. « Par rapport à d'autres populations ethnographiques plus "classiques" hors d'Europe, les Lapons ont eu la particularité d'entrer très tôt en rapport avec les civilisations "occidentales".[27] »

Pendant plusieurs siècles la chasse et la pêche ont accompagné la transhumance traditionnelle des rennes faisant des Sámi un peuple semi-nomade.

Mais, depuis les années soixante, après de longues décennies de discriminations, de politiques d'assimilation culturelle menées par les États nordiques et la forte culpabilisation identitaire qui en résulte[28], le développement

---

[23] Tandis que la langue des paysans germaniques originaires du Danemark et de Suède qui s'établirent dans la région, autour des grands lacs et des fjords norvégiens, était une langue germanique, le vieux norrois, dont les langues scandinaves d'aujourd'hui sont issues. Le nom de Norvège serait ainsi issu du vieux norrois *Nordhrvegr* (le « chemin du Nord »).

[24] Les principaux dialectes sont le sâme méridional (2 500 locuteurs), l'umesame ou sâme de Ume (peut-être 500 locuteurs), le pitesame ou sâme de Pite (1 000 locuteurs), le lulesame ou sâme de Lule (17 000 locuteurs), le sâme du Nord (10 000 locuteurs), l'inaresame, le skoltesame, le kildinsame et le tersame.

En Norvège, le sâme de Lule est parlé dans une partie du Nordland, Tysfjord étant la municipalité comptant la plus grande concentration de locuteurs du sâme de Lule. Le sâme méridional est parlé dans le Nordland au Trøndelag. Enfin dans le Finmark oriental, à Varanger (près de la Russie), les Sámi s'expriment en skoltesame. La plupart des Sámi de Norvège sont bilingues sâme-norvégien (il s'agit généralement du bokmål puisque c'est cette variété de norvégien qui est enseignée dans les écoles sâmes). Un aperçu de cette répartition linguistique peut être consulté sur la carte des langues en Laponie figurant dans la rubrique Annexes de la thèse.

[25] Christian MERIOT *in* Johan TURI, *Récit de la vie des Lapons*, *op.cit.*, p. 14.

[26] Ce sujet toujours très controversé laisse entrevoir la possibilité que ce soit l'arrivée des populations germaniques qui ait eu pour effet de repousser les Sámi vers le Grand Nord.

[27] Christian MÉRIOT *in* Johan TURI, *ibid.*

[28] Cette négation n'est pas spécifique aux États nordiques. Elle est mondiale et toujours d'actualité pour une majorité de peuples autochtones. Ceux-ci ont fait, et font encore, souvent l'objet de nombreuses mesures de discriminations portant atteintes à leurs droits fondamentaux individuels et même de politiques assimilationnistes niant les spécificités culturelles de leurs collectivités. Ils sont en plus privés de l'exercice de leurs droits fonciers sur leurs terres ancestrales qui sont exploitées par des multinationales et continuent de vivre dans des conditions de précarité

technologique, les aspirations professionnelles modernes et la mondialisation, l'élevage des rennes - la renniculture - est désormais pratiquée par une minorité de personnes sámi et il est davantage devenu une activité économique symbolique de leur culture qu'un mode de vie et un mode de subsistance majoritaire. Leurs activités économiques principales se divisent désormais en deux secteurs. Le secteur secondaire avec l'agriculture, la pêche, l'artisanat et autre activité provenant de l'industrie du renne. En Norvège, ces activités économiques traditionnelles sont pratiquées surtout dans le comté de Finnmark, qui fait partie du territoire ancestral des Sámi. Actuellement la majorité des personnes d'origine sámi ont quitté leurs terres septentrionales comme les communes de Kautokeino, d'Alta ou de Karasjok pour le plus souvent s'établir à Oslo, la capitale norvégienne. Par conséquent, ces citoyens norvégiens à l'identité autochtone se sont entièrement mélangés et intégrés à la population scandinave et sont principalement employés par le secteur tertiaire[29]. Ainsi,

économique préoccupantes. Depuis les années 1980, ils sont victimes du délit de biopiraterie. Or, à travers la réflexion sur le statut juridique des savoirs traditionnels en tant qu'enjeux de la protection de la biodiversité et du développement durable de la planète, c'est aussi de la pérennité de l'identité culturelle des populations autochtones dont il est question.
Selon Cyril Costes il n'y a pas encore de définition communément admise de ce terme mais il consiste en l'appropriation par les pays du Nord et leurs entreprises multinationales (pharmaceutique, cosmétique, agroalimentaire…) des ressources biologiques et génétiques d'un pays ou d'une communauté locale du Sud à des fins commerciales, et sans l'autorisation des populations concernées. Grâce à une manipulation en laboratoire de la structure moléculaire ou génétique de la plante autochtone, l'entreprise pourra ensuite revendiquer un droit de propriété intellectuelle sur l'invention qui en ressort et de là aura un monopole exclusif d'exploitation pendant une vingtaine d'années. La *Convention sur la diversité biologique* et le *Protocole de Nagoya* (adopté le 29 octobre 2010 par la dixième conférence des Parties de la Convention sur la diversité biologique) servent à lutter contre la biopiraterie et pour le partage équitable des ressources biologiques. Mais les savoirs traditionnels autochtones s'accommodent difficilement du droit de la propriété intellectuelle classique car ces savoirs sont issus d'expériences empiriques et de sagesse séculaire et surtout ils appartiennent à une collectivité ; il est donc quasiment impossible d'en attribuer la paternité à une personne particulière ou à un groupe clairement identifiable. De plus, les connaissances et savoirs autochtones sont dans le domaine public permettant ainsi à quiconque de les utiliser sans commettre de délit. La question de la protection du patrimoine immatériel des populations autochtones a donc été confiée en 1998 à l'Organisation mondiale de la propriété intellectuelle. Pour le moment, elle a seulement proposé en juillet 2007 une orientation éthique : notamment, sensibiliser toutes les administrations nationales en charge de délivrer les brevets, sur l'origine des connaissances lors de la demande de dépôt d'un brevet. Cyril COSTES, « La biopiraterie, les savoirs traditionnels et le droit », in *Ikewan, Le journal des peuples premiers,* édité par la *Commission Internationale pour les Droits des Peuples Indigènes*, n° 67, janvier-février-mars 2008, p. 3-11.

[29] L'élevage de rennes n'emploie que 10% de la population sámi en Norvège ; par ailleurs, Anders EIRA, ancien secrétaire d'État de 2001 à 2004, a montré dans son article « Norwegian Saami policies in an equality perspective » l'inégale répartition des responsabilités publiques : alors que la majorité des femmes se tournent vers les études supérieures, ce sont les hommes sámi qui sont les gardiens du savoir et de l'industrie traditionnels. Le Comité pour l'élimination de la discrimination raciale émanant des Nations unies a rendu un rapport montrant le niveau éducatif plus élevé des femmes sámi, dans les communes de Karasjok et de Kautokeino, *in* « Summary Record of the 1233rd

depuis les années 1980, période à laquelle le Gouvernement norvégien a moralement réhabilité les Sámi en leur accordant un statut juridique spécifique[30], ce peuple offre une vision de lui-même bien loin de l'image classique de la misère sociale et économique dont est très souvent frappée la majorité des peuples autochtones dans le monde[31].

Les Sámi et les Corses, tout en exprimant des sensibilités diverses[32], ont revendiqué, par des procédés opposés, l'octroi d'un statut spécial leur permettant d'exercer une autonomie culturelle et/ou politique au sein de leurs États unitaires respectifs, afin de préserver, de développer et de transmettre leurs identités culturelles distinctives, fondées pour les uns sur l'autochtonie, et pour les autres sur un fort régionalisme lié à l'histoire, à la langue et à la culture corses.

Facteur d'identification, de communication et de transmission, le terme « culture » est polysémique et recouvre une réalité humaine complexe et évolutive.

Dans un sens classique, « la culture peut être considérée en premier lieu comme un acte personnel d'accomplissement, d'instruction, d'apprentissage et de raffinement. Acquérir une culture, se cultiver, c'est tendre vers un idéal de perfection individuel. [...] La culture est perçue ici comme une acquisition personnelle par l'éducation[33] ». La culture est alors appréhendée comme un

---

Meeting, Fifty-first session –, Committee on the Elimination of Racial Discrimination », august 1997, CERD/C/SR.1233.

[30] Au nom du gouvernement, des excuses officielles ont été présentées en février 1998 par la ministre du Gouvernement local et du Développement régional, Ragnild Queseth HAARSTAD, pour les injustices commises par les autorités norvégiennes dans le passé à l'égard des Tsiganes et des autres minorités nationales et religieuses (Kven, Skogfinn et Juifs) et pour la façon dont celles-ci ont été traitées. L'évolution du statut juridique des Sámi et les réformes internes en faveur de la protection juridique de leur culture, ainsi que les engagements internationaux de la Norvège sur ce sujet, sont étudiés dans la thèse, d'abord dans la Première Partie, Titre I, chapitre II puis dans la Deuxième Partie, Titre I, chapitre II.

[31] Même si encore un grand nombre de peuples autochtones vivent encore dans des conditions de précarité économique et sociale, ce n'est plus le cas de tous. Outre l'exemple du peuple sámi, Jean-Patrick RAZON a expliqué que seulement 22 % des amérindiens vivent dans des réserves car la grande majorité vit dans les villes américaines et est employée dans le secteur privé. Ils reviennent parfois avec une éducation américaine contemporaine et aident au développement économique de leurs tribus. *In* « Territoires en marge et îlots juridiques. Réserves autochtones : le conflit pour la terre », émission *Culturesmonde* du 11 janvier 2012, sur France culture.

[32] Dans le cas de la Corse, l'opinion insulaire est divisée par la mouvance nationaliste qui elle-même regroupe différentes sensibilités et dénominations : autonomistes, régionalistes, indépendantistes, nationalistes. Concernant les Sámi, « l'assimilation, comme choix personnel, constitue [...] un grand attrait pour certains Samés. Pour plusieurs d'entre eux, le fait d'être samé devient un élément qui ne relève plus que de la vie privée, tandis que le mode de vie public se conforme à celui de la majorité. », Bjarne MELKEVIK, « Autochtones et droit : le nouveau droit norvégien des Samés (Lapons) », *op.cit.*, p. 43.

[33] Viviane OBATON, « La promotion de l'identité culturelle européenne depuis 1946 », EURYOPA, études 3-1997, éd. Institut européen de l'Université de Genève, mars 1997, p. 7.

raffinement lié notamment aux beaux-arts, à la musique, à la littérature, au cinéma, et à l'architecture. Cette définition restrictive et individualiste implique « l'idée de création, artistique ou technique, individuelle ou collective ».

Dans les travaux des anthropologues et des sociologues, la culture est « un ensemble lié de manières de penser, de sentir et d'agir plus ou moins formalisées qui, étant apprises et partagées par une pluralité de personnes, servent, d'une manière à la fois objective et symbolique, à constituer ces personnes en une collectivité particulière et distincte[34]. » Cette définition emprunte à celle, plus descriptive, donnée par E. B Tylor en 1871[35]. Elle repose donc sur quatre caractéristiques : des « manières de penser, de sentir et d'agir » qui sont « très formalisées dans un code de lois, dans des formules rituelles, des cérémonies, un protocole, des connaissances scientifiques, la technologie, une théologie ; elles le sont moins, et à des degrés divers, dans les arts, dans le droit coutumier ». Ensuite ces manières de penser, de sentir et d'agir sont partagées par une pluralité de personnes. La culture a un caractère collectif, elle est commune à une pluralité de personnes. Enfin, l'acquisition de la culture résulte des divers modes et mécanismes de l'apprentissage. Elle ne résulte pas de l'hérédité mais d'un héritage social.

Si le terme « culture » relève du domaine d'études des sciences sociales, il a aussi été saisi sur un plan juridique, d'abord en 1966 par le *Pacte international relatif aux droits économiques, sociaux et culturels* et par le *Pacte international relatif aux droits civils et politiques* à travers la protection des droits culturels et de la vie culturelle. Il a ensuite été appréhendé par la *Déclaration de Mexico sur les politiques culturelles*, adoptée lors de la Conférence mondiale sur les politiques culturelles à Mexico City, en 1982. Le cinquième paragraphe du préambule de ce texte se fonde sur les travaux des sociologues et des anthropologues pour en donner une définition large.

Il énonce « - que, dans son sens le plus large, la culture peut aujourd'hui être considérée comme l'ensemble des traits distinctifs, spirituels et matériels, intellectuels et affectifs qui caractérisent une société ou un groupe social. Elle englobe, outre les arts et les lettres, les modes de vie, les droits fondamentaux de l'être humain, les systèmes de valeurs, les traditions et les croyances ». Le même paragraphe précise ensuite « que la culture donne à l'homme la capacité de réflexion sur lui-même. C'est elle qui fait de nous des êtres spécifiquement

[34] Guy ROCHER, « La notion de culture », in *Introduction à la sociologie générale*, Montréal, Éditions Hurtubise HMH ltée, 1992, p. 101-127.

[35] Selon l'anthropologue anglais E.B. TYLOR, auteur de l'ouvrage *Primitive Culture*, paru en 1871, « la culture ou la civilisation, entendue dans son sens ethnographique étendu, est cet ensemble complexe qui comprend les connaissances, les croyances, l'art, le droit, la morale, les coutumes, et toutes les autres aptitudes et habitudes qu'acquiert l'homme en tant que membre d'une société ».

humains, rationnels, critiques et éthiquement engagés. C'est par elle que nous discernons des valeurs et effectuons des choix. C'est par elle que l'homme s'exprime, prend conscience de lui-même, se reconnaît comme un projet inachevé, remet en question ses propres réalisations, recherche inlassablement de nouvelles significations et crée des œuvres qui le transcendent ».

Le terme « culture » a reçu une définition consensuelle. En revanche, l'« identité culturelle », pourtant loin d'être désincarnée, reste une notion floue qui n'a reçu de définition juridique, formelle et universelle, ni de la part des textes de droit international ni de celle de la doctrine. Geneviève Koubi montre que « la notion d'identité n'est pas une notion efficiente dans le champ de la science juridique »[36]. Des auteurs tels que Viviane Obaton ou Armand Frémont utilisent de façon synonyme les termes « héritage culturel » ou « racines originelles »[37] pour se référer à l'identité culturelle. Viviane Obaton propose de définir l'identité culturelle comme « ce qui fait qu'un peuple, une communauté, possèdent une culture spécifique, un patrimoine commun de valeurs à partager »[38]. Selon Jean-Marie Pontier, « l'identité est ce qui fait que l'on se reconnaît membre d'un groupe[39] ».

Patrice Meyer-Bisch[40] insiste sur l'importance de la transmission et de la communication des savoirs être/faire et des institutions, sur la « *circulation de ce qui donne du sens* ». Dans cette tentative de définition, l'identité culturelle est de nouveau appréhendée *in concreto,* de manière descriptive : elle est composée d'une culture et de valeurs partagées par un peuple ou une communauté.

La Déclaration de Mexico, la *Déclaration universelle de l'UNESCO sur la diversité culturelle*, adoptée en 2001 ou encore, plus spécifiquement, les textes protecteurs des droits de minorités nationales ou ethniques, religieuses et linguistiques ainsi que ceux relatifs aux droits des peuples autochtones font expressément référence à l'identité culturelle mais ne la définissent pas.

Par exemple, la *Déclaration des droits des personnes appartenant à des minorités nationales ou ethniques, religieuses et linguistiques* adoptée par l'Assemblée générale des Nations unies le 18 décembre 1992, ne mentionne l'identité culturelle qu'à son article 1er : « Les États protègent l'existence et l'identité nationale ou ethnique, culturelle, religieuse ou linguistique des minorités, sur leurs territoires respectifs, et favorisent l'instauration des conditions propres à promouvoir cette identité. »

---

36 Geneviève KOUBI, « Penser les minorités en droit », in *Le droit et les minorités : analyse et textes*, Alain FENET & Geneviève KOUBI (dir.), Bruylant, 2000, p. 297.

37 Armand FREMONT, « La persistance d'identités régionales », *in La région, espace vécu*, Paris, Flammarion, 1999, p. 52 et p. 199-203.

38 Viviane OBATON, « La promotion de l'identité culturelle européenne depuis 1946 », *op.cit.*, p. 10-13.

39 Jean-Marie PONTIER, « Les données juridiques de l'identité culturelle », *RDP*, n°5, 2000, p. 1271.

40 Patrice MEYER-BISCH, « Analyse des droits culturels », *op.cit.*, p.4.

Malgré cette référence évasive à l'identité culturelle des personnes membres de minorités, elle ne la définit pas.

De même, le préambule de la *Convention n°169 relative aux peuples indigènes et tribaux* adoptée par l'Organisation internationale du travail (OIT) le 27 juin 1989 fait explicitement référence à l'identité culturelle des peuples autochtones mais sans la définir. Le terme « identité » est juxtaposé avec des éléments qui sont ses composants : « Prenant acte de l'aspiration des peuples en question à avoir le contrôle de leurs institutions, de leurs modes de vie et de leur développement économique propres et à conserver et développer leur identité, leur langue et leur religion dans le cadre des États où ils vivent ». De même dans son article 2 §2 b) le texte explique la nécessité de promouvoir la réalisation des droits de ces peuples « dans le respect de leur identité sociale et culturelle, de leurs coutumes et traditions et de leurs institutions ». En lisant ces termes juxtaposés, il semble que l'identité culturelle se distingue des traditions et des coutumes qui, elles, se rapportent à la notion plus large de « culture ».

La *Déclaration des Nations unies sur les droits des peuples autochtones*, adoptée le 12 septembre 2007 par l'Assemblée générale, ne donne pas non plus de définition de l'identité culturelle autochtone. Pourtant, ce texte non contraignant juridiquement, exprimant un large consensus politique international concernant la problématique autochtone, a pour finalité la protection de l'identité culturelle des peuples autochtones en leur reconnaissant des droits spécifiques tels que le droit à l'autodétermination interne. La Déclaration se borne à mentionner l'identité culturelle une seule fois, à l'article 2, qui pose une interdiction de discrimination fondée « sur l'origine ou l'identité autochtone », l'une se référant au passé, à l'histoire individuelle et collective, l'autre inscrivant la personne autochtone et son groupe dans le présent, voire la projetant dans un avenir si elle souhaite transmettre cette identité autochtone.

Plusieurs raisons peuvent justifier l'absence de définition universalisante ou, *in abstracto*, de « l'identité culturelle ».

D'abord, les individus ne revendiquent pas une identité unique[41]. Ils ont en réalité plusieurs identités culturelles à défendre et à transmettre : « l'option personnelle ne saurait être fondée sur une appartenance exclusive : le droit à la multiplicité des appartenances se doit d'être garanti comme l'une des composantes de la liberté individuelle [...][42] ». Une définition théorique et abstraite risquerait d'être une définition trop restrictive, ne prenant pas en compte la réalité humaine dans sa complexité. Elle risquerait d'enfermer les individus et les groupes dans une approche unidimensionnelle de l'identité alors

[41] Jean-Marie PONTIER, « Les données juridiques de l'identité culturelle », *op.cit.*
[42] Geneviève KOUBI, « Brèves réflexions sur les paradoxes et ambiguïtés des stratégies socio-juridiques des minorités », *RTDH*, 1997, p. 414.

que celle-ci est multiple. Une définition précise de l'identité culturelle risquerait de figer une culture dans ce qu'elle est à un moment et dans un lieu donné alors qu'aucune culture n'est en vase clos ; toutes les cultures sont au contraire perméables les unes aux autres. Les systèmes de valeurs, de repères, les savoirs, l'utilisation de la langue, le lieu de résidence géographique du groupe peuvent se transformer profondément jusqu'à parfois disparaître.

Ainsi tenter par exemple de définir l'identité culturelle autochtone constitue une difficulté de taille : il n'existe pas une identité culturelle autochtone mais des identités culturelles autochtones.

En effet, l'identité culturelle d'un peuple autochtone se distingue de « l'identité autochtone » en général. La première particularise, spécifie, rend unique chaque peuple autochtone par ses propres traditions, coutumes, pratiques spirituelles et linguistiques, son attachement à la terre et ses institutions. Par exemple, les langues et la pratique de l'élevage de rennes du peuple transfrontalier sámi diffèrent de celles du peuple kanak en Nouvelle-Calédonie.

Cette différence importante avait soulevé un véritable débat lors de la Conférence mondiale des Nations unies sur les droits de l'homme qui s'était tenue à Vienne le 18 juin 1993. La Commission des droits de l'homme avait rejeté le terme de « peuples », lui préférant celui de « peuple » au singulier ou celui de « populations » au pluriel. Érica-Irene Daes et les délégations autochtones avaient alors fait remarquer que le terme « peuple autochtone » au singulier était globalisant et renvoyait au contexte de la colonisation et de la discrimination raciale. L'utilisation du singulier ne reconnaît ni la diversité et les particularités des identités culturelles autochtones, ni le statut de peuple. Malgré cette vive opposition, le document final de la *Déclaration et Programme d'action de Vienne* mentionnait dans ses cinq paragraphes le terme de « peuple autochtone » ou au mieux « populations autochtones ». Cependant, dans la *Déclaration sur les droits des peuples autochtones* adoptée d'abord par le Conseil des droits de l'homme dans sa résolution 2006/2 le 29 juin 2006, puis par l'Assemblée générale des Nations unies le 12 septembre 2007, l'emploi du pluriel est acquis, reconnaissant ainsi l'existence de « peuples » autochtones et la diversité de leurs cultures.

Ensuite, l'identité culturelle a une double dimension, individuelle et collective. Son respect suppose la reconnaissance de droits culturels individuels et collectifs. Appréhendée dans sa dimension collective, l'identité culturelle est souvent considérée par les États comme une menace pour leur souveraineté et leur intégrité territoriale, et comme une porte ouverte aux dérives communautaristes. Il est donc plus facilement envisageable pour les États d'accorder des droits culturels individuels à des personnes membres de minorités culturelles que de reconnaître des droits collectifs ou des droits de groupe. Le morcellement de l'identité culturelle par l'énumération de droits et libertés pour préserver les éléments caractéristiques tels que la langue ou la religion d'un individu permet de garder en mémoire la multiplicité des facettes des individus et le libre choix pour eux en matière identitaire d'exercer ou non tout ou partie de leurs droits culturels.

Par ailleurs, l'expression « identité culturelle » est souvent utilisée pour désigner les grands ensembles politiques dotés d'une une personnalité juridique. C'est le cas par exemple de l'Union européenne, dotée d'une identité culturelle régionale européenne et d'une personnalité juridique. Le terme d'identité culturelle est apparu dans le langage du Conseil de l'Europe à la fin des années soixante-dix. D'abord utilisée ponctuellement et seulement dans le cadre de conférences, l'expression « identité culturelle » s'est progressivement officialisée à partir des années 1980. Par exemple, en avril 1985, le Comité des Ministres avait adopté une résolution[43] portant sur « l'identité culturelle européenne » dans laquelle il affirmait que « l'unité dans la diversité fait la richesse du patrimoine culturel européen commun » et que « la tradition commune et l'identité européenne en tant qu'aboutissement d'une histoire culturelle commune ne s'arrêtent pas aux frontières entre les différents systèmes politiques en Europe ». La notion d'identité culturelle et ses corollaires, diversité culturelle et dialogue interculturel, sont donc des notions récentes dans le langage du droit de l'Union européenne, même si la conscience d'une identité culturelle européenne a existé dès les origines de la construction de l'Europe[44]. L'identité européenne se distingue de la conscience européenne, qui, elle, est tournée vers l'avenir. L'identité culturelle européenne reste difficilement définissable, mais, selon l'historien Robert Franck[45], « l'identité d'un groupe est faite de traits communs qui font que les membres de ce groupe se sentent "mêmes". [...] Bien que distincts, ils se sentent semblables dans la mesure où ils s'opposent aux "autres". L'identité européenne est donc une conscience d'être Européen, par opposition à ceux qui ne le sont pas, une conscience de similitude, un sentiment d'appartenance. [...] ». L'identité culturelle européenne est donc orientée vers le passé et le présent.

Enfin, à l'instar du droit des peuples à disposer d'eux-mêmes, la notion d'« identité culturelle » est apparue dans les années soixante dans le contexte de la décolonisation. Dans ce contexte spécifique, l'identité culturelle se conçoit comme « une formule de lutte dirigée contre les tendances à l'uniformisation [...], contre les dangers d'aplanissement des différences ethniques, géographiques et culturelles, contre la liquidation du passé et la perte de mémoire. Elle s'élève

[43] Résolution (85) 6 sur l'identité culturelle européenne, adoptée par le Comité des Ministres le 25 avril 1985, lors de sa 76e session, Arch. CE, R (85)6.

[44] Au début de la construction européenne et pendant plus de trente ans, on se référait aux expressions « communauté de valeurs » ou « sentiment d'appartenance à une civilisation commune » ou « communauté spirituelle ».

[45] Robert FRANK, *Identité et conscience européennes au XXe siècle*, René GIRAULT (dir.), Paris, Hachette, 1994, p. 133-134.

contre l'instauration d'un modèle de développement obligatoire défini unilatéralement pour tout le monde et pour tous les peuples[46] ».

L'identité ainsi saisie est fondée sur la prise de conscience de la différence d'un peuple par rapport à un autre. Revendiquer une identité culturelle, c'est lutter contre la domination d'une civilisation sur une autre, c'est refuser l'universalisme. La Conférence mondiale de l'UNESCO de 1982 sur les politiques culturelles avait publié dans sa Déclaration[47] que « l'identité culturelle contribue à la libération des peuples [...], toute forme de domination nie ou compromet cette identité », qui est « à préserver et à défendre ». Dès lors, elle peut avoir une connotation de lutte qui irait alors à l'inverse de la recherche de dialogue interculturel et d'apaisement des conflits. C'est là toute l'ambiguïté de la situation et cela montre la nécessité de chercher des méthodes de conciliation des États avec les identités des communautés culturelles vivant sur leur territoire.

Toutefois, en désignant des éléments constitutifs de l'identité culturelle, certains instruments juridiques offrant une protection catégorielle montrent qu'une définition fonctionnelle, opérationnelle, peut être dégagée.

La *Déclaration de Mexico sur les politiques culturelles* consacre un chapitre à l'identité culturelle. Dans son article 1er elle rappelle que : « Toute culture représente un ensemble de valeurs unique et irremplaçable puisque c'est par ses traditions et ses formes d'expression que chaque peuple peut manifester de la façon la plus accomplie sa présence dans le monde ». Elle poursuit en considérant uniquement la dimension collective de l'identité culturelle, à travers les notions de peuples, de groupes et de communautés culturelles. Elle affirme que le respect de l'identité culturelle contribue à la libération des peuples, qu'elle est source d'épanouissement et qu'elle est susceptible d'évoluer et de se renouveler au contact des autres peuples. L'identité est donc perméable aux autres cultures.

La *Convention-cadre pour la protection des minorités nationales* adoptée par le Comité des Ministres du Conseil de l'Europe le 10 novembre 1994 mentionne à plusieurs reprises l'identité culturelle mais sans en poser une définition générale. Elle sème une certaine confusion car dans son préambule[48] elle décline l'identité selon plusieurs ordres, ethnique, culturel, linguistique et religieux puis dans son article 5 elle énonce que les personnes appartenant à des minorités nationales ont le droit « de conserver et développer leur culture, ainsi que de préserver les éléments

[46] Nicolaus SOMBART, *in* Viviane OBATON, « La promotion de l'identité culturelle européenne depuis 1946 », *op.cit.*, p. 10.

[47] Rapport final de la Conférence mondiale sur les politiques culturelles de l'UNESCO qui s'est tenue à Mexico du 26 juillet au 6 août 1982, p. 39-40.

[48] Le paragraphe 7 du préambule de la convention-cadre dispose : « Considérant qu'une société pluraliste et véritablement démocratique doit non seulement respecter l'identité ethnique, culturelle, linguistique et religieuse de toute personne appartenant à une minorité nationale, mais également créer des conditions propres à permettre d'exprimer, de préserver et de développer cette identité ; »

essentiels de leur identité que sont leur religion, leur langue, leurs traditions et leur patrimoine culturel. »

Le rapport explicatif de la *Convention n°169 relative aux peuples indigènes et tribaux* donné par l'OIT précise les éléments constitutifs de l'identité culturelle autochtone : "They may include ancestor worship, religious or spiritual ceremonies, oral tradition, and rituals, which have been passed down from generation to generation. Many ceremonies involve offerings to nature spirits, and take place in order to maintain a balance with nature. The traditional music and dances of indigenous and tribal peoples are also important expressions of their distinctive cultural identity. In addition, indigenous and tribal languages often differ from those of national societies, in both written and spoken form. Many of these languages provide essential means by which oral histories and traditions are kept alive. They are basic elements of indigenous and tribal peoples' roots and identity[49]."

La *Déclaration sur les droits des peuples autochtones* présente aussi des éléments constitutifs de l'identité culturelle autochtone. Les paragraphes 7 et 10 du préambule mentionnent la culture, les traditions spirituelles, l'histoire et la philosophie de ces peuples ainsi que les moyens par lesquels s'exprime cette identité autochtone : le territoire, les terres, les ressources naturelles et les structures politiques, économiques et sociales. D'autres éléments constitutifs sont présentés : les « traditions culturelles et coutumes » (article 11), « leur histoire, leur langue, leurs traditions orales, leur philosophie, leur système d'écriture et de littérature, leurs propres noms pour les communautés, lieux et personnes » (article 13). L'article 31 complète la liste en y ajoutant « le patrimoine culturel, leur savoir traditionnel, leurs sciences et techniques, leur pharmacopée, leurs traditions orales, leur esthétique, leurs sports, leurs jeux traditionnels et leurs arts visuels et du spectacle ».

Selon Patrice Meyer-Bisch, les droits culturels spécifiques et universels – tels que le droit à l'éducation et à l'information, le droit à la santé, mais aussi la liberté d'expression en tant que droit de l'homme doté d'une dimension culturelle – sont des moyens pour orienter et exprimer l'identité d'une personne ou d'une communauté [50] : « Les droits culturels désignent les droits, libertés et responsabilités pour une personne, seule ou en commun, avec et pour autrui, de choisir et d'exprimer son identité ; cela implique les capacités d'accéder aux

[49] Guide d'utilisation de la *Convention n°169 relative aux peuples indigènes et tribaux*, consultable sur le site de l'Organisation internationale du travail :
www.ilo.org/public/french/standards/egalite/itpp/convention/index.htm

[50] Dans le même sens, Mylène BIDAULT propose « une définition des droits culturels. Par-delà les dichotomies habituelles, elle rassemble des droits qui ont en commun un objet : *la construction et l'expression libres des identités culturelles, et l'accès aux ressources le permettant* », *in* « Ce que déclarer des droits culturels veut dire », *Droits fondamentaux*, n°7, janvier 2008, p. 2.

références culturelles, comme à autant de ressources qui sont nécessaires à son processus d'identification »[51].

L'importance de l'accès aux références culturelles en tant que ressources nécessaires à l'identification est particulièrement vraie et cruciale chez les peuples autochtones. Parmi les références culturelles figurent les territoires, terres et ressources naturelles qui représentent le fondement même de leur existence, leurs moyens de subsistance économique et la source de leur identité spirituelle, culturelle et sociale. La possibilité d'accéder à ces territoires ancestraux et aux ressources naturelles et de les gérer constitue un moyen d'expression et de survie de l'identité culturelle autochtone[52].

L'approche du Groupe de Fribourg[53] concernant la définition de l'identité culturelle apporte une grande précision en distinguant le respect du droit à l'identité culturelle du respect du droit à la culture. Ainsi, selon l'article 2b de la *Déclaration de Fribourg sur les droits culturels* des 7 et 8 mai 2007, le droit au respect de l'identité culturelle s'entend d'un droit au respect de « l'ensemble des références culturelles par lequel une personne, seule ou en commun, se définit, se constitue, communique et entend être reconnue dans sa dignité ». Tandis que le droit au respect de la culture s'entend d'un droit au respect des valeurs, croyances, convictions, langues, savoirs et arts, traditions, institutions et modes de vie par lesquels une personne ou un groupe exprime son humanité et les significations qu'il donne à son existence et à son développement. Mylène Bidault explique que « le droit au respect de l'identité vise toutefois en premier lieu à protéger le sujet dans ses choix, c'est-à-dire la personne, seule ou en commun. » Elle traduit en outre davantage, par une formulation positive, le principe déjà existant de l'interdiction des discours de haine, des discriminations et de l'incitation à la discrimination sur le fondement de l'identité culturelle d'une personne.

« Le droit au respect de la culture apparaît plus large, et exige le respect des ressources et patrimoines culturels qui permettent la construction et l'expression libres des identités. Il est fait référence ici, plutôt, à la préservation des chefs d'œuvre les plus divers, des bâtiments et sites historiques et religieux, des territoires et institutions traditionnelles des peuples autochtones, des langues, de

---

[51] Patrice MEYER-BISCH, « Analyse des droits culturels », *Droits fondamentaux*, n° 7, janvier 2008 – décembre 2009, p. 6.

[52] Voir la 6e session de l'Instance permanente sur les questions autochtones, 14-25 mai 2007, intitulée « Peuples autochtones – Territoires, terres et ressources naturelles ».

[53] Ce groupe de travail est rattaché à l'Institut interdisciplinaire d'éthique et des droits de l'homme de l'Université de Fribourg. Il est composé d'experts internationaux parmi lesquels figurent Emmanuel DECAUX, Mireille DELMAS-MARTY, Pierre IMBERT, Patrice MEYER-BISCH et Mylène BIDAULT. Ce groupe est responsable de la rédaction de la *Déclaration de Fribourg sur les droits culturels* adoptée les 7 et 8 mai 2007 et qui promeut la protection de la diversité et des droits culturels, reconnus mais dispersés au sein du système des droits de l'homme.

certains savoir-faire et modes de vie, etc. De plus en plus aujourd'hui, dans le cadre notamment de l'UNESCO et du Conseil de l'Europe, des instruments de protection des patrimoines culturels toujours plus nombreux soulignent expressément le lien important existant entre les patrimoines, matériels ou immatériels, et les identités individuelles et collectives. Ces instruments, en particulier, invitent à la mise en place de mécanismes permettant aux divers acteurs et communautés de participer à la détermination, l'interprétation et la préservation de ces patrimoines.[54] »

Si cette distinction entre un droit à l'identité culturelle et un droit à la culture fonctionne en théorie, elle ne trouve pas à s'appliquer en l'espèce dans la pratique des États français et norvégien à l'égard des Corses et des Sámi. L'expression « identité culturelle » autochtone et régionale est employée dans le cas des Corses et des Sámi pour insister sur la dimension identitaire de leurs revendications. Ces populations insistent particulièrement sur l'existence d'une identité sámi et d'une identité corse justifiant l'octroi d'un statut spécial. L'identité culturelle est alors synonyme de spécificité culturelle, de particularisme culturel source d'unité d'une communauté. Elle souligne le caractère unique des cultures sámi et corse. Leur culture est constitutive de leur identité.

Dans cette perspective, la protection des cultures autochtones et régionales sert de socle de base pour ensuite préserver l'identité culturelle des individus et des groupes. Ce n'est qu'après que la culture sámi et corse est préservée par des mesures internes, que l'individu et son groupe peuvent choisir de vivre, de communiquer et de se définir librement par leur identité culturelle.

Le lien entre le droit à la culture et le droit à l'identité culturelle est indissociable, l'objectif n'étant pas de confiner les cultures minoritaires dans des musées mais d'en maintenir la vitalité car, comme l'avait formulé l'ancien président de l'Instance permanente sur les questions autochtones, Ole Henrik Magga, « toute culture qui disparaît est une tragédie pour l'humanité »[55].

Dans cette étude le terme d'identité culturelle est appliqué dans sa dimension anthropologique au peuple autochtone sámi ; mais aussi aux Corses car, comme le souligne Mylène Bidault, les droits culturels ne doivent pas être cantonnés à leur dimension anthropologique. « Ce cantonnement conduit à réduire les identités culturelles à des questions liées à l'ethnie, la langue et la religion, qui sont des référents importants en matière identitaire, mais ne sont pas les seuls.[56] »

---

[54] Mylène BIDAULT, « Ce que déclarer des droits culturels veut dire », *op.cit.*, p. 9-12.

[55] Ole Henrik MAGGA, ancien président de l'Instance permanente sur les questions autochtones et membre du peuple sámi de Norvège. « Les peuples autochtones demandent une reconnaissance formelle de leurs cultures », communiqué de presse du 12 mai 2004, 5e et 6e séances de l'Instance permanente, DH/372, http://www.un.org/press/fr/2004/DH372.doc.htm

[56] Mylène BIDAULT, *La protection internationale des droits culturels*, collection du Centre des droits de l'homme de l'université catholique de Louvain, éd. Bruylant, 2009, p 3

« La Corse est la seule région française dans laquelle des mouvements de contestation fondés sur la revendication identitaire sont parvenus à s'établir durablement sur la scène politique.[57] » ; et la section 1 de la loi du 22 janvier 2002 relative à la Corse[58] s'intitule « De l'identité culturelle » corse pour définir l'organisation et les compétences attribuées à l'île de Corse en tant que collectivité territoriale.

Pourtant l'identité corse est difficilement définissable. Comme l'identité sámi, « l'identité corse n'est pas un phénomène univoque mais pluriel. »

Il s'avère qu'elle est constituée essentiellement autour de deux critères objectifs, le territoire et la langue[59], et un critère subjectif d'auto-identification. Dès lors, « un individu se définit comme Corse car il adhère à un ensemble de comportements, d'attitudes, de références, à une langue aussi, dans lesquels il se reconnaît, et il se réfère à un territoire particulier, dans des proportions variables et qui lui sont propre.[60] ». La Corse a la particularité d'être un territoire insulaire. Mais l'originalité du critère subjectif d'auto-identification, et ce qui le rapproche une nouvelle fois de l'exemple sámi, réside en ce que le sentiment d'appartenance à la communauté corse est sous une forme déterritorialisée : il peut se vivre dans l'île mais aussi en dehors de l'île. Le critère linguistique prend alors le relais comme référent culturel.

Dans une délibération du 13 octobre 1988, l'Assemblée de Corse avait affirmé l'existence d'une « communauté historique et culturelle vivante regroupant les Corses d'origine et les Corses d'adoption : le peuple corse ». Ensuite cette motion demandait au gouvernement français une loi-programme pour « faire valoir les droits du peuple corse à la préservation de son identité culturelle et à la défense de ses intérêts économiques et sociaux spécifiques dans le cadre de la Constitution française[61] » ; parmi les mesures à prendre, elle mentionnait la nécessité de l'enseignement de la langue corse dans le cadre du développement culturel. Dans cette motion, on constate que le terme d'ethnie utilisé dans les années soixante dans le discours politisé des indépendantistes, comme Max Simeoni dans ses interventions au nom de l'ARC (Azzione per a rinascita corsa), n'est plus employé. La notion, moins connotée, de « peuple » lui a été substituée dans le discours de l'Assemblée de Corse.

---

[57] Jean-Louis BRIQUET, « Le nationalisme corse », *Regards sur l'actualité*, n°279, mars 2002.

[58] Loi n° 2002-92 du 22 janvier 2002 *relative à la Corse*, publiée au *JORF* du 23 janvier 2002, p. 1503.

[59] Marina CASULA, « L'identité corse : une relation récursive entre identités et territoires vécus », *op.cit.*,p. 9.

[60] Marina CASULA, *ibid.*, p. 37.

[61] Article 1er de la Délibération n° 88/59 AC de l'Assemblée de Corse relative à la notion de peuple corse, séance du 13 octobre 1988.

Quant à la reconnaissance de l'identité sámi, elle s'inscrit dans le mouvement international de protection des identités culturelles des peuples autochtones soutenu par les Nations unies et dont la Norvège a ratifié les instruments s'y rapportant.

L'identité sámi est difficilement saisissable, mais, en concertation avec les représentants sámi, la loi norvégienne n° 56 du 12 juin 1987 relative au Parlement sámi et autres questions juridiques intéressant les Sámi (appelée aussi *Sameloven*)[62] pose un critère objectif, d'ordre linguistique, et un critère subjectif d'auto-identification pour permettre l'inscription au registre électoral du Parlement national sámi afin de participer à la vie culturelle et politique de cette communauté.

À la demande du Parlement sámi, cette loi a été amendée par la loi n° 51 du 27 juin 2008 qui a complété et élargi les conditions selon lesquelles une personne est sámi et peut alors voter au Parlement sámi. L'article 2-6 maintient le critère subjectif d'auto-identification exprimé par une déclaration attestant que la personne se considère sámi, mais il a élargi le critère objectif d'ordre linguistique aux arrières grands–parents, aux enfants de personnes sámi, et à la sphère privée au sens large. Il énonce désormais que : « Toute personne fournissant une déclaration attestant qu'elle se considère sámi, et qui :

- a. Parle la langue sámi dans sa vie privée, ou bien
- b. a encore ou a eu un parent ou grand-parent ou un arrière-grand-parent parlant la langue sámi à la maison, ou encore
- c. est l'enfant d'une personne qui est ou a été inscrite au registre électoral sámi,

Peut demander d'être inscrite dans un registre distinct des électeurs sámi dans la municipalité de sa résidence.[63] »

De cette façon, le Parlement sámi a pu relever que le recensement de cette population avait augmentée : 5.497 personnes avaient été dénombrées en 1989 et 9.921 en 2001. Le nombre de personnes concernées par des origines sámi est bien plus important et se rapproche de la réalité jusqu'alors souvent dissimulée pour éviter d'éventuelles discriminations. L'élargissement des critères peut aussi contribuer indirectement au maintien de la vitalité de la culture sámi. De plus, plus leur nombre est important et plus les mesures adoptées par l'État norvégien

---

[62] En norvégien, cette loi s'intitule «*Lov om Sametinget og andre sámiske rettsforhold (Sameloven)*». Elle est entrée en vigueur le 24 février 1989.

[63] «Alle som avgir erklæring om at de oppfatter seg selv som same, og som enten:
a) har samisk som hjemmespråk, eller
b) har eller har hatt forelder, besteforelder eller oldeforelder med samisk som hjemmespråk, eller
c) er barn av person som står eller har stått i Sametingets valgmanntall, kan kreve seg innført i Sametingets valgmanntall [...]».

se justifient, et en même temps plus leur représentativité et leur influence politique sont fortes.

Comment concilier la forme unitaire des États français et norvégien avec les revendications identitaires corse et sámi, fondées sur une spécificité historique, culturelle et linguistique régionale pour l'une, et sur l'autochtonie pour l'autre ? L'octroi d'un statut spécial permettant l'exercice d'une forme d'autonomie est-il compatible avec le respect de l'indivisibilité caractérisant les États unitaires français et norvégien ?

Plus largement, comment le principe constitutionnel d'indivisibilité énoncé dans les Constitutions norvégienne et française peut-il s'articuler avec les dispositions internationales et européennes protectrices des droits des personnes membres de minorités, des peuples autochtones et de la diversité culturelle ? Comment les États français et norvégien parviennent-ils à respecter le principe de pluralisme culturel dans les cas sámi et corse sans pour autant contribuer à un repliement identitaire et communautariste ?

La recherche de conciliation de l'identité constitutionnelle du modèle d'État unitaire avec les identités culturelles minoritaires soulève plusieurs enjeux.

Tout d'abord, il s'agit de trouver un équilibre entre identité séparée et citoyenneté commune, pour éviter que « lorsque l'identité l'emporte sur la qualité et la dignité de citoyen, la démocratie s'efface ; lorsque la citoyenneté se fait trop abstraite, elle brime l'identité et rompt les liens de fraternité[64] ».

Cette question est particulièrement pertinente dans les États unitaires : ainsi, par exemple, en France, « depuis le Code civil de 1804, il y a eu reconnaissance des identités d'origine, mais toujours sur la base du droit des personnes, non sur la constitution d'entités collectives, communautés ou minorités ethniques, religieuses ou socialement visible.[65] »

Face aux revendications identitaires, les réactions étatiques sont diverses : les notions de citoyenneté et d'identité peuvent être confondues. L'appartenance à une identité particulière est reconnue juridiquement par la Constitution. L'identité et la citoyenneté relèvent toutes deux du politique et du juridique. Il existe alors « une véritable reconnaissance politique et institutionnelle de l'altérité collective[66] ».

---

[64]Jacqueline COSTA-LASCOUX, *République et particularismes*, *La Documentation française*, n°909, février 2005, p. 10.

[65] Jacqueline COSTA-LASCOUX, *République et particularismes*, *ibid.* p. 8.

[66] Michel WIEVIORKA, *Une société fragmentée ? Le multiculturalisme en débat,* La Découverte, 2012, p.5-8.

Tel est le cas dans des États unitaires comme l'Espagne, où l'on peut être Espagnol et Basque, ou bien en Norvège, où l'identité sámi se superpose à la citoyenneté norvégienne.

Cette conception s'oppose à la défense, prédominante en France, du « modèle républicain d'intégration ». Citoyenneté et identité culturelle sont alors séparées. Ainsi, dans la République française, « ces particularismes n'ont pas à s'épanouir en dehors de la sphère privée, et toute demande identitaire ou communautaire qui tenterait sa chance dans l'espace public doit être rejetée [...][67] ». Selon J. Costa-Lascoux [68], ces notions sont distinctes : « la filiation, l'héritage, la terre des ancêtres, la tradition, la communauté... sont de l'ordre de l'identité ; le choix, l'adhésion, le contrat, le territoire, la loi, le suffrage, la nation... sont de l'ordre de la citoyenneté ».

La République française a une conception universaliste et abstraite de la citoyenneté. Ainsi, la dimension publique de l'individu est exprimée par sa citoyenneté, et l'expression de son identité appartient à la sphère privée. La neutralité de l'espace public est légitimée par le souci de « mieux protéger l'intimité de la vie privée, la morale personnelle, le choix des modes de vie [...] sans qu'une assignation identitaire puisse de façon injonctive contraindre l'individu[69] ».

Parmi les autres enjeux de la recherche de conciliation, figurent le développement de la démocratie locale et du dialogue interculturel. Ces objectifs peuvent être approchés grâce à l'autodétermination interne, reconnue formellement par la *Déclaration des Nations unies sur les droits des peuples autochtones*, et à la décentralisation renforcée pouvant mener à l'autonomie locale prônée par l'Union européenne. La *Charte européenne de l'autonomie locale* du 15 octobre 1985 énonce les principes de la libre administration. La libre administration (ou « autonomie locale » selon le Conseil de l'Europe) donne aux unités territoriales, désignées par chaque État, des moyens essentiellement financiers et administratifs. La notion d'autonomie locale constitue les prémices d'un assouplissement de la tradition constitutionnelle de l'État unitaire.

Par ailleurs, le droit international et européen, particulièrement les instruments de protection des peuples autochtones et des personnes appartenant à des minorités nationales, mettent en cause la notion d'État-nation[70] au profit

[67] Michel WIEVIORKA, *ibid.*
[68] Jacqueline COSTA-LASCOUX, *République et Particularismes*, *op.cit.*, p.10.
[69] Jacqueline COSTA-LASCOUX, *ibid.*, p. 9.
[70] La « nation » désigne une communauté historique, plus ou moins institutionnelle, occupant un territoire donné ou sa terre natale, et partageant une langue et une culture distinctes. Le terme « nation » est très proche de l'idée de « peuple » ou de « culture ». Dans l'État-nation, l'État coïncide

de celle d'État pluriculturel. Ils contribuent ainsi à la modernisation des États et des relations que ceux-ci entretiennent avec leurs minorités culturelles. En questionnant le principe d'égalité nationale, et en favorisant la création d'institutions au sein de l'État permettant l'expression identitaire de groupes infra-étatiques, ces textes internationaux invitent l'État unitaire à questionner et à assouplir sa structure constitutionnelle classique. Ainsi, le droit international incite à concevoir de plus en plus l'existence d'États mixtes constitutionnellement pour institutionnaliser l'expression de la diversité culturelle sur le territoire d'un État. Dans ce sens, Philippe Ardant a pu écrire[71] : « Il n'y a pas de rupture de l'État unitaire décentralisé à l'État fédéral, à travers la variété des aménagements on passe insensiblement de l'un à l'autre (voir le cas de l'Espagne)[72] ».

Enfin, les avancées en matière de droits des peuples et des minorités sont souvent freinées par la réticence des États-membres, qui y voient le spectre du communautarisme ou, pire, de la sécession. Un « relais » peut alors être vu dans les expériences nationales réussies : ainsi, celles-ci participeraient à la perfectibilité du droit international en étant une sorte de source d'inspiration pour appréhender puis aménager le droit à l'autodétermination interne. Elles permettent alors de « dédramatiser » cette notion *a priori* inconciliable avec la souveraineté étatique et l'intégrité du territoire. Comme le souligne l'Assemblée parlementaire du Conseil de l'Europe, si « le concept d'autonomie recèle une connotation négative [...] l'autonomie, telle qu'elle est appliquée dans les États de droit garantissant les libertés et les droits fondamentaux à ses citoyens, doit plutôt être considérée comme un "arrangement subétatique", permettant à un groupe minoritaire dans un État de jouir de ses droits et de préserver son identité culturelle, tout en offrant à l'État des garanties en matière d'unité, de souveraineté et d'intégrité territoriale[73] ».

Constituant ainsi une sorte de laboratoire expérimental du droit, les expériences institutionnelles menées par un ou plusieurs États sont une source de réflexion et proposent aux autres États concernés par des revendications identitaires des mesures singulières par rapport à leur identité constitutionnelle.

Le bénéfice des expériences nationales réussies est donc double : il agit d'une part sur la politique intérieure des autres États unitaires souverains, et d'autre part sur le développement du droit international, offrant une protection aux peuples autochtones et aux minorités nationales ou ethniques, religieuses et linguistiques.

---

avec une nation ethnique. Chaque nation doit correspondre à un État et, réciproquement, un État n'est constitué que d'une nation sur un territoire défini. Par cette identification entre l'État et la nation, il s'oppose à l'État multinational, qui, lui, contient plus d'une nation.

[71] Philippe ARDANT, *Institutions politiques et droit constitutionnel*, 8e édition, LGDJ, p. 32.

[72] L'Espagne reste nominalement unitaire mais s'apparente à un État fédéral en accordant des autonomies étendues à toutes ses provinces, en particulier à la Catalogne et au Pays Basque.

[73] Résolution 1334 sur « Les expériences positives des régions autonomes comme source d'inspiration dans la résolution de conflits en Europe », 19e séance, 24 juin 2003, *op.cit.*

Conscientes qu'au conflit d'ordre culturel et humain s'ajoute désormais un conflit de normes, les organisations internationales et européennes proposent aux États membres, dont la grande majorité est de forme unitaire, non pas une approche conceptuelle et abstraite du problème, mais plutôt une approche pragmatique et consensuelle. En effet, les instruments internationaux et européens laissent aux États une marge de liberté dans la mise en œuvre des droits reconnus. Depuis la fin des années 1990, une place prépondérante est donnée à l'élaboration de partenariats modernes entre les acteurs étatiques et les représentants des minorités. Ces arrangements internes contribuent à recréer des liens éventuellement rompus entre les États et leurs minorités et à sortir de relations conflictuelles latentes ou déclarées en redéfinissant leurs relations. Le mode de gestion des différences culturelles se fonde désormais sur une démarche de concertation entre les acteurs concernés.

Les instruments de protection internationale et européenne des droits des personnes appartenant à des minorités et des droits des peuples autochtones ainsi que ceux relatifs à la sauvegarde de la diversité culturelle traduisent ainsi juridiquement la volonté politique d'une majorité d'États, à travers leurs travaux au sein des organisations internationales, et celle d'un grand nombre de représentants de minorités, de rechercher une conciliation entre la protection de leurs identités culturelles singulières et celle de la souveraineté et de l'intégrité territoriale des États.

Appréhendé dans une perspective fonctionnelle, et entendu dans une acception commune, le terme de conciliation, du latin *conciliatio*, cherche à accorder, à réunir, rendre harmonieux ce qui est différent ; elle a pour synonymes la concorde, l'entente, le rapprochement et s'oppose à la rupture et à la séparation. Elle aboutit en principe à un accord c'est-à-dire à une rencontre des volontés, un arrangement entre les parties. En des termes juridiques, la conciliation est un mode de règlement amiable des conflits, mettant en œuvre une procédure contradictoire et proposant une solution pour tenter de mettre les parties d'accord[74].

Dans une perspective relationnelle, la recherche d'une conciliation suppose la prise en compte de l'altérité et de la pluralité. Elle tente de rapprocher des éléments, des parties, des intérêts *a priori* divergents voire antagonistes, en tentant de répondre à la question qui lui est intrinsèquement liée : comment (re)créer du lien entre les parties ? Comment établir des relations apaisées et constructives ?

La démarche de la conciliation cherche ainsi à réunir les parties en conflit dans un espace commun en considérant les intérêts de l'une et l'autre partie ; elle

---

[74] *Lexique des termes juridiques*, 11e édition, Dalloz, p. 124.

propose une voie médiane, qui convienne aux deux parties. Son objectif n'est pas l'enfermement des parties. En matière de protection des minorités culturelles, la recherche d'une conciliation vise le contraire d'un cloisonnement qui s'exprimerait soit par celui des États, *via* la théorie de l'État-nation, soit par celui des minorités culturelles fondé sur des revendications identitaires teintées de séparatisme avec le risque de ne pas respecter les droits et libertés fondamentaux des membres des communautés culturelles. Au contraire, elle cherche à opérer un rapprochement, à (re)créer du lien, à favoriser les relations entre les différents acteurs (États, minorités culturelles, entités infra-étatiques) pour décloisonner les catégories.

L'expression « à la recherche d'une conciliation » a été choisie afin de montrer que la démarche d'une conciliation est voulue et construite. Elle n'est ni simple ni spontanée. Elle est au contraire le fruit d'un cheminement complexe, élaboré dans la pratique au fil des décennies par plusieurs parties dynamiques : les États norvégien et français, les organisations internationales et les représentants sámi et corses. Elle suppose aussi parfois une approche empruntant à l'interdisciplinarité afin de mieux saisir les enjeux politiques et juridiques ainsi que les particularités historiques et sociologiques.

Ainsi, les organisations internationales, à travers l'adoption d'instruments juridiques internationaux et européens protecteurs des droits des personnes appartenant à des minorités, des droits des peuples autochtones et de la diversité culturelle, incitent les États concernés à rechercher une conciliation avec leurs minorités culturelles. Un grand nombre de leurs dispositions suggèrent d'adopter une double posture : d'une part, un *esprit de concertation*, qui repose sur le dialogue entre les parties, que sont les États et leurs minorités culturelles, et d'autre part, un *dynamisme* compris dans le sens d'une volonté et d'une prise d'initiative des parties, qui deviennent alors actrices de la procédure de conciliation. Comme l'illustrent les exemples sámi et corse au sein des États norvégien et français, la conciliation est alors multipartite et repose sur la volonté dynamique des parties **(Première Partie).**

Le terme « dynamisme » peut aussi décrire un mouvement, un processus plutôt qu'un aboutissement, et une capacité d'adaptation. Ce dynamisme concerne les identités culturelles, qui évoluent – "Identity itself is dynamic, evolving and diverse; not all membres of cultural group attach the same meaning and value to their identity[75]" – ainsi que les individus qui ont plusieurs identités et qui sont susceptibles d'évoluer dans leur liberté de vivre et de transmettre cette (ou ces) identité(s). Pour répondre aux revendications identitaires sámi et corses, les États norvégien et français ont progressivement créé des cadres étatiques plus adaptés et évolutifs, impliquant alors des réformes internes sur les plans normatif et institutionnel. Ainsi, la création de cadres étatiques dynamiques favorise la (ré)conciliation des parties **(Deuxième Partie).**

---

[75] Crawford YOUNG, « Cultural Diversity and Public Policy », *The accommodation of cultural diversity, case-studies*, ed. Crawford Young, United Nations Research Institute for Social Development (UNRISD), 1999, p. 8.

PREMIÈRE PARTIE

Une conciliation multipartite :

la volonté dynamique des parties

L'article 1er de la *Déclaration des principes de la coopération culturelle internationale* adoptée par l'UNESCO le 4 novembre 1966 énonce :

« 1. Toute culture a une dignité et une valeur qui doivent être respectées et protégées.

2. Tout peuple a le droit et le devoir de développer sa culture.

3. Dans leur variété féconde, leur diversité et l'influence réciproque qu'elles exercent les unes sur les autres, toutes les cultures font partie du patrimoine commun de l'humanité ».

Cette citation reflète la prise de conscience de la part des États et de la communauté internationale de la nécessité de protéger et de respecter toutes les cultures. Elle traduit aussi l'évolution du sens donné au terme « culture » : désignant initialement la production artistique, les beaux-arts et les belles-lettres, la définition de la culture a été complétée à partir des années 1960, dans le contexte de la décolonisation, par une approche ethnologique. L'UNESCO exprime ainsi dans cet article 1er de la *Déclaration sur les principes de la coopération culturelle internationale* la reconnaissance par les États de l'égale dignité de toutes les cultures en ce qu'elles sont des facteurs d'identités et de développement.

La *Charte des Nations Unies* (1945), le *Pacte international relatif aux droits civils et politiques* et le *Pacte international relatif aux droits économiques, sociaux et culturels* (1966), reconnaissent dans leurs dispositions l'égalité des droits et le droit des peuples à d'autodétermination. Complétés par les instruments de l'UNESCO proclamant l'égalité de valeur et de dignité de toutes les cultures, des questionnements d'ordre politique, juridique, philosophique et sociologique ont relancé ou initié des réveils identitaires de la part de minorités nationales, de peuples autochtones, ou bien relevant d'un fort sentiment régionaliste.

Les mouvements contemporains de revendications identitaires sámi et corse se sont inscrits dans ce contexte international. Ces communautés culturelles ont fait, et font toujours, preuve d'une volonté dynamique dans la recherche d'une conciliation de leurs identités culturelles avec le caractère unitaire de leurs États respectifs. Leurs initiatives, leur dynamisme politique et juridique sur les scènes nationales et internationales contribuent à les conduire loin des clichés des minorités passives exclues ou marginalisées. En ce sens les représentants sámi et corses jouent un rôle indispensable dans la sauvegarde de leurs identités culturelles collectives **(TITRE I)**.

Cependant les représentants corses et sámi ne sont pas les seuls à rechercher une conciliation avec leurs États respectifs. Depuis plusieurs décennies et pour différentes raisons, elle est aussi voulue et recherchée par les États français et norvégien.

La démarche visant à éviter ou à sortir d'une relation conflictuelle, à recréer du lien entre les États et leurs minorités reçoit le soutien d'organisations non gouvernementales (ONG) et d'organisations internationales (OI) à vocation universelle et à vocation régionale qui défendent la diversité culturelle, les droits des minorités et ceux des peuples autochtones dans le respect des droits de l'homme et de la démocratie. Les acteurs directs ou indirects ayant intérêt à l'existence d'une conciliation sont donc en réalité multiples.

L'Organisation des Nations Unies (ONU) et ses agences spécialisées ainsi que le Conseil de l'Europe se posent en médiateurs entre les États membres et leurs minorités, en suggérant aux États concernés et consentants l'adoption et la mise en œuvre sur leur territoire d'un minimum de standards pour maintenir la vitalité des cultures minoritaires.

Ainsi, les organisations internationales qui défendent la diversité culturelle **(TITRE II)** jouent un rôle complémentaire – mais pas secondaire – de celui des minorités et constituent un autre centre d'impulsion dans la recherche d'une conciliation.

TITRE I

L’indispensable rôle des représentants sámi et corses dans la sauvegarde de leurs identités culturelles collectives

L'affirmation de l'État moderne au XVIe siècle puis l'avènement de l'État-nation au XVIIIe siècle n'ont pas été favorables à la condition des minorités et des peuples autochtones en Europe[1]. Souvent dépossédés de leurs territoires, exclus et marginalisés dans la société, ils ont été victimes d'assimilation culturelle forcée. Les Sámi et les Corses n'ont pas échappé à ces pratiques qui témoignent d'une conception des relations entre les États et leurs minorités.

A partir de leurs rattachements officiels aux États dano-norvégien et français au cours du XVIIIe siècle, les Sámi et les Corses n'ont pas bénéficié d'un statut juridique protecteur de leurs territoires et de leurs identités culturelles collectives. Subissant alors les politiques nationales d'assimilation culturelle et parfois les pratiques discriminatoires, ils n'ont reçu, outre le respect des droits de l'homme et des libertés fondamentales, aucune forme de protection juridique spécifique pour leurs identités culturelles jusque dans les années 1980.

La sauvegarde des identités culturelles sámi et corse au sein des États norvégien et français est indissociable du rôle dynamique et continu porté par les délégués (devenus ensuite représentants élus) sámi et corses depuis les années 1980 auprès des gouvernements norvégien et français pour faire reconnaitre leurs territoires et la singularité de leurs identités culturelles.

Ainsi, l'absence initiale de protection juridique des identités sámi et corse (**Chapitre I**) a créé tant chez les Sámi de Norvège, de Suède et de Finlande que chez les Corses, un réveil et une conscience identitaire forte. Aspirant à la préservation de leurs identités culturelles collectives, des représentants sámi et corses ont initié une évolution dans leurs relations avec leurs États respectifs débouchant sur l'élaboration concertée d'une protection juridique des identités sámi et corse (**Chapitre II**).

---

[1] Norbert ROULAND (dir.), Stéphane PIERRE-CAPS et Jacques POUMAREDE, *Droit des minorités et des peuples autochtones*, Les Presses universitaires de France, Collection Droit politique et théorique, 1996, p. 63s.

<u>CHAPITRE I</u>

L'absence initiale de protection juridique des identités sámi et corse

Sur un plan sociologique, la présence des Corses et des Sámi, en tant que communautés culturelles singulières, n'a pas échappé à la jeune République française ni aux royaumes scandinaves lors de leurs rattachements officiels respectifs à ces États au XVIIIe siècle.

De plus, un *droit des gens*, dès le XVIIe siècle, avait eu pour finalité de protéger les droits des minorités.

Pourtant les Corses et les Sámi sont restés en dehors de toute protection, qu'elle soit offerte par le droit international public alors en vigueur ou par les droits internes français et norvégien.

Quelles peuvent être les raisons de cette absence initiale de protection juridique des identités culturelles sámi et corse ?

Afin de proposer des pistes pour expliquer comment et pourquoi les Sámi et les Corses n'ont fait l'objet d'une protection ni par le droit international public ni par le droit internes des États norvégien et français, et tout en évitant les risques d'anachronismes, les données juridiques pertinentes ont dû être replacées dans leur contexte historique particulier. Dans ce premier chapitre, la démarche juridique ne peut être séparée d'une approche historique, et parfois sociologique, complémentaire[2].

« Les minorités sont très largement une création du droit international public. L'on peut même préciser que les minorités nationales en sont une exclusivement.[3] »

A priori la notion de minorité n'existe pas elle-même. C'est le fait majoritaire qui la crée et de leur entrée dans des catégories juridiques dépend leur protection et donc la préservation de leurs caractéristiques. Des groupes deviennent alors des minorités légales lorsque le droit international et/ou les États les captent et leur accordent une protection, ou des minorités de fait lorsque les groupes ne répondent pas aux critères posés par le droit. Ces groupes restent donc en dehors du champ de protection offert par le droit. Ce fut le cas des Corses et des Sámi jusqu'au milieu du XXe siècle.

En leur refusant le statut de minorité légale, ou celui de peuple autochtone, ou encore celui de « nation », susceptible alors, selon le principe des nations, qui a émergé dans l'Europe des Lumières au XVIIIe siècle et qui a eu son apogée au XIXe siècle, d'imposer aux États français et norvégien la reconnaissance de ces collectivités en tant que collectivités dotées d'une souveraineté et d'une indépendance, le droit international public ainsi que les États français et

[2] Cette démarche a aussi été nécessaire pour la compréhension de la sous-partie A, « L'évolution des statuts juridiques en droit français et en droit norvégien », section 1, du chapitre 2.

[3] Norbert ROULAND *et al.*, *Droit des minorités et des peuples autochtones*, Les Presses universitaires de France, Collection Droit politique et théorique, 1996, p. 139.

norvégien ont fait des Sámi et des Corses des minorités de fait jusqu'au XXe siècle.

L'absence actuelle de dénomination commune des Sámi et des Corses au regard des droits internes français et norvégien[4], et du droit international, incite pour cette étude à chercher une qualification commune à ces deux populations en dehors des catégories prévues par le droit.

Un courant doctrinal, le Groupe de Fribourg, ouvre une porte dans ce sens.

En se référant à leurs singularités culturelles et à leur volonté de préserver les caractéristiques de leurs identités collectives, il semble préférable de se référer à la notion de « communauté culturelle » au sens donné par le Groupe de Fribourg. En effet, l'article 2c de la *Déclaration de Fribourg*[5] énonce que « par *communauté culturelle*, on entend un groupe de personnes qui partagent des références constitutives d'une identité culturelle commune, qu'elles entendent préserver et développer ». Ces groupes cherchent aussi à communiquer, sauvegarder et transmettre leurs identités culturelles propres. Dans cette perspective, les Sámi et les Corses, qui revendiquent des droits culturels, appartiennent à des « communautés culturelles » au sens de cette Déclaration.

En tant que communautés culturelles situées sur les territoires et sous la juridiction d'États successifs, les communautés culturelles sámi et corse sont devenues des minorités de fait au contact des États français et dano-norvégien[6] dès le XVIIIe siècle, jusqu'au XXe siècle **(I)**.

Leur qualification de minorité légale et/ou de peuple autochtone s'est heurtée à des obstacles de nature juridique **(II)** tant en droit international public que dans le droit interne des États français et norvégien.

[4] Les Sámi ont acquis depuis les années 1980 le double statut de minorité et de peuple autochtone à la fois en droit norvégien et selon les critères du droit international. Tandis que les Corses ne sont pas reconnus par le droit français comme appartenant à une minorité ou constituant un peuple autochtone.

[5] La *Déclaration de Fribourg sur les droits culturels* est un texte non contraignant élaboré par le Groupe de Fribourg et adopté le 7 mai 2007 par des membres de la société civile, avec l'appui d'un certain nombre d'experts des Nations unies, de l'UNESCO, d'universitaires, d'instituts des droits de l'homme et d'organisations non gouvernementales. Elle a été rédigée au sein de l'Observatoire de la diversité et des droits culturels, dont le siège est à l'Institut interdisciplinaire d'éthique et des droits de l'homme (IIEDH) de l'Université de Fribourg, en Suisse.

[6] De 1397 à 1523, les trois royaumes scandinaves (Suède, Norvège et Danemark) formaient l'Union de Kalmar ; il s'agissait d'une union personnelle (sous un seul monarque). À la suite de conflits internes, l'Union fut dissoute et la Norvège devint dépendante du Danemark. L'union dano-norvégienne dura de 1536 à 1814, date à laquelle le Danemark dut ensuite céder la Norvège au royaume suédo-finlandais.

I. Des communautés culturelles devenues minorités de fait au contact des États norvégien et français

Par leurs situations géographiques, les Sámi ont longtemps constitué des isolats, des sociétés en marge des grands courants de civilisations, avec une singularité culturelle et une organisation économique, politique et sociale propres. Nomades à l'intérieur des terres ou semi-nomades[7] le long des côtes, ils étaient organisés selon le système des *siidas*[8], structures préétatiques sans force centralisatrice ou du moins fédératrice.

De même, l'île de Corse était certes habitée depuis l'Antiquité, mais jusqu'à la fin du XVIIIe siècle elle était profondément divisée en communautés claniques sans autorité fédératrice et reposant sur un système féodal. Il n'existait pas non plus d'unité sur le plan linguistique. Cet ensemble exprimait une apparente inorganisation sociale et politique laissant alors le champ libre à des puissances étrangères[9].

En ce sens, les populations sámi et corse constituaient des entités sociales et culturelles non étatiques, non organisées politiquement. Cet aspect constitue un de leurs points communs.

Les communautés corse et sámi ont aussi pour point commun d'avoir été fortement exposées, soumises à l'influence commerciale, politique et culturelle de puissances étrangères à leurs cultures : celle des cités-États de Pise, de Gênes, puis de la jeune République française au XVIIIe siècle pour l'île corse[10]. Et, pour les populations sámi, celle des monarchies scandinaves qui ont découvert la Laponie dès le VIIIe siècle[11], mais la première prise en compte juridique de leur existence a eu lieu au XVIIIe siècle. Dès leurs premières captations juridiques[12] par les États dano-norvégien et français, les Sámi et les

---

[7] C'était le cas des Sámi skolte, pêcheurs établis dans les régions côtières qui se repliaient en hiver au fond des fjords.

[8] Les *siidas* sont des villages ou des communautés régionales de Sámi organisées selon des intérêts économiques et culturels. « L'unité sociale et économique du pastoralisme lapon est la *siida*, ensemble des gens qui regroupent leurs rennes sur les mêmes pâturages d'été ou d'hiver et qui cohabitent donc pendant quelques mois sur un même campement saisonnier », Yves DELAPORTE, *Le regard de l'éleveur de rennes, Laponie norvégienne : essai d'anthropologie cognitive*, éd. Peeters, 2002, p. 4.

[9] Emmanuel LE ROY LADURIE, *Histoire de France des régions*, éd. du Seuil, collection Points Histoire, 2001, p. 172-178.

[10] Dès le néolithique, les Corses auraient été une population de langue italique. Avant son rattachement à la France, l'île a connu une succession d'influences, voire de dominations culturelles et mercantiles de la part des Ligures, des Phéniciens, des Grecs, des Romains, des Byzantins, des Pisans et enfin des Génois jusqu'au milieu du XVIIIe siècle.

[11] En fait, l'occupation de la région lapone s'est progressivement réalisée avec la présence de commerçants scandinaves à l'occasion de leurs expéditions de chasse et de pêche. Sur les relations commerciales des Sámi avec les Scandinaves, voir « La colonisation de la Laponie » *in* Johan TURI, *Récit de la vie des Lapons*, éd. L'Harmattan, 1997, p. 15-28.

[12] Le traité de Strömstad établissant les frontières entre les royaumes dano-norvégien et suédo-finlandais a morcelé la Laponie et il traite de la situation des Sámi dans un annexe appelée *Lapp Codicil.* De même, les Corses ont été saisis par le droit français pour la première fois par le traité de Versailles rattachant l'île à la République française. Ces points sont développés dans la sous-

Corses ont été englobés par ces États, les privant définitivement d'une assise territoriale, ce qui étouffait ainsi toute velléité et tout potentiel d'évolution vers une forme étatique, et, en menant à leur égard des politiques d'assimilation culturelle, leur déniant tout statut juridique spécifique.

Par ce double processus touchant à la fois les territoires et les populations, les Sámi et les Corses sont devenus des minorités de fait.

Les minorités de fait se distinguent des minorités de droit[13]. Serge Sur donne une définition des minorités de fait en ces termes simples : « Les minorités de fait sont celles qui ne sont pas reconnues comme telles par l'État. Leur situation relève alors du droit commun applicable à l'ensemble des citoyens, c'est-à-dire du principe d'égalité. Les droits que leurs membres peuvent revendiquer et exercer sont des droits individuels, composantes des droits de l'homme et des libertés publiques. » Mais « lorsqu'elles sont reconnues, elles deviennent minorités de droit et leur statut est différent mais cela ne change pas leur réalité : une minorité, c'est d'abord une situation de fait. La question n'est donc ni de les définir ni de les reconnaître, elle est de les identifier.[14] »

Dans un mémorandum, le secrétaire général des Nations unies avait relevé en 1950 plusieurs façons pour une minorité de se former :

« a) Elle pouvait constituer antérieurement une nation indépendante organisée en État distinct (ou une organisation tribale plus ou moins indépendante) ;

b) Elle pouvait faire partie antérieurement d'une nation organisée en État distinct et avoir été par la suite séparée de cet État et annexé à un autre ;

c) Enfin elle pouvait constituer autrefois, ou peut-être encore, un groupe régional ou dispersé qui, s'il est lié par certains sentiments de solidarité au groupe prédominant, n'a pas été réellement assimilé, même au plus faible degré, par celui-ci.[15] »

---

partie « L'appropriation des territoires sámi et corse par les États norvégien et français » et dans la sous-partie « Le déni de statuts juridiques particuliers aux populations sami et corse », sous-paragraphe « Nation sâme et peuple corse : des stratégies d'autoprotection infructueuses ».

[13] « Les minorités de droit sont reconnues comme minorités par le droit des États concernés, que ce soit sur la base de leur droit interne ou d'engagements internationaux ou des deux. Elles vont alors bénéficier non plus de l'égalité entre individus, mais de la non-discrimination entre groupes, ce qui relève d'une conception des droits de l'homme assez différente. On pourra ainsi justifier des règles de fond distinctes, protégeant les langues régionales ou la diversité culturelle, mais aboutissant en principe à des traitements équivalents – l'égalité étant un objectif et non plus une méthode. On mesure ainsi la différence entre égalité et non-discrimination », Serge SUR, « L'OSCE et les minorités. Bilan et perspectives » *in Les minorités dans l'espace OSCE*, *Annuaire Français de Relations Internationales*, volume VIIII, janvier 2007, publications du Centre Thucydide, p. 102.

[14] Serge SUR, « L'OSCE et les minorités. Bilan et perspectives », *ibidem*, p. 101.

[15] *Definition and classification of minorities*, Memorandum submitted to United Nations Commission on Human Rights, Sub-commission on Prevention of Discrimination and Protection of Minorities, Lake Success, New York, 1950, § 37- 38.

Les Sámi et les Corses sont devenus des minorités de fait selon deux procédés : par l'appropriation de leurs territoires par les États dano-norvégien et français, d'une part (*§ 1*) ; et par le déni de statuts juridiques particuliers à ces populations, d'autre part (*§ 2*).

§ 1. L'appropriation des territoires sámi et corse par les États dano-norvégien et français

Le terme « appropriation » soulève la question de savoir si la Laponie et l'île Corse appartenaient déjà aux Sámi et aux Corses avant leurs rattachements aux royaumes dano-norvégien et français. La question d'un éventuel droit de propriété des Sámi et des Corses sur la Laponie et sur l'île implique un débat houleux et épineux avec leurs gouvernements respectifs qui ne fait pas l'objet de développements dans cette étude. L'objet n'est pas de prendre parti et la preuve de l'existence d'un titre de propriété ne peut être établie ou l'est très difficilement.

Le terme d'appropriation signifie alors dans ce contexte occupation *de facto* des territoires insulaire et lapon puis leur rattachement officiel aux États norvégien et français sans le consentement initial des populations, dans le cadre d'une politique d'expansion territoriale.

Les Sámi et les Corses ont tous deux été privés d'une base territoriale selon deux modes d'acquisition différents : la Laponie, à l'instar de bien d'autres territoires ancestraux autochtones[16], fut considérée comme *terra nullius* par les scandinaves (A) et l'île de la Corse fut une cession de guerre (B) à la France.

A. La Laponie : une terra nullius

La Laponie a été progressivement occupée par les scandinaves dès le VIIIe siècle, mais l'occupation territoriale a réellement débuté au cours des XVe et XVIe siècles avec l'implantation de la compagnie des Pêcheries du Finnmark. En 1751 la décision du roi de Danemark-Norvège de faire du Finnmark un lieu de déportation des prisonniers condamnés à perpétuité a permis d'y maintenir un certain taux de colonisation norvégienne. Cette arrivée massive de Norvégiens sur une terre qui n'appartenait autrefois qu'aux Lapons a entraîné des changements décisifs dans leur mode de vie : comme ces immigrants s'installaient principalement sur les terrains de chasse des Sámi de la mer, ces derniers furent les premiers touchés : l'installation des Norvégiens dans le Nordland et le Finnmark a entraîné la disparition de leur semi-nomadisme et donc leur sédentarisation.

---

16 Par exemple, les terres des Indiens et des Inuits au Canada, des Aborigènes d'Australie ou encore des Maoris de Nouvelle-Zélande…

Paradoxalement, alors qu'ils avaient connaissance de l'existence des Sámi, les Scandinaves se sont installés à l'époque d'une politique d'expansion coloniale en invoquant la théorie *terra nullius* signifiant « territoire sans maître ». Mais, comme le souligne Emmanuel Decaux, « toute acquisition est faite aux dépens d'un pouvoir préexistant […] car le monde n'a jamais été vide.[17] »

La théorie *terra nullius* a été pratiquée et légitimée jusqu'en 1975 par la Cour internationale de justice (CIJ) et jusqu'en 1992 lors de l'arrêt *Mabbo c. Queensland* de la Cour suprême australienne.

Un territoire inhabité est déclaré *terra nullius* dès lors qu'aucune entité souveraine ne l'a jamais revendiqué, ou sur lequel aucune entité souveraine n'a accompli d'actes attestant sa souveraineté, ou encore lorsque le nouveau territoire n'est pas cultivé[18].

L'ancienne Cour permanente de justice internationale (CPJI) avait eu l'occasion de se prononcer sur ce mode d'acquisition dans une affaire du 5 avril 1933 relative au *Statut juridique du Groenland oriental*, litige opposant le Danemark et la Norvège actuels[19].

Dans cette affaire, le Danemark soutenait que « le gouvernement danois [avait] la souveraineté pleine et entière sur l'ensemble du Groenland et [que] […] la Norvège [avait] reconnu cette souveraineté », tandis que l'État norvégien invoquait que « toutes les parties du Groenland, qui n'avaient pas été occupées de manière à être effectivement placées sous l'administration du gouvernement danois » étaient « *terrae nullius* et, cessant d'être *terrae nullius*, devaient passer sous la souveraineté norvégienne ».

La Cour était alors parvenue à la conclusion suivante : « si l'on garde présente à l'esprit l'absence de toute prétention à la souveraineté de la part d'une autre Puissance et la nature arctique et inaccessible des régions non colonisées du pays, le roi de Danemark et de Norvège, […] [entre] 1721 [et] 1814, manifesta son autorité dans une mesure qui suffit à conférer à son pays un titre valable de souveraineté, et que ses droits sur le Groenland n'ont pas été limités à la région colonisée ». Elle avait ensuite déclaré que : « Cette conclusion vaut s'agissant du territoire peu peuplé et non occupé par des habitants à demeure du Groenland oriental […] » car « le droit international admet des degrés variables de manifestation de l'autorité étatique, selon les circonstances propres à chaque espèce ».

La Cour s'était référée à une sentence antérieure, rendue en 1928, concernant l'île de Palmas[20], dans laquelle elle énonçait déjà que « dans

---

[17] Emmanuel DECAUX, *Droit international public*, 2004, 4e éd, Dalloz, p. 117-118.

[18] Cette théorie avait été utilisée pour justifier la colonisation de l'Australie par les Britanniques et l'expropriation des terres aborigènes. Mais dans son arrêt *Mabo and Others v. Queensland* (no 2) du 3 juin 1992, F.C 92/014, § 33, la Haute Cour d'Australie a invalidé rétroactivement cet argument et a proclamé que l'Australie n'avait jamais été *terra nullius.*

[19] *Statut juridique du Groenland oriental*, arrêt, 1933, C.P.J.I. série A/B no 53, p. 39.

[20] *Ile de Palmas (Pays-Bas/États-Unis d'Amérique)*, sentence arbitrale, 4 avril 1928, *Revue générale de droit international public*, tome XLII, 1935, p. 165.

l'exercice de la souveraineté territoriale, il y a nécessairement des lacunes, une intermittence dans le temps et une discontinuité dans l'espace... Le fait qu'un État ne peut prouver l'exercice de sa souveraineté sur une telle partie de territoire ne saurait être interprété comme démontrant l'inexistence de cette souveraineté. Chaque cas particulier doit être apprécié à la lumière des circonstances de l'espèce ».

Cette souveraineté étatique qui n'avait pas nécessairement à se manifester « en fait à tout moment sur tout point du territoire », s'étendait non seulement au territoire et au peuple qui y vit, mais aussi sur la mer territoriale. Par conséquent, les territoires non constitués sous forme d'État étaient considérés sans maître, libres d'être occupés et, tout territoire dépendant d'un État, ne possédaient aucune personnalité juridique.

Il a fallu attendre la fin de la Seconde Guerre mondiale et le mouvement de décolonisation pour que cette théorie de l'acquisition de territoires par l'occupation soit remise en cause, mais sans pour autant s'affranchir ou questionner le modèle étatique.

Un avis consultatif[21] de 1975 rendu par la Cour internationale de justice en donne une illustration. Elle avait été saisie de la question de savoir si le Sahara occidental était un territoire sans maître au moment de la colonisation espagnole. La Cour avait répondu par la négative en déclarant que « selon la pratique des États de l'époque, les territoires habités par des tribus ou des peuples ayant une organisation sociale et politique n'étaient pas considérés comme *terra nullius* ; la souveraineté à leur égard ne pouvait donc s'acquérir par l'occupation mais par des accords conclus avec des chefs locaux ». En l'espèce, au moment de la colonisation, le Sahara occidental était habité par des populations, certes nomades, mais qui étaient socialement et politiquement organisées en tribus et placées sous l'autorité de chefs.

Si la décision de la Cour est satisfaisante au regard de nos modes de pensée actuels, la motivation de l'avis rendu peut être décevante car elle montre que la CIJ ne s'était pas « écartée du "moule étatique" en recherchant des formes de pouvoir étatique dans une société nomade préétatique et en transformant une allégeance religieuse au souverain chrétien en dépendance politique.[22] »

Ni les Sámi, ni les Corses n'étaient constitués en structure étatique comme dans le cas du Sahara occidental. Ils étaient dépourvus de toute conscience nationale et de représentants fédérateurs qui auraient pu jouer le rôle de chefs locaux[23]. Les groupes étaient morcelés en structures claniques ou en *siidas*, phénomène social accentué par une géographie peu hospitalière. Par conséquent, ni les Sámi ni les Corses, en tant que populations, ni leurs

---

[21] *Sahara Occidental*, avis consultatif du 16 octobre 1975, *C.I.J Recueil* 1975, p. 44.

[22] Emmanuel DECAUX, *Droit international public*, *op.cit.*, p. 117 à propos de l'avis consultatif du 16 octobre 1975, CIJ, Rec. 1975, p. 6.

[23] Sauf Sampiero CORSO (de manière brève) et Pascal PAOLI qui a joué un rôle essentiel dans l'histoire de la Corse. Ce point est expliqué dans la sous-partie « Le déni de statuts juridiques particuliers aux populations sámi et corse », paragraphie 1, de ce même chapitre.

territoires ne se sont vu reconnaître une quelconque souveraineté. Aucun traité n'a été signé avec leur consentement concernant leurs territoires alors que la pratique internationale entre le XVIe et le XVIIe siècle consistait à conclure des traités de paix, d'amitié et d'alliance[24] négociés sur un pied d'égalité entre les puissances coloniales et les peuples premiers dotés de la souveraineté externe, octroyant à ces derniers protection et pouvoir de gérer leurs propres affaires dans leurs propres territoires.

Il faut préciser tout de même qu'au XVIIe siècle, le droit des gens fondé sur le droit naturel considérait que seules les entités politiquement organisées étaient dotées de la souveraineté externe, rendant alors possible la conclusion de traités avec elles. Ce qui n'était pas le cas des populations Sámi, qu'elles fussent établies sur les côtes ou à l'intérieur des terres[25].

Par le traité de Strömstad, établi le 22 octobre 1751 entre les royaumes de Suède-Finlande et de Danemark-Norvège, le territoire ancestral lapon a été divisé par les frontières étatiques permettant à ces royaumes d'y exercer leur souveraineté sans avoir été vendu ou échangé ou conquis.

Le sort des populations sámi, éleveuses de rennes, a tout de même été pris en considération dans une annexe au Traité, mais sans concertation avec elles, et sans leur consentement. Étonnamment, alors que la théorie des *terrae nullius* a été invoquée par les Scandinaves pour légaliser leur installation en Laponie, le *Lapp Codicil*[26] atteste de l'existence des Sámi et leur octroie quelques droits qui malheureusement seront fortement réduits en pleine période de romantisme national, au XIXe siècle. Le *Lapp Codicil* concerne le statut des territoires des Sámi et constitue encore aujourd'hui une base documentaire fondamentale pour les recherches portant sur les droits fonciers des Sámi en Norvège. Étant donné la portée encore actuelle de ce texte, il convient de lui accorder quelques développements.

Par ce traité entre puissances étatiques, les Scandinaves ont acquis la vaste Laponie, sans négociation avec les Sámi à qui ils ont nié toute souveraineté puisque non organisés politiquement.

Cependant, certaines dispositions du *Lapp Codicil* nous invitent à nous demander si l'on pourrait voir en lui, *a priori*, une forme de protection juridique des identités culturelles sámi, et le balbutiement de la reconnaissance de droits fonciers à travers un démembrement du droit de propriété, l'*usus* et le *fructus*. Mais le contexte de conclusion du Traité et des dispositions limite en fait considérablement l'intérêt du texte pour les Sámi.

En effet, après d'intenses rivalités entre les royaumes scandinaves pour contrôler la Laponie et agrandir ainsi leurs territoires et leur pouvoir souverain,

---

[24] Isabelle SCHULTE-TENCKHOFF cite l'exemple de la *Covenant Chain* qui consiste en une série de traités conclus par la Grande-Bretagne avec la Confédération iroquoise. « L'autre et le traité », *Un droit pour des hommes libres, études en l'honneur du Professeur Alain Fenet*, éd. Litec, 2008, p. 239-251.

[25] Cet aspect est étudié dans la section 2, § 1, A de ce chapitre.

[26] Le nom actuel norvégien est "*Første Codicill og Tillæg til Grends-Tractaten imellom Kongerigerne Norge og Sverrig Lapperne betreffende*". Il a été conclu les 17 et 18 octobre 1751.

le traité de Strömstad fut signé le 22 octobre 1751 entre les royaumes de Danemark-Norvège et de Suède-Finlande. Établissant des frontières communes et une souveraineté étatique respective sur la Laponie, le Traité contenait aussi une annexe appelée le *Lapp Codicil*, texte souvent considéré comme la *Sami Magna Carta*[27]. Il avait pour finalité officielle « la conservation de la nation sámi[28] ».

Il reconnaissait que « les Sámi ont besoin des terres des deux pays. C'est pourquoi, conformément à leurs traditions, ils doivent pouvoir emmener leurs troupeaux de rennes en hiver et en automne de l'autre côté de la frontière [...] Ils doivent être traités avec amitié, protection et faveur[29] ». Il reconnaissait ainsi la liberté de mouvement à ce peuple nomade et transfrontalier pour exploiter ses terres traditionnelles, même en franchissant les frontières étatiques formalisées. Il permettait aussi la création de tribunaux dont les membres seraient norvégiens et suédois pour résoudre les éventuels conflits entre les Sámi des deux États. Les gouverneurs des comtés lapons étaient chargés de s'assurer du bon traitement des Sámi dans leur circonscription. Le peuple sámi bénéficiait également d'une protection en cas de guerre entre les deux royaumes : ils avaient acquis le statut de non-combattant, et ne pouvaient être privés de leur liberté de mouvement.

Dans ce premier texte traitant des droits fonciers du peuple autochtone sámi, une forme de reconnaissance et de protection de l'identité sámi semble se dégager.

Cependant les dispositions du *Lapp Codicil* obligeaient les Sámi à choisir le pays dans lequel ils voulaient s'établir en respectant les frontières politiques et juridiques établies et permettaient la traversée des frontières moyennant des taxes[30], alors symboles du contrôle de l'État.

De plus, le consentement et la participation des Sámi n'avaient pas été sollicités pour l'élaboration du *Lapp Codicil*. Le peuple sámi ne fut pas même consulté pour la détermination des frontières.

Enfin, ce texte ne reconnaissait pas le droit de propriété des Sámi sur leurs terres traditionnelles[31]. Il ne leur attribuait qu'un droit d'usage et d'usufruit. En fait, le *Lapp Codicil* avait permis au peuple autochtone de maintenir son mode de vie traditionnel, mais en même temps il avait éteint toutes les revendications sámi concernant leur droit de propriété sur leurs terres ancestrales. Dès lors, les Sámi étaient devenus des citoyens de l'un ou de l'autre royaume, sujets aux

---

[27] Expression empruntée à Lennard SILLANPÄÄ, *Political and administrative responses to sámi self-determination*, Helsinki, Finnish society of Sciences and Letters, 1994, p. 47.

[28] Hurst HANNUM, *Autonomy, sovereignty and self-determination: the Accommodation of Conflicting Rights*, University of Pennsylvania Press, 1996, p. 249-251.

[29] Traduction personnelle.

[30] Dans certaines régions de la Laponie, telle Inari en Suède, les Sámi payaient des taxes aux trois royaumes de Suède, Danemark-Norvège, et Russie.

[31] En 1848, le Parlement, *Storting*, adopta une loi confirmant cette position puisqu'elle énonçait que les Sámi nomades n'ont aucun droit de propriété.

taxations et aux formalités administratives chaque fois qu'ils passaient les frontières étatiques.

Dans les années 1980, en Norvège, le contenu du *Lapp Codicil* a fait l'objet de nombreuses discussions sur son contenu et sa portée actuels. Ces débats figurent notamment dans une publication de 1984[32] commune au gouvernement et au Parlement norvégiens.

En principe, le *Codicil* devait s'appliquer jusqu'à l'entrée en vigueur de la Convention sur le pâturage des rennes du 9 février 1972[33] signée à Oslo entre la Suède et la Norvège, mais finalement il n'a jamais été abrogé. Dans ce même rapport de 1984[34], il a été indiqué que si le *Codicil* créait des droits fonciers pour les Sámi norvégiens et suédois sur les terres norvégiennes, alors, d'une part, les effets juridiques créés amenaient en même temps une certaine insécurité juridique dans la mesure où les Sámi suédois avaient des droits fonciers sur le territoire norvégien, tandis qu'en Suède ils en étaient dépourvus ; d'autre part, le *Lapp Codicil* devait continuer à être appliqué et servir de texte référent pour les juridictions norvégiennes. Pourtant, il apparaît qu'au cours de ce siècle dernier aucune décision émanant de la Cour suprême norvégienne *(Høyesterett)* et fondée sur le *Lapp Codicil* n'a accordé aux Sámi, norvégiens ou suédois, des droits à la terre et à l'eau. Dès lors le droit d'*usus* des Sámi norvégiens et suédois est construit indépendamment d'un fondement juridique d'origine jurisprudentielle ; et trouve en fait sa légitimité dans l'utilisation des terres depuis des temps immémoriaux. On retrouve ce raisonnement dans les affaires Brekken[35] et Altevann[36] jugées par le *Høyesterett* en 1968. Dans ces deux cas, la Cour a décidé que les Sámi avaient établi et démontré leur indispensable utilisation des ressources naturelles depuis des temps immémoriaux. Des indemnités et des compensations devaient leur être versées en cas d'expropriation.

Les dispositions et l'esprit du *Lapp Codicil* invitent à se poser une autre question fondamentale : le *Lapp Codicil* crée-t-il pour le peuple sámi des droits fonciers en Laponie ? Ou bien s'agit-il pour le *Lapp Codicil* de reconnaître l'existence antérieure des droits des Sámi sur leurs terres ?

---

[32] *Folkerettsgruppen i Norges Offentlige Utredninger, NOU: 1984:18*, kappitel 6.2, s. 166-200.

[33] *Renbeteskonventioner* (Reindeer Grazing Convention), 1972. Cette convention est restée en vigueur jusqu'en 2005, Lars-Anders BAER, Special Rapporteur, "Study on the impact of climate change adaptation and mitigation measures on reindeer herding", Permanent Forum on Indigenous Issues, Ninth Session, New York, 19-30 April 2010, document E/C.19/2010/15, p. 16.

Voir aussi Nigel BANK, Timo KOIVUROVA, *The Proposed Nordic Saami Convention. National and International Dimensions of Indigenous Property Rights*, éd. Hart Publishing, Oxford and Portland, Oregon, 2013.

[34] NOU: 1984:18, *ibid.*

[35] *Brekkensaken,* Rt. 1968 s. 394.

[36] *Altevannsaken,* Rt. 1968 s. 439.

Cette question a fait naître une grande controverse dans les milieux de chercheurs et de politiciens. En 1997, une étude officielle[37] du ministère de la Justice et de la police destinée à la Commission sur les droits sámi *(Samerettsutvalget)* montre que le peuple sámi était déjà titulaire de droits fonciers, et même d'un droit de propriété sur les terres lapones bien avant l'établissement des frontières étatiques et l'existence du *Lapp Codicil* à partir de 1751.

Ce dernier ne faisant que reconnaître l'existence des droits et non pas de les créer, ces droits n'étaient pas prévus en droit interne suédois ou norvégien avant l'établissement des frontières.

Trois arguments ont été soulevés afin de montrer que le *Lapp Codicil* ne crée pas de droits mais ne fait que reconnaître leur préexistence : d'abord, le droit de propriété des Sámi avait le statut de droit coutumier. En droit norvégien, la propriété est soit étatique soit privée tandis que chez les Sámi, la propriété et l'usage des terres et des ressources naturelles de la Laponie sont collectifs. La notion de propriété semble donc éminemment culturelle.

De plus, la Laponie se trouvait incluse mais l'objectif premier de ce texte juridique n'était pas de retirer aux Sámi les droits fonciers qu'ils détenaient sur ces terres. L'incorporation des terres lapones correspondait davantage à la politique d'expansion territoriale et de souveraineté des royaumes de Suède et de Danemark-Norvège. C'est pourquoi, les migrations saisonnières et transfrontalières des rennes n'étaient pas empêchées, par exemple.

Enfin, le dernier argument concerne la nature juridique du *Lapp Codicil*. Il figure en annexe d'un traité bilatéral interétatique concernant les relations diplomatiques des royaumes Danemark-Norvège et Suède-Finlande. Dès lors, il ne vient pas réguler les relations juridiques entretenues par les Sámi avec leurs États respectifs. La question des droits fonciers, notamment, relève de la compétence interne de la Norvège et de la Suède.

Le *Lapp Codicil* ne crée donc pas de droits fonciers pour le peuple sámi, ces mêmes droits existant indépendamment et préalablement au Traité.

En revanche, si ce texte visait la reconnaissance des droits établis du peuple sámi, il prévoyait en même temps leur exercice limité dans (et par) un cadre juridique et territorial. L'annexe au Traité venait délimiter et préciser les territoires lapons sur lesquels s'exerceraient désormais les souverainetés norvégienne et suédoise.

Le *Lapp Codicil* reconnaît aux Sámi l'existence de leurs droits fonciers sur leurs terres et les ressources naturelles, mais ce texte leur reconnaît-il un droit de propriété ? Il ne se prononce pas clairement sur la question du droit de propriété et du droit d'*usus* et *fructus*[38].

---

[37] *Urfolks landrettigheter etter folkerett og utenlandsk rett*, NOU 1997: 5.

[38] Voir *Norwegian Official Report* NOU 1984 : 18, *Om samenes rettstilling*, point 6.2.8, p. 182.

Les droits fonciers coutumiers peuvent-ils être considérés par ce texte comme des droits de propriété ? Si oui, ce texte a-t-il abrogé ou transformé le droit de propriété en simples droits d'usage et d'usufruit ?

D'un point de vue ethnologique, il semble que les pratiques sámi varient selon les endroits et les époques au point que le *Lapp Codicil* aurait difficilement pu les qualifier de propriétaires.

Il semblerait que la propriété chez le peuple sámi fut le plus souvent considérée comme collective, mais aussi, parfois, individuelle. Ainsi, avant 1740, en Suède et en Finlande, les Sámi avaient le statut de propriétaires de leurs terres.

À la différence des Sámi, dont la spoliation des terres par les Scandinaves fut progressive, l'île de Corse a connu de nombreuses occupations territoriales et rattachements, tous réalisés par une succession d'annexions et de cessions de l'île aux vainqueurs en en faisant un tribut de guerre[39]. C'est un problème récurrent pour les Corses, qui ont connu une succession de rattachements territoriaux et de domination culturelle, politique et juridique : d'abord romaine puis pisane, génoise et enfin française, en tant que cession de guerre.

B. L'île de la Corse : une cession de guerre

La défaite écrasante de Ponte-Novo, le 8 mai 1769, mit fin à la résistance de l'armée nationale corse, qui avait tenté d'obtenir l'indépendance de l'île face à l'occupation génoise soutenue par le renfort des troupes françaises. Par le traité de Versailles, signé entre la République de Gênes et la France le 15 mai 1768, la Corse fut rattachée à la France. Dans un discours du 22 mai 1768 à Corte, Paoli commenta le traité de Versailles en ces termes : « jamais peuple n'a essuyé un outrage plus sanglant [...] On ne sait pas trop qui l'on doit détester le plus : celui qui nous vend ou celui qui achète [...] Confondons-les dans notre haine puisqu'ils nous traitent avec un égal mépris. »

À l'origine le traité de Versailles ne devait être qu'un traité de « conservation ». Moyennant une rente annuelle d'environ deux cent mille livres et pour une durée de dix ans, la France fut chargée d'administrer et de pacifier l'île sans que pour autant la République de Gênes ne cédât ses droits de souveraineté sur la Corse. « Le traité de Versailles n'était donc pas un traité de vente de la Corse à la France [...]. C'était une "cession provisoire" de souveraineté ; [...].[40] »

---

[39] Ainsi au XVIe siècle, l'île a été incorporée à la Couronne de France le 15 septembre 1557 pour échapper à la domination de la République de Gênes. Mais le 3 avril 1559 le traité de Cateau-Cambrésis a rendu la Corse aux génois.
Plus tard, au XVIIIe siècle, la France a dû une nouvelle fois rendre la Corse à la République de Gênes. Tel est l'objet du traité de Compiègne du 6 août 1764.

[40] Roger CARATINI, *La Corse. Un peuple, une histoire*, éd. Archipel, 2009.

Ce Traité constituait une sorte de cession pour dette garantissant les créances de la France sur Gênes. Toutes les dépenses faites pour l'administration et la pacification de la Corse par la France pendant les dix années prévues venaient alourdir la dette génoise[41]. Mais, la République de Gênes étant dans l'incapacité de rembourser les frais, cette cession provisoire en droit devint définitive en fait, donnant à la Corse le statut de possession française.

En réalité, il semble que la République de Gênes était toute disposée à perdre sa souveraineté sur l'île : « il y aurait bénéfice à vendre la Corse et même à la donner pour rien [...]. La Corse depuis les troubles avait fait dépenser vingt millions à la République ; pouvait-on l'abandonner sans dédommagement ? [...] la pensée de se débarrasser de la Corse se répandit dans le public [...]. Depuis lors la proposition formelle en fut souvent renouvelée dans les conseils.[42] »

La question de la nature juridique du rattachement de la Corse à la France reste un point sensible parmi la doctrine.

En effet, le remboursement des frais et avec elle le sort de l'île étaient stipulés dans les deux derniers articles « *séparés et secrets* » du traité de Versailles, ce qui, pour certains auteurs, aurait fait de ce Traité une vente déguisée : la clause secrète disposait que le roi de France s'engageait à verser à Gênes en marque d'amitié une certaine somme annuelle pendant dix ans et qu'il continuerait ce versement même après le terme des dix années si la République ne pouvait payer ses dettes. « Par cette disposition, Louis XV achetait la Corse à crédit.[43] » Selon ce même courant d'opinion, le 30 novembre 1789 un décret d'annexion fut proclamé. Ainsi « Dorénavant, et sans que le peuple corse eût pu disposer de lui-même, une Assemblée de députés français, dont la plupart ignoraient jusqu'à son existence, avait décidé que l'île et le peuple que les armes royales avaient conquis en 1768-1769 étaient dorénavant parties intégrantes de "l'Empire français", c'est-à-dire de l'ensemble des territoires gouvernés par l'autorité unique de la France. En clair, cela s'appelle "annexion de territoires conquis", au mépris des traités internationaux et de tout engagement bilatéral [...] et c'est ainsi que le peuple corse devint français.[44] »

Si la République génoise n'a pas accordé à la Corse une personnalité juridique, la France en revanche semble tout de même lui avoir reconnu un certain statut non seulement dans le traité de Versailles[45] mais surtout lors de son rattachement au royaume de France, prononcé par le décret d'union du 30 novembre 1789 « portant que l'isle de Corse fait partie de l'Empire français et

---

[41] Centre d'analyse juridique et politique de l'Université de Corte (Haute-Corse).

[42] Emile VINCENS, *Histoire de La République de Gênes*, tome 3, 1842, dernière édition en 2014 par la Librairie le Chapitre.

[43] Roger CARATINI, *La Corse. Un peuple, une histoire, op.cit.*

[44] Roger CARATINI, *La Corse. Un peuple, une histoire, op.cit.*

[45] Le traité de Versailles a fait évoluer le statut juridique et administratif de la Corse en lui conférant le statut de pays d'État en 1775. Ce nouveau statut lui permit de disposer d'un conseil souverain détenant des pouvoirs similaires à ceux des Parlements de France.

que ses habitants seront régis par la même Constitution que les autres français ».

Selon Charles Tuffelli[46], le caractère unilatéral du décret de rattachement se trouve nuancé par la conclusion d'un pacte d'union, véritable contrat synallagmatique exprimant la volonté des deux peuples corse et français. Ce contrat a été signé entre Pascal Paoli, proclamé « Général de la Nation Corse », et le marquis de Bonnay, président de l'Assemblée nationale française, le 22 avril 1790. La conclusion de ce pacte d'union est cohérente d'une part avec l'idéal démocratique du siècle des Lumières et de la Révolution française, lors de laquelle les révolutionnaires avaient déclaré vouloir aider toutes les nations asservies à exercer le droit des peuples, et le préambule des *Statuti* de 1755 d'autre part, qui énonce le principe du droit des peuples à disposer d'eux-mêmes. Ce contrat a été accepté par les Corses, qui craignaient toute nouvelle cession de leur territoire à la République de Gênes : en effet, le contrat de cession constituait un gage et comportait donc une clause de rétrocession.

Les Corses auraient donc choisi le rattachement officiel à la France pour leur sûreté et parce que selon Paoli « la liberté collective du peuple corse n'était envisageable qu'au sein de la nation française ».

Dans la mesure où Gênes n'a jamais cédé sa souveraineté sur la Corse, la conclusion du pacte d'union avec la France a permis de consolider la légitimité du rattachement trop fragile par un simple décret unilatéral. Désormais s'ajoute l'argument de la prescription trentenaire. Mais le silence vaut-il résignation ou adhésion pleine et entière de la population corse… ?

Emmanuel Decaux[47] explique que cette pratique n'est pas isolée mais correspond aux procédés classiques d'acquisition, dont font partie la cession (sous la forme soit de la vente d'un territoire, soit d'échanges de territoires) et la conquête, qui suppose la disparition de l'État vaincu. Depuis le *Pacte de la Société des Nations*, le droit de conquête a été remis en cause et abandonné par les États qui ont renoncé à la guerre de conquête avant d'interdire le recours à la force avec le pacte Briand-Kellog en 1928. La *Charte des Nations unies* de 1945 consacre cette évolution dans son article 2 § 4[48].

Les Sámi et les Corses, constituant des entités sociales non étatiques, ont ainsi été privés, par des processus d'acquisition distincts, de la reconnaissance par les États français et dano-norvégien d'une personnalité juridique et de leurs assises territoriales. Ils ont été englobés, absorbés par les deux royaumes, et

---

46 Charles TUFFELLI, *Justification de la Corse française. Du Général Paoli au Général Bonaparte. 1755-1796*, éd. Autres Temps, 2007, p. 149-153.

47 Emmanuel DECAUX, *Droit international public*, *op.cit.*, p. 117-118.

48 « Les Membres de l'Organisation s'abstiennent, dans leurs relations internationales, de recourir à la menace ou à l'emploi de la force, soit contre l'intégrité territoriale ou l'indépendance politique de tout État, soit de toute autre manière incompatible avec les buts des Nations unies. » Article 2 § 4 de la Charte.

dans un deuxième temps, marqué par l'affirmation des États, leurs identités culturelles ont subi les rigueurs des politiques d'assimilation. Après avoir été privées d'un territoire, les populations sâme et corse n'ont pas reçu de statuts juridiques particuliers qui leur auraient permis de préserver leurs identités culturelles au sein même des États unitaires français et norvégien.

§ 2. Le déni de statuts juridiques particuliers aux populations sámi et corse

Le déni de la part des États norvégien et français d'accorder aux Sámi et aux Corses un statut juridique particulier s'exprime par l'affaiblissement et la réprobation des stratégies d'autoprotection mises en place par ces populations **(A)**.

Concernant les Corses, il s'exprime concrètement par le refus de la part de la jeune République de reconnaître les Corses comme un peuple, doté d'un territoire insulaire, et d'une constitution démocratique élaborée en 1755 par le général en chef Pascal Paoli, qui, soutenu par J.-J. Rousseau et imprégné des idées des philosophes des Lumières en Europe (période qui s'étend de 1715 à 1789), aspirait à constituer un État corse indépendant.

Pour les Sámi, l'État norvégien n'a pas admis qu'ils constituent une nation autochtone transfrontalière, dotée de droits fonciers et culturels spécifiques. Victimes d'isolation par des pratiques discriminatoires et d'une forte culpabilisation identitaire, ils n'ont pu faire respecter leur identité culturelle singulière.

Ce déni a débouché sur des politiques d'assimilation culturelle forcée menées sur les Corses et les Sámi **(B)**.

A. « Peuple corse » et « nation sâme » : des stratégies d'autoprotection infructueuses

Le sentiment d'appartenance à un peuple ou à une nation a été éprouvé chez les Corses et chez les Sámi à des époques et selon des contextes différents. Il a été expérimenté dès le XVIe siècle avec la figure politique de Sampiero Corso[49] combattant la domination génoise, et a trouvé son apogée au milieu du XVIIIe siècle avec Pascal Paoli, père de la constitution corse et porteur d'un projet d'autodétermination pour son peuple afin de se libérer de la domination génoise ou même française **(a)**.

La conscience d'appartenir à une nation autochtone a été plus tardive chez les Sámi. Elle n'a émergé qu'entre le XIXe et le XXe siècle, grâce à l'influence des organisations syndicales sámi finlandaises d'abord, suédoises ensuite et enfin norvégiennes **(b)**.

---

[49] Nommé colonel de l'infanterie corse au service de la France puis ambassadeur extraordinaire en Turquie par le roi de France.

Le terme « nation » n'a pas eu la même signification et la même portée dans le contexte corse et dans celui des Sámi. La « nation sâme » n'a pas d'acception politique ou juridique. En aucun cas les Sámi n'ont revendiqué, ni ne revendiquent actuellement, la formation d'un État sámi. Leur aspiration à l'autodétermination[50] s'exerce dans son volet strictement interne et au sein des États nordiques. La nation, dans ce contexte, garde un sens sociologique acquis au XIIIe siècle : il désigne alors « un groupe humain qui a ou à qui on attribue une commune origine et qui se distingue des autres par des mœurs, des coutumes, une langue particulière[51] ». Cette définition peut être complétée par d'autres éléments apportés par Will Kymlicka : « la *nation* désigne ici une communauté historique, plus ou moins institutionnelle, occupant un territoire donné, ou sa terre natale, et partageant une langue et une culture distinctes. *Nation*, en ce sens sociologique, est très proche de l'idée de *peuple* ou de *culture*.[52] » De nos jours, ce sens est maintenu. Les Sámi ne lui donnent pas de portée politique. La nation est alors comprise et vécue en ce qu'ils forment une communauté culturelle fondée sur une langue commune, malgré l'existence de neuf dialectes, une religion (le chamanisme puis le læstadianisme), des traditions, un code vestimentaire commun et partagent des caractéristiques ethniques communes. Les implications de cette définition de la nation sont essentiellement de nature culturelle[53]. Leurs revendications concernant les droits fonciers et la reconnaissance d'une autodétermination interne s'inscrivent précisément dans ce contexte de maintien, de préservation de leurs identités culturelles, qui cependant ne sont pas imperméables à l'influence d'autres cultures et sont susceptibles d'évolutions tout en étant pérennes. Ils refusent les politiques d'assimilation menées à leur encontre et ils refusent aussi l'isolation par des pratiques discriminatoires.

L'approche des Sámi concernant la nation est fondamentalement différente de l'approche des Corses dans le contexte historique de 1789.

Certes, aujourd'hui la notion de « peuple corse » revêt dans l'esprit de la majorité des Corses et de leurs représentants à l'Assemblée territoriale une signification apaisée et qui s'apparente davantage à celle des Sámi. En effet, dans sa délibération n° 88-59 du 13 octobre 1988, l'Assemblée de Corse avait affirmé l'existence d'une « communauté historique et culturelle vivante regroupant les Corses d'origine et les Corses d'adoption : le peuple corse ». Elle entendait « faire valoir les droits du peuple corse à la préservation de son

---

[50] Un droit à l'autodétermination interne leur est désormais formellement reconnu par la *Déclaration sur les droits des peuples autochtones* adoptée en 2007 par les Nations unies, mais ce droit leur est attribué en tant que peuple autochtone.

[51] Norbert ROULAND *et al.*, *Droit des minorités et peuples autochtones, op.cit.*, p. 71.

[52] Will KYMLICKA, *La citoyenneté multiculturelle. Une théorie libérale du droit des minorités*, éd. La découverte, Paris, 2001, p. 24-25.

[53] Helge SALVESEN, « Sami Ædnan : Four States- One Nation ? Nordic Minority Policy and the History of the Sami » *in* Sven TÄGIL, *Ethnicity and Nation Building in the Nordic World,* Southern Illinois University Press, 1995, p. 116-119.

identité culturelle et à la défense de ses intérêts économiques et sociaux spécifiques dans le cadre de la Constitution française ». Il est important de souligner les précisions de l'Assemblée quant à son interprétation du terme « peuple corse » : elle a expliqué dans une motion de clarification du 11 mai 1990 qu'« elle n'a sollicité ni du législateur, ni, *a priori*, du pouvoir constituant, la reconnaissance d'un peuple corse juridiquement distinct du peuple français mais s'est bornée à trouver dans l'existence de la *communauté historique* la cause justifiant l'élaboration d'un programme de développement culturel, économique et social, destiné à préserver l'identité culturelle des habitants de l'île [...] Dès lors, il est clair qu'en se plaçant dans le cadre de la Constitution, elle a entendu affirmer, conformément à l'exposé des motifs de la loi du 2 mars 1982 portant statut particulier de la Corse, que la communauté historique et culturelle du peuple corse fait partie intégrante du peuple français, selon le titre premier de la Constitution ».

Mais cette approche contemporaine d'un « peuple corse » en tant que communauté historique appartenant au peuple français ne fut pas le projet initial de Pascal Paoli.

a. Le projet d'autodétermination de Pascal Paoli pour son peuple

Les idées de liberté, d'égalité et d'idéal démocratique développées par les philosophes des Lumières en Europe ont pu donner une légitimé au sentiment de révolte de la majorité des Corses contre la domination du gouvernement militaire installé sur l'île par la République de Gênes[54]. Dans la mémoire insulaire, cette période a été particulièrement pénible[55].

Le projet pour la Corse de Pascal Paoli a connu une nécessaire adaptation aux circonstances historiques qui l'ont obligé à revoir son projet initial d'État indépendant doté d'une Constitution démocratique.

D'abord, en tentant de donner à la Corse le statut d'État indépendant et souverain de 1755 à 1768, Pascal Paoli voulu appliquer, en avance sur son temps, le principe des nationalités, selon lequel à une nation correspond un État, principe qui deviendra droit des peuples à disposer d'eux-mêmes.

Selon le Professeur Jean-François Guilhaudis, le droit des peuples à disposer d'eux-mêmes est composé de trois réalités : celle du droit d'accéder au rang d'État souverain (volet externe), du droit des peuples à gérer leurs propres affaires sur leur propre territoire (volet interne) et de celle de se gouverner eux-

---

[54] La domination de Pise a duré deux siècles de 1077 à 1284, puis la Corse a été annexée par la République de Gênes en tant que créance de guerre pendant six siècles de 1289 à 1729.

[55] Don Gregorio SALVINI en donne de nombreuses raisons. Parmi celles-ci figurent le maintien de la population corse dans un état de pauvreté : l'exclusion des corses aux emplois, offices et dignités : l'exclusion des corses de la culture et de l'éducation : ou encore la capacité de Gênes à fomenter des discordes civiles pour diviser l'île et empêcher toute unité corse. *In Justification de la révolution de Corse et de la ferme résolution prise par les corses de ne plus jamais se soumettre à la domination génoise*, édition Piazzola, 1779, traduction de 2010.

mêmes à l'abri des interventions étrangères (dimension de politique interne, droit à un régime démocratique)[56]. C'est dans ces trois réalités que s'inscrit le projet initial de Pascal Paoli.

Le principe des nationalités invite un peuple à dissoudre les liens politiques qui l'attachent à un autre ou à un État qu'il ne considère plus comme légitime. De là la formule, à chaque nation, un État. C'est précisément le principe des nationalités que Pascal Paoli a appliqué et invoqué pour légitimer sa brève création d'un État Corse indépendant.

Pascal Paoli avait en effet donné à la nation corse l'espoir de son indépendance grâce à l'élaboration d'une Constitution rédigée par Rousseau et adoptée par les représentants corses en novembre 1755. Dans un contexte européen où l'absolutisme était encore à son apogée, il avait doté l'île d'une constitution démocratique, défendant l'idée que la Corse est une nation qui s'ignore[57]. Les institutions démocratiques mises en place avec notamment une Assemblée élue au suffrage universel (la Consulte) ont fonctionné de 1755 à 1768. Enfin, la ville de Corte avait été choisie comme capitale[58].

Marie-Thérèse Avon-Soletti[59] explique que la Constitution corse était *sui generis*.

Elle était unique en son genre car issue d'une situation juridique dont la singularité prévient tout classement dans une catégorie déjà répertoriée, et nécessite de créer des textes spécifiques. Elle était écrite, ce qui permet davantage de précision et de sécurité contre l'arbitraire ; elle était souple, c'est-à-dire plus facile à réviser et était complétée par des lois organiques issues de la Diète, qui la complétaient, la précisaient, l'adaptaient[60].

Le préambule énonçait que « le peuple de Corse est légitimement maître de lui-même » : en des termes plus contemporains il posait le droit des peuples à disposer d'eux-mêmes. Puis il ajoutait : « Ayant conquis sa liberté, voulant

---

[56] Jean-François GUILHAUDIS, « Autodétermination », *Répertoire de droit international*, Dalloz, 1998.

[57] Au milieu du XVIe siècle l'île était encore plurielle : la Corse ne présentait toujours pas d'unité politique et/ou sociale avec des interlocuteurs corses capables de s'imposer pour négocier avec les grandes puissances les traités concernant le destin de l'île. Elle était victime de guerres civiles endémiques et du dépeuplement de certaines de ses régions. L'absence d'unité insulaire apparente a très certainement joué contre la nation corse face aux puissances extérieures.

[58] Bruno LE ROUX, *Rapport n° 2995 sur le projet de loi (n° 2931) relatif à la Corse*, enregistré à la Présidence de l'Assemblée nationale le 18 avril 2001, p. 10-12.

[59] La thèse pour le Doctorat de Marie-Thérèse AVON-SOLETTI est un ouvrage de référence sur le général Paoli, l'échec diplomatique qu'il a vécu et « les critiques ainsi que la réalité de la Constitution » proposée par le général. In *Essai sur la Constitution de la Corse. La Corse et Pascal Paoli*, soutenue le 22 octobre 1993 à l'Université de Lyon III et publiée aux éditions La Marge, 1999, 2e partie, chapitre II, p. 529 *sq.*

[60] Il est intéressant de voir qu'à l'instar de la Constitution corse, la Constitution norvégienne de 1814 était aussi un texte souple et vivant : rarement amendé et interprété à la lumière des évolutions sociales et des autres sources du droit tels les lois, les décrets, les coutumes, et de nos jours les textes internationaux ratifiés par la Norvège.

donner à son gouvernement une forme durable et permanente, en le transformant en une constitution propre à assurer la félicité de la nation ».

Dans un contexte européen où régnait l'absolutisme, Paoli proposait déjà l'instauration d'une démocratie représentative dans laquelle la nation n'exercerait pas directement la souveraineté mais déléguerait son exercice à des représentants élus[61].

La constitution corse prévoyait la séparation des pouvoirs : un pouvoir législatif exercé par une Assemblée appelée Diète, et un pouvoir exécutif exercé par le Conseil d'État et auquel était conférée l'autorité suprême dans les domaines politique, militaire et économique. Les membres du Conseil étaient élus par le peuple à travers la Diète.

Étaient également prévues trois autres chambres : une chambre de justice chargée des affaires politiques, une chambre de guerre pour les affaires militaires, et enfin la chambre des finances pour les affaires économiques. Les décisions et les décrets étaient pris selon le vote à majorité.

Une responsabilité politique des « magistrats et fonctionnaires de la nation » devant la Diète était prévue. Celle du président du Conseil d'État, le général, aussi était énoncée : « il devra rendre compte de sa conduite. »

Paoli prévoyait en outre la création d'une université et accordait même le droit de vote à tous les citoyens y compris les femmes veuves ou célibataires.

Le texte contenait aussi des dispositions de droit pénal, et faisait battre monnaie à l'effigie de la nation corse ; il permettait aussi la création d'une imprimerie nationale à Campoloro, d'où était publié une sorte de Journal officiel, le *Ragguagli dell'Psola di Corsica*. Enfin, une marine de guerre fut créée et fit de Corte la capitale de la nation corse où siégeait le gouvernement.

Cependant, la possibilité d'être démis par la Diète n'était pas clairement établie. Aussi, Paoli était élu à vie et de nombreuses personnes non élues mais simplement invitées par Paoli pouvaient venir siéger à la Diète.

Par l'ensemble de ces dispositions, la Corse était appelée à devenir le premier État démocratique dans l'Europe des Lumières. Mais les convictions philosophiques et politiques de Pascal Paoli durent cependant s'adapter à l'Histoire. Son projet initial d'indépendance corse a évolué dans ce nouveau contexte pour offrir le second volet de sa pensée et ainsi une autre possibilité pour la Corse au sein de la France.

Pascal Paoli est la seconde figure légendaire de Corse et il reste d'ailleurs encore une référence pour une grande partie des insulaires. Il a joué un rôle considérable dans l'île, d'abord en tentant de libérer son peuple des dominations étrangères, puis en réfléchissant à la place de la Corse dans la République française. La modernité de ses projets pour sa terre natale est parfois déconcertante. J.-J. Rousseau avait écrit lui-même cette célèbre phrase

---

61 Pascal PAOLI s'est inspiré ici du gouvernement représentatif, né en Grande-Bretagne au XVIIe siècle. Il avait d'ailleurs fait appel au souverain George III, et ensemble ils avaient constitué la parenthèse du royaume anglo-corse de 1794 à 1796.

dans *Le Contrat social :* « J'ai quelque pressentiment que, un jour, cette petite île étonnera l'Europe. »

La pensée de Pascal Paoli est étonnamment moderne car il présente son projet pour sa nation comme un premier exemple concret d'application du futur droit des peuples à disposer d'eux-mêmes mais dans son volet interne puisque privée d'une assise territoriale.

Lorsque l'Assemblée nationale (la Constituante) de 1789 déclara le rattachement de la Corse à l'Empire français[62] et qu'alors « ses habitants doivent être régis par la même constitution que les Français, que, dès à présent, le roi sera supplié d'y faire parvenir et exécuter tous les décrets de l'Assemblée nationale », Pascal Paoli aurait déclaré que « l'union avec la libre nation française n'est pas servitude mais participation de Droit ». Il ne souhaitait pas faire de la Corse un micro-État. Comme Sampiero Corso, il voulait que la Corse puisse choisir son destin politique par la « participation de droit » et voulait libérer l'île de la « servitude » génoise par un rattachement consenti à l'État français.

Il souhaitait que la Corse soit « associée à la France mais dans le cadre d'une certaine autonomie, en disposant d'institutions spécifiques assurant le respect d'une identité propre au peuple corse[63] ». Il avait repris les idées de « Montesquieu adaptées aux traditions démocratiques locales[64] ». Dans une certaine mesure, on peut dire que Pascal Paoli, en 1793, avait le premier réfléchi à la conciliation des identités corse et étatique.

Il faut attendre le projet du ministre de l'Intérieur M. Pierre Joxe, en 1991, pour voir la filiation « paolienne » s'exprimer.

Sa conception constitutionnelle de la Corse et peut-être même l'idée d'une identité corse, s'oppose à celle de Napoléon Bonaparte. Ce partisan des jacobins préférait que l'île soit absorbée par la République française, qu'aucun statut juridique particulier ne lui soit accordé et que soit seulement appliqué le droit commun français. Bonaparte voulait « éviter à tout prix qu'une réunification administrative ne confère à la Corse une dimension nationale comme au temps de l'indépendance ». C'est pourquoi, en tant que Premier consul puis empereur, il a veillé à maintenir en Corse deux départements : le Golo (l'en deçà des monts) et le Liamone (l'au-delà des monts). Cette division a perduré jusqu'en 1811. De plus, la Corse fut mise « hors la Constitution » à partir du 13 septembre 1800 et aucune élection ne fut permise. Cette mesure aboutit à placer l'île sous un régime d'exception. On retrouve ces deux conceptions antagonistes dans les mesures proposées pour l'île au XXe siècle : le statut Joxe correspond davantage à l'idéologie paoliste, tandis que la volonté

---

62 Le terme Empire français est entendu au sens de l'Empire colonial français constitué de l'ensemble des territoires colonisés et ajoutés à la France métropolitaine. Il est intéressant de constater que la Corse est rattachée à « l'Empire » comme un territoire d'outre-mer colonisé…

63 Louis ORSINI, *Les Arrêtés Miot*, éd. La Marge, 1990.

64 Janine RENUCCI, *La Corse*, Que sais-je ?, PUF, 1987.

d'unicité et d'égalité très souvent répétée du Conseil constitutionnel se situe dans la tradition bonapartiste.

La seconde solution souhaitée par Pascal Paoli fut donc une union de droit avec la France au sein de laquelle l'identité culturelle corse serait préservée par la reconnaissance de droits spécifiques et l'exercice d'une autonomie interne.

Cette solution ressemble à la situation juridique et politique imposée bien plus tard par la jeune nation norvégienne lors de son pacte d'union avec le royaume de Suède de 1814 à 1905.

La Constitution de Eidsvoll a en effet été élaborée dans le contexte particulier des guerres napoléoniennes. La Norvège était alors un territoire rattaché au royaume du Danemark, qui, fidèle à la France et ayant perdu la guerre contre le royaume de Suède, devait céder tous ses droits de souveraineté et de propriété sur la Norvège aux Suédois vainqueurs[65], dans le traité de Kiel du 14 janvier 1814. Refusant catégoriquement d'être l'objet d'une cession, les élites norvégiennes alléguaient leur droit à consentir ou non librement à cette cession à la Suède et celui de décider de leur propre futur ou, en d'autres termes, un droit à l'autodétermination. Une Assemblée constituante fut alors créée et adopta la Constitution à Eidsvoll le 17 mai 1814 et élut Christian Frederik roi de Norvège.

L'article 1er de la Constitution énonce les principes d'indépendance et de souveraineté nationale en ces termes : le royaume de Norvège est libre, indépendant, indivisible et inaliénable. En réaction à cet article la Suède déclara au tout jeune État norvégien une guerre qui fut de très courte durée car Bernadotte, devenu prince héritier de Suède, imposa au gouvernement norvégien, le 14 août 1814, la convention de Moss. Celle-ci prévoit la réunion des deux royaumes indépendants sous le seul et même sceptre de Charles XIII et elle reconnaît la Constitution d'Eidsvoll mais en tant que loi fondamentale du royaume de Norvège, sous réserve des modifications imposées par l'union. Le Parlement national *(Storting)* norvégien accepta l'union le 20 octobre 1814 et un nouvel acte établissant les rapports constitutionnels des royaumes de Norvège et de Suède fut adopté le 31 juillet 1815 et approuvé par le roi le 6 août. Cet acte reconnaît que « les deux peuples de la Scandinavie ayant été heureusement réunis, avec l'aide puissante de la Providence, par un lien qui, étant formé, non par les armes mais par une libre conviction, ne peut et ne doit reposer que sur la reconnaissance mutuelle des droits légitimes des peuples ». C'est pourquoi la Suède accepte que la loi fondamentale norvégienne énonce dans son article premier : « Le royaume de Norvège sera un royaume libre, indépendant, indivisible et inaliénable, réuni à la Suède sous un même roi, et la forme du gouvernement sera celle d'une monarchie constitutionnelle héréditaire. »

---

65 Le territoire norvégien devait servir de compensation à la Suède, qui avait perdu la Finlande dans la guerre l'opposant à la Russie.

L'Union fondée sur des relations constitutionnelles devint alors une union de deux entités libres et consentantes à la manière d'un État fédéral constitué de deux Länder dotés de leurs propres constitutions, d'un souverain commun, chacun disposant d'une organisation étatique complète et exerçant librement l'autodétermination[66]. Le fondement constitutionnel de l'Union n'était plus le traité de Kiel mais la Constitution de Eidsvoll, fondée sur les principes de souveraineté populaire, de séparation des pouvoirs et la reconnaissance de droits et libertés fondamentaux des individus. Ce texte inspiré de la doctrine de John Locke, de Rousseau ou de Montesquieu prévoyait aussi des dispositions sur la forme de son gouvernement, ses organes législatifs (l'assemblée nationale *Storting*), exécutifs et judiciaires (Cour suprême *Høyesterett*, et la Cour d'Impeachment).

Mais la rupture finale avec l'Union suédoise (1905) s'était dessinée dès 1874 par une série de conflits portant, d'une part sur l'introduction par le *Storting* de la responsabilité ministérielle des ministres d'État et des conseillers d'État[67], et d'autre part sur la question de la représentation diplomatique de la Norvège[68].

b. L'influence des organisations syndicales sámi sur l'éveil de la nation

La conscience de constituer une nation sâme est apparue entre le XIXe et le XXe siècle. Les raisons de ce réveil identitaire plus tardif que celui des Corses sont diverses : la situation géographique de la Laponie, située dans la partie la plus septentrionale de l'Europe, l'éloignement du bouillonnement philosophique qui caractérise le XVIIIe siècle et probablement l'intense sentiment de culpabilisation identitaire né de la domination culturelle

---

66 La loi fondamentale allemande de 1949 *(Grundgesetz)* reconnaît un ordre constitutionnel aux *Länder* dans son article 28, et l'unité de l'État se réalise ici, d'après le Préambule, par la libre autodétermination : « Les Allemands dans les *Länder* ont parachevé l'unité et la liberté de l'Allemagne par une libre autodétermination » *(„Die Deutschen in den Ländern Baden-Württemberg, Bayern, Berlin, Brandenburg, Bremen, Hamburg, Hessen, Mecklenburg-Vorpommern, Niedersachsen, Nordrhein-Westfalen, Rheinland-Pfalz, Saarland, Sachsen, Sachsen-Anhalt, Schleswig-Holstein und Thüringen haben in freier Selbstbestimmung die Einheit und Freiheit Deutschlands vollendet. Damit gilt dieses Grundgesetz für das gesamte deutsche Volk„")*, www.bundesregierung.de

67 Le Storting décida d'adopter par voie constitutionnelle le projet de loi auquel s'opposait le roi. Ce dernier affirma qu'il disposait du droit de veto absolu en matière constitutionnelle, mais le Storting refusa de s'incliner et, après les élections de 1883, remportées par les radicaux, les ministres du gouvernement suédois furent mis en accusation et condamnés par la Haute Cour. Le roi dut alors s'incliner.

68 L'union disposait en effet d'une représentation diplomatique unique pour les deux pays. Mais le Storting souhaitait l'établissement de consulats norvégiens distincts et décida donc de voter, le 18 mai 1905, un projet de loi auquel le roi posa son veto. Le ministère norvégien démissionna alors et, le 7 juin 1905, le Storting approuva plusieurs résolutions pour établir un nouvel ordre constitutionnel. Dans le même sens le peuple norvégien plébiscita le 13 août la dissolution de l'Union. Une conférence fut tenue à Karlstad entre représentants des deux États et permit de conclure cinq conventions. Oscar II abdiqua la couronne de Norvège. Cette crise entraîna la modification de la Constitution le 30 juin 1906. Pierre DARESTE, « La dernière crise politique en Norvège », *Revue des Deux Mondes*, 15 novembre 1884, p. 347-368.

scandinave. Considérés comme des Norvégiens de « *seconde zone* », les Sámi ont intensément fait l'objet de discriminations et de mépris. Encore aujourd'hui beaucoup renient ou évitent simplement de révéler leur « *sámi-ness* »[69]. De ce fait, ils ont longtemps oscillé entre adaptation forcée à la culture dominante frôlant même l'acculturation et continuité de leur mode de vie mais vécue dans la culpabilisation identitaire.

Dans le cas des Sámi, le sentiment d'appartenance à une nation autochtone est né de l'influence de leurs organisations syndicales. Ce sont des organisations corporatistes initialement peu politisées.

Dans les trois États nordiques, la plupart de ces organisations nationales ont d'abord exclusivement défendu les droits culturels notamment à travers la préservation des activités économiques traditionnelles (pêche, renniculture, sylviculture, artisanat) et la défense des langues sâmes. Puis elles ont progressivement revendiqué l'exercice d'un droit à l'autodétermination interne, la lutte contre les discriminations fondées sur l'origine ethnique, et la création d'une coopération régionale sámi.

C'est donc sous leur impulsion et par leur rôle de médiateurs auprès des gouvernements que la situation légale des Sámi s'est améliorée. Les pays précurseurs en ce domaine sont la Finlande et la Suède.

C'est en effet en Finlande, en 1932, qu'une des associations les plus influentes dans les pays nordiques fut créée. L'association *Lapin Sivistysseura* (Société pour la promotion de la culture lapone) était composée de membres Sámi et de membres non-sámi en majorité. Puis il a fallu attendre la fin de la Seconde Guerre mondiale pour voir apparaître des organisations sámi indépendantes et agissant à une échelle nationale pour engager un dialogue avec les autorités. Mais de nos jours, la mobilisation des Sámi finlandais diffère de celle établie en Norvège ou en Suède. Il n'y a que deux organisations sámi : le *Lapin Sivistysseura* et le *Samii Litto* (Union sámi) fondée en 1945, qui, contrairement aux organisations suédoises et norvégiennes, n'ont pas la même influence sur le Gouvernement. Une des raisons avancées est le très faible nombre de Sámi en Finlande, et que les éleveurs de rennes sámi constituent une autre très faible minorité parmi les éleveurs non-sámi. Cependant, ces deux organisations politiques restent efficaces puisque, par leur action conjointe, elles sont parvenues à obtenir du gouvernement finlandais la création en 1949 d'une Commission sur les Affaires sámi.

En Suède la principale organisation est le *Svenska Samernas Riksförbund* (l'Union nationale des Sámi de Suède, SSR), fondée en 1950 pour la défense de leurs intérêts économiques, sociaux et culturels. Elle se consacre surtout à la

[69] Néologisme emprunté à Trond THUEN dans *Quest for equity: Norway and the Saami challenge*, Social and economic studies, Institute of Social and Economic Research, Memorial University of Newfoundland, 1995, p. 30.

négociation des droits sur les ressources naturelles, sur la législation en matière d'élevage de rennes, ou encore les problèmes de déforestation pour l'exploitation des sols en Laponie suédoise par les compagnies suédoises.

Une autre association politique appelée *Same Ätnam* (Organisation nationale de la Laponie) fut établie en 1945 pour la préservation et le développement de l'éducation, de l'artisanat et de la langue sâme. C'est par l'action de ces organisations que le *Sameting* suédois (le Parlement national des Sámi de Suède) a été créé et la loi sur l'utilisation de la langue sâme adoptée.

Enfin deux autres organisations ont été créées en 1963 et en 1980, *Saminuorra* (l'Association des jeunes Sámi) et *Landsförbundet Svenska Samer* (Union suédoise des agriculteurs sámi, LSS) afin de promouvoir les intérêts de la jeunesse sámi et ceux des personnes sámi ayant une activité économique autre que l'élevage de rennes.

Les Sámi de Norvège ont tenté dès 1870 de créer des organisations politiques et sociales, mais le contexte de l'assimilation culturelle en a rendu impossible toute réalisation même locale ou régionale. Il faudra attendre 1948 pour que les Sámi de Norvège puissent eux aussi se doter de telles organisations représentant leurs intérêts spécifiques.

Parmi elles, peut être cité le *Samenes Folkeforbund* (l'Union du peuple sámi, SFF créée en 1993). Les organisations suivantes défendent des intérêts professionnels différents mais travaillant en étroite concertation avec le gouvernement norvégien afin d'améliorer le statut juridique et les droits des Sámi.

Norske Reindriftsamers Landsforbund (Organisation sámi des éleveurs de rennes en Norvège, NRL) a été créée entre 1947 et 1948 pour défendre les intérêts de l'économie traditionnelle sámi et renforcer le statut légal de l'ethnie sámi. C'est la première et la principale organisation sámi à s'occuper des intérêts des éleveurs de rennes. Il a actuellement un pouvoir consultatif auprès du ministère de l'agriculture et peut proposer des amendements à la législation concernant la renniculture.

Norske Samers Riksforbund (Association nationale des Sámi de Norvège, NSR) a été créée par une loi en 1968. Lors de sa formation, cette organisation a contribué à la défense et à la promotion des langues sâmes et, depuis les années 70, elle contribue à la reconnaissance des droits fonciers autochtones sur leurs terres ancestrales, de leurs droits culturels et de leur droit à l'autodétermination interne. Le NSR a amplement contribué à l'amélioration du statut légal des Sámi de Norvège en devenant un organe de dialogue avec le gouvernement norvégien.

Il a concentré et organisé toutes les revendications sámi dans un programme politique, et c'est, par exemple, à sa demande que la Commission royale de Norvège pour les droits sámi *(Samerettsutvalget)* fut créée[70]. En outre, il a

---

[70] Le gouvernement norvégien avait nommé le 10 octobre 1980 une commission parlementaire spéciale, appelée en norvégien *Samerettsutvalget*, ou en anglais *the Saami Rights Committee* (SRC),

largement contribué à la création et au développement des compétences du Parlement national sámi *(Sameting)* par son aide lors des campagnes électorales, ou par son influence sur les décisions du *Sameting*.

Par ailleurs, le *Samenes Landsforbund* (Union des Sámi de Norvège, SLF) fut créé en 1978. Cette organisation a choisi de mener un combat différent de celui des autres organisations sámi. Elle a, par exemple, refusé tout statut d'organisation politique, affirmant ainsi sa neutralité. Mais surtout, contrairement aux autres organisations sámi, elle refuse l'instauration d'institutions politiques sámi distinctes du système national norvégien et remet même en cause la lutte menée par la majorité des Sámi à propos de l'octroi de droits spéciaux au peuple sámi : "*SLF shall work on the basis of the principles of the Norwegian Constitution and show respect to the King and his gouvernment, Assembly and other public authorities in a democratic fashion. What rights do Saami lack today? [...] it is difficult to suppose that any so-called 'special rigths' would be an improvement over what we already have in our democracy*[71]". Cette position peut s'expliquer par la crainte du SLF de créer des divisions et des relations conflictuelles dans les communes où des personnes d'ethnies diverses vivent et travaillent ensemble. C'est pourquoi les membres du SLF ont, eux aussi, choisi de garder le dialogue avec le Gouvernement, mais, et c'est ce qui les distingue des autres organisations, ils ont choisi d'inscrire leur programme dans un esprit beaucoup plus modéré et de se satisfaire des droits déjà accordés par l'État.

En comparaison avec le SLF, le NSR apparaît alors comme un parti trop radical et leurs divergences débouchent sur des conflits d'intérêts. Par exemple, le SLF regroupe particulièrement les Sámi pêcheurs et agriculteurs vivant sur les côtes. Ceux-ci reprochent au NSR de mobiliser l'attention de l'opinion publique et des autorités étatiques sur l'élevage de rennes et de ne pas prendre en considération les intérêts d'une autre branche de l'économie sámi, qui, bien qu'elle ne s'inscrive pas dans le stéréotype du mode de vie sámi, a, elle aussi, besoin d'être protégée et mise en valeur.

Les Sámi et les Corses n'ont pas pu protéger leurs identités culturelles en tant que collectivités distinctes. Entités non étatiques, elles ont été dépourvues de base territoriale et entravées dans leurs aspirations à obtenir le statut d'État indépendant ou celui de nation. Parallèlement, les personnes appartenant à ces communautés culturelles minoritaires ont expérimenté les politiques d'assimilation forcées menées à leur égard par les États français et norvégien.

---

composée de dix-huit membres issus du *Storting*, d'organisations sámi, et d'experts chargés d'étudier diverses questions relatives à la protection légale des Sámi. Ce comité était chargé d'étudier les droits culturels, politiques et fonciers sur leurs terres et ressources naturelles dans le comté de Finnmark. Il a rendu son premier rapport en 1984, *NOU 1984:18 Om samenes rettstilling*. Une seconde commission avait aussi été nommée *Samekulturvalget*, spécialisée sur les affaires culturelles sámi.

[71] Trond THUEN, *Quest for Equity: Norway and the Saami Challenge*, 1995, *op.cit.*, p. 43.

B. *L'assimilation culturelle forcée des Sámi et des Corses*

Les politiques d'assimilation culturelle forcée menées à l'égard des minorités ethniques ou linguistiques par la Norvège et la France puisent leurs fondements dans la théorie de l'État-nation et dans l'idéal d'une société culturellement homogène. La création d'une identité nationale unique, commune justifiait alors l'assimilation forcée des minorités.

Ce constat appelle tout de même une nuance importante : l'assimilation menée par la jeune République française répond à l'idéal révolutionnaire de 1789. Elle n'a pas eu pour objectif d'éradiquer les particularismes locaux mais de les reléguer au second plan, au profit d'une citoyenneté nouvellement acquise et d'une conception abstraite de la nation.

Les politiques d'assimilation menées par la Norvège à partir du XIXe siècle ont, en revanche, pour fondement un nationalisme romantique fondé sur une approche empirique, concrète de la nation, comme celle de l'Allemagne. Le but était de supprimer les différences, les particularismes linguistiques, culturels, voire ethniques.

En fait, cette distinction correspond à deux conceptions différentes de la nation, formulées au XVIIIe et au XIXe siècle. L'une, dite conception française, s'appuie sur un critère subjectif. Elle a fait de la nation la détentrice de la souveraineté et une notion juridique à part entière[72]. Ernest Renan, dans sa célèbre conférence intitulée « Qu'est-ce qu'une nation ? », prononcée le 11 mars 1882 à Paris, avait réfuté la race, la langue ou la religion en tant que critères de l'appartenance nationale. Selon lui, « une nation est une âme, un principe spirituel » et deux choses la constituent : « L'une est la possession en commun d'un riche legs de souvenirs ; l'autre est le consentement actuel, le désir de vivre ensemble, la volonté de continuer à faire valoir l'héritage qu'on a reçu indivis.[73] »

L'autre conception, dite conception allemande[74], propose une définition de la nation fondée sur des critères objectifs comme l'origine ethnique, la religion, le sol, une langue commune, une histoire et une culture communes.

---

[72] Emmanuel SIEYES avait écrit dans *Qu'est-ce que le Tiers-État ?* (1789) que « la nation est un corps d'associés vivant sous une loi commune et représentée par un même législateur ».

[73] Ernest RENAN, « Qu'est-ce qu'une nation ? » (Conférence prononcée le 11 mars 1882 à la Sorbonne), in *Qu'est-ce qu'une nation ? Littérature et identité nationale de 1871 à 1914,* Texte de la conférence publiée, en texte intégral, sous la direction de Philippe Forest, collection : Littérature vivante, éd. Pierre Bordas et fils, 1991, p. 41-51.

[74] Un des représentants de cette conception est Johann Gottlieb FICHTE. Dans ses *Discours à la nation allemande* (1807-1808), il fondait la distinction du peuple allemand par rapport aux autres peuples sur des critères biologiques, linguistiques et culturels : « un peuple, c'est l'ensemble des peuples qui vivent en commun à travers les âges et se perpétuent entre eux sans adultération, physiquement et moralement, selon des lois particulières au développement du divin [...] on appelle peuple des hommes dont l'organe vocal subit les mêmes influences extérieures, qui vivent ensemble et qui cultivent leur langue. » *In* Johann Gottlieb FICHTE, *Discours à la nation allemande*, Imprimerie nationale, Paris, 1992.

Les termes de nation et de peuple sont apparus dans le contexte de la philosophie des Lumières et ont formellement été énoncés dans la *Déclaration d'indépendance des États-Unis d'Amérique* du 4 juillet 1776 et à l'article 3 de la *Déclaration des droits de l'homme et du citoyen* de 1789, qui lui ont donné une signification contextuelle.

À la fin du XVIIIe siècle, en France, la « nation » est devenue une notion abstraite reléguant au plan privé tout particularisme individuel ou collectif fondé sur la langue, la religion, l'ethnie… Ces particularismes ont été désormais protégés dans l'exercice privé des libertés publiques. La société politique, composée de citoyens, se trouve ainsi homogénéifiée et unifiée.

Du terme « nation » est apparue la notion d'État-nation. Cette organisation politique née du contexte historique révolutionnaire français (1789) et américain (1776) a eu deux fonctions : d'une part, elle a permis de renouveler la légitimité du pouvoir étatique. En France, l'idéologie des Lumières a remplacé le pouvoir de droit divin sous l'Ancien Régime par la souveraineté nationale, la nation exprimant désormais l'idée abstraite de l'unité politique. L'appartenance à la nation est fondée sur un contrat librement consenti par les citoyens.

Le projet de construction de l'État-nation, qui vise à gommer les particularismes, qu'ils soient régionaux, linguistiques ou confessionnels, tend à identifier le peuple avec l'État. Il nie ainsi la pluralité et la diversité des peuples composant l'État à l'origine[75], « le concept de nation apparaissant alors comme l'expression d'une société politique unifiée et homogène dont la composante indivise n'est autre que le citoyen[76] ».

Dès l'origine, ce concept excluait donc de l'ordre politique l'existence de tout phénomène minoritaire. Pourtant cette dimension uniformisatrice propre à l'État-nation a fait naître des revendications identitaires fortes de la part de minorités nationales voulant préserver la singularité et la vitalité de leurs cultures.

Pendant le XIXe siècle, les politiques d'assimilation furent approuvées en Europe par les courants politiques socialistes et communistes, qui se sont traditionnellement opposés à la notion de droits des minorités. Ils estimaient que les minorités étaient des « résidus de nations constituant une force de réaction » empêchant l'expansion des grandes nations et la réalisation de la justice sociale. L'assimilation était considérée comme le signe de la vitalité de l'État. C'est ainsi que le chercheur David Miller écrivait dans ses travaux en

---

75 Par exemple, en France, « le royaume des Capétiens rassemble ainsi de nombreuses nations et une multitude de pays. Un fort sentiment d'appartenance commune transcende cette diversité, mais il est exclusivement religieux […] », Norbert ROULAND *et al.*, *Droit des minorités et peuples autochtones*, *op.cit.*, p. 70.

76 L'auteur rapproche cette théorie de celle de la nation-organe de Jellinek relayée par les arrêts de la Cour constitutionnelle fédérale allemande, qui met en avant le concept de « peuple d'État », à la fois sujet et objet du pouvoir étatique. Stéphane PIERRE-CAPS, « Karl Renner et l'État multinational. Contribution juridique à la solution d'imbroglios politiques contemporains », *Droit et Société*, n°27, 1994, p. 423.

1989 que « les subcultures menacent de mettre à mal le sentiment général d'identité, et que l'État doit promouvoir une identité commune, citoyenne qui soit plus puissante que les identités distinctes des individus, considérés comme membres de groupes ethniques ou autres[77] ».

Will Kymlicka montre que pour tenter de réaliser leur idéal d'un État homogène, les gouvernements ont, au cours de l'Histoire, conduit, à l'égard des minorités culturelles, des politiques d'élimination soit par des expulsions massives, soit par des génocides ; ou bien ils leur ont donné le statut de résidents étrangers assujettis à la ségrégation physique et privés de droits politiques ; ou encore ils ont pratiqué l'assimilation des minorités, alors forcées d'adopter la langue, la religion et les coutumes de la majorité[78].

Un des domaines dans lesquels les peuples corse et sámi ont subi une assimilation culturelle concerne la langue. Un rapport du groupe d'experts spécial sur les langues en danger (UNESCO) a établi une distinction entre assimilation forcée et assimilation active[79].

L'assimilation forcée signifie que seule la langue dominante a un statut officiel. Les langues minoritaires ne sont ni reconnues ni soutenues, mais elles peuvent être parlées entre les membres du groupe. Tel était le cas pour la langue corse, qualifiée d'idiome sous le second Empire. En effet, à partir de 1793, au nom de la création d'une République indivisible et unie, les révolutionnaires ont tenté de restreindre les particularismes régionaux dans le domaine linguistique. Ils ont associé les concepts de langue et de nation.

Selon l'idéal jacobin et centralisateur la diversité linguistique et les particularismes locaux ne sont pas conciliables avec le projet d'unification de la nation et de lutte contre le fédéralisme. Mais les décrets du 20 juillet 1794 dits de « terreur linguistique »[80] n'ont finalement pas été appliqués et, si l'enseignement à l'école primaire en langue française fut obligatoire, « l'emploi des idiomes » comme le corse fut considéré comme un « moyen auxiliaire » d'éducation. Au second Empire[81] et plus précisément par un arrêt de la Cour de cassation rendu le 4 août 1858[82], a été déclaré nul tout acte rédigé en italien ;

---

[77] Will KYMLICKA, *La citoyenneté multiculturelle : une théorie libérale du droit des minorités*, *op.cit.*, p. 109-110.

[78] Will KYMLICKA, *ibid.*, p. 10.

[79] *Vitalité et disparition des langues*, rapport du groupe d'experts spécial de l'UNESCO sur les langues en danger, suite à la réunion internationale d'experts à Paris du 10 au 12 mars 2003.

[80] L'article 1er énonce que : « À compter du jour de la publication de la présente loi, nul acte public ne pourra, dans quelque partie que ce soit du territoire de la République, être écrit qu'en langue française » et l'article 2 ajoute qu'« Après le mois qui suivra la publication de la présente loi, il ne pourra être enregistré aucun acte, même sous seing privé, s'il n'est écrit en langue française ». Les articles 3 et 4 précisent que tout fonctionnaire ou officier public qui contreviendrait à ces instructions serait emprisonné et destitué de ses fonctions.

[81] Le second Empire dura de 1852 à 1870.

[82] Cet arrêt se fonde sur un arrêté pris par Napoléon Bonaparte le 13 juin 1803 déclarant que les actes publics devront être rédigés en français. Dans son arrêt la Cour qualifie la langue corse « d'idiome ».

seul le français devint la langue officielle, se supplantant alors aux dialectes corses et à l'italien, qui fut sous la République génoise la langue administrative de l'île[83]. Lors de la troisième République (1870-1940), le français devint obligatoire partout dans l'île, c'est-à-dire dans les écoles, les tribunaux et l'Administration ; l'italien disparut comme langue de culture et le corse ne survécut que comme langue orale dans les communications informelles.

L'assimilation active suppose, selon le rapport précité du groupe d'experts sur les langues en danger[84], que le gouvernement incite les groupes minoritaires à abandonner leur langue en amenant leurs membres à recevoir une éducation dans la seule langue dominante. La pratique orale et/ou écrite de langues minoritaires n'est pas tolérée. Ce fut le cas pour les Sámi et les autres minorités. En effet, leur langue fut la première interdite notamment dans l'éducation[85]. Ainsi, l'emploi des langues sâmes et de celles des autres minorités telles que le finnois pour les Kven et les Skogfinn, considérées comme des langues étrangères, devint formellement interdit dans les écoles de 1898 à 1959. L'enseignement fut assuré uniquement en norvégien.

Il semble que la politique d'assimilation culturelle de la France envers la Corse, qui se vit attribuer un nouveau statut administratif, celui de département français, dès 1790, n'a pas entraîné les mêmes natures de persécutions que celles vécues par les Sámi dans les États nordiques. Il est difficile de citer des lois spécifiques porteuses de discrimination fondée sur les origines ethniques corses, comme les Sámi les ont subies. La différence des fondements idéologiques des politiques d'assimilation culturelle menées par les États français et norvégien ou simplement la situation insulaire ou encore la langue romano-italienne, proche du français, peuvent être des raisons expliquant cette nuance dans l'assimilation.

À cause de l'idéal révolutionnaire porté par les Jacobins, la Corse n'a pas été exclusivement et spécifiquement visée par l'assimilation linguistique, qui n'avait pas pour objectif d'éradiquer la culture corse. Les mesures internes d'assimilation s'inscrivaient dans un vaste programme d'unification nationale subi également par toutes les anciennes provinces françaises dans lesquelles les langues d'oc ou les langues d'oïl étaient parlées. L'assimilation s'exprime

---

83 En effet sous la domination génoise, la langue écrite officielle demeura le latin, mais la langue utilisée par l'Administration fut soit le génois soit le toscan (italien aujourd'hui). Les Corses, pour leur part, parlaient la *lingua corsa*, mais ils avaient emprunté de nombreux mots au génois et surtout au toscan, à un point tel qu'on peut parler d'une « toscanisation » de la langue corse. L'influence toscane fut déterminante pour la langue corse, car elle eut comme conséquence de rompre l'ancienne unité linguistico-culturelle avec la Sardaigne.

84 *Vitalité et disparition des langues*, *op.cit.*

85 On retrouve cette politique d'assimilation aussi en Suède : ainsi, de 1913 à 1920, la Suède mène une politique de ségrégation raciale et l'institutionnalise ; par exemple, des écoles spéciales pour les Sámi sont créées ; ce sont les « écoles nomadiques » et l'emploi de la langue sâme y est formellement interdit. Un institut de biologie raciale avait même été créé à Uppsala.

davantage dans l'établissement de liens administratifs[86], juridiques et politiques à dimension nationale que dans la volonté de supprimer une identité culturelle ciblée. Cette identité culturelle corse, à l'instar de toutes les autres identités régionales composant nouvellement la France, fut reléguée au second plan par rapport à la notion de citoyenneté française. Les particularismes locaux furent considérés comme appartenant à la sphère privée.

En Norvège, c'est surtout à partir de la seconde moitié du XIXe siècle, plus précisément de 1850 à 1960, que la politique norvégienne envers le peuple autochtone sámi fut particulièrement intolérante.

Pendant cette période du romantisme nationaliste norvégien, la Norvège rompait son union personnelle avec la Suède par la signature de l'accord de Karlstad le 27 octobre 1905[87], devenant un État souverain indépendant[88]. L'ambition des élites politiques et culturelles était alors de créer une nation unique. L'existence d'une seconde nation à l'intérieur des frontières de l'État, et la présence d'un peuple avec une culture et une identité ethnique différentes ne fut alors pas considérée comme une chance et une source d'enrichissement pour développer la diversité et la pluralité culturelle dans la société. Au contraire, cette potentielle pluralité culturelle fut regardée comme la marque d'un danger : des groupes ethniques existant à l'intérieur des frontières avec leurs propres modes d'organisation sociale, leur propre langue et leur système propre de valeurs constituaient des menaces. L'État et la majorité de la population norvégienne y ont vu division et séparatisme. Ils pratiquèrent alors une politique d'assimilation forcée pour promouvoir une identité nationale unique qui se substituerait aux identités culturelles minoritaires existant sur le territoire.

Par exemple, officiellement pour renforcer l'unification linguistique, le 22 mai 1902 le Parlement norvégien avait adopté une loi relative à la vente des terres dans le comté de Finnmark et ses liens avec la nationalité et les compétences linguistiques[89] *(Om Jordsalgsordningens forhold til nasjonalitets og sprogforhold)*[90]. Ce texte déclarait que les terres situées dans le comté de Finnmark

---

[86] Les découpages administratifs du territoire de la République de 1790 à 1800 (loi du 17 février) ont joué un rôle important dans la « logique d'unification par l'indifférenciation de la communauté nationale ». L'auteure montre notamment comment les divisions territoriales influent sur le degré d'unité, d'intégration, de la nation. « En l'an VIII, les divisions du territoire sont des instruments à disposition du pouvoir central pour unifier, au besoin par la force, la nation identifiée à l'État, lui-même identifié à la République une et indivisible », *in* Nathalie MERLEY, « Le découpage du territoire : de l'unité à la diversité », CURAPP, *La loi du 28 pluviôse an VIII*, éd. PUF, 2000, p. 103.

[87] « Dissolution de l'Union suèdo-norvégienne, Traites du 29 Octobre, 1905 Procès-verbal de signature, dressé à Stockholm le 26 Octobre 1905 », *The American Journal of International Law*, vol. 1, n°2, supplément : Official documents, avril 1907, p. 167-179.

[88] Le 18 novembre 1905 le prince Charles du Danemark accéda au trône de Norvège sous le nom de Håkon VII suite à un référendum confirmant la monarchie constitutionnelle.

[89] Traduction personnelle.

[90] Loi du 22 mai 1902, Ot.prp. nr. 20 (1901 - 1902).

ne pouvaient être vendues qu'aux personnes capables de parler ou d'écrire en norvégien couramment.

Mais l'objectif de cette loi discriminatoire était double : laisser les terres situées en Laponie aux mains des Norvégiens et obliger les Sámi à apprendre la langue norvégienne pour ensuite les sédentariser.

Cette loi portait atteinte à l'ethnie, aux modes de vie et à la langue sâme. Aucune autre minorité nationale (Kven, Skogfinn, Rom) n'a fait l'objet d'une loi aussi discriminatoire et visant à les priver d'un support concret où s'exprime et se transmet la culture traditionnelle, à savoir le territoire ancestral.

Une étude du Professeur Regnor Jernsletten[91] montre comment cette loi de 1902, restée en vigueur jusqu'en 1965[92], fut un véritable outil d'assimilation culturelle des Sámi à la culture norvégienne.

En effet, depuis une résolution du 27 mai 1775 le gouvernement norvégien se considère propriétaire de toutes les terres non privées situées dans le comté de Finnmark[93]. En 1863, une loi relative à la vente des terres du Finnmark avait introduit un système de ventes aux enchères visant à attribuer les terres aux cultivateurs les plus fortunés. Mais c'est à partir de 1866 que les terres du comté de Finnmark devinrent un enjeu de politique nationale pour les autorités norvégiennes. Dès lors, la vente des terres était soumise à la condition de posséder la nationalité norvégienne, ou à partir de 1888 à la maîtrise de la langue norvégienne au détriment d'autres langues. Devant le nombre important d'acquisitions réalisées par des personnes de nationalité étrangère, le ministre de l'agriculture avait décidé d'élaborer une nouvelle loi : celle du 22 mai 1902. Cette loi prévoyait que toute personne souhaitant devenir propriétaire en fasse la demande par écrit à une Commission spécialement établie.

En réalité, des considérations politiques et économiques motivaient les refus et les acceptations des demandes. Ainsi, la section 1.c énonçait qu'« un contrat de vente ne peut avoir lieu qu'avec des personnes de nationalité norvégienne dont le but est de s'installer dans le district, de cultiver les terres, capables de parler, lire et écrire la langue norvégienne et qui utilisent cette langue dans leur vie quotidienne »[94]. Trois critères étaient donc requis pour contracter une

---

[91] Pr. Regnor JERNSLETTEN, "The Land Sales Act of 1902 as a Mean of Norwegianization", *Acta Borealia*, vol. 3(1), 1986, p. 3-20.

[92] Le Storting adopta le 12 mars 1965 la loi relative aux terres étatiques non immatriculées dans le comté de Finnmark. Dans son paragraphe 2, cette loi autorise en principe la vente des terres dont l'État est propriétaire mais qui, par exception, ne peuvent être vendues : a) les zones communément considérées comme nécessaires au pacage des rennes ; b) les zones traversées lors des transhumances sámi ; c) enfin les terres qui doivent rester propriété de l'État pour ses activités de pêche, sylviculture, exploitations minières, et protection de la nature.
Le paragraphe 6 abroge les mesures antérieures, et notamment la loi du 22 mai 1902.

[93] La loi sur le Finnmark *(Finnmarksloven)*, adoptée le 17 juin 2005, est venue modifier cet acquis en transférant 95 % des terres appartenant à l'État norvégien à un organisme foncier indépendant, le *Finnmarkseiendommen.* Ce point est développé ultérieurement, dans une deuxième Partie, titre I, chapitre 6, section 2, sous-section B.

[94] Traduction personnelle.

vente : la nationalité norvégienne, la maîtrise et l'utilisation de la langue norvégienne, et enfin la pratique de l'agriculture. Cette dernière condition était renforcée par le versement d'aides financières aux colons norvégiens.

Ces mesures discriminatoires et nationalistes reposaient sur la volonté affichée de moderniser l'économie dans le comté de Finnmark, mais elles avaient surtout pour but d'encourager l'établissement de nouveaux Norvégiens pratiquant l'agriculture afin d'obliger le peuple sámi à abandonner son mode de vie semi-nomade et l'élevage de rennes pour se conformer au modèle de vie sédentaire de la majoritaire scandinave.

Le résultat concret de ces mesures allait dans le sens contraire des objectifs de la loi : en privant les Sámi et les immigrants finlandais de la propriété des terres et indirectement de leurs exploitations, la pauvreté se trouvait renforcée dans ces municipalités éloignées. L'exclusion par la voie économique ne servait ni l'intégration des Sámi au mode de vie norvégien, ni le redressement économique du comté.

Cette obligation de sédentarisme constituait une nouvelle atteinte à l'identité des Sámi, qui protestèrent vivement en 1906, rejetant la clause linguistique en cause.

Il semble que cette vive protestation ait eu par la suite des conséquences importantes dans l'application des dispositions de la loi. Plusieurs autorités municipales auraient appliqué les mesures avec une certaine souplesse jusqu'en 1913, particulièrement lorsque les municipalités n'étaient pas frontalières avec la Suède ou la Finlande. On peut même dire qu'à partir de 1913, des représentants du Finnmark au Parlement national norvégien considéraient cette application souple de la clause comme une pratique légale courante. Ils soutenaient que les langues sâmes et le finnois étaient bien encore des langues vivantes qu'il fallait respecter.

Des citoyens norvégiens, Sámi et immigrés finlandais, demandèrent au conseil municipal de Tana d'annuler la clause linguistique ; il le fit le 28 février 1914 à l'unanimité et la municipalité de Nesseby suivit aussi cette démarche.

Malgré cette démarche le résultat souhaité par l'État norvégien ne tarda pas à se manifester : la langue sâme fut éradiquée dans les régions côtières, tout en survivant dans le Sud et les régions intérieures du pays. L'économie traditionnelle des Sámi fut interdite au profit de l'agriculture. Et une forte culpabilisation identitaire se développa chez les personnes sámi.

Formant depuis l'Antiquité des entités culturelles et sociales non étatiques, vulnérables, les Corses et les Sámi sont devenus des minorités de fait par un double processus généré par les États français et norvégien, eux-mêmes portés par l'édification de leur souveraineté et l'unification de leur nation et dont l'apogée se situe entre le XVIIIe et le XIXe siècle.

Ce double processus s'articule autour de la privation juridique et officielle d'une base territoriale délimitée pour les Sámi et les Corses, et l'impossibilité pour ces populations d'être reconnues par ces États en tant que peuple indépendant ou nation autonome. Aucune mesure interne ne prévoyait d'établir une union de droit avec eux, leur permettant d'exercer une forme d'autonomie (culturelle ou politique) au sein des États français et norvégien. Ils ont alors expérimenté les politiques d'assimilation menées par la France et la Norvège.

L'absence initiale de protection juridique des Sámi et des Corses, dans leur identité collective et individuelle, s'exprime en outre par la difficile acquisition du statut de minorités légales ou de peuples autochtones. Les obstacles à ces statuts juridiques relevaient à la fois du droit international et des droits nationaux français et norvégien.

II. La qualification de minorité légale ou de peuple autochtone : les obstacles juridiques

Les tentatives des communautés culturelles sámi et corse visant à être reconnues par les États français et norvégien en tant que peuple ou nation, indépendants ou exerçant une forme d'autonomie dans le cadre d'une union de droit au sein de ces États, ont été vaines.

En tant que communautés culturelles *de facto*, ils sont restés longtemps sans statut juridique spécifique, ce qui leur aurait pourtant permis de préserver leurs identités culturelles collectives, tant au regard du droit international public qu'au regard des droits internes français et norvégien.

Sur une période s'étalant du XVIIe siècle au milieu du XXe siècle, les Sámi et les Corses ne répondaient pas aux critères posés par le droit international public pour obtenir le statut de minorité nationale ou de peuple autochtone. Leur captation par le droit international public a été progressive et tardive (*§ 1*).

En outre, leur qualification de minorités nationales et/ou de peuples autochtones ont été gênées par des obstacles de droit constitutionnel français et norvégien. En effet, au nom des principes d'indivisibilité et d'égalité chers à la République française pour nier l'existence de minorités de droit sur son territoire, les Corses, en tant que groupe, n'ont pas reçu la qualification de minorité nationale. En Norvège, l'État s'est construit sur ce même principe constitutionnel d'indivisibilité mais lui donne une signification et une application différentes de celles données par la République française. Le principe d'égalité a en revanche contribué à empêcher la qualification et la protection des Sámi en tant que minorité ethnique et linguistique, et en tant que peuple autochtone. Mais il a ensuite été relayé par le principe de non-discrimination. Ces principes constitutionnels communs aux États unitaires français et norvégien (*§ 2*) ont constitué des obstacles juridiques à la qualification des communautés culturelles corse et sámi en tant que minorités nationales et/ou de peuples autochtones.

§ 1. Une captation tardive par le droit international public

Dès le XVIIe siècle, et sans avoir préalablement défini les notions de minorités ou de peuples autochtones, une première protection internationale des minorités et des peuples autochtones avait été établie par les États. Mais les critères d'appartenance à une minorité ou la protection offerte aux peuples autochtones, y compris dans le cadre de la Société des Nations après le démantèlement des Empires austro-hongrois et ottoman, n'ont proposé qu'une protection lacunaire et inachevée (A) ; protection dont les communautés sámi et corse n'ont pu bénéficier.

À l'issue de la Seconde Guerre mondiale, la problématique de la protection des minorités s'est de nouveau posée, et de façon cruciale. Une protection à vocation universelle a été élaborée par les Nations unies et le Conseil de l'Europe. D'abord exclusivement protégés sous l'angle universel des droits de l'homme, les minorités nationales ou ethniques, linguistiques et religieuses et les peuples autochtones ont bénéficié d'une protection catégorielle à partir des années 1990.

Grâce à ce double système de protection à l'issue de la Seconde Guerre mondiale (B), les Sámi ont pu revendiquer une protection juridique de leur identité culturelle autochtone et conforter celle nouvellement apportée par l'État norvégien.

Il semble bien que les Corses pourraient eux aussi entrer dans une de ces catégories juridiques et bénéficier ainsi de la protection pertinente, mais le positionnement idéologique de la France fait obstacle.

A. Une première protection internationale des minorités et des peuples autochtones inachevée

Les premières prises en compte des minorités et des peuples autochtones datent du XVIIe siècle. Mais cette ébauche de protection, qui s'étend jusqu'au XIXe siècle, n'était pas applicable aux communautés culturelles sámi et corse **(a)**.

De même, les Sámi et les Corses sont restés en dehors du système de protection élaboré par la Société des Nations **(b)**.

a. L'ébauche d'une protection entre les XVIIe et XIXe siècles, inappliquée aux Sámi et aux Corses

Pourquoi les populations sámi et corse, pourtant dotées de caractéristiques ethniques et linguistiques, n'ont-elles pas été légalement reconnues en tant que minorités nationales au moment de leur absorption par les États-nations français et norvégien, alors qu'un tout premier système de protection internationale des minorités existait déjà en Europe depuis le XVIIe siècle ?

La question de la protection juridique des minorités nationales s'est en effet posée dès le XVIIe siècle à travers des clauses figurant dans des engagements internationaux entre États européens. Mais, au cours des XVIIe et XVIIIe siècles, seules les minorités religieuses[95] étaient reconnues et leur liberté de culte protégée[96].

Les Corses n'ont pas été reconnus en tant que minorité religieuse par le droit international car historiquement ils ont été placés sous l'influence culturelle et la domination politique des Républiques pisane et génoise depuis plusieurs siècles, si bien que leur religion ne se distinguait pas ou plus spécifiquement de celle de leurs tuteurs. Majoritairement catholiques, ils ne sont pas apparus comme appartenant à une minorité religieuse : ni juifs, ni musulmans, ni protestants.

Les Sámi non plus ne correspondaient pas à la catégorie des minorités religieuses car, autrefois chamanistes, ils ont été en partie évangélisés par le prêtre missionnaire norvégien Thomas von Westen vers 1716. La Scandinavie étant majoritairement protestante, et le chamanisme n'ayant pas été reconnu comme une religion, les Sámi n'ont donc pas été qualifiés de minorité religieuse.

En se fondant ainsi exclusivement sur le critère religieux, ni les Sámi ni les Corses n'ont pu être qualifiés de minorités par le droit international et bénéficier ainsi d'une certaine protection de leurs cultures.

En ce qui concerne le cas particulier des peuples autochtones, leur captation par le droit s'est faite très tôt : de la Renaissance jusqu'au XIXe siècle, les internationalistes (parmi eux Vitoria, Grotius et Vatel) ont certes élaboré une théorie qui repose sur trois principes, *a priori* très favorables aux peuples autochtones mais qui se trouve en réalité considérablement limitée par l'interprétation et l'application *in concreto* de ces principes[97]. Le premier principe est celui de l'égalité juridique des autochtones avec tous les hommes ; ainsi les traités passés avec des peuples non chrétiens sont valides et les peuples autochtones comme les nations européennes sont soumis au droit des gens. Le second principe est celui de l'universalité. Tous les peuples, y compris les non chrétiens, et toute nation qui se gouverne elle-même *quelle que soit la forme de son régime politique* sont sujets du droit international. Le troisième principe est celui de l'autodétermination : les peuples conquis continuent à être régis par leurs propres lois.

---

[95] Dans l'Empire chrétien, les minorités étaient les juifs et les musulmans. Sur ce sujet, voir entre autres Norbert ROULAND *et al.*, *Droit des minorités et des peuples autochtones*, Les Presses universitaires de France, collection : Droit politique et théorique, 1996.

[96] Francesco CAPOTORTI, rapporteur spécial de la Sous-Commission de la lutte contre les mesures discriminatoires et de la protection des minorités, montre que les minorités religieuses ont été l'objet d'engagements internationaux bilatéraux dès le XVIIe siècle mais qu'il a fallu attendre le XIXe siècle pour qu'ils contiennent dans des traités multilatéraux des clauses concernant d'autres groupes, *Étude des droits des personnes appartenant aux minorités ethniques, religieuses et linguistiques*, éd. Nations unies, 1979, p. 2.

[97] Voir Norbert ROULAND *et al.*, *Droit des minorités et des peuples autochtones*, *op.cit.*, p. 301-302.

Mais, à côté de ces principes directeurs, il n'existait pas de système normatif international protégeant les droits des peuples autochtones. Il faut se référer à la pratique existante, qui consistait à établir des traités entre les puissances étrangères dominantes et les peuples autochtones à condition qu'ils soient politiquement organisés. À défaut, les peuples autochtones non dotés « de la Raison », c'est-à-dire non organisés politiquement, et les minorités ethniques et linguistiques évoluaient dans l'indifférence juridique. Or ce n'était pas le cas des Sámi, qui évoluaient séparés par les frontières étatiques norvégienne, suédoise et finlandaise, et étaient organisés selon le système des *siidas*. Sans existence légale, ils sont donc restés en dehors de l'ébauche de protection offerte par le droit international.

Au XIXe siècle, la protection des droits des personnes appartenant à des minorités n'était toujours pas systématisée dans des instruments juridiques à portée universelle. Il n'existait toujours pas de convention ou de déclaration dont l'objet fut la défense des droits des minorités.

Cependant deux évolutions notables ont tout de même eu lieu : la première consiste en un élargissement des critères de protection à d'autres minorités, en particulier ethniques ou linguistiques. La seconde évolution réside dans les instruments de protection qui sont alors des traités internationaux et/ou le droit interne de leur État-parent.

Dans son étude sur les droits des personnes appartenant à des minorités, Francesco Capotorti explique que les clauses envisageant la protection des minorités autres que religieuses sont apparues dans des instruments multilatéraux alors qu'avant elles avaient seulement un caractère bilatéral. Il cite notamment l'acte du Congrès de Vienne du 9 juin 1815, qui constitue le premier instrument international d'importance visant la sauvegarde des membres de la minorité linguistique polonaise, à qui il reconnaît le droit de parler polonais dans les affaires officielles, et pas seulement religieuses[98]. De même, le traité de Berlin, conclu le 13 juillet 1878 entre l'Allemagne, l'Autriche, la Hongrie, la France, la Grande-Bretagne, l'Italie, la Russie et la Turquie, prend en compte les minorités religieuses, notamment en liant le principe de non-discrimination à la reconnaissance d'indépendance des nouveaux États balkaniques et désigne dans son article 4 des minorités ethniques « turques, roumaines, grecques ou autres » résidant sur le territoire bulgare.

En se fondant sur ces nouveaux critères élargis, les Sámi et les Corses auraient-ils pu être qualifiés de minorités de droit ? Il nous semble qu'il est incontestable que les Sámi et les Corses auraient déjà pu être concernés par cette première ébauche d'un système de protection internationale des minorités du fait de leurs caractéristiques ethniques et linguistiques.

---

[98] Francesco CAPOTORTI, *Étude des droits des personnes appartenant aux minorités ethniques, religieuses et linguistiques*, *op.cit.*, p. 2.

Mais pour plusieurs raisons ce ne fut pas le cas car ce système de protection avait la faiblesse d'être fondé sur des traités spéciaux garantis par les grandes puissances. Les intérêts étatiques étaient avant tout en jeu : d'abord, il existait un risque d'ingérence. Les États-parents auraient pu invoquer la protection de leurs nationaux pour intervenir de manière arbitraire et pour des raisons politiques dans les affaires des pays voisins ; ce qui fut le cas avec les Sámi, répartis sur quatre États. La volonté de domination sur la Laponie, en tant que territoire géographique sans statut juridique défini mais sur lequel s'exerce la souveraineté des États norvégien, suédois et finlandais, a entraîné plusieurs guerres entre les royaumes nordiques résolues avec des taxes imposées aux éleveurs de rennes semi-nomades. De plus, la portée de ce système était insuffisante car la protection offerte était fragmentaire, ses dispositions de fond étaient trop vagues, son mécanisme rudimentaire et les sanctions incertaines[99].

Quant aux Corses, ils n'avaient pas d'État-parent et n'étaient pas répartis sur un ou plusieurs États au sens de la problématique minoritaire. Ils étaient déjà installés sur leur territoire insulaire et ont été mis sous la tutelle de puissances étrangères qui se sont approprié leur île.

Concernant les peuples autochtones, Norbert Rouland souligne qu'à partir du XIXe, la plupart des juristes occidentaux soutenaient que les seuls droits territoriaux valides étaient ceux en vigueur au sein des sociétés organisées selon les formes politiques modernes, celles de l'État. Aussi, en Europe septentrionale, dont fait partie la Laponie, la conclusion de traités avec les chefs locaux n'était pas ou peu pratiquée, contrairement à l'Amérique du Nord, où la voie des traités était très fréquemment utilisée[100].

Pour ces deux raisons, les Sámi sont restés en dehors de la lumière du droit international et n'ont pu recevoir la qualification de peuple autochtone et la protection s'y rattachant.

Quant aux Corses, au XVIIIe siècle, malgré des tentatives infructueuses, ils avaient essayé de se constituer en une nation indépendante et souveraine. Ils sont ainsi momentanément sortis de la problématique des minorités nationales. À ce moment de l'histoire, les Corses n'étaient donc ni des minorités ethniques et/ou linguistiques, ni des minorités religieuses, ni même une nation corse indépendante. Pouvaient-ils se prévaloir de la qualification de peuples autochtones ? Norbert Rouland explique que les traités étaient peu ou pas conclus car « comme en Amérique, dans la période initiale de la conquête, ils servent surtout aux puissances européennes à justifier les revendications qu'elles expriment les unes vis-à-vis des autres en s'appuyant sur les clauses prévoyant des "cessions de territoires" et des "droits exclusifs". Les autochtones ne sont donc plus les principaux destinataires de ces

---

[99] Inis L. CLAUDE Jr., *National Minorities, An International Problem*, Cambridge, Harvard University Press, 1955, p. 8 et 9. *In* Francesco CAPOTORTI, *Étude des droits des personnes appartenant aux minorités ethniques, religieuses et linguistiques*, Nations unies, New York, 1979, p. 3, § 16.

[100] Norbert ROULAND *et al.*, *Droit des minorités et des peuples autochtones*, *op.cit.*, p. 304.

documents[101] ». On pense ici aux nombreux traités dont l'île a fait l'objet lors des guerres napoléoniennes entre autres. Cette première raison paraît envisageable pour comprendre pourquoi le groupe corse n'a pas non plus bénéficié d'une protection en tant que peuple autochtone. Une autre raison peut être soulevée : la France aurait pu être partie à un traité multilatéral protégeant la culture corse, et notamment la langue corse imprégnée d'italien. Mais par son rattachement à la République française, l'île est devenue un département français et les Corses sont devenus des citoyens français appartenant à la nation française au sens de l'idéologie révolutionnaire de 1789, caractérisée notamment par l'assimilation des diversités régionales et exprimée par une véritable politique de répression linguistique[102].

Par ailleurs, si les instruments internationaux et européens contemporains abordent la définition épineuse des minorités et des peuples autochtones selon des critères objectifs tels que la langue, l'ethnie ou la religion, et un critère subjectif consistant en un sentiment d'appartenance à une communauté pour continuer d'en faire vivre l'identité culturelle, ce dernier n'était pas un critère mentionné dans les traités multilatéraux pour protéger les droits des minorités ethniques, linguistiques ou religieuses. Le système originel de protection des minorités n'avait pas cherché à établir une définition abstraite et universelle des minorités nationales.

Quand bien même ce critère subjectif aurait été exprimé, ni les Sámi, ni les Corses ne l'auraient rempli car c'est précisément ce sentiment d'appartenance à une communauté qui a fait défaut aux deux populations dans un tout premier temps.

En effet, les spécificités culturelles des populations sami nomades à l'intérieur des terres ou semi-nomades[103] le long des côtes, et organisées selon le système des *siidas*, avaient été tenues pour mineures par les Scandinaves, qui avaient découvert la Laponie dès le VIIIe siècle. Les nations sami étaient constituées en structures préétatiques et, n'ayant pas de statut juridique international, elles ne disposaient pas de la souveraineté : les groupes sámi sont apparus particulièrement vulnérables aux Scandinaves car non organisés sous une forme étatique et centralisante ou du moins fédératrice.

De même, l'île de Corse était habitée depuis l'antiquité mais jusqu'à la fin du XVIIIe siècle elle était profondément divisée en communautés claniques sans autorité fédératrice, ce qui exprimait une apparente inorganisation sociale et politique. Emmanuel Le Roy Ladurie explique que « sous les pans de la pyramide féodale, la réalité du système tient au morcellement, à la

---

101 Norbert ROULAND, *ibidem*.

102 Yves PLASSERAUD, « Qu'est-ce qu'une minorité en France ? », *in* Gérard CHALIAND (dir.), *Les minorités à l'âge de l'État-nation*, Groupement pour le droit des minorités, éd. Fayard, Collection Géopolitiques et Stratégies, 1985, p. 271-285.

103 C'était le cas des Sámi skolte, pêcheurs établis dans les régions côtières qui se repliaient en hiver au fond des fjords.

microbalkanisation de l'île [...]. Les chefs et notables locaux sont incapables d'unité nationale ou tout simplement insulaire : ils font donc appel aux puissances extérieures pour mieux défendre dans le pays les intérêts familiaux et collectifs [...] ». De même, il souligne que « la Corse parle génois dans ces présides (Bastia, Calvi, Ajaccio...), les dialectes ailleurs ; on y écrit le toscan. Trois langues donc, sans compter le latin. Qui peut fédérer tout cela ?[104] »

Les Sámi et les Corses, ne correspondant pas aux critères établis par la pratique et les traités bilatéraux pour recevoir la qualification de minorités religieuses, ethniques ou linguistiques ou celle de peuples autochtones, sont restés en dehors de l'ébauche de protection offerte par les États entre les XVIIe et XIXe siècles.

Lors de la création de la Société des Nations (SDN) par le traité de Versailles du 28 juin 1919, les États ont tenté d'instaurer un premier système de protection des minorités nationales. Mais les peuples autochtones n'étaient pas concernés par les mécanismes de protection de la SDN et les faiblesses de ce système ont eu une relative inefficacité dans la tentative de systématiser la protection des minorités. Ni les Sámi, ni les Corses n'ont pu bénéficier de cette nouvelle protection ; ils sont aussi restés en dehors du système de protection des minorités offert par la SDN.

b. Les Sámi et les Corses en dehors du système de protection des minorités établi par la Société des Nations

Après la Première Guerre mondiale, la protection internationale des minorités ethniques, religieuses et linguistiques s'est idéologiquement fondée sur le pacifisme, le socialisme connu sous le nom d'austro-marxisme incarné par Otto Bauer et Karl Renner, et l'action juive[105].

Aussi, le principe des nationalités, désormais considéré comme inapplicable et dangereux car multipliant les minorités nationales en dressant des frontières d'État entre les membres d'une même nation, fut présenté comme une des causes de la Première Guerre mondiale[106].

---

104 Emmanuel LE ROY LADURIE, *Histoire de France des régions*, éd. du Seuil, 2001, p. 172-178.

105 Sur ces trois fondements idéologiques du droit des minorités, voir Norbert ROULAND, *Droit des minorités et des peuples autochtones, op.cit.*, p. 154-159.

106 On peut voir comment le principe des nationalités a fortement fragilisé l'Empire austro-hongrois dès 1848, pourtant État multinational et dont l'article 19 de la Constitution de 1867 disposait que : « Tous les peuples de l'État sont égaux en droits. Chaque peuple a un droit inviolable à la conservation et à l'entretien de sa nationalité et de sa langue ». Sur la théorie de Karl RENNER, voir le Professeur Stéphane PIERRE-CAPS, « Karl Renner et l'État multinational. Contribution juridique à la solution d'imbroglios politiques contemporains », revue *Droit et Société*, n°27, 1994, p. 421-441.

C'est dans ce contexte, à l'époque de la Société des Nations[107] (SDN), lorsque les États vainqueurs ont redécoupé la carte de l'Europe et des frontières[108], que les premiers engagements internationaux portant sur le statut et la protection des minorités nationales ont été élaborés. Ils sont issus des multiples efforts étatiques en faveur de leur stabilité interne et de la sécurité à l'égard des minorités nationales.

Des projets portant sur le droit des minorités à la préservation de leur culture et de leur ethnicité, à l'égalité devant la loi et à la liberté de culte et de religion ont été discutés lors de la *Conférence de la paix* en 1919.

Lors de l'élaboration du pacte instituant la Société des Nations, plusieurs propositions ont été faites pour inclure dans le pacte la protection des minorités nationales. La première proposition était relative à « l'égalité de traitement en faveur des minorités de race et de nationalité, et de la liberté de culte et de religion ». Deux autres projets ont été présentés par W. Wilson, qui subordonnait l'admission des États à la SDN et la reconnaissance de l'indépendance des États nouveaux à l'engagement des États à garantir « l'égalité de traitement aux minorités de race ou de nationalité ».

Finalement, pour se conformer à l'avis des Britanniques, qui considéraient que la question des minorités nationales devait être réglée par des traités relatifs aux situations territoriales, aucun de ces projets n'a été adopté et aucune disposition relative aux droits des minorités ethniques ne figure dans le pacte de la SDN.

Le président W. Wilson avait aussi œuvré pour la protection de la liberté de culte et de religion des minorités. Mais la disposition présentée fut également rejetée : les principes de tolérance religieuse et d'égalité des races, qui devaient figurer dans le pacte de la SDN furent jugés impossibles ou tout au moins inopportuns. Francesco Capotorti explique que « les auteurs du Pacte n'étaient pas disposés à concevoir comme des obligations générales applicables à tous les membres de la Société des Nations ces principes qui jusqu'alors n'avaient été considérés valables qu'à l'égard de certains États seulement et en faveur d'un nombre restreint de groupes minoritaires.[109] »

Cette explication montre bien à quel point la conciliation entre les États eux-mêmes sur l'adoption d'un système commun de protection des minorités était difficile. La difficulté de concilier l'identité des États et celle des minorités

---

[107] La France a fait partie des membres fondateurs et signataires du traité de paix. Et la Norvège, en tant que jeune État indépendant depuis 1905, a été invitée à accéder au Pacte en 1920.

[108] Furent ainsi redécoupés l'Empire ottoman avec le traité de Sèvres, l'Autriche-Hongrie avec le traité de Saint-Germain-en-Laye et la Bulgarie amoindrie avec le traité de Neuilly. Les puissances coloniales victorieuses se substituèrent à l'Allemagne en Chine et en Afrique. Seule échappait au partage l'Amérique du Sud en vertu de la doctrine Monroe. *Les artisans de Paix, Comment Lloyd George, Clemenceau et Wilson ont redessiné la carte du monde*, Margaret MACMILLAN, éd. JC Lattès, 1970.

[109] Francesco CAPOTORTI, *Étude des droits des personnes appartenant aux minorités ethniques, religieuses et linguistiques*, *op.cit.*, p. 18.

culturelles est liée aussi à la difficulté pour les États d'établir un compromis pour créer ensemble un système commun de protection des minorités, fondé sur des valeurs éthiques et/ou politiques partagées. La protection des minorités prend ici toute sa dimension politique.

Cependant, si l'insertion de clauses à portée générale dans le pacte de la SDN a été refusée, plusieurs types d'instruments juridiques ont toutefois été adoptés pour maintenir une paix durable : cinq traités spéciaux dits de minorités ont été conclus en 1919-1920 par les Puissances alliées avec les États nouvellement créés ou agrandis ; des chapitres spéciaux contenus dans des traités de paix de 1919-1923 ont été imposés aux États vaincus ; des traités bilatéraux sur la protection des minorités ont été adoptés pour la première fois après la Première Guerre mondiale après la chute des Empires russe, austro-hongrois et ottoman puis de nouveau après la Deuxième Guerre mondiale. Par exemple, l'accord conclu entre la Pologne et l'Allemagne concernant les minorités en Haute-Silésie, ou des déclarations unilatérales souscrites par six États (tels l'Albanie à propos des minorités linguistiques grecques, les États baltes, la Finlande, l'Irak) lors de leur admission dans la SDN entre 1921 et 1932.

Ces traités protégeaient les droits des minorités de deux façons : par l'égalité de traitement, d'une part, et par des mesures spéciales de protection en faveur des membres des groupes minoritaires, d'autre part. Il s'agissait d'octroyer des droits aux individus, aux membres des minorités et non pas aux groupes minoritaires eux-mêmes afin de prévenir tout risque de dépeçage des États.

En outre, le Conseil de la Société des Nations avait adopté des résolutions[110] dans lesquelles il instaurait un mécanisme garantissant l'application des traités.

Il prévoyait la création de comités de minorités et un droit de pétition accordé aux minorités. Le droit de pétition pouvait être exercé par les membres du Conseil ou par les minorités elles-mêmes ou encore par des États non représentés au Conseil. Mais les pétitions n'étaient pas des actes juridiques (des requêtes), elles étaient uniquement des sources d'information, de signalement des infractions ou des dangers d'infraction liés à la protection des minorités. Elles n'avaient donc pas de caractère judiciaire. À titre d'exemple, la recommandation du Conseil du 25 juin 1921 portant sur le statut des îles Åland[111], territoires insulaires sous la juridiction finlandaise mais linguistiquement suédoises et dont la population en tant que minorité linguistique revendiquait l'autonomie. Cet exemple de pétition initiée par la minorité linguistique suédophone montre une conciliation réussie entre les

[110] Résolutions adoptées les 22 et 25 octobre 1920. Peter HAGGENMACHER, Richard PERRUCHOUD, Haritini DIPLA, *Répertoire des décisions et documents de la Cour de La Haye*, Cour permanente de justice internationale, série I (1922-1945), volume 4, Les compétences de l'État, éd. Droz, Genève, 1984, p. 1469-1470.

[111] Decision of the Council of the League of nations on the Åland Islands including Sweden's protest, minute du 24 juin, 14e session, *League of Nations Official Journal*, September 1921, n° 697.

revendications des minorités et la dimension politique de la question soulevée : le Conseil a certes ménagé la susceptibilité de la Finlande en reconnaissant sa souveraineté sur les îles, mais il a tout de même énoncé que des garanties nouvelles ayant pour « objet de conserver la langue suédoise dans les écoles, de maintenir les propriétés foncières entre les mains des habitants, de fixer des limites raisonnables à l'acquisition du droit de vote par les immigrants et d'assurer la nomination d'un gouverneur jouissant de la confiance de la population » seraient accordées aux populations des îles. Cette recommandation a d'ailleurs abouti en août 1922 à la reconnaissance officielle par la Finlande d'une autonomie politique, culturelle et linguistique aux Ålandais par une loi de garantie, révisée en 1951[112], et ce pour « la paix générale, l'avenir des relations cordiales entre la Finlande et la Suède, la prospérité et le bonheur des îles ». Ainsi les îles Åland sont devenues une province autonome de la Finlande.

Les comités de minorités avaient été créés sous la SDN pour répondre aux situations difficiles dans lesquelles un membre du Conseil accuserait un État d'avoir violé les termes d'un traité garantissant des droits aux minorités. Ils étaient chargés d'examiner les pétitions et pouvaient soit mettre fin à l'examen s'ils considéraient que les explications du gouvernement étaient suffisamment justifiées, soit demander à saisir le Conseil, soit envisager des négociations avec les gouvernements pour obtenir des informations supplémentaires.

Cependant la procédure mise en œuvre a révélé plusieurs failles entraînant un dysfonctionnement important, et de là, l'échec de ce système de protection.

D'abord, les minorités et les gouvernements les soutenant étaient très méfiants envers la méthode de négociation entre les comités et les gouvernements responsables de maltraitance envers leurs minorités. En fait, « les seules armes dont disposait la SDN étaient celles de la pression morale et de la négociation prudente, et la seule issue était la formule acceptée par le gouvernement intéressé[113] ». Ainsi, ce système de protection internationale des minorités s'est soldé par un échec car le Conseil s'était trop efforcé de ménager la susceptibilité des États soumis à son contrôle.

De plus, les traités ne prévoyaient pas de communication ou de recours individuel devant la Cour permanente de justice internationale (CPJI), qui exerçait pourtant, en plus d'un contrôle juridictionnel, un pouvoir consultatif sur les questions relatives aux droits des minorités. Seul le droit de pétition était

---

[112] Loi n° 670 sur l'autonomie d'Åland adoptée le 12 octobre 1951. Cette loi a été ensuite remaniée en 1990. La loi sur l'autonomie d'Åland est entrée en vigueur le 1er janvier 1993 et fait de cette province un territoire démilitarisé, membre de l'Union européenne depuis 1993 et qui a conservé sa propre représentation au Conseil nordique. Ainsi, la province d'Åland bénéficie d'un statut très privilégié, celui d'un « État libre associé » à la Finlande. Voir le site internet http://www.tlfq.ulaval.ca

[113] Déclaration de monsieur AZCARATE, ancien directeur de la section des minorités au Secrétariat de la Société des Nations, *in* Francesco CAPOTORTI, *Étude des droits des personnes appartenant aux minorités ethniques, religieuses et linguistiques*, *op.cit.*, p. 25, § 122.

ouvert aux membres des minorités elles-mêmes. La saisie de la CPJI avait seulement été prévue pour les cas dans lesquels des divergences d'opinion apparaîtraient entre le gouvernement concerné et un autre État membre du Conseil de la SDN. La Cour, dont les décisions étaient sans appel, ne se prononçait que sur l'interprétation et l'application des dispositions relatives aux minorités.

Enfin, les traités ne protégeaient que des groupes minoritaires explicitement nommés par les États eux-mêmes, et n'avaient pas vocation à établir un système de protection universelle des minorités. Cet aspect est renforcé par le fait qu'aucune définition légale de la notion de minorité n'avait été donnée par les traités. En l'absence de définition universelle, ou au moins de définition de travail tentant d'appréhender la grande diversité des situations, les minorités protégées étaient sur une liste énumérative préparée par les États.

Cependant une première tentative de définition des minorités avait été donnée par la Cour permanente de justice internationale. Il s'agit donc d'une définition prétorienne, donnée par la CPJI dans son avis consultatif rendu le 31 juillet 1930 dans l'affaire des Communautés gréco-bulgares[114]. Elle avait en effet souligné le caractère factuel de l'existence des minorités en énonçant que « l'existence des communautés est une question de fait ; elle n'est pas une question de droit » ; en ce sens la CPJI n'avait pas estimé nécessaire d'accorder aux minorités une reconnaissance étatique. Et la Cour avait tenté de donner une définition du terme communauté : « D'après la tradition, qui a une force si particulière dans les pays d'Orient, la *communauté* apparaît comme une collectivité de personnes vivant dans un pays ou une localité donnés, ayant une race, une religion, une langue et des traditions qui leur sont propres, et unies par l'identité de cette race, de cette religion, de cette langue et de ces traditions dans un sentiment de solidarité, à l'effet de conserver leurs traditions, de maintenir leur culte, d'assurer l'instruction et l'éducation de leurs enfants conformément au génie de leur race et de s'assister mutuellement »[115]. Dans une autre affaire[116], en 1935, la Cour a rappelé la définition des communautés (ou minorités) qu'elle avait déjà dégagée dans son avis de 1930 et a ajouté : « L'idée qui est à la base des traités pour la protection des minorités est d'assurer à des groupes sociaux incorporés dans un État, dont la population est d'une race, d'une langue ou d'une religion autre que la leur, la possibilité d'une coexistence

---

[114] *Affaire des communautés gréco-bulgares*, CPJI, série B, n° 17, 1930, p. 19, 21-22 et 33.

[115] Despina SINOU souligne l'imperfection de cette définition en ce qu'elle semble exalter l'élément de la particularité raciale, *Le Pacte international relatif aux droits civils et politiques*, Emmanuel DECAUX (dir.), éd. Economica, 2011, p. 597.

[116] *Avis consultatif relatif aux écoles minoritaires en Albanie*, 6 avril 1935, Série A/B n° 64, p. 17.
Voir aussi l'*affaire des écoles minoritaires et des droits des minorités en Haute-Silésie (Allemagne c. Pologne)* du 26 avril 1928, dans lequel la Cour permanente a, la première, posé le critère subjectif de la définition des minorités nationales élaborée plus tard par le Professeur CAPOTORTI en décidant que « tout ressortissant a la liberté de déclarer, selon sa conscience et sous sa responsabilité personnelle, qu'il appartient ou non à une minorité de race, de langue ou de religion, ainsi que de déclarer quelle est la langue d'un élève ou d'un enfant de l'éducation duquel il est légalement responsable ».

pacifique et d'une collaboration cordiale avec cette population tout en gardant les caractères par lesquels ils se distinguent de la majorité [...]. »

Finalement, en se fondant sur les critères nécessaires afin de recevoir la qualification de minorité et de là la protection offerte par le système de la SDN, il apparaît qu'une fois de plus les personnes sámi et corses sont restées en dehors du champ de protection.

Le critère de la religion n'était pas plus applicable que précédemment. Quant aux critères de la « race et de la nationalité », les Sámi étaient des nationaux norvégiens (ou suédois ou finlandais selon l'État d'appartenance) et les Corses des nationaux et citoyens français depuis le rattachement de l'île à la France par le traité de Versailles en 1768. La question de la « race » ou de l'ethnicité des personnes corses ne se pose pas selon ces termes et les personnes sámi vivaient une véritable culpabilité identitaire en pleine période de nationalisme romantique. Les caractéristiques ethniques (et linguistiques) des personnes sámi (et des autres minorités, les Rom, les Skogfinn et les Kven) étaient méprisées, voire niées, par les gouvernements scandinaves afin de justifier leur politique d'assimilation culturelle.

En outre, puisque ce système de protection ne reposait pas sur une approche universelle des droits des minorités mais plutôt sur une approche morcelée, lacunaire et éminemment politique et étatique, ni les Sámi ni les Corses ne furent expressément mentionnés par leurs États dans des traités de paix en tant que minorités à protéger, ils n'ont donc pas pu bénéficier de droits spécifiques.

Ainsi, la problématique des droits des minorités n'était pas encore entrée dans le champ des droits de l'homme. Le système de protection proposé par la SDN avec les traités de paix donnait à la protection des minorités une approche éminemment étatique.

Les minorités y étaient surtout abordées à travers le prisme des relations diplomatiques et politiques interétatiques et de la souveraineté étatique. Norbert Rouland souligne qu'« en se gardant bien, contrairement au souhait de Wilson, de faire une quelconque allusion au droit des nationalités, le pacte de la SDN devait ainsi préserver le monopole international dont les États avaient toujours disposé. C'est pourquoi le statut des minorités apparut d'emblée comme l'expression d'une tolérance étatique, et non pas celle d'un droit humain supérieur.[117] »

Pourtant un courant de pensée tendait à humaniser le droit international public jusqu'alors réduit aux relations interétatiques et davantage concerné par la stratégie étatique. Il considérait qu'il existait un *jus gentium*, entendu comme une limitation de la souveraineté des États au nom d'un *« droit supérieur de l'humanité »*.

---

[117] Norbert ROULAND, *Droit des minorités et des peuples autochtones*, *op.cit.*, p. 158.

Ce mouvement éminemment pacifiste avait essayé de se réaliser juridiquement à travers un *Projet de Déclaration des droits des nationalités*[118] élaboré lors des *Conférences des nationalités*, à Paris, en juin 1915, puis à Lausanne, en juin 1916.

Ce texte considérait les nationalités (au sens de peuples sans État mais qui ont vocation à en constituer un) comme des « faits naturels » (art. 6) et à ce titre les protégeait en énonçant des droits modelés sur les droits de l'homme et considérés comme complémentaires à la Déclaration des droits de l'homme et du citoyen de 1789. Ils avaient une vocation universelle.

Les droits contenus dans ce Projet de Déclaration étaient particulièrement novateurs : « Les droits inhérents aux nationalités comportent des modalités et des degrés, à savoir : les droits dérivant de sa propre nationalité à garantir à tout homme, quel qu'il soit et en quelque lieu qu'il se trouve (droits universels, droits de l'homme) ; le droit à l'autonomie, à garantir aux nationalités ou groupes différents composant un même État (administration autonome régionale ou locale, *self-government*, autonomie municipale, scolaire, religieuse) ; puis l'indépendance et la souveraineté nationale à garantir aux nationalités homogènes érigées en États distincts ou aux nationalités différentes, librement associées à d'autres, pour former des États fédératifs ou unitaires.[119] »

Le texte reconnaissait un droit à l'autonomie, qu'il définissait ainsi : « À l'intérieur des États, les groupements nationaux ont le droit à la même autonomie que les individus eux-mêmes. Dans les régions à population mixte, qui présentent de grandes différences de caractère et de mœurs, sera établi le régime du statut personnel, complété par des institutions collectives appropriées.[120] »

Si cette Déclaration avait été adoptée, l'État aurait perdu alors son monopole de la personnalité juridique internationale au profit de groupes infra-étatiques. Ce qui n'était pas dans l'esprit des traités de paix qui ont éludé ou refusé d'attribuer aux minorités la personnalité morale ; elles n'étaient pas sujet du droit. Cette précision explique l'impossibilité des recours individuels devant la CPJI ou tout autre organe juridictionnel. Cet aspect a été confirmé dans l'avis consultatif de la CPJI sur les écoles minoritaires en Albanie[121] : elle qualifie les

[118] Il y a eu d'autres projets de portée générale sur les minorités nationales mais qui n'ont pas vu le jour. On peut citer, par exemple, le projet d'un traité international relatif aux droits des minorités nationales, d'octobre 1917, élaboré par H. KOHL à la réunion de Copenhague. *In* Jacques FOUQUES DUPARC, *La protection des minorités, de race, de langue et de religion, étude de droit des gens*, éd. Dalloz 1922, p. 146-148.

[119] Jacques FOUQUES DUPARC, *La protection des minorités, de race, de langue et de religion, étude de droit des gens*, *op.cit.* p. 143-144.

[120] Jacques FOUQUES DUPARC, *ibid.*

[121] « L'idée qui est à la base des traités pour la protection des minorités est d'assurer à des groupes sociaux incorporés dans un État, dont la population est d'une race, d'une langue ou d'une religion autre que la leur, la possibilité d'une coexistence pacifique et d'une collaboration cordiale avec cette population, tout en gardant les caractères par lesquels ils se distinguent de la majorité et en satisfaisant aux exigences qui en découlent. » *Avis consultatif du 6 avril 1935*, série A/B, n° 64, p. 17.

minorités de « groupes sociaux », ce qui prouve sa réticence à faire des minorités nationales des personnes juridiques de droit public.

Les dispositions de ces textes sur l'autonomie interne auraient pu correspondre aux aspirations des Sámi et des Corses, en tant que nationalités non émancipées (c'est-à-dire des peuples intégrés dans des États existants mais aussi partagés entre plusieurs États et ayant vocation à se doter d'un État, mais qui en sont présentement dépourvues) plutôt que dans une problématique uniquement minoritaire. Mais le Projet de Déclaration des droits des nationalités n'a pas vu le jour.

Au cours de la Seconde Guerre mondiale, la question de la protection des minorités nationales s'est de nouveau posée et le système des Nations unies s'est substitué à celui, étroitement lié aux problèmes territoriaux européens, de la Société des Nations. Il n'intégrait pas tous les phénomènes minoritaires puisqu'il se focalisait avant tout sur la dimension territoriale (exprimée d'ailleurs dans les traités de paix et la diminution ou l'augmentation des territoires selon le statut de vaincu ou d'alliés des États). Mais la problématique minoritaire n'est pas systématiquement liée à la dimension territoriale, elle peut aussi être liée à la préservation d'identités culturelles sans revendications territoriales.

À l'issue de la Seconde Guerre mondiale, les Nations unies et l'Union européenne (en particulier le Conseil de l'Europe) ont élaboré des instruments de protection des minorités et des peuples autochtones, entités infra-étatiques qu'ils ont distinguées. Progressivement un système normatif cohérent et universaliste a vu le jour, et, malgré le caractère insaisissable des notions de minorités et de peuple autochtone, une définition de travail de ces notions a été proposée au sein des Nations unies et du Conseil de l'Europe. Certains instruments, tels que la *Déclaration des droits des peuples autochtones*, s'inspirent d'ailleurs des dispositions sur les droits collectifs et l'autodétermination interne énoncés par le *Projet de Déclaration des droits des nationalités* de 1915.

Dans quelle mesure les Corses et les Sámi peuvent-ils enfin entrer dans la problématique minoritaire ? Grâce au système de protection élaboré à partir de la fin de la Seconde Guerre mondiale, l'universalisation des droits de l'Homme et l'élaboration d'instruments juridiques protecteurs des droits des personnes appartenant à des minorités ouvrent pour les Corses et les Sámi un nouvel espoir d'être captés par le droit international public et d'intégrer une des catégories juridiques prévues par lui.

B. *Le double système de protection à l'issue de la Seconde Guerre mondiale*

À l'issue de la Seconde Guerre mondiale, la question de la protection des minorités s'est imposée de façon cruciale. D'abord uniquement protégées sous l'angle de l'universalisation des droits de l'Homme, les minorités se sont vu accorder par les Nations unies et l'Union européenne une protection évolutive

(b) prenant en compte leurs particularismes par l'octroi de droits spéciaux complémentaires. Les instruments juridiques élaborés à partir des années 1990 montrent alors que droits universels et droits catégoriels[122] ne s'opposent pas mais se complètent. Les droits universels et spéciaux désormais reconnus sont le fruit d'une recherche préalable de définitions selon une approche plus généralisante, universalisante de la notion de « minorité »[123] **(a)**.

a. La recherche d'une définition universalisante de la notion de « minorité »

Dans quelle mesure les Sámi et les Corses peuvent-ils être qualifiés de minorités **(1)** et/ou de peuples autochtones **(2)** au regard du droit international et européen ?

1. Les Sámi, les Corses : des minorités ethniques et linguistiques ?

Le terme « minorité » est toujours resté incertain et n'a jamais reçu de définition univoque ou légalement contraignante à cause de la dimension essentiellement politique de la question et de l'extrême diversité des cas de figures possibles[124] : « L'Histoire a transformé le continent européen en une mosaïque de peuples différents par leur langue, leur culture, leurs traditions et coutumes, et leur pratique religieuse. Ces peuples se sont tellement brassés, imbriqués les uns dans les autres, qu'aucun découpage territorial ne peut les circonscrire totalement et exclusivement. Les frontières étatiques héritées des deux dernières guerres mondiales n'y sont pas parvenues. Celles de l'avenir, quelles qu'elles soient, n'y réussiraient pas non plus. »

Malgré l'aspect insaisissable de la notion de minorité nationale, des tentatives de définition ont été réalisées par les institutions de l'Union européenne pour tenter de pallier l'absence de définition universelle. Par exemple, à l'occasion de sa *Proposition de Convention européenne pour la Protection des Minorités*[125], la Commission européenne pour la démocratie par le droit (ci-après Commission de Venise), organe consultatif du Conseil de l'Europe, avait

---

[122] Danièle LOCHAK, « Penser les droits catégoriels dans leur rapport à l'universalité », *La Revue des droits de l'homme* [En ligne], 3 | 2013, mis en ligne le 26 novembre 2013, consulté le 8 février 2016. http://revdh.revues.org/187

[123] Le terme minorité employé ici inclut les peuples autochtones, qui, bien que constituant des collectivités distinctes, sont aussi des minorités et ont été longtemps protégés comme tels jusqu'à l'adoption de la Convention n° 169 par l'Organisation internationale du Travail en 1989.

[124] Recommandation relative au droit des minorités de l'Assemblée parlementaire du Conseil de l'Europe n°°1177 (5 février 1992) ; voir aussi dans le même sens l'Avis du 3 février 1992 de la commission des questions juridiques et des droits de l'homme de l'Assemblée parlementaire, Doc. 6556.

[125] *Proposition pour une Convention européenne pour la protection des minorités* adoptée par la Commission européenne pour la démocratie par le droit (Commission de Venise) lors de sa 6e conférence, CDL(1991)007
http://www.venice.coe.int/site/dynamics/N_Subject_ef.asp?T=13&L=F

proposé une définition[126] du terme « minorités nationales » le 8 février 1991. « Le terme minorité désigne un groupe numériquement inférieur au reste de la population d'un État, dont les membres qui ont la nationalité de cet État, possèdent des caractéristiques ethniques, religieuses ou linguistiques différentes de celles du reste de la population et sont animés par la volonté de préserver leur culture, leurs traditions, leur religion ou leur langue[127] » (article 2.1 de la Proposition). Le même article précisait ensuite que « l'appartenance a une minorité est une question relevant d'un choix personnel, et aucun désavantage ne peut résulter d'un tel choix ». Mais la proposition de Convention n'a pas été retenue.

L'Assemblée parlementaire du Conseil de l'Europe a adopté le 1er février 1993 la Recommandation 1201[128], dans laquelle elle demandait au Conseil des ministres d'élaborer un *protocole additionnel à la Convention européenne des droits de l'homme sur les droits des minorités nationales*. Selon les termes de la Recommandation, « par l'introduction dans la Convention européenne des droits de l'homme de certains droits des personnes appartenant à une minorité, ces personnes, ainsi que les organisations qualifiées pour les représenter, pourraient bénéficier des voies de recours proposées par la Convention, notamment le droit de soumettre des requêtes à la Commission et à la Cour européennes des droits de l'homme[129] » (§ 7).

---

126 Ce document de travail se fonde sur les termes de la Déclaration de Copenhague et la Recommandation 1134 (1990) de l'Assemblée parlementaire du Conseil de l'Europe, qui contient une liste des principes considérés comme nécessaires, par l'Assemblée, à la protection des minorités nationales.

127 *Explanatory report on the proposal for a European Convention for the protection of minorities*, Commission de Venise, CDL (1991) 8.

128 Assemblée parlementaire du Conseil de l'Europe, Recommandation 1201 (1993) relative à un protocole additionnel à la Convention européenne des droits de l'homme, sur les droits des minorités nationales.

129 L'Assemblée parlementaire du Conseil de l'Europe a toujours considéré que ce projet de protocole devait nécessairement compléter, d'une part la *Convention-cadre sur les droits des minorités* : « Le libellé de la convention est faible. Celle-ci énonce un certain nombre d'objectifs et de principes, dont la définition manque de précision et dont l'observation sera une obligation pour les États contractants, mais non un droit que les individus puissent invoquer. Son mécanisme d'application n'est pas très ferme et on court le risque, en effet, que les modalités de contrôle soient entièrement laissées au soin des gouvernements » et compléter, d'autre part, la *Charte sur la protection des langues régionales ou minoritaires* : « les États contractants disposent d'un vaste éventail de droits parmi lesquels ils peuvent choisir, et ils sont censés indiquer à quelle(s) minorité(s) ces droits s'appliquent ».
Elle estime que la volonté politique de mettre en œuvre ces instruments juridiques est insuffisante et considère qu'offrir la CEDH comme voie de recours en cas de violation alléguée des droits protégés semble la seule manière d'assurer la protection effective des droits des minorités par un organe indépendant et impartial de niveau européen. Ce que ne prévoient pas ces deux grands textes puisque dans les deux cas les mécanismes de contrôle sont confiés à un comité d'experts et non pas à un organe judiciaire indépendant. Voir la Recommandation 1255 (1995) de l'Assemblée parlementaire du Conseil de l'Europe.

En annexe de cette Recommandation figurait l'élaboration d'un projet de protocole et une définition de la notion de minorité nationale reprenant exactement celle suggérée en 1979 par le Professeur Francesco Capotorti dans son étude[130] relative à l'article 27 du *Pacte international relatif aux droits civils et politiques*[131], et rédigé au nom de la Sous-Commission des minorités des Nations unies.

Dans le rapport de Francesco Capotorti, « l'expression "minorité nationale" désigne ainsi un groupe de personnes dans un État qui :

a. résident sur le territoire de cet État et en sont citoyens ;

b. entretiennent des liens anciens, solides et durables avec cet État ;

c. présentent des caractéristiques ethniques, culturelles, religieuses ou linguistiques spécifiques ;

d. sont suffisamment représentatives, tout en étant moins nombreuses que le reste de la population de cet État ou d'une région de cet État ;

e. sont animées de la volonté de préserver ensemble ce qui fait leur identité commune, notamment leur culture, leurs traditions, leur religion ou leur langue. »

Cette définition dite « de conciliation » reste encore de nos jours la plus complète et la mieux acceptée par la doctrine et les organisations internationales. C'est pourquoi, bien que l'idée du Protocole n° 12 sur les droits des minorités nationales ait été suspendue[132], le Parlement européen réuni à

---

[130] Francesco CAPOTORTI, *Étude des droits des personnes appartenant aux minorités ethniques, religieuses et linguistiques*, *op.cit.*, 119 p.

[131] L'article 27 du *Pacte international relatif aux droits civils et politiques* (1966) énonce que « Dans les États où il existe des minorités ethniques, religieuses ou linguistiques, les personnes appartenant à ces minorités ne peuvent être privées du droit d'avoir, en commun avec les autres membres de leur groupe, leur propre vie culturelle, de professer et de pratiquer leur propre religion ou d'employer leur propre langue ».

[132] Ce projet n'a pas été poursuivi par les gouvernements des États membres, qui, lors du Sommet de Vienne le 9 octobre 1993, ont décidé à la place de charger le Conseil des ministres de rédiger la Convention-cadre sur les droits des minorités et ont restreint la portée du protocole envisagé par l'Assemblée parlementaire en cantonnant les droits protégés à des droits individuels et culturels dont les destinataires ne seraient pas uniquement les minorités nationales (ce qui ne va pas dans le sens de l'article 12 du projet de protocole), voir Recommandation 1231 (1994) de l'Assemblée parlementaire.

Le comité *ad hoc* pour la protection des minorités nationales (CAHMIN) mis en place à l'issue du Sommet de Vienne et censé reprendre les travaux sur ce projet de protocole a suspendu ses travaux car il n'a pas réussi à obtenir un consensus au sein même du groupe à propos des droits à inscrire dans le protocole additionnel. Il nous semble que si la Convention-cadre a été adoptée à la place du Protocole additionnel sur les droits des minorités c'est qu'elle correspond davantage à une approche classique, ou plus prudente, du droit des minorités de la part du Conseil des ministres dont le souci de la souveraineté étatique et l'intégrité territoriale semblent prédominants. En fait, cette Convention-cadre ne fait qu'énoncer des principes d'ordre politique et non pas des droits invocables par ses titulaires devant une juridiction. La Convention est davantage un outil de régulation politique destiné aux États membres (ou non) ; c'est pourquoi

Strasbourg le 8 juin 2005 a recommandé que la définition officielle des « minorités nationales » pour l'Union européenne soit fondée sur la Recommandation 1201 reprenant elle-même les critères posés dans le rapport du Professeur Capotorti.

L'Assemblée parlementaire et le Conseil des ministres ont des craintes antagonistes : l'une craint une définition formelle trop restrictive et discriminatoire envers les membres des minorités nationales qui rendrait ineffective le système de protection de leurs droits ; l'autre s'inquiète d'une définition trop large risquant de fragiliser l'unité territoriale et la souveraineté étatique. Cette apparente contradiction entre eux explique la tendance actuelle des instances européennes et internationales à renoncer à définir le terme de minorités nationales. Par exemple, en 2002, au sein du Conseil de l'Europe, le Comité des ministres a découragé toute nouvelle tentative visant à formuler une définition[133]. Même l'Assemblée parlementaire n'appelle plus à une définition du terme, craignant que la définition européenne devienne plus restrictive que celle donnée par l'article 27 du Pacte onusien.

La difficulté des institutions européennes y compris du Conseil de l'Europe à saisir la notion de minorité se reflète au sein des instruments relatifs à la protection européenne des droits des minorités[134]. Bien qu'ils emploient eux aussi le terme « minorités nationales », ils n'en donnent pas non plus de définition. La *Convention-cadre pour la protection des minorités nationales* du 1er février 1995 adoptée par le Conseil de l'Europe, instrument multilatéral pourtant

---

elle n'est pas directement applicable et reste largement insuffisante en tant que texte de droit européen.

Le projet de protocole contenu dans la Recommandation 1201 est cependant devenu un texte de référence très important et a été inclus dans plusieurs traités internationaux (par exemple, des traités conclus entre la Hongrie et la Slovaquie, la Hongrie et la Roumanie et la Roumanie et l'Ukraine).

En fait, le Protocole n° 12 a bien été élaboré et adopté le 4 novembre 2000 par le Conseil de l'Europe (il n'a pas été signé par la France), mais il concerne uniquement une interdiction générale de discrimination élargissant le champ d'application de l'article 14 de la Convention EDH, qui était limité aux seuls droits garantis par la Convention. L'article 1.1 du Protocole énonce que « La jouissance de tout droit prévu par la loi doit être assurée, sans discrimination aucune, fondée notamment sur le sexe, la race, la couleur, la langue, la religion, les opinions politiques ou toutes autres opinions, l'origine nationale ou sociale, l'appartenance à une minorité nationale, la fortune, la naissance ou toute autre situation ».

[133] Voir la réponse du Comité des ministres du 13 juin 2002 à la Recommandation 1492(2001) de l'Assemblée parlementaire du Conseil de l'Europe, où le Comité des ministres déclarait que « S'agissant de la proposition relative à un protocole additionnel à la Convention européenne des droits de l'homme qui porterait sur les droits des minorités nationales et qui inclurait notamment la définition de la minorité nationale figurant dans la Recommandation 1201 (1993) de l'Assemblée, le Comité des ministres considère quelque peu prématuré de rouvrir des débats sur ce projet [...] ».

[134] Le *Document de Copenhague*, du 29 juin 1990, la *Convention-cadre pour la protection des minorités*, du 10 novembre 1994, la *Charte européenne des langues régionales ou minoritaires*, du 5 novembre 1992 et enfin l'article 14 de la *Convention européenne des droits de l'homme* (CEDH).

juridiquement contraignant, ne donne pas de définition du terme de « minorité nationale ». Le rapport explicatif de ce texte[135] préfère en effet une approche pragmatique de la notion s'adaptant à la variété des situations, à cause de la quasi-impossibilité d'obtenir une définition consensuelle avec l'ensemble des États membres. Dans le même sens, le rapport explicatif de la *Charte européenne des langues régionales ou minoritaires* estime qu'« elle [la Charte] peut donc se dispenser de définir le concept de minorités linguistiques, puisque son objet n'est pas de fixer les droits de groupes minoritaires ethnico-culturels, mais de protéger et de promouvoir les langues régionales ou minoritaires en tant que telles ».

Quant à la *Convention de sauvegarde des droits de l'homme et des libertés fondamentales* (ci-après *Convention européenne des droits de l'homme*, CEDH), elle ne contient pas non plus de dispositions portant spécifiquement sur les droits des minorités. La seule disposition faisant explicitement référence aux minorités nationales est l'article 14 visant à interdire la discrimination fondée notamment sur « l'appartenance à une minorité nationale ». La jurisprudence strasbourgeoise a cependant évolué et développé une protection des droits des minorités nationales à travers l'interprétation des droits individuels énoncés par la Convention.

Pour essayer de sortir de cette impasse sémantique, une approche pragmatique et large de la notion de minorité est désormais souhaitée. Cette pratique avait déjà été amorcée en 1994 au moment de l'adoption de la *Convention-cadre pour la protection des minorités nationales*. En effet, lors de la signature ou de la ratification de la Convention-cadre plusieurs États[136] avaient émis des déclarations dans lesquelles ils avaient formulé leur propre définition du terme « minorité nationale » accompagnée dans la plupart des cas d'une liste des groupes à protéger. D'autres avaient déjà amorcé une protection constitutionnelle ou encore ont rédigé une liste de groupes pouvant bénéficier de la protection établie par la Convention-cadre par des déclarations internes. Tel est justement le cas du gouvernement norvégien, qui a proposé au Parlement national, en 1997, que les Kven, les Skogfinn, les Rom, et les Sámi soient qualifiés de minorités nationales en droit interne[137]. En revanche, l'État

---

[135] Rapport explicatif de la Convention-cadre, § 12 : « Il convient également d'observer que la Convention cadre ne contient aucune définition de la notion de *minorité nationale*. Ce faisant, il a été décidé d'adopter une approche pragmatique, fondée sur le constat qu'il n'est pas possible, au stade actuel, de parvenir à une définition susceptible de recueillir le soutien global de tous les États membres du Conseil de l'Europe. »

[136] Seize États ont formulé des déclarations (ou réserves) sur le champ d'application personnel de la Convention-cadre. Il s'agit de l'Allemagne, de l'Autriche, de la Belgique, du Danemark, de l'Estonie, de « l'ex-République yougoslave de Macédoine », de la Fédération de Russie, de la Lettonie, du Liechtenstein, du Luxembourg, de Malte, des Pays-Bas, de la Pologne, de la Slovénie, de la Suède et de la Suisse.

[137] Proposition n° 80 (1997-1998) adressée au *Storting*, relative au consentement à la ratification de la Convention-cadre du Conseil de l'Europe du 1er février 1995.

français, ne reconnaissant pas officiellement l'existence de minorités nationales sur son territoire, n'a pas fait cette démarche.

Cette approche est encouragée et approuvée par la Cour strasbourgeoise notamment dans son arrêt *Gorzelik c. Pologne*[138] lorsqu'elle déclare : « De même, la pratique concernant la reconnaissance officielle par les États de minorités nationales, ethniques ou autres au sein de leur population varie d'un pays à l'autre, voire à l'intérieur d'un même pays. Le choix quant aux modalités d'une telle reconnaissance et le point de savoir si elle doit se concrétiser dans des traités internationaux ou des accords bilatéraux ou encore être incorporée dans la Constitution ou dans une loi spéciale doivent, par la force des choses, être dans une large mesure laissés à l'État concerné, puisqu'ils dépendent du contexte national considéré. [...] On ne saurait affirmer que le droit international oblige les États contractants à adopter une notion particulière de "minorité nationale" dans leur législation ou à introduire une procédure de reconnaissance officielle des groupes minoritaires. »

Les textes émanant des Nations unies et spécifiques à la protection des minorités[139] se réfèrent aux minorités nationales ou ethniques, religieuses et linguistiques sans pour autant les définir.

Par exemple, l'article 27 du *Pacte international relatif aux droits civils et politiques* énonce que : « Dans les États où il existe des minorités ethniques, religieuses ou linguistiques, les personnes appartenant à ces minorités ne peuvent être privées du droit d'avoir, en commun avec les autres membres de leur groupe, leur propre vie culturelle, de professer et de pratiquer leur propre religion, ou d'employer leur propre langue ». Mais cet article ne précise pas le contenu de la notion de minorité, ni même comment évaluer une minorité au sens numérique du groupe : doit-on se baser sur la totalité de la population de l'État, de ses subdivisions administratives ou fédérées ou d'une zone géographique donnée pour pouvoir déterminer si un groupe de personnes forme une minorité numérique ? Dans une affaire *Ballantyne/Davidson et McIntyre c. Canada*[140], le Comité des droits de l'homme avait rejeté l'application de l'article 27 du Pacte à des minorités régionales anglophones résidant au Québec, estimant qu'il fallait prendre en compte la population de l'État du Canada dans son ensemble.

---

[138] Arrêt de Grande Chambre, *Gorzelik c. Pologne*, 17 février 2004, req. n° 44158/98, non-violation de l'article 11, publié au *Recueil des arrêts et décisions*, 2004-I.

[139] La *Déclaration sur les droits des personnes appartenant à des minorités nationales ou ethniques, religieuses et linguistiques*, du 18 décembre 1992, l'article 27 du *Pacte international relatif aux droits civils et politiques*, du 16 décembre 1966 et, plus spécifiquement, l'article 4 de la *Déclaration universelle sur la diversité culturelle*, adoptée par l'UNESCO le 2 novembre 2001, énoncent la nécessité de respecter les droits des personnes appartenant à des minorités ; enfin la *Convention sur la protection et la promotion de la diversité des expressions culturelles* du 20 octobre 2005, dans les paragraphes 8 et 15 du Préambule et l'article 2 alinéa 3.

[140] Affaire *John Ballantyne, Elizabeth Davidson c. Canada* et *Gordon McIntyre c. Canada*, Communications n° 359/1989 et n° 385/1989.

Par ailleurs, l'article 27 ne se prononce pas explicitement sur la condition de ressortissants des membres de la minorité avec l'État concerné. Il ne mentionne que des « personnes », soulevant alors la question de savoir si l'article 27 ne s'applique qu'aux nationaux ou aussi aux étrangers. Le Comité a donné son interprétation de l'article 27 du Pacte dans deux observations générales : dans l'une[141], il rejette expressément toute condition préalable concernant un quelconque statut de ressortissant, voire de résident permanent ; dans l'autre[142], il avait déjà inclus les étrangers dans le champ d'application de l'article 27.

Cette question a de nouveau été soulevée au sein d'un groupe de travail de la Commission de Venise qui s'est tenu de mai 2004 à décembre 2006. Dans son rapport[143], adopté par la Commission de Venise lors de sa 69e Session plénière les 15 et 16 décembre 2006, le groupe de travail s'interroge sur les implications de l'absence de définition légalement contraignante du terme « minorité » ainsi que sur l'existence et l'application pratique de critères autres que celui de citoyenneté (ou de nationalité). Dans quelle mesure ce dernier critère devrait-il être remplacé par l'exigence d'une « résidence légale et effective de longue durée », autrement dit celle de subordonner la protection donnée par l'article 27 du Pacte à une condition de résidence permanente ?

Dans la mesure où l'objectif du Pacte est la préservation des caractéristiques propres d'un groupe donné, le critère de citoyenneté apparaît en effet discutable pour plusieurs raisons : d'abord, il est susceptible de mener à des exclusions arbitraires consistant à restreindre aux seuls citoyens d'un État le bénéfice d'un système de promotion et de protection de leur identité culturelle, à l'exclusion des non-ressortissants, représentant pourtant eux aussi une minorité établie de longue date sur le territoire d'un État concerné. La discrimination peut même s'établir entre les membres d'une même minorité : seuls les ressortissants bénéficieraient d'une protection juridique.

De plus, ainsi que le souligne Sébastien Ramu[144], « l'acquisition d'une nationalité est trop dépendante du pouvoir discrétionnaire des États pour pouvoir entrer en ligne de compte. En n'exigeant que la résidence durable, on évite qu'un État puisse se soustraire à ses obligations par un durcissement de sa politique de naturalisation ».

La condition de résidence de longue date soulève ensuite la question de savoir si les immigrants et les travailleurs migrants peuvent être qualifiés de minorités ? Malgré la position des pays d'Amérique latine qui craignent un risque de déstabilisation pouvant affecter l'unité nationale et la sécurité de

141 Comité des droits de l'homme, *Observation générale no 23 portant sur l'interprétation de l'article 27 du Pacte*, rendue le 8 avril 1994, § 5.1 et 5.2.

142 Comité des droits de l'homme, *Observation générale no 15 du 11 avril 1986 sur le statut des étrangers au regard du Pacte*, § 7.

143 Rapport sur les non-ressortissants et les droits des minorités, adopté par la Commission de Venise lors de sa 69e session plénière les 15 et 16 décembre 2006, CDL-AD(2007)001, étude 294/2004, 43 p.

144 Sébastien RAMU, « Le statut des minorités au regard du Pacte international relatif aux droits civils et politiques », *Revue trimestrielle des droits de l'homme*, no 51, 2002.

l'État, le Comité des droits de l'homme va loin en ne considérant pas déterminante la durée de résidence des minorités sur le territoire d'un État. Selon lui, non seulement les immigrants, mais également les « personnes de passage[145] » peuvent être qualifiés de minorité[146]. À cette position plusieurs explications : la difficulté pratique de fixer une quelconque limite temporelle car le processus d'immigration est souvent continu ; et le risque de ne pas protéger efficacement les minorités dites nouvelles comme les anciennes de l'assimilation forcée.

Enfin, il est important de préciser que seules les minorités ethniques, religieuses ou linguistiques (et non les minorités dites visibles par exemple) peuvent bénéficier du régime de l'article 27 du Pacte. Cette liste est certes restrictive, mais elle apparaît comme le gage d'une protection juridique efficace. Le critère racial fut pendant longtemps intégré dans la notion de minorité, mais il fut supprimé par la Sous-Commission car ce critère rendait la définition trop restrictive en ne renvoyant qu'à des caractéristiques héréditaires purement physiques. Le terme de minorité « ethnique » lui fut ainsi préféré car il englobait un plus grand nombre de cas : les aspects biologiques, mais également culturels et historiques d'un groupe de population. Le terme de minorité ethnique (au sens de groupe partageant une même culture et une même histoire) inclut les notions de minorité nationale et de minorité raciale[147].

En ce qui concerne la définition des minorités religieuses, la difficulté porte sur la définition d'une religion. Dans la mesure où aucune définition claire n'existe, les États ont le droit d'adopter une pratique discrétionnaire, mais ils doivent prendre en compte l'existence relativement ancienne d'une croyance pour pouvoir la qualifier de religion.

Les minorités linguistiques, enfin, posent la question du statut des dialectes.

Le rapport explicatif de la *Déclaration sur les droits des personnes appartenant à des minorités nationales ou ethniques, religieuses et linguistiques*[148] montre que ce texte ne s'intéresse pas au fond à cette définition problématique : son champ d'application est plus large qu'aux seules « minorités nationales ». Il concerne les minorités ethniques, religieuses et linguistiques citées par l'article 27 du *Pacte international relatif aux droits civils et politiques*, et ajoute les minorités nationales. Selon le rapport explicatif, une protection accordée uniquement à des « minorités nationales » serait bien trop restrictive comparée à la complexité et à la variété des situations. Dès lors, « même si un groupe est considéré [par un État ou par les organisations internationales] comme ne constituant pas [selon

---

145 Sont considérées comme « des personnes de passage » les réfugiés et les personnes récemment arrivées et membres d'une minorité déjà installée sur le territoire de l'État concerné.

146 Observation générale n° 23, Comité des droits de l'homme, *op.cit.*, § 5.2.

147 Sébastien Ramu, « Le statut des minorités au regard du Pacte international relatif aux droits civils et politiques », *Revue trimestrielle des droits de l'homme*, n° 51, 2002, p. 600.

148 Conseil économique et social, Sous-Commission de la promotion et de la protection des droits de l'homme, groupe de travail sur les minorités, 11e session, 31 mars 2005, document E/CN.4/Sub.2/AC.5/2005/2.

une définition formelle] une minorité nationale, il peut constituer [au plan sociologique] une minorité ethnique, religieuse ou linguistique et relever par conséquent de la Déclaration. »

Le rapport explicatif admet la difficulté à définir clairement ce qu'est une minorité nationale. Il montre par exemple que le facteur numérique par rapport à une majorité n'est pas fiable : « En dehors de l'Europe, et en Afrique en particulier, les pays se composent souvent d'un bon nombre de groupes dont aucun ne constitue une majorité. »

De même, l'autre critère faisant valoir que les minorités nationales sont simplement des groupes composés de citoyens d'un État, critère pris en compte lors de l'élaboration des instruments européens, n'est pas non plus systématique car les personnes qui ne sont pas (encore) ressortissantes du pays dans lequel elles résident peuvent pourtant faire partie d'une minorité dans ce pays.

La Déclaration considère donc que la nationalité en tant que telle ne doit pas constituer un critère de distinction pour exclure certaines personnes ou certains groupes de l'exercice des droits des minorités.

Ce même rapport explicatif propose tout de même une piste en affirmant qu'« il n'existe pratiquement pas de minorité nationale, quelle que soit la définition qui en est donnée, qui ne soit pas aussi une minorité ethnique ou linguistique » et/ou religieuse.

La Déclaration semble alors promouvoir les droits de personnes appartenant à des groupes, minoritaires ou non, résidant sur le territoire d'un État dont ils ont, ou non, la nationalité, mais qui ont le plus souvent pour traits communs une identité ethnique propre avec des pratiques linguistiques et/ou religieuses à faire protéger.

Si les textes internationaux et européens les plus pertinents en la matière sont imparfaits, l'approche prétorienne de la notion de « minorité nationale » reste tout aussi imprécise voire absente.

La Cour européenne des droits de l'homme a jusqu'alors refusé de se prononcer sur la définition des minorités nationales. En 2004, dans l'affaire *Gorzelik c. Pologne*[149], la Grande Chambre de la Cour a certes reconnu qu'il est « communément admis en Europe, comme l'énonce le préambule à la Convention-cadre, que "les bouleversements de l'histoire européenne ont montré que la protection des minorités nationales est essentielle à la stabilité, à la sécurité démocratique et à la paix du continent" et que le respect de ces minorités est une condition sans laquelle il n'est pas de société démocratique » (§ 68).

---

[149] « La Cour observe d'abord, comme la chambre l'a souligné à juste titre, qu'il serait très difficile de formuler une telle définition. En particulier, aucun traité international, pas même la Convention-cadre du Conseil de l'Europe, ne définit la notion […] » § 67. Arrêt de Grande Chambre, *Gorzelik c. Pologne*, 17 février 2004, req. nº 44158/98, non-violation de l'article 11, publié au *Recueil des arrêts et décisions* 2004-I.

Pourtant la Cour a ensuite affirmé qu'il ne lui revenait pas de donner son avis sur la question de savoir si les « Silésiens » de Pologne constituaient une nation ou une minorité nationale, ni même de définir cette notion. Elle a estimé en effet que « donner une définition » de ce concept aurait en toute occurrence constitué une tâche extrêmement délicate, étant donné qu'aucun traité international, pas même la Convention-cadre pour la protection des minorités nationales, ne définit la notion de « minorité nationale ».

À la lumière de la définition de travail proposée par Francesco Capotorti[150], les Sámi et les Corses correspondent-ils enfin aux critères posés par le droit international ?

D'abord, concernant l'exigence de constituer « un groupe numériquement inférieur au reste de la population d'un État ». Ce critère numérique pose la question de la reconnaissance par l'État et de l'autodéfinition. En l'espèce, une distinction claire entre les Corses, les Sámi et le reste de la population n'est pas si évidente : historiquement il existe une forte mixité de populations entre continentaux et Corses d'une part, et Scandinaves et Sámi d'autre part.

Il n'est pas aisé (ni souhaitable) de distinguer entre les Corses d'origine et les Corses d'adoption. Concernant les Sámi, le gouvernement norvégien ne dispose pas de chiffres exacts permettant de recenser les personnes d'origine sámi, d'autant plus qu'ils sont répartis sur le territoire de quatre États et qu'ayant vécu une forte culpabilisation identitaire et étant attirés par la modernité, beaucoup d'entre eux ont choisi de se fondre dans le mode de vie scandinave sans revendiquer leur identité sámi. L'État norvégien a, en concertation avec les représentants sámi, adopté la loi du 12 juin 1987[151]. L'article 2-6 établit un critère subjectif d'auto-identification (le sentiment d'appartenance à la communauté sámi) et un critère objectif linguistique : toute personne peut se définir comme Sámi à condition de fournir une déclaration attestant le sentiment d'appartenance à la communauté sâme et de parler couramment une des trois langues sâmes dans la vie privée, ou d'avoir un parent, grand-parent ou arrière-grand-parent utilisant une langue sâme, ou enfin d'être l'enfant d'une personne ayant été reconnue officiellement Sámi.

---

150 *Étude des droits des personnes appartenant aux minorités ethniques, religieuses et linguistiques*, E/CN.4/Sub.2/384/Rev.1, 1979, p. 102.

151 *« Alle som avgir erklæring om at de oppfatter seg selv som same, og som enten*
a) har samisk som hjemmespråk, eller
b) har eller har hatt forelder, besteforelder eller oldeforelder med samisk som hjemmespråk, eller
c) er barn av person som står eller har stått i Sametingets valgmanntall, kan kreve seg innført i Sametingets valgmanntall. »

La loi n° 56 du 12 juin 1987, *Lov om Sametinget og andre samiske rettsforhold (sameloven)*, entrée en vigueur le 24 février 1989, a été modifiée par les lois n° 26 du 14 mai 2004 et n° 51 du 27 juin 2008.

Aussi, tant sur l'île de Corse que dans certaines communes norvégiennes, en particulier celles situées sur le comté de Finnmark[152], les Corses et les Sámi sont largement majoritaires ou numériquement à égalité avec les continentaux et les Norvégiens.

Cependant, ils sont « en position non dominante »[153] par rapport au reste de la population sur l'ensemble du territoire français et norvégien.

De plus, ils sont « ressortissants des États » français et norvégien. En effet, si les Sámi ont pu à un moment être considérés comme un peuple premier non concerné par les frontières étatiques, le traité de Strömstad, du 22 octobre 1751, avait mis fin à cette situation ambiguë. En établissant des frontières communes entre les royaumes suédo-finlandais et dano-norvégien il donne le statut de nationaux aux Sámi établis sur les territoires de ces États. De même, par le traité de Versailles du 15 mai 1768, qui a rattaché le territoire corse à la France, les Corses sont devenus des nationaux français.

En outre, les membres de ces groupes « possèdent du point de vue ethnique, religieux ou linguistique des caractéristiques qui diffèrent de celles du reste de la population ». Le peuple sámi a des caractéristiques ethniques (même si cet élément doit aujourd'hui être nuancé) et linguistiques. Concernant les Corses, ils possèdent le critère linguistique (même s'ils parlent le français de la même manière que les Sámi utilisent la langue officielle du pays où ils résident), mais le critère ethnique est discutable bien qu'il soit utilisé dans le discours radical des indépendantistes.

Enfin les deux populations « manifestent, même de façon implicite, un sentiment de solidarité, à l'effet de préserver leur culture, leurs traditions, leur religion ou leur langue ». Depuis les années 1960 et plus fortement dans les années 1980, les Sámi et les Corses ont explicitement revendiqué la nécessité de conserver leurs identités culturelles[154].

Pour toutes ces raisons, il apparaît qu'au regard du droit international les Sámi et les Corses sont des minorités. Ils peuvent enfin être captés par le droit international public et bénéficier en théorie de la protection offerte.

---

[152] Parmi les plus connues, figurent les communes d'Alta, Karasjok, Kautokeino, Hammerfest ou le cap Nord. Elles sont situées dans le comté de Finnmark lui-même en Laponie norvégienne. Mais le terme Laponie n'a pas d'incidence juridique bien qu'il constitue le territoire ancestral du peuple Sami. Il s'agit d'une vaste région géographique qui s'étend sur le territoire de la Norvège, de la Suède et de la Finlande, mais elle n'est pas dotée d'un statut juridique particulier et unifié en tant que territoire ancestral sámi.

[153] Despina SINOU rappelle l'exemple de l'Afrique du Sud, où sévit encore l'apartheid ; la minorité « blanche » n'a jamais été caractérisée comme étant une minorité nationale car elle est en position dominante. *In* Emmanuel DECAUX, *Le Pacte international relatif aux droits civils et politiques. Commentaire article par article*, Economica, 2011, p. 598.

[154] Les contextes nationaux et le contenu de leurs revendications identitaires sont développés dans le chapitre II, section 1, § 1.

2. Les Sámi, les Corses : des peuples autochtones ?

Si le droit international ne donne pas de définition de la notion de « minorité nationale », les rares textes de droit international traitant des droits des peuples autochtones n'en donnent pas non plus de définition formelle et universelle tant, une fois de plus, les situations sont diverses et tant la distinction minorité nationale/peuple autochtone n'est pas aisée. À cet égard il existe une « zone grise notamment dans le cas des autochtones ayant émigré dans des centres urbains, susceptibles de constituer des minorités ayant pour préoccupation essentielle de préserver leur identité dans la ville[155]. »

Ce sont donc les États qui adoptent des définitions internes en fonction de leur contexte particulier : par exemple, certains États d'Afrique ont rejeté la notion de peuple autochtone par crainte de voir une montée du tribalisme et de menacer l'unité de l'État. Au Japon, c'est seulement depuis une loi de 1997 que les Aïnous ont été qualifiés de peuples autochtones. En revanche, aucun problème de qualification ne s'est posé pour les peuples autochtones d'Australie, de Nouvelle-Zélande ou de Scandinavie : la législation nationale a donné une définition précise des groupes concernés et leurs critères d'appartenance.

Albane Geslin et Dan O'Meara[156] ont montré que, bien que tous les termes renvoient à l'idée d'une population qui n'est pas venue par immigration, il existe une différence de sémantique dans les documents de travail officiels et la *Déclaration sur les droits des peuples autochtones* adoptée le 13 septembre 2007 par les Nations unies d'une part, et dans les deux conventions de l'OIT[157] d'autre part. Les premiers mentionnent l'existence de « peuples autochtones » tandis que les deux textes conventionnels de l'OIT désignent ces peuples par le terme de « populations aborigènes et tribales » ou « peuples indigènes et tribaux ». En effet, le « terme autochtone » (du grec *autokhthôn*, de *autos* « soi-même » et *khthôn* « terre ») renvoie à une relation particulière, sacralisée, de l'individu et du groupe à la Terre-mère, à l'espace et aux ressources qui s'y trouvent. Tandis que le terme « indigène », du latin *indi* « à l'intérieur, dans le pays », et de *gena* « né », est considéré comme relatif à la population autochtone d'un pays placé sous un régime colonial ou de protectorat. Ce terme est utilisé en anglais *(indigenous peoples)* et a pour équivalent français « peuples autochtones ». Quant au terme « aborigène » il désignait, dans la très contestée Convention n° 167 de l'OIT, les populations placées sous un régime colonialiste. Il est désormais tombé en désuétude, mais aujourd'hui il est utilisé pour désigner spécifiquement les populations autochtones d'Australie.

---

155 Alain FENET, Geneviève KOUBI et Isabelle SCHULTE-TENCKHOFF, *Le droit et les minorités, Organisation internationale et relations internationales*, éd. Bruylant, 2000, p. 66.

156 Albane GESLIN et Dan O'MEARA, « Droit international et politique nationale à l'épreuve de la notion de "peuple(s) indigène(s)" en Afrique du Sud », *Revue Générale de Droit International Public*, tome 115, n° 1, 2011, p. 141-156.

157 *Convention n° 169 relative aux peuples indigènes et tribaux* (1989) et *Convention n° 107 relative aux populations aborigènes et tribales* (1957).

Malgré toute l'ambiguïté de cette notion, les Nations unies ont contribué à la clarifier grâce à une célèbre définition de travail du rapporteur[158] Jose R. Martínez Cobo commencée en 1972 et achevée en 1986. Son importante étude relève à la fois des critères objectifs, l'antériorité et la continuité historique, le lien solide avec le territoire et les ressources naturelles environnantes, des langues, cultures et croyances distinctes, des systèmes sociaux, économiques et politiques distincts, la constitution de groupes non dominants dans la société, et un critère subjectif, l'auto-identification au niveau personnel et l'acceptation par la communauté.

Se fondant sur les éléments identifiés par Jose R. Martinez Cobo, la *Convention nº 169 relative aux peuples indigènes et tribaux dans les pays indépendants*, adoptée le 27 juin 1989 par la Conférence de l'Organisation internationale du Travail, les reprend pour justifier son champ d'application. En son article 1 § 2, la Convention affirme qu'elle s'applique « aux peuples dans les pays indépendants qui sont considérés comme indigènes du fait qu'ils descendent des populations qui habitaient le pays, ou une région géographique à laquelle appartient le pays, à l'époque de la conquête ou de la colonisation[159] ou de l'établissement des frontières actuelles de l'État, et qui, quel que soit leur statut juridique, conservent leurs institutions sociales, économiques, culturelles et politiques propres ou certaines d'entre elles ». Elle ajoute aussi le sentiment d'appartenance indigène.

En juin 1996, Mme Erica-Irene Daes, président-rapporteur du Groupe de travail des Nations unies sur les populations autochtones, s'est fondée sur les critères de J. Martinez Cobo et de ceux énoncés par la Convention nº 169, pour noter quatre facteurs considérés comme pertinents pour appréhender cette notion : la continuité historique et l'antériorité de l'occupation et de l'utilisation d'un territoire et des ressources naturelles qui s'y trouvent, le maintien

---

158 *Étude du problème de la discrimination à l'encontre des populations autochtones*, Sous-Commission de la lutte contre les mesures discriminatoires et de la protection des minorités, par le rapporteur spécial, José R. MARTINEZ COBO, document E/CN.4/Sub.2/1986/7 (1986).

159 Il est cependant important de distinguer les peuples autochtones des peuples colonisés. La *Résolution 1514 (XV)* des Nations unies intitulée *Déclaration sur l'octroi de l'indépendance aux peuples et aux pays coloniaux*, du 14 décembre 1960, permet de cerner la notion de peuple colonial.
Si les peuples autochtones ont aussi été des peuples colonisés, qu'ils sont appelés « peuples » et qu'ils ressemblent par bien des aspects aux peuples colonisés (caractéristiques ethniques et culturelles à préserver, discrimination, assimilation), ils diffèrent notamment dans les aspirations : les collectivités autochtones ne souhaitent pas toutes, loin s'en faut, l'autodétermination dans son volet externe, à savoir l'indépendance. Ils sont pour l'essentiel dans une logique d'autodétermination interne accompagnée de la gestion de leurs territoires ancestraux. Faire un amalgame juridique entre les peuples autochtones et les peuples coloniaux pose un enjeu de taille qui reviendrait à accorder aux peuples ou nations autochtones le droit à l'autodétermination au sens de l'article 1er des deux Pactes des Nations unies (1966), le droit de faire sécession pour gagner leur indépendance et de se constituer en État souverain. C'est pourquoi les rapports explicatifs des textes internationaux sur les droits des autochtones précisent que le terme « peuple » est à comprendre au sens de « populations ».

volontaire d'un particularisme culturel, le sentiment d'appartenance à un groupe et la reconnaissance par d'autres groupes ou par les autorités nationales en tant que collectivité distincte. Enfin, le fait d'avoir été soumis, marginalisé, dépossédé, exclu, ou victime de discrimination.

En se fondant sur les critères objectifs et le critère subjectif posés dans la définition de travail des Nations unies sur les peuples autochtones, les Sámi correspondent effectivement aux critères énoncés. Ils sont ainsi au regard du droit international, qualifiables de minorités nationales et de peuples autochtones.

En revanche, la qualification de peuple autochtone pour les Corses est difficile à soutenir car bien que ce statut figure dans les revendications des indépendantistes, les critères énoncés dans la définition de travail des Nations unies ne sont pas remplis. Par exemples, ils ne conservent pas d'institutions sociales, culturelles, économiques ou politiques propres ; ils n'entretiennent pas non plus de rapport spirituel avec la Terre-mère et ses ressources, et le sentiment subjectif d'appartenir à un peuple est soumis aussi à débats.

b. Une protection évolutive des minorités et des peuples autochtones : droits de l'homme universels et droits spéciaux

À l'instar du *Pacte de la Société des Nations*, la *Charte des Nations unies* signée le 28 juin 1945 ne contient pas de clauses spécifiques traitant de la protection des minorités. Cette question est traitée à travers un principe général d'interdiction des discriminations fondées sur la race, le sexe, la langue ou la religion dans l'application des droits et libertés fondamentales prévus par la Charte[160]. Le principe de non-discrimination commun à tous les régimes de protection des minorités sous la SDN a donc été intégré dans la *Charte des Nations unies.*

De 1945 à 1966 la protection des minorités nationales a été uniquement envisagée sous l'angle de l'universalité des droits de l'homme et des libertés fondamentales.

La *Convention européenne des droits de l'homme* (CEDH) reflète cette approche universaliste des droits de l'homme : elle ne contient pas de dispositions spécifiques relatives aux droits des minorités car elle vise à garantir des droits individuels alors que les minorités nationales revendiquent essentiellement des droits collectifs. La seule disposition faisant explicitement référence aux minorités nationales est l'article 14 de la CEDH visant à interdire la discrimination fondée sur « la race, la couleur, la langue, la religion [...] l'origine nationale, l'appartenance à une minorité nationale ».

---

[160] Il est énoncé dès le Préambule ainsi que dans les articles 3, 13, 55, 56, 62 et 76 de la Charte.

Si la Convention n'assure pas aux minorités nationales de protection directe et spécifique, la jurisprudence de la CEDH[161] en revanche a évolué et protège indirectement les minorités nationales à travers des droits individuels[162], et notamment les libertés d'expression, de religion, et d'association prévues par les articles 9, 10 et 11[163] de la Convention.

Ces libertés permettent aux minorités nationales de développer leur culture et de préserver ces éléments essentiels de leur identité que sont leur religion, leur langue, leurs traditions et leur patrimoine culturel.

Dans un arrêt[164] du 30 mars 2010 la CEDH a déclaré recevable la requête de quatre villages sámi en Suède : en reconnaissant ainsi leur qualité de requérants, la Cour a alors ouvert le droit de recours individuel et la protection offerte par la Convention EDH à une collectivité. Sur le plan matériel, le droit de propriété protégé par l'article 1 du Protocole n° 1 et le droit à un procès équitable (plus particulièrement le droit d'accès à un tribunal) énoncé par l'article 6 de la Convention ont servi à protéger le droit d'avoir sa propre vie culturelle. Dans l'arrêt cité ci-dessus, l'article 6, § 1 de la Convention a été invoqué dans un litige qui opposait quatre villages sámi et de nombreux propriétaires terriens. Ces derniers ont assigné les Sámi devant les juridictions internes, qui ont fait peser sur les villages autochtones la charge de la preuve pour démontrer la légalité de laisser pâturer leurs rennes au nom d'une pratique culturelle réalisée sur ces terres depuis des temps immémoriaux. Ne pouvant prouver leur titre de propriété, les requérants sámi ont interjeté appel de la décision de première instance mais se sont vu refuser l'aide judiciaire. Les frais de justice et des expertises légales, devenus trop élevés, entravaient ainsi leur droit d'accès à un tribunal. Dans son opinion partiellement dissidente, la juge Ineta Ziemele a expliqué que le statut et les droits tant fonciers que culturels des peuples autochtones avaient été renforcés entre 1989 et 2007 avec la *Déclaration sur les*

---

161 Le Professeur Paul TAVERNIER explique que, malgré le mécanisme de contrôle de type juridictionnel instauré par la juridiction strasbourgeoise, la protection des minorités par cette Cour est restée pendant longtemps très limitée. « Quelques réflexions sur la protection des minorités par la Cour européenne des droits de l'homme », *Un droit pour des hommes libres : Études en l'honneur du Professeur Alain Fenet*, Litec, éd. 2008, p. 253-261.

162 Florence BENOIT-ROHMER parle de « protection par ricochet », *in* « La Cour européenne des droits de l'homme et la défense des droits des minorités nationales », *Revue trimestrielle des droits de l'homme,* n°563, 2002, p. 1.

163 Sur cette liberté on peut citer de nouveau l'arrêt *Gorzelik c. Pologne* du 17 février 2004 dans lequel la Cour affirme que « La Cour reconnaît que la liberté d'association est particulièrement importante pour les personnes appartenant à des minorités, y compris à des minorités nationales et ethniques, et que, comme l'énonce le préambule à la Convention-cadre du Conseil de l'Europe, « une société pluraliste et véritablement démocratique doit non seulement respecter l'identité ethnique, culturelle, linguistique et religieuse de toute personne appartenant à une minorité nationale, mais également créer des conditions propres à permettre d'exprimer, de préserver et de développer cette identité ». En fait, « la fondation d'une association afin d'exprimer et promouvoir l'identité d'une minorité peut aider cette dernière à préserver et défendre ses droits » (§ 93). Voir aussi l'affaire *Sidiropoulos et autres c. Grèce*, 10 juillet 1998, *Recueil des arrêts et décisions* 1998-IV.

164 Arrêt CEDH, *Village sámi de Handölsdalen et autres c. Suède*, 30 mars 2010, req. n° 39013/04.

droits des peuples autochtones des Nations unies dans le but précis de protéger leurs identités culturelles et autres droits culturels, et notamment le droit pour ces peuples d'utiliser les terres sur lesquelles ils pratiquent leur activité économique depuis des temps immémoriaux. La juge partage l'opinion du Comité sur l'élimination des discriminations raciales[165] selon laquelle faire peser la charge d'une telle preuve sur les Sámi sans leur octroyer une aide juridictionnelle constitue une pratique discriminatoire et entrave ainsi leur droit d'accès à un tribunal.

L'article 8 (droit au respect de la vie privée et familiale) a aussi servi de base légale à la CEDH, pour affirmer dans son arrêt Chapman[166] rendu en Grande Chambre le 18 janvier 2001 que « la vie en caravane fait partie intégrante de l'identité tsigane de la requérante car cela s'inscrit dans la longue tradition du voyage suivie par cette minorité » (§ 73) et déclare que la faculté de conserver l'identité tsigane participe du droit au respect de la vie privée et familiale. L'article 8 a servi ici de base légale pour reconnaître que le droit au respect de la vie privée garantit aux membres d'une minorité le droit d'avoir un mode de vie traditionnel. Selon le Professeur Sudre c'est cet arrêt qui « marque l'ouverture véritable de la Convention à la question des droits des minorités[167] ».

À partir de 1966 et surtout avec la dislocation de l'URSS et de la Yougoslavie en 1990, la question du maintien de la paix et de la sécurité des minorités ethniques, religieuses et linguistiques au sein des États concernés a été ravivée, entraînant une vive volonté de la part des États de jouer un rôle décisif dans la protection des minorités.

En plus de la reconnaissance des droits et libertés fondamentaux issus des instruments internationaux et européens de protection universelle des droits de l'homme *(Déclaration universelle des droits de l'homme* de 1948 et Convention européenne des droits de l'homme), des droits catégoriels dans des instruments spécifiques ont été accordés aux personnes appartenant à des minorités et à des peuples autochtones. Mais il s'agit de droits individuels et collectifs dont les titulaires sont toujours les individus membres d'une minorité qui les exercent en groupe. Ils se distinguent de ceux des collectivités, tel le droit à l'autodétermination interne, désormais reconnu aux peuples autochtones.

Des dispositions spéciales prévoyant que l'État-parent s'occupe de ses minorités à l'étranger et maintienne ses relations avec elles ont été incluses dans un certain nombre de constitutions nationales. C'est le cas par exemple des pays

---

[165] *Examen des rapports présentés par les États parties conformément à l'article 9 de la convention*, Comité pour l'élimination de la discrimination raciale, Nations unies, 73e session, 23 septembre 2008, document. CERD/C/SWE/CO18., § 19-20.

[166] Arrêt *Chapman c. Royaume Uni, CEDH*, 18 janvier 2001, req. no 27238/95.

[167] Cet avis n'est pas partagé par Dominique ROSENBERG. Sur ce point, voir son article « L'indifférence du juge européen aux discriminations subies par les Rom (En marge de l'arrêt *Chapman*) », *Revue trimestrielle des droits de l'homme*, no 1017, 2001.

d'Europe centrale : l'article 12 de la Constitution ukrainienne (1996) prévoit que « l'Ukraine veille à la satisfaction des besoins nationaux, culturels et linguistiques des Ukrainiens résidant à l'extérieur de l'État » ; ou bien l'article 7 de la Constitution roumaine (1991), qui prévoit que « l'État soutient le resserrement des liens avec les Roumains vivant au-delà des frontières du pays et agit pour préserver, développer et exprimer leur identité ethnique, culturelle, linguistique et religieuse, en respectant la législation de l'État dont ils sont les citoyens ». Ou encore l'article 10 de la Constitution croate (1991), qui énonce que « les éléments du peuple croate au sein d'autres États, jouissent de la sécurité personnelle et de la protection que leur garantit la République de Croatie ».

Parallèlement, et dans le cadre du pacte de stabilité en Europe[168] adopté en 1995 à l'initiative de l'Union européenne, la conclusion de traités bilatéraux ou régionaux de coopération a permis d'assurer la protection des minorités et des frontières étatiques. En effet, « les possibilités offertes par les traités bilatéraux pour réduire les tensions entre États-parents et États de résidence semblent importantes, dans la mesure où ils peuvent inclure des engagements précis sur des questions sensibles, tandis que les accords multilatéraux ne permettent qu'une approche indirecte. De plus, ils permettent de prendre directement en considération les caractéristiques et les besoins spécifiques de chaque minorité nationale, ainsi que les particularités du contexte historique, politique et social »[169]. Mais ces traités de coopération peuvent également être complétés par un instrument spécifique de protection des minorités : ce fut le cas par exemple du *Traité de relations amicales et de coopération entre la Hongrie et la Croatie*, complété le 5 avril 1995 par une convention sur la protection de la minorité hongroise en Croatie et de la minorité croate en Hongrie.

Le plus souvent les traités bilatéraux incluent des normes juridiques non contraignantes, comme la Recommandation 1201 (1993) de l'Assemblée parlementaire du Conseil de l'Europe et le Document de Copenhague de l'OSCE (1990), et leur donnent ainsi force obligatoire dans leurs relations mutuelles. Ils garantissent ainsi des droits fondamentaux classiques tels le droit à l'identité, les droits linguistiques et culturels, le droit à l'éducation, les libertés

---

[168] Le Pacte a été signé par 52 États, dont la Bulgarie, la République tchèque, l'Estonie, la Hongrie, la Lettonie, la Lituanie, la Pologne, la Roumanie et la Slovaquie. Ces États devaient appliquer les principes d'égalité souveraine, de respect des droits inhérents à la souveraineté, de non-recours à la menace ou à l'emploi de la force, d'inviolabilité des frontières, de règlement pacifique des différends, de non-intervention dans les affaires intérieures, de respect des droits de l'homme – y compris les droits des personnes appartenant à une minorité nationale – et des libertés fondamentales – notamment les libertés de pensée, de conscience, de religion ou de croyance –, d'égalité des droits des peuples et de droit des peuples à disposer d'eux-mêmes, de coopération entre États et d'exécution de bonne foi des obligations assumées conformément au droit international.

[169] *Rapport sur le traitement préférentiel des minorités nationales par leur État-parent*, adopté par la Commission de Venise lors de sa 48e réunion plénière, 19 et 20 octobre 2001, document CDL-INF (2001) 019.

d'expression et d'association, la liberté de religion, le droit de participer au processus de prise de décision. Certains traités vont plus loin dans leur démarche de protection, jusqu'à accorder aux minorités nationales des droits collectifs ou certaines formes d'autonomie.

Cependant une importante limite à cette formule visant la protection des droits des minorités consiste en ce que ces traités ne prévoient pas de contrôle légal pour vérifier l'application effective et correcte des traités. Ainsi, aucun mécanisme juridictionnel ou légal de contrôle n'est prévu. Il n'existe donc pas de sanction formelle si l'une des parties ne coopère pas à l'application d'un traité. En fait, les dispositions des traités mentionnent seulement le rôle de commissions intergouvernementales conjointes (certes des représentants des minorités siègent dans chaque délégation gouvernementale mais sans droit de veto) convoquées à intervalles réguliers ou quand cela est jugé nécessaire, et habilitées à faire des recommandations à leurs gouvernements respectifs quant à l'exécution ou même à la modification des traités.

Deux autres modes de recours sont néanmoins envisageables : outre les recours nationaux lorsque le système constitutionnel d'un État permet aux traités d'être directement applicables en droit national, tout État peut s'adresser à la Cour internationale de conciliation et d'arbitrage ou bien au Haut-commissaire pour les minorités nationales de l'OSCE pour régler un différend ou préciser l'interprétation d'une clause d'un traité bilatéral[170]. Dans le même sens, dans la mesure où les traités comprennent des clauses de la *Convention-cadre sur la protection des minorités nationales*, leur application relève, même de façon indirecte, de la compétence du comité consultatif concerné et du Comité des ministres du Conseil de l'Europe.

En même temps que les efforts étatiques (exprimés par la conclusion d'accords bilatéraux ou l'adoption d'une législation nationale adaptée) destinés à améliorer le sort des minorités nationales sur le territoire d'États de résidence, le Conseil de l'Europe et les organes des Nations unies ont développé une grande activité normative soutenant cette démarche de paix et de sécurité démocratique en Europe.

En droit européen, dans le processus de coopération Est/Ouest, lors de la Conférence sur la sécurité et la coopération en Europe (CSCE), a été signé le document de Copenhague du 29 juin 1990. Il consiste en un catalogue détaillé des droits de l'homme qui porte entre autres une attention particulière aux minorités nationales.

---

[170] Malgré ces possibilités offertes du fait que la plupart de ces traités ont été inclus dans le Pacte de stabilité, aucun État n'a encore saisi la Cour internationale d'arbitrage à ce sujet ni même consulté le Haut-commissaire. Il semblerait que la possibilité du recours exercé devant une juridiction nationale n'ait pas été encore utilisée non plus. Il s'ensuit que si une partie refuse de participer à des négociations bilatérales sur l'application d'un traité, seule la pression politique provenant de l'autre partie ou de la communauté internationale peut le convaincre d'accepter.

Malgré de réelles difficultés sémantiques soulevées par les notions de minorités et de peuples autochtones, le droit international relatif à la protection des minorités et des peuples autochtones s'est développé et a offert des outils juridiques de deux natures : le principe de non-discrimination, l'expression de l'universalité des droits de l'homme, et l'octroi complémentaire de droits spéciaux pour les minorités culturelles qui les revendiquent – droits culturels pour les minorités nationales, et droits culturels et fonciers exercés dans le cadre d'un droit à l'autodétermination interne pour les peuples autochtones.

L'ensemble des textes de droit international et européen[171] ont le souci commun de concilier les revendications minoritaires et autochtones concernant le respect et la sauvegarde de leurs identités culturelles avec l'exigence d'unité nationale et de souveraineté des États : la protection des minorités n'est envisagée que dans le respect du principe de l'intégrité territoriale de l'État.

Une légère différence d'approche dans la protection des minorités nationales semble exister entre l'Assemblée parlementaire du Conseil de l'Europe et le Conseil des ministres, exprimant ainsi le caractère politique de la problématique des droits des minorités.

Certaines recommandations[172] de l'Assemblée prennent le risque d'aboutir à un questionnement voire une réadaptation de l'État unitaire[173], ou en tous cas de l'État-nation, en proposant notamment l'attribution de droits collectifs aux minorités, ou en souhaitant une approche « maximaliste » des droits si un *protocole additionnel à la Convention européenne des Droits de l'Homme* était adopté, ou bien en n'autorisant aucune réserve aux dispositions de ce même Protocole, ou encore en souhaitant la création d'institutions politiques et administratives

---

[171] Certains textes ont un objet éminemment culturel. C'est le cas de la *Charte européenne des langues régionales ou minoritaires* (adoptée par le Comité des ministres le 25 juin 1992 dans le cadre du Conseil de l'Europe), dont l'objet est de protéger et promouvoir les langues régionales ou minoritaires en tant que patrimoine culturel européen ; cependant elle ne crée pas de droits individuels ou collectifs pour les locuteurs de ces langues : elle ne protège pas les minorités linguistiques mais seulement les langues.
On peut aussi noter l'adoption plus récente de la *Déclaration universelle sur la diversité culturelle* (2 novembre 2001, UNESCO), particulièrement l'article 4 ; et le plan d'action annexé ; et la *Convention sur la protection et la promotion de la diversité des expressions culturelles* (20 octobre 2005, UNESCO), surtout aux paragraphes 8 et 15 du Préambule, et article 2, alinéa 3.

[172] Voir la Recommandation 1134 relative aux droits des minorités nationales (1990), qui contient une liste des principes considérés par l'Assemblée comme nécessaires à la protection des minorités nationales, et Rec. 1231 (1994), Rec. 1285 (1996).

[173] L'article 14 du *Projet de Convention européenne sur les droits des minorités* tel que proposé par la Commission de Venise contribue à ce doute. Il énonce en effet un droit pour les minorités nationales à participer effectivement « aux affaires publiques, en particulier aux décisions concernant les régions dans lesquelles elles vivent ou aux affaires les concernant ». On peut se demander par quels moyens les minorités peuvent exercer ce droit. Le rapport explicatif précise qu'il n'est pas demandé aux États d'assurer une représentation à la proportionnelle au Parlement, mais si un État le souhaitait, cet article autorise-t-il la création d'institutions ou d'organes politiques et administratifs autonomes compétents pour gérer les affaires concernant les minorités en question ?

autonomes propres aux minorités nationales vivant majoritairement dans une région du territoire d'un État membre.

Le Conseil des ministres a, lui, une vision plus prudente du droit des minorités. Ainsi par exemple, les dispositions de la Convention-cadre ne sont pas directement applicables, n'attribuent aucun droit collectif, et instaure comme mécanisme de contrôle un comité consultatif d'experts qui évaluent la mise en œuvre de la Convention.

C'est pourquoi la mise en œuvre des droits énoncés par le droit international est volontairement souple : la plupart des textes relatifs aux droits des personnes appartenant à des minorités nationales laissent aux États une certaine souplesse dans la mise en œuvre des droits. Ils constituent des guides, des relais pour les États. Cette démarche permet de concilier la protection de l'État dans ses attributs de souveraineté et de permettre aux États qui le souhaitent d'adopter une législation plus protectrice de l'identité culturelle des minorités nationales.

Ainsi, comme le relève le Professeur Sudre[174] « la Convention-cadre de 1995 instaure un mécanisme de protection principalement politique » du fait de « la diversité des situations et de la variété des problèmes à résoudre » : elle propose d'opter pour des « dispositions-programmes définissant certains objectifs que les Parties s'engageront à poursuivre. »

Ces dispositions, qui ne seront pas directement applicables, laisseront aux États concernés une marge d'appréciation dans la mise en œuvre des objectifs qu'ils se sont engagés à atteindre [...].[175] »

L'esprit des textes protecteurs des minorités nationales, y compris des peuples autochtones, consiste donc à laisser une place certaine à la négociation d'arrangements internes entre minorités concernées et acteurs étatiques. La recherche d'arrangements nationaux et durables apaise non seulement les inquiétudes des États qui ont pour objectif le maintien de la paix et de leur stabilité politique et sociale, mais elle est aussi indispensable du fait de l'imperfection du droit international et européen.

Cependant les mesures de droit interne peuvent tout de même s'avérer insuffisantes pour assurer une protection effective des droits des minorités. Le droit international et européen prend alors un intérêt. C'est ce que soulignait en 1991 la Commission de Venise dans son rapport explicatif sur le projet de Convention européenne pour la protection des minorités : « l'adoption de mesures en droit interne est un prérequis pour résoudre le problème des minorités nationales. En premier lieu, les structures étatiques devraient garantir l'autonomie des minorités, que ce soit à travers un système fédéral, la

---

174 Frédéric SUDRE, *Droit européen et international des droits de l'homme*, collection Droit fondamental, éd. PUF, 6e édition, p. 95.

175 Rapport explicatif relatif à la *Convention-cadre pour la protection des minorités nationales*, *op.cit.*, § 11.

régionalisation, ou encore l'accord d'un statut particulier à certains territoires définis. » (§ 10)[176]. Et, plus loin dans le texte, la Commission précise que « cependant pareilles mesures [nationales] peuvent apparaître insuffisantes et des normes de droit international ont alors également besoin d'être adoptées, sous la forme de traités spéciaux [...] ou par des conventions relatives à la protection générale des droits de l'homme ou encore par des instruments juridiques concernant exclusivement le statut des minorités » (§ 11).

La tentative de conciliation entre la protection de l'identité culturelle des minorités et le maintien de la stabilité des États se réalise donc en premier lieu grâce aux efforts étatiques à travers l'adoption de mesures nationales pour être ensuite, le cas échéant au cas par cas, complétées et/ou légitimées par les textes de droit international et européen pertinents.

Parmi les instruments associant principe de non-discrimination et reconnaissance de droits spéciaux, figurent l'article 27 du *Pacte international relatif aux droits civils et politiques* du 16 décembre 1966[177] et la *Déclaration sur les droits des personnes appartenant à des minorités nationales ou ethniques, religieuses et linguistiques* adoptée par l'Assemblée générale des Nations unies le 18 décembre 1992. Au plan européen, le Conseil des ministres a adopté la *Convention-cadre pour la protection des minorités nationales* le 10 novembre 1994.

L'article 27 demeure en droit international le seul instrument conventionnel à portée générale garantissant les droits des minorités. Énoncés de la sorte, les droits figurant dans l'article 27 s'inscrivent dans la logique de respect de la souveraineté et de la territorialité des États. Dès lors ils constituent moins une menace pour l'intégrité de l'État.

Cependant, le Comité des droits de l'homme[178] a bien précisé que les droits en cause sont des droits individuels, mais, leur exercice étant nécessairement collectif, ils peuvent être qualifiés de droits collectifs des minorités nationales. Ils se distinguent des droits des collectivités qui visent à préserver l'intégrité et l'identité du groupe et dont le groupe est directement titulaire (par exemple, la protection contre les crimes de génocide ou d'apartheid, les droits à la vie, à la non-discrimination).

Sur un plan technique, l'article 27 du Pacte permet un contrôle efficace du respect de ces droits en permettant un droit de recours individuel devant le Comité des droits de l'homme.

Si les droits des minorités sont envisagés en tant que droits individuels et parfois droits collectifs, les peuples autochtones sont protégés à la fois sous l'angle individuel des droits de l'homme universels et par la prise en compte de

---

[176] Traduction personnelle à partir du document CDL(1991)8, 11 mars 1991.

[177] Cet article qui prévoit que « les personnes appartenant à ces minorités [ethniques, religieuses, ou linguistiques] ne peuvent être privées du droit d'avoir en commun avec les autres membres de leur groupe, leur vie culturelle, de professer et de pratiquer leur propre religion, ou d'employer leur propre langue ».

[178] *Observation du Comité des droits de l'homme du 6 avril 1994*, CCPR/C/21/Rev.1/Add.5.

leurs particularités en tant que collectivités. La protection de leurs identités collectives a évolué pour passer d'une première approche aux valeurs assimilationnistes portées par la *Convention nº 107 relative aux populations indigènes et tribales* adoptée par l'Organisation internationale du Travail en 1957, à une vision plus respectueuse des peuples autochtones en tant que collectivités pérennes à partir de 1989.

Les droits spécifiques des peuples autochtones sont désormais protégés par deux textes essentiels : la *Convention nº 169 relative aux peuples indigènes et tribaux* adoptée par l'Organisation internationale du Travail le 27 juin 1989 ainsi que la *Déclaration des Nations unies sur les droits des peuples autochtones* adoptée le 13 septembre 2007 par l'Assemblée générale.

Ils rappellent tous les deux le principe de non-discrimination pour assurer la jouissance des mêmes droits que les autres citoyens, puis prévoient tous deux la reconnaissance et l'exercice de droits culturels et fonciers des peuples autochtones.

De plus, la Convention nº 169 organise matériellement un droit à l'autodétermination interne tandis que la Déclaration la reconnaît formellement après deux décennies de négociations au cours des Décennies internationales des peuples autochtones. La portée de ces textes internationaux est finalement limitée : d'abord, par leur faible nombre. Ils sont aussi minoritaires que ceux qu'ils cherchent à protéger. Ensuite, car il a fallu attendre la déclaration de 2007 pour lire en son article 3 la reconnaissance d'un « droit à l'autodétermination interne ». Mais cet article n'a pas la portée espérée par les organisations de peuples autochtones, et par la nature juridique de la Déclaration, dont les dispositions ne sont pas contraignantes et constituent des dispositions-programmes fixant des objectifs aux États en tenant compte de leurs circonstances particulières.

En réalité, la préservation des droits des peuples autochtones relève essentiellement du droit national et les avancées réelles sont le fruit de longues négociations internes.

La reconnaissance et la préservation des identités culturelles collectives sámi et corse se sont ainsi heurtées à un droit international éminemment étatique en constante évolution depuis le XVIIe siècle, lacunaire et inachevé. Leur captation par le droit a alors été difficile et tardive. Un second obstacle à leur reconnaissance en tant que minorité légale et/ou peuple autochtone tient aux principes constitutionnels sur lesquels les États norvégien et français se sont construits.

§ 2. *Des principes constitutionnels communs aux États français et norvégien*

Les États français et norvégien sont tous deux des États unitaires fondés sur le principe constitutionnel d'indivisibilité (A) et le principe d'égalité (B). Mais leurs approches de ces principes diffèrent et les implications quant aux revendications identitaires corse et sámi aussi.

A. *Le principe d'indivisibilité*

Le principe d'indivisibilité constitue, dans son interprétation par le Conseil constitutionnel, un obstacle théorique à la reconnaissance par l'État français de minorités nationales ou de peuples autochtones sur son territoire. Au contraire, l'État norvégien en a une approche différente, pragmatique, et se distingue alors de l'État français pourtant lui aussi État unitaire.

Dans les États unitaires « tous les citoyens sont soumis au même et unique pouvoir. Un Parlement unique légifère pour l'ensemble des citoyens, ceux-ci sont soumis à l'autorité d'un seul gouvernement et d'un droit identique où qu'ils habitent.[179] »

Lorsque l'État unitaire est un État-nation, sa sécurité et sa légitimité ne sont pas fondamentalement remises en question. En revanche, lorsqu'un État est unitaire et multiculturel des enjeux antagonistes peuvent survenir en particulier lorsque des groupes minoritaires revendiquent l'octroi de statuts et de droits spécifiques. L'État peut être amené à leur octroyer des droits spéciaux découlant du droit national ou d'une convention internationale[180]. La difficulté tient à l'interprétation des principes d'indivisibilité et d'unité, qui forment la base constitutionnelle du caractère unitaire de l'État avec la présence de groupes minoritaires cherchant à préserver leurs identités culturelles distinctes, en particulier à travers l'exercice d'une forme d'autonomie.

Les États norvégien et français sont précisément confrontés à cette question.

Le caractère unitaire de l'État norvégien est affirmé dans sa Constitution *(Grunnloven)* depuis 1814[181], l'article 1er prévoyant que le royaume de Norvège est libre, indépendant, indivisible et inaliénable. La forme du gouvernement est celle d'une monarchie limitée et héréditaire[182].

Depuis 1791, les Constitutions françaises proclament d'indivisibilité de la République. L'article 1er de la Constitution de 1958 énonce que : « La France est

---

179 Philippe ARDANT, *Institutions politiques et droit constitutionnel*, 8e édition, LGDJ, 1996, p. 32.

180 Jean-François GUILHAUDIS, *Relations internationales contemporaines*, Manuels, Jurisclasseur, Litec, 2010, p. 52.

181 Constitution d'Eidsvoll du 17 mai 1814.

182 *« Kongeriget Norge er et frit, selvstændigt, udeleligt og uafhændeligt Rige. Dets Regjeringsform er indskrænket og arvelig monarkisk »*, article 1er de la Constitution norvégienne.

une République indivisible, laïque, démocratique et sociale [...] », et l'article 2 complète cette disposition en affirmant que « La langue de la République est le français ».

Tant pour le royaume de Norvège que pour la République française, le principe d'indivisibilité « protège le caractère unitaire de l'État en assurant sa prééminence normative. Il implique l'unité du pouvoir législatif et du pouvoir réglementaire gouvernemental à l'échelle nationale.[183] » Cependant l'unité du pouvoir législatif n'implique pas l'uniformité de la législation, mais l'exercice de la libre administration pour les collectivités territoriales reste subordonné à la loi.

De plus, le principe d'indivisibilité sous-tend l'unicité du peuple ou du moins l'homogénéité culturelle de la nation[184]. C'est sur cette seconde acception du principe d'indivisibilité que les États français et norvégien divergent.

D'organisation unitaire, ces États ont cependant adopté une position différente quant à la reconnaissance de leurs minorités nationales.

Ainsi en Norvège, plusieurs cultures ou nations[185] sont juridiquement reconnues[186] et coexistent sur le même territoire avec la majorité culturelle scandinave : les minorités nationales skogfinn, kven, et Rom, et le peuple autochtone sámi. L'État unitaire norvégien constitue de ce fait un État multinational[187]. Et, autorisant les vagues d'immigration sur son territoire, il est

---

183 Gérard MARCOU, « Le principe d'indivisibilité de la République », *Pouvoirs,* n° 100, janvier 2002, p. 52.

184 Traditionnellement, selon Ernest RENAN, la nation peut être conçue de deux manières opposées : l'une objective caractérise la nation par des éléments tels la communauté de langue, de territoire ou l'appartenance à une même race. L'autre conception, dite subjective et appliquée en France, définit la nation par le « vouloir vivre collectif ».

Cette conscience nationale est alimentée par la communauté de mœurs, de langue et d'histoire.

185 Selon Will KYMLICKA, la nation désigne « une communauté historique, plus ou moins institutionnelle, occupant un territoire donné, ou sa terre natale, et partageant une langue et une culture distinctes. "Nation", en ce sens sociologique, est très proche de l'idée de "peuple" ou de "culture" », Will KYMLICKA, *La citoyenneté multiculturelle : une théorie libérale du droit des minorités, op.cit.*, p. 24-25.

186 La Norvège a ratifié tous les instruments internationaux et européens pertinents relatifs à la protection des minorités nationales et des autochtones.

187 Dans le pluralisme culturel multinational, l'État contient plus d'une nation, et les cultures numériquement moins importantes constituent des minorités nationales.

La formation de ce type d'État peut être volontaire (quand différentes cultures acceptent de créer une fédération comme la Belgique ou la Suisse) ou non (quand une communauté culturelle, comme les populations indigènes de Nouvelle-Zélande, est envahie et conquise par une autre, ou qu'elle est cédée par une puissance impériale à une autre ou que sa terre d'origine est occupée par des colons). Les frontières des pays multinationaux ont été tracées pour inclure le territoire occupé par des cultures autonomes et préexistantes.

Par exemple, de nombreuses démocraties occidentales sont multinationales : les États-Unis abritent des minorités nationales comme les Portoricains, et autres groupes, qui furent incorporés par la colonisation ou la conquête. Les Indiens et chacun de ces peuples intégrés à la fédération américaine disposent de pouvoirs spéciaux leur permettant de se gouverner eux-mêmes. Ces groupes ont aussi des droits relatifs à l'usage de la langue et de la terre. C'est le cas des Esquimaux de l'Alaska et des Amérindiens. Ces minorités nationales tentent de protéger leur statut de communauté culturellement distincte, parallèles à la culture majoritaire, et exigent leur

aussi un État polyethnique[188]. De ce fait, l'État unitaire norvégien est un État officiellement multiculturel.

En revanche, la France est seulement un État unitaire polyethnique dû aux vagues successives d'immigration. Officiellement, la France n'est pas un État multinational à cause de son refus persistant de reconnaître l'existence de minorités nationales sur le territoire français. Elle considère que les expressions culturelles minoritaires pourraient s'apparenter à un communautarisme et refuse donc de leur accorder un statut particulier au nom de l'universalisme républicain.

Dans cette perspective, la France n'emploie pas les termes « minorités nationales » ni « peuples autochtones » et officiellement n'en reconnaît pas davantage l'existence juridique sur son territoire, malgré les accords de Nouméa allant vers une reconnaissance du peuple kanak en Nouvelle-Calédonie.

Ces approches antagonistes tiennent à l'interprétation qu'ont les États français et norvégien de l'article 1er de leurs Constitutions.

En France l'interprétation du principe d'indivisibilité et ses corollaires (unicité du peuple et égalité des citoyens) est étroitement liée à la conception montagnarde, plus exactement celle issue des clubs jacobins.

L'interprétation et l'application de ces principes constitutionnels varient donc d'un État unitaire à l'autre. Ainsi, la non-reconnaissance officielle des minorités nationales sur le territoire français n'est pas liée particulièrement à la forme unitaire de l'État mais à la force et à la signification historiques des principes d'indivisibilité et d'égalité de tous les citoyens sans discrimination.

L'indivisibilité n'est pas exclusivement liée à la forme républicaine du gouvernement[189], comme en témoigne la Constitution établissant le royaume de

---

autonomie sous une forme ou une autre. *In* Will KYMLICKA, *La citoyenneté multiculturelle : une théorie libérale du droit des minorités*, *op.cit.*, p. 25 et s.

188 Le pluralisme culturel polyethnique résulte de l'immigration individuelle et familiale ; les individus issus de cette immigration recherchent une reconnaissance de leur identité culturelle mais leur objectif n'est pas de former une nation autonome et séparée de la nation d'accueil. Ils souhaitent être intégrés en en modifiant les institutions et les lois pour qu'elles soient mieux adaptées à leurs spécificités culturelles.

Dans les années soixante, la politique menée à l'égard de ces immigrants était l'assimilation considérée comme un facteur de stabilité politique ; mais aujourd'hui elle est synonyme d'ethnocentrisme et de dénigrement des cultures étrangères.

Ces groupes issus de l'immigration ne constituent pas des « nations », mais leur refus de l'assimilation et l'affirmation de leurs droits à une plus grande expression de leurs particularités culturelles ne signifient pas qu'ils souhaitent instaurer une société parallèle mais qu'ils veulent exercer leur droit à participer et à être intégrés aux institutions et organismes publics de la société qui les accueille. *In* Will KYMLICKA, *ibid.*, p. 24 et p. 30.

189 « Il est facile d'observer que cette notion n'est pas spécifique à la France, puisqu'elle figure parmi les premières dispositions de nombreuses constitutions [...]. Il est peu d'États où ce principe occupe une place aussi éminente et centrale que celle qui lui est faite dans le système juridique français. De sorte que dans la représentation hexagonale, mais aussi extérieure, l'indivisibilité apparaît comme la marque de fabrique de l'État français. Celle qui érige la France en modèle type de l'État-nation, et amène à la situer "aux premiers échelons" des systèmes allant de l'État unitaire centralisé à l'État fédéral. Au point de considérer qu'il y aurait du fait de ce

Norvège, mais elle est le principe sur lequel se fonde l'identité constitutionnelle de l'État unitaire et il a lui-même pour fondement l'unicité du peuple français[190] ; il s'applique en droit français à trois domaines : le territoire, la souveraineté et le peuple.

Abordé sous l'angle traditionnel de l'apport révolutionnaire, le principe d'indivisibilité a été associé dès 1791[191] avec le principe d'unité pour protéger l'intégrité du territoire et exprimer le rejet du fédéralisme considéré par ses détracteurs les Montagnards comme une nouvelle source de division du pays. La Convention a proclamé la République le 22 septembre 1792, elle a ensuite affirmé le 25 septembre qu'elle était « une et indivisible » pour mieux sceller son indépendance et précisément son caractère unitaire. Ni les textes impériaux ni les chartes monarchiques ne reprennent ces deux principes, alors que cette période et particulièrement la politique d'unification politique de Bonaparte semble enraciner l'indivisibilité et l'unité dans la tradition française. Dans la Constitution de 1958 le caractère unitaire de la République n'est pas mentionné, tandis que dans son article 1er il est fait expressément référence au principe d'indivisibilité, et non au principe d'unité, dont à aucun moment ni le sens ni la portée ne sont précisés. Pourtant, le principe d'unité n'a pas entièrement disparu du droit positif car l'unité et l'indivisibilité constituent une seule et même règle : l'indivisibilité étant un moyen d'atteindre la finalité de l'unité[192].

Théoriquement, le principe d'indivisibilité protège le caractère unitaire de l'État en assurant la délimitation intangible du territoire sur lequel il n'existe pas de pouvoir législatif autonome autre que celui du Parlement national.

L'indivisibilité en ce domaine impose que seules les autorités de l'État disposent d'une prééminence normative, émanant de la Constitution. Cela implique l'unité du pouvoir législatif et du pouvoir réglementaire gouvernemental à l'échelle nationale. En conséquence, l'exercice de la libre administration par les collectivités territoriales leur autorise un large pouvoir réglementaire local mais leur interdit l'attribution d'un pouvoir normatif autonome sur la base de l'article 72 de la Constitution. De plus, « les conventions passées entre l'État et les collectivités territoriales ne sauraient avoir pour objet ou pour effet de restreindre l'exercice des compétences conférées au législateur par la Constitution »[193].

---

principe une impossibilité d'évolution vers un autre modèle », Félicien LEMAIRE, *Le principe d'indivisibilité de la République*, Presses universitaires de Rennes, coll. L'Univers des normes, 2010.

190 Gérard MARCOU préfère l'expression « indivisibilité de la souveraineté nationale » pour affirmer que d'elle résulte l'indivisibilité de la République, *in* « Le principe d'indivisibilité de la République », *op.cit.*, p. 49.

191 Article 1er du titre II de la Constitution du 3 septembre 1791, qui a établi une monarchie parlementaire et met en place l'Assemblée nationale législative, texte consultable sur le site de l'Assemblée nationale, www.assemblee-nationale.fr

192 Tatiana GRÜNDLER, « La République française, une et indivisible ? », *Revue de droit public*, n° 2, mars 2007, p. 445.

193 Décision n° 83-161 DC du 19 juillet 1983. Loi *portant règlement définitif du budget de 1981*, Recueil, p. 47, *JORF* du 21 juillet 1983, p. 2252.

Dans ses décisions relatives au statut particulier de la Corse, le Conseil constitutionnel a estimé que les réformes de 1982 sur la décentralisation, bien qu'elles « contiennent un risque évident de dislocation de l'unité nationale », ne portaient pas atteinte au caractère indivisible de la République ni à l'intégrité du territoire « dans l'état actuel de la définition des attributions respectives des autorités décentralisées et des organes de l'État »[194].

Plus tard, à propos du statut attribué par la loi du 13 mai 1991 portant statut de la collectivité territoriale de Corse[195], le Conseil a relevé que « ni l'Assemblée de Corse ni le Conseil exécutif ne se voient attribuer des compétences ressortissant du domaine de la loi ; qu'ainsi cette organisation spécifique à caractère administratif de la collectivité territoriale de Corse ne méconnaît pas l'article 72 de la Constitution »[196]. Si le principe d'indivisibilité exige l'unité du pouvoir législatif, il n'implique pas pour autant l'uniformité de la législation.

Enfin, la troisième composante traditionnelle de l'indivisibilité protégeant le caractère unitaire de l'État est l'unité du peuple. Originairement, elle signifie l'opposition à toute division entre les citoyens composant un même corps. Ainsi, à l'exception des « peuples d'outre-mer »[197], toute référence à la notion de peuple autre que le peuple français met en cause le caractère unitaire de l'État. C'est la raison pour laquelle le Conseil constitutionnel s'était opposé à la reconnaissance d'un « peuple corse », considérant cette disposition de la loi comme contraire au principe d'indivisibilité. La Constitution française de 1958 est muette sur le principe d'unité car ce n'est qu'ultérieurement que le Conseil constitutionnel a dégagé et consacré explicitement un principe d'unicité du peuple français dans sa célèbre décision du 9 mai 1991 refusant la notion de peuple corse[198] et dans celle du 15 juin 1999 concernant la *Charte européenne des langues régionales ou minoritaires*[199].

---

194 Décision n° 82-138 DC du 25 février 1982, loi *portant statut particulier de la région de Corse*, cons. 9.

195 Loi n°91-428 du 13 mai 1991 *portant statut de la collectivité territoriale de Corse.*

196 Décision n° 91-290 DC du 9 mai 1991 *portant sur la loi relative au statut de la collectivité territoriale de Corse*, cons. 20.

197 Cette dénomination « peuple d'outre-mer » a d'ailleurs changé avec la loi constitutionnelle n° 2003-276 du 28 mars 2003 *relative à l'organisation décentralisée de la République.* Un article 72-3 a été inséré et il dispose désormais que « la République française reconnaît, au sein du peuple français, les populations d'outre-mer dans un idéal commun de liberté, d'égalité et de fraternité. »

198 Décision n° 91-290 DC du 9 mai 1991 portant sur la loi relative au statut de la collectivité territoriale de Corse, cons. 11.

199 Décision n° 99-412 DC du 15 juin 1999 sur la Charte européenne des langues régionales ou minoritaires : « le principe d'unicité du peuple français, dont aucune section ne peut s'attribuer l'exercice de la souveraineté nationale, a également valeur constitutionnelle », cons. 5. Et, plus loin : « la Charte européenne des langues régionales ou minoritaires, en ce qu'elle confère des droits spécifiques à des "groupes" de locuteurs de langues régionales ou minoritaires, à l'intérieur de "territoires" dans lesquels ces langues sont pratiquées, porte atteinte aux principes constitutionnels d'indivisibilité de la République, d'égalité devant la loi et d'unicité du peuple français », cons. 10.

Le choix du mot « unicité » vise à souligner la conception universaliste de la citoyenneté. Le peuple français est le sujet de la souveraineté nationale énoncée à l'article 3 de la Constitution.

La différence entre les concepts d'unité et d'unicité du peuple est de taille : « l'unicité du peuple est plus stricte que la simple unité. L'unicité semble, en effet, nier l'existence de parties, en l'occurrence, de composantes du peuple français dans la mesure où c'est l'unique peuple du territoire de la République. Cela implique que le peuple ne peut être divisé [...]. L'unité paraît admettre qu'il puisse y avoir certaines composantes, mais qu'elles sont réunies au sein d'un tout, indivisible.[200] »

Pour protéger cette unicité bien assise en droit interne français, l'article 89 al. 5 de la Constitution interdit toute révision relative à la forme républicaine du Gouvernement. À l'origine cette disposition était destinée à empêcher tout rétablissement de la monarchie. Mais face aux droits collectifs et au droit à l'autodétermination interne reconnue dans les instruments internationaux relatifs à la protection des minorités et des peuples autochtones, on devine que cette disposition est un argument de droit constitutionnel pour conserver les caractéristiques de la République française, en accord avec les acquis révolutionnaires et telles qu'énoncées à l'article 1er de la Constitution.

Prenant en compte le passé colonial de la République avec l'outre-mer, le Conseil constitutionnel ne s'est pas opposé et a même favorisé l'émancipation de ces populations. Mais dans sa décision du 9 mai 1991 sur le statut de la Corse (cons. 12), le Conseil opère d'une part une distinction entre le peuple français et les peuples d'outre-mer, auxquels il reconnaît le droit à la libre détermination (par exemple les référendums prévus en 2014 et 2018 pour la Nouvelle-Calédonie) ou ceux dont les statuts les séparent du peuple français, comme la Polynésie française qui est désormais qualifiée de « pays d'outre-mer au sein de la République » depuis la loi du 27 février 2004. D'autre part, le Conseil dans cette même décision donne à la notion de peuple français une valeur constitutionnelle, interdisant alors à la Corse une évolution statutaire comparable à celle admise pour l'outre-mer.

Invoquant l'indivisibilité et l'égalité de tous les citoyens devant la loi sans distinction d'origine, de race ou de religion, le Conseil s'oppose à ce que soient reconnus des droits politiques particuliers à quelque groupe que ce soit défini par une communauté d'origine, de culture, de langue ou de croyance. Le Conseil constitutionnel reste ainsi fidèle à la citoyenneté universelle telle qu'apportée par la Révolution française de 1789 : « le fondement de l'État étant alors défini par un lien civique, et non par l'appartenance à une ethnie ou à une religion[201] ». Dans cette perspective, « renoncer à l'universalisme de la notion de citoyenneté au nom "d'identités" tirées d'une histoire mythifiée, établir des droits au titre d'une prétendue "spécificité", c'est attaquer les fondements

---

[200] Tatiana GRÜNDLER, « La République française, une et indivisible ? », *op.cit.*

[201] Gérard MARCOU, « Le principe d'indivisibilité de la République », *op.cit.*, p. 58.

mêmes de la liberté politique ? Aucun "particularisme" ne peut justifier des "droits" particuliers.[202] »

Dans le même sens, l'uniformité linguistique[203] dans la sphère publique[204] à travers l'utilisation de la langue française sur l'ensemble du territoire[205] de la République est considérée comme un moyen de préserver l'unicité du peuple français. À l'origine l'article 2 de la Constitution avait vocation à protéger la langue française contre l'hégémonie de l'anglais, mais en pratique cet article a été invoqué pour refuser de ratifier la *Charte européenne sur les langues régionales ou minoritaires*[206], qui attribue des droits linguistiques à des groupes de locuteurs de langues régionales ou minoritaires.

Ainsi en France, les langues régionales corse, breton, basque, alsacien, occitan et flamand ne sont pas des langues officielles et leur enseignement dans les écoles publiques est facultatif.

Il est vrai que la langue, premier marqueur identitaire, est un enjeu politique non négligeable : soit par l'uniformité linguistique qui permet de développer un sentiment d'appartenance à une même communauté, en d'autres termes de faire émerger une identité nationale, soit à l'inverse : la reconnaissance du pluralisme linguistique peut faire apparaître des mouvements identitaires revendiquant une certaine autonomie locale. Les langues régionales permettent alors de légitimer cette demande et en deviennent le symbole. C'est le cas des langues basque et corse, qui soutiennent une revendication identitaire particulièrement forte par rapport aux autres mouvements régionalistes, et à laquelle l'État unitaire français a dû répondre dans l'urgence.

Les approches classiques de l'indivisibilité, qui étudient ce principe dans son contexte historique et associent systématiquement acquis républicain et indivisibilité, méritent cependant une réactualisation, en particulier sur la signification actuelle du principe au regard du contentieux constitutionnel, comme le souligne Félicien Lemaire[207] : « les évolutions institutionnelles et

---

[202] Gérard MARCOU, *ibid.*, p. 60-61.

[203] Révision constitutionnelle n° 92-554 du 25 juin 1992 ajoutant à la Constitution un titre : « Des Communautés européennes et de l'Union européenne ». L'article 1er de cette loi constitutionnelle ajoute à l'article 2 de la Constitution que « La langue de la République est le français», *JORF* n° 147 du 26 juin 1992, p. 8406.

[204] Loi n° 94-1994 relative à l'emploi de la langue française qualifiée à l'article 1er de « langue d'enseignement, du travail, des échanges et des services publics ».

[205] Cette exigence s'impose également aux territoires d'outre-mer : voir par exemple la décision du Conseil d'État du 29 mars 2006, *Haut commissaire de la République en Polynésie française c. M. Fritch*, n° 282335. Dans cette affaire le juge administratif a considéré que le règlement intérieur de l'assemblée de cette collectivité d'outre-mer autorisant les orateurs à s'exprimer indifféremment en français ou dans une langue polynésienne était contraire à la loi organique du 27 février 2004, qui fait du français la langue officielle de la Polynésie française.

[206] *Charte européenne des langues régionales ou minoritaires* du 5 novembre 1992 émanant du Conseil de l'Europe.

[207] Félicien LEMAIRE, *Le principe d'indivisibilité de la République. Mythes et réalités*, *op.cit.*

organisationnelles en rapport avec l'État – la construction européenne et la décentralisation en particulier – commandent à elles seules que la notion d'indivisibilité soit à nouveau interrogée[208]. »

L'État norvégien propose une autre lecture du principe d'indivisibilité qui ne repose pas sur l'idéologie révolutionnaire de 1789.

En Norvège, le principe d'indivisibilité concerne aussi le pouvoir normatif et l'intégrité territoriale du pays, mais il se distingue de la conception française étroitement liée à l'idéologie révolutionnaire sur la question du peuple. L'État norvégien insiste sur l'unité de son peuple et non sur son unicité. Le peuple norvégien peut être composite et uni autour de valeurs communes, mais il n'est pas unique. L'indivisibilité du royaume de Norvège sous-tend l'unité du peuple norvégien : ce qui ne postule pas que le peuple norvégien est un, unique, mais qu'il peut être composé de plusieurs nations ou peuples, tout en étant uni. Il pose le pari d'être uni en reconnaissant officiellement l'existence d'une diversité en son sein.

Ce qui explique la position de la Norvège dans la reconnaissance légale de ses minorités nationales et du peuple autochtone sámi, ainsi que ses engagements internationaux en matière de protection des droits des minorités et des peuples autochtones. La Norvège offre un exemple d'État unitaire fondé sur le principe d'indivisibilité, mais il est aussi multinational et polyethnique, donc multiculturel.

Le principe d'indivisibilité a été invoqué pour la première fois dans un contexte historique et politique marquant, en 1814, au moment de l'élaboration de la Constitution norvégienne lors de son accession à l'indépendance après sécession d'avec la Suède en 1905. C'est pourquoi il concerne, dans ce cas particulier, davantage l'intégrité des frontières d'un royaume nouvellement indépendant (en réaction à des agressions extérieures faisant perdre l'indépendance externe) plutôt que le peuple en lui-même. Le jeune État norvégien avait bien moins à craindre de son peuple à l'intérieur de ses frontières que des velléités d'unions de la part des royaumes du Danemark, auquel la Norvège avait été rattachée de 1380 à 1814, et de la Suède, à laquelle la Norvège fut aussi rattachée jusqu'en 1905. Le principe d'indivisibilité fait ici écho à l'indépendance[209].

Il n'y a pas à notre connaissance de jurisprudence émanant de la Cour suprême de Norvège *(Høyesterett)* relative à l'interprétation ou à la portée de ce principe constitutionnel d'indivisibilité. Les arrêts de la Cour suprême ne sont pas fondés sur ce principe.

La non-invocation de ce principe par la Cour peut s'expliquer par un contexte historique, sociologique et politique propre à la Norvège.

---

[208] *Ibid.*, p. 13.

[209] Cet argument est souvent invoqué pour justifier le refus de la Norvège d'intégrer l'Union européenne.

Ce constat peut s'expliquer par la conjugaison de deux facteurs plus d'ordre politique, sociologique et historique que juridique.

D'abord, il a toujours existé en Norvège une homogénéité culturelle, notamment sur le plan linguistique. Malgré l'existence de dialectes selon les régions, ils sont tous issus d'une langue commune, le *bokmål* ; tandis qu'en France coexistaient plusieurs langues, dont la langue d'oc et la langue d'oïl.

Ensuite, la société norvégienne n'était pas autant inégalitaire, hiérarchisée et divisée par les ordres qu'elle a pu l'être en France sous l'Ancien Régime[210].

En outre, l'État norvégien n'a pas été confronté à des revendications identitaires menaçant son intégrité territoriale ou sa souveraineté étatique. La Cour suprême n'a pas eu à invoquer le principe constitutionnel d'indivisibilité pour se prémunir contre un tel risque intérieur.

Au cours du XIXe siècle et jusqu'aux années 1960 la politique d'assimilation culturelle et la culpabilisation identitaire menées par l'État sur les minorités kven et skogfinn, y compris sur les Sámi disséminés sur son territoire, ont étouffé leurs éventuelles aspirations à l'indépendance.

Les minorités nationales traditionnelles n'ont jamais revendiqué de mesures internes ou de droits spéciaux mettant en danger l'unité de la Norvège. Les premières revendications du peuple sámi en 1980 ont finalement trouvé un écho favorable auprès des gouvernements successifs. La recherche constante de dialogues, de solutions pragmatiques et le souci de l'égalité caractérisant l'ensemble de la société scandinave (société civile et structures étatiques) contribuent à un apaisement des revendications éventuelles. Les aménagements internes et les droits spéciaux octroyés sont le plus souvent exercés et mis en place de façon pacifique.

Le principe constitutionnel d'indivisibilité est adossé au principe d'égalité, qui semble avoir deux visages comme le dieu romain Janus. Il peut à la fois être invoqué par l'État dans le but de préserver une homogénéité sur son territoire et sous sa juridiction, en légitimant son refus d'octroyer des droits spéciaux à des groupes infra-étatiques, prévenant ainsi tout risque d'atteinte à sa souveraineté ; mais il peut aussi relever des droits de l'homme afin de lutter contre tout discours de haine et d'intolérance, à condition d'être relayé par le principe de non-discrimination.

*

[210] Il existait bien une société divisée en quatre ordres : la noblesse, le clergé, la bourgeoisie et les paysans. Mais, à la différence de la situation en France, la Suède fut le premier royaume en Europe à se doter d'un gouvernement représentatif des différents ordres constituant sa société civile. Les paysans firent formellement partie de la représentation nationale à partir du XVe siècle. *In* Philippe LE BAS, *L'univers. Histoire et description de tous les peuples. Suède et Norvège,* Institut de France, éd. Firmin Didot Frères, Paris, 1838, p. 412-413.

B. *Le principe d'égalité : un droit Janus*

Le principe d'égalité a deux visages comme Janus, le dieu romain. Un visage tourné vers la préservation du caractère unitaire de l'État, il est alors un outil venant renforcer le principe d'indivisibilité pour assurer conjointement une certaine uniformité sur le territoire étatique. Il justifie le refus d'accorder des droits catégoriels à une partie de la population. Cette approche ressort particulièrement de la jurisprudence du Conseil constitutionnel français. L'autre visage du principe d'égalité est tourné vers les droits de l'homme : en Norvège, le principe d'égalité des citoyens devant la loi est une question relevant essentiellement du champ des droits de l'homme. Il se pose comme un rempart contre les incitations à la haine et à la discrimination, et lorsqu'il est relayé par le principe de non-discrimination, l'octroi de droits spéciaux à des minorités devient envisageable.

Dans la Constitution française, le principe d'égalité figure aux côtés de l'indivisibilité et est décliné de plusieurs manières : dans la devise de la République « liberté, égalité, fraternité » ; dans son article 1er : la France « assure l'égalité devant la loi de tous les citoyens sans distinction d'origine, de race ou de religion [...] » ; enfin dans le cadre du suffrage qui est « toujours égal » et des électeurs majeurs et ayant leurs droits civiques et politiques, et de l'égal accès des femmes et des hommes aux fonctions électives.

Le juge constitutionnel utilise le principe constitutionnel d'égalité devant la loi en complément du principe d'indivisibilité pour renforcer ce dernier.

Mais dans la jurisprudence constitutionnelle les deux principes tendent aussi à être confondus : il ressort de la jurisprudence du Conseil constitutionnel que « l'égalité a tendance à absorber le principe d'indivisibilité »[211]. Les deux principes sont utilisés pour imposer la même limite à la libre administration des collectivités territoriales et donc de la diversité des règles applicables sur le territoire national.

Aussi, pour vérifier le respect du principe d'indivisibilité, le juge avait étudié si les différences de traitement existant entre les territoires étaient justifiées. Ainsi par exemple, l'article 138 de la convention de Schengen risquait de porter atteinte au principe d'indivisibilité car la suppression des contrôles de personnes aux frontières ne s'applique, pour le cas de la France, que sur le territoire national européen et pas l'outre-mer. Mais cette rupture dans l'égalité de traitement a été justifiée par le Conseil constitutionnel : « Considérant que la Convention a pour objet la suppression des contrôles opérés aux "frontières communes" des États signataires ; qu'en raison du but ainsi poursuivi la limitation du champ d'application territoriale de cette convention, que stipule son article 138, n'est en rien contraire au principe d'indivisibilité de la République.[212] »

---

[211] Tatiana GRÜNDLER, « La République française, une et indivisible ? », *op.cit.*

[212] Décision nº 91-294 DC du 25 juillet 1991, loi autorisant l'approbation de la convention d'application de l'accord de Schengen du 14 juin 1985 entre les gouvernements des États de

Et, se référant à l'article 1er de sa Constitution, qui énonce que « la France est une République indivisible, laïque, démocratique et sociale [...] », et à son article 2, affirmant notamment que « la langue de la République est le français », la République française a refusé de ratifier tous les instruments de droit international relatifs à la reconnaissance juridique et à la protection des minorités nationales. Elle a ratifié le *Pacte international relatif aux droits civils et politiques* le 4 novembre 1980 mais a émis une réserve à l'article 27 : « Le gouvernement français déclare, compte tenu de l'article 2 de la Constitution de la République française, que l'article 27 n'a pas lieu de s'appliquer en ce qui concerne la République » (point 8).

Dans ses observations finales[213] rendues lors de la 40e session en mai 2008, le Comité sur les droits économiques, sociaux et culturels a déploré l'absence de reconnaissance légale et officielle des minorités, exprimée notamment par le refus de la France de ratifier les instruments internationaux pertinents telle la *Convention-cadre du Conseil de l'Europe pour la protection des minorités nationales* ou par la réserve française posée à l'article 27 du *Pacte international relatif aux droits civils et politiques*. Dans ce même rapport, le Comité précise ensuite qu'il admet que la reconnaissance de groupes minoritaires ou de droits collectifs soit considérée comme incompatible avec la Constitution française[214], mais il ajoute ensuite que « le principe de l'égalité devant la loi et l'interdiction de la discrimination ne suffisent pas toujours à assurer l'exercice effectif et dans des conditions d'égalité des droits de l'homme, en particulier des droits économiques, sociaux et culturels, par des membres de groupes minoritaires. Il recommande donc à l'État partie d'envisager de revoir sa position à l'égard des minorités et de reconnaître officiellement la nécessité de protéger la diversité culturelle de tous les groupes minoritaires résidant sur son territoire, conformément aux dispositions de l'article 15 du Pacte. À ce propos, il renouvelle la recommandation qu'il avait faite dans ses précédentes observations finales[215] tendant à ce que l'État partie a) retire sa réserve à l'article 27 du *Pacte international relatif aux droits civils et politiques* et à l'article 30 de la Convention relative aux droits de l'enfant et b) envisage de ratifier la Convention-cadre du Conseil de

---

l'Union économique Benelux, de la République fédérale d'Allemagne et de la République française relatif à la suppression graduelle des contrôles aux frontières communes, considérant 55.

213 Examen des rapports présentés par les États Partis (France), Observations finales du Comité des droits économiques, sociaux et culturels, Quarantième session, 28 avril-16 mai 2008, E/C.12/FRA/CO/3, le 9 juin 2008.

214 La Constitution norvégienne comportant des principes similaires d'égalité et de non-discrimination, les observations du Comité auraient pu aussi être adressées à la Norvège. Mais pour éviter les conflits avec ses minorités nationales, surtout le peuple sámi, cet État unitaire a choisi une approche bien différente de la France.

215 Observations du Comité des droits économiques, sociaux et culturels, Vingt-septième session, 12-30 novembre 2001, document E/C.12/1/Add.72, § 25.

l'Europe pour la protection des minorités nationales ainsi que la Charte européenne des langues régionales ou minoritaires.[216] »

En novembre 2001, le Comité avait déjà rendu des observations similaires[217] expliquant la nécessité pour la France de réexaminer sa position afin d'assurer « aux groupes minoritaires le droit d'exister et d'être protégés en tant que tels dans l'État partie. Le Comité recommande que l'État partie retire sa réserve concernant l'article 27 du *Pacte international relatif aux droits civils et politiques* et ratifie la *Convention-cadre du Conseil de l'Europe pour la protection des minorités nationales* ainsi que la *Charte européenne des langues régionales ou minoritaires* » (point 25).

Cette position politique est liée à l'idée que le principe constitutionnel d'indivisibilité suppose non seulement l'unicité du peuple mais aussi l'unité territoriale[218]. Ce principe constitutionnel interdit donc toute évolution de l'organisation territoriale pouvant conduire à son démembrement.

Cependant, le Conseil constitutionnel n'a encore jamais opposé le principe d'indivisibilité à l'évolution du statut des territoires d'outre-mer conduisant, avec le consentement des populations concernées, à la sécession.

La France n'a pas une attitude univoque à l'égard de ses populations d'outre-mer. Le principe d'unicité du peuple français n'exclut pas la reconnaissance des peuples d'outre-mer au sein de la République mais la notion de peuples des territoires d'outre-mer doit être interprétée comme synonyme de populations d'outre-mer[219].

Dans un rapport périodique[220] rendu au Comité sur les droits économiques, sociaux et culturels des Nations unies le 25 octobre 2000, la France a expliqué sa position et le statut administratif dont bénéficient ces « peuples ». Elle explique en effet que le préambule de la Constitution française reconnaît le droit des peuples à disposer d'eux-mêmes : « En vertu de ces principes et de celui de la libre détermination des peuples, la République offre aux territoires d'outre-mer qui manifestent la volonté d'y adhérer des institutions nouvelles fondées sur l'idéal commun de liberté, d'égalité et de fraternité et conçues en vue de leur évolution démocratique. » Le droit des peuples à disposer d'eux-

---

[216] Examen des rapports présentés par les États parties (France), Observations finales du Comité des droits, *op.cit.*, point 50, p. 8.

[217] Observations finales du Comité des droits économiques, sociaux et culturels : France, le 30 novembre 2001, *op.cit.*

[218] Certes les deux termes ne sont pas mentionnés ensemble dans l'article 1er de la Constitution française de 1958, mais les Travaux préparatoires excluent que les deux mots soient distingués.

[219] Le nouvel article 72-3 de la Constitution issu de la révision de 2003 proclame expressément que : « La République reconnaît, au sein du peuple français, les populations d'outre-mer, dans un idéal commun de liberté, d'égalité et de fraternité ».

[220] Deuxième rapport périodique présentés par les États parties en vertu des articles 16 et 17 du Pacte, France, document E/1990/6/Add.27, 25 octobre 2000.

mêmes trouve plus particulièrement à s'appliquer, en ce qui concerne la République française, dans les différentes collectivités territoriales d'outre-mer malgré le caractère indivisible de l'État consacré par la Constitution. Le Conseil constitutionnel l'a confirmé en 1987 dans sa décision[221] approuvant la loi organisant la consultation des populations concernées en Nouvelle-Calédonie.

Tout en gardant en mémoire que « la France forme avec les peuples d'outre-mer une Union fondée sur l'égalité des droits et des devoirs, sans distinction de race ni de religion[222] », grâce à un remaniement de l'organisation territoriale de l'État[223] et un aménagement institutionnel, le droit des peuples à disposer d'eux-mêmes revêt, dans le cadre constitutionnel français, deux aspects distincts : d'une part, le droit pour les peuples d'outre-mer de quitter librement la République, et de ne pas être contraints de la quitter ; d'autre part, le droit pour les peuples d'outre-mer de s'administrer librement au sein même de la République.

Ainsi, la Guadeloupe[224], la Guyane, la Martinique, la Réunion, et, à partir de juillet 2011, Mayotte[225], sont à la fois des départements et des régions d'outre-

---

221 Décision du Conseil constitutionnel n° 87-226 DC, du 2 juin 1987 (loi organisant la consultation des populations intéressées de Nouvelle-Calédonie).

222 Préambule de la Constitution du 27 octobre 1946, auquel se réfère celui de la Constitution du 4 octobre 1958.

223 Révision constitutionnelle du 28 mars 2003 sur l'organisation décentralisée de la République.

224 À partir de 1982 la Guadeloupe a été une région, puis elle est devenue une région d'outre-mer avec la loi du 1er décembre 1999 suite à la Déclaration de Basse-Terre signée le 1er décembre 1999 à l'initiative des présidents des Conseils régionaux de Guyane, Martinique et Guadeloupe ; cette déclaration visait à transformer, notamment en Guadeloupe, la région monodépartementale en région dotée de pouvoirs élargis au sein de la France et de l'Union européenne. Elle ne contient pas de revendications ni de dispositions liées à l'identité culturelle des populations y vivant.
Les électeurs ont refusé en décembre 2003 le projet de création d'une collectivité unique. Depuis ce refus, la Guadeloupe est à la fois département d'outre-mer et région administrative d'outre-mer.

225 Depuis la loi du 24 décembre 1976, Mayotte a été érigée en collectivité territoriale à statut particulier, mais en 2001 elle restait encore en attente d'un statut définitif. Par la loi n° 2001-616 du 11 juillet 2001 *relative à Mayotte* faisant suite aux Accords sur l'avenir de Mayotte inspirés des accords de Nouméa et négociés le 27 janvier 2000 avec trois partis politiques (Mouvement Populaire Mahorais, le Rassemblement Pour la République et le Parti Socialiste) représentés au conseil général de l'île, « Mayotte constitue, conformément à l'article 72 de la Constitution, une collectivité territoriale qui prend le nom de "collectivité départementale de Mayotte" » (article 1er de la loi). Elle est ensuite devenue une collectivité d'outre-mer depuis la loi organique n° 2007-223 du 21 février 2007 *portant dispositions statutaires et institutionnelles relatives à l'outre-mer* ; mais par un nouveau référendum du 29 mars 2009 cette île des Comores a choisi d'acquérir le statut de département d'outre-mer. Depuis 1972, les Nations unies, l'Union des Comores et l'Union africaine contestent ce choix. Ils considèrent que Mayotte doit accéder à l'indépendance en exerçant son droit à l'autodétermination externe et que cette séparation avec les Comores remet en cause l'intégrité territoriale de l'archipel.
L'ONU s'appuie sur la déclaration du 14 décembre 1960 sur « L'octroi de l'indépendance aux pays et peuples colonisés ». Dans sa résolution A/49/L.38 et Add.1 du 28 novembre 1994, l'Assemblée générale de l'ONU a rappelé et confirmé l'appartenance de Mayotte à la République fédérale islamique des Comores.

mer, dont le statut est similaire à celui des départements et régions métropolitains[226], bien que les lois françaises puissent prévoir des dispositions spécifiques les concernant.

En revanche, la République française compte six collectivités d'outre-mer, régies par l'article 74 de la Constitution, aux statuts très divers : la Polynésie française[227], Saint-Barthélemy, Saint-Martin[228], Saint-Pierre-et-Miquelon et, jusqu'en 2011, Mayotte. Bien que l'État y conserve certaines prérogatives exclusives, elles sont soumises en grande partie à une législation spécifique et bénéficient de la spécialité législative. La Nouvelle-Calédonie, de son côté, est une collectivité territoriale *sui generis*, à l'autonomie très poussée. Enfin, les Terres australes et antarctiques françaises et l'île de Clipperton, qui n'accueillent aucun habitant permanent, sont gérées directement par l'État ou son représentant.

Officiellement, la France ne reconnaît pas l'existence de minorités nationales sur son territoire, mais elle semble reconnaître au moins officieusement celle des peuples autochtones ayant subi la colonisation. Certes, cette reconnaissance ne se matérialise pas par la ratification de traités ou de déclarations à portée internationale relatifs aux droits des peuples autochtones, mais par la reconnaissance des deux volets (interne et externe) du droit des peuples à disposer d'eux-mêmes dans la Constitution et à travers des accords internes signés avec les populations concernées. Par exemple, les accords de Nouméa du 5 mai 1998, qui octroient à l'île une autonomie très poussée et où un référendum sur l'indépendance est organisé entre 2014 et 2018 pourraient être perçus comme une manifestation du volet externe du droit à l'autodétermination. Pour légitimer cette démarche, le préambule de ces accords qualifie les Kanak de peuple autochtone doté d'une identité culturelle propre et ayant connu une longue période d'assimilation du fait de la colonisation. Il énonce ainsi :

> « 1. Lorsque la France prend possession de la Grande Terre, que James Cook avait dénommée "Nouvelle-Calédonie", le 24 septembre 1853, elle s'approprie un territoire selon les conditions du droit international alors

---

[226] Statut régi par l'article 73 de la Constitution française.

[227] Loi organique n° 2004-192 du 27 février 2004 *portant statut d'autonomie de la Polynésie française* : la section 7 du chapitre 1, « La répartition des compétences entre l'État, la Polynésie française et les communes » (titre III, « Les compétences »), concerne l'identité culturelle de la population tahitienne et prévoit un aménagement linguistique. Bien que la France ait refusé de ratifier la Charte sur les langues régionales ou minoritaires, sa loi organique accepte que : « La langue tahitienne est un élément fondamental de l'identité culturelle : ciment de cohésion sociale, moyen de communication quotidien, elle est reconnue et doit être préservée, de même que les autres langues polynésiennes, aux côtés de la langue de la République, afin de garantir la diversité culturelle qui fait la richesse de la Polynésie française. »

[228] Ces deux îles sont devenues des collectivités d'outre-mer par la loi organique n° 2007-223 du 21 février 2007 portant dispositions statutaires et institutionnelles relatives à l'outre-mer, publiée au *JORF* n° 45, du 22 février 2007, p. 3121.

reconnu par les nations d'Europe et d'Amérique, elle n'établit pas des relations de droit avec la population autochtone. Les traités passés, au cours de l'année 1854 et les années suivantes, avec les autorités coutumières, ne constituent pas des accords équilibrés mais, de fait, des actes unilatéraux. Or, ce territoire n'était pas vide [...].
La pleine reconnaissance de l'identité kanak conduit à préciser le statut coutumier et ses liens avec le statut civil des personnes de droit commun, à prévoir la place des structures coutumières dans les institutions, notamment par l'établissement d'un Sénat coutumier, à protéger et valoriser le patrimoine culturel kanak, à mettre en place de nouveaux mécanismes juridiques et financiers pour répondre aux demandes exprimées au titre du lien à la terre, tout en favorisant sa mise en valeur, et à adopter des symboles identitaires exprimant la place essentielle de l'identité kanak du pays dans la communauté de destin acceptée.
Les institutions de la Nouvelle-Calédonie traduiront la nouvelle étape vers la souveraineté : certaines des délibérations du Congrès du territoire auront valeur législative et un Exécutif élu les préparera et les mettra en œuvre [...].
Le partage des compétences entre l'État et la Nouvelle-Calédonie signifiera la souveraineté partagée. Il sera progressif. Des compétences seront transférées dès la mise en œuvre de la nouvelle organisation. D'autres le seront selon un calendrier défini, modulable par le Congrès, selon le principe d'auto-organisation. Les compétences transférées ne pourront revenir à l'État, ce qui traduira le principe d'irréversibilité de cette organisation. »

Et plus loin dans le corps du texte : « L'identité de chaque Kanak se définit d'abord en référence à une terre. » (§ 1.4).

Cet accord a entraîné la révision de l'article 77 de la Constitution, qui autorise alors aux Kanak de Nouvelle-Calédonie « un statut civil coutumier ».

Jusqu'à une récente réforme constitutionnelle qui a eu lieu le 13 mai 2014 la Constitution norvégienne ne prévoyait pas formellement l'égalité de traitement de tous les citoyens[229], ce qui autorisait plus simplement un traitement différencié des citoyens sur le même territoire.

---

229 Il est essentiel de préciser que cependant le Parlement national norvégien et les Cours préfèrent interpréter les dispositions constitutionnelles à la lumière des évolutions sociales, de la doctrine et des nombreux textes internationaux ratifiés par la Norvège car tous complètent les lacunes de la législation norvégienne et participent nettement à l'amélioration du respect des droits de l'homme. La Constitution devient alors un texte « vivant ». Hans Chr. BUGGE, "Constitution and constitutional law in Norway", in *The Constitution and Functioning of the State in Introduction to the Norwegian legal system*, Universitetet i Oslo, det juridiske fakultet, utlandskontoret, unipub kompendier, p. 141.
Tous les textes internationaux relatifs aux droits de l'homme ont été incorporés dans le droit interne norvégien ; ils se présentent sous la forme d'une loi en date du 21 mai 1999 pour renforcer le statut des droits de l'homme dans la législation norvégienne car il n'existe pas de « bloc de constitutionnalité » comme dans la Constitution française.

Le principe d'égalité découlait, en droit constitutionnel norvégien, du principe constitutionnel d'indivisibilité sous forme de principe général du droit.

Ce principe, et son corollaire le droit à la non-discrimination, n'étaient pas formellement prévus par la Constitution de Eidsvoll du 17 mai 1814, le texte original ne contenant simplement pas de disposition générale instituant l'égalité des droits de tous les citoyens norvégiens. Il apparaissait en filigrane dans de nombreux articles de la Constitution : l'article 110 sur le droit au travail pour tous, l'article 23 sur la prohibition des privilèges héréditaires, l'article 101 prohibant les restrictions en matière de liberté du commerce et d'industrie, ou encore l'article 109 énonçant une obligation générale de service militaire.

Aucun de ces articles n'énonçait, il est vrai, explicitement le principe d'égalité comme dans la Constitution française de 1958, mais tous reflétaient la volonté de créer une société norvégienne fondée sur l'égalité devant la loi.

En fait, ce principe d'égalité a été dégagé par l'interprétation de la Constitution *(Grunnloven)* par les Cours de justice norvégiennes, dont la Cour suprême *(Høyesterett)*[230], et par le Parlement norvégien *(Stortinget)*.

Dans deux arrêts communément appelés *« Den norske tannlægeforening »* ou « Affaire du dentiste », rendus le 16 décembre 1961[231] et le 28 mars 1966[232], la Cour suprême a dégagé le principe de liberté et d'égalité sur lesquels *Grunnloven* est fondée. Les faits dans ces deux affaires sont similaires : dans les années 1950-1960 le *Storting* promulgua une loi obligeant les dentistes nouvellement diplômés, en Norvège et à l'extérieur, à s'installer dans le Nord de la Norvège pour une certaine durée et selon la disponibilité des postes. Des jeunes dentistes ont porté l'affaire devant les tribunaux puis ont fait un pourvoi devant la Cour suprême en invoquant que « ce travail forcé portait atteinte aux principes de liberté et d'égalité contenu dans l'esprit de la Constitution ». La Cour suprême les a déboutés de leurs prétentions, décidant que cette loi n'était pas contraire à la Constitution. Pour fonder sa décision, la Cour a repris les termes de « principes de liberté et d'égalité sur lesquels *Grunnloven* est basée ». Apparemment, la Cour acceptait ce principe général d'égalité comme source du droit constitutionnel[233].

---

230 Veli-Pekka HAUTAMÄKI, "Authoritative interpretation of the constitution: A Comparison of Argumentation in Finland and Norway", *Electronic Journal of Comparative Law*, vol. 6.3, October 2002.

231 Affaire *Tannelege Iversen*, In *Norsk Retstidende* (Rt) 1961 p. 1350. Cette affaire avait aussi fait l'objet d'une requête individuelle devant la Commission européenne des droits de l'homme, voir *Iversen c. Norvège*, req. n° 1468/62, décision du 20 décembre 1963, in *Annuaire de la Convention européenne des droits de l'homme. Commission et Cour européenne des droits de l'homme*, éd. Springer Science + Business Media Dordrecht, The Hague, 1963, p. 279 sq.

232 In *Norsk Retstidende* 35, 1966, p. 476. Cet arrêt est consultable en norvégien sur le site http://www.nettressurser.no/statsforfatningen/Hoeyesterettspraksis/Rt.-1966-s.-476-Den-norske-tannlaegeforening

233 Hans Chr. BUGGE, *in Constitutional Justice Under Old Constitutions*, Eivind SMITH (dir.), éd. Kluwer Law International, 1995, p. 294 sq.

Le droit norvégien distingue principe d'égalité et principe de non-discrimination. Le principe d'égalité a pu être un obstacle à la reconnaissance et à la sauvegarde d'identités culturelles différenciées de la majorité norvégienne et être utilisé comme un outil contribuant à l'assimilation culturelle des minorités. Le principe de non-discrimination n'était pas inscrit dans la Constitution norvégienne, mais il avait été incorporé dans la loi n° 30 relative aux droits de l'homme du 21 mai 1999[234].

Les autorités norvégiennes considèrent que tous les instruments internationaux relatifs aux droits de l'homme sont une source importante du droit norvégien.

C'est pourquoi la *Convention européenne des droits de l'homme*, le *Pacte international relatif aux droits civils et politiques* et le *Pacte international relatif aux droits économiques, sociaux et culturels* ainsi que les protocoles s'y rapportant ont été incorporés dans le droit interne norvégien. Ils se présentent sous la forme de la loi sur les droits de l'homme du 21 mai 1999 pour renforcer le statut des droits de l'homme dans la législation norvégienne. Ce texte d'application spécifique était nécessaire pour que les dispositions prévues dans les conventions internationales soient directement applicables dans l'ordre interne norvégien[235].

Longtemps considérés comme des « Norvégiens de seconde zone » les autochtones sámi ont développé une forte culpabilité identitaire. Ils ont été, et parfois le sont encore, victimes de racisme et d'exclusion pour des motifs tenant à leur appartenance ethnique. Par exemple, l'organisation non gouvernementale *Anti-Racist Center* a relevé dans ses rapports annuels des harcèlements, des brimades dans les pubs, sur le marché du logement, dans les services publics, dans les écoles, l'interdiction d'accès à certains terrains de camping…

Conformément à ses engagements internationaux, l'État norvégien a pris des mesures internes significatives pour lutter contre le racisme et la discrimination. Outre la ratification et l'incorporation d'instruments internationaux pertinents, la Norvège a aussi adopté le cadre législatif correspondant et créé des organismes spécialisés. Elle a enfin mis en place des plans d'action pour la prévention et la lutte contre les discriminations raciales.

Ainsi, depuis 1997, un ministre du développement international et des droits de l'homme est nommé et présente des rapports annuels sur les efforts réalisés par la Norvège en matière de promotion et défense des droits de l'homme.

---

[234] Commission européenne contre le racisme et l'intolérance (ECRI), Second rapport sur la Norvège, adopté le 10 décembre 1999, CRI (2000) 33, Conseil de l'Europe, 27 juin 2000.

[235] « La Convention européenne des droits de l'homme, le *Pacte international relatif aux droits civils et politiques* et le *Pacte international relatif aux droits économiques, sociaux et culturels* ont été incorporés à la législation norvégienne par la loi du 21 mai 1999. Selon cette loi, lesdits instruments ainsi que leurs protocoles s'appliqueront comme dispositions législatives en tant qu'ils sont contraignants pour la Norvège et l'emporteront sur toute autre disposition législative qui pourrait s'y opposer », Second rapport sur la Norvège, adopté le 10 décembre 1999, CRI (2000) 33, *op.cit.*, p. 24.

De même, dans le cadre d'un plan d'action lancé par le Gouvernement pour la période 1998-2001, le 11 septembre 1998 sur proposition du ministère des Collectivités locales et du Développement régional, un Centre de lutte contre la discrimination ethnique avait été créé. Il est entré en activité le 10 février 1999 mais il a été fermé le 1er janvier 2006. Il s'agissait d'un organisme gouvernemental indépendant ayant pour mission de fournir une assistance juridique gratuite à des particuliers, victimes de discrimination fondée sur la religion, la croyance, la race, la couleur ou l'origine nationale ou ethnique. Aussi, ce centre d'aide juridique participait à un travail de collaboration avec le Comité pour l'élimination de la discrimination raciale (CERD), établi par la *Convention internationale sur l'élimination de toutes les formes de discrimination raciale*, et avec l'ONG *Anti-Racist Center*. Il a été remplacé par le Médiateur pour l'égalité et la non-discrimination assisté d'un Tribunal pour l'égalité et la non-discrimination[236].

La réhabilitation des Sámi en tant que citoyens norvégiens s'est accélérée à partir des années 1990. En janvier 1999, un nouveau département des affaires des autochtones, des minorités et des immigrés a été créé au ministère des collectivités locales et du développement régional. Sa tâche est de coordonner et de renforcer la lutte contre le racisme et la discrimination ethnique[237].

Par ailleurs, les services de la fonction publique (tels l'enseignement, la police, la santé) reçoivent une formation spécifique en vue de favoriser la compréhension multiculturelle et la communication interculturelle.

Les mesures juridiques ont été accompagnées d'un dialogue des autorités étatiques centrales et locales avec la population majoritaire, sur les avantages et la nécessité pour le débat démocratique d'une société norvégienne multiculturelle.

La finalité de cette approche a été de faire évoluer les mentalités, de sensibiliser l'opinion publique pour que la diversité culturelle, d'abord refusée, soit ensuite tolérée puis enfin réellement acceptée. C'est pourquoi, en accord avec l'article 13 du *Pacte international sur les droits économiques, sociaux et culturels*, qui énonce que « l'éducation doit promouvoir la compréhension, la tolérance, l'amitié parmi les nations, groupes ethniques, religieux, raciaux », les autorités norvégiennes ont encouragé les formations dans les services publics les plus concernés par la diversité culturelle et ethnique, et soutiennent ces démarches par des déclarations officielles. Par exemple, le discours du Premier ministre Kjell Magne Bondevik tenu le 28 septembre 1999 à Karasjok à propos du Parlement sámi : *« Vi har alle et felles ansvar for å bygge opp et samfunn som avspeiler gjensidig respekt mellom ulike kulturer og en vilje til åpenhet og tillit over etniske og*

---

236 Commission européenne contre le racisme et l'intolérance, Conseil de l'Europe, Rapport sur la Norvège, CRI(2015)2, adopté le 10 décembre 2014 et publié le 24 février 2015, Strasbourg, p. 16 sq.

237 Comité pour l'élimination de la discrimination raciale, Examen des rapports présentés par les États parties conformément à l'article 9 de la convention, CERD/C/363/Add.3, 3 avril 2000, p. 7.

kulturelle grenser. For Regjeringen vil det i tiden fremover være en hovedoppgave å legge grunnlaget for en slik samfunnsutvikling.[238] »

Dans le domaine législatif, des efforts ont aussi été réalisés pour lutter contre la discrimination et garantir au mieux l'égalité de traitement de tous les citoyens norvégiens quelles que soient leur religion, leur origine ethnique ou nationale.

Ainsi, en matière de droit civil, des dispositions particulières ont été adoptées notamment en droit du travail : une loi du 30 avril 1998 est venue modifier l'article 55.A alinéa 2 de la loi n° 4 du 4 février 1977 sur la protection des travailleurs et des conditions de travail ; elle a introduit une disposition concernant l'interdiction de traitement différencié, c'est-à-dire toute action qui, sans raison objective, directement ou indirectement, donne à une personne un traitement inégal en s'appuyant sur des motifs discriminatoires fondés sur la race, la couleur, l'origine nationale ou ethnique ou l'orientation sexuelle, dans le cadre des procédures de recrutement et de licenciement. De plus, l'article 12 du même texte rend les employeurs responsables de l'environnement social du travail en ce qui concerne le harcèlement et la discrimination.

Par ailleurs, le Code pénal norvégien contient plusieurs dispositions relatives aux atteintes aux droits et à la discrimination. Par exemple, l'article 135a sanctionne pénalement la propagande raciste et l'incitation à la haine raciale spécifiquement dirigées contre un individu ou un groupe particulier. Cependant la simple expression d'idées racistes n'est pas punissable, à moins qu'elles aient été exprimées en public.

Dans plusieurs de leurs rapports, la Commission européenne contre le racisme et l'intolérance (CERI) et le Comité pour l'élimination de toutes les formes de discrimination raciale (CERD) ont relevé les efforts réalisés par la Norvège pour protéger ses citoyens membres de minorités nationales. Mais ils ont longtemps regretté que les dispositions interdisant la discrimination étaient dispersées dans tout le droit norvégien et manquaient d'efficacité, si bien que les problèmes subsistaient en effet surtout dans les domaines de l'emploi, du logement et de l'accès aux services publics. C'est pourquoi, malgré la réelle diminution du harcèlement non organisé envers les Sámi dans les régions où ils sont minoritaires, cette diminution n'efface pas totalement les actes racistes isolés, les discours politiques émanant du Parti du Progrès *(Fremskritt Parti)*, selon lequel le principe d'égalité devrait s'appliquer inconditionnellement et sans exception à tous les citoyens norvégiens, sans prendre en compte leurs particularités ethniques.

---

[238] Kjell Magne BONDEVIK, *Tale til Sametinget*, archive émanant du site du gouvernement norvégien http://www.regjeringen.no, « Nous avons chacun la responsabilité de construire une société caractérisée par le respect mutuel entre les différentes cultures et de garder une attitude ouverte tournée vers la confiance permettant de dépasser les barrières culturelles et ethniques. Dans un avenir proche, le Gouvernement donnera une grande priorité à l'instauration des fondements nécessaires au développement d'une telle société. » *Traduction personnelle.*

Désormais la réforme constitutionnelle de 2014 a modifié la Constitution à maints égards, notamment en renforçant la partie E intitulée « droits de l'homme » (*Menneskerettigheter*). L'article 98 énonce maintenant un principe d'égalité de toutes les personnes devant la loi et l'interdiction de tout traitement discriminatoire injuste et disproportionné (« *Alle er like for loven. Intet menneske må utsettes for usaklig eller uforholdsmessig forskjellsbehandling.* ») Ces dispositions constitutionnelles sont directement applicables et elles peuvent être invoquées à la fois contre des agents de l'État et contre des acteurs privés[239].

L'interdiction de la discrimination directe ou indirecte a fait l'objet d'une série de nouvelles lois venant préciser la récente protection constitutionnelle. Elles ont été adoptées le 21 juin 2013 et sont entrées en vigueur le 1er janvier 2014 ; elles interdisent les discriminations fondées sur le handicap[240], le genre[241], l'orientation sexuelle et l'identité de genre[242], ou encore les origines ethniques, la religion et les convictions[243] ; la loi sur l'environnement de travail interdit les discriminations fondées sur l'âge, les opinions politiques, l'appartenance à des organisations syndicales, et le travail à temps partiel et le travail temporaire[244].

---

[239] Else Leona McCLIMANS, "Country report. Non discrimination. Norway, 2015", European network of legal experts in gender equality and non-discrimination, European Commission, 2015, p.15.

[240] *Lov av 21. juni 2013 nr. 61 om forbud mot diskriminering på grunn av nedsatt funksjonsevne.*

[241] *The Gender Equality Act (GEA) of 21. June 2013 nº 59.*

[242] *The Sexual Orientation Anti-Discrimination Act (SOA) of 21 June 2013 nº 59.*

[243] *The Anti-Discrimination Act (ADA) of 21 June 2013 nº 60.*

[244] *Working Environment Act (WEA) of 17 June 2005 nº 62.*

CONCLUSION DU CHAPITRE I

Dans ce premier chapitre, des pistes ont été proposées pour tenter de comprendre les raisons pour lesquelles les identités culturelles sámi et corse n'avaient pas bénéficié d'une protection juridique. Les raisons sont plurielles. La première cause directe qui apparaît se fonde sur un raisonnement formel. Les communautés culturelles corse et sámi n'ont pas été protégées dans leurs identités parce qu'elles n'ont pas reçu de statut juridique : ni nation, ni minorité nationale, ni peuple autochtone. À ce titre, ces communautés ont aussi été dépossédées de leurs assises territoriales par application de la théorie des *terrae nullius* et des pratiques des cessions de guerre entre États.

À l'absence de statuts juridiques octroyés aux collectivités corse et sámi, deux raisons substantielles ont été présentées : leur captation tardive par un droit international public lacunaire, lui-même système de protection en pleine élaboration et donc inachevé ; et des États unitaires français et norvégien construits sur les principes constitutionnels d'indivisibilité et d'égalité des citoyens.

À la lumière de ces éléments, il ressort que la conciliation des identités culturelles sámi et corse avec les États unitaires norvégien et français n'est pas spontanée, bien au contraire. La démarche d'une conciliation repose donc sur la volonté des parties concernées puis elle doit être construite progressivement.

La volonté d'une évolution a d'abord été unilatérale, émanant des représentants des minorités corse et sámi. À partir des années 1960 et surtout des années 1980, ils ont revendiqué un statut juridique particulier au sein des États français et norvégien, et ainsi une protection juridique de leur identité culturelle singulière.

En donnant une impulsion dynamique par leur rôle d'influence normative, les représentants des Sámi et des Corses ont contribué à l'élaboration d'une protection juridique de leurs identités culturelles.

CHAPITRE II

L'élaboration concertée d'une protection juridique des identités sámi et corse

La démarche de conciliation a d'abord supposé pour les autorités étatiques norvégiennes et françaises de sortir des politiques assimilationnistes pratiquées à l'endroit des Sámi et des Corses, et de leur attribuer des statuts juridiques prenant en compte leurs identités culturelles singulières.

Cette prise de conscience s'est amorcée pour l'État norvégien dans les années 1960 mais il a fallu attendre les années 1980 pour que des dispositions juridiques et des mesures concrètes visant la préservation de l'identité culturelle sámi soient enfin adoptées.

Ces dispositions légales et constitutionnelles ont été prises antérieurement à l'adoption des instruments internationaux et européens de protection des droits des personnes appartenant à des minorités. Par ces dispositions nationales, les Sámi ont alors acquis le statut de minorité ethnique et linguistique, aux côtés d'autres populations (les Kven, les Rom et les Skogfinn) qualifiées également de minorités. En revanche, la qualification de peuple autochtone est fragile car le droit norvégien ne prévoit pas pour les Sámi un tel statut. Cette reconnaissance par l'État norvégien est encore uniquement fondée sur ses engagements internationaux en matière de protection des droits des peuples autochtones.

L'État français a quant à lui adopté une position nettement plus ambiguë à l'égard des Corses, qu'il réfute en tant que minorité nationale ou en tant que « peuple » mais dont il reconnaît tout de même, depuis 1982, la spécificité culturelle historique et géographique, à travers l'octroi d'un statut unique au territoire insulaire.

L'acquisition de ces statuts particuliers visant la protection des identités culturelles sámi et corse a émergé dans des contextes nationaux de crise. Les événements conflictuels d'Alta et d'Aléria dans les années 1980 sont les réels points de départ d'une marche vers la conciliation ou, plus exactement, d'échanges urgents et de dialogues constructifs entre les gouvernements français et norvégien d'une part et les délégués corses et sámi d'autre part pour tenter de trouver des solutions durables à leurs revendications identitaires.

Le processus de (ré)conciliation implique un dynamisme et une volonté commune des États et des minorités concernés. Il s'avère que les Corses et les Sámi ont joué un rôle très actif dans la recherche de solutions visant à préserver l'identité culturelle de leurs groupes.

Comment ont-ils contribué à l'élaboration d'une protection juridique de leurs identités culturelles collectives ?

D'une manière générale les minorités et les peuples autochtones souhaitent passer du statut « d'objets vivants du droit » à celui de « sujets du droit »[1] par leur consultation et leur participation à l'élaboration des normes les concernant. Les Corses et les Sámi approuvent et participent à cette nouvelle conception des relations entre les minorités (au sens large) et les États.

Dans cette perspective, les représentants sámi et corses ont joué un rôle clef dans l'acquisition de leurs statuts juridiques particuliers au sein des États français et norvégien. Aujourd'hui encore, ils souhaitent être considérés par leurs gouvernements respectifs comme de véritables partenaires dans les échanges relatifs à leur autonomie pour les affaires les concernant. En ce sens, ils constituent des acteurs non étatiques subnationaux[2] **(I)**.

La portée de leur action et leur présence dépasse les cadres nationaux français et norvégien pour s'inscrire sur la scène internationale et régionale. En ce sens, ils constituent des acteurs transnationaux bénéficiant d'une nouvelle visibilité **(II)**.

I. Les représentants sámi et corses : des acteurs non étatiques subnationaux

Alors qu'« en France sous l'Ancien Régime [...] le Royaume vit, comme les autres États européens, dans une parfaite inconscience ethnique[3] », l'idéal révolutionnaire jacobin renforcé par la politique de Napoléon Bonaparte a au contraire cherché à gommer tout particularisme, y compris linguistique, au nom d'une citoyenneté abstraite et de l'égalité. Sur le plan du droit administratif, le territoire corse était devenu un département français sur lequel s'appliquait uniformément le droit commun.

En Norvège, les minorités nationales kven, skogfinn et rom et le peuple sámi ont subi jusque dans les années 1960 une politique assimilationniste liée à la montée du nationalisme.

---

[1] Alain FENET, « La question des minorités dans l'ordre du droit », *in* Gérard CHALIAND (dir.), *Les minorités à l'âge de l'État-nation*, Groupement pour les droits des minorités, collection « Géopolitiques et stratégies », éd. Fayard, 1985, p. 48-51.

[2] Expression empruntée à Bertrand BADIE. Selon lui, l'État est « défié par les acteurs primordialistes subnationaux (clans, ethnies, tribus, minorités qui s'érigent en « peuples ») ou transnationaux (mouvements panreligieux ou panlinguistiques) », « De la souveraineté à la capacité de l'État », *in* Marie-Claude SMOUTS (dir.), *Les Nouvelles Relations internationales. Pratiques et théories*, Presses de Sciences Po, 1998, p. 46 et 50.

[3] Yves PLASSERAUD, « Qu'est-ce qu'une minorité en France aujourd'hui ? », *in* Gérard CHALIAND (dir.), *Les minorités à l'âge de l'État-nation*, Groupement pour les droits des minorités, collection « Géopolitiques et stratégies », éd. Fayard, 1985, p. 272.

Les fondements idéologiques et les moyens juridiques diffèrent, mais le résultat sur l'ensemble de ces groupes minoritaires a été le même : risque d'acculturation[4], culpabilisation identitaire et finalement exacerbation des identités : « la conscience identitaire [...] réveillée » est « engendrée précisément par l'oppression culturelle[5] ». Cette conscience identitaire s'est précisément réveillée dans les années 1980 et son expression a entraîné des conflits entre les autorités étatiques norvégiennes et les Sámi d'une part, et entre le gouvernement français et les Corses d'autre part.

L'acquisition de statuts juridiques adaptés aux situations corse et sámi s'est donc imposée aux gouvernements successifs français et norvégien **(§1)** dans un contexte conflictuel et de manière cruciale.

L'acquisition de statuts juridiques pour les Sámi et l'île de Corse a servi de fondement pour leur permettre d'exercer un droit à la participation effective, notamment à travers leurs institutions représentatives **(§2)**. Ce droit est un moyen concret pour les représentants corses et sámi pour constituer une force de proposition et d'impulsion normative au sein des États français et norvégien.

§ 1. L'acquisition de statuts juridiques dans les droits français et norvégien

L'histoire a montré que le non-respect des droits de l'homme et notamment des droits des minorités peut compromettre la stabilité interne d'un État, nuire aux relations interétatiques, et mettre ainsi la paix et la sécurité nationales en danger.

La France et la Norvège n'ont pas échappé à cette équation. À partir des années 1960, alors que le droit international n'offre presque pas de soutien en

[4] Ce terme initialement utilisé en anthropologie, puis en histoire, a une origine anglo-saxonne et il renvoie à la notion de culture, dont il n'existe aucune définition univoque. L'acculturation reçoit donc aussi plusieurs définitions évolutives : d'abord, selon Meyers HERSKOWITS en 1938, « l'acculturation comprend les phénomènes qui résultent du contact continu et direct des groupes d'individus ayant différentes cultures, ainsi que les changements dans les cultures originales des deux groupes ou de l'un d'entre eux ». Cette définition a été enrichie dans les années 1970 par d'autres concepts renvoyant aux phénomènes de déperdition de culture ou « *déculturation* » ainsi que de transformation ou « transculturation ». L'acculturation désigne ainsi un « contact culturel entre deux sociétés de puissances inégales » entraînant un « changement culturel du point de vue d'un seul des deux univers en présence », *in* Cécilia COURBOT, « De l'acculturation aux processus d'acculturation, de l'anthropologie à l'histoire. Petite histoire d'un terme connoté », *Hypothèses* 1/2000 (3), p. 121-129, Travaux de l'École Doctorale d'Histoire, éd. Publications de la Sorbonne, revue consultée sur le site www.cairn.info/revue-hypotheses-2000-1-page-121.htm.

[5] Yves PLASSERAUD, « Qu'est-ce qu'une minorité en France aujourd'hui ? », *op.cit.*, p. 275.

matière de minorités[6], ces États ont dû répondre dans l'urgence à des situations conflictuelles avec les Corses et les Sámi.

Les revendications de ces minorités culturelles s'inscrivent dans un mouvement plus ample sur le territoire de ces deux États.

Les minorités ethniques et linguistiques rom, skogfinn et kven[7] ont revendiqué une reconnaissance et une protection juridique.

Une protection leur a été accordée en 1998 en tant que minorités nationales, à l'occasion de la ratification par l'État norvégien de la *Convention-cadre pour la protection des minorités nationales* émanant du Conseil de l'Europe, puis de la *Charte européenne des langues régionales ou minoritaires.* Cependant, les langues de ces minorités ainsi que les langues sâmes (autre que le sâme du nord, qui lui est protégé par la Partie III de la Charte) sont protégées par la Partie II de la Charte, ce qui signifie que l'État norvégien s'engage moralement à protéger ces langues mais qu'il n'a pas d'obligation juridiquement contraignante[8].

En France métropolitaine, des revendications régionalistes basques, bretonnes et alsaciennes en faveur d'une protection juridique de leurs cultures et de leurs langues se sont fait entendre. En outre-mer, le cas du peuple autochtone kanak constitue un autre exemple.

Dans la recherche de solutions avec leurs gouvernements respectifs, les représentants corses et sámi se sont posés en acteurs incontournables.

Au-delà d'un « passé qui ne passe pas[9] », les Sámi et les Corses portent des revendications identitaires présentant une certaine similitude (A). Mais leurs situations diffèrent dans la relation établie avec leurs États respectifs et en ce qui concerne l'aboutissement de leurs demandes : les statuts juridiques finalement accordés se distinguent clairement (B).

---

[6] Il offre une protection sous l'angle universel des droits de l'homme ; seul l'article 27 du *Pacte international relatif aux droits civils et politiques* concerne les minorités qu'il protège à travers des droits accordés à leurs membres.

[7] Il n'y a pas de chiffres exacts concernant cette minorité ethnique et linguistique finnophone kven, mais les documents officiels font mention de 10 000 à 15 000 personnes ; les organisations kven les estiment à 50 000 à 80 000 personnes. La langue des *Kven* est protégée comme une langue à part entière et non pas comme un dialecte du finnois.

[8] *Addendum* au troisième rapport périodique présenté au Secrétariat général du Conseil de l'Europe conformément à l'article 15 de la Charte, Norvège, 29 septembre 2005, *MIN-LANG/PR (2005) 3, Addendum 1*.

[9] Expression empruntée au Professeur Jean-Philippe BRAS, dans le cadre du colloque « Faire l'histoire du droit colonial cinquante ans après l'indépendance de l'Algérie », organisée par le Centre Universitaire rouennais d'études juridiques, 11-12 octobre 2012, à l'Université de Rouen.

A. Les revendications identitaires sámi et corse

Le contenu des revendications des Sámi et des Corses **(b)** a été exprimé dans un contexte conflictuel **(a)** avec leurs autorités étatiques respectives. Les conflits qui se sont tenus à Alta et à Aléria dans les années 1980 doivent être brièvement présentés car, derrière leur apparence factuelle, ils sont le point de départ des évolutions statutaires des communautés culturelles sámi et corse.

a. Des contextes conflictuels en toile de fond

Le conflit d'Alta en Norvège s'est tenu entre 1979 et 1981.

A partir des années 1960, alors que la communauté internationale est restée traumatisée par les atrocités commises pendant la Seconde Guerre mondiale, et que les minorités nationales n'étaient encore protégées que par un droit international des droits de l'homme en construction[10], les autorités étatiques norvégiennes ont entamé avec l'ensemble de leur population un long processus de réhabilitation et de reconnaissance de la spécificité culturelle des personnes appartenant à des minorités culturelles. Victimes de discrimination, les Sámi en particulier n'ont pas cessé de lutter pour faire reconnaître légalement leur statut de minorité nationale puis de peuple autochtone.

Dans les années 1970 le royaume de Norvège avait alors ratifié, sans réserve ni déclaration, tous les instruments assurant une protection universelle des droits de l'homme. La minorité sámi a alors été indirectement protégée, grâce au principe de non-discrimination[11] appliqué à ses membres.

Mais, devant l'absence de statut juridiquement défini des Sámi, ces mesures de protection fondées sur le principe général de non-discrimination ne suffisaient

---

[10] En cas de conflits internes, le droit international et européen peut apporter un soutien juridique et politique en énonçant des dispositions contenant des lignes directrices, des orientations. Mais au moment où éclatent les conflits en Laponie et en Corse, il n'existait que des instruments de protection universelle des droits de l'homme et pas de protection catégorielle des minorités et des peuples autochtones, sauf la Convention n° 107 de l'OIT mais dont l'objectif est assimilationniste. La *Convention de sauvegarde des droits de l'homme et des libertés fondamentales* (ci-après Convention européenne des droits de l'homme) de 1950 offre une protection des minorités uniquement à travers le principe général de non-discrimination, et il en est de même en droit international avec, par exemple, la *Convention internationale sur l'élimination de toutes les formes de discrimination raciale* (1965). Il faut attendre 1966 pour que l'article 27 du *Pacte international relatif aux droits civils et politiques* soit le premier instrument à caractère conventionnel qui propose une protection nouvelle et spécifique des personnes membres des minorités ethniques, nationales ou religieuses.

[11] La Norvège a voté en faveur de l'adoption de la *Déclaration universelle des droits de l'homme* (1948) et a ratifié les deux Pactes internationaux de 1966 le 13 septembre 1972. La Suède et la Finlande l'ont aussi ratifié respectivement le 6 décembre 1971 et le 19 août 1975. La *Convention internationale sur l'élimination de toutes les formes de discrimination raciale* (1966) a été ratifiée par la Norvège le 6 août 1970. Et la *Convention européenne des droits de l'homme* a été ratifiée par la Norvège en 1952.

pas à protéger cette culture autochtone. Au regard des aspirations sámi, des droits culturels spécifiques devaient leur être octroyés et, à l'instar des autres peuples autochtones, leur lien privilégié à la terre et aux ressources naturelles devait être reconnu. L'exercice du droit à l'autodétermination interne et des droits fonciers sur les terres qu'ils occupent depuis des temps immémoriaux est une problématique propre aux peuples autochtones.

En fait, à partir de 1968, un désaccord profond concernant la gestion des ressources naturelles s'était déjà créé entre les autorités étatiques et les Sámi notamment à la suite d'une série de constructions de barrages et d'expropriations[12]. Le différend portant sur le projet de construction d'une centrale hydroélectrique sur la rivière d'Alta, dans le comté de Finnmark, sur le territoire même de communautés sámi, n'était pas un cas isolé et s'inscrivait parmi bien d'autres projets de cette envergure sur le territoire norvégien. Mais cet événement a engendré une certaine violence à laquelle les Norvégiens n'étaient pas ordinairement confrontés[13] ; surtout il a permis de relancer une réflexion plus globale sur les relations entretenues par la majorité de la population scandinave avec ses minorités ethniques ainsi que sur l'octroi de droits fonciers aux Sámi. Le conflit d'Alta fut l'occasion pour les élites sámi de relancer le dialogue avec les autorités norvégiennes pour modifier leur statut légal et tenter d'évoluer ainsi vers la reconnaissance de leur statut de peuple autochtone.

Devant l'ampleur de la révolte, l'affaire fut portée devant la Cour suprême *(Høyesterett)*[14]. Celle-ci en réalité dut étudier la conformité d'une résolution royale du 15 juin 1979 portant sur l'autorisation de la construction de la centrale hydroélectrique sur une des rivières du fjord d'Alta dans la région du Finnmark avec la loi *Vassdragsreguleringsloven* du 14 décembre 1917. Le mouvement écologiste norvégien *Norges Naturvernforbund* s'était allié aux Sámi représentés par deux organisations professionnelles influentes : le *Norske Samers Riksforbund* (NSR, Association des Sámi de Norvège) et le *Norske Reindriftsamers Landsforbund* (NRL, Association des éleveurs de rennes norvégiens) pour protester contre l'implantation de ce barrage qui submergerait une partie des terres destinées à la renniculture ainsi que Masi, village majoritairement sámi.

Ils invoquèrent devant la Cour les dispositions du *Pacte international relatif aux droits civils et politiques*, en particulier l'article 27, la *Convention n° 107 relative aux*

---

[12] Tom G. SVENSSON situe l'exploitation du territoire et des ressources naturelles lapons dès 1880 au moment de la révolution industrielle. *In* Tom G. SVENSSON, « Sami Ethnicity and Policy-conflict and compromise regarding Development in the North », *Journal Nomadic Peoples*, n° 28, 1991, p. 124.
[13] Mobilisation populaire de 20 000 manifestants, grève de la faim entamée par quelques Sámi y compris des classes d'élèves, déploiement de 600 policiers, et tentatives de destruction par des charges d'explosifs.
[14] Norges Høyesterett, *Dom i Altasaken*, 26 février 1982, Rt. 1982, s. 241.

populations aborigènes et tribales du 5 juin 1957, ainsi que la *Convention européenne des droits de l'homme* et les principes directeurs issus de la Conférence mondiale de la lutte contre la discrimination raciale et l'intolérance, qui s'était tenue à Genève en 1978.

Mais la Cour suprême[15] considéra qu'il n'était pas nécessaire d'étudier toutes les questions soulevées sur la problématique de la validité des droits des autochtones, ni de répondre à la question de savoir si les Sámi concernés par la construction du barrage pouvaient être juridiquement considérés comme un peuple autochtone.

Selon la majorité des juges, les Sámi avaient le statut de minorité ethnique protégée par l'article 27 du *Pacte international relatif aux droits civils et politiques*, et en aucun cas ils ne disposaient de droits fonciers sur les terres menacées par le barrage. De plus, ils n'exerçaient pas le droit à l'autodétermination interne, qui n'était d'ailleurs pas encore formulé dans le droit international. Les juges n'ont pas reconnu aux Sámi un droit à l'autodétermination car selon eux leur situation n'était pas comparable à celle des anciennes colonies des pays européens dans la mesure où ils entretenaient des relations millénaires avec les Scandinaves. Ce qui n'était pas le cas des anciennes colonies. De cette façon, la Cour ne remettait pas en cause l'exercice de la souveraineté norvégienne sur la région du Finnmark, et l'État norvégien restait indubitablement propriétaire des terres ancestrales et des ressources naturelles, dont les Sámi n'ont qu'un droit d'utilisation. Sur le moyen soulevé par les organisations sámi relatif à une atteinte à leurs ressources naturelles, la Cour considéra que les Sámi en tant que minorité avaient certes un droit à la protection de leur culture selon l'article 27 du Pacte international, mais que la construction du barrage sur la rivière d'Alta ne portait pas atteinte à leur mode de vie semi-nomade[16]. Sur ce fondement, les juges ont prévu d'indemniser financièrement les Sámi concernés par la construction du barrage, qui s'acheva bien en 1987.

À l'instar du conflit à Alta, dans le Finnmark, les événements à Aléria en Corse sont issus d'une série de précédents et ont soulevé des problématiques relativement proches pour l'essentiel, liées à la reconnaissance d'un statut

---

15 Rapportant l'opinion majoritaire de la Cour, le juge CHRISTIANSEN considérait que la Cour suprême ne devait se prononcer que sur la question centrale concernant l'interprétation de la loi de décembre 1917 sur la régulation et la gestion des barrages. *«Man vil av det som her er sagt forstå at saken vesentlig kom til å dreie seg om spesielle forvaltningsrettslige spørsmål, der forståelsen av vassdragsreguleringsloven og alminnelige forvaltningsrettslige regler om ugyldighet kom til å stå sentralt (...) Når det gjelder de folkerettslige spørsmål som er reist, har jeg funnet at det i denne saken ikke er nødvendig å gå inn på en rekke spørsmål om innholdet av gjeldende folkerett og om hvorvidt samene i folkerettslig forstand må anses som en urbefolkning i de områder som reguleringssaken berører».*

16 *«Det er helt på det rene at reguleringsområdet i Alta er undergitt norsk suverenitet, og det inngrep i reindriftsnæringen som reguleringen vil medføre, er etter min mening langtfra av en så alvorlig karakter at reguleringsvedtaket kan komme i strid med folkerettslige regler.» Ibid.* Traduction personnelle.

particulier, celui de peuple, et des droits fonciers et culturels à travers l'exercice d'un droit à l'autodétermination interne.

Les événements qui ont eu lieu en Corse, à Aléria en 1975, sont nés de facteurs multiples, de précédents mouvements sociaux violents qui ont renforcé le sentiment régionaliste et même réveillé d'anciennes velléités indépendantistes fondées sur des revendications nationalistes et ethniques. Ils montrent aussi les cycles de crise alternant attentats et politiques de répression de la part des gouvernements successifs.

Parmi les facteurs déclencheurs, on peut mentionner le mouvement du 29 novembre 1960, qui marque la renaissance du sentiment régionaliste. À l'origine, il avait pour objectif de protester contre la fermeture de la seule ligne de chemin de fer de l'île, qui reliait Ajaccio à Bastia et Bastia à Calvi. Le nombre décroissant des voyageurs et des marchandises reflétait la diminution accélérée de la population insulaire ; le déficit était important et justifiait pour Paris l'abandon du réseau ferré. À travers le maintien du réseau ferré, les membres du mouvement précisaient leur attachement à la France et rejetaient formellement toute idée d'autonomie. Ils voulaient néanmoins attirer l'attention sur leur souhait qu'à situation géographique particulière, des dispositions légales particulières doivent être adoptées. Le dernier discours du général de Gaulle lors de sa visite dans l'île en 1961 allait dans ce sens : « À situation géographique particulière, il faut une solution particulière [...]. »

Dans le même temps, l'île connaissait un véritable exode vers le continent, et assistait au retour des anciens colons originaires de l'île arrivant de Tunisie, du Maroc et de l'Algérie. L'État qui souhaitait faire bénéficier la Corse d'actions prioritaires dans le tourisme et l'agriculture par la création de la Somivac (Société pour la mise en valeur agricole de la Corse) avait décidé de réserver 90 % des terres corses aux rapatriés d'Algérie. Cette mesure créait un conflit latent entre les agriculteurs d'Afrique du Nord, habitués aux techniques modernes et soutenus par l'État, et les agriculteurs corses, dont les méthodes gardaient leur caractère traditionnel. Cette mesure conjuguée avec l'arrivée massive des premiers touristes a déstabilisé le modèle social traditionnel corse.

Par ailleurs, en avril 1960 le gouvernement Debré avait décidé unilatéralement de créer un centre d'expérimentations nucléaires souterraines dans des mines désaffectées au sud de Calvi. Ce projet avait alors suscité de nombreuses manifestations d'opposition indépendamment de toute idéologie politique.

Plus tard, en 1972 « l'affaire des boues rouges » s'était soldée par la condamnation des dirigeants d'une usine de production italienne qui avait causé une grave pollution due à un déversement de produits particulièrement toxiques au cap Corse[17]. Cet événement a participé au réveil de la conscience identitaire corse : « l'épisode des boues rouges apparaît pour beaucoup d'observateurs comme l'entrée de la Corse dans le nationalisme moderne, comme le passage entre la phase régionaliste et la phase nationaliste.[18] »

Enfin, à Aléria, en août 1975, un groupe d'hommes armés membres de l'Action régionaliste corse (ARC) dirigé par le docteur Edmond Simeoni avait occupé un domaine viticole appartenant à un rapatrié d'Algérie[19] mêlé à un scandale d'enrichissement frauduleux. Sur ordre du ministre de l'intérieur, Michel Poniatowski, l'assaut était donné avec une impressionnante démonstration de force. Alors que les autres militants étaient parvenus à s'enfuir, Edmond Simeoni s'était rendu le 22 août.

Durant la nuit de violents affrontements éclatèrent à Bastia. La ville fut alors sous couvre-feu et occupée par les gendarmes mobiles et les blindés. L'ARC fut dissoute le 27 août.

Pour le député Bruno Leroux[20], ces événements sont nés d'un contexte bien particulier : « le retard accumulé par l'île dans les années cinquante et soixante, conjugué avec la décolonisation et les projets d'un développement touristique de masse vont cristalliser les mécontentements dans l'île et favoriser l'émergence d'un mouvement autonomiste, puis de courants nationalistes [...]. »

b. Le contenu de leurs revendications identitaires

Les événements d'Aléria et la violence politique[21] qu'ils ont générée traduisent une évolution dans la conscience politique des Corses : les revendications régionalistes des années soixante se sont durcies vers des revendications

---

[17] Débats parlementaires de l'Assemblée nationale, compte-rendu de la séance du 30 novembre 1972, 70e séance, p. 5797. Cette affaire a ouvert le 4 avril 1974 devant la *Pretura* de Livourne le premier grand procès pénal pour la défense de l'environnement. Le jugement du 27 avril 1974 a condamné pénalement les dirigeants, qui ont été ensuite renvoyés devant le tribunal d'instance pour une réparation des dommages au civil. L'affaire s'est close par un jugement du tribunal de grande instance de Bastia le 4 juillet 1985. Sur la procédure et pour d'autres références bibliographiques, voir la thèse de doctorat de Marc WEBER, *La gestion des déchets industriels et ménagers dans la communauté européenne*, Librairie Droz, 1995, p. 227, note de bas de page 1212.

[18] Xavier CRETTIEZ, *La Question Corse*, éd. Complexe, 1999, p. 41.

[19] À partir de 1957, 15 000 à 20 000 rapatriés venus d'Afrique du Nord se sont installés en Corse, soit environ 9 % de la population insulaire. La plupart d'entre eux étaient d'anciens Corses. Les événements d'Aléria sont notamment liés à la présence pied-noir.

[20] Bruno LEROUX, rapport de l'Assemblée nationale, no 2995 sur le projet de loi relatif à la Corse, 18 avril 2001.

[21] En 1990, le FLNC s'était scindé en deux groupes : l'ex-FLNC canal historique et l'ex-FLNC canal habituel. Cette division du mouvement nationaliste a entraîné une véritable surenchère dans la violence à l'égard de l'État, mais aussi de particuliers, ou entre nationalistes.

d'autonomie autour des années soixante-dix pour finalement aboutir à la naissance du nationalisme[22] corse en 1980.

Le sentiment d'appartenance à un « peuple corse » assimilé par un peuple colonisateur (le peuple français) est ressenti par les nationalistes corses représentés par le Front de libération nationale corse (FLNC) depuis les années 1970 et sa branche clandestine armée qui prônent la sécession. Ce mouvement identitaire développé contre l'État revendiquait un régionalisme nationaliste d'inspiration ethnique, prônant la décolonisation et la légitime défense. Leur combat est « basé sur l'ethnie, la terre et le ressentiment »[23].

L'Action régionaliste corse (ARC) a été fondée en 1967 et, selon Marianne Lefèvre, articule sa pensée nationaliste autour de quatre axes : l'acquisition de la souveraineté avec une assemblée élue au suffrage universel ; la confusion des concepts d'ethnie (concept scientifique) et de peuple (concept politique) ; un passé historique prestigieux ; et enfin la volonté de porter des valeurs morales et humanistes universelles.

Plus modérée, l'opinion insulaire représentée par les partis politiques modérés telle l'ancienne Union du peuple corse (UPC), devenue Parti de la nation corse (PNC)[24], ne souhaite en fait que l'autonomie personnelle ; car outre des raisons économiques, la Corse « est partie intégrante de la Nation. L'attachement à la France et à la République qu'elle a manifesté à maintes occasions, ne saurait être mis en doute »[25].

Dans sa majorité, l'opinion corse soutenue par le parti autonomiste modéré PNC aspire donc à l'autogestion pour les affaires les concernant, sans porter atteinte à l'intégrité territoriale de l'État français.

L'ensemble de ces événements a eu pour effets de donner une dimension nationale au problème corse et de s'interroger sur le statut de l'île et de ses institutions. La Corse devait-elle s'aligner sur le droit commun national ou ses particularités culturelles, historiques et géographiques justifiaient-elles un statut institutionnel spécifique au sein de l'État français ? Quelles seraient les conséquences d'une forme d'autonomie : serait-elle un pas vers la sécession ou permettrait-elle d'apaiser les tensions identitaires et les relations conflictuelles avec l'État ? Quelles solutions ont été adoptées ailleurs ?

---

[22] Le 5 mai 1976 les jeunes militants autonomistes liés à des groupuscules radicaux d'action violente se sont lancés dans la lutte armée et ont créé le Front de libération nationale corse (FLNC). À côté subsistait le mouvement autonomiste du docteur Simeoni, devenu l'Union du peuple corse (UPC). Ce dernier restait sur son projet d'autonomie interne.

[23] Marianne LEFEVRE, *Géopolitique de la Corse. Le modèle républicain en question*, Paris, éd. L'Harmattan, 2000, p. 95.

[24] Le PNC est l'ancien parti des frères Simeoni, l'Union du peuple corse, qui défend un projet d'autonomie interne (non l'indépendance) et refuse toute forme de violence politique. L'UPC, dissoute en 2002, s'est fondue dans le PNC, né le 7 décembre 2002.

[25] Paul GIROT, sénateur, rapport n° 49 du Sénat, session ordinaire de 2001-2002, p. 14.

Les enjeux constitutionnels et institutionnels sont en effet importants : d'abord, le statut d'autonomie ne signifie pas nécessairement une étape vers l'indépendance.

De plus, sur le plan économique, l'autonomie peut être considérée comme une application du principe de subsidiarité, permettant plus d'efficacité dans le traitement des problèmes des insulaires. Enfin, et surtout, le statut d'autonomie a une dimension symbolique et politique : cela revient à reconnaître aux Corses et au territoire qu'ils forment une entité particulière. La reconnaissance aux Corses d'une identité propre, et qu'ils constituent un peuple, est une revendication constante de la part des nationalistes mais aussi des autonomistes. De là, un autre enjeu apparaît : celui du transfert de compétences en totalité ou partagées avec l'État, et principalement de la compétence législative.

De 1958 à 1981 la majorité et les gouvernements qui se sont succédé n'ont pas été favorables à un statut particulier de la Corse. Il a fallu attendre 1981 pour que le ministre de l'Intérieur et de la Décentralisation prépare un statut spécial pour l'île prenant en compte son identité culturelle.

Si les autonomistes sont favorables à l'exercice d'une autodétermination interne, le FLNC réclame quant à lui la reconnaissance des droits nationaux du peuple corse, le droit à l'autodétermination externe, et un pouvoir populaire démocratique en Corse. Ils revendiquent ainsi le statut de peuple capable de se constituer en État indépendant.

Au moment du conflit d'Alta-Kautokeino, les Sámi revendiquaient le statut de peuple autochtone, fondant ainsi la reconnaissance d'un droit à l'autodétermination interne exercé au sein de l'État norvégien, des droits spécifiques concernant leurs cultures et leurs langues ainsi que la reconnaissance de leur droit de propriété sur leurs ressources naturelles et leurs terres ancestrales. Ils souhaitaient également la création d'un organe sámi démocratiquement élu[26]. Ces revendications ne sont pas propres aux Sámi mais elles correspondent aux thématiques spécifiques et communes à un grand nombre de peuples autochtones dans le monde.

Le droit interne norvégien n'offrant aucune garantie quant à la reconnaissance et à la protection de leurs droits fondés sur leur autochtonie, les Sámi avaient invoqué l'article 27 du Pacte international (1966).

Au-delà d'un conflit interne opposant des États à des minorités, les événements en Laponie et en Corse soulèvent d'autres enjeux.

---

[26] Veli-Pekka LEHTOLA, « The Traditional Sámi Society », *Gáldu*, Ressource Center for Indigenous Peoples.
Voir aussi Nils-Aslak VALKEPÄÄ, « The Alta-case: A story about how another hydroelectric dam-project was forced through in Norway », *Journal of Indigenous Affairs*, n° 3-4, International Work Group for Indigenous Affairs, 1999, p. 56-63.

D'une part, ils témoignent de la volonté des communautés culturelles d'être considérées comme des acteurs dynamiques et incontournables de l'évolution de leurs statuts juridiques au sein des États français et norvégien. Elles se posent en interlocuteurs actifs, non plus objets vivants du droit, mais sujet du droit. Et elles incitent à un dialogue multipartite ou « multidirectionnel » afin de préserver la spécificité de leurs identités culturelles.

D'autre part, les conflits d'Alta et d'Aléria reflètent à cette époque une commotion entre un droit public jusqu'alors orienté vers des intérêts principalement étatiques et la naissance d'un système juridique mettant la personne humaine au centre des préoccupations.

À travers la reconnaissance et l'attribution d'un statut juridique particulier respectant des identités singulières, on assiste au développement d'un droit catégoriel relatif aux minorités culturelles qui ne cesse de s'enrichir et de se complexifier.

La productivité normative des organes et des institutions spécialisées des Nations unies et celle du Conseil de l'Europe témoignent de cette prise de conscience de la part de la majorité des États et de la nécessité de travailler dans le sens d'une coordination entre deux systèmes de protection : celui d'un droit jusqu'alors éminemment étatique et celui centré sur la diversité des personnes et des groupes humains[27].

Ce travail de coordination ne peut être effectif que s'il est mis en œuvre par tous les acteurs concernés : États et minorités culturelles à travers leurs représentants.

Un « dialogue multidirectionnel »[28] est une condition essentielle pour prendre en compte les intérêts de chaque partie et s'acheminer vers une conciliation.

Les acteurs de ce dialogue sont multiples : les États, d'une part, jouent un rôle central, mais aussi, comme le souligne Romélien Colavitti[29], des acteurs non étatiques peuvent jouer un rôle de « lobbying » auprès des États ou participer à l'élaboration de programme de coopération. Par exemple, certaines organisations non gouvernementales spécialisées dans la défense et la promotion des droits des peuples autochtones, telles que *Care*, *Survival*, ou *Rainforest,* bien que davantage centrée sur la problématique de la déforestation en République démocratique du Congo, est aussi concernée par les droits de peuples autochtones africains

---

[27] Ce thème est développé dans le chapitre 3, qui tente de mettre en lumière l'existence d'une nouvelle éthique du droit international public.

[28] Selon les termes du Rapport de Gay McDOUGALL, experte indépendante sur les questions relatives aux droits des minorités, Conseil des droits de l'homme, 7 janvier 2010, *A/HRC/13/23*, p. 15 § 52.

[29] Romélien COLAVITTI, « La responsabilité de protéger : une architecture nouvelle pour le droit international des minorités », *Revue ASPECTS*, n° 2, 2008, p. 37.

comme les M'butis. D'autres ONG travaillant sur des thématiques liées à l'universalité des droits de l'homme comme *Human Rights Watch*, ou *Minority Rights Group*, ou encore la *Fédération internationale des ligues des Droits de l'homme* (FIDH) ont elles aussi une faculté de surveillance et d'alerte bien qu'elles n'aient pas la qualité de sujet de droit international.

De même le Haut-commissaire pour les minorités nationales de l'Organisation pour la sécurité et la coopération en Europe (OSCE), dispose quant à lui de prérogatives propres (pouvoirs d'information, d'enquête, d'alerte et de conciliation) visant à prévenir la survenance de conflits violents impliquant des minorités.

B. L'octroi de statuts juridiques distincts

Les Sámi se sont vu progressivement accorder le statut légal et constitutionnel de minorité ethnique et linguistique, puis, sur le fondement des engagements internationaux de l'État norvégien[30], celui de peuple autochtone. À ce double titre, ils peuvent non seulement bénéficier de droits culturels spécifiques mais aussi de l'autodétermination interne incluant le droit à la terre et aux ressources naturelles[31].

À l'inverse, au nom du principe d'indivisibilité de la République, les statuts de peuple et de minorités ont constamment été refusés aux Corses par le Conseil constitutionnel, en particulier dans sa décision du 9 mai 1991. Les évolutions concernant le statut de la Corse ne s'appliquent pas à la population corse mais seulement au territoire insulaire dans le cadre de la politique de décentralisation territoriale menée par l'État français. Malgré cette délimitation, l'île a connu des changements statutaires importants qui en ont fait une collectivité territoriale *sui generis* : elle est en effet passée du statut de région soumise au droit commun en 1975 ; puis à celui de région métropolitaine établie par le statut particulier Defferre avec la loi du 2 mars 1982 portant statut particulier de la région Corse, complétée par la loi du 30 juillet 1982 relative aux compétences de l'Assemblée de Corse ; à celui finalement de collectivité territoriale à statut particulier par la loi du 13 mai 1991 (dite Statut Joxe) et renforcée par celle du 22 janvier 2002.

Bien que les fondements juridiques des statuts de la Corse et des Sámi **(a)** divergent, les États français et norvégien ont adopté des mesures spécifiques dans

---

[30] La Norvège a voté en faveur de l'adoption par l'Assemblée générale des Nations unies de la *Déclaration sur les droits des peuples autochtones* (2007) et l'État norvégien a ratifié le 19 juin 1990 la *Convention nº 169 relative aux peuples indigènes et tribaux*, adoptée par l'Organisation internationale du Travail en 1989.

[31] Ce champ d'étude est traité dans la Deuxième partie, Titre I, Chapitre II intitulé « Autodétermination interne et identité culturelle autochtone sámi ».

leurs droits internes **(b)** afin de préserver la singularité et la vitalité de leurs identités culturelles.

a. Les fondements juridiques

La question de l'attribution du statut de « peuple » aux Sámi et aux Corses a été posée aux autorités étatiques norvégiennes et françaises ; celles-ci ont répondu de façon opposée mais avec la même prudence.

1. Le double statut de minorité ethnique et de peuple autochtone sámi

L'État norvégien a formellement octroyé le statut de minorité aux Sámi. Cette reconnaissance formelle a deux fondements : légal, d'une part, dans la loi sur les questions sámi du 12 juin 1987 *(Sameloven)*[32] ; et constitutionnel d'autre part, dans l'article 110a[33] de la Constitution, inséré par l'amendement constitutionnel du 27 mai 1988.

L'ancien article 110a – nouvellement article 108[34] – de la Constitution norvégienne et la loi sur les Sámi dans ses articles 1-1 et 1-2 utilisent le terme *folkegruppe*, qui signifie groupe de population, et non *urfolk*, qui, lui, signifie peuple autochtone. Les Sámi sont considérés comme constituant une minorité ethnique et linguistique, au même titre que les autres minorités nationales présentes sur le territoire norvégien.

En revanche, leur statut de peuple autochtone n'a pas de fondement légal ou constitutionnel. L'État norvégien a donc reconnu d'une manière non formelle que les populations sámi disséminées sur l'ensemble du territoire norvégien et présentes sur les territoires suédois, finnois et russe constituaient un peuple autochtone transfrontalier. Cette reconnaissance juridique est donc fragile. Elle est uniquement fondée sur les engagements internationaux, contraignants ou non, de l'État norvégien en matière de protection des droits des peuples autochtones.

---

[32] *Lov av 12. juni 1987 nº 56 om Sametinget og andre samiske rettsforhold (Sameloven).*

[33] L'ancien article 110a et nouvellement article 108 de la Constitution dispose : « Il incombe aux autorités de l'État de créer des conditions permettant au groupe ethnique sámi de préserver et de développer sa langue, sa culture et son mode de vie ». Le texte original énonce : « *Det påligger statens myndigheter å legge forholdene til rette for at den samiske folkegruppe kan sikre og utvikle sitt språk, sin kultur og sitt samfunnsliv.* »

[34] La Constitution norvégienne a fait l'objet d'une réforme le 13 mai 2014. Parmi les modifications apportées au texte constitutionnel, l'article 110a est devenu le nouvel article 108 mais son contenu reste inchangé. Pour cette raison et pour plus de cohérence avec les ressources doctrinales et officielles qui avant la réforme ne se réfèrent qu'à l'ancien article, la thèse traitera de cette disposition sous sa première nomenclature.

La qualification de peuple autochtone a pu être difficile à octroyer aux Sámi car elle est en fait liée à une situation humaine et territoriale complexe. Il est vrai que la Laponie, au sens de région géographique, est historiquement le territoire occupé par les populations sámi semi-nomades pour les éleveurs de rennes à l'intérieur des terres, et pêcheurs pour les populations établies le long des côtes. Mais, dès le XVIe siècle, des Scandinaves se sont installés dans cette région septentrionale, et depuis plusieurs siècles maintenant le territoire du comté de Finnmark, par exemple, a une population mixte faite de personnes d'origine sámi mais aussi de Norvégiens non sámi, et quelquefois de personnes ayant les deux origines.

Dès lors, pour les autorités et les chercheurs norvégiens étudiant l'épineuse question d'un droit de propriété des Sámi, la question n'est pas celle de savoir qui des Sámi ou des Scandinaves a occupé la Laponie en premier.

La Laponie, au sens géographique, est donc un territoire mixte qui est occupé depuis plusieurs siècles à la fois par des personnes d'origine sámi et par des Scandinaves[35].

Le droit norvégien distingue entre les peuples tribaux et les peuples indigènes, qui, selon les critères de la *Convention nº 169 relative aux peuples indigènes et tribaux*, possèdent des caractéristiques comparables à celles des peuples tribaux, mais auxquelles on ajoute le fait qu'ils habitent historiquement dans une région donnée, ou avant que des tiers ne « l'envahissent » ou ne viennent dans la région. Selon les critères de la Convention nº 169, les Sámi seraient plutôt un peuple indigène. Mais, dans la logique du droit norvégien, qui ne reconnaît pas l'antériorité des Sámi en Laponie, tous les habitants de la Laponie (Scandinaves d'origine sámi ou non), et notamment du comté de Finnmark, sont des indigènes.

Un rapport du ministère de la justice rendu en 1997 semble confirmer ce sens en déclarant que le terme indigène a une signification plus large, et qu'il ne fait aucun doute que plusieurs groupes minoritaires ont habité en Laponie depuis des temps immémoriaux de sorte qu'ils ont créé des liens étroits avec les territoires et leurs ressources naturelles, sans pour autant qu'il soit nécessaire de déterminer qui a été le premier à s'établir sur les terres concernées[36].

Si la loi de 1987 et la Constitution témoignent d'une grande prudence concernant l'attribution du statut de peuple autochtone aux Sámi, la Cour suprême de Norvège a reconnu des droits fonciers aux Sámi fondés sur leur autochtonie. Ainsi, la protection de ce peuple est juridiquement morcelée. Leurs

---

[35] En Norvège, le comté de Finnmark connaît une forte mixité de population. Des Scandinaves côtoient des autochtones sámi, des personnes appartenant à la minorité kven et des émigrés finnois.

[36] Traduction française personnelle. Le texte original en norvégien énonce : *«[...] ordet indigenous har en langt videre betydning [...] » et plus loin « [...] denne folkegrupper som uten tvil har bodd i et område lenge nok til at de har langvarig forhold til territoriet, uten nødvendigvis å har vært de første til å leve der» in* Justis- og politidepartementet, *NOU 1997 : 5.*

langues, leur culture et leur mode de vie sont protégés à la fois par le droit international et par le droit interne au plan constitutionnel par l'article 110a et au plan légal par la loi de 1987 *(Sameloven)*.

Leurs droits fonciers sur les terres et ressources naturelles ainsi que l'exercice de l'autodétermination sont protégés par des mesures internes concrètes prises en conformité avec les engagements internationaux de l'État norvégien en matière de droits des peuples autochtones.

La protection des droits fonciers n'a pas de base légale ou constitutionnelle mais elle s'est développée à travers la jurisprudence de la Cour suprême, en particulier avec l'arrêt Selbu[37], rendu en session plénière le 21 juin 2001, et constituant un revirement de jurisprudence.

Cette décision constitue un précédent qui a été intégré dans section 4 de la nouvelle loi sur le pâturage des rennes adoptée en 2007[38].

Dans sa décision la Cour a octroyé aux éleveurs sámi un droit de pâturage pour leurs troupeaux, sur des terres privées situées dans la municipalité de Selbu, fondé sur un usage depuis des temps immémoriaux[39]. Ce concept a pour fondement la notion de droit coutumier utilisé par les sociétés autochtones. La Cour reconnaît que le droit coutumier peut faire acquérir des droits fonciers (droit d'usage ou titre de propriété) sur les ressources naturelles, fondés sur une utilisation depuis des temps immémoriaux mais selon trois conditions : une certaine intensité dans l'usage, pratiquée sur une longue période, et enfin la bonne foi quant à la légitimité de cet usage[40].

2. La non-reconnaissance d'un « peuple corse », mais un statut territorial spécifique

En droit français, la population insulaire corse ne peut être qualifiée juridiquement de « peuple ». Malgré l'élaboration d'un statut hybride pour l'île, la « corsitude » de la population reste définie au mieux comme une « spécificité culturelle et historique ». Elle est une variante régionale de la France et ne constitue pas l'identité d'un peuple corse, tout au plus celle d'une population corse.

---

[37] Cour suprême de Norvège, *Affaire Selbu*, 21 juin 2001, n° 4B/2001.

[38] *Lov om reindrift (Reindriftsloven)*, 15 juin 2007.

[39] Øyvind RAVNA, « The Protection of Sami People's language, culture and way of life in Norwegian Constitution and other Legislation », *in* Stéphane PESSINA DASSONVILLE (dir.), *Le statut des peuples autochtones : À la croisée des savoirs*, Laboratoire d'anthropologie juridique de Paris - UMR de droit comparé - Paris I, *Cahiers d'Anthropoligie du droit*, éd. Karthala, 2011-2012, p. 274.

[40] Øyvind RAVNA, « The Draft Nordic Saami Convention and the Assessment of Evidence of Saami Use of Land », *in* Nigel BANKES, Timo KOIVUROVA, *The Proposed Nordic Saami Convention: National and International Dimensions of Indigenous Property Rights*, Hart Publishing, 2013.

Pourtant le Conseil constitutionnel a été confronté à la question de savoir si les Corses constituaient « un peuple, composante du peuple français ».

Dans sa motion du 13 octobre 1988 l'Assemblée de Corse avait en effet affirmé l'existence d'une « communauté historique et culturelle vivante regroupant les Corses d'origine et les Corses d'adoption : le peuple corse[41] ».

Et allant dans le même sens, le projet de loi du Ministre de l'intérieur, Pierre Joxe, en 1991, avait exprimé officiellement les aspirations de la majorité de l'opinion corse en faisant sortir le territoire insulaire du droit commun des régions. Ce statut exprimait la recherche par l'État d'une solution politique globale et non plus une politique répressive répondant à chaque attentat perpétré par les nationalistes indépendantistes[42].

Il visait donc « une politique qui prépare l'avenir tout en respectant l'identité originale que tous les Corses puisent dans leur longue histoire » et recherchait « des solutions durables pour la Corse, dans une perspective de développement économique, social et culturel de l'île et dans le respect de l'État de droit et de la paix civile[43] ».

Le projet de loi portait sur la reconnaissance d'un « peuple corse, composante du peuple français » auquel il garantissait des droits spécifiques liés à l'insularité en matière culturelle et économique. Outre la reconnaissance juridique d'un peuple corse, il s'articulait autour de deux autres axes : le renforcement du pouvoir exécutif local et l'élargissement des compétences de l'Assemblée de Corse dans les domaines culturel et économique.

Le statut Joxe avait été adopté par l'Assemblée nationale par la loi du 13 mai 1991 portant statut de la collectivité territoriale de Corse (CTC).

Étonnamment la population insulaire ne s'était pas particulièrement manifestée en faveur de la reconnaissance institutionnelle du « peuple corse » car pour sa majorité, « l'appartenance à un peuple corse est d'ordre culturel et non juridique.[44] »

Ce positionnement a d'ailleurs été confirmé par une motion de clarification rendue par l'Assemblée de Corse le 11 mai 1990 dans laquelle celle-ci avait précisé n'avoir sollicité « ni du législateur, ni, *a priori*, du pouvoir constituant, la reconnaissance d'un peuple corse juridiquement distinct du peuple français mais s'[être] bornée à trouver dans l'existence de la "communauté historique", la cause

---

[41] Délibération n° 88/59 AC de l'Assemblée de Corse relative à la notion de peuple corse, séance du 13 octobre 1988.

[42] Marianne LEFEVRE, *Géopolitique de la Corse. Le modèle républicain en question, op.cit.*, p. 35-45.

[43] Exposé des motifs du projet de loi, *in* Rapport n° 1077 fait au nom de la Commission d'enquête sur l'utilisation des fonds publics et la gestion des services publics en Corse, Onzième législature, enregistré à la présidence de l'Assemblée nationale le 3 septembre 1998.

[44] Marianne LEFÈVRE, *op.cit.*, p. 120. L'auteur explique aussi le positionnement d'intellectuels tels que Jacques MUGLIONI ou l'historien Francis POMPONI, qui par leur attachement aux valeurs républicaines ont refusé « toute représentation identitaire de l'île, ne retenant pas le particularisme des racines mais l'universalité de la culture », p. 127.

justifiant l'élaboration d'un programme de développement culturel, économique et social, destiné à préserver l'identité culturelle des habitants de l'Île [...][45] ».

Cependant, le Sénat d'abord, dans son rôle de commission des Lois, avait supprimé la notion de « peuple corse » à l'article 1er, considérant que le texte mettait en cause l'unité du peuple français. Cette reconnaissance dans la loi aurait constitué « un précédent irréversible et [aurait impliqué] une procédure de révision constitutionnelle ».

Le Sénat avait ainsi estimé que la tradition constitutionnelle française privilégiait l'égalité des citoyens devant la loi plutôt que les particularismes locaux.

Confirmant la décision du Sénat, le Conseil constitutionnel avait déclaré cette disposition inconstitutionnelle dans sa décision du 9 mai 1991[46]. Se référant au préambule ainsi qu'aux articles 2 et 3 de la Constitution, le Conseil considère que la reconnaissance juridique d'un peuple corse distinct du peuple français revient à affirmer l'existence d'une pluralité de peuples au sein de la République. Or il rappelle que le concept de peuple tant en droit interne qu'en droit international implique pour ledit peuple le droit d'exercer l'autodétermination sans aucune restriction car disposant de la souveraineté absolue. Mais la Constitution française ne reconnaît qu'un seul peuple français souverain. La reconnaissance d'un peuple corse (donc doté aussi de la souveraineté) constituerait une atteinte au principe de l'unité et de l'indivisibilité de la République. En outre, selon lui il ne saurait y avoir de peuple composante d'un autre peuple ; un peuple peut uniquement être la composante d'une fédération ou d'une confédération.

Le Conseil constitutionnel, distinguant entre les « populations » et le « peuple », n'accorde aux Corses que le statut de « population corse » en tant que section du peuple français et liée à un territoire constitué par la collectivité territoriale de Corse relevant de l'article 53 de la Constitution. Le concept juridique de « peuple français » a donc une valeur constitutionnelle. L'indivisibilité et l'unicité du peuple français a été confirmée par deux autres décisions[47] du Conseil constitutionnel, dont l'une porte sur la conformité de la *Charte européenne des langues régionales ou minoritaires*[48] avec la Constitution. Le

---

45 Ce point a été présenté dans le Chapitre 1er, Section 1, § 2, Sous partie A : « *Peuple corse* » et « *nation sámi* » : des stratégies d'autoprotection infructueuses.

46 Décision no 91-290 DC du 9 mai 1991 concernant la loi portant statut de la collectivité territoriale de Corse.

47 Décision du Conseil constitutionnel no 2001-454 DC du 17 janvier 2002 et décision no 99-412 DC du 15 juin 1999 relative à la Charte européenne des langues régionales ou minoritaires : « le principe d'unicité du peuple français, dont aucune section ne peut s'attribuer l'exercice de la souveraineté nationale, a valeur constitutionnelle ».

48 La France a signé la Charte le 7 mai 1999 lors de la célébration à Budapest du cinquantenaire de la création du Conseil de l'Europe. Sur ce sujet, voir Patrick FRAISSEIX, « La France, les langues

Conseil juge ce texte contraire à la Constitution car il confère des droits spécifiques à des « groupes » de locuteurs. Le Conseil s'oppose fermement à « la reconnaissance de droits collectifs à quelque groupe que ce soit, défini par une communauté d'origine, de culture, de langue ou de croyances ».

La Cour de cassation a pu également se prononcer sur cette question, mais de façon indirecte, dans son arrêt *Jean-Marie B* et *Grégory G*[49], rendu en 2002. À l'origine de l'affaire se trouve une plainte déposée par l'association corse Ava Basta contre le magazine *La vie parisienne* pour avoir tenu, dans un article intitulé *22 bonnes raisons de dire merde à la Corse*, des propos qu'elle estime diffamatoires.

La question soulevée ici est celle de savoir si les personnes natives de Corse ou ayant des origines corses font partie des catégories de personne protégées par l'article 32 al. 2 de la loi du 29 juillet 1881 sur la liberté de la presse, qui réprime la diffamation commise envers une personne ou un groupe de personnes du fait de leur origine ou de leur appartenance ou non-appartenance à une ethnie, une nation, une race ou une religion déterminées.

La Cour d'appel de Bastia, dans son arrêt du 1er août 2001, a déclaré l'éditeur et le journaliste coupables de diffamation raciale. Les juges ont retenu que « Il ne saurait être soutenu que les Corses constituent un groupe de personnes indéterminé. Sans doute la délimitation précise de la communauté corse peut-elle prêter à controverse, comme la définition d'autres groupes de personnes (la communauté juive par exemple). Cependant, il ne saurait être sérieusement contesté que le fait d'avoir ses origines, plus ou moins lointaines, en Corse constitue le principal trait commun de la population revendiquant légitimement l'appartenance à cette communauté. » Considérant que la population corse constitue une « communauté » bénéficiant de la protection de la loi réprimant les diffamations fondées sur les origines ou l'ethnie, les juges en ont déduit que les propos litigieux étaient diffamatoires envers un groupe de personnes en raison de leur origine.

La Cour de cassation a cassé et annulé sans renvoi l'arrêt de la Cour d'appel de Bastia. Elle a considéré dans son dispositif que les Corses étaient avant tout des « citoyens français qui n'appartenaient ni à une ethnie, ni à une nation, ni à une race ou une religion déterminée », et qu'alors ils ne bénéficiaient pas de la protection particulière octroyée aux personnes visées à l'article 32 de la loi de 1881. Dans ses conclusions, l'avocat général s'est appuyé sur la décision du Conseil constitutionnel du 9 mai 1991, qui avait annulé l'article 1er de la loi portant statut de la collectivité territoriale de Corse, pour proposer à la cour une

---

régionales et la Charte européenne des langues régionales et minoritaires », *RFDA*, 2001, p. 59. Pour l'auteur, les Corses, à l'instar des Basques, des Bretons, des Kanak et des polynésiens, constituent des « peuples régionaux ».

[49] Chambre criminelle de la Cour de cassation, 3 décembre 2002, pourvoi n° 01-86088. Conclusions de l'avocat général Jean-Yves LAUNAY, *in Gazette du Palais*, n° 224, 12 août 2003, p. 10.

interprétation stricte de la loi de 1881 et considérer que les Corses sont « des citoyens français originaires de la région corse ».

En conséquence, les fondements juridiques des statuts des Sámi et de la Corse sont clairement différenciés : dans l'État unitaire norvégien, les Sámi sont qualifiés de minorité ethnique et linguistique par la loi de 1987 et par l'ancien article 110a de la Constitution, alors qu'en France la spécificité culturelle de la communauté corse est protégée à travers un statut territorial spécial pour l'île.

En effet, à cause du principe constitutionnel d'unicité du peuple français, le statut juridique de la Corse qui découle des mesures adoptées ne s'applique pas directement à un peuple mais d'abord à une entité administrative dotée de particularismes. C'est la collectivité territoriale de Corse qui est la destinataire des mesures.

Ce statut administratif a évolué depuis les premières réformes relatives à la décentralisation en 1982 jusqu'à la loi constitutionnelle du 28 mars 2003. Ainsi, le Conseil constitutionnel, qui avait assorti le principe constitutionnel de l'unité du peuple français d'une exigence d'identité institutionnelle et catégorielle, refusant d'accorder à la collectivité territoriale de Corse une « organisation particulière », possibilité réservée aux seuls territoires d'outre-mer, a finalement abandonné ce principe d'identité institutionnelle[50] des collectivités territoriales depuis la révision constitutionnelle du 28 mars 2003.

À partir de 1768 (date de son rattachement à la France par le traité de Versailles), « la Corse a pendant plus de deux siècles été administrée dans les mêmes conditions que les autres parties du territoire national. Constituée de deux départements en 1793, puis d'un seul à partir de 1811, elle a été à nouveau divisée en deux départements en 1975 et simultanément érigée en région.[51] » La loi du 2 mars 1982[52] a doté l'île de Corse pour la première fois d'un statut dérogatoire à celui des autres régions justifié par ses spécificités géographiques, historiques et culturelles. Elle a permis la création d'une Assemblée de Corse. Cette loi a ensuite été modifiée par la loi du 13 mai 1991[53], dite statut Joxe, qui crée une organisation nouvelle et spécifique mais à caractère administratif, appelée collectivité territoriale de Corse (CTC) et comportant une Assemblée territoriale. La Corse devient ainsi un type de collectivité territoriale unique, à mi-chemin entre les régions métropolitaines et les régions d'outre-mer (comme les Antilles). Enfin les rencontres entre les élus de Corse et le Gouvernement ont permis d'élaborer la

---

[50] Louis FAVOREU, Loïc PHILIP, « À propos de la décision du Conseil constitutionnel du 9 mai 1991 sur la Corse », *in Les grandes décisions du Conseil constitutionnel*, éd. Dalloz, 2005, p. 731-742.

[51] Michel BERNARD, « Le droit constitutionnel des collectivités territoriales », *Cahiers du Conseil constitutionnel*, n° 12, mai 2002.

[52] Loi n° 82-214 du 2 mars 1982 *portant statut particulier de la région de Corse.*

[53] Loi n° 91-428 du 13 mai 1991 *portant statut de la collectivité territoriale de Corse.*

loi du 22 janvier 2002[54]. Cette loi prévoit un nouveau statut pour l'île promouvant son développement et tentant de garantir ses spécificités liées à son insularité et à l'identité culturelle des Corses.

Cependant la révision constitutionnelle du 20 juillet 1998 avait créé dans la Constitution un titre propre à la Nouvelle-Calédonie, empêchant la Corse de relever du droit de l'outre-mer. Malgré les élargissements et les évolutions statutaires, la collectivité territoriale de Corse n'a pas un statut identique à celui de la Polynésie ou à celui de la Nouvelle-Calédonie, qui, elles, ont la capacité de délibérer en matière législative à travers les « lois du pays ».

b. Les mesures adoptées en droits internes

Les mesures prises par les États français et norvégien visant à préserver la singularité des cultures corse et sámi s'articulent autour de trois éléments clefs : la création des Assemblées représentatives corse et sámi, une révision constitutionnelle en particulier en Norvège afin de prendre en compte la culture, la langue et le mode de vie des Sámi, et enfin la question de la gestion du territoire et des ressources naturelles.

1. La création des Assemblées représentatives sámi et corse

En Norvège, les événements d'Alta ont décidé le gouvernement norvégien à créer deux commissions spéciales, l'une est le Comité pour les affaires culturelles sámi *(Samekulturvalget)*, l'autre est le Comité pour les affaires juridiques *(Samerettsutvalget)*. Ce dernier est composé de dix-huit membres issus d'organisations et d'associations sámi, d'experts et de chercheurs non sámi chargés d'étudier les questions juridiques relatives aux droits des Sámi, et notamment leurs droits fonciers. Il a pu rendre ses premières recommandations dès 1984, permettant ainsi une réelle évolution juridique à travers la reconnaissance officielle des Sámi comme peuple autochtone. Le comité est à l'origine de deux avancées considérables : l'adoption de la loi relative aux questions concernant les Sámi *(Sameloven* ou loi sur les Sámi*)* adoptée le 12 juin 1987 et l'amendement de la Constitution dans son article 110a le 27 mai 1988 : "As early as 1980, the state appointed committees to examine both the cultural and legal issues concerning the Sámi. Within ten years many of the reforms demanded by the Sámi during the Alta Conflict had been realized. The Sámi got their own representative body, the Sámi Parliament, and a language act. They

[54] Loi n° 2002-92 du 22 janvier 2002 *relative à la Corse.*

were recognized as an indigenous people by the Norwegian constitution, and they got their own political advisor in the Government".[55]

La loi n° 56 du 12 juin 1987[56] est la première reconnaissance légale des Sámi en tant que minorité ethnique et linguistique. Elle a pour objectif la sauvegarde et le développement de la langue, de la culture et du mode de vie sámi. Dans son article 1-5, elle fait de la langue sâme et du norvégien les deux langues officielles du royaume. À ce titre, dans le cadre des relations avec les autorités publiques et administratives locales, la loi autorise l'emploi et la traduction en langue sâme (articles 3-2 et 3-3). Elle étend ce droit au système judiciaire (devant les cours et tribunaux uniquement situés dans le district administratif des Sámi, plus précisément dans les municipalités de Karasjok, Kautokeino, Nesseby, Porsanger, Tana et Kåfjord), mais aussi au domaine de la santé et de l'aide sociale. Elle prévoit aussi un enseignement dans la langue sâme de l'école primaire jusqu'au lycée (article 3-8).

Dans son chapitre 2, cette loi institue principalement une Assemblée sámi appelée *Sameting* en norvégien ou *Sámediggi* en langue sâme[57]. Si la collectivité territoriale de Corse a été dotée d'une Assemblée à caractère régional, le Parlement sámi est au contraire national. Il a vu ses fonctions et son domaine de compétences s'élargir au fur et à mesure. Financé par le Parlement national norvégien (le *Storting*), ses compétences se sont renforcées, passant du statut de simple organe consultatif à celui d'organe doté d'un pouvoir décisionnel notamment en matière linguistique et d'éducation[58]. Le *Sameting* est situé dans le comté[59] du Finnmark : il est techniquement sans territoire propre ; ainsi, des Sámi vivant à Oslo, ou ailleurs, sont représentés et peuvent élire leurs représentants au *Sameting*[60].

---

55 Veli-Pekka LEHTOLA,"The Traditional Sámi Society", *Gáldu*, Ressource Center for Indigenous Peoples.

56 *Lov om Sametinget og andre samiske rettsforhold (sameloven)*, loi n° 56 du 12 juin 1987 relative au Parlement et autres affaires sámi.

57 L'appellation *Sámediggi* en langue sâme n'est pas maintenue dans la thèse car dans les textes officiels norvégien et dans les travaux des Nations unies, le Parlement sámi est plus couramment désigné en norvégien sous le terme *Sameting(et)*. Ce choix de rédaction se fonde sur un souci de clarté et de cohérence mais par respect de la culture sâme, il serait plus approprié de nommer leur institution démocratique autochtone *Sámediggi*.

58 Les compétences de cet organe démocratique sont développées dans la sous-section suivante relative au droit à la participation effective.

59 La Norvège est subdivisée en cinq régions *(Landsel)*, 19 comtés *(Fylker)*, et 433 communes *(Kommuner)*.

60 En Suède, où aucune disposition constitutionnelle ne protège les Sámi, le Parlement sámi a été créé en décembre 1992. En Finlande, la Constitution les reconnaît en tant que peuple autochtone et les protège à ce titre. Ils disposent de leur propre Parlement sámi depuis 1996.

Concernant la Corse, la création de l'Assemblée de Corse en 1982 était issue également d'un contexte d'urgence. Elle s'est inscrite dans un mouvement national ample, celui de la politique de décentralisation menée par la France.

Comme le *Sameting*, elle contribue au maintien et au développement d'une identité culturelle singulière. Elle a été créée par la loi du 2 mars 1982 portant statut particulier de la région de Corse[61], qui a doté cette région pour la première fois d'un statut distinct de celui des autres régions.

Les membres de l'Assemblée sont élus au suffrage universel direct et au scrutin de liste régionale. Cela donne à l'Assemblée de Corse un caractère territorial, renforcé par l'aspect concret, technique de l'insularité lui donnant un territoire naturel.

Une différence de taille apparaît alors avec le *Sameting*, qui est une Assemblée à caractère national, techniquement renforcé par une continuité géographique avec la Laponie. Le caractère national de la représentativité assurée par le *Sameting* traduit en Norvège ce que Tom G Svensson[62] a montré : l'émergence d'un lien étroit entre l'ethnicité et l'organe politique démocratique. Au contraire, dans la mesure où selon l'idéologie républicaine française l'identité corse relève d'un sentiment d'appartenance régionaliste et ne dépend pas de la combinaison de critères objectifs (tels que la langue ou l'ethnie) et subjectifs, il n'est pas nécessaire d'être Corse mais il suffit d'être citoyen français résidant en Corse pour pouvoir élire les représentants de l'Assemblée.

La Corse a été dotée d'une organisation institutionnelle différenciée et plus étendue que celle prévue pour la situation des Sámi.

En effet, le fonctionnement et les organes de cette collectivité territoriale se sont complexifiés et étayés depuis sa création en 1982. Initialement, l'Assemblée de Corse exerçait seule le pouvoir exécutif. Mais la loi du 13 mai 1991 portant statut de la collectivité territoriale de Corse[63] a doté l'île d'un second statut particulier prenant davantage en compte sa spécificité culturelle et historique. Cette loi a conféré à la Corse le statut de collectivité territoriale de Corse et une organisation institutionnelle unique. Elle a instauré une véritable séparation des pouvoirs et une responsabilité de l'exécutif devant l'Assemblée de Corse en créant aux côtés de l'Assemblée un Conseil exécutif et le Conseil économique, social et culturel de Corse. Le président de l'Assemblée de Corse, assisté du bureau, tous deux élus par l'Assemblée parmi ses membres, forment le Conseil

---

[61] Loi n° 82-214 du 2 mars 1982 *portant statut particulier de la région de Corse.*

[62] Tom G. SVENSSON, « Sami Ethnicity and Policy-conflict and compromise regarding Development in the North », *op.cit.*, p. 125.

[63] Loi n° 91-428 du 13 mai 1991 *portant statut de la collectivité territoriale de Corse.*

exécutif, qui exerce les fonctions exécutives en principe détenues dans les autres régions par le président du conseil régional[64].

Cette séparation des pouvoirs avec une dimension exécutive existe aussi dans le *Sameting* mais la motion de défiance ne semble pas prévue.

L'Assemblée de Corse s'inscrit en fait dans un ensemble beaucoup plus complexe, celui du fonctionnement d'une structure administrative distincte de l'administration de l'État. Elle prend en charge non pas les intérêts d'une fraction de la population (comme le fait le *Sameting* pour les Sámi) mais d'un territoire précis. Elle est ainsi dotée de la personnalité juridique, bénéficie d'une autonomie administrative et, depuis la révision constitutionnelle de 2003, la collectivité territoriale est dotée d'un pouvoir réglementaire, ce que n'a pas le *Sameting* en tant que « simple » assemblée représentante.

Les intérêts linguistiques, culturels, économiques et politiques des Corses sont pris en charge par une collectivité territoriale dans son ensemble et non pas par une Assemblée.

Les compétences de l'Assemblée de Corse ont été renforcées par la loi du 22 janvier 2002[65], qui prévoit la spécificité législative et l'adaptation des règlements nationaux. Ses compétences sont ainsi plus larges et diversifiées que celles du *Sameting* à lui seul.

Pourtant *Sameting* et Assemblée de Corse se ressemblent en ce que chacune a vu ses compétences renforcées depuis leur création.

Le *Sameting* a compétence dans les domaines de la langue, de la culture, et de l'éducation. Avec la loi du 22 janvier 2002 la collectivité territoriale de Corse est aussi compétente en matière de politique culturelle, de réseaux de télécommunications (articles 9 à 11), elle a bénéficié d'un transfert de la compétence exercée par l'État en matière de construction et d'entretien des établissements d'enseignement supérieur (art. 6). L'Assemblée de Corse est particulièrement compétente en matière de recherche et de formation supérieure (art. 5), et d'aide aux entreprises (art. 17), la collectivité territoriale de Corse détermine et met en œuvre les orientations du développement touristique de l'île dans le cadre du plan d'aménagement et de développement durable (art. 18).

2. Les révisions constitutionnelles française et norvégienne

Bien que leurs objectifs se ressemblent dans la protection d'identités culturelles singulières, la révision constitutionnelle norvégienne du 27 mai 1988

---

[64] Jean-Luc BŒUF, Manuela MAGNAN, *Les collectivités territoriales et la décentralisation*, éd. La documentation française, 3e édition, 2007, p. 84.

[65] Loi no 2002-92 du 22 janvier 2002 *relative à la Corse.*

et celle du 28 mars 2003 en France[66] diffèrent en ce que l'une porte sur l'acquisition d'un statut juridique pour une communauté culturelle, tandis que l'autre confirme le changement statutaire d'origine légale d'un territoire constituant aussi une entité administrative de la République.

L'amendement à la Constitution *(Grunnloven)* adopté le 27 mai 1988 par le Parlement national norvégien a permis d'insérer un nouvel article 110a, qui énonce qu'« il incombe aux autorités de l'État de créer des conditions permettant au groupe ethnique sámi de préserver et de développer sa langue, sa culture et son mode de vie[67] ».

Cette disposition est la première dans la Constitution dont le but est de protéger les intérêts d'une minorité.

Il ressort de la Constitution telle que rédigée en 1814 que ni le statut légal ni même l'existence de la minorité sámi n'étaient mentionnés. Lorsque le texte se référait à la population de Norvège, il n'utilisait que le terme *« folk »* ou *« nasjon »* sans préciser dans une seule disposition que ce peuple était composé en réalité non seulement de minorités nationales mais aussi du peuple autochtone sámi.

C'est précisément ce vide juridique que l'amendement constitutionnel du 27 mai 1988 a voulu réparer en ajoutant le paragraphe *a* de l'article 110.

Ce nouvel article pose désormais une obligation pour l'État unitaire norvégien sans pour autant affirmer l'existence de droits pour les Sámi.

Pour deux raisons, seuls la langue, la culture et le mode de vie sámi sont protégés, mais ni les droits fonciers ni l'exercice de l'autodétermination interne à travers une autonomie culturelle ne sont abordés.

D'une part, les deux plus influentes organisations sámi (le *Norske Reindriftsamers Landsforbund* (NRL) et le *Norske Samers Riksforbund* (NSK)) voulaient donner une priorité à la protection constitutionnelle de la culture sámi. D'autre part, la complexité de la problématique des droits fonciers a fait l'objet de nombreux débats tant au sein des Sámi eux-mêmes que des autorités et de la population norvégiennes. Dans un souci d'efficacité et de prudence, la question du droit à la terre et aux ressources naturelles avait été éludée, mais elle a fait l'objet de nombreux travaux ultérieurement.

La portée de cet amendement est cependant décevante au regard des revendications sámi car l'interprétation donnée par le *Storting* et le rapport du Comité[68] à l'origine des travaux préparatoires de ce texte lui confère une portée

---

[66] Loi constitutionnelle n° 2003-276 du 28 mars 2003 *relative à l'organisation décentralisée de la République.*

[67] Le texte original est : *«Det paaligger Statens Myndigheder at lægge Forholdene til Rette for at den samiske Folkegruppe kan sikre og udvikle sit Sprog, sin Kultur og sit Samfundsliv.»*

[68] Premier rapport du Saami Rights Committee, « On the Legal Position of the Saami », *NOU 1984: 18.*

relativement limitée. L'article 110a n'énonce qu'un principe général de protection mais n'attribue pas de droits spécifiques aux Sámi[69].

Quelle est alors la nature juridique de cette obligation qui pèse sur les autorités étatiques norvégiennes[70] ?

L'article 110a sur la protection de la culture sámi a été élaboré sur le même modèle que l'article 110 paragraphe 1 relatif au droit au travail : « Det paaligger Statens Myndigheder at lægge Forholdene til Rette for at ethvert arbeidsdygtigt Menneske kan skaffe sig Udkomme ved sit Arbeide. »[71]

Cette disposition énonçant l'obligation pour les autorités étatiques de créer les conditions requises permettant à toute personne de gagner sa vie par le fruit de son travail est une obligation de faire présentant des caractéristiques la rapprochant de l'obligation juridique naturelle[72], et dont les effets entraînent une obligation de moyen.

En effet, le *Storting* et le Gouvernement s'engagent à prendre toutes les mesures appropriées, c'est-à-dire pertinentes et nécessaires, pour atteindre l'objectif défini. Mais les autorités étatiques ne peuvent garantir l'obtention du résultat souhaité.

Cependant, elle reste une obligation juridique car d'après l'article 86 de la Constitution il est théoriquement possible de saisir le *Riksretten* (la *Cour d'impeachment* ou Haute Cour du Royaume, garante de la Constitution) pour poursuivre les autorités étatiques (membres du Parlement national, du Gouvernement, ou de la Cour suprême) et mettre en jeu la responsabilité politique du Gouvernement, entraînant ainsi sa démission.

À cette obligation juridique pesant sur les autorités étatiques ne correspond cependant pas un droit subjectif au travail invocable devant les tribunaux par les chômeurs. Ce qui signifie pratiquement qu'aucun citoyen ne peut se fonder sur l'article 110(1) de la Constitution pour ester en justice et revendiquer un quelconque droit au travail.

---

69 *"It's a matter of a more generally framed statement of principle and not the establishment of specific rights in the Constitution."* Ce sont les termes employés par le Comité chargé d'élaborer la proposition d'amendement, *in Norwegian Official Report, NOU 1984: 18*, p 388.

70 Étude du Professeur Eivind SMITH, « Constitutional Protection of Minorities: The Rights and Protection of the Sami Population in Norway », *Scandinavian Studies in Law*, Almquist & Wiksell internasjonal, 1990, p. 237-259.

71 La traduction anglaise apparaît ainsi : *"It is the responsibility of the authorities of the State to create conditions enabling every person capable of work to earn a living by his work."*

72 L'obligation naturelle est celle qui « dans le for de l'honneur et de la conscience, oblige celui qui l'a contractée à l'accomplissement de ce qui y est contenu ». À l'inverse de l'obligation civile, le débiteur d'une obligation naturelle n'y est pas juridiquement tenu. Une obligation naturelle ne peut faire l'objet d'une exécution forcée. Yvaine BUFFELAN-LANORE, *Droit civil*, éd. Armand Colin, 6e édition, p. 3.

Un raisonnement similaire est applicable à l'article 110a. Il crée une obligation juridique naturelle et de moyen pour les autorités étatiques, mais si c'est un devoir moral (et politique) pour l'État norvégien de prendre toutes les mesures appropriées pour préserver la culture, la langue et le mode de vie sámi, l'article 110a de la Constitution ne crée pas un droit pour la minorité sámi à agir en justice contre les autorités norvégiennes au sujet de l'échec des mesures adoptées ou même de l'absence de mesures.

Cependant, comme toute norme à valeur constitutionnelle, cette disposition constitutionnelle se trouve au sommet de la hiérarchie des normes, d'après la pyramide de Kelsen ; en tant que *lex superior*, elle est dotée d'une autorité supérieure. Ainsi, en cas de conflit entre cet article de la Constitution et des normes hiérarchiquement inférieures (comme les lois, les décrets, les décisions administratives…), ces normes seraient déclarées inconstitutionnelles et donc insusceptibles de s'appliquer.

Les deux articles 110(1) et 110a montrent aussi qu'il existe dans la Constitution norvégienne deux types de normes : celles dont les citoyens peuvent directement se prévaloir devant les tribunaux car elles créent un droit subjectif ; c'est le cas des articles précédemment cités relatifs aux droits de l'homme. Et d'autres, au contraire, qui ne s'adressent qu'aux autorités étatiques, faisant peser sur elles une obligation juridique de moyens, sans pour autant créer le droit correspondant pour les citoyens. Les citoyens n'en sont donc pas les destinataires. Parmi elles, on peut citer aussi l'article 112, qui prohibe toute modification allant à l'encontre de l'esprit de la Constitution.

La protection de la minorité sámi repose sur la bonne foi des autorités norvégiennes en espérant qu'elles remplissent leur devoir moral. Pourquoi un tel choix a-t-il été fait ? Pourquoi ne pas avoir énoncé directement une obligation juridique civile dont l'inexécution est sanctionnée par le droit ? Une telle disposition serait-elle plus à même de protéger la culture sámi?

Si l'on prend en compte le contexte dans lequel cet amendement est né, on pourrait supposer la volonté des autorités de garder le contrôle sur l'évolution du statut légal des Sámi par crainte d'un mouvement de sécession qu'ils n'ont pourtant jamais revendiqué.

À moins que cela ne soit une façon pour les autorités norvégiennes d'inscrire la majorité norvégienne dans ce projet éthique de réhabilitation et de préservation de la culture sámi, si bien que la réussite de cet amendement dépendrait aussi de circonstances extérieures, telles l'attitude de tolérance et la participation active de tous les Norvégiens. Sinon la responsabilité de protéger la culture sámi ne reviendrait qu'à l'État au lieu d'être partagée par la collectivité.

En France, la révision constitutionnelle du 28 mars 2003[73] a modifié l'article premier de la Constitution, en ajoutant que « l'organisation de la République est décentralisée ».

Elle a aussi inscrit les régions, les collectivités à statut particulier et les collectivités d'outre-mer dans l'article 72 de la Constitution aux côtés des communes et des départements : « Les collectivités territoriales de la République sont les communes, les départements, les régions, les collectivités à statut particulier et les collectivités d'outre-mer régies par l'article 74. Toute autre collectivité territoriale est créée par la loi [...] ». L'État français reconnaît donc désormais officiellement l'existence de collectivités territoriales[74]. Elle a ainsi donné un fondement constitutionnel au statut particulier de la Corse en faisant appartenir cette collectivité à statut particulier à la catégorie des collectivités territoriales de l'État unitaire français définies par l'article 72. La Corse bénéficie alors du principe de la libre administration des collectivités territoriales déjà énoncé par la Constitution avant la réforme et peut en exiger le respect de la part des départements qui la composent[75]. En tant que collectivité territoriale, elle dispose de la personnalité morale, elle est devenue un sujet de droit. La révision de 2003 n'a pas apporté de changements fondamentaux pour la Corse : l'expérimentation législative[76] était déjà prévue à l'article 1er de la loi du 22 janvier 2002.

3. La gestion du territoire et des ressources naturelles

Le territoire et les ressources naturelles ne sont la propriété ni des Sámi ni des Corses mais celle des États norvégien et français qui y exercent leur souveraineté.

Au regard du droit français, les Corses ne sont pas une minorité nationale ni un peuple autochtone, si bien qu'au regard des exigences du droit international et européen, le fait que l'île de Corse soit la propriété de l'État français ne soulève *a priori* pas de problème.

La loi du 22 janvier 2002 donne compétence à la collectivité territoriale de Corse en matière d'aménagement et de développement durable. Elle met en

---

[73] Loi n° 2003-276 du 28 mars 2003 *relative à l'organisation décentralisée de la République.*

[74] Collectivités territoriales et collectivités locales sont synonymes dans le langage courant. Jusqu'à la révision constitutionnelle du 28 mars 2003, les deux termes étaient mentionnés dans la Constitution : collectivité locale à l'article 34 et collectivité territoriale au titre XII. Ce sont des personnes morales de droit public distinctes de l'État bénéficiant d'une autonomie juridique et patrimoniale. Elles désignent une entité constituée de trois éléments, un territoire délimité, siège d'une population plus ou moins homogène, soumise à un même pouvoir. Jean-Marc MAILLOT, *Institutions administratives*, Hachette, Paris, 2006, p. 64.

[75] La libre administration de la CTC ne doit pas remettre en cause l'existence des deux départements ni affecter de façon substantielle leurs attributions. Décision du Conseil constitutionnel n° 91-290, cons. n° 33-34.

[76] Art. 37-1 et 72 de la loi constitutionnelle de 2003.

œuvre les conditions spécifiques de la loi « littoral »[77], dont l'objectif n'est pas focalisé uniquement sur le littoral corse mais sur l'ensemble des côtes françaises. « L'objectif poursuivi est l'équilibre entre la préservation et le développement des activités économiques liées à la proximité de l'eau, la maîtrise de l'urbanisation, la protection des équilibres biologiques et écologiques et la préservation des sites, des paysages et du patrimoine naturel et culturel du littoral.[78] »

La CTC est également compétente en matière de ports maritimes de commerce et de pêche ; elle détermine les grandes orientations du développement agricole rural et forestier de la Corse. L'article 21 de la loi autorise le transfert à la collectivité territoriale de la propriété des forêts domaniales dont l'ONF continuera d'assurer la gestion. Les articles 23 à 29 énoncent la compétence de la CTC en matière d'environnement, d'aménagement et de protection du massif corse, de gestion des eaux et d'élimination des déchets.

En revanche, selon les critères de la Convention n° 169 de l'Organisation internationale du Travail et de la *Déclaration sur les droits des peuples autochtones*[79], les Sámi constituent un peuple autochtone, et à ce titre ils peuvent acquérir des droits fonciers sur les ressources naturelles et les terres qu'ils occupent depuis des temps immémoriaux.

Pour se conformer à ses engagements internationaux, le Parlement norvégien a adopté la loi sur le Finnmark le 17 juin 2005[80] relative à la gestion de la terre et des ressources naturelles dans le comté du Finnmark.

Parmi les sources internes de cette loi, outre l'article 110a de la Constitution et la loi sur les Sámi de 1987, les nombreux travaux préparatoires menés par le *Samerettsutvalget* (Comité sur les droits des Sámi) ont une place prépondérante.

Les droits des Sámi à l'intérieur de l'État norvégien, et particulièrement la question d'un rôle plus important du *Sameting* dans la protection de la culture sámi ont fait l'objet d'une étude très attentive à partir de 1993. Le Comité a porté son attention sur un aspect épineux de la protection de la culture et du mode de vie sámi : leurs droits sur les ressources naturelles et à la terre dans le Finnmark[81].

---

[77] Loi n° 86-2 du 3 janvier 1986 *relative à l'aménagement, la protection et la mise en valeur du littoral.*

[78] Denis BERTHELOT, « La loi littoral : une vue d'ensemble »,13 juin 2008, consulté sur le site du Ministère de l'écologie, du développement durable et de l'énergie, http://www.outil2amenagement.certu.developpement-durable.gouv.fr/loi-littoral-une-vue-d-ensemble-par-denis-a660.html.

[79] La *Déclaration des Nations unies sur les droits des peuples autochtones* (DDPA) a été adoptée le 13 septembre 2007 par une résolution de l'Assemblée générale de l'ONU du 12 septembre 2007, document A/RES/61/295. Le texte de la Déclaration a été adopté par 144 États dont la France et la Norvège. Quatre États avaient voté en défaveur du texte puis se sont ravisés au cours de l'année 2010. L'Australie l'a adopté le 3 avril 2009, la Nouvelle-Zélande le 20 avril 2010, le Canada le 12 novembre 2010, et les États-Unis le 16 décembre 2010.

[80] Loi n° 85 du 17 juin 2005, *Om rettsforhold og forvaltning av grunn og naturressurser i Finnmark fylke.*

[81] NOU 1993 : 34 *Rett til og forvaltning av land og vann i Finnmark.* (10 octobre 1993).

Restant à cette époque sans réponse claire, l'étude du Comité, qui s'est fondé sur les récents développements nationaux et internationaux, s'est poursuivie pour aboutir en 1997 à un autre rapport concernant l'utilisation de l'espace dans le Finnmark et proposant un projet de loi pour réguler les droits fonciers des Sámi et des habitants non sámi dans le département de Finnmark[82].

La question des droits fonciers à l'intérieur du Finnmark a donc fait l'objet de nombreuses études menées par le comité et le ministère de la justice au cours de ces dix dernières années[83].

Dans chacun de ses études et rapports, et particulièrement dans son rapport de 1997, le S*amerettsutvalget* a tenu compte du contexte historique et de la mixité de population du Finnmark et aussi des liens étroits qu'entretiennent les peuples autochtones avec leurs terres ancestrales et leurs ressources naturelles[84].

De plus, en application du principe de non-discrimination, le Comité a pris en compte à la fois les intérêts des Sámi et ceux de la population locale non autochtone dans la gestion des ressources et l'utilisation de la terre. Quelle que soit leur origine ethnique, les habitants du Finnmark ont des droits et un accès égal aux ressources naturelles.

Mais la mise en œuvre de ce principe en Laponie norvégienne fait l'objet d'un vif débat parmi la population norvégienne. En effet, l'application du principe de non-discrimination a une conséquence institutionnelle : le *Sameting*, le conseil départemental et les conseils municipaux seraient alors tous compétents pour gérer et administrer le territoire ainsi que les ressources naturelles dans le Finnmark. Ainsi, le *Sameting* trouverait sa place naturellement aux côtés des deux autres organes. Mais le Parlement sámi, bien que situé dans le Finnmark, a une vocation de représentation nationale des Sámi vivant en Norvège. Sa localisation est un acte symbolique fort, mais il n'a pas d'assise territoriale. Il n'est pas une Assemblée territoriale comme en dispose la collectivité territoriale de Corse. C'est un Parlement national sans terre juridiquement délimitée. Il permet aux Sámi d'exercer une autonomie culturelle et personnelle.

Le *Sameting* est reconnu comme un organe doté de compétences administratives et n'est pas subordonné aux autres organes précités, qui, eux, sont locaux. Cette indépendance du *Sameting* par rapport au conseil départemental et aux conseils municipaux est d'ailleurs réciproque.

Le *Sameting* est devenu un Parlement à vocation de représentativité nationale puisqu'il représente tous les Sámi de Norvège quel que soit leur lieu de résidence ;

---

[82] NOU 1997 : 4 *Naturgrunnlaget for samisk kultur* (janvier 1997). Voir aussi Ot.prp.nr.53 (2002-2003), *Om lov om rettsforhold og forvaltning av grunn og naturressurser i Finnmark fylke (Finnmarksloven)*, p. 12.

[83] NOU 2001 : 34 *Samiske sedvaner og rettsoppfatninger*, décembre 2001.

[84] Ot.prp.nr.53 (2002-2003), *Om lov om rettsforhold og forvaltning av grunn og naturressurser i Finnmark fylke (Finnmarksloven)*,p. 14.

il est doté de compétences administratives et ressemble en ce sens à un conseil municipal sans terre.

Enfin, la dernière ligne directrice suivie par le Comité fut de donner une priorité à une utilisation durable et écologique de la nature. Ce développement durable étant une condition nécessaire pour assurer aux peuples autochtones une base matérielle pour le développement et le maintien de leur culture.

Le *Samerettsutvalget* (Commission sur les droits des Sámi) dans son rapport de 1997[85] avait tenté de répondre à la question du droit de propriété collective et de la gestion des droits fonciers dans ce département ; il avait proposé alors une double autogestion :

* D'une part, le *Finnmark grunnforvaltning*, qui est la gestion et l'administration communes de la plus grande partie du territoire du Finnmark par un organe indépendant le *Finnmarkseiendommen*, contrôlé par les conseils municipaux, départementaux, et par le *Sameting*. Il s'agit d'exercer une compétence partagée entre les organes non sámi et sámi.

La Commission souhaitait favoriser la gestion, l'administration par les Sámi d'une partie de leurs territoires et de leurs ressources naturelles, mais en revanche il ne leur accorde pas de droit de propriété collective en tant que peuple autochtone. Ils ont la responsabilité de leurs terres mais pas de propriété en tant que telle.

Sur un plan plus technique, la gestion du Finnmark est confiée à un conseil d'administration composé de 8 membres. La majorité de la Commission était favorable à ce que le conseil départemental du Finnmark et le *Sameting* nomment chacun quatre membres et que les fonctions de directeur et vice-directeur soient exercées tous les deux ans. Une minorité proposait que le conseil départemental nomme cinq membres, le *Sameting* trois et que la direction se constitue elle-même.

Selon cette administration, le principe est que le sol du Finnmark doit faire l'objet d'une utilisation commune par les habitants du département et servir des intérêts communs. Par exception, l'administration du Finnmark peut être autorisée pour une utilisation privée/individuelle/exclusive, après évaluation des intérêts d'une telle utilisation sur le territoire. Cependant ceci ne s'applique pas pour les territoires qui sont, ou vont, servir pour la transhumance des rennes.

* D'autre part, le *Samisk grunnforvaltning* est la gestion et l'administration de l'autre partie du Finnmark par le *Sameting*. Il s'agissait ici d'une compétence propre accordée aux Sámi.

Les règles sont similaires à celles relatives à la gestion par le conseil administratif du Finnmark. La différence entre les deux organes concernait la

[85] Rapport du *Samerettsutvalget*, NOU 1997: 4 *Om Naturgrunnlaget for samisk kultur, op.cit.*

composition : la représentation sámi devait être bien plus importante au sein du conseil administratif sámi qu'au conseil administratif du Finnmark.

En se fondant sur ces travaux de la Commission sur les droits des Sámi *(Samerettsutvalget)*, le Parlement norvégien a voté la loi sur le Finnmark le 17 juin 2005 *(Finnmarksloven)*.

D'un point de vue technique, la loi prévoit l'établissement de plusieurs organes de gestion du territoire et des ressources naturelles[86] : le Conseil départemental (le *fylkesting*), doté du pouvoir décisionnel ; un nouvel organe indépendant (le *Finnmarkseiendommen*) à qui le droit de propriété a été transféré par *Statskog*[87]. Il a le statut de « propriétaire-conseiller » pour l'ensemble des terres qui appartenaient à l'État (soit environ 95 % des terres du comté). Cet organe est dirigé par un conseil dont six membres sont nommés par le Parlement sámi et six autres par le Conseil départemental du Finnmark. L'État nomme un membre.

Afin d'étudier et de recenser les droits existants, la loi a créé une Commission spéciale pour le Finnmark *(Eiendommsrett)*. En cas de désaccord sur les conclusions de la commission, les parties peuvent saisir le tribunal des terres laissées en jachère du Finnmark, qui est une juridiction d'exception et dont les jugements ont force obligatoire.

Le Parlement sámi *(Sameting)*, compétent pour toutes les questions relatives à la sauvegarde et au développement de la culture autochtone sámi, participe aussi à l'administration du territoire du Finnmark.

Toutes les communes du Finnmark sont concernées : après un vote à majorité du conseil municipal, chaque commune du Finnmark peut entrer dans un système de gestion sámi à condition que la majorité des habitants le souhaite et que cela mène vers une utilisation traditionnelle des terres non cultivées.

Outre les règles de gestion exposées précédemment, la loi sur le Finnmark porte plusieurs objectifs.

En premier lieu, elle vise à apaiser les conflits d'intérêts et les tensions entre l'État, les habitants du Finnmark non sámi et le peuple autochtone sámi. Elle cherche donc à établir une certaine sécurité juridique en proposant des réponses à des questions relatives à l'aspect matériel de la culture sámi, l'utilisation des terres sauvages *(utmark)* par tous les habitants sans discrimination, et le développement économique fondé sur une utilisation durable *(bærekraftig)* des ressources naturelles.

---

86 Le contenu de la loi sur le Finnmark est expliqué davantage dans le Chapitre 6, Section 2, § 2, Sous-partie B.

87 Petter HENRIKSEN, « Statskog SF », *in Store norske leksikon, Kunnskapsforlaget Oslo*, consulté le 11 décembre 2012 sur le site internet http://snl.no.

Grâce à cette loi, la problématique des droits fonciers est appréhendée par l'instauration d'une cogestion des terres et des ressources naturelles dans le comté de Finnmark. L'instauration du *Finnmarkseiendommen* semble pour le moment avoir contribué à l'établissement d'un réel consensus politique entre l'État, le *Sameting* et le Conseil départemental, au sujet des droits fonciers des Sámi[88].

De plus, la loi de 2005 traduit une volonté de cohérence entre le droit interne et la politique extérieure sur les droits des peuples autochtones que l'État norvégien promeut sur le plan international.

D'une part, en se conformant aux exigences des instruments internationaux ratifiés par la Norvège *(Convention nº 169 sur les droits des peuples tribaux et indigènes* et, au moment de l'entrée en vigueur de la loi sur le Finnmark, la *Déclaration sur les droits des peuples autochtones*, alors encore à l'état de projet et qui fut finalement adoptée par les Nations unies le 13 septembre 2007).

D'autre part, l'État et quelques organisations norvégiennes s'engagent régulièrement auprès d'autres collectivités autochtones à travers le monde pour améliorer leur statut juridique. Par exemple, le programme norvégien NORAD, qui soutient les autochtones en Amérique latine, ou encore le programme qui promeut la lutte du peuple Sarawak pour la reconnaissance des droits fonciers en Malaisie. Récemment, depuis 2011-2012, on peut également citer l'investissement éthique, juridique et financier de l'État norvégien dans le programme des Nations unies REDD concernant les forêts équatoriales.

Ainsi, la loi sur le Finnmark semble s'inscrire dans une éthique défendue par l'État norvégien, celle de promouvoir la paix et les droits de l'homme dans le monde.

Loi aux objectifs multiples, la loi sur le Finnmark, participe indirectement à une gestion de la terre et des ressources naturelles par les Sámi eux-mêmes, certes non pas en leur reconnaissant un droit de propriété collective fondé sur leur autochtonie mais à travers l'instauration de mécanismes de reconnaissance de droits fonciers subjectifs.

Ainsi, la nouveauté de cette loi, qui ne se prononce pas sur la question de savoir à qui appartiennent les terres et ressources naturelles du Finnmark, est la recherche explicite d'une conciliation des intérêts de la majorité de la population locale, de l'État et des Sámi à travers la technique d'arrangements ou de contrats de gestion de certaines parties du Finnmark attribués aux Sámi.

La loi de 2005 entraîne des modifications fondamentales dans l'histoire de l'administration du département avec un renforcement de la démocratie locale en

[88] Eva JOSEFSEN, Siri U. SØRENG, Per SELLE, « Regional Governance and Indigenous Rights in Norway: The Finnmark Estate Case » *in* Thora Martina HERRMANN, Thibault MARTIN, *Indigenous Peoples' Governance of Land and Protected Territories in the Arctic*, éd. Springer International Publishing, 2016, p. 38.

confiant aux habitants, sámi ou non, du Finnmark l'exercice d'un pouvoir consultatif et d'initiative.

§ 2. Le droit à la participation effective à la vie publique

La vulnérabilité des minorités nationales et des peuples autochtones se trouve accentuée lorsque l'État sur le territoire duquel ils résident pratique une politique discriminatoire et oppressive, mais si l'État respecte la diversité culturelle et les droits de l'homme, les minorités à travers leurs représentants sont aussi capables d'être acteurs de leur destin collectif et de jouer un rôle essentiel dans le maintien de leurs caractéristiques ethniques, linguistiques, sociales et économiques, ou plus largement dans la vitalité de leurs identités culturelles propres. « La participation effective garantit que les représentants des personnes appartenant aux minorités nationales peuvent intervenir efficacement dans les décisions publiques qui permettent la préservation et le développement des identités minoritaires.[89] »

Le droit international et européen relatif aux droits des minorités et des peuples autochtones énonce le droit pour les personnes appartenant à des minorités de participer effectivement aux affaires publiques tant à travers les institutions nationales qu'à travers leurs propres institutions représentatives. Il est un droit constituant un des fondements de la protection internationale et européenne des minorités nationales (A).

Si le droit à la participation effective n'était pas reconnu par le droit international, l'énonciation des droits spécifiques promouvant l'identité culturelle des minorités serait incomplète. Ces droits sont indispensables aux minorités et aux peuples autochtones pour maintenir la vitalité et la singularité de leurs cultures.

L'exercice d'un droit à la participation effective est étroitement lié au statut juridique de minorités nationales et/ou de peuple autochtone. Il traduit leur dynamisme dans le maintien et la promotion de leur identité culturelle au sein des États. À travers leur participation à la vie politique, économique, sociale et culturelle, les représentants acquièrent un rôle de consultants, de proposition normative, auprès des instances étatiques dans les domaines les concernant.

Dans la mesure où la *Convention-cadre pour la protection des minorités nationales* et la *Déclaration des droits des personnes appartenant à des minorités nationales ou ethniques,*

---

[89] Marc WELLER, « Rapport : Évaluation des premiers résultats de suivi de la Convention-Cadre pour la protection des minorités nationales relatifs à la question de la participation effective des personnes appartenant à des minorités nationales (1998-2003) », *in Du contour au contenu : Cinq années de suivi de la Convention-cadre pour la protection des minorités nationales*, publication du Conseil de l'Europe, septembre 2004, p. 75.

religieuses et linguistiques, d'une part, ainsi que la *Convention n° 169 relative aux peuples indigènes et tribaux* et la *Déclaration sur les droits des peuples autochtones*, d'autre part, servent de cadre de référence, elles orientent et guident les États dans leur politique envers leurs minorités, mais elles laissent aux États concernés le soin de définir les conditions de mise en œuvre de leur droit à la participation effective.

La participation effective implique alors pour les acteurs étatiques et les représentants des minorités de coopérer et de dialogue entre eux afin de (re)définir les conditions de relations apaisées. Le droit à la participation effective contribue à la recherche d'une conciliation entre les intérêts des acteurs concernés.

Conformément à l'esprit du Conseil de l'Europe et des Nations unies, l'État norvégien a multiplié les dialogues avec les représentants sámi pour tenter de mettre en œuvre leur droit de participation effective dans le droit norvégien ; et bien que les Corses n'aient pas le statut de minorité nationale ou de peuple autochtone, le droit à la participation effective est aussi exercé **(B)**.

A. Un droit constituant un des fondements de la protection internationale et européenne des minorités nationales

Le droit à la participation effective dans les affaires publiques est un droit fondamental attribué aux personnes appartenant à des minorités nationales **(a)**. Il est aussi reconnu aux peuples autochtones qui l'exercent en tant que collectivités autochtones à travers, dans la mesure du possible, leurs propres institutions représentatives. Cette dimension institutionnelle propre donne à leur participation effective un caractère particulier **(b)**.

a. Un droit fondamental pour les personnes appartenant à des minorités nationales

Pour ne pas encourager les tendances séparatistes, le droit à la participation effective est énoncé dans les instruments juridiques ayant une conception universelle et individuelle des droits de l'homme et il n'est accordé qu'aux personnes membres de minorités ; c'est pour cette raison qu'il a pour fondement le principe de non-discrimination[90]. Ce principe est énoncé dans plusieurs instruments juridiques[91] qui autorisent les États à adopter des mesures spéciales

---

[90] Certaines personnes sont victimes d'une discrimination croisée et sont ainsi plus vulnérables encore que les autres et plus fortement exposées à la marginalisation. Il s'agit notamment des travailleurs migrants, des personnes handicapées, des femmes, des enfants…

[91] Par exemple, la *Convention européenne des droits de l'homme* (art. 14), la *Convention internationale sur l'élimination de toutes les formes de discrimination raciale* (art. 1er § 4 et art. 2 § 2), ou bien la *Convention-cadre pour la protection des minorités nationales* (art. 4, par. 2).

et concrètes pour garantir aux personnes appartenant à des minorités, comme à celles appartenant à la majorité, la jouissance et l'exercice des droits de l'homme dans tous les domaines de la vie économique, sociale, politique et culturelle.

Parmi les mécanismes discriminants, on peut mentionner les systèmes électoraux qui désavantagent la représentation des minorités avec entre autres le découpage des circonscriptions électorales, les partis politiques critiques et les médias hostiles aux questions touchant aux minorités, les préjugés dans l'électorat, les restrictions portant sur l'enregistrement des partis politiques et pouvant porter atteinte à la liberté de réunion et d'association.

La question de la discrimination est centrale dans la thématique du droit à la participation effective car elle retirerait aux membres des minorités la capacité d'exercer leurs droits culturels, sociaux, économiques et politiques et ainsi de participer à la vie publique.

C'est pourquoi, comme le souligne l'experte indépendante sur les questions relatives aux minorités, la participation doit être effective et non pas seulement formelle : « Des dispositions constitutionnelles sur la participation des minorités ne suffisent pas à elles seules à garantir une participation effective.[92] »

La Société des Nations, pourtant concernée par la protection des minorités, ne prévoyait pas un droit de participation effective détenu par les membres des minorités.

La notion de participation effective étant un sujet sensible, elle a d'abord été abordée sous l'angle universaliste des droits de l'homme et de la non-discrimination à partir de 1948 dans la *Déclaration universelle des droits de l'homme.*

Avant les années 1990, ce sont uniquement les standards internationaux relatifs aux droits de l'homme et aux libertés fondamentales qui l'énoncent. La participation politique a d'abord été traitée en des termes généraux, par l'article 25 du *Pacte international relatif aux droits civils et politiques*, qui pose le droit de toute personne, et sans discrimination, de prendre part à la direction des affaires publiques, soit directement, soit par l'intermédiaire de représentants librement choisis, ainsi que le droit de voter et d'être élu, au cours d'élections périodiques.

L'article 21 de la *Déclaration universelle des droits de l'homme* (1948) déclare aussi que « Toute personne a le droit de prendre part à la direction des affaires publiques de son pays, soit directement, soit par l'intermédiaire de représentants librement choisis. »

La Convention européenne des droits de l'homme ne prévoit pas un droit de participation effective détenu par les membres des minorités ni ne prévoit de

[92] Rapport de l'experte indépendante sur les questions relatives aux minorités, Conseil des droits de l'homme, 13e session, « Promotion et protection de tous les droits de l'homme, civils, économiques, sociaux et culturels, y compris le droit au développement », *op.cit.*, p. 17.

dispositions spécifiques aux minorités, mais elle les protège indirectement en garantissant, selon le principe de non-discrimination énoncé dans son article 14, certains droits individuels en vue de préserver les éléments composant l'identité : la liberté religieuse incluant l'exercice du culte, les pratiques et les rites religieux et l'enseignement de la religion. La liberté d'expression implique que les minorités nationales puissent avoir accès aux médias écrits et sonores sans discrimination, mais aussi que leurs membres puissent diffuser des informations et des idées dans les langues minoritaires au-delà des frontières et sans ingérence des autorités publiques, avec les groupes d'autres États auxquels ils sont liés par leur langue, la religion ou leur origine ethnique ou nationale.

Le droit à la participation effective ne fait pas partie des droits culturels énoncés par le *Pacte sur les droits économiques, sociaux et culturels* (1966), ni par l'article 27 du *Pacte international relatif aux droits civils et politiques* (1966), qui consacre le droit d'avoir une vie culturelle propre, le droit de professer et de pratiquer sa propre religion et le droit d'employer sa propre langue. Bien que l'article 27 soit une des rares dispositions d'un instrument conventionnel à caractère universel traitant spécifiquement des droits des membres de minorités, il ne contient pas de disposition spécifique concernant le droit de participation des minorités aux affaires publiques.

L'interprétation large du « droit d'avoir une vie culturelle propre » donnée par le Comité des droits de l'homme inclut les activités économiques traditionnelles[93] des minorités et des peuples autochtones car « la culture peut s'exprimer notamment par un certain mode de vie associé à l'utilisation des ressources naturelles, en particulier dans le cas des populations autochtones[94] ».

Mais même à travers ses interprétations élargies du contenu des droits culturels, le Comité ne se prononce pas sur la participation des minorités aux affaires publiques. Le seul aspect institutionnel qui ressort de l'article 27 porte sur la création, le maintien et le développement d'organismes culturels. Mais le Comité des droits de l'homme ne semble pas aller dans le sens d'une représentation à travers des institutions autonomes.

Le droit à la participation aux affaires publiques est un droit politique individuel spécifique qui a progressivement été reconnu aux membres des minorités nationales.

À partir des années 1990, avec la chute des régimes communistes en Europe centrale et orientale, le droit international relatif aux droits des minorités et des

---

[93] Comité des droits de l'homme, *Ivan* Kitok *c. Suède*, communication n° 197/1985, § 9.2, document CCPR/C/33/D/197/1985 et *Lubikon Lake Band c. Canada*, communication n° 167/1984, § 32.2, document CCPR/C/38/D/167/198.

[94] Les droits des minorités (art. 27), Observation générale n° 23, Comité des droits de l'homme, § 7.

peuples autochtones[95] a connu un véritable essor. Il faut attendre cette nouvelle génération d'instruments spécifiques pour qu'apparaissent expressément un droit à la participation effective pour les personnes appartenant à des minorités et à des peuples autochtones.

Aux côtés des normes protégeant l'intégrité physique des membres des minorités nationales, d'autres normes, complémentaires, faisant peser sur les États parties des obligations liées à la préservation et à la promotion de l'identité culturelle des minorités sont apparues dans le droit international relatif aux droits de l'homme.

Ces instruments soulignent la nécessité pour les membres des minorités nationales de participer effectivement à des prises de décisions politiques tant au niveau local qu'au niveau national. En outre, les personnes appartenant à des minorités devraient avoir les moyens de participer effectivement à la vie sociale, culturelle, religieuse, économique et dans les affaires publiques, et notamment pour les affaires les concernant directement. Plus précisément, la notion de participation à la vie publique « inclut le droit de prendre part à la direction des affaires publiques, de vote, d'être élu et d'accéder à des fonctions publiques. Elle inclut aussi la participation aux organes gouvernementaux, aux instances judiciaires, aux formes décentralisées et locales de gouvernement et à la vie publique par l'intermédiaire de dispositifs d'autonomie culturelle ou territoriale ». La participation à la vie économique et sociale implique quant à elle une « participation aux projets de développement, l'accès à l'emploi, à la terre, au logement, aux soins de santé, à la protection sociale » ; quant à la participation à la vie culturelle, elle inclut entre autres « l'accès à l'éducation, aux médias, et à la protection de l'identité culturelle[96] ».

La participation effective est essentielle car elle est la base de la réalisation de tous les droits individuels des personnes appartenant à des minorités ethniques, nationales, religieuses ou linguistiques. Lors du deuxième Forum[97] sur les questions relatives aux minorités, qui s'est tenu à Genève en novembre 2009, il a été reconnu que : « C'est par une participation effective qu'une personne exprime

---

[95] Expression empruntée à Norbert ROULAND, Stéphane PIERRE-CAPS et Jacques POUMAREDE, *Droit des minorités et des peuples autochtones*, P.U.F, 1996.

[96] Définitions issues du rapport de l'experte indépendante sur les questions relatives aux minorités, Conseil des droits de l'homme, 13e session, « Promotion et protection de tous les droits de l'homme, civils, économiques, sociaux et culturels, y compris le droit au développement », 7 janvier 2010, document A/HRC/13/23, § 32-33, p. 10.

[97] Dans sa résolution 6/15 du 28 septembre 2007 le Conseil des droits de l'homme a établi un *forum* sur les questions relatives aux minorités (« le Forum »), qui doit servir de plate-forme pour promouvoir le dialogue et la coopération sur les questions relatives aux personnes appartenant à des minorités nationales ou ethniques, religieuses et linguistiques.

et protège son identité, garantissant la survie et la dignité de la minorité[98] ». À cette occasion, les participants ont rappelé qu'outre la protection de l'identité culturelle et la dignité des personnes membres de minorités, le droit à la participation effective donne un rôle aux minorités dans la société, prévient les conflits sur le territoire étatique, instaure une société équitable et oblige les États à instaurer les éléments d'une bonne gouvernance. À la lecture de ces enjeux énoncés par le deuxième Forum, on comprend à quel point le droit à la participation effective contribue à la conciliation des identités des groupes minoritaires avec les exigences étatiques.

En droit européen, selon le paragraphe 35 du *Document de la Réunion de Copenhague de la Conférence sur la dimension humaine* adopté dans le cadre de la Conférence sur la sécurité et la coopération en Europe (CSCE) le 29 juin 1990, les États participants de l'Organisation pour la sécurité et la coopération en Europe (OSCE), anciennement CSCE, s'engagent à respecter « le droit des personnes appartenant à des minorités nationales de participer effectivement aux affaires publiques, notamment aux affaires concernant la protection et la promotion de l'identité de telles minorités ».

Le rapport de la réunion d'experts de la CSCE sur les minorités nationales avait souligné à cet égard la nécessité pour celles-ci d'avoir « la possibilité effective de jouer un rôle[99] » lorsque sont « débattus dans leur pays des problèmes relatifs à la situation des minorités nationales » et que leur participation directe ou par des représentants devait être prévue dans des organes de décision ou consultatifs.

L'article 15 de la *Convention-cadre pour la protection des minorités nationales* du Conseil de l'Europe énonce que les États parties « s'engagent à créer les conditions nécessaires à la participation effective des personnes appartenant à des minorités nationales à la vie culturelle, sociale et économique ainsi qu'aux affaires publiques, en particulier celles les concernant ».

Cette Convention a été le premier instrument international contraignant à énoncer spécifiquement ce droit pour les personnes appartenant à des minorités nationales.

De plus, l'article 15 élargit la participation effective à la vie sociale, culturelle et économique sans la restreindre exclusivement au domaine politique. Son domaine d'application est donc large.

---

[98] Rapport de l'experte indépendante sur les questions relatives aux minorités, Conseil des droits de l'homme, 13e session, Promotion et protection de tous les droits de l'homme, civils, économiques, sociaux et culturels, y compris le droit au développement, *op.cit.*, p. 9.

[99] Rapport de la réunion d'experts de la CSCE sur les minorités nationales, Genève, 1er-19 juillet 1991, éd. OSCE, partie III, § 1.

Dans la *Convention-cadre,* la participation effective se trouve aux côtés des droits spécifiques reconnus aux membres des minorités. Il côtoie la liberté pour les membres des minorités d'utiliser leur langue minoritaire dans les relations privées ou publiques, au cours d'une procédure pénale et, selon les termes de l'article 10, « dans la mesure du possible » dans les relations avec les autorités administratives. Dans un souci de dialogue et de tolérance, l'article 12 de la Convention-cadre fait aussi peser sur les États l'obligation de prendre des mesures pour promouvoir la connaissance de la culture, de l'histoire, de la langue et de la religion des minorités nationales. À travers la liberté d'enseignement, l'article 13 reconnaît le droit aux minorités de créer et de gérer leurs propres établissements privés d'enseignement et de formation. L'article 14 a le souci de respecter l'identité linguistique des minorités nationales et il reconnaît donc un droit d'apprendre la langue minoritaire, mais il reste imprécis quant à son apprentissage à l'école publique et sur le droit de recevoir un enseignement dans cette langue. Les personnes appartenant à des minorités ont cependant l'obligation d'apprendre la langue officielle dans le but de préserver la cohésion et l'unité nationale des États parties.

Le droit à la participation effective peut être lu conjointement avec l'article 5 de la *Convention-cadre*, qui énonce que les États parties ont l'obligation « de promouvoir les conditions propres à permettre aux personnes appartenant à des minorités nationales de conserver, de développer leur culture ainsi que de préserver les éléments essentiels de leur identité, que sont leur religion, leur langue, leurs traditions et leur patrimoine culturel ». Tous deux participent à la sauvegarde et à la promotion de l'identité des minorités nationales.

Le rapport explicatif de la *Convention-cadre* du Conseil de l'Europe présente des mesures positives que les États concernés peuvent adopter : « Afin de créer les conditions nécessaires à la participation effective des personnes appartenant à des minorités nationales, les Parties pourraient – dans le cadre de leur ordre constitutionnel – promouvoir notamment les actions suivantes :

> – la consultation de ces personnes par des procédures appropriées et, en particulier, à travers leurs institutions représentatives, lorsque les Parties envisagent des mesures législatives ou administratives susceptibles de les toucher directement ;
>
> – l'association de ces personnes à l'élaboration, à la mise en œuvre et à l'évaluation des plans et programmes de développement national et régional, susceptibles de les toucher directement ;
>
> – la réalisation d'études, en coopération avec ces personnes, afin d'évaluer l'incidence que les activités de développement prévues pourraient avoir pour elles ;
>
> – la participation effective de personnes appartenant à des minorités nationales dans les processus de prise de décision et dans les instances élues à la fois aux plans national et local ;

– des formes décentralisées ou locales d'administration.[100] »

Malgré tout, ce rapport explicatif reste vague et ne précise pas si la représentation des minorités nationales se fait à travers des institutions politiques comme une assemblée régionale ou un parlement national ou si les institutions créées par l'État sont d'ordre culturel uniquement[101]. Florence Benoit-Rohmer montre l'imprécision de cet article et, à propos du droit de participation aux affaires publiques, elle suggère que « ce droit implique certainement, ainsi que le reconnaît indirectement la CEDH, le droit pour les membres des minorités nationales de participer aux élections et d'être consulté sur les textes législatifs ou gouvernementaux les concernant. En revanche, il ne couvre pas celui pour la minorité d'être représentée en tant que telle au niveau du Parlement national ou de disposer d'administrations locales autonomes. Le rapport explicatif envisage à titre d'exemple la possibilité de permettre aux minorités de participer au processus de prise de décision et aux instances élues à la fois sur le plan national et local. La mise en place de formes décentralisées ou locales d'administration pourrait aussi entrer dans ce cadre[102] ». Cette hésitation du Conseil de l'Europe traduit l'absence de consensus sur cette question et la préoccupation constante de protéger la souveraineté des États. Cette position apparaît cohérente puisque les titulaires des droits accordés sont les personnes appartenant à des minorités nationales et non le groupe minoritaire.

Dans la *Déclaration des Nations unies sur les droits des personnes appartenant à des minorités*, les articles 2(2) et 2(3) énoncent que « les personnes appartenant à des minorités ont le droit de participer pleinement à la vie culturelle, religieuse, sociale, économique et publique » et que « les personnes appartenant à des minorités ont le droit de prendre une part effective, au niveau national et, le cas échéant, au niveau régional, aux décisions qui concernent la minorité à laquelle elles appartiennent ou les régions dans lesquelles elles vivent, selon des modalités qui ne soient pas incompatibles avec la législation nationale ».

Cette participation effective des minorités d'une part à la conduite des affaires publiques et d'autre part à tous les aspects de la vie politique, économique, sociale et culturelle du pays dans lequel elles vivent est essentielle pour combattre l'exclusion sociale et contribuer à préserver leur identité.

---

100 *Convention-cadre pour la protection des minorités nationales*, *Recueil des textes*, éditions du Conseil de l'Europe, septembre 2008, p. 34.

101 Au contraire, le projet de protocole additionnel à la CEDH était plus favorable pour les membres des minorités car il prévoyait dans son article 11 le droit pour les personnes appartenant à des minorités nationales de disposer d'administrations locales ou autonomes appropriées ou d'un statut spécial, correspondant à la situation historique et territoriale spécifique et conformes à la législation nationale de l'État.

102 Florence BENOIT-ROHMER, « La Convention-cadre du Conseil de l'Europe pour la protection des minorités nationales », *European Journal of International Law*, vol 6, n° 1, 1995, p. 23-24.

L'article 2(2) pose un « droit de participation » et un « droit de prendre une part effective ». Selon le Comité des droits économiques, sociaux et culturels, les termes « participer » et « prendre part » ont la même signification et sont utilisés de manière indifférenciée dans les instruments internationaux et régionaux. Il définit la participation comme « le droit de chacun – seul, en association avec d'autres ou au sein d'une communauté – d'agir librement, de choisir sa propre identité, de s'identifier ou non à une ou plusieurs communautés données ou de modifier ce choix, de prendre part à la vie politique, d'exercer ses propres pratiques culturelles et de s'exprimer dans la langue de son choix. Chacun a aussi le droit de rechercher et de développer des connaissances et des expressions culturelles et de les partager avec d'autres, ainsi que d'agir de manière créative et de prendre part à des activités créatrices.

« Ceci implique que des mécanismes en droit interne soient mis en place pour que les minorités puissent être représentées dans les institutions publiques et la fonction publique y compris l'appareil judiciaire[103]. »

La condition d'effectivité de la participation des membres de minorités oblige les États à ne pas se contenter d'une participation simplement formelle de leur part mais à veiller à ce que la participation « influe de manière significative sur les décisions prises et permette, dans toute la mesure possible, un sens d'appropriation partagée des mesures adoptées[104] ».

Le Conseil de l'Europe et les Nations unies conçoivent l'exercice du droit à la participation effective dans les affaires publiques sur deux niveaux, celui de l'administration centrale et celui des organes subsidiaires de l'État lorsque celui-ci est décentralisé.

Selon les Recommandations de Lund[105], le droit à la participation effective des membres de minorités s'entend comme la participation à la prise de décision dans les affaires de la vie économique, politique, sociale et culturelle du pays dans lequel les minorités vivent. Dans cette perspective, l'État unitaire doit assurer une représentation des minorités au sein d'organes décisionnels en leur réservant des sièges ou bien encore en assurant une représentation au sein de comités.

Il signifie aussi une participation, un rôle des minorités dans les organes consultatifs existant à l'échelon national, régional et local. Ces comités peuvent faire partie du pouvoir législatif ou exécutif ou bien être indépendants. Ils peuvent aussi être permanents ou être mis en place pour des besoins spécifiques.

---

[103] Comité des droits économiques, sociaux et culturels, Observation générale n° 21 relative au droit de chacun de participer à la vie culturelle (art. 15, § 1 a), du Pacte international relatif aux droits économiques, sociaux et culturels, *E/C.12/GC/21*, p. 4.

[104] *Droits des minorités : Normes internationales et indications pour leur mise en œuvre*, publication du Haut Commissariat des Nations unies, New York et Genève, 2010, p. 13.

[105] « Les recommandations de Lund sur la participation effective des minorités nationales à la vie publique », in *Foundation on Inter-Ethnic Relations*, septembre 1999, Office of the OSCE High Commissioner on the National Minorities, p. 30.

Comportant ainsi des représentants des minorités, ces comités donnent des avis et peuvent servir d'intermédiaires entre les groupes minoritaires concernés et les représentants étatiques.

Ce type de comité a par exemple été mis en place en Norvège sous le nom du *Samerettutvalget*, comité nommé par le gouvernement norvégien en 1980 pour étudier les droits culturels, politiques et fonciers des Sámi.

Enfin, l'autogestion est une autre modalité du droit de participation effective à la vie publique. Elle implique l'exercice par la collectivité d'un certain degré de contrôle sur les affaires qui la concernent. Des administrations locales ou autonomes sont mises en place par l'État central, dans le cadre d'une politique de décentralisation ou d'une délégation de pouvoirs par exemple. Mais l'État reste le seul responsable dans les domaines de la défense, de la politique macroéconomique et des affaires diplomatiques traditionnelles.

Pour améliorer la participation effective des minorités, un partage du pouvoir réglementaire sur la base de dispositions territoriales ou non (ou une combinaison des deux) peut être assuré. Les formes non territoriales de gestion appelées aussi « autonomie personnelle ou culturelle » sont utiles « pour sauvegarder et développer l'identité et la culture des minorités nationales[106] » quand un groupe est géographiquement éparpillé.

Parmi les attributions partagées et réglementées, figurent l'éducation (possibilité de définir les programmes pour l'enseignement des langues et de la culture des minorités), l'utilisation des langues minoritaires, la religion (pas d'ingérence de l'État), les médias (la possibilité de créer et d'utiliser leurs propres médias).

L'autonomie territoriale limitée visant à préserver l'intégrité territoriale de l'État est quant à elle fondée sur une notion d'espace et elle permet aux minorités, surtout linguistiques ou culturelles, d'exercer un ensemble de droits au sein d'une région donnée dans laquelle la minorité se concentre. Les dispositions territoriales sont prises sur la base du principe de subsidiarité (art. 4 de la *Charte européenne de l'autonomie locale*) et permettent aux États des délégations de pouvoirs incluant des fonctions spécifiques d'autogestion. Des administrations locales, régionales ou autonomes sont mises en place selon la situation historique et territoriale des minorités concernées. Elles ont des pouvoirs en matière d'éducation, de culture, d'environnement, d'aménagement local, de ressources naturelles, de développement économique, de logement et enfin dans le domaine de la santé. Elles assurent conjointement avec l'autorité centrale et régionale des fonctions dans les domaines de la fiscalité, de l'administration de la justice, du tourisme ainsi que de celui des transports.

---

[106] *Recommandations de Lund*, *op.cit.*, p. 13.

Le droit à la participation est un droit politique dont l'exercice effectif est nécessaire aux membres des minorités pour promouvoir leurs identités culturelles car les droits culturels ne suffisent pas à sauvegarder l'identité et la dignité des minorités culturelles. Il s'agit d'un droit politique qui vient compléter la liste déjà établie de droits économiques et sociaux. Se contenter d'énoncer des droits culturels entraîne le risque de reléguer la culture de groupes minoritaires à des musées, au folklore, à un passé dépassé. Alors que le droit à la participation effective dans les affaires publiques revitalise la culture minoritaire, l'inscrit dans une continuité et la fait vivre dans une société en évolution.

b. Le cas particulier des peuples autochtones

Le droit de participation effective des peuples autochtones comporte deux volets : d'une part, en tant que citoyens, ils doivent être associés à la vie politique, économique, sociale et culturelle nationale et locale du pays dans lequel ils vivent, et d'autre part, du fait de leur autochtonie, ils ont le droit de se prononcer à travers leurs propres institutions sur les affaires concernant leur collectivité ou les territoires sur lesquels ils vivent.

Parmi les instruments internationaux portant sur la participation effective des peuples autochtones, la *Déclaration sur les droits des peuples autochtones* et la *Convention n° 169 relative aux droits des peuples indigènes et tribaux* favorisent spécifiquement la reconnaissance légale et la représentation des peuples autochtones.

Les peuples autochtones sont aussi (souvent) des minorités, et si l'État ne veut pas reconnaître l'existence d'un tel peuple sur son territoire, à défaut, il peut appliquer le droit des minorités, qui, il est vrai, « n'oblige pas à proprement parler les États concernés » mais « celui-ci repose avant tout sur l'émergence d'une démocratie pluraliste au sein d'une société multiculturelle, ce qui exige une protection particulière des libertés d'association et de création des partis politiques[107] ».

À la différence des minorités nationales, théoriquement les peuples autochtones possèdent déjà leurs propres institutions économiques, sociales, culturelles et politiques. C'est même cette dimension institutionnelle qui les caractérise en tant que peuple et leur permet d'exercer leur droit à l'autodétermination interne, et de son respect dépend la protection de leurs identités culturelles.

---

[107] Stéphane PIERRE-CAPS, « Les minorités et la notion de représentation », *Cahiers du Conseil constitutionnel*, n° 23, février 2008, p. 7.

L'enjeu dans ce cas particulier est le respect, la reconnaissance légale et le développement de ces institutions autochtones au sein des États concernés.

Plus les institutions autochtones sont protégées et développées par le droit national, régional et même international, et plus les intérêts économiques, fonciers, sociaux et culturels de ces peuples sont représentés, éventuellement entendus, et plus leurs identités culturelles collectives peuvent être préservées.

Aussi la participation effective des peuples indigènes et tribaux dans les affaires publiques à travers des organes nationaux, régionaux et internationaux jouent un rôle essentiel dans la préservation de leurs identités culturelles.

Seuls les peuples autochtones sont concernés par cette représentation institutionnelle à plusieurs échelles ; c'est pourquoi, par exemple en Norvège, les minorités nationales Kven, Skogfinn et Rom ne sont pas représentées à travers leurs propres institutions, et seul le peuple sámi bénéficie d'une représentation de ses intérêts économiques, sociaux et culturels au sein du Parlement national sámi, le *Sameting*, au plan régional par le Conseil nordique, et au plan international à travers l'Instance permanente sur les droits des peuples autochtones des Nations unies.

La *Convention n° 169*, texte juridiquement contraignant, mentionne dans de nombreux articles[108] le droit pour ces peuples à la préservation et à la promotion de leurs institutions, qu'elles soient traditionnelles ou correspondant à des pratiques actuelles de développement économique, social, culturel, et le droit à la participation effective à la vie publique et aux affaires les concernant y compris à travers leurs propres institutions représentatives.

Ces institutions jouent un rôle très important dans la consultation et la participation des peuples autochtones aux processus de prise de décision qui les concernent dans les domaines politique, économique, culturel et social.

Tout en encourageant explicitement les relations harmonieuses et de coopération entre les États et les peuples autochtones, la *Déclaration sur les droits des peuples autochtones* adoptée par l'Assemblée générale des Nations unies[109] énonce aussi dans ses articles 5, 18, 20 et 34 le droit des peuples autochtones à une participation pleine, effective dans toutes les questions qui les concernent.

La neuvième session de l'Instance permanente des Nations unies sur les questions autochtones et l'Union interparlementaire ont organisé une conférence

---

[108] Articles 2 § 1 ; 4 § 1 ; art. 5 ; et surtout les articles 6 § 1, 7 et 8 de la *Convention relative aux droits des peuples indigènes et tribaux*.

[109] Résolution de l'Assemblée générale des Nations unies 61/295 portant *Déclaration des droits des peuples autochtones*, document A/RES/61/295, 13 septembre 2007.

intitulée « Pour des parlements inclusifs : promouvoir la participation effective des peuples autochtones aux décisions », qui s'est tenue au Mexique du 31 octobre au 3 novembre 2010. Les objectifs de cette conférence furent « d'encourager les parlements nationaux à adopter des résolutions ou des motions reconnaissant la diversité au sein de leurs sociétés en matière de race, d'appartenance ethnique, de religion et de langue, et l'importance de refléter cette diversité dans les institutions publiques telles que le Parlement, d'encourager les États à prendre des mesures, notamment des mesures spéciales, pour mettre fin à la discrimination et garantir la participation effective des minorités et des peuples autochtones à la prise de décision, entre autres au Parlement, et de rappeler que les minorités et les peuples autochtones ont le droit de participer de manière effective à chacune des étapes de l'élaboration et de l'adoption de ces mesures »[110].

B. *Le droit à la participation effective mis en œuvre en droit norvégien et en droit français*

Le droit norvégien n'a pas établi de liste précisant les minorités vivant sur son territoire ni ne donne de définition de la notion de « minorité ». Seuls les Sámi ont été qualifiés de *folkegruppe* (groupe de population) depuis la loi sur les Sámi *(Sameloven)* du 12 juin 1987 et l'insertion de l'article 110a dans la Constitution en 1988.

Malgré cette absence de reconnaissance légale ou constitutionnelle de minorités nationales sur son territoire, l'État norvégien fonde sa protection des Sámi et des autres minorités sur ses engagements internationaux. Il a ainsi reconnu en 1987, à l'occasion de sa ratification de la Convention-cadre du Conseil l'Europe[111], l'existence aux côtés du peuple autochtone sámi, de personnes appartenant aux minorités linguistiques kven[112] ou skogfinn[113], à la minorité ethnique et linguistique rom, et à la minorité religieuse juive[114].

---

[110] Conférence parlementaire internationale portant sur « Les parlements, les minorités et les peuples autochtones : participation effective à la vie politique », Mexique, 31 octobre – 3 novembre 2010, site Internet de l'Union interparlementaire, http://www.ipu.org/

[111] *Proposition nº 80 (1987-1988) relative à la ratification de la Convention-cadre du Conseil de l'Europe du 1er février 1995.* Cette proposition peut être consultée sur le site officiel du Parlement norvégien, www.storting.no, et n'est disponible qu'en langue norvégienne.

[112] Les Kven sont une minorité linguistique. Ils se sont installés en Norvège, principalement dans les Comtés du Nord-Troms et du Finnmark. Ce sont des immigrés venant des régions du nord-est, à savoir la Finlande et la Suède. Leur présence est signifiée dès le Moyen-Âge mais la vague d'immigration principale se situe entre 1720 et les années 1800.

[113] Les Skogfinn sont des immigrés finlandais installés en Norvège depuis les années 1550.

[114] *In* « Samtykke til ratifikasjon av Europarådets rammekonvensjon av 1. februar 1995 om beskyttelse av nasjonale minoriteter », *St.prp. nr. 80 (1997-98)*, § 3.6.1.

Le droit à la participation effective de ces minorités est donc fondé sur la *Convention-cadre pour la protection des minorités nationales* du Conseil de l'Europe ratifiée par la Norvège le 1er juillet 1999.

À l'occasion de la ratification de la Convention par l'État norvégien, le Parlement sámi *(Sameting)* a refusé la qualification de minorité nationale, et préfère garder le statut juridique de peuple autochtone conférant des droits tels qu'énoncés par la *Convention nº 169 relative aux droits des peuples indigènes et tribaux*[115]. Le droit à la participation effective des Sámi a alors un double fondement, celui de la Convention-cadre du Conseil de l'Europe et celui de la Convention nº 169 de l'Organisation internationale du Travail.

À l'inverse les Corses n'ont pas le statut de minorité ou de peuple autochtone en droit français. Seul le territoire insulaire a connu une évolution statutaire dans le cadre de la décentralisation territoriale afin de préserver la spécificité culturelle des Corses liée à leur histoire et à leur langue.

Malgré des fondements juridiques distincts, la participation effective des Sámi et des Corses comporte deux volets : leur participation à la prise de décision **(a)** et à l'autogestion **(b)**.

a. La participation à la prise de décision

Tant en Norvège qu'en France, la participation à la prise de décision se fonde sur le principe de non-discrimination.

En Norvège, la participation effective des minorités et celle du peuple autochtone sámi est fondée sur les engagements internationaux portant sur la protection des minorités et des peuples autochtones, et ceux relatifs à l'interdiction de la discrimination[116] ratifiés par l'État. Pour se conformer au principe de non-discrimination, qui est à la base du droit à la participation effective, l'État a adopté la loi du 26 septembre 2005 sur l'interdiction de la discrimination fondée sur l'origine ethnique, l'origine nationale, la religion, les convictions, la descendance, la couleur, la langue, qui est entrée en vigueur le

---

[115] *«Det norske Sametinget har under ratifikasjonsforberedelsene klart gitt uttrykk for at samene ikke ønsker å bli inkludert i en eventuell erklæring fra Norge om nasjonale minoriteter. De ønsker heller å ivareta sin status som urfolk og verne om den styrkede rettsstilling som er oppnådd for urfolk gjennom ILO-konvensjon nr. 169»*, *in* « Samtykke til ratifikasjon av Europarådets rammekonvensjon av 1. februar 1995 om beskyttelse av nasjonale minoriteter », *St. prp. nr. 80 (1997-98)*, § 3.7.

[116] Par exemple, le Protocole nº 12 à la Convention européenne des droits de l'homme, sur la lutte contre la discrimination, que la Norvège a signé mais pas encore ratifié, *in Rapport de suivi sur la Norvège (2001-2005), Évaluation des progrès accomplis dans la mise en œuvre des recommandations du Commissaire aux droits de l'Homme du Conseil de l'Europe*, Strasbourg, 29 mars 2006, CommDH (2006)10, § 38.

1er janvier 2006[117]. Cette loi transpose dans le droit interne norvégien les dispositions de la *Convention sur l'élimination de toutes les formes de discrimination raciale.* Pour renforcer cette loi au plan institutionnel, un Médiateur pour l'égalité et contre la discrimination ainsi qu'un tribunal du même nom ont été instaurés[118].

Pour permettre la participation des minorités nationales kven, skogfinn et romani/tater[119] à la prise de décision au sein de l'administration centrale et locale, l'État a développé l'instauration d'organes consultatifs. Par exemple, en 2003 une structure de consultation appelée « Forum de contact entre les minorités nationales et les autorités » a été créée pour faciliter la communication entre les associations représentatives des minorités nationales et les institutions gouvernementales. Plusieurs associations rom se sont aussi développées pour servir d'interlocuteurs au Gouvernement sur les questions les concernant.

Enfin, une commission interministérielle pour les minorités nationales a également été créée pour assurer une meilleure coordination entre les institutions étatiques concernées par la protection des minorités.

Malgré tout, ces mesures apparaissent insuffisantes aux yeux des minorités, qui reprochent notamment à ces organes consultatifs d'avoir une portée limitée car le Forum ne dispose pas d'un statut juridique défini, reste encore peu connu des minorités, et il existerait une forte divergence entre les suggestions faites par les représentants de la minorité Rom et les solutions adoptées par les autorités étatiques norvégiennes. Surtout, le Comité consultatif sur la Norvège a souligné dans son rapport que « les minorités nationales en tant que telles ne disposent d'aucune forme de représentation des minorités au Parlement » et qu'il n'avait « en outre pas pu obtenir d'informations concluantes pour se faire une idée de la présence des minorités dans les organes élus locaux, dans l'administration étatique, dans le système judiciaire, dans la police, etc. Il apparaît que peu d'informations sont disponibles à cet égard[120] ». Dans le même rapport, le Comité avait regretté que « les représentants des minorités [aient] fait état de difficultés financières nuisant au bon fonctionnement de leurs associations ainsi que, dans

---

117 *Om lov om forbud mot diskriminering på grunn av etnisitet, religion mv. (diskrimineringsloven).* Le texte de la loi est disponible en anglais sur le site du Ministère du travail et des affaires sociales, https://www.regjeringen.no/en/dokumenter/the-anti-discrimination-act/id420606/

118 Deuxième avis du Comité consultatif sur la Norvège, adopté le 5 octobre 2006, relatif à la mise en œuvre de la Convention-cadre pour la protection des minorités nationales, CM(2006)200, 13 novembre 2006.

119 Selon le Rapport étatique du 19 octobre 2005, l'Association du peuple Romani de Norvège a changé de nom au printemps 2005, pour devenir l'Association des Tater de Norvège. L'association avait depuis longtemps souhaité que le terme « Taters » soit utilisé à côté de celui de « peuple Romani ».

120 Deuxième avis du Comité consultatif sur la Norvège, adopté le 5 octobre 2006, relatif à la mise en œuvre de la Convention-cadre pour la protection des minorités nationales, CM(2006)200, 13 novembre 2006, § 142.

certains cas, à leur participation aux consultations organisées par les autorités étatiques sur les questions affectant les minorités ». Il avait aussi recommandé : « les autorités devraient encourager la présence des personnes appartenant aux minorités nationales dans les organes de l'administration publique, qu'ils soient élus et nommés, tant au niveau central qu'au niveau local ».

La participation des minorités reste lacunaire tandis que celle des Sámi semble plus effective. Dès lors ils bénéficient d'une plus grande visibilité sur la scène nationale pour continuer d'améliorer leur protection juridique au sein de l'État norvégien.

Les Sámi bénéficient d'une représentation et d'une participation dans la vie publique bien plus effectives que celles des minorités nationales. Ils ont une réelle influence, directe et indirecte, sur la vie politique, ce qui rend compte de l'acceptation par la Norvège d'un certain pluralisme culturel et de la nécessité pour les groupes ethniques d'exercer une véritable influence sur leurs propres conditions de vie.

Grâce au différend concernant la construction de la centrale hydroélectrique d'Alta en 1980, les relations entre ce peuple autochtone et l'État norvégien ont pu être redéfinies, de sorte qu'il puisse exercer une influence plus grande sur les décisions des pouvoirs publics, et ainsi jouer un rôle de proposition normative.

D'abord, l'État avait instauré le 10 octobre 1980 un organe consultatif appelé *Samerettsutvalget* en charge d'étudier toutes les questions relatives aux droits culturels et fonciers des Sámi vivant sur le territoire norvégien. Sur le plan international, le *Samerettsutvalget*, en coopération avec le Parlement sámi, a largement contribué à faire ratifier par le gouvernement norvégien les textes garantissant une protection internationale des droits des minorités nationales et des peuples autochtones.

Parmi les organes consultatifs figurent les associations professionnelles sámi, qui ont joué un rôle essentiel dans la représentation des intérêts des Sámi avant la création du Parlement autochtone. Le *Norske reindriftssamers Landsforbund* est toujours le médiateur, l'interlocuteur privilégié de l'État pour traiter des questions liées à la renniculture, et préserver ainsi au mieux les intérêts économiques et fonciers des Sámi pratiquant cette activité traditionnelle.

De plus, les Sámi peuvent prendre part aux affaires publiques par leur participation au système électoral national.

En effet, dans le système électoral norvégien (mais aussi suédois et finlandais) chaque citoyen dispose d'une voix ayant le même poids et les décisions sont prises à la majorité. Les élections norvégiennes reposent sur la représentation proportionnelle. Les Sámi ont les mêmes droits que le reste de la population : ils peuvent se porter candidats et voter à condition de respecter les dispositions du code électoral. Dès lors, les Sámi peuvent influencer la politique les concernant soit à travers leur appartenance à des partis politiques norvégiens, soit à travers la création de leur propre parti politique. Cette démarche constitue selon Eva Josefsen un « canal d'influence direct[121] ».

Cependant, bien que les Sámi de Norvège[122] entretiennent des liens étroits avec les partis politiques nationaux norvégiens depuis 1906, ils ne bénéficient pas d'une représentation directe au Parlement national norvégien, *Storting*[123]. Pourtant des propositions visant à instaurer des sièges réservés pour les Sámi au sein des parlements nationaux norvégien[124], suédois et finlandais avaient été faites en 1969 et en 1974 mais les organisations sámi avaient une préférence pour l'instauration d'un organe représentatif séparé et démocratiquement élu[125].

Après beaucoup de difficultés pour voir leurs intérêts représentés et poussés par la création d'organisations sámi d'envergure nationale, qui constituaient avant la création du *Sameting* la voie unique pour influer sur la politique et les décisions du *Storting*, les Sámi de Norvège ont dans un premier temps cherché à participer à travers le système électoral national (par exemple, présentation de listes dans le comté de Finnmark aux élections législatives de 1969 ou bien élection de Sámi dans les conseils municipaux, au *Storting* sur les listes de partis norvégiens). Un parti politique national sámi (le parti du peuple sámi *Sámeálbmot bellodat*) a même été instauré en 1999.

En étant membres d'un parti politique norvégien, ils peuvent alors faire adopter des programmes sur des questions relatives à leur problématique autochtone et peuvent alors influencer les positions du parti. Cependant, dans la mesure où ils seront toujours minoritaires au sein des partis politiques, ils peuvent se trouver confrontés à une situation épineuse dans laquelle d'une certaine manière ils cautionnent la politique décidée par la majorité du parti pourtant contraire aux intérêts des Sámi.

Sur le plan de la vie politique locale, les Sámi peuvent se porter candidats dans les conseils municipaux ; et ils acquièrent des postes dans l'administration publique aux niveaux central mais aussi régional et local.

---

121 Eva JOSEFSEN, « Les Saamis et les parlements nationaux : Canaux d'influence politique », in *Promouvoir des parlements inclusifs : représentation des minorités et des peuples autochtones au Parlement*, publication du PNUD et de l'UIP, Mexique, 2010, p. 11.

122 Sur les dispositions adoptées par la Suède et la Finlande on peut se reporter à l'étude d'Eva JOSEFSEN, « Les Saamis et les parlements nationaux : Canaux d'influence politique », *Ibidem*, p. 7-9, puis p. 11-13.

123 Ce qui est le cas par exemple au Danemark, dont la Constitution prévoit la représentation du Groenland au Parlement national danois.

124 NOU 1984: 18 *Om samenes rettsstilling*, *op.cit.*, p. 479.

125 Eva JOSEFSEN, « Les Saamis et les parlements nationaux : Canaux d'influence politique », *op.cit.*, p. 14.

Les Corses et les Sámi exercent leur droit à la participation effective aux affaires publiques dans les domaines économique, social, politique et culturel, sur le fondement commun du principe de non-discrimination à travers le système électoral national de leurs États respectifs. Cependant, leur statut juridique étant différent, les Sámi en tant que peuple autochtone peuvent aussi exercer ce droit à travers leur Parlement national autochtone. L'Assemblée territoriale de Corse joue aussi un certain rôle d'influence auprès des pouvoirs législatif et exécutif.

Au nom du principe d'indivisibilité de la République française et de l'égalité des citoyens affirmés de nombreuses fois par le Conseil constitutionnel, et notamment dans sa décision du 9 mai 1991[126], puis au nom de la valeur constitutionnelle du principe d'unicité du peuple français complété par la décision du 15 juin 1999[127], les Corses en France ne sont pas reconnus comme une « composante distincte du peuple français » et ne sont donc qualifiés ni de minorité ni de peuple. En théorie, ils ne peuvent pas revendiquer sur ce fondement un droit à la participation effective. À l'instar des citoyens des autres régions de France, leur participation aux affaires publiques et à la vie économique, sociale et culturelle est fondée sur leur appartenance à la citoyenneté française, et non sur leur particularité culturelle corse.

Ils peuvent participer aux prises de décision au niveau de l'administration centrale notamment dans le processus législatif, mais une représentation spéciale des Corses à travers la réservation de sièges au sein du Parlement n'est pas prévue. Il n'y a pas à notre connaissance de pratiques discriminatoires fondées sur les origines ou le lieu de résidence en Corse qui puissent empêcher une personne d'origine corse ou résidant sur l'île d'accéder à des postes dans les juridictions nationales ou dans des cabinets ministériels.

Quant aux élections, les Corses peuvent prendre part à la conduite des affaires publiques car ils disposent du droit de vote et de se porter candidats, sans discrimination.

Par ailleurs, ils peuvent être affiliés à des partis politiques parlementaires nationaux et faire ainsi passer dans le programme du parti des propositions visant à améliorer la protection de l'identité culturelle corse, à défendre les intérêts économiques et sociaux des personnes résidant en Corse et à conserver la nature et les ressources naturelles offertes par l'île. Par exemple, le Conservatoire du littoral créé en 1975.

Au niveau local, leur droit à la participation s'exerce à travers des partis politiques au sein de l'Assemblée territoriale corse représentant leurs intérêts communautaires, notamment à travers des groupes nationaux tels que le Front

---

[126] Décision n° 91-290 DC du 9 mai 1991 relative au statut de la Corse.

[127] Décision n° 99-412 DC du 15 juin 1999 relative à la Charte européenne des langues régionales et minoritaires.

de gauche, ou les Démocrates, socialistes et radicaux ou encore la Gauche républicaine. Il existe aussi des groupes parlementaires régionaux tels que Rassembler pour la Corse ou Corsica Libera, ou encore le parti autonomiste Parti de la nation corse (PNC).

Par ailleurs, une délibération de l'Assemblée de Corse du 30 juillet 1992[128] permet à la Corse de bénéficier depuis 1996, en tant que collectivité territoriale française, aux côtés des autres régions, d'une représentation auprès des institutions européennes à Bruxelles. Une antenne de la collectivité territoriale de Corse participe notamment à la promotion et à la défense des intérêts régionaux auprès des institutions européennes[129].

b. Les éléments de l'autogestion

Dans sa décision du 15 juin 1999 relative à la *Charte européenne des langues régionales ou minoritaires*, le Conseil constitutionnel avait affirmé que « les principes fondamentaux s'opposent à ce que soient reconnus des droits collectifs à quelque groupe que ce soit défini par une communauté d'origine, de culture, de langue ou de croyance » (cons. n° 5 et 6).

Cependant, dans le cadre de la décentralisation territoriale renforcée, la loi du 13 mai 1991 relative au statut de la Corse a tenté de répondre aux revendications identitaires aspirant majoritairement à l'autonomie en prenant en compte la singularité historique et culturelle de l'île. Elle a alors instauré une autonomie de gestion en mettant en place les institutions actuelles (l'Assemblée de Corse, qui existait déjà avec le statut Defferre issu de la loi de 1982, Conseil exécutif, et Conseil économique, social et culturel) de la collectivité territoriale de Corse.

La participation aux institutions de la collectivité territoriale de Corse repose sur une condition de résidence, et non sur l'appartenance ethnique, religieuse ou linguistique.

Tous les citoyens français qui résident sur l'île peuvent élire les conseillers au scrutin de liste à deux tours, sur des listes régionales, dans le cadre d'une circonscription électorale unique. L'Assemblée, obligatoirement consultée par le Premier ministre sur les projets et propositions de loi ou de décret comportant des dispositions spécifiques à la Corse, a vu ses compétences se renforcer progressivement. « L'Assemblée de Corse règle par ses délibérations les affaires de la Corse et contrôle le Conseil exécutif ». Elle vote le budget et arrête le

---

[128] Délibération n° 92/79 AC du 30 juillet 1992 portant adoption d'une motion relative à la mise en place d'un collaborateur permanent à Bruxelles pour la préparation des mesures européennes concernant la Corse.

[129] La question de la représentation insulaire dans les institutions européennes est développée dans ce chapitre, section 2, § 2, B, a.

compte administratif, et elle établit son règlement intérieur, qui fixe les modalités de son fonctionnement. La loi du 22 janvier 2002, dans son article 1er, a reconnu que les délibérations de la collectivité territoriale avaient une valeur réglementaire (dans un champ limité par le Conseil d'État) et qu'elle peut « demander à être habilitée par le Législateur à fixer des règles adaptées aux spécificités de l'île ». La CTC dispose donc d'un pouvoir réglementaire local d'adaptation mais qui est limité par l'article 21 de la Constitution, qui ne peut s'exercer lorsqu'une liberté individuelle ou un droit fondamental est en cause, et uniquement pour la mise en œuvre des compétences qui lui ont été dévolues[130]. De plus, la collectivité territoriale de Corse a un pouvoir d'expérimentation : de sa propre initiative ou à la demande du Conseil exécutif, l'Assemblée peut proposer au Gouvernement, à titre expérimental, de déroger aux dispositions législatives ou réglementaires concernant les compétences, l'organisation et le fonctionnement de l'ensemble des collectivités territoriales de la Corse ainsi que le développement économique, social et culturel de la Corse[131].

De même que les partis politiques régionaux corses et les institutions de la collectivité territoriale de Corse sont des interlocuteurs du Gouvernement pour influer et veiller sur la protection de la spécificité de la culture corse et l'aménagement de l'île, les représentants sámi à travers leurs organisations, en tant que groupes d'intérêt national, ont joué un rôle essentiel dans la promotion de cette culture autochtone avant l'instauration des parlements sámi dans les trois États nordiques.

En Finlande, par exemple, la première organisation la plus influente (le *Lapin Sivistysseura*) avait été créée en 1931 à l'initiative des fonctionnaires et d'universitaires et était chargée de traiter des questions liées à la langue et à la culture sámi. Elle est à l'origine, avec l'association *Saami Litto,* de la création de la Commission des affaires sámi créée en 1949, qui a débouché ensuite sur l'instauration du premier Parlement sámi en 1972.

Sillanpää et Jernsletten[132] ont respectivement souligné que c'était « l'État finlandais qui a conduit à la mobilisation d'une identité politique collective des Sámi par le biais du décret ministériel, qui en 1973, a créé la Délégation sámi (ou Parlement sámi) » et qu'à la différence de la Norvège et de la Suède, où les progrès réalisés envers la promotion et le développement de la culture sámi sont « le seul résultat des revendications sámi », en Finlande les progrès sont intervenus parce

130 La collectivité territoriale de Corse a pleines compétences pour : l'élaboration et adoption de la carte scolaire, la construction et le financement des bâtiments universitaires, la promotion des activités sportives et d'éducation populaire, l'action culturelle, le tourisme, la gestion des forêts domaniales, les équipements et la gestion des ports et aéroports principaux, la gestion des ressources en eau, la définition des aides aux entreprises. Site de la CTC, www.corse.fr

131 Jean-Marc MAILLOT, *Institutions administratives*, *op.cit.*, p. 83 et 90.

132 Les deux citations sont reprises des travaux d'Eva JOSEFSEN, *in* « Les saamis et les Parlements nationaux : canaux d'influence politique », *op.cit.*, p. 16.

que « des fonctionnaires pro-Saamis ont exercé une influence considérable en faveur du changement ».

En Suède et en Norvège ce sont les revendications des organisations sámi qui sont à l'origine de la création par les pouvoirs publics des parlements sámi et l'exercice à travers cet organe démocratique d'une autogestion dans les affaires les concernant.

En Norvège, l'autogestion a pour fondement une différence ethnique et elle est prévue par l'article 2-1 du chapitre 2 de la loi n° 56 du 12 juin 1987 sur les Sámi *(Sameloven)*, qui dispose que « le Parlement sámi est compétent pour toute affaire qui, selon le Parlement national, concerne particulièrement le peuple sámi ». Il constitue ce qu'Eva Josefsen appelle « un canal d'influence indirecte sur les parlement nationaux[133] ».

Les membres des trois parlements sámi, en Norvège, en Suède et en Finlande, sont élus directement par les Sámi ayant le droit de vote selon les règles du code électoral norvégien et qui sont inscrits sur la liste électorale selon les conditions posées par le paragraphe 2-6 de la loi n° 56 du 12 juin 1987[134]. S'il faut répondre aux critères posés par la loi sur les Sámi pour pouvoir voter, en revanche les conditions pour se porter candidat sont plus larges. Elles permettent les candidatures non seulement de personnes issues d'organisations nationales des Sámi mais aussi des partis norvégiens et des listes locales[135]. Comme pour l'Assemblée de Corse, tous les partis parlementaires nationaux peuvent présenter des candidats aux élections du *Sameting*. Ainsi le Parti travailliste norvégien, le Parti du centre et le Parti conservateur sont représentés au Parlement sámi. Ils ont chacun mis en place un Conseil de politique sámi représenté au Conseil exécutif et convoqué au congrès du parti, qui adopte le programme défini en matière de politique sámi.

Cette perméabilité similaire au fonctionnement de la collectivité territoriale de Corse avec l'État français et dans la relation entre les deux Parlements nationaux

---

133 Eva JOSEFSEN, « Les saamis et les Parlements nationaux : canaux d'influence politique », *op.cit.*, p. 15.

134 Toute personne peut se définir comme sámi à condition de fournir une déclaration attestant d'un sentiment d'appartenance à la communauté sámi (critère subjectif d'auto-identification) et à condition (critère objectif) de parler soi-même couramment le sâme, ou d'avoir un parent, grand-parent ou arrière-grand-parent utilisant une langue sâme, ou enfin d'être l'enfant d'une personne ayant été reconnue officiellement sámi.

«Alle som avgir erklæring om at de oppfatter seg selv som same, og som enten :
a) har samisk som hjemmespråk, eller
b) har eller har hatt forelder, besteforelder eller oldeforelder med samisk som hjemmespråk, eller
c) er barn av person som står eller har stått i Sametingets valgmanntall, kan kreve seg innført i Sametingets valgmanntall» § 2-6 *Lov om Sametinget og andre samiske rettsforhold (sameloven).*

135 Eva JOSEFSEN, « Les saamis et les Parlements nationaux : canaux d'influence politique », *op.cit.*, p. 18.

(Sameting et *Storting)* donne davantage de visibilité sur la scène politique nationale aux préoccupations soulevées par la protection de la singularité culturelle de la Corse et du peuple sámi.

Elle permet également de dynamiser et d'actualiser leurs besoins liés à cette thématique, et de donner ainsi un rôle d'initiative à ces communautés culturelles auprès des institutions et organes étatiques.

On peut mentionner l'accord conclu, en mai 2005, entre les autorités centrales et le Parlement sámi, sur les procédures de consultation de ce dernier quant à la législation et aux mesures affectant la population sámi. On retrouve le même mécanisme que pour l'Assemblée de Corse ce qui traduit le rôle de participation et le dynamisme auquel les Corses et les Sámi sont associés. Le droit à la participation effective traduit la recherche d'une conciliation entre les intérêts de ces communautés culturelles avec ceux des gouvernements norvégien et français.

Pour l'avoir revendiqué à partir des années 1960, les Sámi des États nordiques, se sont vu octroyer le double statut juridique de minorité nationale et/ou de peuple autochtone soit par les législations nationales[136], soit sur le fondement des engagements internationaux étatiques. À ce titre, les Sámi bénéficient d'un droit à la participation effective dans les affaires publiques, d'une part à travers les institutions étatiques, et d'autre part à travers leurs propres institutions représentatives démocratiques (les parlements sámi).

Ils jouent ainsi un rôle dans la préservation de leur identité culturelle autochtone.

Les Corses ont réussi à faire reconnaître leur spécificité culturelle et la nécessité de la protéger, ce que les gouvernements successifs se sont employés à faire à travers l'attribution d'un statut juridique unique pour l'île, dans le cadre de la politique de décentralisation territoriale.

Les Corses en tant que citoyens français et les Sámi en tant que citoyens norvégiens exercent un droit de participation effective fondé sur le principe de non-discrimination au sein des institutions et des organes étatiques.

En outre, des éléments constitutifs de l'autogestion sont exercés par la collectivité territoriale de Corse dans le respect de la Constitution et des lois du

---

136 En Suède, certes la Constitution suédoise ne mentionne pas explicitement le peuple sámi, mais elle reconnaît l'existence de minorités dans son article 2 alinéa 6 : « Les minorités ethniques, linguistiques et religieuses doivent avoir la possibilité de conserver et de développer leur propre culture et leur vie sociale en communauté. » Selon l'*Ombudsman* (Discrimination of the Sami – the rights of the Sami from a discrimination perspective, DO:s rapportserie 2008:1), le Parlement *(Riksdag)* a reconnu en 1977 que les Sámi étaient le seul peuple autochtone en Suède, et en 1999 que les Sámi faisaient partie des cinq minorités nationales présentes en Suède. La Constitution finlandaise révisée en 2000 consacre quant à elle les Sámi comme peuple autochtone dans son article 17(3).
En revanche, les Sámi de Russie continuent à subir les politiques de discrimination et d'assimilation.

13 mai 1991 et du 22 janvier 2002 et par le Parlement sámi, dont les pouvoirs sont prévus par le législateur norvégien.

L'ensemble de ces mesures issues de nombreux échanges avec les États norvégien et français montre la volonté des deux parties de marcher ensemble vers une conciliation des intérêts. Cela traduit aussi la volonté d'accorder une place aux communautés culturelles, qui deviennent des acteurs incontournables de leurs destins collectifs.

Grâce à la participation effective au sein de leurs États respectifs, elles ont progressivement acquis la possibilité de jouer un rôle dans la proposition de nouvelles normes nationales mieux adaptées à leurs nécessités.

Ce rôle actif de proposition de nouvelles normes nationales et le pouvoir d'adaptation de certaines normes dans les domaines les concernant a été rendu possible par l'acquisition des statuts juridiques de minorité ethnique et de peuple autochtone d'une part, et de collectivité territoriale à statut particulier d'autre part.

Une nouvelle évolution portant sur la qualité des minorités semble émerger.

Elle exprime la volonté des minorités et des peuples autochtones de passer de la qualité d'objets vivants à celle de sujets du droit international des droits de l'homme. Leur rôle de proposition normative pourrait alors être renforcé par la reconnaissance de leur qualité de sujets du droit international. Ayant ainsi une capacité d'initiative sur la scène internationale, ils deviendraient progressivement des acteurs non étatiques transnationaux bénéficiant d'une nouvelle visibilité.

II. Des acteurs transnationaux bénéficiant d'une nouvelle visibilité

Les représentants sámi et corses sont des acteurs transnationaux dynamiques car leurs actions, leurs revendications et leur présence dépassent le seul cadre national français ou norvégien en les mettant sur la scène internationale et régionale.

L'enjeu essentiel pour ces représentants est que leurs populations ne soient plus considérées comme des « objets vivants du droit » mais comme des sujets du droit, capables d'influencer les normes nationales et internationales les concernant ainsi que celles établies dans le cadre de coopération régionale. Ils ne veulent plus être passifs mais associés au processus normatif, reconnus comme des partenaires des États dans l'élaboration des normes relatives à leurs destins collectifs. Or, pour être non pas sujets d'un nouveau droit[137] mais bien des nouveaux sujets du droit national et/ou international, il faut être doté d'une personnalité juridique[138]. La question de la qualité de sujets du droit **(*§ 1*)** dans le droit national de leurs États respectifs et en droit international doit être posée pour les Corses et pour les Sámi.

La réponse à cette question s'articule en deux temps.

D'une part, la reconnaissance d'une personnalité juridique n'est pas accordée aux Sámi en tant que collectivité autochtone par le droit norvégien, ni aux Corses en tant que communauté culturelle historique par le droit français. En revanche, dans le cadre de sa politique de décentralisation territoriale, l'État français octroie une personnalité juridique aux collectivités territoriales de la République ; c'est à ce titre que la collectivité territoriale de Corse en bénéficie et qu'elle intéresse les institutions européennes. La protection de l'identité culturelle corse est alors intégrée dans un ensemble plus vaste que seulement le cadre national et s'inscrit dans les préoccupations de l'Union européenne concernant les régions et les territoires insulaires. En ce sens les représentants de la collectivité territoriale de Corse ont permis à l'île et à l'identité culturelle corse d'acquérir une plus grande visibilité sur la scène régionale.

D'autre part, la reconnaissance d'une personnalité juridique par le droit international[139] aux peuples autochtones en tant que nouvelle catégorie juridique[140] n'est pas explicitement tranchée. D'abord parce que dans son avis consultatif du 11 avril 1949 la Cour internationale de Justice avait eu à se prononcer sur la qualité requise pour présenter une réclamation internationale. Elle avait affirmé qu'un système juridique peut comporter une pluralité de sujets

---

[137] Norbert ROULAND suggère que les peuples autochtones sont les sujets d'un nouveau droit, tandis que la piste proposée est que les peuples autochtones soient considérés comme des nouveaux sujets dérivés du droit, in Norbert ROULAND et Stéphane PIERRE-CAPS, *Droits des minorités et des peuples autochtones*, *op.cit.*, p. 359.

[138] Xavier BIOY, « Le droit à la personnalité juridique », *Revue des Droits et Libertés Fondamentaux*, 2012, chron. n° 12, consultable sur le site www.revuedlf.com.

[139] « Capacité d'être titulaire de droits et de devoirs internationaux. Les Organisations internationales sont, comme les États, des personnes internationales, mais leur capacité juridique est moins complète que celle des États : c'est une capacité fonctionnelle qui dépend des buts et fonctions de l'Organisation », définition issue du *Lexique des termes juridiques*, Paris, Dalloz, 23e édition, 2015-2016, p. 397.

[140] « L'autochtonie peut donc être admise en tant que véritable catégorie juridique reflétant une identité spécifique. Les enjeux de la reconnaissance d'une communauté en tant que peuple autochtone sont par ailleurs réels. Des instruments de protection des droits de ces peuples existent, qui marquent leur entrée, sur la scène internationale, en tant qu'acteurs. Il reste à les faire respecter par les États. », Valérie PARISOT, « L'autochtonie, reflet d'une identité spécifique ? Les enjeux d'une nouvelle catégorie juridique », in BOLLÉE (Sylvain), PATAUT (Étienne) dir., *L'identité à l'épreuve de la mondialisation*, Paris, IRJS, 2016, p.243.

« quant à leur nature et à l'étendue de leurs droits »[141]. La voie de la diversification des sujets dans l'ordre juridique international ne semble donc pas fermée. Si les peuples autochtones ne sont pas des sujets du droit international, il semble qu'ils tendent à le devenir par l'action de sujets dérivés du droit international tels que les organisations internationales, qui, elles, ont dans une certaine mesure[142] la qualité de sujets du droit international.

Ensuite, la catégorie juridique de l'autochtonie soulève un champ de nouvelles questions, notamment quant à l'exercice d'un droit à l'autodétermination interne, la souveraineté étatique par rapport à une souveraineté autochtone qui serait surtout symbolique, la reconnaissance de ces collectivités non étatiques en tant que véritables sociétés pérennes dans une perspective non ethnocentrée… Dans ce contexte, l'attribution d'une personnalité juridique à ces collectivités mérite d'être posée, mais tout en veillant à ne pas dépecer les États de leur propre souveraineté, à ne pas encourager la sécession, et à respecter les droits et libertés fondamentales individuels.

Depuis les années 1990 les peuples autochtones, et notamment le peuple sámi, sont entrés au sein des Nations unies et d'organisations régionales. Cependant, ils ont toujours soit un statut d'observateurs, soit un statut consultatif. L'octroi d'une certaine personnalité juridique leur conférerait une véritable capacité d'initiative sur la scène internationale, la capacité d'ester en justice pour rendre effectif le respect de leurs droits collectifs, dont ils seraient réellement titulaires, mais aussi un vrai rôle participatif, celui d'associé à l'élaboration du droit international relatif aux droits des minorités et des peuples autochtones.

Par ailleurs, grâce aux organisations internationales et régionales, ils acquièrent une nouvelle visibilité (*§ 2*) sur les scènes nationales et internationales.

§1.La question de la qualité de sujets du droit

Les Sámi et les Corses ont-ils, à travers leurs institutions représentatives (l'Assemblée de Corse et *Sametinget*), la qualité de sujets de droit interne (A) ?

---

[141] « Les sujets de droit, dans un système juridique, ne sont pas nécessairement identiques quant à leur nature ou à l'étendue de leurs droits ; et leur nature dépend des besoins de la communauté. Le développement du droit international, au cours de son histoire, a été influencé par les exigences de la vie internationale, et l'accroissement progressif des activités collectives des États a déjà fait surgir des exemples d'action exercée sur le plan international par certaines entités qui ne sont pas des États. » Avis consultatif du 11 avril 1949 *concernant la réparation des dommages subis au service des Nations unies*, Rec. 1949, p. 178.

[142] Leur personnalité juridique est limitée à un cadre fonctionnel, celui de la réalisation des objectifs prévus dans leurs statuts.

Dans quelle mesure la collectivité autochtone sámi et la collectivité territoriale de Corse peuvent-elles réclamer la qualité de sujets du droit international ? (B)

A. *La qualité de sujets de droit interne*

La qualité de sujet de droit interne dépend de l'octroi par l'État de la personnalité juridique. En tant que citoyens français ou citoyens norvégiens **(a)** les Corses et les Sámi ont une personnalité juridique et peuvent ester en justice pour faire valoir leurs droits. En revanche, la qualité attribuée par le droit norvégien aux Sámi en tant que collectivité autochtone diffère de celle octroyée par l'État français au territoire insulaire corse **(b)**.

a. Une qualité fondée sur la citoyenneté française ou la citoyenneté norvégienne

En tant que citoyens norvégiens, les individus sámi ont la personnalité juridique et la qualité de sujets internes dotés de droits et d'obligations. Il en est de même pour les Corses en tant que citoyens français.

Cependant, les Corses ne peuvent pas exercer de recours aux motifs d'une atteinte ou d'une discrimination fondée sur l'identité corse. La chambre criminelle de la Cour de cassation du 3 décembre 2002 s'était prononcée sur ce sujet et elle avait cassé un arrêt de la cour d'appel de Bastia et refusé de reconnaître l'existence de propos diffamatoires contre la communauté culturelle corse aux motifs que la République française est indivisible et qu'elle protège le peuple français sans distinction d'origine, de race ou de religion[143].

En Norvège, jusqu'à la réforme du 13 mai 2014, la Constitution ne faisait aucune référence à la discrimination, même raciale. Une commission législative avait été créée par le Gouvernement en mars 2000 pour rédiger un projet de loi interdisant la discrimination ethnique et pour que la *Convention internationale sur l'élimination de toutes les formes de discrimination raciale* soit incorporée dans le droit norvégien[144]. En attendant les personnes sámi pouvaient se fonder sur les articles 135a et 349a du code pénal, qui respectivement interdisent la propagande raciste et l'incitation à la haine raciale, ainsi que le refus d'un bien ou d'un service dans l'exercice d'une activité professionnelle ou similaire pour des motifs de religion, de race, de couleur, ou d'origine nationale ou ethnique et le refus d'accès à des

---

[143] Cour de cassation, Chambre criminelle, 3 décembre 2002, pourvoi n° 01-86088, Bull. n° 218.

[144] Commission européenne contre le racisme et l'intolérance, Troisième rapport sur la Norvège adopté le 27 juin 2003, CRI(2004)3, Conseil de l'Europe, Strasbourg, janvier 2004, p. 7-8.

spectacles ou des expositions publics ou toute autre réunion publique pour les mêmes motifs.

Finalement, plusieurs mesures internes ont été adoptées : d'abord la loi 26 septembre 2005[145] portant sur l'interdiction de la discrimination fondée sur l'origine ethnique, nationale, la religion, les convictions, la descendance, la couleur, la langue, le récent article 98 de la Constitution énonçant un principe général d'égalité devant la loi et de non-discrimination et enfin les lois du 21 juin 2013 interdisant toute forme de discrimination.

b. La qualité du peuple autochtone sámi et celle de la collectivité territoriale de Corse

Le droit français attribue à la collectivité territoriale de Corse la qualité de sujet interne en lui accordant la personnalité juridique.

En effet, dans le cadre de la décentralisation territoriale l'État français reconnaît l'existence de collectivités territoriales, qui sont énumérées à l'article 72 de la Constitution après la révision constitutionnelle du 28 mars 2003. Il s'agit des communes, des départements, des régions, des collectivités à statut particulier, dont fait partie la Corse, et des collectivités d'outre-mer. Parmi les éléments constitutifs de la décentralisation figure l'octroi aux collectivités territoriales de la personnalité morale. Ainsi en tant que sujets de droit, elles ont un accès à une vie juridique propre, des ressources financières, un patrimoine mobilier et immobilier, et un personnel d'agents publics nécessaires à l'exercice des compétences qui leurs sont attribuées[146].

La Corse, ayant le statut de collectivité territoriale (à statut spécifique), est donc titulaire d'une personnalité juridique, fonctionnelle, et est un sujet interne du droit français.

Les Sámi ont le statut de peuple autochtone par les engagements internationaux de l'État norvégien. Mais ils ne bénéficient pas du tout de la qualité de sujet interne du droit norvégien.

En effet, dans une étude le Professeur Eivind Smith[147] a montré que l'article 110a de la Constitution norvégienne est paradoxal en ce qu'il édicte l'obligation pour les autorités étatiques de prendre la responsabilité de protéger et promouvoir l'identité sámi mais sans pour autant attribuer de droits subjectifs aux citoyens sámi. La réalisation des objectifs concernant cette culture

---

[145] *Om lov om forbud mot diskriminering på grunn av etnisitet, religion mv. (diskrimineringsloven)*, loi entrée en vigueur le 1er janvier 2014.

[146] Jean-Marc MAILLOT, *Institutions administratives*, *op.cit.*, p. 26.

[147] Eivind SMITH, « Constitutional Protection of minorities : the rights and protection of the Sami population in Norway », in *Scandinavian Studies in Law*, Almquist & Wiksell internasjonal, 1990, p. 237-259.

autochtone dépendant du contexte économique, politique et social, ainsi les obligations énoncées sont des obligations de moyen et non pas de résultat.

Elles ont un effet indirect. Les autorités norvégiennes ont l'obligation de prendre toutes les mesures adéquates et pertinentes pour protéger et promouvoir un intérêt collectif, à savoir l'identité culturelle sámi. Mais, en cas d'échec ou de non-respect de la disposition constitutionnelle, ni les personnes sámi ni les organisations représentatives ne pourraient recevoir d'indemnisation et les autorités ne seraient pas sanctionnées ; au mieux lors d'un contrôle de constitutionnalité, la norme serait déclarée contraire à la Constitution et serait alors écartée. L'article 110a est plus une déclaration de principes issus d'un large consensus exprimant un engagement moral et politique. Il ne crée pas de droit invocable et il ne permet pas à des personnes physiques ou morales telles que les organisations politiques sámi d'invoquer un tel droit devant les tribunaux.

Au mieux cette reconnaissance du peuple sámi comme sujet interne du droit pourrait-elle être indirecte, par l'intermédiaire des organisations politiques ou du Parlement sámi.

On peut en douter pour plusieurs raisons.

D'abord, les contours de la population sámi sont quasiment insaisissables du fait de la mixité de la population. Les populations sámi et scandinaves étant mélangées et culturellement perméables les unes aux autres, comment alors serait-il possible déterminer si telle ou telle collectivité est légitimement dotée de la personnalité juridique ?

La loi du 12 juin 1987 permettant la création du *Sameting*, et plus particulièrement les articles relatifs aux critères pour l'inscription au registre électoral du Parlement sámi traduisent bien cette difficulté. De plus, en cas de réponse positive, cela pourrait créer une rupture d'égalité entre les citoyens norvégiens sámi et les non-Sámi.

De plus, en Norvège, seules les communes *(kommuner)* et les comtés *(fylkeskommuner)* sont des collectivités locales[148]. À ce titre, elles ont une

[148] En Norvège, administrativement l'échelon des régions n'existe pas. Seuls existent les comtés (nommés *fylkeskommuner* en norvégien, au nombre de 19) et les communes *(kommuner*, au nombre de 431*)*. Le terme « région » en Norvège désigne en réalité des territoires délimités selon des critères géographique et linguistiques mais pas selon le droit administratif. Il existe ainsi cinq grandes régions (appelées *landsdeler*) : Sørlandet, Østlandet, Vestlandet, Midt-Norge et Nord-Norge.
« Une réforme modifiant l'organisation territoriale de la Norvège est entrée en vigueur le 1er janvier 2010. Si la suppression des comtés a été un temps discutée, les trois niveaux de gouvernement (constitués de l'État central, de 19 comtés et de 428 municipalités) sont conservés et cette architecture est désormais renforcée par un nouveau partage de compétences. Ce nouveau partage donne plus de poids aux municipalités concernant la santé et les affaires sociales. » In « La décentralisation à la croisée des chemins. Réformes territoriales en Europe en période de crise », *publication du Conseil des Communes et Régions d'Europe (CCRE)*, octobre 2013, p. 48.
Consultable sur le site
http://ccre.org/img/uploads/piecesjointe/filename/CCRE_broch_FR_complet_low.pdf

personnalité juridique limitée, fonctionnelle, et si elles détiennent des droits et des obligations, en cas de contentieux elles peuvent agir en justice seulement devant une juridiction du premier degré. En appel, c'est l'État qui deviendrait partie en se substituant à la collectivité locale.

Les collectivités locales ont une certaine liberté pour mettre en œuvre les objectifs politiques définis par l'État. On peut supposer que ce fonctionnement s'applique aussi au Parlement sámi car le *Sameting*, établi par le législateur, ne dispose pas d'une personnalité distincte de l'État norvégien.

En outre, la Constitution norvégienne ne créant pas de droits pour la population sámi, le *Sameting* ne pourrait pas agir en justice pour faire reconnaître ces droits.

La différence avec l'Assemblée territoriale de Corse est que l'une s'inscrit dans un ensemble plus large, une entité juridique et administrative intégrée dans le cadre d'une politique de décentralisation, et à ce titre elle fait partie de la catégorie des collectivités territoriales titulaires de la personnalité juridique, et dont le statut est spécifique vu la singularité historique et culturelle de l'île.

L'Assemblée nationale sámi au contraire n'a pas d'équivalence sur le territoire norvégien, sauf l'Assemblée nationale norvégienne. Cette solitude institutionnelle a pour conséquence qu'elle ne s'inscrit pas dans un projet global, national, et la capacité du *Sameting* à protéger et promouvoir les intérêts collectifs des Sámi est dépendante de la bonne volonté des autorités publiques norvégiennes.

La loi *Sameloven* de 1987 ne prévoit pas non plus que le Parlement sámi serait, à défaut des Sámi, titulaire des droits et des obligations qui leur auraient été accordés sur le fondement de la *Convention nº 169 relative aux peuples indigènes et tribaux* émanant de l'OIT ou de la *Déclaration sur les droits des peuples autochtones* adoptée par l'Assemblée générale des Nations unies.

Malgré l'extension de ses compétences (le pouvoir de disposer d'un budget propre, d'un personnel et de pouvoirs décisionnels propres, le droit d'être consulté sur telle ou telle question soumise aux autorités nationales…), le *Sameting* n'est pas considéré comme un interlocuteur détenteur de droits et ses décisions peuvent être annulées par des décisions politiques contraires.

Le *Sameting* est une institution politique influente et un organe administratif, mais contrairement à la collectivité territoriale de Corse, il n'est pas une collectivité territoriale et il reste avant tout un organe consultatif auprès des autorités étatiques norvégiennes.

En conséquence, le *Sameting* n'est pas doté de la personnalité juridique et il ne peut pas être un sujet du droit interne.

En revanche, les partis politiques et les autres organisations représentatives de groupes de Sámi tels que l'Association norvégienne des éleveurs de rennes sámi (NRL), ou l'Association nationale des Sámi norvégiens (NSR), ou encore l'Union des Sámi norvégiens (SLF) disposent tous de la personnalité juridique au même titre que des organisations norvégiennes similaires. Ils peuvent agir en justice et défendre les intérêts des Sámi. Leur influence sur l'élaboration des politiques concernant les sámi est concrète.

Les personnes appartenant à des minorités nationales et les collectivités autochtones ont longtemps été traitées par les droits internes des États comme des objets vivants du droit et des politiques publiques. Les Corses et les Sámi n'ont pas échappé à cette réalité.

Depuis les années 1990, avec le développement d'instruments internationaux et européens de protection des droits des minorités et des peuples autochtones, ces communautés culturelles tentent de devenir des sujets du droit international des droits de l'homme afin de contribuer, sur la scène internationale et régionale, à la préservation de leurs identités culturelles à travers le renforcement de leurs droits.

Comment la Corse, dotée du statut de collectivité territoriale à statut particulier, et les Sámi en tant que peuple autochtone transfrontalier s'inscrivent-ils dans ce mouvement ?

B. *L'émergence de nouveaux sujets du droit international*

Être sujets du droit international suppose d'avoir une capacité internationale. Celle-ci se distingue de la personnalité internationale en ce qu'elle est « une qualité passive qui permet aux sujets internes de recevoir des droits et des obligations résultant d'une activité interétatique à laquelle ils n'ont pas pris part. La capacité d'exercice [...] est au contraire une vertu active qui, si elle est reconnue à ces nouveaux sujets, les met en mesure de participer eux-mêmes à l'activité juridique internationale.[149] »

Bien qu'elles ne produisent pas du droit, il semble que les collectivités autochtones ont potentiellement cette capacité internationale : avant leur englobement par les États-nations, bon nombre de traités signés entre leurs représentants et les colons montrent qu'ils avaient la capacité substantielle (au sens de pouvoir de s'engager par des actes juridiques).

Les textes internationaux relatifs aux droits des peuples autochtones paraissent aller dans le sens d'une reconnaissance d'une capacité processuelle (au sens de pouvoir réclamer la défense de droits subjectifs en cas d'atteinte à ceux-ci) exercée devant des organes compétents de l'État ou par l'accès aux organes de l'ordre international. En revanche, les instruments relatifs aux droits des

---

[149] Jean COMBACAU et Serge SUR, *Droit international public*, Montchrestien, 2008, p. 320.

personnes appartenant à des minorités refusent sans ambigüité d'accorder une quelconque capacité substantielle aux minorités nationales.

L'attribution de la personnalité juridique à des minorités relève plus de la compétence des États. Le droit international ne le préconise pas, mais il n'empêche pas les États de la reconnaître dans leur ordre juridique.

Comme dans la majorité des droits nationaux, les droits norvégien et français n'attribuent pas aux groupes minoritaires situés sur leur territoire la qualité de sujets du droit. Cependant on peut souligner la position sans précédent que la Hongrie défend depuis sa ratification de la *Convention-cadre pour la protection des minorités* en 1995. La loi hongroise sur les droits des minorités nationales et ethniques vise depuis 1993 l'attribution de la personnalité juridique aux treize minorités sur son territoire et précise que « les administrations autonomes élues des minorités sont des entités publiques » et que, partant, « la minorité est un sujet de droit »[150].

L'entrée sur les scènes nationales d'abord puis progressivement sur la scène internationale de nouveaux sujets du droit est particulièrement timide, mais l'enjeu est de taille : par la reconnaissance progressive d'une capacité d'initiative à travers la reconnaissance d'un statut en droit international, ils deviendraient titulaires de droits énoncés, disposeraient donc de plus de garanties juridiques quant à la protection de leurs identités collectives, bénéficieraient de voies d'action en justice et ils pourraient même exercer leur influence sur le développement et le contenu du droit international relatif aux droits de l'homme et en particulier celle sur les droits des minorités et des peuples autochtones se ferait plus forte.

Jusqu'alors seuls les États étaient reconnus comme étant des sujets originaires du droit international, mais « le droit international n'est plus le monopole des États[151] ». Ils partagent cette qualité avec les Organisations internationales, qui sont des sujets dérivés du droit international, et l'émergence progressive et limitée de nouveaux sujets du droit : les individus **(a)** et les collectivités autochtones **(b)**.

---

[150] Loi hongroise n° 5190 de 1993 sur les Droits des Minorités nationales et ethniques, rapport établi par Stéphane PIERRE-CAPS, « La participation des personnes appartenant aux minorités nationales au fonctionnement des institutions démocratiques », Commission de Venise, 19 janvier 1993, *CDL-MIN (93) 2*, p. 13.
Cette première loi a été ensuite remplacée par la loi du 19 décembre 2011 portant sur les droits des nationalités. Entre autres, elle reconnaît dans son article 2 (3) l'exercice de droits individuels et collectifs fondé sur la notion d'autonomie culturelle des nationalités. Voir l'avis n° 671/2012 sur la loi relative aux droits des nationalités de la Hongrie adopté par la Commission de Venise les 15 et 16 juin 2012, *CDL-AD(2012)011*.

[151] Emmanuel DECAUX, *Droit international public*, éd. Dalloz, Paris, 7e édition, 2010, p. 239.

a. La voie d'une reconnaissance de l'individu : la question des personnes appartenant à des minorités

L'approche classique du droit international veut que les sujets originaires du droit soient les États. Mais ils ne sont plus exclusifs puisqu'ils partagent désormais cette qualité avec des « sujets dérivés du droit »[152] que sont les organisations internationales et, bien que controversé, l'individu particulièrement en matière de droit de l'homme depuis la fin de la Seconde Guerre mondiale.

A priori, les individus (y compris les personnes appartenant à des minorités nationales) et les groupes infranationaux ne sont pas des sujets du droit et ne possèdent pas de personnalité juridique.

Pourtant, si les groupes infranationaux en théorie n'ont pas la qualité de sujets du droit international, en revanche, sous l'influence des droits de l'homme, la question se pose depuis la fin de la Seconde Guerre mondiale pour les particuliers et spécialement les personnes physiques qui se sont vu reconnaître des libertés et des droits individuels, fondamentaux ou spécifiques, ainsi que la possibilité de recourir aux instances internationales en cas de violation de ces droits. L'affirmation d'une responsabilité pénale internationale des individus coupables de crimes contre l'humanité ou de génocide, par exemple, traduit aussi la place désormais accordée à la personne humaine dans le droit international. Ainsi, une partie de la doctrine parle d'une « révolution des droits de l'homme, venue concurrencer l'État sur son propre terrain (la possession d'une personnalité juridique dans l'ordre international) » et montre qu'il est « évident qu'une évolution sensible en faveur de la reconnaissance d'une certaine personnalité juridique internationale de l'individu-personne physique constitue l'un des traits majeurs du droit international contemporain[153] ».

Dans la mesure où la problématique des minorités nationales est traitée sous l'angle universaliste et individualiste des droits de l'homme, il semblerait que les personnes appartenant à des minorités puissent profiter de cette brèche, de cette nouvelle ouverture, qui fait de l'individu un nouveau sujet du droit international pour faire valoir leurs droits fondamentaux et leurs droits culturels.

De cette façon, les membres de minorités nationales deviendraient des sujets du droit et non plus seulement des objets vivants des politiques publiques.

Pour être reconnu en tant que sujet du droit international et donc jouer un rôle sur la scène internationale aux côtés des États et des organisations

---

[152] Le terme « sujets secondaires » est également utilisé. Denis ALLAND, *Droit international public*, éd. PUF, mars 2000, p. 99.

[153] Pierre-Marie DUPUY, Yann KERBRAT, *Précis de Droit international public*, éd. Dalloz, Paris, 2012, p. 28. Dans le même sens, Emmanuel DECAUX, *Droit international public*, éd. Dalloz, 2010, p. 189.

internationales, il faut répondre à certains critères précis : la reconnaissance en tant que personne responsable de ses actes au regard du droit international, et être titulaire de droits et des voies d'actions.

Cet ensemble constitue la personnalité juridique. Cependant, la personnalité juridique n'est pas la même que celle des États. Elle se différencie en ce qu'ils n'ont pas la même personnalité juridique internationale. Cette différence a été soulignée par la Cour internationale de justice dans son *Avis consultatif du 11 avril 1949 sur la réparation des dommages subis au service des Nations unies*. Elle avait affirmé l'existence d'une personnalité juridique internationale au bénéfice de l'ONU d'abord, puis de la plupart des organisations internationales. Mais la Cour avait ensuite précisé que « Ceci n'équivaut pas à dire que l'organisation soit un État, ce qu'elle n'est certainement pas, ou que sa personnalité juridique, ses droits et ses devoirs soient les mêmes que ceux d'un État. Encore moins cela équivaut-il à dire que l'Organisation soit un " super-État " quel que soit le sens de cette expression ». Les institutions internationales restent des groupements d'États.[154]

Les personnes appartenant à des minorités répondent-elles à ces critères ?

L'individu peut être tenu responsable de ses actes au regard du droit international[155], être titulaire de droits et d'obligations, et « de façon certes parcellaire l'individu s'est vu reconnaître l'accès à certaines voies d'actions internationales.[156] »

Parmi les textes régionaux et légalement contraignants, l'article 3§ 2 de la *Convention-cadre pour la protection des minorités*[157], pourtant premier texte multilatéral contraignant, ne considère pas les minorités dans leur ensemble comme titulaires des droits énoncés. Si le texte n'attribue pas à la minorité, appréhendée en tant que groupe, de droits collectifs[158], elle reconnaît en revanche leur exercice par les membres de la minorité.

Florence Benoit-Rohmer a souligné que, emprunts de prudence et de crainte des États envers la sécession, les dispositions de la Convention-cadre ne sont pas

---

[154] *Avis consultatif de la CIJ sur la réparation des dommages subis au service des Nations unies*, *Rec.* 1949, 179 s., consultable sur le site Internet de la CIJ, http://www.icj-cij.org.

[155] Sur cette question voir notamment Emmanuel DECAUX, « La responsabilité pénale des individus », *Droit international public*, éd. Dalloz, 2010, p. 226.

[156] Denis ALLAND, *Droit international public*, *op.cit.*, p. 98.

[157] Cet article ne reconnaît pas de droits collectifs aux minorités. Selon le rapport explicatif l'expression « l'exercice en commun des droits et libertés » se distingue de la notion de droits collectifs. Rapport explicatif de la Convention-cadre, *Doc H (94)*, 10 novembre 1994, § 37.

[158] Est considéré comme un droit individuel un droit qui a pour titulaire des individus. Les droits collectifs sont des droits prévoyant l'exercice collectif de droits individuels. Enfin, les droits de groupe sont les droits dont le titulaire est un groupe en tant que tel et qui possède alors une personnalité juridique propre.

directement applicables[159]. Elle formule des droits individuels mais sous la forme d'obligations étatiques, ou « dispositions programmes ».

En conséquence, les individus minoritaires ne sont pas considérés comme titulaires des droits et libertés énoncés ; ces droits ne pourront pas être opposés aux États dans leur ordre interne. Dans la mesure où la Convention-cadre ne crée pas de droits subjectifs pour les individus et que seuls les États assurent la mise en œuvre des normes-programmes énoncées par ce texte, il n'existe pas de contrôle juridictionnel mais un simple contrôle politique effectué par le Comité des ministres[160].

En revanche, les dispositions de la *Convention européenne des droits de l'homme* sont directement applicables dans l'ordre interne des États membres et l'article 34 énonce que « la Cour peut être saisie d'une requête par toute personne physique, toute organisation non gouvernementale ou tout groupe de particuliers qui se prétend victime d'une violation par l'une des Hautes Parties contractantes des droits reconnus dans la Convention ou ses Protocoles. Les Hautes Parties contractantes s'engagent à n'entraver par aucune mesure l'exercice efficace de ce droit ». Ni les minorités en tant que groupes ni leurs membres ne sont protégés par des dispositions spécifiques de la Convention (sauf par l'article 14, qui interdit la discrimination fondée notamment sur « l'appartenance à une minorité nationale »). Mais, à l'instar des autres citoyens des États membres ayant ratifié la Convention, les personnes appartenant à des minorités sont titulaires des droits et libertés énoncés dans ce texte et peuvent les invoquer et demander réparation de leur préjudice en cas de violation devant la Cour européenne des droits de l'homme.

L'article 27 du *Pacte international relatif aux droits civils et politiques* utilise une formulation négative énonçant que « dans les États où il existe des minorités ethniques, religieuses ou linguistiques, les personnes appartenant à ces minorités ne peuvent être privées du droit d'avoir, en commun avec les autres membres de leur groupe, leur propre vie culturelle, de professer et de pratiquer leur propre religion, ou d'employer leur propre langue ».

La question de savoir si les personnes appartenant à des minorités sont titulaires du droit spécifique prévu à l'article 27 et complémentaire des autres droits énoncés par le Pacte, dépend d'une autre question : les États ont-ils une obligation d'agir ou s'agit-il d'une simple tolérance de la part des États qui auront l'unique obligation de ne pas affecter les droits des personnes appartenant à des groupes minoritaires ?

---

159 *Rapport explicatif de la Convention-cadre*, *op.cit.*, § 29.

160 Florence BENOIT-ROHMER, « La question minoritaire en Europe : vers un système cohérent de protection des minorités nationales », *Publication de l'Institut International de la démocratie*, éd. Conseil de l'Europe, 1996, p. 43-44.

Lors de la 20e session de la Sous-commission en 1971, après plusieurs débats, « il fut décidé qu'aucune obligation positive de la part de l'État ne saurait être exigée par les membres des minorités sur la base de l'article 27 du Pacte[161] ».

Pourtant l'Observation générale no 23(50) du Comité des droits de l'homme adoptée en 1994 déclare que « l'article 27 même s'il est formulé en termes négatifs reconnaît l'existence d'un droit et interdit de dénier celui-ci ». Il conclut que « l'article 27 énonce des droits dont la protection impose aux États parties des obligations spécifiques » (par. 6.1) et un peu plus loin que les États parties ont « l'obligation de veiller à ce que l'exercice de ces droits soit pleinement garanti et ils doivent indiquer dans leurs rapports les mesures qu'ils ont adoptées à cette fin » (par. 9)[162]. Les destinataires des droits culturels octroyés par l'article 27 sont les personnes membres des minorités, qui doivent les exercer ensemble du fait du caractère communautaire des droits énoncés (culture, langue et religion). Ce sont des droits collectifs détenus individuellement[163], qui sont prévus par l'article 27 du Pacte et qui peuvent faire l'objet d'une jurisprudence du Comité des droits de l'homme[164].

b. La collectivité autochtone sámi et la collectivité territoriale de Corse

La reconnaissance des collectivités, qu'elles soient autochtones comme les Sámi, qui ne sont pas considérés comme des sujets du droit norvégien, ou sous la forme d'une entité administrative infraétatique comme la collectivité territoriale de Corse, sont source d'inquiétude pour les États, qui voient en elles les possibilités d'une atteinte à leur souveraineté territoriale et politique. Si elles disposent d'une personnalité juridique, celle-ci ne peut être que très prudemment accordée et sera limitée au cadre constitutionnel des États concernés. Le droit international des droits de l'homme reflète toujours cette crainte des États.

La collectivité territoriale de Corse est dotée de la personnalité juridique par le droit français, elle est sujet de droit interne. Peut-elle être considérée ensuite comme un nouveau sujet du droit international ? Une réponse négative peut être apportée pour deux raisons : entre autres la collectivité ne pourrait pas avoir la capacité de s'engager par des actes ou des faits juridiques avec des États ou

---

[161] Sébastien RAMU, « Le statut des minorités au regard du Pacte international relatif aux droits civils et politiques », Revue trimestrielle des droits de l'homme, no 51, 2002, p. 606.

[162] Nejib BOUZIRI, *La protection des droits civils et politiques par l'O.N.U. L'œuvre du Comité des droits de l'homme*, thèse en vue de l'obtention du doctorat, éd. L'Harmattan, 2003, p. 532.

[163] Sur les raisons de l'amendement Monroe, qui a refusé de considérer que les minorités en tant que groupes avaient une personnalité juridique, voir celles qui ont été relevées par Sébastien RAMU, « Le statut des minorités au regard du Pacte international relatif aux droits civils et politiques », *op.cit.*, p. 613.

[164] Par exemple, Comité des droits de l'homme, *Ivan KITOK c. Suède*, *op.cit.*, ou Comité des droits de l'homme, *Sandra LOVELACE c. Canada*, CCPR/C/13/D/24/1977.

d'autres entités infraétatiques sans porter atteinte à la souveraineté de l'État français ; et les Corses ne sont pas reconnus comme appartenant à une minorité nationale ou en tant que peuple autochtone.

À la question de savoir si les collectivités autochtones sont collectivement des sujets du droit international, on répondra que la réponse est étroitement liée aux épineuses notions de « peuple » ou de « nation », assimilées à la reconnaissance d'un droit à l'autodétermination et donc d'un risque, pour les États, d'aboutir à une sécession.

Dans certaines régions du monde comme l'Amérique du Nord, la pratique coloniale était de conclure des traités et des accords avec les représentants des collectivités autochtones établies. Il existait donc bien une relation juridique avec ces peuples, reconnus alors comme des entités souveraines dotées de la capacité juridique dite substantielle.

Mais, ainsi que Marlène Collette-Lévêque le souligne, « les nouveaux arrivants ont malgré tout cherché à dépouiller les peuples autochtones des attributs de leur souveraineté, et en particulier de la juridiction sur leurs terres, de la reconnaissance de leurs formes d'organisation sociale et de leur statut en tant que sujets du droit international. Les peuples autochtones sont passés du statut de nations souveraines à celui d'entités assujetties à un État.[165] »

À l'origine, les peuples autochtones sont des organisations collectives spécifiques, dotées d'institutions propres, productrices de droit constituant des ordres juridiques mais elles ont perdu le pouvoir de s'engager par des actes juridiques et d'édicter leurs propres normes, et sont longtemps restées des objets vivants du droit.

Jusqu'alors, les peuples autochtones en tant que collectivités n'étaient pas considérés comme des sujets du droit international.

Cependant la *Convention nº 169 relative aux droits des peuples indigènes ou tribaux*[166] (1989), qui s'est substituée[167] à la *Convention nº 107 relative aux populations aborigènes*

---

[165] Marlène COLLETTE-LEVEQUE, « Droit constitutionnel et droits des peuples autochtones : compatibilités et antinomies », communication dans le cadre de l'Atelier « Le constitutionnalisme : un produit d'exportation ? », VIe congrès français de droit constitutionnel organisé par l'Association française de droit constitutionnel, 2005, p. 8, http://www.droitconstitutionnel.org.

[166] Cette Convention, qui n'autorise pas de réserve ou de déclaration de la part des États, a été ratifiée par la Norvège le 19 juin 1990.

[167] Cette convention n'est plus ouverte à la ratification, mais elle est toujours en vigueur dans dix-sept pays : Angola, Bangladesh, Belgique, Cuba, République dominicaine, Égypte, El Salvador, Ghana, Guinée-Bissau, Haïti, Inde, Iraq, Malawi, Pakistan, Panama, République arabe syrienne et Tunisie.

et tribales[168] et la *Déclaration sur les droits des peuples autochtones* (2007) valorisent l'identité autochtone et reconnaissent que les peuples autochtones sont des collectivités distinctes au sein des États où ils se trouvent.

Sur la question de savoir s'ils sont titulaires des droits énoncés, on peut s'interroger sur la nature des dispositions : énoncent-elles des droits subjectifs invocables par la collectivité ou seulement des programmes à destination des États ? La Convention nº 169 cite les groupes dans ses articles 1 § 2 et 28 § 1 et utilise souvent l'expression de « peuples ».

L'expression « les membres des peuples » est utilisée lorsque la Convention rappelle qu'ils jouissent sans discrimination des mêmes droits et libertés fondamentaux que les autres membres de la population (art. 2.2a). Le texte insiste aussi sur le caractère collectif de la relation qu'entretiennent les autochtones avec la terre (art. 13 § 1).

Pourtant, on peut douter que les peuples autochtones soient titulaires des droits pour deux raisons. D'une part, sur la terminologie employée dans le texte de la Convention, il n'est pas mentionné que les peuples autochtones ont « le droit de ». Il s'agit de formules généralisantes qui ressemblent plutôt à des dispositions-programmes adressées aux États, des mesures prises par les États qui se conformeraient alors à un idéal de conciliation : « Il incombe aux gouvernements, avec la participation des peuples intéressés » (part. 2), « Des mesures spéciales doivent être adoptées, » (article 4), « En appliquant les dispositions de la présente convention, les gouvernements doivent… » (par exemple, les articles 6, 7 § 3-4, 8, 13, 14, 20 et 25).

De même, la Convention ne déclare pas directement que les communautés autochtones ont un droit à (la terre, les ressources naturelles…) mais elle utilise plutôt la formulation « les peuples autochtones doivent avoir le droit de ». On comprend que le texte énonce un idéal cherchant une conciliation entre les intérêts étatiques et ceux très précaires des collectivités autochtones, la mise en œuvre de cet idéal politique, philosophique et moral relevant de la compétence des États.

D'autre part, cette dimension est renforcée à la lecture de l'article 2, qui demande aux gouvernements avec « la participation des peuples intéressés », de prendre la responsabilité de développer une « action coordonnée » et

[168] En 1957, la *Convention nº 107 relative aux populations aborigènes et tribales* de l'OIT a été le premier texte à s'interroger sur les droits des populations aborigènes. Elle constitue aussi la première tentative de codification des obligations internationales des États envers ces populations. Mais son approche assimilationniste ne permettait pas d'accorder de la valeur aux identités culturelles autochtones. Les peuples autochtones n'étaient pas considérés comme des sociétés pérennes ; ils devaient donc s'intégrer dans la société dominante de l'État où ils vivaient.

systématique pour protéger les droits des peuples indigènes et tribaux. On constate à la lecture de cette disposition que la pratique actuelle est celle de l'internalisation du droit, avec de nouveau une prise en compte de la souveraineté étatique, et le balbutiement de la souveraineté, certes tout symbolique, des communautés autochtones au sein des États.

La Convention n° 169 choisit d'inciter les États membres à établir entre eux et leurs peuples autochtones des arrangements constructifs institutionnels et constitutionnels dont la dimension contractuelle ressort grâce à l'exercice du droit de participation effective des autochtones.

Par ailleurs, bien que la Convention s'applique aux peuples autochtones, et non aux « populations » comme l'indique la fameuse bataille du « S », l'article 1(3) de la Convention n° 169 précise bien que « l'emploi du terme *peuples* dans la présente convention ne peut en aucune manière être invoqué comme ayant des implications de quelque nature que ce soit quant aux droits qui peuvent s'attacher à ce terme en vertu du droit international ».

La Convention n° 169 n'énonçant pour les collectivités autochtones que des droits culturels et sociaux et non à caractère politique, et les peuples autochtones n'étant pas des « peuples » au sens du droit international, la notion d'autodétermination ne s'entend pas au sens posé par l'article 1er des Pactes internationaux, mais elle s'appréhende uniquement dans son volet interne.

Enfin, les mécanismes de contrôle mis en place dépendent des instances de contrôle de l'Organisation internationale du Travail qui ont surveillé et guidé le processus de mise en place de la Convention par le biais d'examens réguliers des rapports fournis et de l'émission d'observations à l'attention des gouvernements concernés. Les pays qui ont ratifié la Convention sont soumis à un contrôle politique quant à sa mise en œuvre, mais le texte ne prévoit pas de mécanisme de sanction ou de réparation devant les tribunaux en cas d'atteinte au contenu des dispositions.

Pourtant, sans inciter les États parties à considérer les collectivités autochtones comme de véritables sujets du droit international, la Convention laisse entrevoir des aspects qui les invitent à considérer les peuples autochtones comme à nouveau des sujets du droit, mais non originaires et en-deçà des États.

Tel est le cas lorsqu'elle reconnaît, à côté de droits individuels tels que le droit à l'emploi, des droits collectifs et des droits des collectivités à travers l'existence et le rôle du droit coutumier et des institutions autochtones, les droits de consultation et de participation effective, la protection de leur droit de propriété sur leurs terres ancestrales, ou encore le droit de coopération transfrontalière.

Comme le souligne Marlène Collette-Lévêque, en tant que collectivités distinctes, les peuples autochtones tendent à devenir de véritables acteurs dans l'activité normative nationale et internationale, et particulièrement dans l'élaboration des instruments les concernant.

Ainsi, « d'objets, [les peuples autochtones] sont en train de devenir des vrais sujets de droit international[169] ».

La *Déclaration sur les droits des peuples autochtones*, adoptée le 13 septembre 2007 par l'Assemblée générale des Nations unies, va dans ce sens. À l'instar de la Convention n° 169, elle encourage explicitement dans son préambule « les relations harmonieuses et de coopération entre les États et les peuples autochtones ». Avec cet objectif, elle prône la conclusion d'arrangements constructifs entre les États et les peuples autochtones, incite à la « compréhension et aux relations amicales entre les nations et les peuples du monde » et reconnaît « que les peuples autochtones ont le droit de déterminer librement leurs rapports avec les États, dans un esprit de coexistence, d'intérêt mutuel et de plein respect ».

Ce texte est pleinement animé par la recherche d'une conciliation entre les intérêts étatiques et ceux des collectivités autochtones et surtout par l'absence de hiérarchie entre les peuples et les nations du monde liée à un ethnocentrisme. Les négociations, qui ont duré pendant plus de vingt ans entre les représentants étatiques et les délégués des organisations autochtones, ont été menées dans un esprit d'association, de paix et d'égalité, et elles ont abouti à un large consensus politique.

Il semble que la Déclaration, par sa nature juridiquement non contraignante pour les États, s'autorise à aller plus loin qu'un simple appel au respect des cultures et à la conciliation ; elle reste cependant prudente. Elle paraît en effet inviter la communauté internationale à réfléchir sur une éventuelle appréhension des collectivités autochtones comme des nouveaux sujets dérivés du droit international qui seraient titulaires de la personnalité juridique et dotés d'une souveraineté, mais, symbolique et différente de celle des États.

Elle adresse en effet des droits individuels et des droits collectifs aux peuples autochtones qui en sont les titulaires. Ceci est affirmé explicitement dès le préambule puis à l'article 1er de la Déclaration, « Reconnaissant et réaffirmant que les autochtones ont droit sans discrimination à tous les droits de l'homme reconnus en droit international, et que les peuples autochtones ont des droits collectifs […] ». Il n'y a pas de formulation de type « programme » adressée uniquement aux États.

---

[169] Marlène COLLETTE-LEVEQUE, « *Droit constitutionnel et droits des peuples autochtones : compatibilités et antinomies* », *op.cit.*, p. 2.

Malgré tout, ce texte n'est toujours pas invocable par un peuple autochtone en cas de contentieux puisqu'il n'a qu'une portée morale et politique.

Cependant, cette affirmation peut être nuancée dans la mesure où elle « incorpore [...] des principes généraux de droit international » et où elle « [reflète] des normes de droit international coutumier[170] ». De plus, la Déclaration énonce la possibilité pour les peuples autochtones d'agir en justice devant les organes judiciaires de l'État dont ils sont les citoyens : ils ont droit à une réparation juste et équitable de la part des États, et le « droit d'avoir accès à des procédures justes et équitables pour le règlement des conflits et des différends avec les États ou d'autres parties et à une décision rapide en la matière, ainsi qu'à des voies de recours efficaces pour toute violation de leurs droits individuels et collectifs » (article 40).

Mais, comme pour la Convention n° 169, il n'y a pas de procédure prévue devant une instance juridictionnelle internationale spécifique[171]. Cette capacité balbutiante des peuples autochtones doit donc être nettement à relativiser car ils assistent, comme les minorités, à un écart réel entre l'énonciation de leurs droits et leur justiciabilité car les États, sujets originaires du droit et premiers acteurs de la vie internationale ne souhaitent pas prendre le risque d'abandonner une partie de leur souveraineté. Toutefois, l'article 41 de la Déclaration prévoit que les organes des Nations unies jouent un rôle dans le suivi de l'application de la Déclaration par les États : le Conseil des droits de l'homme, dont les rapports périodiques concernent la situation des droits de l'homme et des libertés fondamentales des populations autochtones, et le Comité pour l'élimination de la discrimination raciale (CERI).

En outre, la Déclaration reconnaît que les collectivités autochtones dans leur ensemble constituent des peuples, et elle affirme, dans son préambule et dans son article 3, le droit de tous les peuples à disposer d'eux-mêmes pour déterminer librement leur statut culturel, politique et social. À ce titre, elle propose, aux articles 4 et 5, plusieurs déclinaisons du droit des peuples à disposer d'eux-mêmes, notamment à travers l'exercice de l'autodétermination, de l'autonomie, de la consultation et de la participation aux prises de décision.

---

170 James ANAYA, « Promotion et protection de tous les droits de l'homme, civils, politiques, économiques, sociaux et culturels, y compris le droit au développement », Rapport du Rapporteur spécial sur la situation des droits de l'homme et des libertés fondamentales des populations autochtones, Assemblée générale de l'ONU, 11 août 2008, *A/HRC/9/9*, § 41, p. 13.

171 « Au demeurant, plusieurs juridictions, nationales ou internationales, s'y sont déjà référées, parfois avant son adoption. » in Valérie PARISOT, « L'autochtonie, reflet d'une identité spécifique ? Les enjeux d'une nouvelle catégorie juridique », *op.cit.*
Voir aussi Clive BALDWIN et Cynthia MOREL, « Recourir à la Déclaration des Nations unies sur les droits des peuples autochtones dans des actions en justice », in *Peuples autochtones dans le monde. Les enjeux de la reconnaissance*, L'Harmattan, 2013, p. 265 *sq.*

Les articles 18 et 20 leur reconnaissent le droit de garder leurs propres institutions décisionnelles économiques, politiques, sociales et culturelles. L'article 19 demande aux États de récupérer le consentement libre et préalable des autochtones « avant d'adopter et d'appliquer des mesures législatives susceptibles de les concerner ». L'article 41 pose des limites essentielles à l'autodétermination : celle du respect des obligations édictées par les normes de droit international relatives aux droits de l'homme, et celle de l'interdiction pour un État, un peuple, un groupe ou un individu « de détruire ou d'amoindrir, totalement ou partiellement, l'intégrité territoriale ou l'unité politique d'un État souverain et indépendant ».

Ils ont aussi, d'après les articles 25 et 26, des droits linguistiques et des droits sur les terres et ressources naturelles qu'ils possèdent et occupent traditionnellement ou qu'ils ont utilisés ou acquis. Les articles 28 et 29 prévoient un droit à réparation et un droit à la préservation et à la protection de leur environnement.

Outre le droit de promouvoir, développer et conserver leurs structures institutionnelles et leurs coutumes, spiritualité, traditions, procédures ou pratiques particulières, les peuples autochtones ont le droit, selon l'article 34, de maintenir leurs systèmes ou coutumes juridiques, en conformité avec les normes internationales relatives aux droits de l'homme.

C'est ici la reconnaissance et l'acceptation par les États qu'il puisse exister sur leur territoire des systèmes et des coutumes juridiques autochtones qui sont justement producteurs de droit. Les États sont susceptibles d'accepter, avec les limites dues à la souveraineté étatique et au respect des droits de l'homme, l'existence d'un ordre juridique autochtone coexistant avec l'ordre juridique étatique.

Dans la mesure où ce sont toujours les États souverains qui principalement font le droit international, bien qu'ils n'en aient plus le monopole, l'impression qu'une « révolution silencieuse »[172] est en marche n'est certes pas particulièrement parlante à la lecture des textes de droit international relatifs aux droits des personnes appartenant à des minorités ou relatifs aux droits des peuples autochtones. Le texte de la Déclaration, avec ses dispositions concernant le droit à l'autodétermination interne, est pour le moment l'instrument le plus audacieux concernant les collectivités autochtones mais n'a justement qu'une valeur déclaratoire, morale, dépourvue d'effets juridiques contraignants.

---

172 Expression empruntée à Kofi ANNAN, in Marie LEGER (dir.), *Des peuples enfin reconnus. La quête de l'autonomie dans les Amériques*, éd. Ecosociété, 1994.

La *Déclaration sur les droits des peuples autochtones* reconnaît explicitement dans son préambule[173] et dans ses articles 41 et 42 le rôle important des organes et des institutions spécialisées du système des Nations unies, tels que l'Instance permanente sur les questions autochtones, dans la mise en œuvre des valeurs et des droits énoncés dans la Déclaration.

Le rôle actif des minorités, compris dans un sens large, s'exprime davantage dans la pratique par la participation de leurs représentants au sein d'organisations régionales et des Nations unies, par lesquelles elles acquièrent de plus en plus de visibilité sur la scène internationale. Les Sámi et la collectivité territoriale de Corse s'inscrivent, à leurs manières, dans ce contexte.

§2. Une nouvelle visibilité grâce aux organisations internationales et régionales

Les institutions internationales ont une personnalité juridique et sont des sujets dérivés du droit international public. C'est à travers elles que les minorités nationales et les peuples autochtones peuvent faire entendre leur voix, développer leur puissance politique et influencer les normes internationales et régionales relatives à la protection de leurs droits.

Parmi elles, l'Organisation des Nations unies, à travers le Conseil économique et social des Nations unies (ECOSOC), le Groupe de travail sur les minorités ainsi que le Groupe de travail sur les populations autochtones et particulièrement l'Instance permanente sur les questions autochtones, créée en 2000, sont devenues depuis les années 1990 un espace privilégié pour les minorités nationales et particulièrement pour les peuples autochtones.

Les institutions spécialisées des Nations unies et certaines organisations régionales ont contribué à la reconnaissance progressive d'une identité transnationale autochtone[174]. Les Nations unies sont ainsi devenues le *forum* privilégié des revendications autochtones (A).

---

173 « L'Organisation des Nations unies a un rôle important et continu à jouer dans la promotion et la protection des droits des peuples autochtones ».

174 « Parallèlement à ces regroupements "associatifs", les anthropologues ont constaté des "bricolages identitaires". Ainsi, à partir des années 1980, les peuples de l'Arctique, prenant conscience de leur vulnérabilité face aux compagnies pétrolières, vulnérabilité résultant de leur dispersion géographique et étatique, vont mettre en avant leur culture commune, s'unir sous la "bannière Inuit" et décider de s'identifier comme un seul peuple, inventant "une identité panethnique transnationale". » In Albane GESLIN, « La protection internationale des peuples autochtones : de la reconnaissance d'une identité transnationale autochtone à l'interculturalité normative », *Annuaire Français de Droit International*, CNRS Éditions, 2010, p. 657-687.

La qualité de sujets secondaires du droit international des organisations internationales et régionales pourrait permettre aux peuples autochtones, d'une certaine manière, d'être, par extension, des sujets indirects et nouveaux du droit international public. Ils pourraient ester en justice pour faire valoir leurs droits sans dépendre de la bonne foi des États dans la mise en œuvre de dispositions-programmes, et ils pourraient conclure des accords avec les États concernant leurs droits politiques, fonciers et culturels. Mais considérer les peuples autochtones comme des sociétés pérennes n'implique pas nécessairement pour les États de prendre des risques de sécession.

Parallèlement, l'Union européenne et les institutions nordiques de coopération jouent également un rôle essentiel car elles constituent des plateformes à dimension régionale où peut s'exercer concrètement leur participation au sein d'institutions régionales et leur droit à la coopération transfrontalière **(B)**.

A. L'Organisation des Nations unies, le forum privilégié des revendications autochtones

Si les Corses, en tant que communauté culturelle historique, ne sont pas représentés par des instances spécialisées des Nations unies, en revanche, les revendications des Sámi, en tant que peuple autochtone, ont leur place et trouvent un soutien au sein des Nations unies.

Les représentants sámi ont eu à l'origine, et ont toujours, un rôle actif pour la cause autochtone au sein de cette organisation internationale, qui a développé une politique pluraliste **(a)**. Certaines organisations autochtones ont acquis le statut d'observateurs et un travail de coopération et de participation entre elles et les institutions spécialisées onusiennes a été mis en place **(b)**. Les représentants sámi dans ce cadre se sont forgé une véritable expérience de la politique internationale et jouent, avec d'autres, un rôle moteur.

a. La naissance de la politique pluraliste des Nations unies

L'internationalisation de la cause des groupes minoritaires et plus spécifiquement celle des peuples autochtones n'est pas nouvelle. Elle a connu des précédents dès les années 1920, à l'époque où des représentants de la nation iroquoise s'étaient présentés devant la Société des Nations (SDN) pour faire reconnaître qu'ils constituaient une nation, ou un peuple autochtone. Mais en vain, aucune des propositions des Iroquois n'avait été retenue.

En 1945, lors de la création des Nations unies, ils ont tenté de faire reconnaître leur droit à l'autodétermination fondé sur la *Charte des Nations unies*, mais leur demande fut rejetée de nouveau.

Après une longue politique d'assimilation pratiquée par les États et reflétée en 1957 par les dispositions de la *Convention nº 107 relative aux populations aborigènes et tribales* de l'Organisation internationale du Travail, les questions soulevées par l'autochtonie furent renouvelées dans les années 1970 sous l'action conjuguée, d'une part, de rapporteurs spéciaux de la Sous-Commission de la lutte contre les mesures discriminatoires et de la protection des minorités comme José Martinez-Cobo, dont la célèbre étude exhaustive met en lumière les discriminations à l'égard des peuple autochtones et leur demande d'être reconnus en tant que tels et non pas comme minorité ethnique[175], d'autre part, de représentants dynamiques de peuples autochtones revendiquant leur entrée au sein des Nations unies.

Norbert Rouland montre comment l'action de certains peuples d'Amérique et du Canada fut également décisive lorsqu'ils décidèrent de mettre leurs forces en commun et qu'ils fondèrent le North American Indian Brotherhood (NAIB), qui obtint en 1974 le statut d'Organisation non gouvernementale, qui lui donnait un rôle consultatif auprès du Conseil économique et social (ECOSOC). Plusieurs autres organisations autochtones obtinrent le statut d'observateurs au sein de l'ECOSOC. À cette occasion ils ont pu dénoncer sur la scène internationale les atteintes aux droits de l'homme faites aux peuples autochtones.

Deux grandes conférences internationales, la *Conférence internationale des organisations non gouvernementales des Nations unies portant sur la discrimination à l'égard des populations autochtones Amériques* et la *Conférence internationale des ONG sur les populations autochtones et la question foncière* furent organisées respectivement en 1977 et en 1981. Elles ont permis d'étendre et de généraliser l'internationalisation du problème autochtone. À la suite de cette dernière conférence, un groupe de travail permanent chargé de la question des populations indigènes fut créé en 1982. Il fut la principale institution représentative des autochtones au niveau de l'ONU[176] et les peuples autochtones sont toujours appelés à y participer pleinement.

---

[175] Étude du problème de la discrimination à l'encontre des populations autochtones, document *E/CN.4/Sub.2/1986/7/Add.4* et Rapport de la Sous-Commission de la lutte contre les mesures discriminatoires et de la protection des minorités sur les travaux de sa 37e session, document *A/CN.4/Sub.2/1984/43*, 19 octobre 1984.

[176] Désormais une nouvelle institution a été instaurée : l'Instance permanente sur les droits des peuples autochtones créée par le Conseil Économique et Social dans sa résolution 2000/22 du 28 juillet 2000.

À l'UNESCO, la cause des peuples autochtones est désormais aussi prise en compte dans le cadre de sa Division des droits de l'homme et de la paix[177].

Le rôle initial des ONG autochtones a beaucoup joué en faveur de l'entrée des peuples autochtones au sein des Nations unies.

Mais ce n'est qu'à partir des années 1990, avec la conférence des Nations unies sur l'environnement et le développement, ou « Sommet de Rio », qui s'est tenue du 3 au 14 juin 1992, et par la mise en place de deux décennies internationales[178] en faveur des peuples autochtones, que ces peuples ont acquis une plus ample visibilité internationale.

Le Sommet de Rio a permis de jeter les bases pour l'élaboration de la *Convention sur la diversité biologique* (CDB), la *Convention–Cadre des Nations unies sur le changement climatique* (CCNUCC) et la Commission pour le développement durable (CDD).

Surtout, même si ce « Sommet de la terre » avait abouti à l'adoption de la *Déclaration de Rio sur l'environnement et le développement. Principes de gestion des forêts*, dans laquelle le mode de vie lié à la culture et la reconnaissance éventuelle de droits fonciers des peuples autochtones n'y sont pas spécifiquement abordés, la participation politique aux divers processus concernant le développement durable des peuples autochtones a été reconnue.

Dans le cadre du Sommet mondial sur le développement durable qui s'est tenu à Johannesburg en 2002, les représentants autochtones ont soumis une déclaration dite de « Kimberley »[179] dans laquelle ils réaffirment leur engagement et l'importance de leur place dans la gestion des ressources naturelles et le développement durable.

En permettant aux peuples autochtones d'entrer dans les instances des Nations unies et en créant des groupes de travail portant sur des problématiques les concernant, ils sont devenus des acteurs nationaux et internationaux participant à l'élaboration de solutions aux problèmes qui se posent à leurs

---

[177] Norbert ROULAND *et al.*, *Droits des minorités et des peuples autochtones*, *op.cit.*, p. 401-405.

[178] La première Décennie internationale des populations autochtones fut proclamée par la résolution *A/RES/48/163* de l'Assemblée générale, du 21 décembre 1993. Elle avait pour principal objectif de renforcer la coopération internationale, en vue de trouver des solutions aux problèmes auxquels les populations autochtones se trouvent confrontées, dans des domaines tels que les droits de l'homme, l'environnement, le développement, l'éducation et la santé. La deuxième décennie fut proclamée le 20 décembre 2004 par l'Assemblée générale dans sa résolution *A/RES/59/174*.

[179] Le texte de cette déclaration est accessible en français sur le site du Groupe international de travail pour les peuples autochtones (GITPA), http://www.gitpa.org/Autochtone%20GITPA%20300/gitpa%20300-4-3%20declaration%20de%20kimberley.htm.

communautés dans les domaines des droits de l'homme, de l'environnement, du développement, de l'éducation, de la santé, de la paix et de la sécurité.

b. La coopération des instances internationales avec les peuples autochtones dans l'activité normative les concernant

Trois mesures ont été mises en place dans le cadre des Nations unies pour soutenir les peuples autochtones en vue de renforcer leur participation. Les Nations unies sont ainsi devenues le « creuset de l'autochtonie[180] », en construisant notamment une identité transnationale autochtone[181].

D'abord, le Conseil économique et social a créé le Groupe de travail sur les populations autochtones, qui constitue une véritable chance pour les communautés autochtones du monde entier au sein des Nations unies. Le taux de participation des communautés autochtones est de plus en plus important[182], montrant que les conditions de dialogue sont propices à la recherche d'une conciliation.

Étant à l'origine des progrès normatifs, il est devenu l'instance internationale de référence en matière de réflexion sur les droits des peuples autochtones. Ainsi, lors de chaque session, les représentants autochtones et les autres participants que sont les experts[183], les représentants gouvernementaux, universitaires, organisations non gouvernementales, peuvent se rencontrer et établir des projets et partenariats concrets.

Les pouvoirs du Groupe de travail ne sont pas juridictionnels mais consultatifs, si bien que « ce groupe de travail a [...] beaucoup contribué à l'établissement d'un dialogue constructif entre les États et les peuples autochtones sur la base d'un plus grand respect mutuel et d'une meilleure compréhension. En outre, il a permis d'ouvrir la voie à la résolution de certains

---

180 Françoise MORIN, « L'ONU comme creuset de l'autochtonie », *Parcours anthropologiques*, n° 5, p. 40.

181 Albane GESLIN, « La protection internationale des peuples autochtones : de la reconnaissance d'une identité transnationale autochtone à l'interculturalité normative », *op.cit.*, p. 659 *s.*

182 « Ceux-ci étaient une cinquantaine en 1982 et d'origine américaine ; ce nombre est monté à 400 en 1989, regroupant des autochtones venus d'Australie, Inde, Sud-Est asiatique, Philippines, Sibérie (à partir de 1990), Taïwan (depuis 1991). » Norbert ROULAND, *Droits des minorités et des peuples autochtones, op.cit.*, p. 406.

183 Les cinq experts sont élus pour deux ans et ils représentent les cinq régions des Nations unies (Afrique, Asie, Europe de l'Est, Amérique latine, et « Europe de l'Ouest et autres », soit les États-Unis, le Canada, l'Australie et la Nouvelle-Zélande).

conflits en permettant de poser les jalons d'une existence fondée sur la sécurité, la solidarité et la reconnaissance mutuelle.[184] »

De plus, la résolution du Conseil économique et social a mis en place en juillet 2000 l'Instance permanente sur les questions autochtones (UNPFII)[185]. Ce forum tient compte de la mixité dans sa désignation des membres participatifs : huit experts sont élus par l'ECOSOC sur proposition des gouvernements, et huit autres sont désignés par le président du Conseil sur proposition de représentants des organisations régionales autochtones (il est précisé qu'ils doivent être issus des sept régions socioculturelles).

L'Instance permanente est un organe consultatif du Conseil économique et social et dans la résolution du Conseil, l'UNPFII a reçu le mandat de « discuter des questions autochtones sur le développement économique et social, l'environnement, la culture, l'éducation, la santé et les droits de l'homme ». Ces thèmes ont été abordés par la Douzième Session de l'Instance permanente sur les questions autochtones au mois de mai 2013 à New York.

En contact direct avec les populations autochtones, l'Instance est chargée de conseiller et faire part de ses recommandations aux autres institutions des Nations unies. Elle a aussi un rôle d'information sur les questions autochtones. Le Secrétariat de l'Instance permanente sur les questions autochtones a été établi par l'Assemblée générale dans sa résolution 57/191, en 2002, et par ses activités contribue grandement aussi à la défense des intérêts des autochtones.

Enfin, la nomination d'un Rapporteur spécial sur la situation des droits de l'homme et des libertés fondamentales des populations autochtones est la troisième mesure[186]. Le mandat de ce rapporteur a été établi en 2001 par la Commission des droits de l'homme[187] et est la seule procédure internationale relative spécifiquement aux droits des peuples autochtones.

Il est chargé de solliciter, recevoir et échanger des renseignements et des communications alléguant de la violation des droits des peuples autochtones, notamment des gouvernements mais surtout des populations autochtones elles-mêmes.

---

[184] Raphaël PORTEILLA et Frédéric DEROCHE, « Le mouvement international des peuples autochtones : Bilan, enjeux et perspectives », publication de l'Université de Bourgogne, décembre 2004, p. 3.

[185] Résolution du Conseil économique et social *E/2000/22* du 28 juillet 2000 portant création d'une instance permanente pour les populations autochtones.

[186] Résolution 2001/57 de la Commission des droits de l'homme du 24 avril 2001 intitulée « Droits de l'homme et questions relatives aux populations autochtones ».

[187] Résolution 6/12 du Conseil des droits de l'homme du 28 septembre 2007 intitulée « Droits de l'homme et peuples autochtones : mandat du Rapporteur spécial sur la situation des droits de l'homme et des libertés fondamentales des populations autochtones ».

Dans l'exercice de ses fonctions, le Rapporteur travaille dans un souci de conciliation et de coopération : il travaille donc en étroite collaboration avec le Groupe de travail sur les populations autochtones et l'Instance permanente et il doit « établir un dialogue constructif continu avec toutes les parties prenantes, notamment les gouvernements, les organismes, institutions spécialisées et programmes des Nations unies compétents, ainsi que les peuples autochtones, les institutions nationales des droits de l'homme, les organisations non gouvernementales et les organisations internationales régionales ou sous-régionales, y compris au sujet des possibilités de coopération technique dont les gouvernements peuvent bénéficier sur demande.[188] »

D'autres agences spécialisées et comités des Nations unies travaillent en faveur des peuples autochtones. Mais leurs rôles ne seront pas détaillés dans ce chapitre car ils n'ont pas l'originalité d'intégrer les représentants des collectivités autochtones et les ONG autochtones comme le font les trois autres instances citées précédemment. Parmi eux figurent l'Organisation internationale du Travail, ou l'UNESCO ou encore le Haut-Commissariat aux droits de l'homme ; mais aussi les organes de surveillance des principaux traités des droits de l'homme (Comité des droits de l'homme, Comité pour l'élimination de la discrimination raciale, Comité des droits de l'enfant, Comité des droits économiques, sociaux et culturels) participent pleinement à la promotion des droits et à la sauvegarde des identités culturelles autochtones.

Enfin, la participation et l'influence des peuples autochtones au sein des Nations unies se reflètent dans la volonté de créer une Union mondiale des nations indigènes sur le modèle des Nations unies pour les États-nations.

Cette proposition a été émise en mai 2009 lors de la quatrième édition du Sommet des peuples et nations indigènes des Amériques, au Pérou, qui a débouché sur la proclamation de la *Déclaration du Quatrième Sommet des peuples d'Abya Yala*, le 31 mai 2009[189].

Bien que les Sámi ne soient pas concernés par cette déclaration, elle montre l'émergence de la puissance politique des peuples autochtones à une échelle internationale.

---

188 Résolution A/HRC/RES/15/14 adoptée par le Conseil des droits de l'homme intitulée « Droits de l'homme et peuples autochtones : mandat du Rapporteur spécial sur les droits des peuples autochtones », 15e session, 6 octobre 2010, § e et f.

189 Le texte de la déclaration est consultable sur le site du Groupe International de Travail sur les Peuples Autochtones (GITPA).
http://www.gitpa.org/Peuple%20GITPA%20500/GITPA500MAmeriquesommetpunoACTU.pdf.

Parmi les idées clefs défendues par les délégués des organisations représentatives des peuples originaires de vingt-deux pays de l'Abya Yala[190] avec des peuples d'Afrique, des États-Unis, du Canada du Cercle polaire, figure par exemple l'inscription de la *Déclaration sur les droits des peuples autochtones* adoptée par les Nations unies dans les constitutions des États. Mais aussi la mise en place « d'États plurinationaux fondés sur l'autogouvernement et la libre détermination des peuples, la reconstitution des territoires et des nations originaires ». Geneviève Koubi explique « qu'il s'agirait ainsi de faire entrer dans les Constitutions de chaque pays des dispositions relatives à la reconnaissance des peuples indigènes, en garantissant leurs droits et en assurant le respect de leur diversité, sans que cela ne soit une forme de séparatisme[191] ».

Au cours de ce même Sommet, la création d'un Tribunal de justice climatique a été envisagée. Ce tribunal serait appelé à juger les entreprises multinationales et les gouvernements qui détruisent la nature, pillent les ressources naturelles et portent atteinte aux droits des autochtones.[192]

Les Sámi se sont forgé une réelle expérience de la politique internationale. Leur appartenance au Conseil Sámi nordique dès 1975 leur avait permis d'intégrer la première organisation non gouvernementale « World Council of Indigenous Peoples » (WCIP) appelée à siéger et dotée d'un statut consultatif au sein de l'ECOSOC.

La présence et l'influence des Sámi sont remarquables aussi à travers le *Sámiráddi* (ou Saami Council)[193], qui est une des plus anciennes organisations non gouvernementales fondée en 1956 et composée de Sámi de Finlande, de Russie, de Suède et de Norvège qui ont établi la Conférence sámi[194]. Elle a beaucoup contribué au sein de l'ECOSOC à l'élaboration de programmes et de recommandations concernant les questions liées à l'autochtonie. Elle a pour mission de promouvoir les intérêts et les droits économiques, sociaux, culturels et politiques des Sámi sur une échelle régionale au sein des quatre États

---

[190] À l'origine, le peuple Kuna du Panama et de Colombie désignait le continent américain Abya Yala. Ce terme a été repris récemment par l'ensemble des peuples autochtones présents sur le continent américain dans leur lutte pour la reconnaissance de leurs droits. Sa portée symbolique reflète leur engagement politique. http://abyayala.nativeweb.org/about.html.

[191] Geneviève KOUBI, « Vers une organisation des Nations unies indigènes et autochtones », Droit cri-TIC, 1er juin 2009, article consultable sur le site www.koubi.fr

[192] « Nous demandons la mise en place d'un Tribunal de Justice Climatique appelé à juger les entreprises transnationales et les gouvernements complices dans la déprédation de la Nature Mère, le saccage de nos biens naturels et la violation de nos droits. Ce Tribunal serait le premier pas vers la création d'une Cour Internationale sur les délits environnementaux. » *Déclaration du Quatrième Sommet des peuples d'Abya Yala*, 31 mai 2009, § 6.

[193] Site Internet du Conseil sámi, http://www.saamicouncil.net/en/about-saami-council/

[194] http://www.saamicouncil.net/en/organization/saami-conference/

nordiques, de consolider les liens entre les différentes populations sámi réparties sur le territoire de ces États et de faire reconnaître l'existence d'une nation sámi,

Les Sámi possèdent en outre une délégation particulièrement active à l'Instance permanente sur les questions autochtones au sein des Nations unies.

C'est d'ailleurs le Sámi suédois Lars Anders Baer qui est à l'origine de la création de ce forum. Il avait proposé en 1993, lors de la 49e session de la Commission des droits de l'homme, l'instauration d'un organe consultatif composé uniquement des représentants des peuples autochtones.

Le Norvégien d'origine sámi Aslak Nils Sara avait largement participé dans les années 1970 aux négociations pour la création d'une institution de représentation pour les peuples autochtones à l'ONU. Il avait ainsi pu présenter sa proposition de distinguer la question autochtone de celle des minorités.

Un autre Norvégien d'origine sámi, Ole Henrik Magga, fut l'ancien président du Parlement sámi de 1989 à 1997. En 2002 il est devenu président de l'Instance permanente et son vice-président Sven-Roald Nystø était aussi un Sámi.

En ce qui concerne, les travaux réalisés par l'Organisation internationale du Travail, ni les Sámi ni les autres peuples autochtones n'ont été invités à participer à l'élaboration de la *Convention n° 107 relative aux populations aborigènes et tribales*. Elle fut donc élaborée et adoptée en 1957 uniquement par les États-nations. Cette posture est cohérente avec l'idéologie de la Communauté internationale, qui considérait les collectivités autochtones comme des sociétés non pérennes vouées à disparaître et qui devaient donc être assimilées.

En revanche, lors de la rédaction de la *Convention n° 169 relative aux peuples indigènes et tribaux* adoptée en 1989, le peuple sámi fut le seul à participer. Aucun autre peuple autochtone ne s'est investi. Il se trouve en fait qu'en 1986 le conseiller ministériel de l'État norvégien, Leif Dunfjeld, était un Norvégien siégeant au sein du Groupe de travail sur les questions autochtones pour le compte du Conseil nordique Sámi. Au moment de la révision de la Convention n° 107 il a été rejoint par deux autres Sámi, dont Aslak Nils Sara, qui siégeait en tant que conseiller de la délégation norvégienne mais en sa qualité de président du Conseil sámi norvégien. Le réseau sámi fut donc très représenté et les trois hommes purent jouer un rôle d'influence très significatif dans le processus de révision de la Convention.[195]

Parallèlement aux organes et institutions spécialisés des Nations unies, les institutions régionales contribuent au développement et à la visibilité de communautés culturelles distinctes et elles leurs permettent d'influencer

[195]Svein JENTOFT, Henry MINDE, Ragnar NILSEN, *Indigenous Peoples: Resource Management and Global Rights*, éd. Eburon Academics, 2003, p. 96.

indirectement l'élaboration de normes internes et internationales les concernant. Parmi elles figurent des institutions de coopération transfrontalière. Le peuple sámi et la collectivité territoriale de Corse bénéficient d'une co-représentation et d'une participation au sein des institutions régionales, mais à cause de leurs statuts juridiques distincts les fondements sont différents.

B. *Participation au sein des institutions régionales et coopération transfrontalière*

Les Corses n'ont en droit français ni le statut de peuple autochtone ni celui de minorité nationale, mais à un double titre la collectivité territoriale de Corse intéresse les institutions européennes dans leur politique régionale **(a)**. Ce lien permet aux institutions de la CTC d'obtenir plus de visibilité sur la scène nationale française et régionale, et d'influer sur l'amélioration des mesures concernant la préservation de l'identité culturelle corse.

Les Sámi sont en revanche reconnus comme minorité ethnique et comme peuple autochtone. Leur présence et leur participation au sein des institutions régionales nordiques est fondée sur ce statut et elles servent de plates-formes pour mettre en œuvre une coopération transfrontalière **(b)** à la fois entre les États nordiques sur la problématique sámi et entre les populations sámi elles-mêmes réparties sur les quatre États. De cette façon, la cause sámi se fait mieux entendre et leurs droits fonciers, culturels et politiques tendent à être harmonisés entre les quatre États nordiques.

a. Le cas de la collectivité territoriale de Corse : deux fondements à sa présence dans la politique régionale européenne

La représentation des Corses au sein de l'Union européenne n'est pas liée à leur statut de peuple autochtone ou en tant que membres d'une minorité nationale.

Cependant, la préservation et la promotion de leur identité culturelle peut se faire par leur participation au sein d'institutions européennes fondée sur deux paramètres qui les caractérisent.

D'une part, le caractère insulaire du territoire corse : l'insularité est une porte d'entrée dans des réseaux à échelle régionale pour faire exister une identité collective spécifique et peser sur les décisions et l'élaboration des normes. Dès lors, qualifiée d'île périphérique par la Commission européenne[196], la Corse

[196] Les îles Açores, Canaries, Guadeloupe, Guyane, Madère, Martinique et Réunion sont qualifiées de régions ultrapériphériques. Voir aussi André-Louis SANGUIN, « Périphéricité et ultrapériphéricité insulaires dans l'Union européenne », *L'Espace Politique* [En ligne], nº 2/2007-2, mis en ligne le 03 août 2007, consulté le 21 mars 2016. www.espacepolitique.revues.org/index857.html

s'intègre dans une problématique plus large que celle des collectivités territoriales dans le cadre de la décentralisation française : celle des îles périphériques et ultrapériphériques de l'Union européenne.

D'autre part, la participation et la représentation corses peuvent avoir un second fondement cette fois-ci lié à son statut de collectivité territoriale française.

En effet, l'Union européenne ne se désintéresse pas des îles : « Les îles périphériques et ultrapériphériques ont fait leur grande entrée institutionnelle dans l'Union européenne à l'occasion de deux grands traités. En 1992, le Traité de Maastricht consacre son Article 154 à ces territoires si particuliers ; puis, en 1998, le Traité d'Amsterdam leur consacre son Article 158 et son Article 299.[197] »

En tant qu'entité administrative et territoire français, la collectivité territoriale de Corse bénéficie d'une représentation régionale au sein de l'Union européenne et particulièrement du Comité des régions, organe consultatif instauré en 1994. Elle bénéficie aussi depuis 1975 d'une aide financière grâce aux fonds structurels mis en place par des programmes communautaires. En outre, au Parlement européen, un Intergroupe des Îles s'est constitué.

De plus, la collectivité territoriale de Corse est membre de plusieurs réseaux européens dont la *Conférence des régions périphériques maritimes d'Europe*, qui est constituée de près de 160 régions. Elle a pour but d'exploiter les atouts communs des régions (la mer et le littoral) et de contribuer à mieux valoriser la dimension maritime de l'Europe, de faire prendre conscience aux autorités européennes de la nécessité de lutter contre les disparités de compétitivité importantes entre la partie centrale de l'Europe et ses périphéries, et de mieux associer le niveau régional à la construction européenne. Les régions concernées et membres de la Conférence assurent la promotion de leurs intérêts communs auprès des institutions européennes et des États, et coopèrent sur des projets concrets pour valoriser leurs atouts.

Plus spécifiquement la Corse fait partie de la *Commission des Îles* qui vise à promouvoir la coopération interrégionale entre les îles et à amener les institutions européennes (notamment la Commission européenne et le Parlement) ainsi que les États à réfléchir sur des problématiques liées à leur insularité (culture, économie, contraintes géographiques et/ou climatiques permanentes, reconnaissance de la vulnérabilité particulière de l'environnement insulaire), de sorte que la législation européenne prenne en compte ces considérations insulaires. La politique régionale, la politique maritime, ainsi que les politiques

---

[197] André-Louis SANGUIN, « Périphéricité et ultrapériphéricité insulaires dans l'Union européenne », *ibid.*

concernant les transports, l'énergie et l'environnement sont traditionnellement ses principaux champs d'action.

La Corse est aussi membre du *Réseau de coopération interrégionale entre les îles de l'Union européenne*, Eurisles, qui est doté de son propre Observatoire des îles européennes, qui a rendu un rapport de synthèse en mai 2009 intitulé *Indicateurs statistiques de disparité régionale engendrés par l'insularité et l'ultrapériphéricité*[198].

Enfin, on peut évoquer la question d'un statut des îles européennes[199] que la Corse pourrait revendiquer et dont elle pourrait éventuellement bénéficier.

Les principales îles européennes retenues sont l'archipel des Féroé, le Groenland, l'archipel des Baléares, les Canaries, la Sardaigne, la Sicile, les Açores et Madère. La Corse, en tant que collectivité à statut unique, ressemble sur certains points à ces îles, qui disposent d'une autonomie. Certaines îles relèvent du droit commun, c'est le cas de la Sardaigne et de la Sicile, qui constituent des régions italiennes à statut spécial ; tandis que le Groenland et les îles Féroé ont des statuts exorbitants du droit commun. D'autres îles comme la Crète, les Canaries et les Baléares ont une large autonomie qui leur permet de disposer de la compétence législative exclusive dans certaines matières, d'une autonomie financière et d'un réel pouvoir dans le domaine des relations extérieures.

La participation et l'influence indirecte de la Corse sur l'élaboration des normes la concernant peuvent trouver leur fondement dans son statut de collectivité territoriale française.

C'est à ce titre que la CTC a adhéré à *l'Association française du Conseil et des Communes et Régions d'Europe* (AFCCRE)[200]. Cette association est la section française du Conseil des Communes et Régions d'Europe. Elle s'est donné pour missions de conseiller les collectivités territoriales dans leurs recherches de financements ou de contacts transnationaux, d'informer sur les évolutions de la législation européenne ; elle se veut force de propositions et participe en liaison avec le Conseil des Communes et Régions d'Europe (CCRE) aux réunions organisées par les institutions européennes (Parlement européen, Commission européenne…). Parmi ses nombreuses missions, elle permet des échanges entre les collectivités territoriales et des représentants de la Commission européenne ou d'autres institutions.

Elle associe les collectivités territoriales aux politiques européennes en mettant en place des commissions ayant pour but d'élaborer des propositions dans le cadre des débats et des consultations européennes sur les dossiers intéressant les collectivités territoriales.

---

[198] Le rapport est disponible sur le site http://www.mcrit.com/rup/documentos/fin7FR.pdf

[199] Le statut des îles européennes, www.senat.fr

[200] http://www.afccre.org

Comme d'autres collectivités territoriales, la Corse a ouvert, en 1996 à la suite d'une délibération de l'Assemblée de Corse du 30 juillet 1992, un *bureau de représentation à Bruxelles* qui assure une fonction de représentation et défend les intérêts de la collectivité territoriale de Corse auprès des institutions européennes. Il a également un rôle de veille législative européenne et de diffusion au niveau local. Dans le cadre de cette dernière mission, le bureau participe aux réunions organisées par les services de la Commission et par la Représentation permanente de la France, ainsi qu'aux réunions des Commissions du Parlement européen et du Comité des régions. Les bureaux régionaux à Bruxelles sont désormais considérés par les institutions européennes comme des relais très utiles pour faire véhiculer l'information communautaire en région. Le bureau corse est aussi associé à la mise en œuvre des programmes communautaires.

b. Les institutions régionales nordiques : des plates-formes pour la coopération transfrontalière

À travers l'existence d'institutions régionales nordiques, le peuple sámi peut participer à la politique régionale nordique pour les affaires le concernant et pratiquer son droit à la coopération transfrontalière.

Au sein des institutions régionales, il peut s'agir d'une co-représentation avec le peuple autochtone sámi ou d'une représentation interétatique exclusivement entre États nordiques.

La coopération transfrontalière des États et/ou des peuples autochtones est un droit énoncé par les instruments internationaux de protection des droits des peuples autochtones et des personnes appartenant à des minorités.

Ce paragraphe sera consacré à l'étude du peuple autochtone sámi, la comparaison avec les Corses ou la collectivité territoriale de Corse n'étant pas possible : les Corses ne constituent pas un peuple ou une minorité transfrontalière. La notion d'État-parent pour les personnes corses ne s'applique pas puisque les Corses ne sont pas qualifiés de peuple autochtone ou de minorité nationale par l'État français. Si une personne résidant en Corse s'établit à l'étranger, elle ne pourra pas demander la protection de sa spécificité culturelle corse par l'État de résidence. Elle sera traitée, à la fois par l'État français et l'État étranger, comme tout citoyen français résidant à l'étranger.

Mais, d'une certaine manière, on pourrait voir dans le rapprochement de cette collectivité territoriale avec les autres îles européennes une forme de coopération transfrontalière fondée sur l'insularité…

En revanche, les Sámi sont reconnus par les États norvégien, suédois, finlandais comme constituant un peuple autochtone transfrontalier et il existe aujourd'hui dans ces États une volonté d'harmoniser les politiques et les droits culturels et fonciers de ce peuple.

1. La coopération transfrontalière est d'abord un droit formalisé par le droit international

La coopération transfrontalière n'est pas un phénomène nouveau. Avant d'être un droit elle était une pratique des peuples autochtones et des minorités nationales transfrontaliers.

Par exemple, les populations sámi traversaient librement les frontières des royaumes nordiques conformément à leur mode de vie semi-nomade lié au pastoralisme des rennes. Au XVIIIe siècle, le *Lapp Codicil* établi entre la Norvège et la Suède donna un fondement légal à cette pratique s'apparentant à une coopération transfrontalière.

Elle a été établie comme droit collectif à part entière dans les instruments internationaux spécifiques aux droits des peuples autochtones. Les autres instruments de protection des droits de l'homme la conçoivent uniquement comme un droit individuel parmi d'autres et la confondent avec la liberté de réunion et d'association.

La nouveauté consiste en ce qu'elle n'avait pas été jusqu'alors déclarée comme étant un droit formel ni pratiquée dans le cadre d'institutions.

En Norvège, le droit à la coopération transfrontalière n'est pas énoncé par le droit norvégien : ni l'article 110a de la Constitution, ni la loi sur les affaires sámi *(Sameloven)* adoptée en 1987 ne le mentionnent. Mais la coopération transfrontalière entre Sámi et, depuis les années 1970, des minorités nationales rom ou skogfinn qui établissent des contacts avec les Skogfinn de Finlande et de Suède est pratiquée[201] légalement car elle se fonde désormais sur les engagements internationaux de l'État norvégien.

La coopération transfrontalière n'est pas mentionnée à l'article 27 du *Pacte international relatif aux droits civils et politiques* alors qu'il traite des minorités nationales. Le *Pacte international relatif aux droits économiques, sociaux et culturels* ne contient pas non plus de dispositions sur la participation effective ou la coopération transfrontalière. Il énonce dans son article 15 des droits culturels, et notamment au paragraphe (1), que « les États parties au présent Pacte reconnaissent à chacun le droit : a) De participer à la vie culturelle » ; puis, au paragraphe (4) du même article, que « les États parties au présent Pacte

---

[201] Traduction personnelle de : *«Siden 1970-tallet har det skjedd en revitalisering av den skogfinske kultur, og flere organisasjoner arbeider med å ivareta den skogfinske kultur blant annet gjennom økt kontakt med skogfinske organisasjoner i Sverige og Finland.»*, St.prp. nr. 80 (1997-98) *Om samtykke til ratifikasjon av Europarådets rammekonvensjon av 1. februar 1995 om beskyttelse av nasjonale minoriteter.*

reconnaissent les bienfaits qui doivent résulter de l'encouragement et du développement de la coopération et des contacts internationaux dans le domaine de la science et de la culture[202] ».

Une des raisons pour lesquelles les droits à la coopération transfrontalière et à la participation effective ne sont pas prévus dans ces pactes réside peut-être en ce que ces droits ne sont pas des droits à caractère culturel tels que le conçoit l'article 27 du *Pacte relatif aux droits civils et politiques* (droit d'avoir une vie culturelle propre, de professer et de pratiquer une religion propre, et droit d'employer une langue propre) et l'article 15 du *Pacte relatif aux droits économiques, sociaux et culturels.* Mais ils s'apparentent davantage à des droits politiques. De plus, ils ne sont pas des droits strictement individuels[203] contrairement aux droits énoncés par les deux pactes internationaux qui abordent les droits des minorités non pas de manière autonome mais en les intégrant dans le droit international des droits de l'homme. Chaque individu est titulaire de ces droits, mais, pour que la protection de l'identité collective de la minorité soit effective, ait un sens, ces droits doivent être exercés collectivement.

En revanche, la coopération transfrontalière, déjà prévue par le Document de Copenhague, est expressément prévue aux articles 17 et 18 de la *Convention-cadre sur la protection des minorités nationales* émanant du Conseil de l'Europe. Ceux-ci garantissent aux membres des minorités le droit d'établir et de maintenir, librement et pacifiquement, des contacts par-delà les frontières avec d'autres membres de leur groupe et imposent aux États de ne pas entraver leur participation aux travaux des organisations non gouvernementales tant au niveau national qu'international.

L'article 17 traite du droit pour les personnes membres de minorités nationales d'établir et de maintenir des relations à l'extérieur du territoire. La question des relations à l'intérieur du territoire étatique est couverte par la liberté d'association et de réunion prévue à l'article 7 de la Convention-cadre (et à l'article 11 de la *Convention européenne des droits de l'homme*).

L'article 18 énonce que « 1. Les Parties s'efforceront de conclure, si nécessaire, des accords bilatéraux et multilatéraux avec d'autres États, notamment les États voisins, pour assurer la protection des personnes appartenant aux minorités nationales concernées. 2. Le cas échéant, les Parties prendront des mesures propres à encourager la coopération transfrontalière ».

L'article 18 aborde cette fois la coopération transfrontalière sous l'angle étatique en en faisant une obligation à la charge des États parties. Le rapport explicatif de la Convention insiste en effet sur l'importance de la coopération

---

[202] Sur ce sujet, Observation générale n° 21 du Comité des droits économiques, sociaux et culturels, Droit de chacun de participer à la vie culturelle, 43e session, 2-20 novembre 2009, *E/C.12/GC/21.*

[203] Sur la réaffirmation du caractère individuel des droits énoncés à l'article 27 du *Pacte sur les droits civils et politiques*, voir l'Observation générale n° 23 du Comité, 50e session, 8 avril 1994.

transfrontalière entre États parties car, prenant la forme d'accords bilatéraux ou multilatéraux, elle permet l'échange d'informations et d'expériences et contribue ainsi à la tolérance, à la prospérité et à la paix.

L'article 5 (1) du même texte mentionne l'engagement des États parties « à promouvoir les conditions propres à permettre aux personnes appartenant à des minorités nationales de conserver et développer leur culture, ainsi que de préserver les éléments essentiels de leur identité que sont leur religion, leur langue, leurs traditions et leur patrimoine culturel ». Dans l'expression « les conditions propres à permettre » la coopération transfrontalière est incluse. Mais la formulation est générale, vague et n'énonce pas de droit directement invocable par les membres des minorités.

Quelle que soit sa forme, étatique ou individuelle, la coopération transfrontalière est « un élément crucial en ce qui concerne la diversité linguistique et culturelle en Europe et le maintien et le développement de l'identité des minorités nationales[204] ».

La Déclaration des droits des personnes appartenant à des minorités nationales ou ethniques, religieuses et linguistiques émanant des Nations unies reconnaît dans son article 2(5) un droit pour les personnes appartenant à des minorités « d'établir et de maintenir, sans aucune discrimination, des contacts libres et pacifiques avec d'autres membres de leur groupe et avec des personnes appartenant à d'autres minorités, ainsi que des contacts au-delà des frontières avec des citoyens d'autres États auxquels elles sont liées par leur origine nationale ou ethnique ou par leur appartenance religieuse ou linguistique ». On retrouve en complément à l'article 4(2) une obligation générale pour les États parties de prendre des mesures « pour créer des conditions propres à permettre aux personnes appartenant à des minorités d'exprimer leurs propres particularités et de développer leur culture, leur langue, leurs traditions et leurs coutumes ». Cette obligation se trouve limitée en cas de « pratiques spécifiques qui constituent une infraction à la législation nationale et sont contraires aux normes internationales ».

Mais tout comme la *Déclaration sur les droits des peuples autochtones* des Nations unies ce texte n'a qu'une valeur symbolique et il ne crée pas de droit invocable dont l'atteinte pourrait être sanctionnée. La Déclaration de l'ONU énonce dans son article 36 le droit pour les peuples autochtones « d'entretenir et de développer, à travers ces frontières, des contacts, des relations et des liens de coopération avec leurs propres membres ainsi qu'avec les autres peuples, notamment des activités ayant des buts spirituels, culturels, politiques, économiques et sociaux ». Puis le même article ajoute que « les États prennent,

---

[204] « La coopération transfrontalière en vue de préserver l'identité des minorités nationales », proposition de résolution, Assemblée parlementaire du Conseil de l'Europe, Doc. 9163, 3 juillet 2001.

en consultation et en coopération avec les peuples autochtones, des mesures efficaces pour faciliter l'exercice de ce droit et en assurer l'application ». La coopération peut s'effectuer dans tous les domaines de la vie autochtone et avec des membres du même groupe (c'est le cas des Sámi, répartis sur quatre États) ou d'autres groupes. Ce droit est attribué aux peuples autochtones, il se pose donc comme un droit collectif. On constate à la lecture du second paragraphe de l'article que si les peuples autochtones sont titulaires de ce droit, dans la pratique la mise en œuvre dépend étroitement de la bonne volonté des États concernés, qui doivent « faciliter l'exercice de ce droit et en assurer l'application ».

La *Convention nº 107 relative aux populations aborigènes et tribales* (1957) avait une approche assimilationniste et ne prévoyait pas de dispositions relatives à la coopération transfrontalière.

Au contraire la *Convention nº 169 relative aux peuples indigènes et tribaux* (1989) prévoit dans son article 32 la possibilité pour les peuples autochtones de coopérer au-delà des frontières étatiques. Il dispose que « les gouvernements doivent prendre les mesures appropriées, y compris au moyen d'accords internationaux, pour faciliter les contacts et la coopération entre les peuples indigènes et tribaux à travers les frontières, y compris dans les domaines économique, social, culturel, spirituel et de l'environnement ». Cet article n'énonce pas de droit collectif avec un effet direct aux peuples autochtones mais uniquement une obligation pesant à la charge des États concernés sous la forme d'une disposition programme. Il s'agit d'une obligation de moyen, celle de faciliter les contacts et la coopération entre les peuples autochtones, mais pas d'obligation de résultat, celle de parvenir à l'établissement et au succès de ces rencontres et de ces échanges transnationaux.

2. La coopération transfrontalière comporte en outre une dimension institutionnelle

Les institutions nordiques de coopération ont deux aspects, la variable étant la présence plus ou moins forte des États nordiques : elles peuvent donc consister en une coopération transfrontalière étatique, ou bien en une co-représentation des États nordiques et du peuple autochtone sámi, ou encore en une coopération transfrontalière et une influence exclusivement sámi.

Le *traité de coopération entre le Danemark, la Finlande, la Norvège et la Suède* a été signé à Helsinki[205] le 23 mars 1962. Il a abouti à la création d'un *Conseil nordique*

[205] Les États fondateurs sont le Danemark, la Norvège, la Suède, les territoires autonomes des îles Féroé, du Groenland, et des îles Åland. La Finlande et l'Islande ont intégré l'organisation plus tard. Le Conseil nordique des ministres n'est pas un organe supranational mais un *forum* de coopération intergouvernementale qui travaille sous l'autorité du Conseil nordique. Lluís Maria DE PUIG, « Les Parlements Internationaux », publication du Conseil de l'Europe, mai 2008, p. 70.

afin d'instaurer une coopération culturelle et régionale nordique. Il a été modifié en 1971 pour ajouter le *Conseil des ministres des pays nordiques.*

La double coopération juridique et politique transfrontalière à la fois entre les Sámi et entre les gouvernements nordiques s'est trouvée renforcée grâce à la création du *Conseil nordique* et à l'élaboration de la *Convention sur la coopération entre peuples sámi des pays nordiques* appelée aussi *Convention nordique sámi.*

Comme le montre Laila Susanne Vars[206], ce texte connait une gestation difficile et mouvementée. Il a en effet été adopté en janvier 2017 aux termes de longues négociations entre les représentants des parlements nationaux sámi instaurés dans les trois États nordiques. L'élaboration de ce projet a aussi exigé depuis 2005 une collaboration multipartite étroite des gouvernements norvégien, finlandais et suédois avec les trois parlements sámi afin d'harmoniser leurs positions[207]. Selon l'Instance permanente sur les questions autochtones des Nations unies[208], la forme que prendra la participation des parlements sámi est un enjeu essentiel.

Selon son article 1er, l'objectif de cette Convention est d'offrir un cadre juridique commun concernant les droits du peuple sámi et de renforcer les obligations étatiques à leur égard. Dans ce contexte, les questions liées à l'identité culturelle, aux droits fonciers et aux droits culturels des Sámi prennent une ampleur régionale.

Le droit des Sámi à l'autodétermination interne est inscrit à l'article 3 de la Convention et il est défini dans un certain nombre d'autres dispositions de ce texte. Les dispositions relatives aux pouvoirs des parlements sámi de ces trois pays dans les processus de prise de décisions occupent une place centrale. La Convention confère à ces assemblées un pouvoir de codétermination qui varie en fonction de l'importance des questions traitées pour les intérêts des Sámi (article 14 et suivants). Ces parlements ont le droit de prendre des décisions indépendantes lorsque le droit national ou international les y autorise (article 15), de négocier avec les pouvoirs publics avant que ceux-ci ne prennent une décision touchant à des questions qui ont une importance majeure pour les Sámi (article 16), d'émettre des avis et d'être représentés au sein des conseils et comités publics (article 17), d'être consultés lors de l'examen par les assemblées nationales des questions qui intéressent particulièrement les Sámi (art. 18) et de représenter le peuple sámi au niveau international (article 19).

---

206 Laila Susanne VARS, « Nordic Sámi Convention », *The Indigenous World*, publication de IWGIA, 2018, pp. 30-38.

207 Parmi les difficultés rencontrées, figure par exemple le fait que parmi les États nordiques seul l'État norvégien a ratifié la *Convention n°169 relative aux peuples indigènes et tribaux* de l'OIT.

208 Instance permanente sur les questions autochtones, Informations reçues des gouvernements, Neuvième session, New York, *E/C.19/2010/12/Add.6*, 19-30 avril 2010, p. 4 et 10.

La Convention reconnaît que les Sámi constituent un peuple autochtone et que l'accès à la terre et à l'eau est fondamental pour le maintien de leurs cultures, de leurs langues et de leurs vies sociales. Le chapitre IV de la Convention comprend sept articles relatifs aux droits fonciers (droits à la terre et aux ressources naturelles). Il comprend des articles qui protègent les droits de propriété et d'usufruit sur les terres et ressources naturelles des Sámi de Finlande, de Norvège, et de Suède. Ces mêmes articles prévoient aussi un droit de participation au processus de décision et un droit à la gestion des terres appartenant actuellement aux État concernés.

La Convention nordique sámi offre un cadre juridique minimum, ce qui, selon son article 2, n'empêche pas un des État concerné d'étendre les droits des Sámi ou d'adopter des mesures de protection plus ambitieuses. Les droits ainsi énoncés dans la Convention ne peuvent servir de fondement pour restreindre la portée des droits reconnus par les normes internationales. Les États doivent garantir l'effectivité des droits énoncés, et si nécessaire, adopter des mesures spéciales visant à faciliter la jouissance de ces droits.

La Convention sámi reflète bien les développements récents du droit international en matière de droits des peuples autochtones : par exemple l'article 17 reconnaît explicitement le principe du Consentement Libre, Informé et Préalable (CLIP), rendant ce principe applicable dans tous les processus de décisions pouvant avoir une importance particulière pour les Sámi.

Malgré tout, la Convention, telle qu'adoptée à l'issue des négociations en 2017, a fait l'objet de vives critiques émanant d'experts des droits de l'homme et d'organisations sámi : ces derniers considèrent que la convention n'offre pas assez de garantie en matière de protection minimale des droits comparée à celle prévue par les instruments internationaux. Aussi, certains experts considèrent que le paragraphe 10 du préambule entre en conflit avec l'article 33 de la *Déclaration sur les droits des peuples autochtones* des Nations unies : tel que rédigé, le paragraphe 10 du préambule pourrait être interprété comme donnant aux États nordiques le dernier mot concernant l'identification des personnes appartenant au peuple sámi et ayant le droit de voter aux élections des parlements sámi instaurés sur le territoire de chacun des États nordiques. Ce paragraphe laminerait ainsi le droit pour les peuples autochtones de déterminer leur propre identité et leur appartenance au groupe selon leurs coutumes. Par ailleurs, les articles énonçant des droits fonciers dans la Convention ne seraient pas conformes aux instruments internationaux de protection des droits des peuples autochtones car la convention n'accorderait pas une protection juridique suffisante aux terres et aux territoires autochtones sámi, face aux activités de l'industrie extractive et aux projets de développement qui pourraient nuire aux moyens de subsistance traditionnels des Sámi, comme l'élevage de rennes, la chasse, la cueillette et la pêche.

L'Institution nationale norvégienne sur les droits de l'homme (NHRI) a recommandé au Conseil parlementaire sámi, organe de coopération entre les trois parlements sámi, de vérifier la conformité du texte de la Convention à la Déclaration des Nations unies sur les droits des peuples autochtones, et en particulier avec les articles 4 et 33 de la Déclaration des Nations unies qui protègent les droits des peuples autochtones à l'autodétermination et à l'auto-identification.

Face à ces critiques, les parlements sámi de Finlande, de Norvège et de Suède n'ont pas souhaité donner leur assentiment à la version finale du texte de la convention et en décembre 2017, le Conseil parlementaire sámi a décidé de demander la réouverture des négociations afin que les parties puissent amender le texte adopté. Tout au long de l'année 2018 les trois parlements sámi ainsi que les gouvernements finlandais, norvégien et suédois ont de nouveau cherché à s'accorder sur la version finale de la Convention.

La Norvège, la Suède et la Finlande ont aussi signé des accords transfrontaliers dont l'objectif est de renforcer et d'harmoniser les législations des pays nordiques portant, entre autres, sur la protection de la culture sámi. La préparation de la Convention nordique sur les droits du peuple sámi en est une illustration. La coopération entre Sámi au sein d'un organe tel que le Conseil nordique est rendue possible grâce à la coopération politique et juridique existant entre les gouvernements nordiques eux-mêmes.

En matière de protection de l'environnement arctique, la *Déclaration d'Ottawa* du 19 septembre 1996[209] a officiellement mis en place le *Conseil de l'Arctique* en tant qu'instance intergouvernementale dont l'objectif est de fournir les moyens de promouvoir la coopération, la coordination et l'interaction entre les États de l'Arctique, avec la participation des communautés autochtones.

Parmi les institutions régionales exclusivement sámi, le *Conseil nordique sámi* établi en 1956 en Norvège se distingue du Conseil parlementaire sámi, institué le 2 mars 2000[210].

Le premier était au début appelé Conseil nordique lapon puis, lors de l'intégration des Sámi de Russie dans le Conseil, il a changé de dénomination pour devenir le *Conseil sámi* car la Russie n'est pas considérée comme un pays nordique. Le Conseil sámi est une organisation non gouvernementale centrale qui regroupe et représente des associations nationales sámi et d'autres ONG de la Norvège, de la Suède, de la Finlande et de la Russie.

Le *Conseil parlementaire sámi* est une instance coopérative, un conseil unique de représentants, mis en place en l'an 2000, et il est constitué des trois parlements

---

209 *Declaration on the establishment of the Arctic Council. Joint communique of the Governements of the Arctic countries on the establishment of the Arctic council*, Ottawa, 19 septembre 1996.

210 Johan STRÖMGREN, « Le Sápmi », IWGIA, *The Indigenous World*, 2011.

sámi, de Norvège, de Finlande et de Suède. Son rôle est la représentation sámi sur la scène internationale et dans toutes les affaires sámi requérant une prise en considération par-delà les frontières. Le Conseil sámi et les Sámi de Russie (qui n'ont pas de Parlement *Sameting*) y participent en tant qu'observateurs. Le Conseil parlementaire sámi est ainsi une instance active dans le cadre de la coopération de Barents[211] et des travaux des Nations unies consacrés aux peuples autochtones et aux minorités. Il s'intéresse aussi aux problématiques liées à la culture, à la langue et à l'art sámi.

[211] En 1993, un protocole de coopération instituant le Conseil régional de Barents a été signé avec les représentants des peuples autochtones sámi (des États nordiques), Nenet et Komi de Russie. Il permet aux représentants de peuples autochtones de participer à un groupe de travail sur les peuples autochtones. Ce dernier a un rôle consultatif auprès des ministres des affaires étrangères réunis en Conseil de Barents et auprès des gouverneurs de comtés réunis dans le Conseil régional : http://www.beac.st/en/About/Indigenous-Peoples

CONCLUSION DU CHAPITRE II

À partir des années 1980 et à leur initiative, les représentants sámi et corses ont acquis pour leurs identités culturelles collectives une protection juridique singulière à laquelle ils ont eux-mêmes participé en concertation avec leurs gouvernements respectifs.

Bien que les statuts juridiques qu'ils ont obtenus se distinguent formellement, les représentants corses et sámi ont pour point commun d'être des acteurs infra-nationaux dynamiques, se posant en interlocuteurs incontournables auprès des gouvernements français et norvégien pour bénéficier d'une autonomie, qu'elle soit de gestion ou culturelle et personnelle, pour les affaires les concernant. À l'instar de « la Nouvelle-Calédonie et de la Polynésie, les Corses peuvent être considérés comme les enfants terribles de la République[212] ».

L'influence normative des Corses et des Sámi à travers leurs institutions représentatives, au sein des États français et norvégien, s'inscrit dans une continuité afin d'actualiser et d'adapter une protection juridique nationale qui est évolutive et jamais définitivement acquise.

En outre, la préservation et la promotion des identités culturelles corse et sámi ne se cantonnent plus à la sphère nationale ; elles bénéficient d'une nouvelle visibilité sur la scène internationale et régionale, soit dans le cadre de l'Union européenne, soit dans celui de la coopération régionale arctique. Les représentants sámi et corses peuvent alors influencer, à ces niveaux aussi, l'élaboration des normes les concernant.

Enfin, plusieurs questions, dont les réponses restent encore en suspens, ont été soulevées concernant plus spécifiquement les Sámi en tant que peuple autochtone transfrontalier. Comment hisser juridiquement les peuples autochtones aux côtés des États ? Quelle place leur donner par rapport aux collectivités territoriales et aux organisations internationales qui sont dotées d'une personnalité juridique ? Comment renforcer leur influence en tant qu'interlocuteurs « valables » et non plus simplement en tant qu'observateurs au sein des Nations unies ?

---

[212] Selon une expression empruntée à Hervé Raimana LALLEMANT lors d'une visioconférence avec l'Université de la Polynésie française portant sur « L'autodétermination de la Nouvelle-Calédonie : débats entre loyalistes et indépendantistes », qui s'est tenue à la faculté de Droit de l'Université de Rouen, le 24 mars 2016.

Grâce à l'action des représentants sámi, la cause de ce peuple a été portée au sein de l'Organisation des Nations unies, qui offre plus largement la possibilité aux délégations autochtones d'échanger entre elles sur les problématiques liées à l'autochtonie et qui donne à certaines d'entre elles le statut d'observateur. Certaines organisations non gouvernementales ont un statut consultatif auprès du Conseil économique et social.

Par ce truchement, les peuples autochtones acquièrent progressivement mais encore indirectement un rôle d'influence normative en contribuant à l'élaboration des normes relatives à leurs droits fonciers, politiques et culturels. Ils participent alors à une redéfinition des relations entre eux et les États. C'est en ce sens qu'ils tendent à devenir des sujets du droit et non plus tellement les objets d'un droit qui leur aurait été imposé unilatéralement par les États.

Mais la qualité de sujet du droit, soit comme sujet originaire tels les États, soit comme sujet dérivé telles les organisations internationales, suppose d'être doté d'une personnalité juridique. Dans quelle mesure les peuples autochtones ne pourraient-ils pas eux aussi être dotés d'une personnalité juridique comme les collectivités territoriales et les organisations internationales ? Celle-ci pourrait juridiquement justifier leur place au sein d'organisations internationales comme les Nations unies ou au sein d'organisations de coopération régionales, et ils n'auraient plus seulement le statut d'observateurs mais seraient de véritables acteurs des négociations et dans l'élaboration des normes relatives à leurs droits catégoriels mais aussi sur des thématiques universelles telles que le développement durable.

Un léger mouvement en ce sens nous invite à nous demander si, et sous quelles conditions, les peuples autochtones ne sont pas en train d'acquérir lentement une personnalité juridique. Depuis les années 2000 une telle reconnaissance semble s'amorcer à travers des considérations davantage d'ordre éthique, politique et anthropologique que véritablement juridique : les institutions spécialisées et l'Assemblée générale des Nations unies ont maintes fois exprimé leurs conceptions des relations entre les États et les peuples autochtones, ainsi que la nécessité de les considérer comme des collectivités distinctes des minorités et de respecter ces sociétés pérennes socialement et politiquement organisées.

Le large consensus politique dont a fait preuve la *Déclaration sur les droits des peuples autochtones* adoptée par l'Assemblée générale des Nations unies en 2007 pourrait d'une certaine manière refléter ce mouvement de conscience : l'acheminement vers la qualification des peuples autochtones en tant que nouveaux sujets du droit.

CONCLUSION DU TITRE I

Devant l'absence initiale de protection juridique de leurs identités culturelles collectives, les représentants corses et sámi ont initié un changement significatif afin d'élaborer en concertation avec leurs gouvernements respectifs un statut juridique prenant en compte la spécificité de leurs cultures. Les Sámi ont désormais le statut légal et constitutionnel de minorité ethnique et linguistique, et celui de peuple autochtone à cause des engagements internationaux de l'État norvégien concernant les droits des peuples autochtones. La Corse a obtenu quant à elle un statut lié à la décentralisation territoriale : l'île a connu plusieurs statuts et elle est désormais une collectivité territoriale à statut particulier.

Les Corses et les Sámi ont exprimé une très forte volonté de préserver et promouvoir leurs identités culturelles ; ils sont devenus de véritables acteurs concernant l'amélioration des droits liés à leurs statuts, à la fois dans le cadre national et sur la scène internationale.

Les Sámi en particulier, en tant que peuple autochtone transfrontalier participant aux travaux des Nations unies et à ceux menés dans le cadre de la coopération régionale arctique, contribuent à l'élaboration des instruments juridiques de protection internationale et à portée régionale.

Ces expériences nationales s'inscrivent dans un mouvement d'ensemble plus large qui propose de redéfinir les relations entre les États et leurs minorités. Cette démarche suppose de questionner le principe d'indivisibilité communs aux États unitaires, de s'interroger sur la conception classique de la souveraineté, et de poser un autre regard sur les minorités et les peuples autochtones.

Un courant doctrinal va dans ce sens. En effet, par exemple, Alain Fenet considère que les minorités constituent un ordre juridique. Il explique que dans une acception traditionnelle le droit est nécessairement une règle associée à l'idée de contrainte étatique. Selon cette conception, seul l'État est producteur de droit et les membres des minorités ne font que détenir des droits par la volonté de l'État. Mais selon cet auteur, le droit n'est pas nécessairement lié à la règle, à la normativité, et le droit ne dépend pas nécessairement de l'État ; la notion d'ordre juridique indique que le droit est commandement et ordonnancement. Ces deux axes sont liés à l'existence de toute société et pas nécessairement de l'État. Ainsi « l'ordre de l'État n'est pas le seul juridique : le caractère juridique appartient à toute entité socialement organisée, cohérente et structurée, qu'elle soit reconnue ou non par l'État[213] ». Les minorités sont alors perçues comme entités sociales dotées d'une organisation interne avec une autorité qui incarne l'unité, de normes internes et d'institutions, et leurs membres ont des obligations. En ce sens, elles constituent un ordre juridique[214].

La difficulté tient à l'acceptation pour l'État que plusieurs ordres juridiques puissent coexister sur son territoire, et non pas uniquement le sien. Cette acceptation est d'autant plus difficile lorsque l'État est unitaire dans la mesure où il détient le monopole de la production normative et que constitutionnellement seul son ordre juridique s'applique sur l'ensemble du territoire. L'acceptation semble être plus facile lorsque l'État est autonomique ou régional où l'autonomie politique est reconnue par la Constitution et accompagnée de la reconnaissance d'un pouvoir législatif à des entités infra-étatiques, des régions ou communautés autonomes en raison de leurs spécificités culturelles ou géographique telle que l'insularité.

Selon Pierre-Marie Dupuy et Yann Kerbrat, il apparait clairement que, dans un contexte politique, « les États ont perdu le monopole de l'action[215] » et que les minorités et les peuples autochtones sont au moins devenus des acteurs incontournables des relations internationales.

Sans pour autant parler d'affaiblissement de la souveraineté des États face à une recherche d'autonomie de la part d'acteurs non étatiques constituant « un troisième échiquier »[216], les expériences nationales françaises et norvégiennes montrent qu'une marche vers un processus d'association, de coopération entre les Corses et les Sámi et leurs États respectifs est possible. Leur objectif n'est pas de défaire les États français et norvégien mais d'influencer l'élaboration des normes relatives à leurs droits et de participer aux prises de décision concernant leurs affaires.

---

[213] Alain FENET, « La question des minorités dans l'ordre du droit », in *Les minorités à l'âge de l'État-nation*, *op.cit.*, p.33.

[214] Alain FENET, *op.cit.*, p. 48-51. A ce titre, les minorités dites « visibles » constituées entre autres par les retraités, les femmes [...] peuvent former des ordres juridiques restreints mais ne forment pas des entités sociales et ne sont donc pas des minorités.

[215] Pierre-Marie DUPUY et Yann KERBRAT, *Droit international public*, Dalloz, 2012, p. 29.

[216] La théorie du troisième échiquier a été développée dans les années 1990 par James ROSENAU et, en France, par Bertrand BADIE. Selon eux, avec la mondialisation « le système interétatique ne constitue plus le pivot central de la vie internationale. Il coexiste avec un système "multicentré", les acteurs non étatiques devenant les déterminants principaux de la politique étrangère. » L'État est défié par la société civile, par « les acteurs primordialistes subnationaux (clans, ethnies, tribus, minorités qui s'érigent en « peuples ») ou transnationaux (mouvements pan-religieux ou pan-linguistiques) » *in* Samy COHEN, « Les États face aux "nouveaux acteurs" », http://www.diplomatie.gouv.fr/fr/IMG/pdf/0204-Cohen-FR.pdf.

Redéfinir les relations entre les États et leurs minorités, y compris les peuples autochtones, est un projet de société également soutenu par un grand nombre d'États à travers les organisations internationales promouvant la défense de la diversité culturelle.

TITRE II

La défense de la diversité culturelle par les organisations internationales

Si la plupart des minorités nationales et des peuples autochtones se sont imposés comme acteurs dynamiques initiant une évolution dans la protection de leurs identités culturelles, les États membres d'organisations internationales à vocation universelle et régionale promouvant la défense des droits de l'homme, de la démocratie et de la diversité culturelle sont des acteurs incontournables.

Dans un contexte de mondialisation et depuis l'aube du XXIe siècle, les revendications identitaires minoritaires se conjuguent à de nouvelles thématiques auxquelles les États doivent répondre. Parmi celles-ci figurent les droits des peuples autochtones, le développement durable et les réfugiés climatiques, la protection des patrimoines naturels et culturels ou encore la diversité culturelle et son corollaire, le dialogue interculturel.

La volonté des représentants de minorités culturelles de faire respecter leurs identités singulières dépasse désormais leur propre cause et s'inscrit dans la cause plus large « d'un vivre ensemble » renouvelé et qui concerne la communauté internationale dans son ensemble.

La protection des identités culturelles sámi et corse s'inscrit dans cette dynamique à échelle internationale : en effet, la préservation de la diversité culturelle par les États à travers les travaux des Nations unies, des institutions spécialisées (OIT et UNESCO), et du Conseil de l'Europe peut servir de cadre à la protection plus spécifique des identités culturelles vulnérables.

Ainsi, les organisations européennes et internationales se posent en médiateurs entre les États et leurs minorités en faisant de la défense de la diversité culturelle un nouveau projet de société **(Chapitre I)** et un enjeu pour les droits de l'homme **(Chapitre II)**.

CHAPITRE I

La défense de la diversité culturelle : l'émergence d'un nouveau projet de société

Selon la *Déclaration universelle sur la diversité culturelle* adoptée le 2 novembre 2001 par l'UNESCO, la diversité culturelle est un fait (article 2) existant dans toute société humaine qui a pour source la migration transfrontalière, les revendications des minorités, et le processus de globalisation, et « qui s'incarne dans l'originalité et la pluralité des identités qui caractérisent les groupes et les sociétés composant l'humanité » (article 1er).

Diversité et pluralité des identités culturelles sont donc étroitement liées et en protégeant l'une on préserve les autres. Dans le cas particulier des peuples autochtones, qui sont considérés comme les gardiens de la diversité biologique, il existe un lien étroit entre biodiversité et identités culturelles.

La prise de conscience de la nécessité de protéger la diversité biologique et les développements en droit de l'environnement s'y rapportant sont plus récents dans l'ordre interne des États et en droit international que ceux sur la diversité culturelle[1].

La diversité culturelle est une notion large dont la captation par le droit international et européen n'est pas nouvelle, bien que dans un premier temps elle n'ait pas été saisie directement et expressément : dans la *Convention culturelle européenne* adoptée par le Conseil de l'Europe[2] en 1954, elle n'est pas mentionnée et l'objectif de ce traité se borne à établir une « compréhension mutuelle entre les peuples d'Europe » et à sauvegarder et promouvoir les « idéaux et les principes » qui sont le patrimoine commun des États membres du Conseil de l'Europe. De même, la diversité culturelle a bien été saisie mais indirectement sous l'angle de la protection des minorités nationales dès la fin de la Première Guerre mondiale sous l'égide de la Société des Nations. Mais elle n'a pas été protégée pour elle-même.

Elle a été complétée ensuite dans une autre acception par l'Organisation mondiale du commerce sous les termes « d'exception culturelle » afin de lutter contre l'homogénéisation culturelle. Pour préserver la diversité culturelle et renforcer la démocratie, le dialogue interculturel est un outil essentiel de gestion des conflits.

---

[1] À part une *Convention internationale sur la protection des oiseaux utiles à l'agriculture* du 19 mars 1902, les dispositions de droit international et européen protégeant la diversité biologique se sont développées à partir des années 1990 avec la *Convention sur la diversité biologique* (CDB) de juin 1992. Tandis que l'article 27 du *Pacte international relatif aux droits civils et politiques* a pris en compte la diversité des cultures liée à l'existence de minorités sur le territoire des États dès 1966. La *Convention nº 107 relative aux populations aborigènes et tribales,* adoptée par l'Organisation internationale du Travail en 1957, n'est pas mentionnée ici car si elle prend acte de la différence des cultures, elle ne la défend pas et ne la considère pas comme un projet éthique à porter.

[2] *Convention culturelle européenne* nº 018, adoptée par le Conseil de l'Europe le 19 décembre 1954. La France et la Norvège l'ont ratifiée sans réserve ni déclaration, respectivement le 19 mars 1955 et le 24 janvier 1956.

Selon l'UNESCO, la diversité culturelle s'oppose à l'unité ethnique, linguistique, religieuse ou nationale. Elle recouvre trois dimensions : la multiculturalité, la mixité et la cohésion sociale et enfin la lutte contre l'uniformisation culturelle[3].

À l'issue de la Seconde Guerre mondiale, le droit international des droits de l'homme s'est complexifié et a commencé à s'enrichir d'une nouvelle éthique en plaçant l'humain à la fois dans sa dimension individuelle, puis timidement, dans sa relation à la collectivité (minorités nationales et peuples autochtones), au centre de ses préoccupations. Malgré tout, les textes juridiques portant sur la protection des minorités sous l'angle des droits de l'homme reflètent une approche classique, utilitaire, de la part des États dans leur approche de la diversité culturelle **(I)**, montrant alors une limite du droit international des droits de l'homme pour appréhender l'existence de nouveaux éléments ayant une dimension collective : les revendications identitaires régionales, les droits des peuples autochtones, la diversité culturelle et la biodiversité, le dialogue interculturel…

Un processus nouveau s'est enclenché à partir des années 1990 et s'est confirmé au tournant des années 2000 : la préservation de la diversité des cultures humaines (et de la biodiversité) est devenue un impératif d'ordre éthique faisant de la diversité culturelle non plus un simple fait, une simple donnée culturelle et humaine qu'il faut gérer mais le statut de « patrimoine commun de l'humanité ». Sa défense devenant une finalité *per se* dotée d'une valeur intrinsèque.

Les organisations internationales, en particulier les travaux des Nations unies, du Conseil de l'Europe mais aussi des institutions de l'Union européenne incitent désormais leurs États membres à adopter une approche renouvelée de la diversité culturelle **(II)**.

I. L'approche classique de la diversité culturelle

Le terme de diversité culturelle « renvoie le plus souvent à la multiplicité et à l'interaction des cultures du monde, des cultures elles-mêmes entendues largement puisque sont concernés tous les produits culturels, qu'il s'agisse des biens ou des services culturels[4] ».

---

[3] Culture & Médias 2030, Facteurs et composantes, Ministère de la Culture et de la Communication, 2011. http://www.culturemedias2030.culture.gouv.fr/annexe/09-fiches-culture2030-9-.pdf

[4] Marie-Françoise LABOUZ, « La diversité culturelle dans quelques-uns de ses états », *in* Marie-Françoise LABOUZ, Mark WISE (dir.), *La diversité culturelle en question(s)*, Belgique, éd. Bruylant, 2005, p. 3.

Elle recouvre un champ très large et, dans cette étude, la dimension commerciale de la diversité culturelle, notamment ses rapports avec l'Organisation mondiale du commerce, les industries culturelles, le sport ou le tourisme, ne sera pas traitée. La diversité culturelle, est ici appréhendée dans le sens de la pluralité des cultures fondées sur les langues, les croyances, les pratiques rituelles, les savoirs.

Elle est un fait, une réalité sociologique exprimée notamment à travers la thématique des minorités nationales et des peuples autochtones mais aussi des particularismes régionaux, et que les États ont, dans leur propre intérêt, soit cherchée à uniformiser par des politiques assimilationnistes, soit tolérée et utilisée comme fondement du maintien de la paix et de la stabilité des États pour justifier l'élaboration d'un système normatif, plus ou moins contraignant, de protection.

Ce sont donc les intérêts étatiques qui ont longtemps et exclusivement prédominé sur la reconnaissance de la diversité culturelle (*§ 1*), faisant de sa protection juridique la simple « expression d'une tolérance étatique ». Ce sont aussi les intérêts des États qui ont justifié son maintien dans un simple statut de fait sociologique, sans élever sa protection et sa promotion au rang de principe à valeur éthique contribuant à la création d'un projet de société moderne. L'approche classique de la diversité culturelle par les États se reflète enfin par la place qui lui est accordée par rapport à la portée universelle des droits de l'homme (*§ 2*).

§ 1. La prédominance des intérêts des États

La protection de la diversité des cultures n'a pas été la préoccupation première des États. Mais à la suite du démantèlement des Empires ottoman et austro-hongrois, des deux guerres mondiales et des vagues successives d'immigration la problématique minoritaire et celle des droits de l'homme se sont posées de façon cruciale.

Cependant la protection de la diversité culturelle a longtemps été l'expression d'une simple tolérance étatique (A). Considérée comme une donnée sociologique uniquement dotée d'enjeux politiques, économiques et sociaux, la diversité culturelle n'avait pas de statut propre : elle ne constituait ni un nouveau projet de vie collective pour la société, ni éventuellement un nouveau droit de l'homme (B).

A. La protection de la diversité culturelle : « l'expression d'une tolérance étatique »[5]

Le droit international est à l'origine un droit exclusivement interétatique créé par les États souverains ayant pour préoccupation première la protection de la

[5] Norbert ROULAND *et al.*, *Droits des minorités et des peuples autochtones*, éd. Les Presses universitaires de France, Collection Droit politique et théorique, 1996, p. 158.

souveraineté et la promotion des intérêts étatiques. Mais au lendemain de la Première Guerre mondiale et plus fortement encore après la Seconde Guerre mondiale, le droit international classique, alors essentiellement étatique, a pris conscience de la nécessité de protéger les droits et les libertés fondamentales des individus et ceux des membres des minorités nationales.

La longue période qui s'étend de la pratique des États membres de la Société des Nations (SdN) consistant en la conclusion de traités et d'accords bilatéraux ou multilatéraux entre les États-parents et les États de résidence des minorités nationales jusqu'au *Pacte international relatif aux droits civils et politiques* des Nations unies en 1966 est caractérisée par le balbutiement de la protection des minorités culturelles.

Les représentants des gouvernements avaient compris que les minorités constituaient une poudrière et que, pour maintenir la paix civile et la prospérité au sein des États, l'octroi d'un minimum de droits aux personnes appartenant à des minorités était un gage de stabilité intérieure et internationale. En ce sens, initialement le droit international et européen des minorités est « l'expression d'une tolérance étatique » et, favorisant la prévention des conflits, il reflète d'abord une conception utilitariste de la protection des droits des minorités.

La protection des minorités nationales (porteuses d'identités culturelles singulières) a été prise en charge dès la création de la Société des Nations, mais les identités culturelles des minorités n'étaient pas protégées dans le but de sauvegarder la richesse de cultures singulières mais dans le but premier de maintenir la paix en dehors et à l'intérieur des frontières étatiques ainsi que l'intégrité territoriale des États.

En effet, si la protection des minorités nationales mise en place en même temps que la SdN « n'est pas le résultat fortuit d'une nécessité diplomatique[6] », elle n'a cependant fait l'objet d'aucun texte consensuel entre les États qui aurait reflété une dimension éthique.

La protection des minorités, et partant de la diversité culturelle en tant que fait, n'était pas inspirée par une réflexion d'ordre éthique de la part des États mais davantage stratégique, ou simplement utilitaire. La protection des minorités a pu être conçue par les États concernés essentiellement comme un instrument favorisant la paix entre les nations et au sein des nations, petites et grandes. Le système de protection mis en place à ce moment ne traduit pas spécifiquement une préoccupation humaniste et n'accorde pas à la diversité culturelle de valeur en soi.

---

[6] Norbert ROULAND *et al.*, *Droit des minorités et des peuples autochtones*, op.cit., p. 154.

Pourtant certains courants de pensée humanistes portaient déjà un projet politique : l'un est socialiste, représenté par Otto Bauer et Karl Renner[7], l'autre est pacifiste, avec le président Wilson et son *Projet de Déclaration des droits des nationalités*.

Avant la Première Guerre mondiale, l'empire d'Autriche-Hongrie était un État multinational menacé par le principe des nationalités mais qui pouvait servir de modèle pour élaborer un système de protection des minorités sous l'égide de la Société des Nations. Critiquant la théorie de l'État-nation et en réponse à la menace du principe des nationalités en tant que fondement pour constituer un État et donc source de nationalisme et de conquêtes territoriales, le parti social-démocrate autrichien avait proposé au Congrès de Brünn en septembre 1899 de transformer l'Autriche en un État fédéral des nationalités fondé sur le principe de l'autonomie de chaque nationalité sur son propre territoire, le principe des nationalités devenant ainsi une règle d'organisation interne de l'État multinational.

Pour favoriser la cohabitation de différents groupes nationaux mêlés, Karl Renner partait du principe de personnalité pour faire du droit à l'autodétermination nationale (au sens du droit d'appartenir à une nation) un droit individuel qui permettrait à l'individu de choisir librement son identité nationale. L'individu détiendrait ainsi un droit à l'autodétermination, s'opposant au droit à l'autodétermination de la nation. Les nations devenant ainsi des communautés de droit juridiquement instituées[8]. Les nations autonomes et apparentées à l'État seraient chargées des affaires nationales, c'est-à-dire culturelles, et l'État doté de sa souveraineté territoriale exclusive devait conserver ses compétences dans les affaires politiques[9].

Cette conception de l'État multinational ne s'est pas concrétisée alors qu'elle mettait la sauvegarde des cultures nationales minoritaires au centre des préoccupations. Les découpages territoriaux au nom du principe des nationalités ont eu raison de la construction juridique de Karl Renner.

Pendant la Première Guerre mondiale, le mouvement pacifiste a quant à lui été aussi actif dans la défense des droits des minorités. Les deux *Conférences des Nationalités* en juin 1915 et en juin 1916 ont abouti à la rédaction d'un *Projet de Déclaration des droits des nationalités* prônant les droits des nationalités comme « un droit humain entendu comme une limitation de la souveraineté des États au nom d'un droit supérieur de l'Humanité[10] ».

---

7 Sur la théorie de Karl Renner, voir la contribution de Stéphane PIERRÉ-CAPS, « Karl Renner et l'État multinational. Contribution juridique à la solution d'imbroglios politiques contemporains », *Droit et Société*, n° 27, 1994, p. 421-441.

8 Stéphane PIERRÉ-CAPS, op.cit., p. 427.

9 *Ibid.*, p. 434.

10 Norbert ROULAND *et al.*, *Droits des minorités et des peuples autochtones*, op.cit., p. 156.

Pourtant, à l'issue de la Guerre, aucun de ces courants de pensée incitant à un remaniement de la société internationale au nom d'un principe humain transcendant la souveraineté étatique, qu'il s'agisse de la construction d'États multinationaux ou de l'adoption d'une Déclaration des droits des nationalités (au sens de peuple), ne s'est concrétisé. Tout est resté à l'état d'idéalisme à tel point que les grandes puissances ne se sont trouvées liées par aucun dispositif de protection spécifique et consensuel des minorités[11]. Elles se sont opposées à toute extension, toute généralisation du système car elles considéraient la protection des minorités comme un moyen de consolider les nouveaux États ou ceux agrandis en les obligeant à reconnaître des communautés culturelles distinctes par leur langue, leur religion ou leur ethnie. Yvan Boev montre que la protection des minorités n'est restée qu'« un moyen transitoire de stabilisation de l'ordre politico-territorial issu de la guerre et de la dislocation des empires. Elle n'était pas dictée par un respect des différences, promu au rang de valeur universelle[12] ».

Le pacte de la Société des Nations[13] ne faisait aucune allusion au droit des nationalités, ni aux peuples autochtones, et maintenait le monopole exclusif des États. Son préambule voulait instaurer une coopération entre les nations dites organisées et leur garantir la paix et la sécurité. Il énonçait la justice et l'honneur comme fondements des bonnes relations internationales et il n'instaurait pas de système de protection des droits des nationalités (ou minorités), et partant il ne se souciait pas de la préservation de l'identité culturelle des personnes appartenant à ces groupes minoritaires. Ainsi, sous la SdN « le statut des minorités apparut d'emblée comme l'expression d'une tolérance étatique, et non pas celle d'un droit humain supérieur[14] ».

B. *L'absence de statut propre : ni projet de société, ni droit de l'homme*

À partir des années 1950 et jusqu'à la fin des années 1990, la sauvegarde et la promotion de la diversité culturelle n'ont pas été considérées comme un projet de société autonome porté par le droit international car systématiquement reliées à la défense de valeurs démocratiques elles-mêmes liées au respect des droits de l'homme, et sans pour autant faire de la protection des identités culturelles minoritaires un droit de l'homme. Ni projet de société, ni droit de l'homme, la défense de la diversité des cultures n'a alors à ce moment ni statut ni considération spécifique.

---

[11] Le système de protection des minorités était d'abord fondé sur les traités de paix imposés aux États vaincus, puis des traités de protection des minorités conclus entre les principales puissances alliées et les États nouvellement créés ou agrandis, ensuite l'adoption de déclarations issues de négociations préalables avec les pays baltes, et enfin des conventions de protection des minorités sur des territoires particuliers tels que le territoire de Danzig ou la haute Silésie.

[12] Yvan BOEV, *Introduction au droit européen des minorités*, éd. L'Harmattan, 2008, p. 48.

[13] Traité de Versailles instituant la Société des Nations signé le 28 juin 1919.

[14] Norbert ROULAND *et al.*, *Droits des minorités et des peuples autochtones*, op.cit., p. 158.

Le projet collectif que porte le droit international des droits de l'homme à travers la *Convention européenne des droits de l'homme* et la *Déclaration universelle des droits de l'homme* est un projet d'ordre politique, à savoir la construction d'une société démocratique. C'est la démocratie en tant que finalité qui occupe une place centrale dans la *Convention européenne des droits de l'homme*, et non pas la défense de la diversité des cultures elle-même. L'exigence de démocratie est énoncée dès le préambule sous l'expression « régime politique démocratique », et dans le corps de la Convention elle apparaît à maintes reprises et plus particulièrement dans les articles admettant des restrictions aux libertés et aux droits énoncés. Les juges européens ont souvent insisté sur l'importance de cette notion[15] mais sans pour autant jamais vraiment la définir, jusque dans les années 1990. Julie Ringelheim montre comment la Cour européenne des droits de l'homme utilise deux critères pour tenter de cerner cette notion : soit elle considère que pour qualifier une société de « démocratique » il faut qu'elle respecte les droits et libertés prévus par la Convention, soit elle prend en compte les implications, des principes qu'elle considère comme inhérents à une société démocratique : parmi eux, la prééminence du droit, le pluralisme, la tolérance et l'esprit d'ouverture[16].

Quelle que soit l'interprétation du pluralisme donnée par la Cour européenne à travers sa jurisprudence, ce principe est toujours considéré comme un des fondements d'une société démocratique.

En effet, le principe de pluralisme a été affirmé pour la première fois par la juridiction strasbourgeoise en 1976 dans son arrêt *Handyside c. R.U* à propos de la liberté d'expression : « Ainsi le veulent le pluralisme, la tolérance et l'esprit d'ouverture, sans lesquels il n'y a pas de société démocratique[17] ».

Le principe de pluralisme d'abord envisagé par la Cour est d'ordre idéologique. Le pluralisme des partis politiques, la liberté de réunion et d'association à travers l'adhésion à un syndicat, la liberté religieuse à travers la coexistence de communautés de confessions différentes ou de courants différents au sein d'une même confession sont des exemples d'interprétation du principe de pluralisme à ses débuts.

---

[15] Dans un arrêt de Grande Chambre, *Centro Europa 7 S.R.L et Di Stefano c. Italie*, du 7 juin 2012, req. n° 38433/09, au § 129 la Cour avait rappelé qu'« il n'est pas de démocratie sans pluralisme ». Dans d'autres affaires la Cour a affirmé que « La démocratie représente un élément fondamental de "l'ordre public européen". [...] la Convention était effectivement destinée à sauvegarder et promouvoir les idéaux et valeurs d'une société démocratique. En d'autres termes, la démocratie est l'unique modèle politique envisagé par la Convention et, partant, le seul qui soit compatible avec elle ». Voir l'arrêt de Grande Chambre du 16 mars 2006, req. n° 58278/00, § 98, *Ždanoka c. Lettonie ;* voir aussi notamment les arrêts *Parti communiste unifié de Turquie et autres*, du 30 janvier 1998, req. n° 58278/00, § 45 ; *Gorzelik et autres c. Pologne*, 17 février 2004, req. n° 44158/98, § 89.

[16] Julie RINGELHEIM, *Diversité culturelle et droits de l'homme. La protection des minorités par la Convention européenne des droits de l'homme*, Bruxelles, Collection du centre des droits de l'homme de l'Université catholique de Louvain, éd. Bruylant, 2006, p. 352-353.

[17] Arrêt *Handyside c. R.U*, CEDH, 7 décembre 1976, req. n° 5493/72, § 49.

Le texte de la Convention contenait cependant les germes d'une possible évolution de l'interprétation du principe de pluralisme à travers la jurisprudence de la Cour. La portée de ce principe a alors été progressivement étendue de la pluralité des idées ou des opinions (politiques, philosophiques, religieuses…) à la multiplicité des cultures et des identités.

Il a fallu attendre l'aube des années 2000 pour que la Cour, se référant à un consensus des États du Conseil de l'Europe, rende un arrêt[18] dans lequel elle a élargi le sens du principe de pluralisme à celui de diversité culturelle.

L'arrêt *Chapman* du 18 janvier 2001 d'abord a énoncé la nécessité de « reconnaître les besoins particuliers des minorités et l'obligation de protéger leur sécurité, leur identité et leur mode de vie [...] non seulement dans le but de protéger les intérêts des minorités elles-mêmes mais aussi pour préserver la diversité culturelle qui est bénéfique à la société dans son ensemble[19] ». Puis dans l'arrêt *Gorzelik c. Pologne* du 17 février 2004, la Cour s'est référée au préambule à la *Convention-cadre pour la protection des minorités nationales* du Conseil de l'Europe, énonçant qu'« une société pluraliste et véritablement démocratique doit non seulement respecter l'identité ethnique, culturelle, linguistique et religieuse de toute personne appartenant à une minorité nationale mais également créer des conditions propres à permettre d'exprimer, de préserver et de développer cette identité[20] », pour affirmer à son tour que « le pluralisme repose aussi sur la reconnaissance et le respect véritables de la diversité et de la dynamique des traditions culturelles, des identités ethniques et culturelles, des convictions religieuses, et des idées et concepts artistiques, littéraires et socio-économiques. Une interaction harmonieuse entre personnes et groupes ayant des identités différentes est essentielle à la cohésion sociale[21] ».

Les interprétations des dispositions de la Convention et du principe de pluralisme dans son premier sens faites par la Cour européenne des droits de l'homme n'ont permis qu'une protection restreinte des minorités culturelles et, de là, de la diversité culturelle. Mais même avec l'évolution jurisprudentielle conférant au pluralisme une dimension culturelle, la protection offerte aux minorités pour protéger leur identité reste limitée dans la mesure où la reconnaissance et le respect de la diversité des cultures et des traditions ne sont pas considérés comme une fin en elle-même mais comme constituant un des fondements d'une « société véritablement démocratique » ou sont « également importantes pour le bon fonctionnement de la démocratie[22] ».

Ainsi, la réalisation d'une société démocratique est considérée comme la finalité (voire un idéal asymptotique) et le respect de la diversité des cultures un

---

[18] Arrêt *Chapman c. Royaume-Uni*, CEDH, 18 janvier 2001, req. nº 27238/95 et arrêt *Gorzelik et autres c. Pologne*, op.cit. Cet aspect est développé ultérieurement dans la section 2 de ce chapitre.
[19] Arrêt *Chapman c. Royaume-Uni*, op.cit., § 93.
[20] Arrêt *Gorzelik c. Pologne*, op.cit., § 93.
[21] *Ibid.*, § 92.
[22] *Ibid.*, § 92.

des moyens d'y parvenir. Le respect du pluralisme est vu comme une composante d'une société démocratique.

De plus, l'appréciation concrète de la démocratie est soumise à l'interprétation subjective des juges européens, qui n'ont jamais précisément défini ce concept et se sont bornés à en identifier certaines caractéristiques. Dans l'arrêt *Gorzelik c. Pologne*, la Cour a d'ailleurs prononcé à l'unanimité la non-violation de l'article 11 de la Convention, considérant que l'ingérence des autorités polonaises dans la liberté d'association de la minorité silésienne répondait à un « besoin social impérieux et que l'ingérence n'était pas disproportionnée aux buts légitimes poursuivis[23] ».

Bien que l'État ait l'obligation de prendre toutes les mesures permettant de préserver et de développer ces identités, cela traduit une instrumentalisation de la diversité culturelle, dont le respect dépend étroitement de la bonne volonté des juges européens, et en même temps la difficulté à établir un consensus européen à propos des revendications identitaires des minorités. Sous cet angle, le respect de la diversité culturelle est contingent et n'est pas un impératif auquel on ne doit pas déroger.

Un grand nombre de requêtes déposées par des requérants membres de minorités ont abouti à des décisions d'irrecevabilité ou à un arrêt de non-violation soit parce que la Cour ne constatait pas de violation du droit protégé par la Convention, soit qu'elle se fondait sur « la marge nationale d'appréciation[24] » reconnue aux autorités nationales. Même si cette marge d'appréciation est fondée sur des critères définis (état de guerre ou de danger public menaçant la vie de la nation précisés à l'article 15 ; et l'ingérence ou les restrictions doivent être prévues par la loi et être « nécessaires, dans une société démocratique, à la sécurité nationale, à la sûreté publique, à la défense de l'ordre et à la prévention du crime, à la protection de la santé ou de la morale, ou à la protection des droits et libertés d'autrui »), elle n'en reste pas moins imprécise et l'état de nécessité renvoie à la notion d'ordre public et son appréciation par le juge européen risque de remettre en cause le principe de souveraineté nationale[25].

Cet outil a pu être largement utilisé pour ne pas faire droit aux requêtes concernant le respect des particularités culturelles. Ainsi que le souligne Julie Ringelheim, s'il est vrai que la Cour a incontestablement tendance à intégrer les valeurs du pluralisme, « la jurisprudence de la Cour européenne des droits de l'homme relative à la diversité culturelle et au respect des minorités n'est

---

[23] *Ibid.*, § 106.

[24] La notion de « marge d'appréciation nationale » n'a pas été prévue par la Convention, mais elle apparaît dans l'affaire *Lawless c. Irlande* rendu le 1er juillet 1961 par la CEDH, req. 332/57 ; puis la Cour en a précisé les critères dans *l'affaire linguistique belge* du 23 juillet 1968.

[25] Mireille DELMAS-MARTY, Marie-Laure IZORCHE, « Marge nationale d'appréciation et internationalisation du droit », in *Revue internationale de droit comparé*, vol. 52, no 4, 2000, p. 761.

cependant pas univoque. Si certains arrêts paraissent très favorables à ces préoccupations, d'autres sont beaucoup plus réservés[26] ».

La liberté, l'égalité et la notion de société démocratique sont donc les trois piliers du système de protection de la Convention européenne des droits de l'homme. Elle pose la liberté et l'égalité (y compris en matière de respect des différences culturelles) en tant que prérogatives que l'individu tire de ses droits et libertés, et la réalisation de l'idéal démocratique comme projet de société. Malgré l'interprétation évolutive de la Cour européenne depuis les années 2000 concernant ces notions, il semble difficile de faire de la défense de la diversité des identités culturelles une finalité en soi, aux côtés des trois autres piliers.

Le système de protection de droits de l'homme à travers la reconnaissance de droits individuels mis en place après la Seconde Guerre mondiale a soulevé de nouvelles questions lors de son application aux personnes appartenant à des minorités nationales ou ethniques, religieuses et linguistiques : celle de la suffisance de la protection de leurs identités culturelles par le principe de non-discrimination et celle, plus générale, de la portée universelle des droits de l'homme face au relativisme culturel.

§ 2. La diversité culturelle face à la portée universelle des droits de l'homme

La préservation des spécificités culturelles des minorités, et partant la valorisation de la diversité culturelle, n'ont pas été la préoccupation initiale des États, qui ont préféré les envisager sous l'angle de la protection universelle des droits de l'homme. L'absence initiale de référence à la diversité des cultures dans les instruments internationaux et européens des droits de l'homme **(A)** reflète ce choix premier des États.

Cette approche classique du droit international concernant la protection des minorités à travers le principe de non-discrimination est maintenue par l'État français lorsqu'il refuse de reconnaître officiellement l'existence de minorités ou de peuples autochtones sur son territoire et que, selon cette logique, il refuse d'octroyer des droits spéciaux à des groupes. L'État norvégien a en revanche évolué sur cette question pour désormais reconnaître qu'il est un État multiculturel. Une place différenciée a été accordée à la diversité culturelle par les droits internes français et norvégien **(B)**.

[26] Julie RINGELHEIM, *Diversité culturelle et droits de l'homme*, op.cit., p. 434-435.

A. L'absence initiale de référence à la diversité culturelle dans les instruments internationaux et européens de protection des droits de l'homme

Dans le cadre de la Société des Nations, la protection juridique des minorités était strictement liée aux équilibres européens et à la solution de problèmes territoriaux, tandis que l'Organisation des Nations unies a été instituée pour faciliter la coopération, la sécurité internationale, encourager le développement économique et le progrès social, protéger les droits de l'homme et maintenir la paix mondiale.

L'approche des revendications des minorités n'étant pas liée à des questions territoriales, elle a donc été traitée sous l'angle de l'universalité des droits de l'homme et des libertés fondamentales.

Francesco Capotorti souligne dans sa célèbre étude que « de 1955 à 1971 la Sous-Commission de la lutte contre les mesures discriminatoires et de la protection des minorités a concentré son action presque entièrement sur les questions de discrimination[27] ».

Le sort des personnes appartenant à des minorités a donc été pris en compte par une approche plus généralisante tant par le droit international que par le droit de l'Union européenne, mais seulement à travers l'octroi de droits individuels ayant pour fondement le principe de non-discrimination.

Comme l'explique Julie Ringelheim « les grandes puissances estimaient qu'une protection internationale spécifique aux personnes appartenant à des minorités ne se justifiait pas. Selon l'opinion dominante, il convenait plutôt de développer au niveau international des mécanismes de garantie des droits universels identiques pour tous[28] ».

Pour cette raison, ni la *Déclaration universelle des droits de l'homme* ni la *Convention européenne des droits de l'homme* ou ses protocoles ne prévoient de disposition sur les minorités nationales ou ethniques, religieuses et linguistiques, ni ne mentionnent de droit à la protection de leurs identités culturelles collectives. Seul l'article 14 de la Convention européenne énonce que « la jouissance des droits et libertés reconnus dans la présente Convention doit être assurée, sans distinction aucune, fondée notamment sur le sexe, la race, la couleur, la langue, la religion, les opinions politiques ou toutes autres opinions, l'origine nationale ou sociale, l'appartenance à une minorité nationale, la fortune, la naissance ou toute autre situation. » Cette disposition mentionne les minorités nationales mais les protège à travers le principe général de non-discrimination qui lui-même n'a pas d'existence autonome mais doit être combiné avec d'autres articles pour être soulevé en cas de litige. L'article 9 consacre la liberté religieuse, qui constitue une forme essentielle d'expression culturelle et l'article

---

[27] Francesco CAPOTORTI, *Étude des droits des personnes appartenant aux minorités ethniques, religieuses et linguistiques*, E/CN.4/Sub.2/384/Rev.1, p. 30, § 146.

[28] Julie RINGELHEIM, *Diversité culturelle et droits de l'homme.* op.cit., p. 14.

2 du premier protocole additionnel à la Convention[29] énonce que « nul ne peut se voir refuser le droit à l'instruction. L'État, dans l'exercice des fonctions qu'il assumera dans le domaine de l'éducation et de l'enseignement, respectera le droit des parents d'assurer cette éducation et cet enseignement conformément à leurs convictions religieuses et philosophiques. »

Mais ni la Convention européenne ni la *Déclaration universelle des droits de l'homme* ne garantissent directement et explicitement aux membres des minorités le respect de leurs particularités culturelles. La spécificité des identités culturelles des minorités nationales ou ethniques, religieuses et linguistiques n'est alors protégée qu'à travers le principe d'égalité et de la liberté individuelle, tous deux piliers des droits de l'homme et dont la portée est universelle.

En cas de conflit entre identités culturelles et droits de l'homme, deux positions opposées peuvent apparaître : soit la théorie du relativisme culturel peut être invoquée, mettant en cause l'universalisme des droits de l'homme, soit la diversité des cultures, en tant que fait, peut être niée à cause d'une approche ethnocentrée des droits de l'homme.

Cette dernière peut se présenter d'une part dans des textes qui ne reconnaissent pas de droits spéciaux aux minorités et, prônant l'universalité des droits de l'homme, ils offrent une protection à travers un principe de non-discrimination[30].

Par exemple, la *Déclaration universelle des droits de l'homme* ou bien la *Convention européenne des droits de l'homme*, par laquelle les Nations unies et le Conseil de l'Europe ont effacé toute référence aux droits spéciaux des minorités ethniques ou nationales, ou plus encore au cas très particulier des collectivités autochtones, dont la spécificité culturelle et la relation collective à la terre et aux ressources naturelles n'est pas du tout prise en considération par les instruments classiques de protection des droits de l'homme.

D'autre part, ce peut être pour des raisons idéologiques telles qu'elles se comprennent dans la *Convention nº 107 relative à la protection des populations aborigènes et autres populations tribales et semi-tribales dans les pays indépendants*. Ce texte avait en 1957 pour objectif l'assimilation des populations visées et participait à la réalisation d'un État homogène.

Dans cette perspective, la diversité culturelle a été seulement constatée, elle a été prise en compte en tant que fait mais sans être mise en valeur. Cette

---

[29] Il a été adopté le 20 mars 1952 par les États membres du Conseil de l'Europe, et il est entré en vigueur en France le 3 mai 1974 et en Norvège le 3 mai 1954.

[30] La Cour européenne des droits de l'homme a montré dans ses arrêts qu'une interprétation extensive et évolutive de certains droits et libertés fondamentaux combinés à l'article 14 de la Convention peuvent protéger les droits des minorités. La doctrine est divisée sur cette question. Cette opinion est partagée notamment par Julie RINGELHEIM mais pas par d'autres auteurs tels que Geneviève KOUBI ou Will KIMLYCKA.

période était plutôt à l'assimilation des différences, soit pour éviter que les distinctions soient de potentielles sources de conflits, soit à cause d'une vision ethnocentrique des relations.

Dans le cas des peuples autochtones, la spécificité des identités culturelles a bien été saisie par le droit, mais, reflétant une vision ethnocentrique du « bien être humain » et du progrès[31], cette convention internationale avait clairement un objectif intégrationniste.

Elle visait non pas la mise en valeur et la préservation des cultures ancestrales autochtones par un partage des ressources et un nouveau vouloir-vivre ensemble, mais leur intégration aux normes et aux codes sociaux des communautés nationales majoritaires.

Elle n'énonçait pas de droits individuels ou collectifs aux populations intéressées, mais elle adressait aux États concernés des dispositions programmes dont l'objet était « le développement de la dignité, de l'utilité sociale et de l'initiative de l'individu », en vue de « promouvoir le développement social, économique et culturel desdites populations ainsi que l'amélioration de leur niveau de vie ; » ainsi que la possibilité de leur faire bénéficier des mêmes droits que les autres membres de la communauté nationale dans des conditions d'égalité (art. 2).

Certes, le développement social et culturel des populations est mentionné, mais il ne s'agit pas de sauvegarder et de promouvoir leurs propres sociétés et leurs propres cultures à travers le développement des institutions autochtones mais plutôt de leur faire acquérir le sens occidental de la culture et du développement économique et social. Or la notion de « progrès » selon les critères occidentaux a été amplement dénoncée par les organisations non gouvernementales spécialisées dans la cause des autochtones. Dans une de ses récentes publications l'ONG *Survival International* insiste sur le fait que le progrès peut tuer : « Cette étude [...] ne s'accroche pas à une vision romantique d'un âge d'or mythique. Il n'est pas question non plus ici d'un rejet du changement ; toutes les sociétés sont en constante évolution ». Il est cependant indéniable que « lorsque les peuples indigènes sont déplacés de leur terre, leur santé et leur bien-être s'effondrent et, dans le même temps, le taux de dépressions, de dépendance et de suicides s'accroît considérablement. » Et plus loin, « le "progrès" – la conviction que "nous" savons mieux – rejoint le colonialisme en ce que tous deux ont pour effet de spolier les terres et les ressources. Les

---

[31] L'article 1er a) de la Convention no 107 déclare que « La présente convention s'applique : aux membres des populations tribales ou semi-tribales dans les pays indépendants, dont les conditions sociales et économiques correspondent à un stade moins avancé que le stade atteint par les autres secteurs de la communauté nationale et qui sont régies totalement ou partiellement par des coutumes ou des traditions qui leur sont propres ou par une législation spéciale ».

peuples indigènes n'y survivent pas. Quand, à l'inverse, ils choisissent leur propre développement sur leur propre terre, ils prospèrent[32] ».

Ainsi, loin d'avoir une valeur en elle-même, la diversité culturelle liée aux identités autochtones était vue comme une entrave à la cohésion sociale et une source de régression.

La subjectivité des juges ou plus largement des parties présentes peut aussi entrer en jeu dans le choix de préserver ou non des identités culturelles distinctes. L'opinion dissidente du juge Borrego dans l'arrêt *Chapman* rendu en 2001 par la Cour européenne des droits de l'homme, par exemple, dénonce un « dérapage » de la part de la Cour, qui aurait utilisé des termes inadmissibles et méprisants à l'égard de la communauté rom. Julie Ringelheim a d'ailleurs souligné la difficulté des juges à prendre une certaine distance pour percevoir le caractère de ce qui peut être oppressif ou discriminatoire quand un agissement apparaît normal et naturel à cause de leur propre morale ou de leurs conceptions traditionnelles[33].

Enfin, la diversité culturelle et la problématique des minorités ont un caractère éminemment politique et dépendent de la bonne volonté des États.

Ainsi, par exemple, comme le relève le Professeur Sudre, « la Convention-cadre de 1995 instaure un mécanisme de protection principalement politique du fait de la diversité des situations et de la variété des problèmes à résoudre[34] ».

De même, l'article 27 du *Pacte international relatif aux droits civils et politiques* (1966) est certes le signe d'une évolution dans l'approche d'une protection internationale des minorités car il est le premier article conventionnel et de portée universelle à offrir une protection des caractéristiques linguistiques, culturelles et religieuses des personnes appartenant à des minorités nationales qui « ne peuvent être privées du droit d'avoir en commun avec les autres membres du groupe leur propre vie culturelle, de professer et de pratiquer leur propre religion, ou d'employer leur propre langue ». Néanmoins il reste insuffisant car il ne donne pas de définition des minorités, ne répond pas entièrement aux besoins de protection des identités des minorités car fondé sur l'interdiction de toute forme de discrimination, il envisage la protection des membres de minorités sous l'angle individuel des droits de l'homme et constitue plus une disposition programme à l'attention des États que véritablement l'octroi de droits spéciaux aux minorités.

---

32 « Le progrès peut tuer », publication de l'organisation non gouvernementale *Survival International,* Londres, octobre 2007, p. 3.

33 Julie RINGELHEIM, *Diversité culturelle et droits de l'homme*, *op.cit.*, p. 415-416.

34 Frédéric SUDRE, *Droit européen et international des droits de l'homme*, collection droit fondamental, éd. PUF, 6e édition, p. 95. Voir aussi le rapport explicatif relatif à la Convention-cadre pour la protection des minorités nationales, Doc. H (94), 10 novembre 1994, § 11.

Cet article 27 a le mérite tout de même d'accorder une plus grande place aux droits des minorités au sein du système des droits de l'homme, et traduit la prise de conscience par les États de la nécessité d'instaurer un traitement particulier aux minorités. Contrairement au système de protection mis en place par le Conseil de l'Europe, dans lequel l'existence des minorités et plus largement la réalité de la diversité des cultures étaient formellement occultées, l'article 27 prend en compte cette dimension plurielle des sociétés occidentales.

Pourtant le régime des minorités mis en place par cet article est avant tout mû par une volonté servant des intérêts stratégiques : le maintien de la sécurité et de la stabilité des États face aux mouvements sécessionnistes. Il ne donne pas de valeur à la diversité culturelle, il n'en fait pas un « principe durable de moralité » mais la considère comme un simple fait qu'il est nécessaire d'encadrer, de gérer, faisant de sa défense une « stratégie politique contingente »[35]. Cette disposition inspire plus une neutralité bienveillante[36] même s'il est dorénavant reconnu que la mise en œuvre de cet article implique que les États n'ont pas seulement l'obligation de s'abstenir d'entraver ou de nier les efforts de protection des identités culturelles minoritaires mais aussi de prendre des mesures concrètes de sauvegarde.

En fait, les droits culturels individuels accordés par l'article 27 s'inscrivent dans une politique d'intégration des membres des minorités, au sens donné par Francesco Capotorti, qui la définit comme « un processus visant à réaliser l'unité des différents groupes d'une société donnée tout en leur permettant de conserver leurs caractéristiques propres grâce à l'adoption de mesures spéciales[37] ». Cet article ne reconnaît pas de droit collectif à la culture et il n'a pas pour objectif la poursuite d'une politique pluraliste des États, qui accorderaient aux groupes minoritaires « une grande latitude dans l'administration de leurs propres affaires » et « entraînant la création d'une structure politique administrative spéciale ou l'octroi à la région où vivent les minorités de l'autonomie locale pour un grand nombre de questions[38] ».

Enfin, l'article 27 ne semble pas avoir pour objectif d'accorder une valeur éthique à la diversité culturelle car il reconnaît uniquement des droits culturels aux membres des minorités, droits culturels qui ont longtemps eu un statut

---

[35] Will KYMLICKA, *La citoyenneté multiculturelle, une théorie libérale du droit des minorités*, La Découverte, 2001, p. 275.

[36] La neutralité bienveillante est entendue au sens où « les membres de groupes ethniques ou nationaux sont protégés contre toute discrimination et tout préjugé et ils sont libres d'essayer de préserver toute dimension de leur identité ou de leur héritage ethnique, dans le respect des droits d'autrui. Reste que leurs efforts sont purement d'ordre privé et qu'il n'appartient pas aux institutions publiques d'associer à une appartenance culturelle ou à une identité ethnique un statut ou une incapacité juridiques », *in* Will KYMLICKA, *La citoyenneté multiculturelle, une théorie libérale du droit des minorités*, op.cit., p. 13.

[37] Francesco CAPOTORTI, *Étude des droits des personnes appartenant aux minorités ethniques, religieuses et linguistiques*, *op.cit.*, p. 53, § 293.

[38] Francesco CAPOTORTI, *ibid.*

juridique précaire pour de multiples raisons[39]. Cette question génère des tensions politiques et idéologiques, et les droits culturels sont longtemps restés les parents pauvres des droits de l'homme[40]. Certains États largement contestés considéraient que les droits culturels, économiques et sociaux n'avaient qu'un caractère programmatoire et non exécutoire, mettant en doute la légalité de ces droits et contestant leur appartenance à la catégorie des droits de l'homme[41]. La remise en cause du caractère justiciable des droits culturels, la volonté de confiner leur mise en œuvre à la sphère politique et de considérer que seule la protection des droits civils et politiques constitue une obligation positive à la charge des États, laissent à penser que la préservation et la promotion de la diversité des cultures n'auraient pas un caractère impératif.

À partir des années 1990, les textes relatifs aux droits des personnes appartenant à des minorités et relatifs aux droits des peuples autochtones ont tenté de rapprocher les intérêts divergents et ont opéré un compromis en rappelant que la protection des identités culturelles des membres de minorités ethniques, linguistiques, religieuses est limitée, doit être encadrée par le respect des droits et libertés fondamentales de chaque individu.

Ni une approche ethnocentrée des droits de l'homme, ni l'argument de la diversité des cultures pour écarter l'application des droits fondamentaux ne doivent prévaloir car « la préservation de la diversité culturelle ne profite pas seulement aux minorités, elle bénéficie à l'ensemble de la société »[42].

Par exemple, la *Déclaration des droits des personnes appartenant à des minorités*, adoptée le 18 décembre 1992 par l'Assemblée générale des Nations unies, pose cette limitation dans ses articles 4 (2) et 8 (2). On la retrouve dans la *Convention-cadre pour la protection des minorités nationales* du Conseil de l'Europe aux articles 19, 22 et 23.

En étudiant la jurisprudence de la Cour européenne des droits de l'homme sur ce sujet, Julie Ringelheim[43] distingue entre deux situations : d'une part, la

---

[39] Mylène BIDAULT en relève un certain nombre, parmi lesquelles leur association aux droits économiques et sociaux, l'absence d'intérêt que les mécanismes internationaux ont pu leur porter, leur lien avec un droit des minorités en pleine construction, et l'appréhension que suscite la mise en œuvre de ces droits de la part des États quant à la cohésion sociale et à la survie de l'État-nation. *In* Mylène BIDAULT, « Protection des droits culturels, quelles actions pour l'Unesco ? » Document de travail n° 5, Institut interdisciplinaire d'éthique et des droits de l'homme, chaire Unesco pour les droits de l'homme et la démocratie, Université de Fribourg, octobre 2002, p. 5.

[40] Voir Patrice MEYER-BISCH, *Les droits culturels, une catégorie sous-développée des droits de l'homme*, éditions universitaires Fribourg, Suisse, 1993.

[41] Halina NIEC, « Les droits culturels à l'issue de la décennie mondiale du développement culturel », *Document de préparation à la Conférence intergouvernementale sur les politiques culturelles pour le développement*, Stockholm, 30 mars-2 avril 1998, CLT-98/Conf.210/Ref.2, p. 4.

[42] CEDH, arrêt *Chapman c. Royaume-Uni*, *op.cit.*, § 92. Voir aussi la décision de la Commission européenne des droits de l'homme dans l'arrêt *Halvar From c. Suède* du 4 mars 1998, req. n° 34776/97, *in* Julie RINGELHEIM, *Diversité culturelle et droits de l'homme*, op.cit., p. 425.

[43] Julie RINGELHEIM, *Diversité culturelle et droits de l'homme*, op.cit., p. 415-425.

diversité culturelle peut être source de conflits avec les droits fondamentaux d'une personne. Dans ce cas, les personnes ne peuvent pas se prévaloir de leurs spécificités religieuses ou culturelles pour justifier la non-application d'une loi protégeant les droits et libertés fondamentales[44]. L'État a même une obligation positive de prendre des mesures adéquates (adopter un cadre légal et administratif visant à prévenir et sanctionner les comportements portant atteinte à l'intégrité ou à la vie des personnes) pour protéger les droits fondamentaux des individus (souvent les plus vulnérables) dans leurs relations, y compris dans la sphère privée. Il ne s'agit pas de porter une appréciation sur la valeur d'une culture.

D'autre part, respect et protection de la diversité culturelle peuvent entrer en conflit avec d'autres intérêts divergents : ce fut le cas du conflit à Alta avec les Sámi déjà mentionné ou l'affaire des boues rouges en Corse.

La protection d'une identité particulière peut aussi faire l'objet d'une restriction. Mais à condition que le motif soit légitime[45]. Outre un objectif légitime, l'État doit agir d'une manière qui préserve un juste équilibre entre les intérêts en conflits (principe de proportionnalité) qui comporte deux aspects : les moyens utilisés par l'État doivent être appropriés et strictement nécessaires, et l'État doit mettre en balance l'importance de l'objectif visé par la mesure limitative du droit avec la gravité de l'atteinte portée au droit individuel. Le principe de pluralisme entre dans la balance lors de l'examen de proportionnalité.

La prédominance des intérêts des États et l'approche individualiste des droits de l'homme ont dans un premier temps gêné la reconnaissance et à la promotion de la diversité culturelle dans le droit international et européen. Cette approche est toujours celle de l'État français, qui se fonde sur son héritage philosophique et historique issu de la Révolution pour défendre cette conception classique de la diversité culturelle.

Il semble qu'une conception différenciée de la diversité culturelle apparaisse dans les droits internes français et norvégien.

B. *Une conception différenciée de la diversité culturelle dans les droits internes français et norvégien*

Les États français et norvégien ont adopté des postures distinctes quant à leur perception et leur gestion de la diversité culturelle.

Il semble possible d'établir un parallèle entre la conception française héritée de la Révolution de 1789 et celle exprimée par le droit international au

---

[44] CEDH, *Sept personnes c. Suède*, 13 mai 1982.

[45] CEDH, *Buckley c. Royaume-Uni*, 25 septembre 1996, requête n° 20348/92.

lendemain de la Seconde Guerre mondiale lorsqu'il prônait une approche individualiste et universaliste des droits de l'homme, n'accordant aucune protection spécifique et catégorielle aux minorités et aux peuples autochtones. Comme le souligne Norbert Rouland, « au lendemain du second conflit mondial, les conceptions communément admises [dans le droit international] sont très proches de la tradition française[46] ».

Le Conseil constitutionnel français, dans sa célèbre décision du 9 mai 1991, avait en effet censuré l'expression « peuple corse composante du peuple français » n'admettant pas l'existence de catégories au sein d'un peuple français unique. Cette position juridique n'est pas une décision isolée mais une posture idéologique jusqu'alors constante quant à la gestion de la diversité culturelle et la place accordée à la portée individualiste et universaliste des droits de l'homme. Elle se retrouve à propos de revendications régionalistes, des populations d'outre-mer, et à travers les abstentions ou les réserves émises par la France lors de la ratification d'instruments de droit international relatifs à la protection des minorités ethniques ou nationales, religieuses et linguistiques ou ceux concernant les droits des peuples autochtones.

C'est cette approche de l'universel et de l'individu qui justifie de manière constante l'absence de reconnaissance de l'existence juridique de minorités et de peuples autochtones sur son territoire et l'opposition de la France à toute reconnaissance de droits collectifs.

La France avait, par exemple, refusé de ratifier la *Charte européenne des langues régionales ou minoritaires,* préférant affirmer par une loi du 25 juin 1992 le monolinguisme à l'article 2 de la Constitution[47]. De même, les réserves énoncées à l'article 27 du *Pacte international relatif aux droits civils et politiques* sont toujours en vigueur ; dans le même sens, la France avait ratifié le Protocole additionnel permettant la saisine individuelle du Comité des droits de l'homme en 1984 et, affirmant qu'il n'existait pas de minorités sur son territoire, elle avait pris soin d'indiquer lors de sa ratification une réserve à l'article 27 du Pacte, qui entrerait sinon en contradiction avec l'article 2 de la Constitution. Cela a pour conséquence que les recours déposés contre la France devant le Comité par des Bretons n'ont pas pu être examinés[48].

Sur ce point, à partir des années 1990, la France, avec son objectif permanent de maintien de l'homogénéisation de la société, s'est trouvée en rupture avec la position actuelle des organisations internationales, qui ont

---

[46] Norbert ROULAND, « La tradition juridique française et la diversité culturelle », *Revue Droit et Société,* n°27, 1994, p. 399.

[47] Cet article énonce que « La langue de la République est le français ».

[48] Jean DHOMMEAUX, « La jurisprudence du Comité des droits de l'homme (1987-1991) », *AFDI*, vol. 37, n° 1, 1991, p. 514 sq.

évolué dans un sens très différent de la tradition française. Norbert Rouland[49] montre comment le Haut Conseil à l'intégration instauré en 1990, tout en distinguant les concepts d'intégration et d'assimilation, ne va pas dans le même sens que la Commission mondiale de la culture et du développement de l'UNESCO, qui suggère que les communautés doivent voir leurs spécificités préservées même si elles vivent ensemble et coopèrent[50]. Le Haut Conseil à l'intégration se montre au contraire réticent envers les notions de société multiculturelle, de droit à la différence, leur préférant l'organisation pragmatique d'un droit de la différence[51] y compris en matière de spécificité régionale, et invoque l'égalité et la conception française de l'ordre public pour refuser, par exemple, la polygamie, la répudiation ou l'excision[52].

Sans pour autant accepter ce qui ne peut pas l'être car portant atteinte aux droits fondamentaux et à la dignité des personnes, la Déclaration des droits des personnes appartenant à des minorités nationales (1992), la Convention-cadre du Conseil de l'Europe (1995), la Convention n° 169 de l'OIT et la *Déclaration des Nations unies sur les droits des peuples autochtones* (2007) reconnaissent des droits culturels dotés d'une dimension collective (notamment dans le droit de participation effective dans les affaires de l'État et pour les décisions les concernant, et dans le droit au respect et au développement de leurs identités culturelles).

Jusqu'à la fin des années 1990 la reconnaissance et la promotion de la diversité culturelle n'ont pas été définies comme un projet en soi pour la société française. Face aux revendications régionalistes, il s'agissait plus de les contenir afin de maintenir le caractère unitaire de l'État, fondé sur le principe d'indivisibilité. La diversité culturelle a donc longtemps été perçue dans sa réalité descriptive, mais elle n'a pas été saisie par le droit et n'a pas eu de place dans le discours juridique.

La diversité culturelle est souvent considérée comme source de tensions intercommunautaires ou de fragmentation politique et culturelle[53]. Deux modèles de gestion sont classiquement présentés : soit la défense du modèle républicain d'intégration, dans lequel les particularismes ne relèvent que de la

---

[49] Norbert ROULAND, « La tradition juridique française et la diversité culturelle », *op.cit.*, p. 393-394.

[50] Allocution de M. Javier PEREZ de CUELLAR prononcée lors de la réunion inaugurale de la Commission mondiale de la culture et du développement à l'UNESCO le 19 mars 1993.

[51] Sur la gestion du droit de la différence, voir Norbert ROULAND, « La tradition juridique française et la diversité culturelle », *op.cit.*, p. 406-410 ; et Anne BAUDART, « Les ambiguïtés du droit à la différence », in *République et particularismes, La Documentation française*, Paris, n° 909, février 2005, p. 82.

[52] Troisième rapport du Haut Comité à l'Intégration, janvier 1992, p. 25.

[53] Michel WIEVIORKA, « Quelle place pour la diversité culturelle ? », *République et particularismes*, éd. La Documentation française, n° 909, février 2005, p. 85.

sphère privée, à défaut ils seraient assimilables à une demande identitaire ou communautaire. Se référant à l'universalisme, les différences culturelles doivent être gommées dans la sphère publique et se soumettre aux règles de la République. Soit une approche dite communautariste ou différentialiste, qui risque de déboucher sur l'exclusion, la xénophobie et les atteintes aux droits et libertés fondamentaux des personnes. Cette deuxième voie n'a pas été choisie par l'État français.

En Norvège, il est vrai que la diversité culturelle a été officiellement malmenée par les politiques assimilationnistes menées au XIXe siècle jusque dans les années 1960 voire 1980. Elle ne faisait donc pas l'objet d'un projet de société et son éviction fut au contraire une sorte d'élément fédérateur pour tenter de constituer une société culturellement homogène au sein de l'État-nation norvégien. À partir des années 1980 un dispositif de lutte contre toutes les formes de discrimination a été mis en place, mais l'argument de l'universalité des droits de l'homme n'apparaît pas dans le discours politique et juridique : il ne figure ni dans la Constitution, bien que l'article 110 c pose un devoir général de respect et de protection des droits fondamentaux[54], ni dans la Loi sur les droits de l'homme adoptée le 21 mai 1999 par le *Storting*, incorporant directement les pactes internationaux[55] (1966) dans le système juridique norvégien et prévoyant sa primauté en cas de conflit de lois.

Depuis la fin des années 1990 et surtout à l'aube des années 2000, le droit international sur les droits des minorités et des peuples autochtones ainsi que les travaux de l'UNESCO incitent à réfléchir à une voie médiane, différente dans l'approche de la diversité culturelle, qui assouplisse la conception traditionnelle de l'universel et prenne en compte la coexistence d'identités et d'appartenances multiples des individus.

L'État norvégien participe activement à cette nouvelle approche de la diversité des cultures combinée à l'universalité des droits de l'homme et,

---

[54] L'amendement du 15 juin 1994 émanant du *Storting* précise que les autorités doivent respecter et assurer la protection des droits fondamentaux. Sont concernés tous les droits de l'homme, qu'ils figurent dans les coutumes du droit international ou dans les conventions internationales relatives aux droits de l'homme : *« Myndighetene skal respektere og sikre menneskerettighetene. Bestemmelsen gjelder alle rettigheter som kan anses som menneskerettigheter, enten de fremgår av folkerettslig sedvane eller av menneskerettskonvensjoner », Ot.prp. nr.3 (1998-99), Om lov om styrking av menneskerettighetenes stilling i norsk rett (menneskerettsloven).*

[55] La loi n° 30 sur les droits de l'homme rend aussi directement applicables la *Déclaration universelle des droits de l'homme* (1948), la *Convention internationale sur l'élimination de toutes les formes de discrimination raciale* (2006), la *Convention internationale relative aux droits de l'enfant* depuis 2003, la *Convention sur l'élimination de toutes les formes de discrimination à l'égard des femmes* (2005), ainsi que la *Convention européenne des droits de l'homme* et ses protocoles additionnels. *In* Vibeke Blaker STRAND, *« Forholdet mellom den norske Grunnlovens menneskerettigheter, de internasjonale menneskerettighetskonvensjonene og ordinær lovgivning – Særlig om religionsfrihet og vern mot diskriminering »*, *Retfærd årgang* 30 2007 n° 4/119, Oslo, p. 2.

représentant une expérience nationale réussie, il peut être perçu comme un modèle pour la France.

Aujourd'hui les autorités norvégiennes réfléchissent aux conditions d'établissement d'une société multiculturelle permettant le maintien et le développement de la culture des Rom, des Kven et des Skogfinn en tant que minorités nationales, mais aussi de celle des personnes issues de l'immigration et enfin de celle du peuple autochtone sámi exerçant l'autodétermination interne, tout en confirmant l'appartenance juridique de ces groupes à la citoyenneté norvégienne.

Ainsi, la diversité culturelle en tant que réalité pluriculturelle a été soit prise en compte par les États pour des raisons stratégiques de maintien de la paix et de stabilité intérieure, soit simplement occultée par des instruments de protection des droits de l'homme à vocation universelle et à portée individualiste. En ce sens, l'approche de la diversité culturelle est classique.

Pourtant cette conception traditionnelle évolue progressivement depuis les années 1990 et de façon plus accentuée depuis le tournant des années 2000 vers une approche nouvelle de la diversité des cultures.

La diversité culturelle ne semble en effet plus conçue d'une manière purement descriptive (le constat de cultures et de supports culturels différents sur le territoire et sous la juridiction d'un État), mais elle est entrée dans l'ordre du discours. Pour reprendre les termes de Marie Cornu, « c'est l'affirmation d'une doctrine de la différence fondée sur un ensemble de valeurs partagées. [...] si les expressions culturelles doivent être préservées dans leurs particularités, elles doivent aussi circuler pour le bien de tous[56] ».

On assiste donc d'une part à une rationalisation de la diversité culturelle : d'une simple réalité, elle devient un principe émergent doté de la qualification de patrimoine commun de l'humanité ; elle fait alors l'objet d'une approche normative émanant en particulier de l'UNESCO mais aussi du Conseil de l'Europe. Et d'autre part, on assiste à une structuration de la diversité culturelle avec la création d'un Observatoire de la diversité culturelle, par exemple.

Ce double mouvement contemporain, à la fois rationalisation et structuration de la diversité culturelle, en permet une approche renouvelée.

II. L'approche renouvelée de la diversité culturelle

La défense de la diversité culturelle par le droit international (*§ 1*) et donc par un grand nombre d'États est devenue un « nouvel impératif d'ordre

---

[56] Marie CORNU, « L'émergence du principe de diversité culturelle », in *La diversité culturelle en question(s)*, Marie-Françoise LABOUZ et Mark WISE (dir.), *op.cit.*, p. 251.

éthique »[57] pour organiser les sociétés contemporaines caractérisées par le pluralisme culturel.

De plus, une prise de conscience de la nécessité de valoriser les patrimoines culturels autochtones apparaît dans les instruments relatifs à la diversité culturelle et dans ceux relatifs aux droits des peuples autochtones (*§ 2*) ; celle-ci contribue grandement à une approche renouvelée de la diversité culturelle. Cependant la valorisation des patrimoines culturels autochtones se heurte à certaines limites.

§ 1. La valorisation de la diversité culturelle par le droit international

À travers leur mission protectrice des minorités, des peuples autochtones et de la diversité culturelle, les Nations unies et le Conseil de l'Europe proposent une conception renouvelée de la diversité des cultures. Cette approche modernisée pose la défense et la valorisation de la diversité culturelle comme un principe éthique d'organisation de la société (A) et appelle à un véritable projet de vie collectif, un nouveau « vouloir vivre ensemble », pour la société internationale contemporaine (B).

A. L'émergence d'un principe éthique d'organisation de la société

Les années 1990 ont été un premier tournant pour les minorités et les peuples autochtones, et plus largement pour la diversité culturelle. Il apparaît que le droit international et européen, et les discours émanant des organisations internationales accordent progressivement un intérêt et une place grandissants à la protection et à la promotion de la diversité culturelle.

Cependant la diversité culturelle n'a pas été directement valorisée sur la scène internationale. Elle a d'abord été promue à travers le maintien de cultures distinctes de la majorité.

L'identité culturelle des minorités a en effet été expressément prise en compte à partir de 1990 dans le cadre de la Conférence pour la sécurité et la paix en Europe. Le document de Copenhague, adopté le 29 juin 1990, « sur la dimension humaine » n'a pas de portée juridique obligatoire, mais il comporte

[57] Cette expression est utilisée par l'UNESCO dans la *Déclaration universelle sur la diversité culturelle* adoptée à l'unanimité par la Conférence générale le 2 novembre 2001. Son article 4 dispose que :
« La défense de la diversité culturelle est un impératif éthique, inséparable du respect de la dignité de la personne humaine.
Elle implique l'engagement de respecter les droits de l'homme et les libertés fondamentales, en particulier les droits des personnes appartenant à des minorités et ceux des peuples autochtones. Nul ne peut invoquer la diversité culturelle pour porter atteinte aux droits de l'homme garantis par le droit international, ni pour en limiter la portée. »

un chapitre IV plaçant « dans un cadre politique démocratique se fondant sur l'État de droit » le « respect des personnes appartenant à des minorités nationales[58] ». Il met en particulier l'accent sur les droits destinés au maintien de l'identité culturelle des minorités mais sans pour autant se référer à la notion plus large de la diversité culturelle.

De même, la *Déclaration des droits des personnes appartenant à des minorités* (1992) énonce dans son préambule que la préservation et le développement des droits des personnes appartenant à des minorités poursuit plusieurs objectifs, parmi lesquels figurent la stabilité politique et sociale des États, la conformité à un cadre démocratique fondé sur l'égalité et le renforcement de l'amitié et de la coopération entre les peuples et les États. Mais elle ne mentionne jamais le terme de diversité culturelle ou de pluralisme ou de société multiculturelle et n'en souligne pas la richesse ou l'apport humain pour l'ensemble des sociétés concernées. La diversité culturelle n'est pas encore à ce moment un projet de société(s) ; elle n'est traitée qu'à travers le prisme des droits subjectifs permettant la survie d'une identité culturelle individuelle choisie par l'individu et seulement alors, indirectement, l'identité collective d'une communauté est concernée.

La *Convention-cadre sur la protection des minorités nationales* [59] (1995) marque en revanche une première évolution décisive.

Dans son préambule, elle réaffirme que la protection des minorités est en effet essentielle à la stabilité, à la sécurité démocratique et à la paix du continent, mais elle complète cette dimension en ajoutant « qu'une société pluraliste et véritablement démocratique doit [non seulement] respecter l'identité ethnique, culturelle, linguistique et religieuse de toute personne appartenant à une minorité nationale » mais aussi que la création d'un climat de confiance et de dialogue permet à « la *diversité culturelle* d'être une source, ainsi qu'un facteur, non de division, mais *d'enrichissement pour chaque société*[60] ».

Dans son article 5, elle encourage les États parties à ne pas avoir de politiques ou de pratiques tendant à l'assimilation non voulue, et son article 6 souhaite promouvoir « l'esprit de tolérance et le dialogue interculturel » ; enfin l'article 9 (4) mentionne « le pluralisme culturel » dans le cadre de l'accès aux médias.

Les termes de diversité culturelle, de dialogue interculturel et de pluralisme culturel apparaissent alors et sont la marque d'un début de réflexion sur la multiplicité des appartenances individuelles et de l'intérêt que peut avoir une société multiculturelle tout en respectant la prééminence du droit et de l'ordre public, l'intégrité territoriale et la souveraineté étatique.

---

[58] Pierre-Marie DUPUY et Yann KERBRAT, *Précis de Droit international public*, éd. Précis Dalloz, 2012, p. 252.

[59] La Convention-cadre a été ratifiée par la Norvège le 17 mars 1999 tandis que la France ne l'a pas encore fait.

[60] Nous soulignons.

La Convention-cadre ne prône nullement le communautarisme mais plutôt la diversité culturelle dans le cadre d'une politique étatique d'intégration : à propos des articles 5 et 6 le rapport explicatif précise respectivement dans ses paragraphes 46 et 49 qu'« il n'empêche pas non plus les Parties de prendre des mesures dans le cadre d'une politique générale d'intégration. Il reconnaît ainsi l'importance de la cohésion sociale[61] » et « afin de renforcer la cohésion sociale, ce paragraphe vise, entre autres, à favoriser la tolérance et le dialogue interculturel par la suppression des barrières entre les personnes appartenant à des groupes ethniques, culturels, linguistiques et religieux, en encourageant les organisations et mouvements interculturels qui cherchent à promouvoir le respect et la compréhension mutuels et à intégrer ces personnes dans la société tout en préservant leur identité. »

La Convention nº 169 relative aux peuples indigènes et tribaux[62] élaborée et adoptée par l'Organisation international du travail en 1989 va dans le même sens et mentionne la diversité culturelle dès son préambule, soulignant que les peuples indigènes et tribaux contribuent particulièrement « à la diversité culturelle et à l'harmonie sociale et écologique de l'humanité ainsi qu'à la coopération et à la compréhension internationales » (§ 7). Il semble que le respect et la préservation des cultures autochtones soient des moyens au service d'une finalité éthique (à savoir l'harmonie sociale et écologique de l'humanité), dont fait partie la diversité culturelle.

En reconnaissant et en protégeant la diversité culturelle, cette convention se situe à l'opposé de la démarche intégrationniste souhaitée par la *Convention nº 107 sur les populations aborigènes et tribales* et les textes précédents relatifs aux minorités nationales.

La *Déclaration des Nations unies sur les droits des peuples autochtones* (2007) mentionne la diversité culturelle uniquement dans son préambule (§ 2) : « Affirmant aussi que tous les peuples contribuent à la diversité et à la richesse des civilisations et des cultures, qui constituent le patrimoine commun de l'humanité », mais elle rappelle sa valeur « de patrimoine commun de l'humanité » que lui a donnée en 2001 la *Déclaration universelle sur la diversité culturelle* de l'UNESCO. Le fait que la Déclaration n'insiste pas davantage sur l'importance de la diversité culturelle n'est pas une négligence ou un parti pris idéologique, mais plutôt un choix qui tient à ses objectifs. Elle rappelle que le patrimoine commun de l'humanité est constitué par la diversité des civilisations et des cultures, et elle se concentre sur les éléments constitutifs du patrimoine culturel matériel et immatériel des peuples autochtones pour affirmer que de la

---

[61] Rapport explicatif de la Convention-cadre pour la protection des minorités nationales, Doc H (94), 10 novembre 1994.

[62] Elle a été ratifiée par la Norvège le 19 juin 1990.

reconnaissance de ce patrimoine culturel découle le respect et la promotion de leurs droits politiques, culturels et fonciers.

C'est surtout à l'aube des années 2000 que la diversité culturelle acquiert toute sa valeur et même une valeur autonome, pour elle-même, indépendamment de toute autre considération.

La diversité culturelle n'est plus seulement considérée comme un simple fait à gérer, mais elle est perçue comme un nouveau principe d'organisation des sociétés contemporaines et plurielles, accompagnée d'un outil indispensable : le dialogue interculturel.

Au-delà du constat factuel de la différence des cultures, l'approche de la diversité culturelle s'est en effet complexifiée. Celle-ci est désormais comprise comme « un principe d'organisation d'une pluralité culturelle durable, dans et à travers les sociétés [...]. C'est un mécanisme pour organiser le dialogue le plus productif possible entre des passés pertinents [les patrimoines] et des futurs désirables [le développement]. »

De plus, elle est aussi perçue comme une valeur en soi, ce qui confère à sa défense et à sa promotion une dimension éthique. « C'est une valeur qui reconnaît que les différences dans les sociétés humaines sont les composantes de systèmes et de relations. La diversité culturelle est la valeur par laquelle les différences sont en relation mutuelle et en soutien réciproque. Allons plus loin : la diversité culturelle comme valeur exprime et implique d'autres valeurs, plus fondamentales encore, que sont la créativité, la dignité et le sens de la communauté [63] ».

C'est dans cette perspective que la *Déclaration universelle sur la diversité culturelle* (2001) a été adoptée à l'unanimité par la 31e session de la Conférence générale de l'UNESCO au lendemain des événements du 11 septembre 2001 et est accompagnée en annexe de principes directeurs pour faire prévaloir « le pluralisme des cultures » et « le dialogue des civilisations » dans le respect des droits de l'homme.

Ce texte est particulièrement intéressant car il prend sa place aux côtés des autres textes relatifs à l'exception culturelle négociés dans le cadre de l'Organisation mondiale du commerce. Cette Déclaration universelle ajoute une

---

[63] Arjun APPADURAIP, « Diversité culturelle : une plate-forme conceptuelle. Diversité durable : l'indivisibilité de la culture et du développement », *in La Déclaration universelle sur la diversité culturelle. Une vision ; Une plate-forme conceptuelle ; Une boîte à idées ; Un nouveau paradigme*, Document établi pour le Sommet mondial sur le développement durable, Johannesburg, 26 août-4 septembre 2002, série Diversité culturelle no 1, p. 12 et p. 14. Ce document est consultable sur le site Internet de l'UNESCO.
http://unesdoc.unesco.org/images/0012/001271/127162f.pdf

valeur éthique à la protection de la diversité culturelle et incite à redéfinir les relations humaines.

Dans son préambule, figurent les principes de tolérance, de solidarité, d'unité du genre humain. L'article 1er fait de la diversité culturelle un « patrimoine commun de l'humanité » et énonce que « la diversité culturelle est, pour le genre humain, aussi nécessaire qu'est la biodiversité dans l'ordre du vivant », et invite à sa transmission pour les générations à venir. L'article 4 affirme explicitement que « la défense de la diversité culturelle est un impératif éthique, inséparable du respect de la dignité de la personne humaine ». Le pluralisme, le dialogue des cultures et la tolérance sont en effet considérés comme des principes non négociables.

Certes la Déclaration aborde aussi les biens et services culturels mais elle ajoute une dimension éthique : ainsi, par exemple, l'article 8 traite de la diversité de l'offre créatrice, des droits d'auteurs et des artistes, des biens et services culturels et il ajoute « qu'ils sont porteurs d'identité, de valeurs et de sens » et qu'alors « ils ne doivent pas être considérés comme des marchandises ou des biens de consommation comme les autres » ; ou encore, l'article 10, qui encourage l'instauration d'industries culturelles viables et compétitives mais donne pour justification la nécessité de « renforcer la coopération et la solidarité internationales » ; enfin on peut citer l'article 11, qui souligne que « les seules forces du marché ne peuvent garantir la préservation et la promotion de la diversité culturelle [...] ».

La volonté de réduire « la fracture numérique » et d'encourager la compréhension de la diversité culturelle grâce à l'éducation, de renforcer les droits culturels en tant que droits de l'homme, de respecter et protéger les savoirs traditionnels et notamment ceux des peuples autochtones reflète bien les préoccupations de l'agence de l'UNESCO.

La dimension éthique de cette Déclaration est particulièrement explicite dans la communication que le directeur général de l'UNESCO, Koïchiro Matsuura, a faite : il souligne que la Déclaration universelle fait de la défense de la diversité culturelle un impératif éthique inséparable du respect de la personne humaine et qu'elle protège la diversité comme un « trésor vivant qui ne doit pas être perçu comme un patrimoine figé mais comme un processus garant de la survie de l'humanité ». Il insiste enfin sur l'idée que cette Déclaration « compte désormais parmi les textes fondateurs d'une nouvelle éthique promue par l'UNESCO au début du XXIe siècle[64] ».

Pourtant cette orientation philosophique n'est pas partagée par tous les États : « Avant même que la déclaration ne soit adoptée, certains

---

[64] Koïchiro MATSUURA, « Diversité culturelle : une vision La richesse culturelle du monde, c'est sa diversité en dialogue », in *La Déclaration universelle sur la diversité culturelle. Une vision, Une plate-forme conceptuelle, Une boîte à idées, Un nouveau paradigme*, série Diversité culturelle n° 1, publication de l'UNESCO, 2003, p. 3.

gouvernements avaient fait part de leur perplexité : ils ne voyaient pas bien quelle pourrait être l'utilité d'une convention internationale sur la diversité culturelle[65] ». Les plus réticents étaient les États-Unis, qui contestaient la notion de politique culturelle et s'opposaient à donner une force juridique contraignante à la protection de la diversité culturelle. C'est pour cette raison que ces principes éthiques ont été énoncés dans une Déclaration et non pas dans un traité international.

La *Convention sur la protection et la promotion de la diversité des expressions culturelles*, adoptée le 20 octobre 2005 par la Conférence générale de l'UNESCO, reprend cependant certaines des orientations éthiques portées par la Déclaration universelle de 2001 et tente de les articuler avec les règles du commerce international. On pourrait craindre une compromission voire une soumission aux règles du marché et de la mondialisation, en se contentant de substituer sans le définir le terme de diversité culturelle à celui d'exception culturelle. À la lecture de l'intitulé de la convention on peut craindre aussi un « rétrécissement du terrain » par le truchement du terme « diversité des expressions culturelles », et qu'ainsi « les biens et les activités culturels liés au marché ne l'emportent sur les droits de l'homme et les droits culturels des individus et des groupes humains ». Le patrimoine immatériel semble occulté et remplacé par le patrimoine tangible, faisant des personnes des « consommateurs culturels »[66]. Il est vrai que le terme « éthique » a disparu du champ lexical de la convention. Il ne s'agit plus de cultures pour la culture, de défendre la valeur symbolique de toutes les cultures : dans la convention, la diversité culturelle prend le sens de diversité des supports et des formes par lesquels les cultures s'expriment ; la culture est abordée en lien étroit avec le principe de développement économique, de politique culturelle des États, d'accès équitable aux moyens d'expression et de diffusion. La valeur commerciale des expressions culturelles est introduite et la difficulté posée est celle de la compatibilité de ces règles avec l'éthique portée par la Déclaration universelle.

Malgré tout, le préambule de la convention reprend à son compte certaines valeurs liées au pluralisme culturel portées par la Déclaration universelle de 2001 : « les activités, biens et services culturels ont une double nature, économique et culturelle, [...] ils ne doivent pas être traités comme ayant exclusivement une valeur commerciale ». Il rappelle aussi le statut de patrimoine commun de l'humanité, prend en compte les principes de justice sociale et de respect mutuel entre les peuples et les cultures, tend à éradiquer la pauvreté, met l'accent sur l'importance des savoirs traditionnels autochtones en tant que

---

[65] Bernard Gournay, « Où en est-on six mois après le colloque ? » *in* Marie-Françoise LABOUZ, Mark WISE (dir.), *La diversité culturelle en question(s)*, *op.cit.*, p. 266.

[66] Geneviève KOUBI, « Diversité culturelle et protection de la diversité des expressions culturelles », communication au colloque international intitulé *La diversité dans la gouvernance internationale. Perspectives culturelles, écologiques et juridiques*, qui s'est tenu au Graduate Institute à Genève le 22 février 2013.

source de richesse matérielle et immatérielle. L'article 2.3 énonce le principe de l'égale dignité et du respect de toutes les cultures, y compris celles des personnes appartenant à des minorités et celles des peuples autochtones.

Une éthique côtoie tout de même l'aspect commercial, la valeur marchande que donne la Convention à la culture.

Ainsi le double défi actuel des organisations internationales et européennes est non seulement de « défendre une diversité créatrice, à savoir la multiplicité des formes par lesquelles les cultures s'incarnent dans leur patrimoine ou se régénèrent dans la création contemporaine », mais aussi « d'assurer une coexistence harmonieuse et un vouloir vivre ensemble pacifique entre individus et groupes venant d'horizons culturels variés vivant au sein d'un même espace[67] ».

Ceci constitue un appel à la construction d'un projet pour la société internationale contemporaine, en des termes plus simples, une nouvelle conception du « vouloir-vivre ensemble ».

B. *L'appel à un projet pour la société internationale contemporaine*

Depuis le début des années 2000 la diversité culturelle n'est plus regardée seulement comme une réalité, un fait, mais elle fait l'objet de discours rationnel tant sur le plan international que régional. Sa sauvegarde et sa promotion sont désormais entrées dans une phase de structuration et de rationalisation.

« L'éducation, la communication et la compréhension interculturelles constituent depuis longtemps des thèmes de la coopération internationale mais ce n'est que récemment que les notions de "dialogue entre les civilisations" et de "dialogue interculturel" sont apparues à l'ordre du jour politique des organisations internationales. Ces deux notions visent évidemment à répondre aux enjeux qui, de plus en plus, s'attachent à la mondialisation, au développement des flux migratoires et à certains conflits d'ordre culturel (et parfois religieux) à l'intérieur des sociétés et entre elles[68] ».

Abdelwahab Biad souligne lui aussi « l'activisme diplomatique sans précédent autour de la thématique du Dialogue des civilisations déployé aussi bien au plan intergouvernemental que non gouvernemental[69] ». Par exemple, lors de l'adoption du *Document sur la stratégie commune de l'Union européenne pour la*

---

[67] Katérina STENOU, *L'UNESCO et la question de la diversité culturelle 1946-2007. Bilan et stratégies*, série Diversité culturelle nº 3, publication de l'UNESCO, 2007, p. 1.

[68] « Synthèse des activités en cours au Conseil de l'Europe en matière de dialogue interculturel et interreligieux », délégués des ministres et groupe de rapporteurs sur l'Éducation, la Culture, le Sport, la Jeunesse et l'Environnement, 14 mars 2006, GR-C(2006)6, p. 2.

[69] Abdelwahab BIAD, « Le dialogue des cultures et des civilisations : nouveau défi pour le partenariat euro-méditerranéen », *in* Marie-Françoise LABOUZ, Mark WISE (dir.), *La diversité culturelle en question(s)*, éd. Bruylant, *op.cit.*, p. 137.

Méditerranée le 19 juin 2000, le Conseil européen de Santa Maria de Feira avait déclaré que la politique de l'Union européenne pour la région a pour objectifs « d'entretenir le dialogue entre les cultures et les civilisations pour lutter contre l'intolérance, le racisme et la xénophobie ». Dans le même sens, lors de la Ve Conférence euro-méditerranéenne de Valence, qui s'est tenue en novembre 2002, il a été souligné « l'importance à promouvoir le dialogue et la coopération entre les cultures et les civilisations » et que « la culture est un facteur essentiel d'identité [...] et de compréhension mutuelle entre les civilisations.[70] »

Le développement du dialogue interculturel et de la tolérance sont les instruments essentiels de la préservation de la diversité culturelle et sont les éléments clefs de ce processus de rationalisation engagé par l'UNESCO et le Conseil de l'Europe.

Si « l'expression de dialogue interculturel est encore assez mal définie », « [l]a Déclaration de Faro, cependant, offre une définition opérationnelle du dialogue interculturel, des éléments qui le composent et de ses aspects programmatiques[71] ».

En outre, lors de la conférence d'Opatija, qui a eu lieu les 21 et 22 octobre 2003 en Croatie, les ministres européens responsables des affaires culturelles se sont concertés sur « Le nouveau rôle et les nouvelles responsabilités des ministres de la culture pour initier le dialogue interculturel dans le respect de la diversité culturelle ». À cette occasion ils ont adopté une *Déclaration sur le dialogue interculturel et la prévention des conflits* qui contient une définition du dialogue interculturel : « Dialogue interculturel : cette expression désigne tant les instruments servant à promouvoir et protéger la notion de démocratie culturelle que les éléments matériels et immatériels pouvant favoriser toutes les formes de diversité culturelle, qui se manifestent en de multiples identités individuelles et collectives, en des changements et en de nouvelles formes d'expression culturelle. Le dialogue interculturel doit prendre en compte toutes les composantes possibles de la culture, sans exception, qu'elles soient culturelles *stricto sensu* ou de nature politique, économique, sociale, philosophique ou religieuse. Dans ce contexte, le dialogue interconfessionnel et interreligieux doit être envisagé dans ses conséquences culturelles et sociales par rapport à la sphère publique.[72] »

---

70 Abdelwahab BIAD, *Ibid.*, p. 135.

71 « Synthèse des activités en cours au Conseil de l'Europe en matière de dialogue interculturel et interreligieux », délégués des dinistres et groupe de rapporteurs sur l'Éducation, la Culture, le Sport, la Jeunesse et l'Environnement, Conseil de l'Europe, *op.cit.*, p. 4.

72 Conférence des ministres européens responsables des affaires culturelles sur « le nouveau rôle et les nouvelles responsabilités des ministres de la Culture pour initier le dialogue interculturel dans le respect de la diversité culturelle », Opatija/Croatie, 20-22 octobre 2003, Rapport du Secrétaire général, Document CM(2004) 18 annexe 1.

Des principes consensuels ont en effet été dégagés tant par l'UNESCO que par les institutions de l'Union européenne et par le Conseil de l'Europe, qui encouragent le dialogue des cultures et des civilisations.

Le dialogue interculturel est devenu la priorité politique du Conseil de l'Europe dont l'engagement se traduit par de nombreuses interventions[73] : la *Déclaration sur le dialogue interculturel et la prévention des conflits* adoptée par les ministres européens responsables des affaires culturelles à Opatija (Croatie) le 22 octobre 2003, la *Déclaration des ministres européens de l'Éducation sur l'éducation interculturelle dans le nouveau contexte européen*, Athènes (Grèce), 10-12 novembre 2003, la *Déclaration sur cinquante ans de coopération culturelle européenne des ministres responsables de la culture, de l'éducation, de la jeunesse et du sport des États parties à la Convention culturelle européenne*, réunis à Wrocław (Pologne), 10 décembre 2004, le *Plan d'action du Troisième Sommet des chefs d'État et de gouvernement du Conseil de l'Europe*, (Varsovie), 16-17 mai 2005, la *Déclaration sur la stratégie du Conseil de l'Europe pour le développement du dialogue interculturel* (« Déclaration de Faro ») des ministres responsables de la culture des États parties à la Convention culturelle européenne, réunis à Faro (Portugal) les 27 et 28 octobre 2005.

Parmi les instruments les plus significatifs figure aussi la *Déclaration sur la diversité culturelle* adoptée par le Comité des ministres du Conseil de l'Europe, le 7 décembre 2000 lors de la 733e réunion des délégués des ministres. La *Convention sur la protection et la promotion de la diversité des expressions culturelles* de l'UNESCO reprendra une perspective similaire, celle de la diversité culturelle dans le cadre de la mondialisation et des politiques commerciales multilatérales. La dimension éthique de la défense de la diversité culturelle apparaît moins dans la Déclaration sur la diversité culturelle du Conseil de l'Europe : elle est effleurée dans le préambule lorsqu'il énonce que « le respect de la diversité culturelle est une condition essentielle de la vie des sociétés humaines ». La dimension éthique de la défense de la diversité culturelle n'est pas abordée ensuite, elle est davantage reliée à des notions classiques du droit telles que « la prééminence du droit » ou « les sociétés démocratiques ».

En revanche, le *Troisième Sommet des Chefs d'État et de Gouvernement du Conseil de l'Europe,* qui s'est tenu à Varsovie en mai 2005, et auquel les représentants étatiques français et norvégien ont participé, a débouché sur l'adoption de la *Déclaration de Varsovie* (2005), qui mentionne explicitement : « Nous sommes

---

[73] La *Convention culturelle européenne* du Conseil de l'Europe (1955) avait été ratifiée par la France et la Norvège, et dans son préambule elle avait pour objectif de « développer la compréhension mutuelle entre les peuples d'Europe et l'appréciation réciproque de leurs diversités culturelles, de sauvegarder la culture européenne, de promouvoir les contributions nationales à l'héritage culturel commun de l'Europe et ce dans le respect des mêmes valeurs fondamentales en encourageant, notamment, l'étude des langues, de l'histoire et de la civilisation des Parties à la Convention. La Convention contribue à une action concertée en encourageant des activités culturelles d'intérêt européen ». Elle visait spécifiquement la protection du patrimoine européen comme vecteur d'une unité européenne dans un contexte d'après-guerre.

résolus à faire en sorte que notre diversité devienne une source d'enrichissement mutuel, notamment en favorisant le dialogue politique, interculturel et interreligieux. Nous continuerons nos travaux sur les minorités nationales, contribuant ainsi au développement de la stabilité démocratique » (§ 6)[74].

La Commission européenne quant à elle a identifié « des paramètres et des principes »[75], à savoir le respect du pluralisme, de la diversité et des particularités culturelles, l'égalité et le respect mutuel, ainsi que l'abandon des préjugés et des stéréotypes. Le projet proposé pour la société internationale n'est pas l'assimilation, ni le communautarisme, mais plutôt l'interculturalité au sens d'une coexistence pacifique des sociétés et des cultures. Il s'agit de définir de nouvelles relations à l'Autre.

Cependant, ces instruments n'ont pas la même portée que ceux adoptés par l'UNESCO, de par la nature même de la vocation des institutions européennes qui les énoncent. Ils se cantonnent à une identité, un patrimoine commun européen dont la défense se réfère encore trop souvent à la stabilité démocratique des États membres et ne célèbrent pas la pluralité et la richesse des civilisations humaines.

Parallèlement, la protection et la promotion de la diversité culturelle font l'objet d'une structuration au sens où sa sauvegarde et sa promotion ont nécessité la création de fonds, de plans d'action, ou d'observatoires. Un nombre très significatif de réseaux et d'institutions travaillent en faveur de la diversité culturelle. Parmi eux, des organisations internationales telles que le Conseil de l'Europe, la Francophonie, ou encore l'UNESCO, les États avec le Réseau international sur la politique culturelle (RIPC), ou encore les professionnels de la culture. De plus, le 21 mai a été déclaré « Journée mondiale de la diversité culturelle pour le dialogue et le développement » par une résolution de l'Assemblée générale des Nations unies[76] en décembre 2002, et l'Année européenne du dialogue interculturel avec pour devise « Ensemble dans la diversité » a été proclamée en 2008 par l'Union européenne.

Il n'est pas possible de dresser une liste exhaustive des nombreuses initiatives prises tant par l'Union européenne que par les Nations unies, mais parmi d'autres, on peut mentionner le *Fonds international pour la diversité culturelle* (FIDC), qui a été instauré par la *Convention sur la protection et la promotion de la diversité des expressions culturelles*.

---

[74] Site du Conseil de l'Europe, http://www.coe.int/t/dg4/intercultural/policy_FR.asp

[75] Conclusions de la présidence, 5e conférence euro-méditerranéenne des ministres des affaires étrangères, Valence, les 22 et 23 avril 2002, *Euromed report*, édition n° 42 FR, 13 mai 2002, p. 1.

[76] Résolution de l'Assemblée générale des Nations unies, *Culture et développement*, document A/RES/57/249, 20 février 2003.

Il contribue à la lutte contre la pauvreté en finançant les activités favorisant l'émergence d'un secteur culturel dynamique au niveau national ou local, essentiellement à travers l'introduction ou le renforcement de nouvelles politiques ou industries culturelles, ou le renforcement de celles existantes. Les politiques culturelles qui sont soutenues par le Fonds sont celles qui ont un effet direct sur la création, la production, la diffusion, la distribution et l'accès aux activités, biens et services, notamment en renforçant les structures institutionnelles existantes[77]. L'existence de ce Fonds peut avoir un intérêt pour la sauvegarde des identités culturelles des minorités nationales et des peuples autochtones des pays en voie de développement car parmi les bénéficiaires du Fonds figurent les organisations non gouvernementales de pays en développement Parties à la Convention, et les représentants de groupes vulnérables et autres groupes sociaux de pays en développement Parties à la Convention. D'une manière plus large sont aussi possiblement bénéficiaires tous les pays en développement qui sont Parties à la Convention, toutes les Parties à la Convention qui ont diagnostiqué l'existence d'une situation spéciale sur leur territoire, et enfin certaines organisations internationales non gouvernementales. La France et la Norvège ne comptent pas parmi les pays en voie de développement, donc ni le peuple sámi ni la Collectivité territoriale de Corse ne peuvent bénéficier de ce Fonds. Mais, dans la mesure où ce Fonds est multidonateur et que la Norvège et la France sont devenues Parties[78] à la Convention, ils contribuent indirectement à la préservation et à la promotion de la diversité culturelle.

D'autres fonds internationaux contribuant à la préservation et à la promotion de la culture ont été créés : ainsi le *Fonds international pour la promotion de la culture* est compétent pour tous les projets liés à la production d'œuvres culturelles et artistiques. Les projets relatifs à la sauvegarde du patrimoine culturel immatériel sont du ressort du *Fonds pour la sauvegarde du patrimoine culturel immatériel.* Enfin, le patrimoine culturel matériel relève du *Fonds du patrimoine mondial.*

En France, il existe notamment l'*Observatoire des politiques culturelles*, l'*Observatoire de la diversité culturelle*, ou encore la *Coalition française pour la diversité culturelle,* qui rassemble les organisations professionnelles de la culture (cinéma, télévision, spectacle vivant, édition, musique, arts graphiques et plastiques et multimédia) et qui défend la diversité culturelle face aux négociations commerciales internationales. Elle est membre fondateur de la *Fédération internationale des coalitions pour la diversité culturelle* (FICDC), créée en septembre

---

[77] Note explicative pour les demandes de financement, « Fonds international pour la diversité culturelle. Investir dans la créativité. Transformer les sociétés », UNESCO, p. 2. http://www.unesco.org/new/fileadmin/MULTIMEDIA/HQ/CLT/pdf/Conv2005_IFCD_Explanatory_Note_FR.pdf

[78] La Norvège a ratifié la Convention le 17 janvier 2007 et la France a adhéré le 18 décembre 2006 pour que la Convention entre en vigueur sur son territoire le 18 mars 2007.

2007, et elle a participé à l'élaboration puis à l'adoption de la *Convention de l'UNESCO sur la protection et la promotion de la diversité des expressions culturelles*[79].

La Norvège se reconnaît comme un État multiculturel avec sur son territoire des minorités nationales, un peuple autochtone et, depuis les années 1970, une immigration sensiblement plus importante à Oslo[80]. La capitale a adopté un plan d'action appelé « Oslo Xtra-Large » et, pour l'année européenne de la diversité culturelle, le gouvernement norvégien, qui a ratifié tous les instruments onusiens de protection de la diversité culturelle, avait élaboré un livre blanc[81] promouvant aux plans local, régional et national les politiques favorisant la diversité culturelle.

Ainsi, la défense de la diversité culturelle dans les discours aux échelles internationale et nationales et la mise en place de structures favorisant son épanouissement apparaissent de plus en plus comme un projet social d'envergure pour la communauté internationale.

L'idée que la défense de la diversité culturelle relève d'une conscience et d'une responsabilité collective est renforcée par le fait que les textes s'y rapportant se réfèrent souvent à la collectivité par l'utilisation des termes génériques : d'« humanité », de « genre humain », de « groupes », de « sociétés », de « vie publique », ce qui donne à la défense de la diversité une dimension collective, globalisante, universelle.

La *Déclaration universelle sur la diversité culturelle* n'envisage pas la protection de la diversité des cultures d'une façon indirecte à travers la reconnaissance de droits subjectifs aux personnes appartenant à des minorités, mais donne à la sauvegarde de la diversité une dimension collective, la proposant ainsi comme un nouveau projet de vie pour les sociétés du XXIe siècle. Elle prend place aux côtés de projets plus anciens, partiellement réalisés, de démocratisation des États et du respect des droits et libertés fondamentaux des personnes, eux-mêmes énoncés dans tous les textes concernant la préservation et la promotion de la diversité culturelle.

Quant à la *Déclaration sur les droits des peuples autochtones* des Nations unies (2007), elle confirme l'orientation philosophique promue par la Convention n° 169 et la Déclaration Universelle de 2001. Son préambule mentionne que « tous les peuples », et non plus seulement les autochtones, « contribuent à la diversité et à la richesse des civilisations et des cultures, qui constituent le patrimoine commun de l'humanité » (§ 3). Cet élargissement « à tous les

[79] Site de la Coalition française pour la diversité culturelle, http://www.coalitionfrancaise.org/?page_id=119

[80] Sur les plans d'action menés par la capitale depuis 2001, voir « The City of Oslo, intercultural profil » *in Intercultural cities. Building the future on diversity*, publication du Conseil de l'Europe, disponible sur le site www.coe.int/interculturalcities.

[81] Livre blanc n° 17 (2005-2006).

peuples » et à la diversité comme patrimoine commun de l'humanité est une référence explicite à l'article 1er de la Déclaration de l'UNESCO sur la diversité culturelle. Toutes les cultures sont concernées par cette nécessité de préservation. Ne sont plus seulement concernés les minorités culturelles ou les peuples autochtones mais tous les peuples.

Enfin, la protection de la diversité culturelle s'inscrit dans un idéal de société plus large lié au développement non seulement humain mais aussi économique, durable et équitable.

§ 2. La valorisation des patrimoines culturels autochtones par le droit international

Il existe une interdépendance entre la valorisation des patrimoines culturels matériels et immatériels des peuples autochtones et la sauvegarde de la diversité culturelle.

Pourtant, si les textes protégeant spécifiquement les droits des peuples autochtones valorisent explicitement la diversité culturelle, les contours de la notion de patrimoine culturel restent encore imprécis ; la notion mal définie est alors incertaine (A) ; et les textes relatifs à la diversité culturelle sont plus laconiques quant à la valorisation des patrimoines culturels autochtones (B).

A. Une notion aux contours incertains dans les instruments de protection des droits des peuples autochtones

La valorisation de la diversité culturelle à travers la sauvegarde du patrimoine culturel matériel et immatériel entre en résonance avec les deux *Décennies internationales des populations autochtones*[82] et plus largement encore avec les textes juridiques relatifs à la protection des droits des peuples autochtones. L'Assemblée générale des Nations unies a récemment rappelé la dignité des peuples autochtones et la contribution unique qu'ils apportent au développement et à la diversité des sociétés du fait de la diversité de leurs identités, de leurs cultures et de leurs organisations sociales distinctives[83].

La Convention n° 169 insiste dans son préambule (§ 7) sur « la contribution particulière des peuples indigènes et tribaux à la diversité culturelle et à l'harmonie sociale et écologique de l'humanité ». La sauvegarde de leurs

[82] La résolution 48/163 du 21 décembre 1993 avait proclamé la première Décennie internationale des populations autochtones (1995-2004). L'Instance permanente sur les questions autochtones a été créée durant cette période par la résolution 2000/22 du Conseil économique et social le 28 juillet 2000. La deuxième Décennie a été lancée par la résolution 59/174 de l'Assemblée générale, en date du 20 décembre 2004.

[83] Assemblée générale, 22 octobre 2004, 59e session, A/C.3/59/L.30.

patrimoines culturels dans leurs aspects matériels et immatériels dépend de la bonne volonté des États, qui doivent prendre des mesures pour garantir le respect de leurs coutumes et de leurs traditions. L'article 5 de cette Convention recommande explicitement aux États de « reconnaître et protéger les valeurs et les pratiques sociales, culturelles, religieuses et spirituelles de ces peuples ».

Cependant, la notion de patrimoines culturels autochtones reste vague, imprécise. Elle est difficilement lisible car des éléments constitutifs sont énumérés dans la Convention n° 169 et dans la Déclaration de 2007 mais la notion n'est pas clairement définie.

En effet, la Convention n° 169 n'emploie pas le terme de patrimoine culturel. Sans le nommer elle en cite quelques éléments constitutifs de façon disséminée sans pour autant en donner une liste claire et complète. Ainsi figurent à l'article 5 les valeurs et les pratiques sociales, culturelles, religieuses et spirituelles de ces peuples ; à l'article 8 sont mentionnées les coutumes et les institutions mais sans préciser pour autant si réellement ces éléments en font partie ; l'article 27 mentionne leur histoire, leurs connaissances et leurs techniques ; l'article 28 ajoute la langue.

La *Déclaration sur les droits des peuples autochtones* (2007) met particulièrement l'accent sur le patrimoine culturel des collectivités autochtones. Dès le préambule, elle affirme que « tous les peuples contribuent à la diversité et à la richesse des civilisations et des cultures, qui constituent le patrimoine commun de l'humanité » (§ 2) ; elle souligne que de la reconnaissance de leur patrimoine culturel matériel et immatériel découlent leurs droits : « promouvoir [leurs] droits [...], qui découlent de leurs structures politiques, économiques et sociales, et de leur culture, de leurs traditions spirituelles, de leur histoire et de leur philosophie, en particulier leurs droits à leurs terres, territoires et ressources » (§ 6).

Les articles 11, 13, 31 et 34 de ce texte mentionnent explicitement la notion de patrimoine culturel des autochtones, mais sans trier les éléments constitutifs selon leur caractère matériel ou immatériel : ainsi, sont protégés pêle-mêle les sites archéologiques, l'artisanat, les dessins et modèles, les rites, les techniques, les arts visuels et du spectacle, et la littérature, les langues, les traditions orales, les philosophies, les systèmes d'écriture, les noms propres, les savoirs traditionnels et expressions culturelles traditionnelles, leurs pharmacopées, leurs sports, leurs esthétiques, leurs connaissances de la faune et de la flore...

Malgré les listes d'éléments constituant des patrimoines culturels autochtones, il reste des zones d'ombre concernant certains éléments précis : ainsi les institutions autochtones, et leurs territoires et leurs ressources naturelles entrent-ils dans la catégorie d'un patrimoine culturel autochtone ?

Les institutions autochtones ne figurent pas dans les éléments constitutifs du patrimoine culturel énoncés par la *Convention sur la diversité culturelle* ni dans la

Convention sur la protection de la diversité des expressions culturelles, pourtant les institutions autochtones sont des éléments fondateurs de leurs identités culturelles distinctes et de là participent à la diversité culturelle. Selon l'Organisation internationale du travail, « le terme institutions est utilisé pour décrire des institutions ou organisations concrètes, alors que dans d'autres cas, ce terme peut avoir un sens plus général qui englobe les us, les coutumes et les caractéristiques culturelles des peuples autochtones.[84] » Elles devraient ainsi entrer dans la catégorie du patrimoine culturel des peuples autochtones…

L'article 5 b de la Convention nº 169 entretient cette confusion lorsqu'il recommande aux États de « respecter l'intégrité des valeurs, des pratiques et des institutions desdits peuples » ; or les valeurs et les pratiques font partie de la catégorie du patrimoine culturel (immatériel). Cette disposition laisse supposer que les institutions politiques, économiques, sociales et culturelles des autochtones appartiennent à la même catégorie. Ainsi, par exemple, on pourrait penser que les *siida,* institutions traditionnelles piliers de la culture sámi dans son organisation sociale et économique, font partie du patrimoine culturel sámi. Mais encore faut-il qu'elles soient identifiées et reconnues comme telles par l'État norvégien.

La Déclaration des Nations unies ajoute à la confusion : dans son préambule d'abord, elle affirme que les droits des peuples autochtones « découlent de leurs structures politiques, économiques et sociales et de leur culture, de leurs traditions spirituelles, de leur histoire et de leur philosophie, en particulier leurs droits à leurs terres, territoires et ressources » (§ 6) ; aux articles 5, 20 et 23 ensuite avec l'expression « leurs propres institutions ».

Cette ambiguïté est peut-être volontaire car les institutions autochtones font « partie intégrante de ce qui constitue un peuple autochtone et c'est principalement ce qui sert à distinguer les peuples autochtones du reste de la population d'un pays[85] ». La défense des institutions avec celle de leurs systèmes juridiques et de leurs droits coutumiers est un droit collectif reconnu aux peuples autochtones qui peut être craint des États.

Quant aux terres, aux territoires et aux ressources naturelles, ils ne sont pas non plus officiellement inclus dans le patrimoine culturel matériel des autochtones puisque ceux-ci n'en sont pas propriétaires au bénéfice des États souverains. Mais les terres et les ressources naturelles identifiées ne pourraient-elles pas entrer dans la catégorie du patrimoine culturel matériel ? Dans quelle mesure les titres de propriété ou de possession même dotés d'une valeur symbolique pourraient-ils entrer dans celle du patrimoine culturel immatériel ? Car les autochtones entretiennent des liens spirituels, culturels et économiques

[84] « Les droits des peuples autochtones et tribaux dans la pratique. Guide sur la Convention nº 169 », publication de l'OIT, Département des normes internationales du travail, 2009, p. 50. Disponible sur le site www.ilo.org.

[85] « Les droits des peuples autochtones et tribaux dans la pratique. Guide sur la Convention nº 169 », *op.cit.*, p. 49.

avec ces éléments naturels qu'ils occupent ou utilisent depuis des temps immémoriaux (art.13 de la Convention nº 169), et ils sont la base matérielle du maintien de leurs identités culturelles (art. 9 de la Déclaration des Nations unies). Les peuples autochtones contribuent à une gestion équitable et durable de l'environnement.

La Convention nº 169 et la Déclaration des Nations unies ne se prononcent pas dans ce sens. Mais indirectement plusieurs éléments peuvent être interprétés favorablement : d'abord, des droits de propriété et de possession leurs sont reconnus par le droit international, ils sont transmis entre leurs membres (art. 17 de la Convention), et l'article 23 de la Convention rappelle que « l'artisanat, les industries rurales et communautaires, les activités relevant de l'économie de subsistance et les activités traditionnelles des peuples intéressés, telles que la chasse, la pêche, la chasse à la trappe et la cueillette, doivent être reconnus en tant que facteurs importants du maintien de leur culture ainsi que de leur autosuffisance et de leur développement économiques ». Or, ces pratiques relèvent du patrimoine culturel des peuples autochtones ; par un raisonnement de continuité, ou d'extension, les droits fonciers permettant la sauvegarde de cet aspect du patrimoine culturel pourraient y entrer aussi.

La Déclaration de 2007 accentue la confusion d'abord sur un plan formel quand elle fait se côtoyer les structures économiques, sociales et politiques, les traditions spirituelles, l'histoire, la philosophie, qui sont des éléments constitutifs du patrimoine culturel autochtone avec « *en particulier* leurs droits à *leurs* terres, territoires et ressources » (§ 6). Et plus particulièrement, l'article 24 énonce que « les peuples autochtones ont droit à leur pharmacopée traditionnelle et ils ont le droit de conserver leurs pratiques médicales, notamment de préserver leurs plantes médicinales, animaux et minéraux d'intérêt vital » et l'article 25 affirme que « les peuples autochtones ont le droit de conserver et de renforcer leurs liens spirituels particuliers avec les terres, territoires, eaux et zones maritimes côtières et autres ressources qu'ils possèdent ou occupent et utilisent traditionnellement, et d'assumer leurs responsabilités en la matière à l'égard des générations futures ». Ces deux articles établissent un lien direct entre les terres et les ressources naturelles, et les patrimoines culturels que les peuples autochtones ont le droit de sauvegarder.

B. Une valorisation laconique dans les textes relatifs à la diversité culturelle

« L'interculturalité » (ou dialogue interculturel) au sens du dialogue des cultures et d'interaction équitable des diverses cultures est un instrument particulièrement prôné par les textes de droit international relatifs à la diversité culturelle.

Le dialogue des cultures est classiquement appréhendé dans un cadre relationnel avec des groupes issus de l'immigration, mais le droit international le prône aussi avec les minorités nationales et les peuples autochtones présents sur le territoire des États. Le dialogue est essentiel et passionnant pour la richesse humaine qu'il apporte à chaque civilisation, mais il suppose un véritable échange, une influence réciproque authentique, vécue dans la conviction de l'égale dignité des cultures, sans volonté assumée ou désir secret de domination.

Aussi, dans la mesure où aucune culture n'est figée mais se nourrit de multiples influences, l'interculturalité avec les peuples autochtones est perçue positivement, mais il faut veiller à ne pas dénaturer leurs cultures en veillant à respecter leurs institutions, leurs droits coutumiers (dans le respect des droits de l'homme) et leurs patrimoines culturels et fonciers. Les peuples autochtones, par la diversité de leurs traditions et par leurs modes de vie, sont désormais considérés par les Nations unies comme étant les gardiens de la diversité culturelle et de la biodiversité. L'interculturalité peut avoir des effets contradictoires quant à la protection de la diversité des cultures autochtones dans toutes leurs unicités et leur vulnérabilité. C'est peut-être pour cette raison que le préambule de la *Déclaration des droits des peuples autochtones* (2007) encourage peut-être moins l'interculturalité, que les « *relations harmonieuses et de coopération* entre les États et les peuples autochtones, fondées sur les principes de justice, de démocratie, de respect des droits de l'homme, de non-discrimination et de bonne foi » (§ 18), *la consultation* des peuples concernés par les mesures adoptées par les États (§ 19) et *l'esprit de partenariat et de respect mutuel* (§ 23). Dans la recherche de conciliation, l'image d'un tandem entre les peuples autochtones et les États est encouragée pour élaborer des cadres étatiques dynamiques et mieux adaptés aux situations de diversité culturelle[86], dans un esprit de concertation et de coopération.

Les textes relatifs à la diversité culturelle se réfèrent très peu au cas particulier des peuples autochtones, ils sont mêmes laconiques, ou au mieux sont généralisants. D'une certaine manière les patrimoines culturels des peuples autochtones semblent peu protégés.

La *Convention culturelle européenne* (1955) du Conseil de l'Europe n'a pas pour vocation de s'appliquer aux peuples autochtones et n'y fait même pas allusion. La *Déclaration sur la diversité culturelle* (2000) du Conseil de l'Europe ne tient pas compte non plus du sort des peuples autochtones dans son approche de la diversité culturelle.

En revanche, les deux instruments émanant de l'UNESCO mentionnent les minorités nationales et les peuples autochtones. La *Déclaration universelle sur la diversité culturelle* (2001) exprime dans son article 4 le lien entre la protection des droits des personnes appartenant à des minorités et à des peuples autochtones,

---

[86] Ce thème est traité ultérieurement dans une Deuxième Partie intitulée « Une (ré)conciliation favorisée : la création de cadres étatiques dynamiques ».

et la défense de la diversité culturelle. De façon indirecte, des éléments de la Déclaration se réfèrent aux minorités et aux autochtones : l'article 5 se réfère aux droits culturels et le plan d'action permettant la mise en œuvre de la Déclaration énonce d'abord l'inclusion et la participation des personnes et des groupes venant d'horizons culturels variés (point 3), souhaite encourager la diversité linguistique (points 5 et 6), mettre en valeur le patrimoine culturel et naturel, notamment le patrimoine culturel oral et immatériel (point 13). Il souligne l'importance de respecter et protéger les savoirs traditionnels notamment ceux des peuples autochtones (point 14). Le lien des peuples autochtones à leur environnement et aux ressources naturelles n'est mentionné que dans le cadre du plan d'action ; il n'a pas de place particulière et explicite dans le corps du texte de la Déclaration, ce qui lui aurait donné une plus grande légitimité et aurait moins dépendu de la bonne volonté des États dans la mise en œuvre de leurs politiques culturelles.

La *Convention sur la protection et la promotion de la diversité des expressions culturelles* (2005) mentionne le cas des peuples autochtones dès son préambule, mais sous une forme très généralisante : « Reconnaissant l'importance des savoirs traditionnels en tant que source de richesse immatérielle et matérielle, et en particulier des systèmes de connaissance des peuples autochtones, et leur contribution positive au développement durable, ainsi que la nécessité d'assurer leur protection et promotion de façon adéquate ». Mais cette expression est réductrice car le patrimoine culturel des peuples autochtones ne se borne pas à des savoirs et à des connaissances traditionnels. La démarche de protection risque alors de figer les cultures. En outre, déclarer les savoirs et les connaissances des autochtones « source de richesse [...] matérielle » peut inquiéter car bien souvent leurs savoirs et leurs connaissances sont exploités, sans reconnaissance morale et financière, par les multinationales et surtout les trusts pharmaceutiques, qui se rendent coupables de biopiraterie.

Plus loin dans la Convention, le préambule considère « l'importance de la vitalité des cultures pour tous, y compris pour les personnes appartenant aux minorités et pour les peuples autochtones, telle qu'elle se manifeste par leur liberté de créer, diffuser et distribuer leurs expressions culturelles traditionnelles et d'y avoir accès de manière à favoriser leur propre développement ». Les peuples autochtones et les minorités nationales sont de nouveau mentionnés sous la forme d'une généralité parmi les principes directeurs (art. 2.3) lorsque ces derniers affirment l'égale dignité de toutes les cultures y compris celle des peuples autochtones et des minorités. Selon l'article 7 « Les Parties s'efforcent de créer sur leur territoire un environnement encourageant les individus et les groupes sociaux : (a) à créer, produire, diffuser et distribuer leurs propres expressions culturelles et à y avoir accès, en tenant dûment compte des conditions et besoins particuliers des femmes, ainsi que de divers groupes sociaux, y compris les personnes appartenant aux minorités et les peuples autochtones ; (b) à avoir accès aux diverses expressions culturelles provenant de leur territoire ainsi que des autres pays du monde. »

Certes, toutes les cultures, et non pas seulement celles des autochtones, sont concernées par les textes de protection de la diversité culturelle, mais il est tout de même étonnant de voir que ces textes se réfèrent si peu aux cultures autochtones, qui sont pourtant le lien privilégié entre le développement durable et la diversité culturelle, priorités annoncées, voire idéal avancé par la communauté internationale contemporaine. D'autant qu'en ce qui concerne la protection et la promotion du patrimoine culturel matériel, les moyens financiers et matériels des peuples autochtones sont souvent déséquilibrés comparés à ceux des autres groupes sociaux, et dépendent de la bonne volonté des États.

Aux côtés du dialogue interculturel, la notion de patrimoine culturel immatériel de l'humanité (PCI) constitue un autre instrument permettant d'accentuer la préservation d'identités culturelles singulières comme celles des peuples autochtones.

La défense de la diversité culturelle dans ce cas particulier a une dimension non seulement éthique mais aussi urgente et nécessaire. Le préambule de la *Déclaration sur les droits des peuples autochtones* reconnaît plusieurs fois explicitement « la nécessité urgente de respecter et promouvoir les droits intrinsèques des peuples autochtones » (§ 6, § 7) afin de « revivifier, d'utiliser, de développer et de transmettre aux générations futures » (art. 11 et 13) les éléments constitutifs de leur patrimoine culturel.

En effet, le concept de patrimoine culturel, jusqu'alors essentiellement perçu sous l'angle matériel et patrimonial de la culture, a évolué et a été complété grâce à l'élaboration de plusieurs instruments juridiques par l'UNESCO et la création d'une nouvelle catégorie[87], celle du patrimoine culturel immatériel, élargissant ainsi le champ, les sources de la diversité culturelle. La protection de la diversité culturelle s'en est alors trouvée renforcée.

Selon l'UNESCO, « Le patrimoine culturel ne s'arrête pas aux monuments et aux collections d'objets. Il comprend également les traditions ou les expressions vivantes héritées de nos ancêtres et transmises à nos descendants, comme les traditions orales, les arts du spectacle, les pratiques sociales, rituels et événements festifs, les connaissances et pratiques concernant la nature et l'univers ou les connaissances et le savoir-faire nécessaires à l'artisanat traditionnel[88] ». L'article 2 de la *Convention pour la sauvegarde du patrimoine culturel*

---

[87] *Le patrimoine culturel immatériel. Enjeux d'une nouvelle catégorie*, Chiara BORTOLOTTO (dir.), éd. Maison des Sciences de l'Homme, Paris, 2011.

[88] Selon les termes de l'article 2 de la *Convention pour la sauvegarde du patrimoine culturel immatériel* (2003), le patrimoine culturel immatériel (PCI) recouvre « les pratiques, représentations, expressions, connaissances et savoir-faire – ainsi que les instruments, objets, artefacts et espaces culturels qui leur sont associés – que les communautés, les groupes et, le cas échéant, les individus reconnaissent comme faisant partie de leur patrimoine culturel », *in* « Qu'est-ce que le patrimoine culturel immatériel ? », publication de l'UNESCO, p. 1, consultable sur le site http://www.unesco.org/culture/ich/doc/src/01851-FR.pdf.

immatériel (2003) précise que ce patrimoine est transmis de génération en génération, qu'il n'est pas figé mais qu'il est au contraire « recréé en permanence par les communautés et les groupes en fonction de leur milieu, de leur interaction avec la nature et de leur histoire ». Enfin ce patrimoine procure à ces groupes un « sentiment d'identité et de continuité, contribuant ainsi à promouvoir le respect de la diversité culturelle et la créativité humaine ».

La notion de patrimoine culturel immatériel est apparue pour la première fois à la fin des années 1990 au sein des activités de l'UNESCO, lorsque la Division du patrimoine culturel et la Commission nationale marocaine pour l'éducation, la culture et les sciences ont organisé en juin 1997 à Marrakech une Consultation internationale sur la préservation des espaces culturels populaires. Elle a donné naissance à une résolution[89] qui a été adoptée par la Conférence générale à sa 29e session en 1997.

Dans son Grand Programme intitulé « Développement culturel : patrimoine et création », elle incite d'une part à la préservation et à la mise en valeur du patrimoine culturel et naturel tout en renforçant la vitalité des cultures par une plus grande participation des communautés locales et la mise en œuvre de la *Convention pour la protection du patrimoine mondial culturel et naturel* (1972). D'autre part, elle vise la « promotion des cultures vivantes », notamment les cultures traditionnelles et populaires[90].

La Conférence générale avait souligné la nécessité de valoriser et préserver le patrimoine immatériel et le « patrimoine oral de l'humanité »[91] qui comprend « les diverses formes d'expression culturelle populaire telles que les traditions orales, rites et coutumes, les musiques, les danses, les arts du spectacle populaire, les savoir-faire artisanaux, généralement transmis par voie orale, dans la diversité culturelle de l'humanité ». Le patrimoine oral inclut les espaces permanents ou les formes d'expression culturelles populaires ou traditionnelles.

La Conférence générale avait aussi insisté sur « la valeur symbolique, éducative, sociale et économique de ce patrimoine culturel, qui contribue à la mémoire des peuples, à leur enracinement culturel, mais aussi aux échanges et au dialogue » et appelle les États à prendre des mesures permettant « d'identifier les espaces permanents ou les formes d'expression culturelle populaire et traditionnelle qui méritent d'être proclamés par l'UNESCO symboles du patrimoine oral de l'humanité[92] ».

Conformément à cette résolution de 1997, la première *Proclamation des chefs-d'œuvre du patrimoine oral et immatériel de l'humanité* a été adoptée le 18 mai 2001, suivie de deux autres le 7 novembre 2003 et le 25 novembre 2005. Puis aucune

---

[89] Résolution 29 C/Rés., 31, adoptée par la Conférence générale lors de sa 29e session, *Actes de la Conférence générale, Vingt-neuvième session Paris, 21 octobre-12 novembre 1997*, Volume 1, Résolutions, éd. UNESCO, Paris, 1998.

[90] Résolution 29 C/Rés., 31, *op.cit.*, p. 52.

[91] *Ibid.*, p. 54.

[92] Résolution 29 C/Rés., 31, *op.cit.*, p. 55.

autre proclamation n'a été faite après l'entrée en vigueur en 2006 de la *Convention consacrée à la sauvegarde du patrimoine culturel immatériel* (art. 31§ 3), les proclamations ayant été remplacées par les listes représentatives établies par la Convention, qui intègrent les chefs-d'œuvre précédemment proclamés (article 31§ 1).

C'est devant l'urgence de sa sauvegarde à cause de la mondialisation et des politiques d'uniformisation que l'UNESCO a adopté, le 17 octobre 2003, le premier instrument multilatéral contraignant, sous la forme d'une *Convention consacrée à la sauvegarde du patrimoine culturel immatériel*[93], qui n'est entrée en vigueur qu'en 2006. Ce traité offre au patrimoine culturel immatériel un cadre administratif, financier et juridique en ce qu'il incite les États parties[94] à prendre des mesures pour sauvegarder le patrimoine immatériel existant sur leur territoire (art. 11 et 12).

Il est vrai que la Convention ne vise pas exclusivement les patrimoines immatériels des peuples autochtones ou des minorités culturelles, mais elle les mentionne explicitement. Même s'ils ne sont pas les bénéficiaires exclusifs de cette Convention, leurs préoccupations patrimoniales entrent dans le champ d'application de la Convention. Elle protège mieux leurs patrimoines culturels que les textes précédents.

Toutefois la notion de patrimoine immatériel soulève plusieurs difficultés[95] et peut paraître décevante sur quelques points.

Le concept d'immatérialité, d'abord, est difficilement saisissable et se heurte à la notion d'objet, jusqu'alors au centre de la protection du patrimoine culturel. L'article 2 (1) de la *Convention consacrée à la sauvegarde du patrimoine culturel immatériel* énonce que : « On entend par "patrimoine culturel immatériel" les pratiques, représentations, expressions, connaissances et savoir-faire – ainsi que les instruments, objets, artefacts et espaces culturels qui leur sont associés – que les communautés, les groupes et, le cas échéant, les individus reconnaissent comme faisant partie de leur patrimoine culturel ». Certes, les objets, instruments et artefacts sont mentionnés, mais en tant que supports, outils, moyens, au service de pratiques, expressions, connaissances qui sont entièrement abstraites et qui sont elles seules le centre de l'attention et de la sauvegarde.

De plus, la Convention mentionne les groupes, les communautés et le cas échéant les individus (art. 1er § b et 2.1). Elle insiste particulièrement sur le rôle

---

93 Conférence générale de l'UNESCO, réunie à Paris du 29 septembre au 17 octobre 2003, 32e session.

94 La France a ratifié la Convention le 11 juillet 2006, et pour les trois pays nordiques les ratifications sont intervenues plus tardivement : la Norvège l'a ratifiée le 17 janvier 2007, la Suède le 26 janvier 2011 et la Finlande le 21 février 2013.

95 Nathalie HEINICH, « Le Patrimoine culturel immatériel. Enjeux d'une nouvelle catégorie », *Gradhiva (Revue d'anthropologie et d'histoire des arts)* [En ligne], 15 | 2012, mis en ligne le 16 mai 2012, consulté le 24 juin 2013, http://gradhiva.revues.org/2412.

des communautés autochtones (§ 6 du préambule), leur reconnaissant un rôle majeur dans la transmission « de génération en génération » (art. 2), « la production, la sauvegarde, l'entretien et la recréation du patrimoine culturel immatériel » (§ 6 du préambule) « en fonction de leur milieu, de leur interaction avec la nature et de leur histoire » (art. 2) et la Convention demande explicitement aux États parties de « s'assurer de la plus large participation possible des communautés et de les impliquer activement dans sa gestion » (art. 15).

Plus concrètement, les communautés et les groupes jouent un rôle moteur lorsque, en concertation avec les organisations non gouvernementales compétentes et les États, ils identifient et dressent eux-mêmes l'inventaire de leurs patrimoines immatériels.

Ces inventaires doivent être régulièrement mis à jour du fait des évolutions des cultures.

En même temps, dans la mesure où l'UNESCO ne définit pas précisément les termes génériques de « communautés » et de « groupes », cela laisse la porte ouverte à des interprétations nationales conformes aux Constitutions.

Par exemple, la France[96], qui, attachée à ses principes constitutionnels d'indivisibilité de la République et d'unicité du peuple, s'est d'abord interrogée sur la compatibilité de la Convention avec la Constitution avant de la ratifier[97] et a décidé qu'« au final, la convention, si elle part du principe que des communautés existent et participent à la formation et à la sauvegarde du patrimoine culturel immatériel, n'engage pas les États parties à donner à celles-ci un quelconque statut juridique »[98]. Cohérente avec ses principes constitutionnels, elle a considéré que la nation française tout entière était concernée et a obtenu que le repas gastronomique des Français soit inscrit sur les listes représentatives du patrimoine culturel immatériel auprès de l'UNESCO[99]. De plus, invoquant toujours son principe constitutionnel d'indivisibilité, l'État français ne reconnaît pas officiellement l'existence de minorités sur son territoire ; il distingue alors entre la participation des experts,

---

[96] La notion de patrimoine culturel immatériel correspond en droit français à celle de « patrimoine ethnologique immatériel » au sens du décret n° 80-277 du 15 avril 1980 instituant un conseil du patrimoine ethnologique, *in* Rapport législatif n° 2875 fait au nom de la commission des affaires étrangères sur le projet de loi n° 2605 autorisant l'approbation de la *Convention internationale pour la sauvegarde du patrimoine culturel immatériel*, 12e législature. La loi n° 2006-791 du 5 juillet 2006 autorise l'approbation de la *Convention internationale pour la sauvegarde du patrimoine culturel immatériel*, *JORF* n° 155 du 6 juillet 2006, p. 10116.

[97] Loi n° 2006-791 du 5 juillet 2006 *autorisant l'approbation de la Convention internationale pour la sauvegarde du patrimoine culturel immatériel*, *JORF* n° 155 du 6 juillet 2006.

[98] Projet de loi n° 2605 autorisant l'approbation de la *Convention internationale pour la sauvegarde du patrimoine culturel immatériel*, 12e législature, déposée à la Présidence de l'Assemblée nationale le 19 octobre 2005.

[99] Décision du Comité intergouvernemental, cinquième session, Nairobi (Kenya), 15 au 19 novembre 2010, document 5.COM 6.14.

centre d'expertises et instituts de recherche[100], d'une part, et la participation des communautés, de leurs représentants ou des praticiens d'autre part.

Les interlocuteurs que l'État sollicite pour représenter les communautés concernées sont concrètement des représentants d'associations, d'organisations non gouvernementales qui ne sont pas liées à un territoire spécifique mais plus à des pratiques correspondant à la valorisation, à l'étude et à la transmission d'éléments appartenant au PCI.

Bien que la Convention ne le mentionne pas, en France, la notion de groupe ou de communauté a été étendue à une collectivité territoriale, ce qui resterait conforme aux recommandations des experts de l'UNESCO, qui souhaitent « qu'une approche du bas vers le haut [soit] privilégiée tout en impliquant les niveaux administratifs locaux et régionaux » et en laissant aux gouvernements « le contrôle et le pilotage dans l'inventoriage et le listage du patrimoine culturel immatériel[101] ».

C'est la démarche exceptionnellement choisie par la France dans sa politique de décentralisation culturelle à l'égard de la Corse : la loi du 2 mars 1982[102] reconnaissait déjà à l'Assemblée territoriale corse le pouvoir de définir « les actions qu'elle entend mener en matière culturelle après consultation des départements, et notamment au vu des propositions qui lui sont adressées par les communes », puis l'article 9 de la loi du 22 janvier 2002 [103] a affirmé le pouvoir de la collectivité territoriale de Corse de « définir et mettre en œuvre la politique culturelle en Corse en concertation avec les départements et les communes et après consultation du Conseil économique, social et culturel de Corse »[104].

Plus spécifiquement, la collectivité territoriale de Corse est désormais compétente pour définir et mettre en œuvre « les actions qu'elle entend mener en matière d'inventaire du patrimoine, de recherche ethnographique, de gestion

---

[100] « Il existe en France une Mission du patrimoine ethnologique, et un Laboratoire d'anthropologie et d'histoire de l'institution de la culture, organisme dépendant du CNRS et du ministère de la Culture, qui participent à des programmes de recherches [...] et animent des séminaires et des colloques ». Suivi de la décision 2.COM8 adoptée à la deuxième session ordinaire du Comité intergouvernemental de sauvegarde du patrimoine culturel immatériel du 3 au 7 septembre 2007, p. 2.

[101] Rapport de la réunion sur la participation des communautés à la sauvegarde du patrimoine culturel immatériel, Tokyo, 15-17 octobre 2007, *in* Michèle GUELFUCCI et Petru GUELFUCCI, « L'interprétation de la notion de communautés et son implication dans la démarche d'inscription du *Cantu in Paghjella* sur la liste de sauvegarde d'urgence », Actes du colloque *Le patrimoine culturel immatériel de l'Europe : inventer son inventaire*, Institut National du Patrimoine, 30 novembre 2007, p. 3.

[102] Loi n° 82-214 *portant statut particulier de la région de Corse.*

[103] Loi n° 2002-92 du 22 janvier 2002 *relative à la Corse.*

[104] Et l'article L.4422-37 du code général des collectivités territoriales dispose que « le conseil économique, social et culturel de Corse est également consulté, obligatoirement et préalablement, sur tout projet de délibération concernant l'action culturelle et éducative, notamment pour la sauvegarde et la diffusion de la langue et de la culture corses ».

et de développement des musées ; de soutien à la création artistique et culturelle [...] en concertation avec les départements et les communes, et après consultation du conseil économique, social et culturel de Corse »[105]. Ainsi, le Service de l'inventaire créé au sein de la Direction régionale des affaires culturelles de Corse a été transféré par la loi du 22 janvier 2002 à la Collectivité territoriale de Corse.

Pour bénéficier de la qualification de PCI, les domaines cités par la *Convention consacrée à la sauvegarde du patrimoine culturel immatériel* doivent remplir cinq critères posés par l'article 2 : être « reconnus comme faisant partie de leur patrimoine culturel par des communautés, des groupes et, le cas échéant, des individus » ; être « transmis de génération en génération » ; ensuite ils doivent être « recréés en permanence par les communautés et groupes en fonction de leur milieu, de leur interaction avec la nature et de leur histoire » ; ils « procurent un sentiment d'identité et de continuité » ; et enfin ils doivent être « conformes aux instruments internationaux existants relatifs aux droits de l'homme, ainsi qu'à l'exigence du respect mutuel entre communautés, groupes et individus et d'un développement durable ».

Les inventaires sont soumis par les États parties au Comité intergouvernemental de l'UNESCO, qui choisira de l'inscrire soit sur la Liste de sauvegarde urgente, soit sur la Liste représentative du patrimoine culturel immatériel de l'humanité. Dans le premier cas, des mesures urgentes appropriées seront adoptées pour accroître la viabilité des expressions ou pratiques menacées ; dans le second cas, il s'agira simplement « d'assurer la visibilité du patrimoine culturel immatériel et de faire prendre conscience de son importance, contribuant ainsi à promouvoir le respect de la diversité culturelle du monde et la créativité humaine.[106] »

En France, sur le plan institutionnel et conformément à la *Convention sur la sauvegarde du patrimoine immatériel*, le Centre français du patrimoine culturel immatériel a été désigné par le ministère de la Culture comme « organisme compétent pour la sauvegarde du patrimoine culturel immatériel présent sur le territoire national. Il fait le lien entre le ministère de la Culture et de la Communication, la Commission nationale française pour l'UNESCO et les associations et collectivités. Dans ce cadre, il participe à l'accompagnement des candidatures pour les listes du patrimoine culturel immatériel et au suivi des éléments inscrits sur ces listes. » Par ailleurs, il « offre un espace de réflexion sur le patrimoine culturel immatériel, sur la mise en œuvre de la Convention de l'UNESCO et sur les projets de sauvegarde, à travers l'organisation de

[105] « Orientations pour l'Action culturelle de la Collectivité territoriale de Corse », Rapport du président du Conseil exécutif de Corse, Direction de l'Action culturelle, octobre 2005, p. 9.
[106] « Qu'est-ce que le patrimoine culturel immatériel ? », publication de l'UNESCO, *op.cit.*, p. 9.

rencontres ou de séminaires en partenariat avec des institutions culturelles, de recherche ou de formation[107] ».

C'est grâce à son intermédiaire que, depuis 2009, le *Maloya*[108], pratiqué sur l'ensemble de l'île de la Réunion, a été inscrit sur la Liste représentative du patrimoine culturel immatériel de l'humanité. De même, expression d'une forte identité régionale au sein de la République française, le célèbre rassemblement breton *fest-noz* est lui aussi inclus depuis 2011 dans le patrimoine immatériel français et a été inscrit en 2012 sur la Liste représentative du patrimoine culturel immatériel de l'humanité[109]. Enfin, le plus ancien des chants polyphoniques traditionnels corses le *« Cantu in paghjella »*[110], qui est à la fois un genre musical et une technique vocale particulière[111], a quant à lui été présenté sur la liste des chefs-d'œuvre du patrimoine culturel immatériel de l'humanité à la demande de l'Assemblée de Corse en 2005[112]. Mais, conformément à l'article 17 de la *Convention pour la sauvegarde du patrimoine culturel immatériel*, ce chant traditionnel est, depuis le 1er octobre 2009, inscrit sur la liste de sauvegarde urgente[113].

Cependant, dans la mesure où les communautés autochtones, aidées le cas échéant des organisations non gouvernementales compétentes, dressent les inventaires de leurs patrimoines en concertation avec leurs États et que la liste est soumise par l'intermédiaire des États à l'UNESCO, on peut penser qu'elles sont dépendantes de la bonne foi des États, qui, par intérêt ou sous la pression de lobbies, pourraient refuser d'inscrire un élément patrimonial sur l'inventaire du patrimoine culturel immatériel. De plus, des difficultés peuvent survenir en

---

107 Le Centre français du patrimoine culturel immatériel abrite depuis 2004 la Maison des Cultures du Monde. Site internet du centre : http://www.cfpci.fr/presentation.html

108 Forme de musique, chant et danse spécifique à la Réunion, le *Maloya* a été créé par les esclaves d'origine malgache et africaine dans les plantations sucrières. « Autrefois dédié au culte des ancêtres dans un cadre rituel, le *Maloya* est devenu peu à peu un chant de complaintes et de revendication pour les esclaves et, depuis une trentaine d'années, une musique représentative de l'identité réunionnaise. Toutes les manifestations culturelles, politiques et sociales sur l'île sont accompagnées par le *Maloya*, transformé de ce fait en vecteur de revendications politiques. » Décision du Comité intergouvernemental 4.COM 13.40 adoptée lors de la Quatrième session du Comité intergouvernemental (4.COM), Abou Dhabi (Émirats arabes unis), 28 septembre - 2 octobre 2009.

109 Décision 7.COM 11.13 adoptée lors de la septième session du Comité intergouvernemental de sauvegarde du patrimoine culturel immatériel, qui s'est tenue au siège de l'UNESCO à Paris, du 3 au 7 décembre 2012.

110 Ce chant est « l'emblème de l'identité corse profondément enraciné dans la culture agropastorale, le *Cantu in paghjella* est essentiel à la transmission des connaissances culturelles locales et fait partie intégrante du tissu social des communautés », motivation de la décision du Comité intergouvernemental, document 4.COM 14.05.

111 Michèle GUELFUCCI, Petru GUELFUCCI, « L'interprétation de la notion de communautés et son implication dans la démarche d'inscription du *Cantu in Paghjella* sur la liste de sauvegarde d'urgence », Actes du colloque *Le patrimoine culturel immatériel de l'Europe : inventer son inventaire*, *op.cit.*, p. 1.

112 Délibération de l'Assemblée de Corse nº 05-109 du 30 juin 2005.

113 Quatrième session du Comité intergouvernemental (4.COM), *op.cit.*

cas de concurrence entre une communauté minoritaire et une majorité nationale sur un rite ou un autre élément du patrimoine. Par exemple, la renniculture est un moyen de subsistance traditionnel du peuple autochtone sámi qui aurait pu être inscrite sur l'inventaire du PCI du fait des rituels et des savoir-faire liés à l'artisanat qui en découle mais désormais l'élevage de rennes est aussi pratiqué par des scandinaves d'origine non sámi. Etonnamment, aucun des trois États concernés par le peuple transfrontalier sámi (Norvège, Suède, Finlande) n'a inscrit d'élément au PCI. Pourtant, le savoir-faire artisanal traditionnel et le chant traditionnel sámi appelé *Yoik*[114] appartiennent bien au patrimoine culturel immatériel de ce peuple autochtone.

[114] Une des représentantes contemporaines de ce chant traditionnel sámi est la chanteuse norvégienne Mari BOINE, dont les interprétations sont désormais connues sur la scène internationale.

CONCLUSION DU CHAPITRE I

La préservation d'identités culturelles singulières au sein d'un État suppose que celui-ci appréhende de manière tolérante voire positive la présence d'une pluralité de cultures sur son territoire. Cette protection d'identités culturelles distinctives s'inscrit dans un projet plus vaste concernant la défense et la promotion de la diversité culturelle.

Il existe donc une interdépendance dynamique entre la protection d'identités culturelles minoritaires et la sauvegarde voire la valorisation de la diversité culturelle.

La défense de la diversité des cultures au sein des sociétés ne s'est pas réalisée spontanément. Elle résulte d'une véritable évolution des mentalités occidentales initiée à la fin des années 1990 et confirmée depuis les années 2000, qui se traduit par l'adoption de nouveaux instruments juridiques. Ces textes émanant des Nations unies (en particulier de l'UNESCO), du Conseil de l'Europe et d'institutions européennes telles que la Commission prennent désormais en compte la dimension collective de la diversité culturelle à travers les droits des peuples autochtones et en lui accordant le statut de « patrimoine commun de l'humanité ». De plus, ils font de la défense de la diversité culturelle un véritable projet de société pour la communauté internationale contemporaine. Le dialogue interculturel est un outil essentiel à cet effet. Il a pour enjeu le respect des droits de l'homme, le renforcement de la démocratie et le maintien de la paix.

Ainsi les instruments juridiques relatifs aux peuples autochtones et à la diversité culturelle adoptés dans les années 2000 par les organisations internationales expriment une évolution de la part d'un grand nombre d'États dans leur approche de la diversité culturelle. Ils ont compris que « l'unité doit être respectueuse de la diversité car la diversité n'est pas l'ennemie de l'unité[115] ».

La place désormais accordée à la diversité des cultures humaines traduit que beaucoup d'États sont passés d'une conception classique caractérisée par une vision utilitaire et ethnocentrée à une approche renouvelée de la diversité. Elle constitue le patrimoine commun de l'humanité et sa défense un principe d'organisation de la société, un projet de vouloir-vivre ensemble pour la société internationale contemporaine doté d'une valeur éthique.

La sauvegarde et la valorisation de la diversité des cultures ne relèvent pas seulement d'une éthique ou d'une orientation idéologique et politique relativement récente, elles sont aussi un enjeu pour les droits de l'homme.

---

[115] Stéphane PESSINA-DASSONVILLE, *Le statut des peuples autochtones. À la croisée des savoirs*, Stéphane PESSINA-DASSONVILLE (dir.), *Cahiers d'Anthropologie du droit*, Paris, éd. Karthala, 2011-2012, p. 11.

CHAPITRE II

La défense de la diversité culturelle : un enjeu pour les droits de l'homme

La quête spécifique d'une conciliation des identités culturelles minoritaires avec les principes constitutionnels définissant les États unitaires n'est pas qu'une affaire de droit interne. Elle est aussi portée par les organisations internationales, qui la favorisent en incitant les États et leurs communautés culturelles à redéfinir les relations humaines et intercommunautaires à travers l'adoption de textes valorisant la diversité culturelle, désormais perçue comme patrimoine commun de l'humanité dont la défense constitue un nouveau défi pour les sociétés contemporaines.

Parallèlement, les droits de l'homme sont une clef de voûte dans la défense et la valorisation de la diversité culturelle. Ils sont « les garants de la diversité culturelle » [1] mais pour autant « nul ne peut invoquer la diversité culturelle pour porter atteinte aux droits de l'homme garantis par le droit international, ni pour en limiter la portée ».

Classiquement, les droits de l'homme dits de première génération énoncés par la *Convention européenne des droits de l'homme* et interprétés par les juges européens ont une réelle capacité à protéger la diversité culturelle[2].

Au-delà des clivages traditionnels entre les droits politiques et civils et les droits dits de la deuxième génération (droits sociaux, économiques et culturels), une considération plus forte pour la dimension collective des identités culturelles s'est traduite par le renforcement des droits culturels avec la reconnaissance de droits catégoriels aux minorités nationales ou ethniques, religieuses et linguistiques. Depuis les années 2000, la valorisation de la diversité culturelle a été définie par le Conseil de l'Europe et les Nations unies comme un « projet social commun »[3]. Les droits de l'homme viennent en soutien à ce projet collectif.

Ainsi, les droits de l'homme « classiques » de la première et de la deuxième génération contribuent à la sauvegarde de la diversité culturelle **(I)** ; d'autres droits émanant d'un courant doctrinal et des organisations internationales, et

[1] Article 4 de la *Déclaration universelle de l'UNESCO sur la diversité culturelle* (2001). Ce même article énonce que « la défense de la diversité culturelle est un impératif éthique, inséparable du respect de la dignité de la personne humaine. Elle implique l'engagement de respecter les droits de l'homme et les libertés fondamentales, en particulier les droits des personnes appartenant à des minorités et ceux des peuples autochtones. Nul ne peut invoquer la diversité culturelle pour porter atteinte aux droits de l'homme garantis par le droit international, ni pour en limiter la portée ». Dans le même sens, la *Convention sur la protection et la promotion de la diversité des expressions culturelles* (2005) affirme dans son article 2 § 1 que « la diversité culturelle ne peut être protégée et promue que si les droits de l'homme et les libertés fondamentales [...] sont garantis [...] ».

[2] Julie RINGELHEIM, *Diversité culturelle et droits de l'homme : La protection des minorités par la Convention européenne des droits de l'homme*, éd. Bruylant, 2006.

[3] Expression empruntée à Mylène BIDAULT, *La protection internationale des droits culturels*, éd. Bruylant, 2010, p. 532.

dont on peut se demander s'ils constituent de nouveaux droits de l'homme **(II)**, émergent progressivement ou sont en gestation afin de renforcer et valoriser la diversité des identités culturelles, notamment celles de communautés culturelles minoritaires.

I. La contribution des droits de l'homme classiques à la sauvegarde de la diversité culturelle

Les droits civils et politiques sont des droits de l'homme dits de la première génération et en tant que droits individuels ils ont pour fonction traditionnelle de protéger les personnes vis-à-vis du pouvoir des collectivités et du poids des traditions, qui peuvent être oppressifs. Mais les droits individuels, dont font partie les droits civils et politiques, peuvent aussi assurer la reconnaissance ou la protection d'identités culturelles minoritaires[4]. En ce sens, les droits de l'homme de la première génération apportent une certaine protection aux identités culturelles minoritaires, et de là contribuent indirectement à la défense de la diversité des cultures (*§ 1*). La catégorie des droits culturels s'est progressivement enrichie, venant alors renforcer la protection offerte aux identités culturelles singulières. L'apport des droits culturels, universels et catégoriels, est indispensable à la préservation de la diversité culturelle (*§ 2*).

§ 1. L'apport des droits de l'homme de la première génération

Le système international et européen de protection des droits de l'homme mis en place à partir de 1945 insiste sur le caractère universel des droits de l'homme et n'a pas vocation à tenir compte des particularismes culturels des minorités. La diversité des cultures n'est donc pas spécifiquement protégée par ce dispositif normatif (A).

Cependant, les pratiques jurisprudentielles du Comité des droits de l'homme et de la Cour européenne des droits de l'homme ont une grande influence sur la préservation de la diversité culturelle (B) et montrent qu'il existe une relation plus complexe entre le respect des droits de l'homme d'une part et le respect des différences et de la diversité des cultures d'autre part. Il n'y a pas d'opposition radicale entre ces deux impératifs conciliables.

---

[4] Julie RINGELHEIM, *Diversité culturelle et droits de l'homme. La protection des minorités par la Convention européenne des droits de l'homme*, *op.cit.*, p. 2.

A. L'absence de dispositions normatives protectrices de la diversité culturelle

Le refus de reconnaître des droits spécifiques aux personnes appartenant à des minorités est lié à la volonté des États, après la Seconde Guerre mondiale, de protéger davantage les droits de l'homme que des catégories de groupes : les États redoutant que l'existence d'une diversité de régimes juridiques sur leur territoire favorise la survenance de conflits internes et de sécessions portant atteinte à leur souveraineté, ils avaient pour objectifs principaux de garantir l'égalité de tous les citoyens sur l'ensemble du territoire et de préserver l'unité nationale.

Le droit international exprime bien les réticences des États à accorder des droits catégoriels et leur crainte de remettre en cause la portée universelle des droits de l'homme. Ainsi, malgré de longs débats, ni la *Déclaration universelle des droits de l'homme* (DUDH) de 1948 ni la *Convention européenne des droits de l'homme* (CEDH) de 1950 ne contiennent expressément de dispositions relatives aux droits des personnes appartenant à des minorités. Ces deux textes n'accordent pas de droits spécifiques aux minorités et les soumettent donc au régime général de protection des droits de l'homme. L'article 27 du *Pacte international sur les droits civils et politiques* a l'avantage d'exister, mais sa formulation négative et vague limite en théorie sa portée.

La *Déclaration universelle des droits de l'homme* (1948) a fait l'objet par la suite de deux pactes, dont le *Pacte international sur les droits civils et politiques* (1966). À l'instar de la Convention européenne, ils énoncent aux côtés du principe de non-discrimination fondée notamment sur la race, la couleur, le sexe, la langue, la religion, l'opinion politique ou toute autre opinion, l'origine nationale ou sociale, la fortune, la naissance ou toute autre situation (art. 2 § 1), des libertés et des droits tels que la liberté de pensée, de conviction et de religion (art. 18), la liberté d'expression (art. 19), les droits de réunion (art. 21) et d'association (art. 22) et le droit de prendre part à la vie publique de son pays (art. 25), et surtout le droit pour les personnes appartenant à des minorités ethniques, religieuses ou linguistiques de ne pas être entravées dans la pratique de leurs langues, religion et vie culturelle (art. 27).

Si la *Charte des droits fondamentaux de l'Union européenne* énonce dans son article 22 que « l'Union respecte la diversité culturelle, religieuse et linguistique », la *Convention de sauvegarde des droits de l'homme et des libertés fondamentales* ne contient, quant à elle, aucune référence à la notion de « diversité culturelle ». Elle se réfère plutôt dans son préambule à une communauté de valeurs et d'esprit, et à l'origine elle n'a pas vocation à s'intéresser aux particularités culturelles sur le territoire des États membres. C'est la raison pour laquelle la Convention européenne ne contient pas de dispositions énonçant le droit pour les minorités ethniques ou nationales, religieuses ou linguistiques de préserver leurs spécificités culturelles.

Ces droits n'avaient pas pour but de protéger la diversité culturelle en tant que fait global et patrimoine commun de l'humanité mais plutôt les individus, tout en reconnaissant la dimension collective de ces droits, face à des pouvoirs étatiques potentiellement opprimants.

B. *L'influence de la jurisprudence du Comité des droits de l'homme et de la Cour européenne des droits de l'homme sur la préservation de la diversité culturelle*

Dans la pratique, c'est surtout la jurisprudence du Comité des droits de l'homme à travers ses Observations générales ainsi que la jurisprudence de la Cour européenne des droits de l'homme qui ont fait évoluer l'interprétation des droits civils et politiques dans le sens d'une protection non plus seulement des personnes face à des pouvoirs étatiques ou à des cultures traditionnelles oppressantes, mais aussi de leurs identités culturelles spécifiques.

Ils montrent qu'« appliquer les droits énoncés dans la Convention ne consiste pas nécessairement à imposer des solutions uniformes et invariables, en ignorant les facteurs culturels[5] ». Pour autant, la prise en considération des facteurs culturels ne signifie pas que la Cour « subordonne l'interprétation de la Convention aux particularismes nationaux, régionaux ou communautaires et que l'on dévalue les standards de protection[6] ».

À propos du principe de non-discrimination, le Comité des droits de l'homme a clarifié ce principe, qui était concurrencé par le principe d'égalité, dont une première interprétation avait déjà été exprimée, notamment dans l'avis consultatif de la Cour permanente de justice internationale (CPJI) dans l'*Affaire des écoles minoritaires en Albanie.* La Cour prônait une égalité par équivalence et avait souligné qu'« il n'y aurait pas de véritable égalité entre la majorité et la minorité si celle-ci était privée de ses propres institutions et partant était obligée de renoncer à ce qui constitue l'essence même de sa vie en tant que minorité[7] ».

À l'inverse on peut aussi considérer qu'un traitement différentiel par l'octroi de droits spéciaux à des membres de minorités ou du groupe minoritaire constitue une exception, voire une atteinte au principe d'égalité. La coexistence dans un même texte de deux clauses, l'une sur l'égalité et l'autre sur les minorités est alors incompatible. Cette incompatibilité avait déjà été soulignée par la Sous-commission de la lutte contre les mesures discriminatoires et de la

---

[5] Florian HOFFMANN et Julie RINGELHEIM, « Par-delà l'universalisme et le relativisme : La Cour européenne des droits de l'homme et les dilemmes de la diversité culturelle », *Revue interdisciplinaire d'études juridiques*, n° 52, 2004, p. 141.

[6] *Ibid.*

[7] Avis consultatif de la Cour permanente de justice internationale, *Affaire des écoles minoritaires en Albanie*, rendu le 6 avril 1935, CPJI, série A/B, n° 64, 1935, p. 17.

protection de minorités lors de sa première session en 1947[8], montrant que le principe d'égalité peut être un frein à la reconnaissance des particularités d'un groupe ou de membres du groupe.

Le Comité des droits de l'homme a donc interprété la discrimination comme « toute distinction, exclusion, restriction ou préférence fondée notamment sur la race, la couleur, la langue, la religion, l'origine nationale ou sociale, la naissance ou toute autre situation, et ayant pour effet ou pour but de compromettre ou de détruire la reconnaissance, la jouissance ou l'exercice par tous, dans des conditions d'égalité, de l'ensemble des droits et des libertés fondamentales[9] ». Le principe de non-discrimination prohibe de traiter différemment des personnes en situation égale, mais il prohibe aussi de traiter de façon identique des personnes en situation différente[10].

En conséquence, l'identité culturelle d'une personne pouvant constituer un élément qui la différencie des autres, toute personne doit pouvoir exercer ses droits par rapport à sa propre culture. Mais ce principe peut recevoir deux interprétations opposées, l'une justifiant la soumission des droits des minorités au régime général des droits de l'homme, et l'autre à l'inverse proposant la reconnaissance de droits spécifiques.

Droit à l'égalité et principe de non-discrimination diffèrent mais se complètent : le premier garantit avant tout l'égalité devant la loi, ce qui signifie que les lois doivent être rédigées en termes généraux pour être applicables à tout être humain et mises en œuvre en toute égalité. Ensuite, tous les individus ont droit à l'égale protection de la loi contre un traitement arbitraire et discriminatoire de la part de particuliers. La loi doit donc interdire toute discrimination et garantir à tous une protection égale et effective contre la discrimination aux motifs de la race, de la couleur, du sexe, de la langue, de la religion, de l'opinion politique et autre, de l'origine nationale ou sociale, de la fortune, de la naissance, de l'incapacité et de l'état de santé, de l'âge, de l'orientation sexuelle ou de toute autre situation.

En matière de protection de l'identité culturelle des minorités, l'article 27 du *Pacte international sur les droits civils et politiques*[11] énonçant des droits culturels a une place formelle parmi les droits civils et politiques. La jurisprudence du Comité des droits de l'homme est relativement abondante et favorable aux minorités culturelles car elle vient préciser les obligations des États face à la formulation

[8] Document E/CN.4/52, rapport 1ère session, p. 12.

[9] Observation générale n° 18 du Comité des droits de l'homme sur la non-discrimination au sens du Pacte international relatif aux droits civils et politiques, document des Nations unies HRI/GEN/1/Rev.2, 29 mars 1996.

[10] Sébastien RAMU, « Le statut des minorités au regard du pacte international relatif aux droits civils et politiques », *Revue trimestrielle des droits de l'homme*, n° 51, 2002, p. 602 *s.*

[11] « Dans les États où il existe des minorités ethniques, religieuses ou linguistiques, les personnes appartenant à ces minorités ne peuvent être privées du droit d'avoir, en commun avec les autres membres de leur groupe, leur propre vie culturelle, de professer et de pratiquer leur propre religion, ou d'employer leur propre langue. »

vague et par la négative de l'article 27 du Pacte, qui n'exige aucune initiative étatique[12] selon les travaux préparatoires. Mais le Comité des droits de l'homme a estimé dans une observation générale que pour permettre aux membres des minorités de maintenir l'existence et la vitalité de leurs cultures, à condition de se fonder sur des critères raisonnables et objectifs, « les États devront [...] parfois prendre des mesures positives pour protéger l'identité des minorités et les droits des membres des minorités [...][13] ».

Le Comité a aussi précisé les droits contenus à l'article 27 du Pacte. Ainsi, à propos du droit d'avoir sa propre vie culturelle, le Comité a considéré que l'éducation fait partie du champ de ce droit et qu'il devait être appréhendé dans son contexte et non pas de façon abstraite[14]. C'est pourquoi il considère que les activités économiques traditionnelles font partie de la notion de culture[15]. Cette décision s'applique aux peuples autochtones et aux autres minorités car « la culture peut revêtir de nombreuses formes et s'exprimer notamment par un certain mode de vie associé à l'utilisation des ressources naturelles, en particulier dans le cas des populations autochtones[16] », mais pas exclusivement.

Parallèlement aux travaux du Comité des droits de l'homme, la Cour européenne des droits de l'homme a progressivement développé dans sa pratique une jurisprudence protégeant les particularismes identitaires.

La Cour a été sensibilisée à la diversité culturelle car dès sa création elle a été confrontée à deux types de situations : non seulement « au problème des variations de traditions, de sensibilités ou de mentalités d'un État à l'autre mais aussi entre diverses composantes de la population au sein d'un même État[17] ». Dans certaines affaires, elle a donc pris en compte les spécificités culturelles invoquées et propres à un État, à une région ou bien à une communauté.

La prise en compte par la Cour des particularités se traduit de plusieurs façons[18] : lorsque la Cour laisse aux États une marge nationale d'appréciation[19]

[12] Francesco CAPOTORTI, *Étude des droits des personnes appartenant à des minorités*, rapporteur spécial de la sous-commission de la lutte contre les mesures discriminatoires et de la protection des minorités, éd. Nations unies, 1979, § 212.

[13] Observation générale n° 23 du Comité des droits de l'homme relative aux droits des minorités (art. 27), U.N. Doc. HRI\GEN\1\Rev.1 (1994), § 6.2.

[14] Communication n° 511/1992, *Ilmari Länsman c. Finlande*, du 23 mars 1994.

[15] Communication n° 197/1985, *Kitok c. Suède*, § 9.2. Voir aussi Communication n° 167/1984, *Lubikon Lake Band c. Canada*, § 32.2.

[16] Observation générale n° 23 du Comité des droits de l'homme, *op.cit.*, § 7.

[17] Florian HOFFMANN et Julie RINGELHEIM, « Par-delà l'universalisme et le relativisme : La Cour européenne des droits de l'homme et les dilemmes de la diversité culturelle », *op.cit.*, p. 116.

[18] *Ibid.*, p. 116 *sq.*

[19] Sur la notion de marge d'appréciation, voir Mireille DELMAS-MARTY, « Pluralisme et traditions nationales (revendication des droits individuels) » *in* Paul TAVERNIER (dir.), *Quelle Europe pour les*

plus ou moins large, ou bien lorsqu'elle contrôle la proportionnalité d'une mesure nationale invoquée comme limitative d'un droit ou d'une liberté prévus par la Convention, ou enfin dans l'interprétation des termes utilisés dans une affaire car ils sont toujours teintés d'une dimension socioculturelle.

À l'origine, la marge nationale d'appréciation qui a été appliquée par la Cour dans son arrêt *Handyside c. Royaume-Uni*[20] n'a pas été instaurée dans le but explicite de protéger la diversité culturelle mais pour mettre en œuvre la règle de la subsidiarité du mécanisme de contrôle instauré par la Convention par rapport aux systèmes nationaux.

En effet, dès ses premiers arrêts, la Cour a mis en œuvre le principe de subsidiarité inhérent au mécanisme européen de protection des droits de l'homme et reconnu aux États parties une marge d'appréciation dans leur façon d'appliquer les droits reconnus par la Convention[21] : « [la Cour] ne saurait se substituer aux autorités nationales compétentes, faute de quoi elle perdrait de vue le caractère subsidiaire du mécanisme international de garantie collective instauré par la Convention. Il en résulte que les autorités nationales demeurent libres de choisir les mesures qu'elles estiment appropriées dans les domaines régis par la Convention et que le contrôle de la Cour ne porte que sur la conformité de ces mesures avec les exigences de la Convention[22] ».

Dans l'affaire *Handyside c. Royaume-Uni*, il s'agissait en effet pour les juges européens d'interpréter la notion de morale pour justifier la censure d'une publication pour adolescents déclarée obscène. Pour laisser une marge nationale d'appréciation, la Cour avait décidé que « Grâce à leurs contacts directs et constants avec les forces vives de leur pays, les autorités de l'État se trouvent en principe mieux placées que le juge international pour se prononcer sur le contenu précis de ces exigences comme sur la "nécessité" d'une "restriction" ou "sanction" destinée à y répondre » car « on ne peut dégager du droit interne des divers États contractants une notion européenne uniforme de la "morale" » (§ 48).

Cette règle a été critiquée car elle affaiblirait l'intensité du contrôle européen sur les droits nationaux et par là la protection offerte par le système conventionnel européen[23].

Le contrôle de proportionnalité est lui aussi influencé par des facteurs culturels lorsque la Cour vérifie que les mesures adoptées par l'État sont nécessaires dans un État démocratique à la réalisation d'un objectif légitime.

---

droits de l'homme ? La Cour de Strasbourg et la réalisation d'une "union plus étroite" (35 années de jurisprudence : 1959-1994), éd. Bruylant, 1996, p. 81-92.

[20] CEDH, *Handyside c. Royaume-Uni*, 7 décembre 1976, requête n° 5493/72.

[21] « La Cour européenne des droits de l'homme à la recherche d'un second souffle », Rapport d'information de Jean-Pierre MICHEL et Patrice GELARD, au nom de la Commission des lois, n° 705 (2011-2012), 25 juillet 2012, librairie du Sénat.

[22] CEDH, *Affaire relative à certains aspects du régime linguistique de l'enseignement en Belgique c. Belgique*, 23 juillet 1968, requêtes n° 1474/62 ; 1677/62 ; 1691/62 ; 1769/63 ; 1994/63 ; 2126/64.

[23] Voir par exemple Nicolas HERVIEU, « Les funestes paradoxes européens de l'espace public verrouillé », Lettre *Actualités Droits-Libertés*, CREDOF, 18 juillet 2012.

Mais la Cour prend en compte une fois de plus le sentiment religieux et moral d'une population et non pas la nécessité de protéger une identité culturelle minoritaire.

Ainsi, à l'origine la diversité culturelle est moins considérée comme une richesse humaine dotée d'une valeur et dont la sauvegarde relève de l'éthique que comme une contrainte à laquelle la Cour doit se soumettre. La diversité culturelle est ici constituée essentiellement des variations et des divergences nationales, liées à la morale d'un État, ou aux convictions religieuses d'une population[24]. Les termes « traditions » et « cultures » apparaissent quelquefois dans des opinions dissidentes, mais elles ne fondent pas la décision de la Cour, et ils sont toujours employés sous l'angle de la morale, dans un État membre, ou de l'existence d'un consensus européen (par exemple, sur les questions liées aux relations homosexuelles entre adultes consentants ou au statut des enfants légitimes ou naturels, qui font l'objet d'une plus grande acceptation sociale).

C'est en se référant constamment dans sa jurisprudence à la notion de « société démocratique » que la Cour européenne des droits de l'homme a été amenée à en préciser le contenu. Elle a alors introduit le « principe de pluralisme assorti de la tolérance et de l'esprit d'ouverture, caractéristiques des sociétés démocratiques[25] ».

Déjà en 1981 la Cour avait fait un premier pas en déclarant dans une décision que « la démocratie ne se ramène pas à la suprématie constante de l'opinion d'une majorité mais commande un équilibre qui assure aux minorités un juste traitement et qui évite tout abus d'une position dominante[26] ». Dès lors, les membres de minorités avaient pu saisir la Cour et invoquer la violation d'un droit garanti par la Convention afin de réclamer reconnaissance et protection de leur langue, de leur religion ou de leur mode de vie traditionnel.

Cependant, la Cour refusait de s'engager officiellement dans la protection des minorités nationales et n'énonçait donc pas encore de règles à portée générale protectrices des minorités. Ce positionnement se reflète particulièrement dans l'arrêt *Buckley c. Royaume-Uni*[27]. La Cour avait refusé

---

[24] CEDH, *Otto-Preminger-Institut c. Autriche,* 20 septembre 1994, Série A n° 295 A, req. n° 13470/87. Cet arrêt a élevé la liberté de religion au rang de droit substantiel de la Convention. Jean-François RENUCCI, « L'article 9 de la Convention européenne des droits de l'homme. La liberté de pensée, de conscience et de religion », Dossier sur les droits de l'homme, n° 20, éditions du Conseil de l'Europe, 2004, p. 8.

[25] Le lien entre la diversité culturelle et le principe de pluralisme dans une société démocratique est étudié par Julie RINGELHEIM, in *Diversité culturelle et droits de l'homme*, *op.cit.*, p. 347-398.

[26] CEDH, *Young, James et Webster c. Royaume-Uni*, 13 août 1981, Série A n° 44, § 63, req. n° 7601/76 et 7806/77. Les caractéristiques d'une « société démocratique » ont été rappelées dans l'arrêt *Gorzelik c. Pologne*, § 90.

[27] CEDH, *Buckley c. Royaume-Uni*, 25 septembre 1996, req. n° 20348/92.

d'interpréter l'article 8 de la Convention concernant le respect de la vie privée, familiale et du domicile en faveur d'une requérante tsigane vivant dans une caravane installée sur un terrain dont elle était propriétaire. La Cour n'avait pas souhaité explicitement défendre la cause des minorités nationales et avait donc refusé de statuer sur le mode de vie traditionnel comme élément constitutif de la vie privée et familiale.

Par la suite la Cour européenne des droits de l'homme a été confrontée à plusieurs affaires questionnant la protection des minorités nationales à travers les dispositions de la Convention. Et elle a évolué quant à sa ligne directrice initiale pour désormais défendre les identités culturelles minoritaires et plus largement, la diversité culturelle[28].

Cette orientation s'est confirmée de manière plus incisive et directement à cause de l'existence d'un consensus européen en matière de protection des minorités nationales[29]. Les interprétations de l'article 8 sur le respect à la vie privée et de l'article 11 concernant la liberté de réunion et d'association soulevées par les arrêts *Chapman c. Royaume-Uni*[30] en 2001 et *Gorzelik et autres c. Pologne*[31] en 2004 rendus en Grande Chambre en sont des exemples.

Dans l'affaire Chapman, la Cour a affirmé que la vie en caravane fait partie de l'identité tsigane et que les mesures britanniques portant sur le stationnement des caravanes en cause n'ont pas seulement eu des répercussions sur le droit au respect de son domicile, mais ont aussi eu des conséquences « sur sa faculté de conserver son identité tsigane et de mener une vie privée et familiale conforme à cette tradition » (§ 73). La Cour a observé l'existence actuelle d'un « consensus international se [faisant] jour au sein des États contractants du Conseil de l'Europe pour reconnaître les besoins particuliers des minorités et l'obligation de protéger leur sécurité, leur identité et leur mode de vie, non seulement dans le but de protéger les intérêts des minorités elles-mêmes mais aussi pour préserver la diversité culturelle qui est bénéfique à la société dans son ensemble » (§ 93).

De même dans la jurisprudence Gorzelik, bien qu'elle ait conclu à la non-violation de l'article 11, la Cour européenne s'est directement référée à la *Convention-cadre sur la protection des minorités nationales* pour reconnaître que la « liberté d'association est particulièrement importante pour les personnes appartenant à des minorités, y compris à des minorités nationales et ethniques » car la « fondation d'une association afin d'exprimer et promouvoir l'identité

---

[28] Sur l'évolution de la prise en considération des minorités nationales par la Cour européenne des droits de l'homme, voir Florence BENOIT-ROHMER, « La Cour de Strasbourg et la protection de l'intérêt minoritaire : une avancée décisive sur le plan des principes ? », *Revue Trimestrielle des Droits de l'Homme*, n° 48, octobre 2001, p. 999-1015.

[29] Ce consensus se traduit par l'adoption de la *Convention-cadre pour la protection des minorités* par le Conseil de l'Europe (1995).

[30] CEDH, *Chapman c. Royaume-Uni*, 18 janvier 2001, req. n° 27238/95.

[31] CEDH, arrêt de Grande Chambre, *Gorzelik et autres c. Pologne*, 17 février 2004, req. n° 44158/98, *Recueil des arrêts et décisions*, 2004-I.

d'une minorité peut aider cette dernière à préserver et défendre ses droits » (§ 93) et elle permet aussi la « protection du patrimoine culturel ou spirituel, la poursuite de divers buts sociaux ou économiques, la proclamation et l'enseignement d'une religion, la recherche d'une identité ethnique ou l'affirmation d'une conscience minoritaire [qui] sont également importantes pour le bon fonctionnement de la démocratie » (§ 92).

La Cour a alors explicitement affirmé que le pluralisme ne concerne pas seulement l'expression et l'échange d'idées en matière politique mais qu'il « repose aussi sur la reconnaissance et le respect véritables de la diversité et de la dynamique des traditions culturelles, des identités ethniques et culturelles, des convictions religieuses, et des idées et concepts artistiques, littéraires et socio-économiques. Une interaction harmonieuse entre personnes et groupes ayant des identités différentes est essentielle à la cohésion sociale[32] ».

Ainsi, la volonté récente de la Cour européenne des droits de l'homme de se référer directement à la *Convention-cadre sur la protection des minorités nationales* du Conseil de l'Europe afin de préserver la diversité culturelle et de « respecter l'identité ethnique, culturelle, linguistique et religieuse de toute personne appartenant à une minorité nationale, mais également créer des conditions propres à permettre d'exprimer, de préserver et développer cette identité[33] » justifie pleinement l'orientation de sa jurisprudence à travers l'interprétation qu'elle donne des droits civils et politiques énoncés dans la Convention européenne des droits de l'homme.

La Convention reconnaît des droits et des libertés civils et politiques, et parmi eux certains ont une dimension culturelle. Alors que ce texte ne prévoyait pas de dispositions relatives à la protection des minorités ni ne se préoccupait de considérations culturelles, tous les droits sont finalement susceptibles d'être interprétés par la Cour européenne des droits de l'homme de manière à protéger des identités culturelles car ils ont aussi une dimension collective et parfois une dimension culturelle. C'est le cas de la liberté d'expression (art. 10) ou de la liberté de pensée, de conscience et de religion (art. 9) ou encore du droit à la liberté de réunion et d'association (art. 11) et même, par une interprétation extensive de la Cour, du droit au respect de sa vie privée et familiale (art. 8). L'interdiction de la discrimination (art. 14) n'a pas d'existence

[32] Arrêt *Gorzelik c. Pologne*, *op.cit.*, § 92.

[33] Le préambule de la *Convention-cadre sur la protection des minorités nationales* énonce : « Considérant qu'une société pluraliste et véritablement démocratique doit non seulement respecter l'identité ethnique, culturelle, linguistique et religieuse de toute personne appartenant à une minorité nationale, mais également créer des conditions propres à permettre d'exprimer, de préserver et de développer cette identité ; » (§ 6). Préambule de la *Convention-cadre sur la protection des minorités nationales*, Conseil de l'Europe, 1er février 1995.

autonome et doit être combinée à un droit ou une liberté prévus par la Convention pour être invoquée.

Ainsi les identités culturelles[34] peuvent être protégées par le système général des droits de l'homme. Julie Ringelheim a montré comment le principe de liberté énoncé par la *Convention européenne des droits de l'homme* et interprété par les juges européens avait la capacité de protéger la diversité religieuse, la diversité linguistique et la diversité des traditions[35] ; puis comment le principe d'égalité, exprimé à l'article 14 de la Convention (sous les traits du principe de non-discrimination) et qui exige une égalité non pas formelle mais substantielle, peut avoir une incidence sur le respect et la protection des identités culturelles distinctes, contribuant ainsi à la sauvegarde de la diversité culturelle[36].

Toutefois la protection des identités culturelles individuelles et collectives, et, de là, la valorisation de la diversité culturelle, ne peuvent se réaliser que dans la complémentarité des droits de l'homme. Les droits culturels que l'on pourrait aujourd'hui qualifier de « classiques » car figurant depuis 1945 de façon éparpillée dans le paysage juridique jouent aussi un rôle essentiel car l'objet des droits culturels est précisément les identités culturelles.

§ 2. L'indispensable apport de la catégorie des droits culturels

La catégorie des droits dits de la deuxième génération, à laquelle appartiennent les droits économiques, sociaux et culturels, a longtemps été sous-estimée. Pourtant leur contribution à la protection d'identités culturelles minoritaires et, de là, à la préservation de la diversité culturelle est indéniable.

Les droits culturels n'ont pas reçu de définition de la part du droit international. Initialement compris comme des droits à la culture, les droits culturels énoncés par les instruments de protection internationale et européenne des droits de l'homme sont universels et individuels (A).

À partir des années 1990, des instruments normatifs plus ou moins contraignants et prévoyants des droits culturels catégoriels et collectifs ont été élaborés par le Conseil de l'Europe et par l'Assemblée générale des Nations

---

[34] On peut rappeler que si la plupart des textes de droit international ne définissent pas le contenu de l'expression « identité culturelle », la Déclaration de Fribourg sur les droits culturels, adoptée le 7 mai 2007, en propose une définition dans son article 2(b) : l'identité culturelle « est comprise comme l'ensemble des références culturelles par lequel une personne, seule ou en commun, se définit, se constitue, communique et entend être reconnue dans sa dignité ». Cette définition est complétée par la liste non limitative de l'article 1(a) posant une interdiction de discrimination fondée sur la couleur, le sexe, l'âge, la langue, la religion, la conviction, l'ascendance, l'origine nationale ou ethnique, l'origine ou la condition sociale, la naissance. Ces éléments précisent le contenu des termes « références culturelles » et composent l'identité culturelle d'une personne.

[35] Julie RINGELHEIM, *Diversité culturelle et droits de l'homme. La protection des minorités par la Convention européenne des droits de l'homme*, *op.cit.*, p. 53-253.

[36] Julie RINGELHEIM, *ibid.*, p. 257-346.

unies afin de renforcer la protection des membres de minorités nationales. Ce tournant s'est confirmé avec les années 2000, au cours desquelles la protection des droits des peuples autochtones, la sauvegarde de la diversité des cultures et le dialogue interculturel sont devenus des préoccupations majeures des États à travers les travaux des organisations internationales. Les droits culturels catégoriels et collectifs énoncés dans ces instruments récents de protection des minorités, des peuples autochtones et de la diversité culturelle reflètent une évolution dans la considération des États portée aux droits culturels. Désormais ils sont associés aux notions d'identité et de diversité culturelles, qu'ils préservent et valorisent (B).

A. Des droits culturels individuels et universels entendus comme droits à la culture

À l'issue de la Seconde Guerre mondiale, dans le contexte de rédaction de la *Déclaration universelle des droits de l'homme*[37] et du *Pacte international relatif aux droits économiques, sociaux et culturels*[38], les droits culturels étaient entendus comme des droits individuels, permettant l'accès à la culture et aux droits de la propriété littéraire et artistique. Les droits culturels étaient à l'origine compris comme des droits à la culture et n'étaient pas associés à la problématique identitaire. Ce n'est qu'à partir des années 1990 qu'une seconde acception des droits culturels est apparue, consacrant alors un droit à la différence culturelle ; ils ont été

---

[37] L'article 22 de la DUDH énonce que « Toute personne, en tant que membre de la société, a droit à la sécurité sociale ; elle est fondée à obtenir la satisfaction des droits économiques, sociaux et culturels indispensables à sa dignité et au libre développement de sa personnalité, grâce à l'effort national et à la coopération internationale, compte tenu de l'organisation et des ressources de chaque pays ».

[38] L'article 15 du Pacte déclare que :

« 1. Les États parties au présent Pacte reconnaissent à chacun le droit :

a) De participer à la vie culturelle ;

b) De bénéficier du progrès scientifique et de ses applications ;

c) De bénéficier de la protection des intérêts moraux et matériels découlant de toute production scientifique, littéraire ou artistique dont il est l'auteur.

2. Les mesures que les États parties au présent Pacte prendront en vue d'assurer le plein exercice de ce droit devront comprendre celles qui sont nécessaires pour assurer le maintien, le développement et la diffusion de la science et de la culture.

3. Les États parties au présent Pacte s'engagent à respecter la liberté indispensable à la recherche scientifique et aux activités créatrices.

4. Les États parties au présent Pacte reconnaissent les bienfaits qui doivent résulter de l'encouragement et du développement de la coopération et des contacts internationaux dans le domaine de la science et de la culture ».

entendus comme droits des cultures, en d'autres termes des droits à la préservation des identités culturelles[39].

Mais, dans le contexte initial d'après-guerre, le socle de protection offert aux membres de minorités a été exclusivement constitué à la fois des droits civils et politiques mais aussi de droits culturels universels et individuels combinés au principe de non-discrimination.

Mylène Bidault explique que le droit international ne pose pas de définition claire et précise de la « culture » ou des « droits culturels », ni ne précise quels droits appartiennent à cette catégorie.[40]

Malgré l'absence d'inventaire permettant la clarification du contenu des droits culturels, il existe depuis 1998 une définition de travail élaborée par le Groupe de Fribourg, groupe de travail international chargé d'un projet de déclaration rédigé pour l'UNESCO[41]. L'article 1er de ce projet se fonde sur le terme « culture » et le définit « comme recouvrant les valeurs, les croyances, les langues, les savoirs et les arts, les traditions, institutions et modes de vie par lesquels une personne ou un groupe exprime les significations qu'il donne à son existence et à son développement ».

Les droits culturels sont énoncés dans les nombreuses dispositions éparpillées dans les instruments universels et régionaux. Ainsi, la *Déclaration universelle des droits de l'homme* sépare d'un côté les droits civils et politiques (dans ses articles 3 à 21) et de l'autre les droits économiques, sociaux et culturels (dans ses articles 22 à 27).

La création des catégories de droits de l'homme de première génération et ceux de la deuxième génération a été renforcée par l'adoption d'instruments séparés consacrés seulement aux droits économiques, sociaux et culturels. C'est pourquoi deux Pactes internationaux ont été adoptés et que les droits culturels figurent à l'article 15 du *Pacte international sur les droits économiques, sociaux et culturels.* La *Convention pour l'élimination de toutes les formes de discrimination raciale* contient elle aussi des droits économiques, sociaux et culturels comme le droit à l'éducation et le droit de participer à la vie culturelle.

Au plan universel, peuvent être mentionnés aussi, de manière non exhaustive, les instruments spécifiques élaborés dans le cadre de l'UNESCO : la *Convention concernant la lutte contre la discrimination dans le domaine de l'enseignement* (1960), la *Convention universelle sur le droit d'auteur* (1952), la *Déclaration sur la diversité culturelle* (2001), la *Convention sur la protection et la promotion de la diversité des*

---

[39] Olivia BUI-XUAN, « La destinée universaliste des droits culturels : les articles 22 et 27 de la Déclaration universelle des Droits de l'homme », *Cahiers de la recherche sur les droits fondamentaux*, Presses universitaires de Caen, n° 7, 2009, p. 133-142.

[40] Mylène BIDAULT, « Protection des droits culturels, quelles actions pour l'UNESCO ? », Document de travail de l'IIEDH, n° 5, octobre 2002, p. 4.

[41] Patrice MEYER-BISCH (dir.), « Les droits culturels. Projet de déclaration », éd. UNESCO / éd Universitaires, 1998.

expressions culturelles (2005). Au niveau régional, les droits culturels sont affirmés dans plusieurs instruments : la *Déclaration interaméricaine des droits de l'homme* (article 13), à l'article 14 du *Protocole additionnel à la Convention américaine relative aux droits de l'homme*, et à l'article 17 de la *Charte africaine des droits de l'homme et des peuples*.

Selon ces textes, les droits culturels sont conçus pour « protéger la participation et l'accès de toute personne à la culture et à la science ». Ils énoncent des libertés culturelles (telles que la liberté d'enseignement ou la liberté d'activité créatrice) et l'accès de tous à la connaissance, aux arts et à la science. Mais certains droits ou libertés classiques énoncés parmi les droits civils et politiques dans la *Convention européenne* (CEDH), la Déclaration universelle ou le *Pacte international sur les droits civils et politiques* (1966) ont aussi une dimension culturelle : tel est le cas des libertés participatives telles que « les libertés d'expression, d'information et de communication, les libertés de réunion et d'association, les libertés d'opinion, de conscience et de religion, le droit à l'éducation» ; parmi les droits culturels figurent aussi « le droit de bénéficier du progrès scientifique et le droit de toute personne de bénéficier de la protection des intérêts moraux et matériels découlant de toute production scientifique, littéraire ou artistique dont elle est l'auteur »[42].

À l'issue de la Seconde Guerre mondiale, les normes internationales *(DUDH)* et régionales relatives aux droits de l'homme *(CEDH, protocole additionnel de la Charte sociale européenne, Convention interaméricaine des droits de l'homme)*, qui contenaient des droits civils, politiques, économiques et sociaux, ont d'abord énoncé des droits culturels, mais de façon limitée. La protection d'identités culturelles n'était pas l'objectif premier visé par ces textes. Il s'agissait davantage de protéger les personnes porteuses d'une identité culturelle distincte, c'est pourquoi les normes internationales et régionales protectrices des droits de l'homme ne prévoyaient pas de dispositions relatives aux minorités.

Des droits culturels universels dont l'interprétation était combinée au principe de non-discrimination côtoient donc les droits civils, politiques, économiques et sociaux.

La place très limitée des droits culturels a donc été complétée par l'élaboration de politiques relatives à la coopération culturelle et à la protection des patrimoines[43]. Parmi elles figurent la *Convention culturelle européenne*, la

---

[42] Mylène BIDAULT, « Protection des droits culturels. Quelles actions pour l'UNESCO ? », *op.cit.*, p. 4-5.

[43] Pour un développement plus précis sur les politiques culturelles, voir Mylène BIDAULT, *La protection internationale des droits culturels*, *op.cit.*, p. 44-47.

Convention pour la promotion des relations culturelles interaméricaines (1954), la *Déclaration de l'UNESCO relative aux principes de la coopération culturelle internationale* (1966), ou encore la *Charte culturelle de l'Afrique* (1976).

Les « droits culturels pour tous »[44] ont la particularité de ne pas viser la sauvegarde et la promotion d'identités culturelles de communautés culturelles distinctes mais de tous les individus sans distinction. L'approche des instruments à vocation universelle et régionale relatifs à la protection des droits de l'homme, à l'issue de la Seconde Guerre mondiale, était éminemment individualiste, centrée sur la personne.

Les personnes appartenant à des minorités culturelles n'ont pas échappé à ce régime et ont vu leur identité culturelle individuelle (et indirectement collective) protégée uniquement par des droits culturels universels combinés au principe de non-discrimination.

Malgré le principe d'indivisibilité des droits de l'homme, les droits culturels (à l'instar des droits économiques et sociaux) n'ont pas bénéficié du même développement et de la même force juridique que les autres catégories de droits car pendant longtemps ils n'ont pas été considérés comme de véritables droits de l'homme[45].

Halina Nieč avait souligné en 1998 qu'« à la veille du 50e anniversaire de la *Déclaration universelle des droits de l'homme* (DUDH), qui a fait des droits culturels de véritables droits de l'homme [...], les droits culturels sont encore les parents pauvres dans la famille des droits de l'homme[46] ». Plusieurs facteurs d'affaiblissement de ces droits, considérés comme des « éléments décoratifs »[47] ont déjà été relevés[48] : parmi eux, le clivage délibérément voulu entre les droits politiques et civils d'une part et les droits économiques, sociaux et culturels d'autre part ; l'éparpillement de ces droits dans de nombreux instruments de portée régionale[49] et universelle, l'absence de définition claire du contenu de ces droits, et des tensions idéologiques et politiques traduisant une réticence des États, inquiets pour la cohésion sociale et le maintien de l'État-nation, à s'engager sous forme d'obligation légale envers ces droits.

---

44 Résolution de la Commission des droits de l'homme 2005/20 du 14 avril 2005, intitulée « Promotion de la jouissance effective des droits culturels pour tous et respect des différentes identités culturelles ».

45 Janusz SYMONIDES, « Les droits culturels : une catégorie négligée des Droits de l'homme », *Revue internationale des sciences sociales*, n° 158, décembre 1998, p. 619.

46 Halina NIEČ, « Les droits culturels à l'issue de la décennie mondiale du développement culturel », Conférence intergouvernementale sur les politiques culturelles pour le développement, Stockholm, Suède, 30 mars-2 avril 1998, UNESCO, CLT-98/Conf.210/Ref.2, Paris, p. 3.

47 *Ibid.*, p. 4.

48 *Ibid.*, p. 3-5. Voir aussi Mylène BIDAULT, « Protection des droits culturels. Quelles actions pour l'UNESCO ? », *op.cit.*, p. 5-6.

49 Les droits culturels sont énoncés à l'article 13 de la *Déclaration interaméricaine des droits de l'homme*, à l'article 14 du *Protocole additionnel à la Convention américaine relative aux droits de l'homme*, et à l'article 17 de la *Charte africaine des droits de l'homme et des peuples.*

Le potentiel des droits culturels a été sous-estimé pendant longtemps, mais depuis quelques années la doctrine et des membres de la société civile, comme le Groupe de Fribourg, se sont attachés à montrer que les droits culturels étaient bien des droits de l'homme et que leur rôle dans la protection des identités culturelles distinctes était essentiel. Le Groupe de Fribourg a joué un rôle fondamental dans la revalorisation de ces droits en tentant notamment de clarifier leur contenu par une définition de travail.

L'absence de justiciabilité des droits dits de seconde génération[50] avait contribué à ce sous-développement des droits culturels, mais l'adoption du *Protocole facultatif se rapportant au Pacte international relatif aux droits économiques, sociaux et culturels*[51] par l'Assemblée générale des Nations unies le 10 décembre 2008 traduit et encourage l'évolution des engagements étatiques envers les droits culturels. Bien que la procédure instaurée soit non juridictionnelle, ce protocole donne aux droits économiques, sociaux et culturels un caractère « justiciable » en instaurant un mécanisme de plainte individuelle ou collective.

Selon l'article 2, un particulier ou un groupe relevant de la juridiction d'un État partie qui affirment être victimes d'une violation par cet État partie d'un des droits énoncés dans le Pacte et dont les voies de recours internes ont été épuisées, peuvent désormais présenter une communication devant le Comité des droits économiques, sociaux et culturels.

De plus, le Comité a vu ses compétences s'élargir : il peut se saisir lui-même s'il reçoit des informations de violations graves et systématiques. Mais la compétence du Comité pour mener son enquête est subordonnée à l'acceptation de l'État concerné[52]. L'article 5 donne compétence au Comité pour qu'il prononce des mesures provisoires contre un État partie en cas de risque de préjudice irréparable et dans le cadre de circonstances exceptionnelles. Les articles 10 et 11 donnent au Comité la possibilité de mener une enquête sur place et en matière de plainte interétatique à condition que l'État partie ait fait préalablement une déclaration officielle en ce sens. Enfin, l'article 14 du Protocole prévoit une collaboration du Comité avec les autres instances internationales compétentes ainsi que la création d'un fonds d'affectation spéciale « destiné à fournir aux États parties une assistance spécialisée et technique en vue d'une meilleure application des droits reconnus dans le Pacte

---

[50] Sur cette question, voir Carole NIVARD, *La justiciabilité des droits sociaux. Étude de droit conventionnel européen*, éd. Bruylant, collection Droit de la Convention européenne des droits de l'homme, Bruxelles, 2012.

[51] Résolution de l'Assemblée générale des Nations unies, document A/RES/63/117, 10 décembre 2008. Le Protocole est entré en vigueur le 5 mai 2013.

[52] Catarina de ALBUQUERQUE, « Protocole facultatif au Pacte international relatif aux droits économiques, sociaux et culturels instituant un mécanisme de plainte », *Droits fondamentaux*, n° 7, janvier 2008-décembre 2009, p. 4. www.droits-fondamentaux.org.

de manière à contribuer au renforcement des capacités nationales dans le domaine des droits économiques, sociaux et culturels dans le contexte du présent Protocole ».

La France a ratifié sans réserve ce Protocole le 18 mars 2015[53] et la Norvège ne le signera qu'après en avoir envisagé les conséquences juridiques[54]. Cependant la loi sur les droits de l'homme du 21 mai 1999 a incorporé tous les instruments internationaux relatifs aux droits de l'homme, y compris les deux pactes internationaux de 1966, rendant leurs dispositions directement invocables devant les tribunaux nationaux norvégiens et primant sur les dispositions internes en cas de conflit[55].

L'avantage de l'absence de définition ou d'une définition de travail approximative est que cette apparente fragilité fait de la catégorie des droits culturels une notion mouvante, capable d'adaptation et d'interprétation évolutive selon les préoccupations de la société internationale. Les droits culturels peuvent être complétés, précisés avec les pratiques jurisprudentielles, ce que n'ont pas manqué de faire le Comité des droits de l'homme, la Cour européenne des droits de l'homme et la Cour interaméricaine des droits de l'homme en contribuant à faire évoluer l'acception des droits culturels vers une nouvelle liée à la protection des identités culturelles.

Tel est le cas par exemple avec l'interprétation extensive de l'article 27 du *Pacte international sur les droits civils et politiques* donnée en 1994 par le Comité des droits de l'homme à propos du droit pour les personnes appartenant à des minorités d'avoir « leur propre vie culturelle ». Le Comité considère que le droit d'avoir sa propre vie culturelle ne peut être défini de façon abstraite : il a ainsi inclus dans la notion de culture, les activités économiques traditionnelles[56], mais en les circonscrivant aux peuples autochtones dont le lien à la terre et aux

---

[53] Sur les enjeux juridiques et symboliques de cette ratification par l'État français, voir Sophie GROSBON, « Ratification française du Protocole Facultatif au Pacte international relatif aux droits économiques, sociaux et culturels : Ce qui avait de l'importance, ce qui n'en avait pas », *La Revue des droits de l'homme* [En ligne], Actualités Droits-Libertés, mis en ligne le 8 décembre 2014, consulté le 9 juin 2016. URL : http://revdh.revues.org/1026.
L'étude d'impact préalable au projet de loi autorisant la ratification du Protocole est visible sur le site Légifrance :
https://www.legifrance.gouv.fr/content/download/5451/80873/version/1/file/ei_protocole_pacte_droits_economiques_sociaux_culturels_cm_12.03.2014.pdf.

[54] Réponse du gouvernement norvégien aux recommandations formulées dans le rapport du 4 janvier 2010 du Groupe de travail sur l'Examen périodique universel A/HRC/13/5 Recommandation 1.

[55] Cinquièmes rapports périodiques présentés par les États parties en vertu des articles 16 et 17 du Pacte, Norvège, 29 octobre 2012, document E/C.12/NOR/5, p. 5.

[56] Voir la communication, *Yvan Kitok c. Suède*, n° 197/1985, § 9.2. Voir aussi l'affaire *Lubikon Lake Band c. Canada*, communication, 26 mars 1990, n° 167/1984, § 32 : *"the rights protected by article 27, include the right of persons, in community with others, to engage in economic and social activities which are part of the culture of the community to which they belong."*

ressources naturelles est particulièrement prononcé. Dans son Observation générale n° 23, le Comité semblait tout de même considérer que cette solution pouvait s'appliquer à d'autres minorités culturelles puisqu'il énonce que « la culture peut revêtir de nombreuses formes et s'exprimer notamment par un certain mode de vie associé à l'utilisation des ressources naturelles, en particulier dans le cas des populations autochtones[57] ».

Dans le même sens, on peut citer aussi la jurisprudence de la Cour interaméricaine des droits de l'homme et de son interprétation large du droit à la vie prévu par l'article 4.1 de la *Convention interaméricaine des droits de l'homme* (1969), qui énonce : "Every person has the right to have his life respected. This right shall be protected by law and, in general, from the moment of conception. No one shall be arbitrarily deprived of his life."

Selon la Cour interaméricaine, le droit à la vie ne constitue pas seulement le droit de ne pas être arbitrairement privé de la vie mais il inclut aussi l'obligation positive des États d'établir des conditions de vie qui soient compatibles avec la dignité de la personne humaine[58].

Dans l'affaire Yakye Axa[59], la Cour avait estimé qu'en retardant la procédure de restitution des terres ancestrales au peuple autochtone Yakye Axa, qui vivait dans des conditions de pauvreté extrême depuis huit ans au bord d'une route aux portes mêmes de leurs territoires ancestraux, le gouvernement du Paraguay avait violé le droit des personnes à vivre dans des conditions dignes, et que de cette manière il avait violé leur droit à la vie.

Dès lors, d'un droit de l'homme, celui du droit à la vie, la Cour a opéré une sorte de pirouette qui a permis d'arriver à la protection du droit pour les peuples autochtones d'accéder à leurs territoires et ressources naturelles, droit prévu par la *Convention de l'OIT n° 169 sur les peuples indigènes et tribaux* (1989). En fait, la Cour a interprété l'article 4 (1) sur le droit à la vie en le combinant avec les droits sociaux (droit à la santé et droit à un environnement sain) et droits culturels (droit à l'éducation, droit d'accès aux ressources et aux bénéfices culturels) énoncés par le *Protocole additionnel à la Convention interaméricaine relatif aux*

---

[57] Observation générale n° 23, Les droits des minorités (art. 27), U.N. Doc. HRI\GEN\1\Rev.1 (1994), § 7.

[58] *"Essentially, this right includes not only the right of every human being not to be arbitrarily deprived of his life, but also the right that conditions that impede or obstruct access to a decent existence should not be generated."* (§ 161) Et au paragraphe suivant : *"One of the obligations that the State must inescapably undertake as guarantor, to protect and ensure the right to life, is that of generating minimum living conditions that are compatible with the dignity of the human person and of not creating conditions that hinder or impede it."* (§ 162).

[59] Cour interaméricaine des droits de l'homme, *Yakye Axa c. Paraguay Indigenous Community*, 17 juin 2005, Série C 125. Sur cette décision voir aussi le commentaire de Inna SMIRNOVA, « Indigenous peoples' protection in the inter-american human rights system », *L'Europe des libertés*, 2006-2007. http://leuropedeslibertes.u-strasbg.fr/article.php?id_article=387&id_rubrique=72.

droits économiques, sociaux et culturels, et les dispositions pertinentes prévues par la Convention nº 169 de l'OIT[60].

Ainsi la catégorie des droits culturels s'enrichit progressivement par ses objets, d'une part, et elle tend à être précisée quant à son contenu et à recevoir une consécration plus grande, d'autre part. Ces aspects renforcent les droits culturels permettant de mieux protéger les identités culturelles.

Le processus de revalorisation et de complexification sémantique que connaissent les droits culturels invitent à s'interroger sur l'existence d'un « droit à la protection de l'identité culturelle » et d'insister sur l'idée selon laquelle les droits culturels collectifs établissent un « cadre propice à la diversité culturelle[61] », reconnue patrimoine commun de l'humanité par l'UNESCO.

B. *Des droits culturels catégoriels et collectifs valorisant la diversité culturelle*

À partir des années 1990, dans un contexte de mondialisation et de montées des revendications identitaires de certaines minorités, la culture n'a plus été appréhendée seulement dans le champ restreint des activités artistiques et intellectuelles mais elle a été élargie en intégrant des données anthropologiques, telles que les modes de vie, la langue, la religion ou les traditions et les coutumes[62].

Des instruments juridiques plus ou moins contraignants ont été élaborés par l'Assemblée générale et des agences spécialisées des Nations unies (UNESCO et OIT) et par le Conseil de l'Europe. Á côté des droits individuels déjà accordés, ils reconnaissent aux membres de minorités des droits collectifs et catégoriels. Les droits à la culture pour tous coexistent alors avec l'adoption plus récente des droits des cultures, des droits à la préservation des identités culturelles minoritaires. Dès lors, la reconnaissance, même indirecte, d'un « droit à l'identité culturelle » individuelle **(a)** et collective **(b)** peut se poser, contribuant ainsi à la valorisation de la diversité culturelle.

a. Le droit à l'identité culturelle

L'article 27 du *Pacte international sur les droits civils et politiques* (1966), formulant les libertés culturelles des personnes membres de minorités ethniques, religieuses ou linguistiques, était une disposition pionnière en la matière formulant de façon hybride un droit à l'identité des minorités.

---

[60] *Yakye Axa c. Paraguay Indigenous Community* case, *op.cit.*, § 163, p. 84-85.

[61] Article 5 de la *Déclaration universelle de l'UNESCO sur la diversité culturelle*, 2001.

[62] Olivia BUI-XUAN, *op.cit.*, p. 136.

À partir des années 1990, des normes, internationales et régionales, dites catégorielles, consacrées à la question minoritaire ont été adoptées par les Nations unies et le Conseil de l'Europe. Parmi elles figurent la *Déclaration des droits des personnes appartenant à des minorités nationales ou ethniques, religieuses et linguistiques* (1992), la *Convention-cadre du Conseil de l'Europe pour la protection des minorités* (1995) et la *Charte européenne des langues régionales et minoritaires* (1992). Un texte de Protocole additionnel à la CEDH avait été refusé alors qu'il contenait une liste de droits culturels importants.

Elles énoncent des droits culturels spécifiques venant ainsi enrichir la catégorie des droits culturels jusqu'à présent uniquement nourrie par les droits culturels universels, dont l'interprétation était combinée avec le principe de non-discrimination.

Il semble que les droits culturels universels et spécifiques ainsi que le principe de non-discrimination ont visé avant tout la protection d'un « droit au respect de l'identité culturelle », c'est-à-dire la protection d'un individu dans ses choix, et non pas encore le fait plus global que constitue la diversité culturelle. La sauvegarde de la diversité culturelle en tant que patrimoine commun de l'humanité n'a été la préoccupation majeure de la communauté internationale qu'au début des années 2000. Dans un premier temps celle-ci n'a été prise en compte qu'indirectement, par la protection des identités culturelles minoritaires.

Le droit au respect de l'identité culturelle s'entend selon l'article 2 de la Déclaration de Fribourg (2007) d'un droit au respect « des références culturelles par lequel une personne, seule ou en commun, se définit, se constitue, communique et entend être reconnue dans sa dignité ». Le droit au respect de l'identité vise à protéger le sujet dans ses choix exercés seul ou en commun. Tout discours de haine et de discrimination fondé sur l'identité culturelle d'une personne est prohibé. Mylène Bidault explique que « le droit au respect de l'identité vise en premier lieu à protéger le sujet dans ses choix, c'est-à-dire la personne, seule ou en commun. Elle traduit en outre davantage, par une formulation positive, le principe déjà existant de l'interdiction des discours de haine, des discriminations et de l'incitation à la discrimination sur le fondement de l'identité culturelle d'une personne[63] ». Le groupe de Fribourg a donc formulé une définition de travail aux articles 3 et 4 de la Déclaration de Fribourg : il est compris comme le droit de chacun de déterminer librement l'ensemble de ses références culturelles, de faire respecter ses choix, de se

[63] Mylène BIDAULT, « Ce que déclarer des droits culturels veut dire », *Droits fondamentaux*, n° 7, janvier 2008 – décembre 2009, p. 11.

référer ou non à une ou plusieurs communautés culturelles, et de modifier ses choix.

Le « droit à » est un droit-créance dont les bénéficiaires seraient les individus ou les communautés, et les créanciers ou les prestataires seraient les États. Dans les dispositions de l'article 22 de la *Déclaration universelle des droits de l'homme*, le respect des droits culturels en tant que droits-créances impose pour les États une obligation de faire, et non une obligation d'abstention comme la pose l'article 27 du Pacte international. Mais il s'agit d'une obligation de moyen et non de résultat puisque sa réussite est subordonnée à « l'organisation et aux ressources » financières du pays.

La question de l'existence d'un droit à l'identité culturelle dans sa dimension individuelle a déjà fait l'objet d'une étude approfondie par Mylène Bidault[64]. Elle montre notamment comment les libertés culturelles énoncées par de nombreuses dispositions de droit international protègent l'aspect individuel du droit à l'identité culturelle, cependant rarement formulé en ces termes. Le droit international n'énonce pas formellement un tel droit mais protège les éléments constitutifs de l'identité des personnes. Plusieurs dispositions fondent la liberté de détermination individuelle dans d'autres domaines que celui de la langue, de la religion ou de l'ethnicité : par exemple, le principe de non-discrimination énoncé dans les deux Pactes internationaux, ou l'article 27 de la *Déclaration universelle des droits de l'homme*, qui énonce le droit de prendre part à la vie culturelle de la communauté sans préciser laquelle alors que le terme communauté recouvre une large réalité sociologique (communauté sectorielle, régionale, nationale…), ou encore la jurisprudence de la Cour européenne, qui reconnaît notamment le droit à l'autodétermination d'une personne en matière d'appartenance sexuelle[65].

L'existence formelle d'un « droit à l'identité culturelle » est contestée. Il est vrai qu'un tel droit n'est pas formulé explicitement en tant que tel dans les textes : aucun texte n'énonce explicitement que les individus ou les communautés ont un droit à l'identité culturelle. Mais il peut se déduire matériellement des nombreuses libertés civiles, politiques, (telles que la liberté d'expression, d'opinion, de conscience, de religion), économiques, sociales et culturelles (comme le droit de prendre part à la vie culturelle) combinées au principe de non-discrimination qui sont accordées par les textes relatifs à la protection universelle des droits de l'homme (DUDH, CEDH, Pactes internationaux des Nations unies) et par les instruments catégoriels relatifs aux droits des minorités et aux droits des peuples autochtones.

De plus, le Comité des droits de l'homme et la Cour européenne des droits de l'homme vont aussi dans ce sens à travers leurs évolutions jurisprudentielles.

---

64 Mylène BIDAULT, *La protection internationale des droits culturels*, *op.cit.*, p. 215-348.
65 *Ibid.*, p. 235.

Le Comité des droits de l'homme avait exprimé le fait que l'article 27 du Pacte international reconnaissait l'existence d'un tel droit pour les membres de minorités ethniques, religieuses ou linguistiques[66]. Et la Cour européenne des droits de l'homme a elle aussi reconnu de façon indirecte l'existence d'un tel droit, lorsqu'en interprétant de façon extensive l'article 8 relatif au droit au respect de la vie privée, familiale et du domicile de la *Convention européenne des droits de l'homme* elle reconnaît à une personne le droit de conserver son identité culturelle minoritaire, de choisir librement sa propre identité et de voir ce choix respecté[67].

Ainsi les identités culturelles individuelles sont protégées par un aspect reconnu du « droit à l'identité culturelle », celui des libertés individuelles fondées sur la conscience, l'opinion, la religion mais aussi, depuis les années 1990, sur l'ethnie ou la langue[68]. Mais pour autant il ne semble pas possible de dégager un principe général de respect de la libre détermination des identités culturelles individuelles dans d'autres champs que celui de la langue, de l'ethnie ou de la religion[69].

On peut parler de l'existence d'un droit à l'identité culturelle lorsque l'on aborde ce droit sous l'angle des libertés culturelles permettant à chacun de déterminer et d'exprimer librement ses référents identitaires. Mais cette approche individualiste de l'identité culturelle peut-elle suffire à sauvegarder le patrimoine commun de l'humanité que représente la diversité culturelle ?

La question d'un droit pour les collectivités de déterminer librement, d'exprimer et de voir respecter leur identité culturelle mérite d'être posée car l'enjeu qui se profile est celui du droit à l'autodétermination. Elle semble légitimement se poser à travers les instruments de protection des peuples autochtones et sur la protection de la valeur du patrimoine culturel. C'est la combinaison de plusieurs aspects de protection qui permet la sauvegarde et la promotion de la diversité culturelle en tant que patrimoine commun de l'humanité : elle suppose la protection des identités culturelles individuelles, mais aussi collectives et notamment celles des peuples autochtones, et enfin

---

[66] Comité des droits de l'homme, Observation générale n° 23, § 6.1.

[67] Notamment dans les arrêts de la CEDH, *Ciobotaru c. République Moldova*, 27 avril 2010, req. n° 27138/04 et *Chapman c. Royaume Uni*, 18 janvier 2001, req. n° 27238/95, la Cour n'a pas admis de violation de l'article 8 de la Convention, mais elle a reconnu le droit pour les membres d'une minorité au respect du mode de vie traditionnel, en l'espèce tsigane. *In* Florence BENOIT-ROHMER, « La Cour de Strasbourg et la protection de l'intérêt minoritaire : une avancée décisive sur le plan des principes ? », *op.cit.*, p. 999-1015.

[68] Sur ce point, voir Mylène BIDAULT, « La protection internationale des droits culturels », *op.cit.*, p. 211-246.

[69] *Ibid.*, p. 235.

non plus les individus ou les groupes (en tant que sujets de droit) mais leurs cultures en elles-mêmes, leurs patrimoines culturels (en tant qu'objets du droit).

Les droits culturels ont pour finalité première la protection de l'identité culturelle individuelle, mais ils tendent, depuis les années 1990, avec l'élaboration de normes catégorielles, à protéger indirectement l'identité culturelle de communautés ayant des référents liés à la religion, l'ethnie ou la langue distincts de la majorité.

Cette évolution quant à la dimension collective de l'identité culturelle se reflète dans certaines dispositions des textes clés concernant la protection des minorités : si l'article 27 du Pacte international ne fait référence ni à l'identité des minorités ni à la diversité culturelle, le *Document de la réunion de Copenhague de la Conférence sur la dimension humaine de la CSCE* [70] (1990), la *Convention-cadre pour la protection des minorités nationales*[71] (1995) et la *Déclaration des droits des personnes appartenant à des minorités nationales ou ethniques, religieuses ou linguistiques*[72] (1992) font explicitement référence à l'identité culturelle des minorités et à la contribution de ces identités à la diversité culturelle. La reconnaissance de droits culturels spécifiques attribués aux minorités nationales contribue à la sauvegarde de la diversité culturelle.

Les droits culturels universels combinés au principe de non-discrimination, de même que les droits culturels spécifiques ont permis dans un premier temps de protéger uniquement les identités culturelles individuelles. Mais depuis les

---

[70] Les États « reconnaissent en outre le rôle important que jouent les organisations non gouvernementales, y compris les partis politiques, les syndicats, les organisations des droits de l'homme et les groupements religieux, pour la promotion de la tolérance et de la diversité culturelle et pour la recherche de solutions aux problèmes concernant les minorités nationales » (§ 30). Les paragraphes 32 et suivants énoncent ensuite les droits que les personnes membres de minorités peuvent exercer seules ou avec d'autres membres du groupe.

Enfin, « les États participants protégeront l'identité ethnique, culturelle, linguistique et religieuse des minorités nationales sur leur territoire et créeront des conditions propres à promouvoir cette identité. Ils prendront les mesures nécessaires à cet effet après avoir procédé à des consultations appropriées, et notamment après s'être mis en rapport avec les organisations ou associations de ces minorités, conformément à la procédure de décision de chaque État » (§ 33 du *Document de la réunion de Copenhague de la Conférence sur la dimension humaine de la* CSCE).

[71] « Considérant qu'une société pluraliste et véritablement démocratique doit non seulement respecter l'identité ethnique, culturelle, linguistique et religieuse de toute personne appartenant à une minorité nationale, mais également créer des conditions propres à permettre d'exprimer, de préserver et de développer cette identité ; ». Préambule de la *Convention-cadre pour la protection des minorités nationales* (§ 6), *op.cit.*

De même, le préambule consacre un paragraphe à la contribution de la protection des identités culturelles minoritaires à la sauvegarde de la diversité culturelle : « Considérant que la création d'un climat de tolérance et de dialogue est nécessaire pour permettre à la diversité culturelle d'être une source, ainsi qu'un facteur, non de division, mais d'enrichissement pour chaque société ; » (§ 7).

[72] L'article 1er de la *Déclaration des droits des personnes appartenant à des minorités nationales ou ethniques, religieuses ou linguistiques* énonce : « Les États protègent l'existence et l'identité nationale ou ethnique, culturelle, religieuse ou linguistique des minorités, sur leurs territoires respectifs, et favorisent l'instauration des conditions propres à promouvoir cette identité. »

années 2000 certains textes concernant la diversité culturelle, le patrimoine culturel ainsi que les instruments relatifs à la protection des peuples autochtones semblent envisager la possibilité de protéger les identités culturelles collectives mais dans un registre limité et encadré par le respect des droits de l'homme[73].

b. La protection des identités culturelles collectives

La protection juridique accordée aux éléments constitutifs de l'identité culturelle par le Conseil de l'Europe et les Nations unies n'est envisagée dans les instruments de protection des minorités que sous l'angle individuel à travers l'octroi de droits aux personnes membres de minorités nationales qu'elles exercent seules ou en commun. La dimension collective de l'identité culturelle n'est pas directement prise en compte par ces instruments ; elle n'est protégée qu'indirectement par l'octroi de droits individuels et collectifs aux membres de minorités nationales ou ethniques, religieuses et linguistiques.

Pourtant la notion d'identité culturelle n'est pas unidimensionnelle. Elle est plurielle et aussi collective. Depuis les années 2000, de nouveaux instruments prenant davantage en compte la dimension collective des identités culturelles à travers la défense de la diversité culturelle et des droits des peuples autochtones ont été adoptés par le Conseil de l'Europe et par les Nations unies.

La dimension collective de l'identité culturelle est une source d'inquiétude voire de crispation pour les États, qui voient le plus souvent en elle une menace potentielle pour leur souveraineté. En fait, l'aspect collectif de l'identité culturelle a été saisi dès les années 1960, en particulier dans les textes de l'UNESCO relatifs à l'éducation et à la coopération culturelle. Par exemple, la *Déclaration des principes de la coopération culturelle internationale* adoptée par l'UNESCO le 4 novembre 1966 reconnaît dans son article 1.2, au nom de l'égale dignité et valeur des cultures, que « tout peuple a le droit et le devoir de développer sa culture ». De même l'article 2.5 de la *Convention sur la protection et la promotion de la diversité des expressions culturelles* énonce que « la culture étant un des ressorts fondamentaux du développement, les aspects culturels du développement sont aussi importants que ses aspects économiques, et les individus et les peuples ont le droit fondamental d'y participer et d'en jouir ».

Cependant, tout en la reconnaissant, les États en ont réduit la portée soit en omettant volontairement de définir le sens des termes peuples et communautés,

---

[73] Par exemple, l'article 4 de la *Déclaration universelle de l'UNESCO sur la diversité culturelle* précise que « Nul ne peut invoquer la diversité culturelle pour porter atteinte aux droits de l'homme garantis par le droit international, ni pour en limiter la portée. »

soit en précisant d'emblée, comme à l'article 1.3 de la *Convention nº 169 sur les peuples indigènes et tribaux*, que « l'emploi du terme peuples dans la présente convention ne peut en aucune manière être interprété comme ayant des implications de quelque nature que ce soit quant aux droits qui peuvent s'attacher à ce terme en vertu du droit international ».

Malgré tout, une transition concernant en particulier les peuples autochtones paraît s'amorcer. L'expression d'un droit à l'identité culturelle des communautés trouve particulièrement sa place dans les instruments récents des Nations unies reconnaissant des droits aux peuples autochtones.

Ainsi la Convention nº 169 invite les États à respecter « l'intégrité des valeurs, des pratiques et des institutions » et à « reconnaître et protéger les valeurs et les pratiques sociales, culturelles, religieuses et spirituelles de ces peuples et prendre dûment en considération la nature des problèmes qui se posent à eux, en tant que groupes comme en tant qu'individus » (article 5.a, b). Ceci est encore plus apparent lorsque la Convention demande aux gouvernements de prendre des mesures en concertation avec les peuples concernés pour « promouvoir la pleine réalisation des droits sociaux, économiques et culturels de ces peuples, dans le respect de leur identité sociale et culturelle, de leurs coutumes et traditions et de leurs institutions » (article 2 b).

La *Déclaration des Nations unies sur les droits des peuples autochtones* adoptée en 2007 va plus loin encore dans sa reconnaissance d'un droit pour les peuples autochtones de déterminer librement, d'exprimer et de voir respecter leurs identités culturelles : elle énonce directement un droit à l'autodétermination interne des peuples autochtones[74]. Se référant aux articles 1ers des deux pactes internationaux (1966), la Déclaration reconnaît dans son préambule le droit pour les peuples autochtones de « promouvoir la pleine réalisation des droits sociaux, économiques et culturels de ces peuples, dans le respect de leur identité sociale et culturelle, de leurs coutumes et traditions et de leurs institutions ».

Le droit international reconnaît alors un droit pour les collectivités autochtones[75] à la protection de leurs identités culturelles à travers la notion de droit à l'autodétermination interne, en tant que droit des collectivités ou droit de groupes.

---

[74] Cet aspect est traité par Mylène BIDAULT, « La protection internationale des droits culturel », *op.cit.*, p. 249-258, et sera développé dans cette étude dans une Deuxième Partie, intitulée « Une (ré)conciliation favorisée : la création de cadres étatiques dynamiques ».

[75] Le terme « collectivité autochtone » est volontairement employé pour insister sur la dimension collective de l'identité culturelle d'un peuple, ce qui le distingue des minorités nationales. Sur les implications de l'expression « collectivités autochtones », voir Philippe KARPE, *Le droit des collectivités autochtones*, L'Harmattan, 2008.

Il reconnaît aussi le droit des autres communautés culturelles telles que les minorités nationales ou ethniques, religieuses et linguistiques à la protection de leurs identités culturelles[76], mais c'est « [...] chaque fois, l'exercice de libertés individuelles exercées en commun qui permet la définition de l'identité du groupe : les membres d'une communauté [...] participent à la définition de l'identité commune qu'ils entendent faire reconnaître[77] ».

Le droit à l'autodétermination interne n'est en effet pas accordé par le droit international aux minorités, mais la dimension collective de leurs identités est aussi prise en compte à travers la reconnaissance de libertés culturelles individuelles dont l'exercice est collectif.

En fait, les droits collectifs[78] n'ont pas reçu de définition commune, ni d'accord universel au sein de la doctrine ou dans les textes concernant le contenu de ces droits ou les titulaires de ces droits. Ils peuvent donc être appréhendés de deux façons : soit, en adoptant une lecture classique des droits de l'homme en présentant leur facture individualiste, dans ce cas il s'agira de droits dont les titulaires sont seulement les individus qui les exercent en commun ; soit les titulaires sont des groupes spécifiques, des collectivités qui se voient alors conférer la qualité de sujets de droit ayant une personnalité juridique propre, bien que limitée et encadrée par le principe de spécialité. Cela contribue à un déplacement de l'objet de la protection : d'objets du droit, les communautés culturelles deviennent des sujets de droit.

Bien que distincts, ils sont souvent confondus avec les droits des collectivités ou les droits de groupes : « les droits collectifs se rapportent aux divers droits de l'individu exercés en commun ou collectivement et non aux droits des groupes humains, quels qu'ils soient[79] ».

L'existence d'un « droit à l'identité culturelle » vue comme un droit-créance dépend des obligations étatiques que le droit international fait peser sur les États. Certes, « les instruments internationaux n'énoncent pas de libertés culturelles comme des libertés matérielles », ce qui aurait permis d'assurer aux membres des minorités les conditions matérielles concrètes pour exercer leurs

---

[76] « Les États protègent l'existence et l'identité nationale ou ethnique, culturelle, religieuse ou linguistique des minorités, sur leurs territoires respectifs, et favorisent l'instauration des conditions propres à promouvoir cette identité », article 1er de la *Déclaration des droits des personnes appartenant à des minorités nationales ou ethniques, religieuses et linguistiques.*

[77] Mylène BIDAULT, « La protection internationale des droits culturels », *op.cit.*, p. 257.

[78] Certains auteurs préfèrent l'expression « libertés collectives ». Voir Robert PELLOUX, « Réflexions sur les libertés collectives », *Revue des droits de l'homme*, 1969, vol. 11, n° 2, p. 366.

[79] Geneviève KOUBI, « Distinguer entre droits individuels et droits collectifs », 3 février 2008. http://koubi.fr/spip.php/spip.php?article13.

droits et libertés[80]. La pratique des organes de contrôle joue cependant un rôle essentiel dans la reconnaissance d'un véritable droit à l'identité culturelle : certains organes de contrôle estiment « que c'est plutôt à travers l'élucidation d'obligations positives étatiques plus étendues que l'on répond mieux à la question de la diversité culturelle[81] ».

Les États ont l'obligation positive de prendre en considération les spécificités des identités culturelles, et notamment le respect des libertés culturelles, dans l'adoption et la mise en œuvre de leurs lois et politiques nationales. Ils doivent « faire en sorte que leur régime politique et juridique reflète la diversité culturelle de leur société[82] ». Selon le Comité des droits de l'homme, l'article 27 du Pacte implique pour l'État concerné de « prendre des mesures positives de protection non seulement contre les actes commis par l'État partie lui-même [...] mais également contre les actes commis par d'autres personnes se trouvant sur le territoire de l'État partie », ces mesures positives visant à protéger l'identité des minorités et les droits des membres des minorités[83]. Les États ont l'obligation de garantir la jouissance effective des droits puisqu'ils doivent « veiller à ce que l'exercice de ces droits [prévus à l'article 27] soit pleinement garanti » et ils doivent « indiquer dans leurs rapports les mesures adoptées ».

En revanche la position de la Cour européenne des droits de l'homme est ambiguë et se démarque de la pratique des autres organes de contrôle : tout en reconnaissant l'existence d'un droit à l'identité culturelle, elle applique strictement le principe d'égalité en considérant que si l'État a une obligation positive de ne pas entraver (interdire ou empêcher) l'exercice des libertés culturelles et de prendre en compte la spécificité de la situation liée au mode de vie et aux besoins particuliers des minorités lorsqu'il adopte et met en œuvre ses réglementations et ses politiques, il n'a en revanche pas l'obligation de garantir aux individus une jouissance effective de ces libertés. L'article 8 de la Convention impose aux États contractants « l'obligation positive de *permettre* [en l'espèce] aux Rom et gens du voyage de suivre leur mode de vie[84] ». Une autre position impliquerait que la Cour européenne soit favorable à la mise en œuvre d'un pluralisme juridique, mais la Cour considère que la mise en place de systèmes juridiques relativement autonomes selon les communautés porterait

80 La *Déclaration des droits des personnes appartenant à des minorités* (1992) des Nations unies, la *Convention-cadre du Conseil de l'Europe pour la protection des minorités nationales* (1995), ainsi que les deux instruments relatifs aux droits des peuples autochtones (Convention n° 169 de l'OIT et *Déclaration des Nations unies sur les peuples autochtones*) donnent une orientation générale à la politique des États qui sont censés adopter des mesures et élaborer des programmes et des politiques nationaux, mais ces textes ne contiennent pas de dispositions énonçant des libertés matérielles.

81 Mylène BIDAULT, *La protection internationale des droits culturels*, *op.cit.*, p. 298.

82 *Déclaration de Durban* adoptée lors de la Troisième Conférence mondiale contre le racisme, la discrimination raciale, la xénophobie et l'intolérance, 31 août-7 septembre 2001, Durban, § 6.

83 Comité des droits de l'homme, Observation générale n° 23, 1994, § 6.1, 6.2 et 9.

84 CEDH, *Winterstein c. France*, 17 octobre 2013, req. n° 27013/07 ; voir aussi arrêt *Chapman*, *op.cit.*

atteinte aux droits de l'homme, et particulièrement aux principes de liberté et d'égalité.

La défense de la diversité culturelle suppose la protection des identités culturelles individuelles, mais aussi collectives, à travers la reconnaissance implicite, mais contestée, d'un « droit à l'identité culturelle ». Ce droit apparaît plus marqué dans le cas particulier des peuples autochtones.

Sauvegarder la diversité culturelle implique en outre de protéger non plus seulement les choix des individus et des groupes mais aussi les biens communs et les ressources culturelles des communautés patrimoniales.

Cette approche complémentaire interroge la pertinence d'introduire de nouveaux droits de l'homme : le droit au patrimoine culturel et le cas échéant un droit à la diversité.

II. L'introduction de nouveaux droits de l'homme

La *Convention-cadre du Conseil de l'Europe sur la valeur du patrimoine culturel pour la société*[85] envisage l'existence d'un « droit au patrimoine culturel » **(*§ 1*)** et le groupe de Fribourg propose, outre le « droit au respect de la culture », un « droit à la diversité » **(*§ 2*)**.

Ces droits-créances appartiennent-il à la catégorie des droits culturels, ou bien constituent-ils de nouveaux droits à part entière, dont les titulaires des droits pourraient être aussi bien les individus que les collectivités, dans le but de protéger non plus seulement les identités culturelles individuelles mais un phénomène plus global, plus large, celui de la diversité culturelle sur le territoire des États ? Dans quelle mesure pourraient-ils constituer des droits de l'homme de la 3e génération ?

Ces droits ne sont peut-être pas exactement nouveaux car ils synthétisent ce que les droits civils et politiques à dimension culturelle et les libertés culturelles énoncent déjà.

La nouveauté réside en la dimension collective saisie cette fois à travers les concepts d'humanité, de « patrimoine commun », de « communautés culturelles » ou « communautés patrimoniales », de « citoyenneté du monde », et enfin de « responsabilité individuelle et collective », qui sont de plus en plus

---

85 Convention dite « de Faro », adoptée le 27 octobre 2005 par le Conseil de l'Europe et entrée en vigueur le 1er juin 2011.

intégrés aux droits de l'homme. Les États sont vivement invités à adopter des mécanismes internes prenant en compte la diversité culturelle.

Ensuite, la nouveauté réside en ce que le droit des individus et des communautés de déterminer librement leurs choix, de les faire respecter, de les modifier, le droit d'exprimer leurs identités culturelles (car il est désormais accepté qu'individus et communautés ont des appartenances multiples et donc plusieurs identités), le droit d'avoir accès aux ressources patrimoniales, ne sont plus des droits éparpillés que l'on comprend en ajustant les pièces d'un grand puzzle mais sont formulés, sont énoncés sous la forme de « droits à » plus larges, plus englobants et sortant de l'approche essentiellement individualiste des droits de l'homme : droit à l'identité culturelle, droit au respect de la culture, droit au patrimoine culturel, droit à la diversité… Ces formulations incitent à se demander s'il faut y voir l'introduction de nouveaux droits de l'homme. Par exemple, « peut-on considérer que le droit au patrimoine, qui a été formalisé, après de longues discussions entre experts européens, dans la Déclaration de Fribourg de 2007, est un nouveau droit de l'homme ?[86] »

§ 1. Le « droit au patrimoine culturel »

La Cour européenne des droits de l'homme ne reconnaît pas expressément un droit à la protection du patrimoine culturel ou naturel[87]. Elle ne le formule pas comme tel, mais dans plusieurs décisions elle a déjà admis que la protection du patrimoine culturel constituait un but légitime pouvant justifier que certains droits individuels, comme le droit à la propriété privée énoncé par l'article 1er du Protocole n° 1, fassent l'objet de restrictions de la part de l'État.

Par exemple, dans l'affaire *Beyeler c. Italie*[88], la Cour s'est référée à la « culture universelle » et au « patrimoine culturel de toutes les nations » et les a associés

---

[86] Armelle GUYOMARCH, compte rendu n° 06 de la séance du mercredi 18 juillet 2012 de la Commission des affaires culturelles et de l'éducation de l'Assemblée nationale, www.assemblée-nationale.fr.

[87] Pour défendre le patrimoine naturel, la Cour se réfère à la notion plus large d'environnement. Voir, par exemple, les arrêts CEDH, *Hamer c. Belgique*, req. n° 21861/03, 27 novembre 2007 et CEDH, *Turgut et autres c. Turquie*, req. n° 1411/03, 8 juillet 2008, § 90 concernant les forêts ; l'affaire CEDH, *Depalle c. France*, 29 mars 2010, n° 34044/02, § 81, sur la protection de zones littorales. La Cour a cependant débouté des requérants inughuit vivant au Groenland qui cherchaient à faire valoir qu'ils avaient été privés de leur patrie et de leurs territoires de chasse, et qu'ils s'étaient vu refuser la possibilité d'user, de jouir et de disposer de leurs biens, à la suite de leur réinstallation forcée, consécutive à l'implantation d'une base aérienne américaine. La Cour s'est fondée sur le montant de l'indemnisation versée par les juridictions danoises pour ne pas faire droit à leur demande mais vu l'approche individualiste des droits de l'homme et de la notion de propriété privée protégée par la Cour et à travers elle par les États, il semble que le véritable motif porte sur le refus de reconnaître à ce peuple autochtone un droit de propriété sur des terres et ressources naturelles. Une décision contraire à celle rendue aurait reconnu que ce peuple détenait des droits fonciers. Voir affaire CEDH, *Hingitaq 53 et autres c. Danemark*, 2006-I, req. n° 18584/04.

[88] CEDH, Grande Chambre, *Beyeler c. Italie*, 28 mai 2002, req. n°33202/96, § 113.

au droit du public d'y avoir accès afin de justifier le droit de préemption du ministère italien du Patrimoine culturel sur un tableau de Van Gogh que le requérant avait acquis d'un collectionneur. De même, dans son arrêt *Kozacioğlu c. Turquie*, la Cour avait souligné, pour justifier l'expropriation d'un immeuble classé bien culturel, que « la conservation du patrimoine culturel et, le cas échéant, son utilisation durable, ont pour but, outre le maintien d'une certaine qualité de vie, la préservation des racines historiques, culturelles et artistiques d'une région et de ses habitants. À ce titre, elles constituent une valeur essentielle dont la défense et la promotion incombent aux pouvoirs publics[89] ».

La notion de patrimoine culturel a été traitée dans sa dimension immatérielle par l'UNESCO dans la *Convention pour la sauvegarde du patrimoine culturel immatériel* (2003).

Le Conseil de l'Europe à travers la *Convention-cadre sur la valeur du patrimoine culturel pour la société*, dite Convention de Faro (2005), vient compléter cette approche.

Elle formule explicitement et à plusieurs reprises l'existence d'un nouveau droit, celui d'un « droit au patrimoine culturel »[90]. Mais la formulation est ambiguë, ou du moins imprécise quant aux titulaires de ce droit. Dans la mesure où ce droit est énoncé dans un instrument émanant du Conseil de l'Europe et qu'il est, selon le préambule et l'article 1a), un droit « inhérent au droit de participer à la vie culturelle, tel que défini dans la Déclaration universelle des droits de l'homme » et garanti par le *Pacte international relatif aux droits économiques, sociaux et culturels* (1966), il apparaît clairement comme un droit de l'homme (A).

Mais il s'agit d'une convention-cadre, donc d'un texte programmatoire, qui émet des lignes directrices destinées aux États parties, et non d'un texte octroyant des droits précis aux individus ou à des communautés. Par plusieurs de ces dispositions, entre autres l'article 4a) et b), ainsi que les articles 2 et 12b) concernant les « communautés patrimoniales » et l'article 1b) posant une responsabilité individuelle et collective, la convention-cadre introduit un doute. S'adressant aux États pour le « développement humain » et pour « les

---

89 CEDH, Grande Chambre, *Kozacioğlu c. Turquie*, 19 février 2009, req. n° 2334/03, § 53-54.

90 L'expression est consacrée trois fois dans le texte : à l'article 1er : « Les Parties à la présente Convention conviennent : de reconnaître que le droit au patrimoine culturel est inhérent au droit de participer à la vie culturelle, tel que défini dans la Déclaration universelle des droits de l'homme » ; à l'article 4 c : « l'exercice du droit au patrimoine culturel ne peut faire l'objet que des seules restrictions qui sont nécessaires dans une société démocratique à la protection de l'intérêt public, des droits et des libertés d'autrui » ; et enfin à l'article 5 c : « les Parties s'engagent à assurer, dans le contexte particulier de chaque Partie, l'existence de mesures législatives relatives aux modalités d'exercice du droit au patrimoine culturel défini à l'article 4. »

générations futures », une question se pose : ce droit peut-il être interprété comme un droit des peuples ? **(B)**.

A. Un droit de l'homme

Un tel droit est porté non seulement par la majorité des États à travers l'UNESCO et le Conseil de l'Europe mais aussi par une partie de la société civile, en particulier d'une communauté de chercheurs, le Groupe de Fribourg, qui énonce à l'article 3b) de la Déclaration de Fribourg sur les droits culturels (2007) un droit au respect de sa propre culture et aux autres cultures, ainsi qu'un droit d'accès aux patrimoines culturels.

Le « droit au respect de la culture » s'entend d'un droit au respect des valeurs, croyances, convictions, langues, savoirs et arts, traditions, institutions et modes de vie par lesquels une personne ou un groupe exprime son humanité et les significations qu'il donne à son existence et à son développement.

Mylène Bidault précise que : « Le droit au respect de la culture apparaît plus large, et exige le respect des ressources et patrimoines culturels qui permettent la construction et l'expression libres des identités. Il est fait référence ici, plutôt, à la préservation des chefs-d'œuvre les plus divers, des bâtiments et sites historiques et religieux, des territoires et institutions traditionnelles des peuples autochtones, des langues, de certains savoir-faire et modes de vie, etc. De plus en plus, aujourd'hui, dans le cadre notamment de l'UNESCO et du Conseil de l'Europe, des instruments de protection des patrimoines culturels toujours plus nombreux soulignent expressément le lien important existant entre les patrimoines, matériels ou immatériels, et les identités individuelles et collectives. Ces instruments, en particulier, invitent à la mise en place de mécanismes permettant aux divers acteurs et communautés de participer à la détermination, l'interprétation et la préservation de ces patrimoines[91] ».

Le patrimoine culturel est défini à l'article 2a) de la *Convention de Faro* : il constitue « un ensemble de ressources héritées du passé que des personnes considèrent, par-delà le régime de propriété des biens, comme un reflet et une expression de leurs valeurs, croyances, savoirs et traditions en continuelle évolution. Cela inclut tous les aspects de l'environnement résultant de l'interaction dans le temps entre les personnes et les lieux ».

Le patrimoine commun de l'Europe recouvre « tous les patrimoines culturels en Europe constituant dans leur ensemble une source partagée de mémoire, de compréhension, d'identité, de cohésion et de créativité, et les idéaux, les principes et les valeurs, issus de l'expérience des progrès et des

---

[91] Mylène BIDAULT, « Ce que déclarer des droits culturels veut dire », *op.cit.*, p. 11.

conflits passés, qui favorisent le développement d'une société de paix et de stabilité fondée sur le respect des droits de l'homme, de la démocratie et de l'État de droit » (art. 3).

Malgré l'emploi de l'expression « patrimoine commun de l'Europe », qui semble homogénéisante, en réalité le Conseil de l'Europe n'a pas voulu uniformiser ce concept mais a bien pris en compte la dimension plurielle des sociétés composant l'Union européenne.

C'est pourquoi le patrimoine culturel européen est constitué en réalité de la somme des patrimoines culturels matériels et immatériels des sociétés (art. 3), ou plus précisément, selon l'article 2b) de cette même Convention, les patrimoines des « communautés patrimoniales » paneuropéennes.

Contrairement à d'autres textes comme la *Convention de l'UNESCO sur la diversité culturelle* (2001), la Convention de Faro propose aux États membres de l'Union européenne d'insister sur des moyens de préserver la diversité culturelle. Le patrimoine culturel est vu comme un objet des droits individuels. La Convention de Faro ne protège pas les droits de personnes en énonçant des libertés culturelles comme le font d'autres instruments internationaux mais déplace l'objet de sa protection, à savoir : le patrimoine culturel et, à travers lui, « l'identité territoriale, des caractères du paysage et des dimensions environnementales du patrimoine »[92] mais aussi un patrimoine juridique : « la Convention fait [...] référence à un patrimoine commun en matière de droits de l'homme, de démocratie et d'État de droit. C'est un patrimoine juridique et se rapportant à la bonne gouvernance »[93].

La notion d'« environnement culturel » dégagée par la Convention fait du patrimoine culturel une source irriguant les identités culturelles des communautés patrimoniales.

B. *Un droit des peuples ?*

Si l'existence d'un droit à l'identité culturelle des individus et des communautés est contestée parmi la doctrine et n'est pas énoncée explicitement en ces termes par les instruments internationaux, l'existence, du moins formelle, d'un droit au patrimoine culturel semble en revanche quant à elle être consacrée par plusieurs textes internationaux qui n'ont cependant qu'un caractère déclaratoire ou programmatoire.

---

92 *Ibid.*

93 Ugo MIFSUD BONNICI, « Le droit fondamental au patrimoine culturel. La contribution de la Convention de Faro à la reconnaissance et à la sauvegarde de ce droit », *Le patrimoine et au-delà*, éd. du Conseil de l'Europe, novembre 2009, p. 63.

Par exemple, un droit des peuples à leur patrimoine culturel a été reconnu dans la *Déclaration de Mexico sur les politiques culturelles* (1982). Ce texte énonce « un droit et un devoir » pour chaque peuple « de défendre et de préserver son patrimoine culturel, puisque les sociétés trouvent leur identité dans les valeurs qui sont pour elles une source d'inspiration créatrice ». Le droit au patrimoine culturel se trouve aussi prévu par la Recommandation de l'UNESCO « sur la sauvegarde de la culture traditionnelle et populaire » adoptée le 15 novembre 1989[94].

La Convention de Faro utilise le terme « communautés patrimoniales ». Selon ce texte, « une communauté patrimoniale se compose de personnes qui attachent de la valeur à des aspects spécifiques du patrimoine culturel qu'elles souhaitent, dans le cadre de l'action publique, maintenir et transmettre aux générations futures. » La Déclaration de Fribourg sur les droits culturels utilise dans son article 2c) le terme de « communautés culturelles », qui signifie « un groupe de personnes qui partagent des références constitutives d'une identité culturelle commune, qu'elles entendent préserver et développer ».

Les définitions sont très proches, mais elles se distinguent en ce que l'expression « communautés culturelles » insiste sur la dimension culturelle liée à la communauté, ce qui implique une possible composante ethnique ou linguistique ou religieuse ; tandis que dans la Convention aucune référence n'est faite à des ethnies ou autres communautés figées. Il s'agit donc d'une définition à « géométrie variable »[95].

Les communautés peuvent « avoir un fondement géographique relié à la pratique d'une langue ou d'une religion ou bien résulter de valeurs humanistes ou d'un passé assumé ensemble[96] ». Le Conseil de l'Europe a voulu insister sur l'existence « de communautés patrimoniales et non de groupes ethniques comme dans d'autres conventions[97] » comme dans la *Convention de l'UNESCO sur le patrimoine culturel immatériel* (2003) par exemple.

En se référant à cette explication, les Sámi et les Corses semblent correspondre à la définition donnée et peuvent aussi être qualifiés de communautés patrimoniales.

En outre, la Déclaration de Fribourg prend en compte essentiellement la dimension culturelle et vise directement le maintien de la diversité culturelle,

---

94 Recommandation sur la sauvegarde de la culture traditionnelle et populaire, adoptée par l'UNESCO le 15 novembre 1989 lors de sa vingt-cinquième session, partie D : « [...] chaque peuple a un droit sur sa propre culture [...] ; les États membres devraient : (b) garantir aux communautés le droit d'avoir accès à leur propre culture traditionnelle et populaire ».

95 Rapport explicatif de la Convention de Faro, p. 4, disponible sur le site http://conventions.coe.int/Treaty/fr/Reports/Html/199.htm

96 Rapport explicatif de la Convention de Faro, *op.cit.*, p. 6.

97 Bruno FAVEL, « Les problématiques européennes », *Culture et recherche,* n° 116-117, printemps-été 2008, p. 22.

tandis que la *Convention de Faro* insiste sur « les modalités d'un usage durable du patrimoine culturel qui viennent créer des conditions économiques et sociales favorables à la vie préservée des diverses communautés », et vise indirectement la sauvegarde de la diversité culturelle. « Le patrimoine culturel européen est la première ressource d'un engagement démocratique en faveur du respect de la diversité culturelle et du développement durable[98] ». Prenant en compte la richesse et la diversité des cultures en Europe, il est envisagé par la Convention comme un « capital culturel ».

Cependant, le droit des peuples à leur patrimoine culturel reste « un droit potentiel qui appartient plus au domaine des valeurs revendiquées qu'à celui des droits juridiquement protégés[99] ». Aussi, malgré l'ambiguïté de l'énoncé, ce droit reste bien, dans le cadre du droit européen, un droit culturel collectif, c'est-à-dire un droit dont les titulaires sont les individus qui peuvent l'exercer seuls ou en commun avec d'autres, et non un droit des collectivités (ou droit de groupe).

La *Convention de Faro* déclare en effet dans son article 1a) que « les Parties à la présente Convention conviennent de reconnaître que le droit au patrimoine culturel est inhérent au droit de participer à la vie culturelle, tel que défini dans la Déclaration universelle des droits de l'homme ». Puis, selon l'article 4a) « les Parties reconnaissent que toute personne, seule ou en commun, a le droit de bénéficier du patrimoine culturel et de contribuer à son enrichissement ».

Par ces dispositions, la Convention réaffirme ici le droit de toute personne de prendre part librement à la vie culturelle : le droit énoncé pour tous de participer à l'enrichissement ou à l'accroissement du patrimoine culturel et intellectuel[100], et de bénéficier des activités qui lui sont liées inclus, aussi le droit de ne pas participer.

De plus, la Convention-cadre explicite[101] spécialement l'article 27 de la Déclaration universelle des droits de l'homme[102]. « Le droit au patrimoine est

---

[98] Rapport explicatif de la Convention de Faro, *op.cit.*, p. 4.

[99] Nejla Hlioui Berradia, « La restitution, au cœur du droit des peuples à leur patrimoine culturel », *Revue Lamy Droit de l'immatériel*, n° 79, février 2012, p. 99.

[100] Le patrimoine culturel représente « une ressource et une source de la mémoire collective pour les populations en Europe » et le patrimoine intellectuel recouvre « les valeurs consensuelles issues de l'histoire et constituant l'idéal européen en matière d'organisation de la société ». Rapport explicatif de la Convention-cadre, p. 7, http://conventions.coe.int/Treaty/fr/Reports/Html/199.htm.

[101] À propos de l'article 6 de la Convention-cadre, Rapport explicatif de la Convention-cadre, *op.cit.*, p. 8.

[102] « 1. Toute personne a le droit de prendre part librement à la vie culturelle de la communauté, de jouir des arts et de participer au progrès scientifique et aux bienfaits qui en résultent.

donc considéré ici comme un droit culturel, lié au droit de participer à la vie culturelle, et inséré dans l'ensemble universel, indivisible et interdépendant des droits de l'homme[103] ». Le sujet du droit au patrimoine est la personne qui l'exerce seule ou en commun. « Chaque personne a le droit de vivre son identité et de se référer, pour cela, aux patrimoines disponibles[104] ». Le patrimoine culturel est nécessaire à l'exercice des droits culturels. La référence aux communautés patrimoniales concerne non pas les titulaires du droit au patrimoine mais la mise en œuvre de ce droit, la réalisation des droits culturels.

Ces dispositions font donc du droit au patrimoine culturel un droit de l'homme, entrant dans la catégorie des droits culturels tout en élargissant cette dernière.

La reconnaissance d'un droit au patrimoine culturel semble poser moins de difficultés que celle formalisée d'un droit à l'identité culturelle alors que le droit au patrimoine comprenant les droits de participer, de développement et d'accès à des ressources communes est un droit culturel.

Parmi les facteurs de cette différence d'approche, on peut envisager que les États sont plus prudents voire méfiants en ce qui concerne la protection juridique de personnes ou de communautés, car les enjeux dans leur ordre juridique sont plus importants, tandis qu'ils sont plus favorables à la protection de ressources culturelles qui risquent moins de mettre en cause leur intégrité territoriale et la cohésion sociale. L'objet des identités culturelles semble aux yeux des États plus facile à protéger et à valoriser que de reconnaître formellement un droit pour les individus et les communautés (les sujets) d'avoir des identités culturelles. De plus, la valorisation et la conservation du patrimoine culturel européen correspondent aux objectifs des États parties membres du Conseil de l'Europe : le développement d'une société démocratique et pacifique, l'amélioration de la qualité de vie pour tous, et la promotion de la diversité culturelle. La convention envisage le patrimoine culturel dans son aspect fonctionnel, en ce qu'il est facteur de paix (article 1d) et de développement. La conservation du patrimoine culturel européen participe à la réalisation des objectifs poursuivis par les États parties. Dans cette perspective, les États peuvent être moins réticents pour adopter des mesures de conservation et de valorisation de leur patrimoine culturel.

Le patrimoine culturel européen avait déjà fait l'objet d'une convention élaborée par le Conseil de l'Europe le 19 décembre 1954. La *Convention culturelle européenne* est à l'origine de la coopération européenne dans les domaines de la

---

2. Chacun a droit à la protection des intérêts moraux et matériels découlant de toute production scientifique, littéraire ou artistique dont il est l'auteur. »

[103] Patrice MEYER-BISCH, « Du "droit au patrimoine" : l'approche innovante des articles 1 et 2 de la Convention de Faro », *Le patrimoine et au-delà*, éd. du Conseil de l'Europe, novembre 2009, p. 66.

[104] *Ibid.*

culture, de l'éducation, de la jeunesse et du sport. Son objectif est d'encourager la coopération culturelle sous toutes ses formes, de favoriser la compréhension entre les pays européens, de préserver le patrimoine culturel de ces pays et de considérer celui-ci comme partie intégrante d'un patrimoine « européen » plus large[105]. Mais, à la différence de la Convention de Faro de 2005, cette convention n'énonçait aucun droit individuel, ne tenait pas compte de l'existence de communautés patrimoniales, et elle ne prévoyait que des dispositions-programmes à l'endroit des États parties.

Malgré les apparences, il apparaît nécessaire de souligner la prudence, la mesure des États en ce qui concerne la mise en œuvre de droits permettant la réalisation du projet social commun défini par les préambules des instruments internationaux relatifs aux droits des minorités, à la diversité culturelle et au patrimoine culturel européen. Bien que ces textes reconnaissent l'existence de communautés culturelles, ils ne reconnaissent pas de droits des collectivités ou droits de groupe (sauf dans une certaine mesure pour les peuples autochtones) mais uniquement des droits de l'homme exercés seuls ou en commun par les individus, c'est-à-dire des droits individuels et des droits collectifs.

Dans son préambule, la Convention de Faro reconnaît en effet à toute personne le droit de s'impliquer dans le patrimoine de son choix comme un aspect du droit de prendre librement part à la vie culturelle, qui est un droit culturel. Son article 4 renseigne aussi sur l'existence d'un droit-créance dont les bénéficiaires seraient les individus, et qui consiste en le droit de bénéficier du patrimoine et de contribuer à son enrichissement ; de faire respecter son propre patrimoine ainsi que celui des autres.

Malgré tout, comme une nouvelle preuve de la prudence des États lorsqu'il s'agit de mettre en œuvre des mesures concrètes favorisant et valorisant la diversité culturelle sur leurs territoires, les dispositions de la Convention de Faro ne sont que programmatoires, et elles n'ont pas d'effet direct (art. 6c) ; elles nécessitent une transposition dans l'ordre interne des États parties[106] pour pouvoir être invocables par les justiciables.

---

[105] Site du Conseil de l'Europe, http://hub.coe.int/fr/web/coe-portal/what-we-do/culture-and-nature/european-cultural-convention?dynLink=true&layoutId=61&dlgroupId=10226&fromArticleId=.

[106] La Norvège a ratifié la Convention le 27 octobre 2008 et celle-ci est entrée en vigueur le 1er juin 2011. En revanche, la France ne l'a pas encore ratifiée, mais elle est engagée dans le processus de ratification. Voir le compte-rendu n° 6 du 18 juillet 2012 de la Commission des affaires culturelles et de l'éducation de l'Assemblée nationale. « La France étudie actuellement la possibilité de signer et de ratifier la Convention de Faro. La France analyse également l'intérêt de la Convention de Faro, au regard de ses objectifs, du suivi et des moyens de mise en œuvre qu'elle nécessite dans le contexte de réforme du Conseil de l'Europe [...] », *in* Question écrite

Cette convention ne prévoit pas de mécanismes juridiques, mais l'article 16b) organise un mécanisme de contrôle de nature politique. Ceci est annoncé dans la nature même de cet instrument conventionnel qui est une convention-cadre : elle oriente les États parties, elle définit les objectifs à atteindre, les directions à suivre, mais elle ne crée pas d'obligations spécifiques directement applicables. Elle laisse aux États le soin et la liberté d'élaborer les moyens pour parvenir aux objectifs définis, en respectant les systèmes juridiques et les traditions politiques des États.

Cette approche davantage politique que juridique pourrait paraître insuffisante puisque les États parties ne sont pas contraints dans des modalités détaillées. En réalité, la Convention de Faro apporte un élément intéressant.

Si les instruments précédents détaillaient la manière de protéger le patrimoine culturel, la convention laisse une marge de manœuvre ample aux États parties dans sa mise en œuvre.

En réalité, cette démarche traduit une évolution : avant cette liberté laissée aux États correspondait surtout à la volonté des institutions régionales ou internationales de ne pas porter atteinte à la souveraineté étatique ; désormais cela traduit une nouvelle conception des relations de l'État avec ses citoyens et les entités infra-étatiques présentes sur son territoire. La liberté laissée aux États parties leur permet de consulter les organisations et les communautés concernées afin d'instaurer des mécanismes internes pertinents et appropriés aux situations humaines et concrètes sur leur territoire.

La nature politique de la Convention-cadre n'exprime plus seulement la volonté de ne pas porter atteinte aux susceptibilités étatiques mais plutôt une approche différente de la relation États-citoyens, fondée sur le dialogue interculturel, la coopération et la conciliation d'intérêts en théorie divergents.

Enfin, ce texte apporte un nouvel élément par rapport aux autres instruments internationaux énonçant des droits culturels : il pose en effet la responsabilité des citoyens envers la protection et l'enrichissement du patrimoine culturel européen.

Ceci est énoncé à l'article 1b) : « les Parties conviennent de reconnaître une responsabilité individuelle et collective envers ce patrimoine culturel ».

Les autres instruments énoncent des libertés et des droits culturels mais pas de devoirs, sauf celui de ne pas porter atteinte aux libertés et droits fondamentaux lorsque les individus (en particulier les membres de minorités) exercent leurs droits culturels, et ils énoncent encore moins de responsabilité individuelle et collective envers le patrimoine culturel.

---

n° 7491 du parlementaire M. Serge LAGAUCHE publiée dans le *JO* Sénat du 10 mars 2011, p. 571. Voir aussi Réponse du Ministère chargé des affaires européennes publiée dans le *JO* Sénat du 7 juillet 2011, p. 1774.

L'idée d'une collaboration entre les États parties et les citoyens, individuellement ou en groupes, pour la sauvegarde du patrimoine culturel en tant que ressource pour préserver les identités culturelles diverses et par là le phénomène de la diversité culturelle, se trouve renforcée. Les États sont détenteurs d'une obligation de résultat pour garantir l'effectivité du droit au patrimoine. « Pour cela, il n'est pas suffisant de se contenter de la dualité simple entre État et société civile.[107] » La responsabilité pèse à la fois sur les États et sur les citoyens en tant qu'individus et regroupés en communautés patrimoniales.

Cette responsabilité partagée renforce l'idée de coopération entre les différents acteurs : les États ne sont pas considérés comme les uniques débiteurs d'obligations et les citoyens, organisés en communautés culturelles, attendant passivement que les États prennent des initiatives pour la mise en œuvre des droits culturels. De la même manière que dans la *Convention de l'UNESCO sur la protection du patrimoine culturel immatériel*, la Convention de Faro invite les différents acteurs à un partenariat fondé sur le dialogue et la participation de tous les acteurs concernés : les acteurs publics (États, institutions infra-, inter- et supranationales), les acteurs privés (les entreprises liées de près ou de loin à la vie culturelle), et les acteurs civils (les organisations non gouvernementales et autres organisations à but non lucratif).

Ainsi, les ressources culturelles matérielles et immatérielles, en tant qu'objet des droits et nécessaires à la réalisation des droits, « permettent la construction et l'expression libres des identités culturelles[108] ». L'ensemble des patrimoines culturels appartient à l'humanité[109], ils font partie de ce patrimoine commun que la Déclaration de l'UNESCO de 2001 nomme diversité culturelle. Mais peut-on envisager l'existence d'un droit, individuel ou collectif, à la diversité culturelle ?

---

107 Patrice MEYER-BISCH, « "Du droit au patrimoine" : l'approche innovante des articles 1 et 2 de la Convention de Faro », *op.cit.*, p. 68.

108 Mylène BIDAULT, *La protection internationale des droits culturels*, *op.cit.*, p. 351.

109 « Dans de nombreux documents ultérieurs de l'UNESCO (y compris la Convention relativement récente sur la protection du patrimoine culturel subaquatique de novembre 2001), le patrimoine culturel est considéré comme un patrimoine de l'humanité tout entière. », Ugo MIFSUD BONNICI, « Le droit fondamental au patrimoine culturel - La contribution de la Convention de Faro à la reconnaissance et à la sauvegarde de ce droit », *op.cit.*, p. 62.

§ 2. L'opportunité d'un « droit à la diversité culturelle »

L'expression « droit à la diversité culturelle » n'est employée par aucun des instruments de protection internationale des droits de l'homme, ni par ceux portant spécifiquement sur la diversité culturelle *(Déclaration universelle de l'UNESCO sur la diversité culturelle*, et *Convention sur la protection et la promotion de la diversité des expressions culturelles)* ni même par les textes concernant le patrimoine culturel dans sa double dimension, matérielle et immatérielle, ni enfin par les organes de contrôle.

Pourtant la formulation d'un droit à la diversité culturelle a été présentée en 2008 au Comité des droits économiques, sociaux et culturels dans la journée de débat général consacré à l'article 15 de la Déclaration universelle des droits de l'homme portant sur le droit de participer à la vie culturelle[110].

Formellement, le droit à la diversité culturelle n'existe pas mais il existe substantiellement et peut être dégagé indirectement de la reconnaissance des droits et libertés culturelles, du droit à l'identité culturelle et du droit au patrimoine culturel, qui ont tous pour objectif final de sauvegarder et promouvoir la diversité culturelle. « Les instruments internationaux posent des obligations positives de mise en œuvre des droits culturels qui souvent ressemblent à des obligations de promotion de la diversité.[111] »

Le droit à la diversité culturelle serait un droit appartenant à la troisième génération des droits de l'homme. Il serait fondé sur un principe de responsabilité collective (A) et dérivé d'un autre droit en gestation, celui de la solidarité internationale (B).

A. Un droit fondé sur la responsabilité collective

L'introduction d'un « droit à la diversité culturelle » se fonderait sur la qualification de patrimoine commun de l'humanité donnée par l'UNESCO en 2001 dans sa Convention sur la diversité culturelle. Il aurait pour intérêt d'insister sur l'idée que la différence n'est pas liée à une sorte de transcendance mais est de fabrication humaine[112]. Il n'existe pas une population homogène d'un côté, et des personnes différentes de l'autre, à qui le groupe majoritaire homogène accorderait des droits dans sa grande mansuétude, mais une humanité composite, plurale. « La reconnaissance de la diversité signifie [...] que nous sommes tous différents de multiples façons. Ces distinctions structurent les personnalités et les sociétés : leur valorisation est condition de

---

110 « Droit de participer à la vie culturelle », document E/C.12/40/8, 9 mai 2008.

111 Mylène BIDAULT, *La protection internationale des droits culturels*, *op.cit.*, p. 509.

112 Bertrand BADIE, « Sens de la différence », *in* Paul de DECKKER, Jean-Yves FABERON (dir.), *L'État pluriculturel et les droits aux différences*, colloque organisé à Nouméa du 3 au 5 juillet 2002, éd. Bruylant, 2003, p. 9.

toute richesse, culturelle, sociale, économique et politique, leur mépris est cause de gaspillages et de peur, et donc d'appauvrissement et de violences.[113] »

L'humanité serait créancière de ce droit, qui consisterait en un droit général, abstrait, de conserver l'existence de la diversité des cultures humaines, de sauvegarder et développer ce patrimoine commun de l'humanité pour les générations présentes et à venir.

La responsabilité serait collective car elle pèserait sur tous les acteurs, qu'ils soient privés, publics ou particuliers, et les États seraient les garants de cette diversité : ils auraient l'obligation positive de prendre toutes les mesures pertinentes et nécessaires pour garantir l'exercice par tous et pour les générations futures de ce droit de bénéficier et de contribuer à la diversité des cultures.

Si le droit à la diversité culturelle était un droit de l'homme de la deuxième génération, cela impliquerait une responsabilité des États à préserver l'existence de la diversité sur leurs territoires afin de garantir l'exercice de ce droit. L'adoption par l'Assemblée générale du *Protocole facultatif se rapportant au Pacte international relatif aux droits économiques, sociaux et culturels*, le 10 décembre 2008, va dans ce sens. Mais l'approche des obligations étatiques est différente selon que ce droit est considéré comme un aspect du droit de participer librement à la vie culturelle, et d'en tirer des bénéfices, ou bien s'il est considéré comme un nouveau droit de l'homme en gestation appartenant à la catégorie de la troisième génération, dite des droits de solidarité.

« L'appel au rôle régulateur de l'État » suscite « des interrogations plus approfondies sur le niveau et les méthodes d'interventions étatiques[114] ». L'État doit-il être neutre en matière culturelle ? Se profilent derrière cette question les interventions dangereuses ou inappropriées des États et les craintes liées à l'uniformité et à la standardisation de la culture face aux marchés et à la mondialisation. La diversité culturelle peut être mise à mal, entraînant alors pour les individus et les communautés culturelles une perte de richesse culturelle, dans l'accès aux patrimoines, ou dans les supports d'expressions… Les États disposent d'une large marge de manœuvre dans l'application de leur obligation générale d'adopter des politiques globales de protection de leur patrimoine linguistique, de développement et de diffusion de la science et de la culture, dans le but de favoriser la compréhension mutuelle, la tolérance et le dialogue interculturel. Les communautés culturelles pourraient prendre ici un rôle intéressant : si les États adoptent des politiques générales, les représentants

---

113 « Définir les droits culturels », document en partie issu de « Droit de participer à la vie culturelle », E/C.12/40/8 du 9 mai 2008, présenté au Comité des droits économiques, sociaux et culturels dans la journée de débat général consacré à l'article 15. Article consultable sur le site http://droitsculturels.org/ressources/, § 2.

114 Mylène BIDAULT, *La protection internationale des droits culturels*, *op. cit.*, p. 506.

des communautés culturelles peuvent alors détailler les orientations, définir les programmes d'action détaillés en concertation avec les représentants étatiques.

Le « droit à la diversité » peut-il être dégagé et mis en parallèle avec « le droit à la différence » ?

Le droit à la différence comporte deux dimensions présentées par la CPIJ dans son avis consultatif du 6 avril 1935 relatif aux écoles minoritaires en Albanie : d'une part, le principe de non-discrimination selon la race, la religion et la langue ; et d'autre part, le droit de conserver et de développer sa propre culture. Ainsi le droit à la différence est « d'abord le droit d'être différent sans subir de traitement discriminatoire [...]. C'est ensuite un droit en tant que personne ou en tant que collectivité à pratiquer, à conserver et à développer sa différence dès lors qu'elle est liée à un groupe d'appartenance linguistique, religieux ou plus largement liée à une origine commune »[115]. La *Convention européenne des droits de l'homme* n'énonce aucun droit à la différence qui pour elle s'apparenterait à des discriminations ; « en revanche elle reconnaît expressément l'existence d'un droit – voire d'un devoir – de différenciation »[116] qui consiste en la condamnation des discriminations sans exclure les particularismes.

Le « droit à » la différence trouve sa limite en ce qu'il peut apparaître comme une source de conflits. Il « met l'accent sur des séparations et des démarcations [...]. La revendication des différences conduit au risque de relativisme et de violence, car elle classe les êtres humains[117] » dans des catégories.

Tandis que l'idée d'un « droit de » la différence insiste sur une autre démarche : celle dans un premier temps de la reconnaissance d'une société plurielle puis celle de la mise en œuvre de mécanismes permettant la gestion des différences au sein d'un État pluriel. Il consiste en la gestion pragmatique des différences, qui sont désormais non plus tolérées mais reconnues, voire institutionnalisées[118] ».

Ce droit à la diversité dépasserait alors le cadre spécifique des droits culturels, ou plus largement celui des droits de l'homme de la seconde génération, pour appartenir à celle de la troisième génération : les droits dits de solidarité. Il serait fondé en effet sur la valeur essentielle de la solidarité entre les multiples partenaires sociaux : entre les États, entre les peuples, les individus,

---

[115] Jean-Yves CHEROT, « L'État pluriculturel : approche introductive de droit constitutionnel », *in* Paul de DECKKER, Jean-Yves FABERON (dir.), *L'État pluriculturel et les droits aux différences*, *op.cit.*, p. 25.

[116] Patrice JEAN, « Quelques aspects des droits aux différences devant la Cour européenne des droits de l'homme », *in* Paul de DECKKER, Jean-Yves FABERON (dir.), *L'État pluriculturel et les droits aux différences*, *op.cit.*, p. 42.

[117] « Définir les droits culturels », document en partie issu de « Droit de participer à la vie culturelle », E/C.12/40/8 du 9 mai 2008, présenté au Comité des droits économiques, sociaux et culturels dans la journée de débat général consacrée à l'article 15. Article consultable sur le site http://droitsculturels.org/ressources/, § 2.

[118] Danièle LOCHAK, « Les minorités et le droit public français : du refus des différences à la gestion des différences », *in* Norbert ROULAND, « La tradition juridique française et la diversité culturelle », Rapport à la Commission française pour l'UNESCO, 27 avril 1993, p. 406.

les entités privées et publiques. Il implique la protection de la diversité des identités culturelles mais aussi la protection de la biodiversité, qui, tout en étant essentielle à l'humanité, constitue également le support matériel nécessaire pour le maintien et le développement de certaines cultures ancestrales, particulièrement celles des collectivités autochtones.

Le droit à la diversité des identités culturelles rejoindrait ainsi les droits de la troisième génération existant déjà tels que le droit à la paix, le droit au développement ou le droit à un environnement sain et équilibré. Ces droits ont été élaborés pour les générations à venir, sont dotés d'un caractère programmatoire[119] et l'humanité ou les peuples en sont les titulaires.

B. *Un droit dérivé du « droit à la solidarité internationale »*

Très contestés par une partie de la doctrine[120] à cause essentiellement de leur absence de sujet, d'objet et de débiteur, ces droits de la troisième génération traduisent surtout « une certaine conception humaine de la vie en communauté et ne peuvent être réalisés que par la conjonction des efforts de tous les partenaires sociaux : individus, États, autres entités et organes publics ou privés. Leur réalisation suppose qu'il existe un minimum de consensus social au niveau national et international pour qu'une action solidaire, fondée sur la reconnaissance d'une responsabilité solidaire, puisse être entreprise en vue de leur réalisation.[121] »

Aux côtés du développement, des droits de l'homme et de la démocratie, la solidarité est devenue une autre des préoccupations des Nations unies. Dans une résolution du 20 avril 2005[122], la Commission des droits de l'homme a

---

[119] Pierre-Marie DUPUY et Yann KERBRAT, *Précis de Droit international public*, éd. Dalloz, 2012, p. 250.

[120] Par exemple, Robert PELLOUX reconnaît l'importance de ces nouveaux droits mais s'interroge sur l'opportunité de créer une catégorie à part entière : certains peuvent déjà être rattachés aux droits économiques, sociaux ou politiques existants, et d'autres s'éloignent de la notion traditionnelle des droits de l'homme, si bien que selon lui « ces droits ne sont et ne seront sans doute jamais de véritables Droits de l'homme », *in* « Vrais ou faux droits de l'homme », *Revue des sciences morales et politiques*, 1952, p. 67.

Dans le même sens, Frédéric SUDRE considère que la classification des droits de l'homme en trois générations distinctes est « trompeuse » et représente « la langue de bois des droits de l'homme » car il n'y a « ni homme, ni titulaire du droit », ils ne sont que des « vœux et non des droits », *Droit européen et international des Droits de l'homme*, p. 107.

[121] El Houssine SABER, *Essai sur les droits de solidarité dans la société internationale contemporaine : vers une troisième génération de droits de l'homme ?*, Daniel COLARD (dir), Thèse de Doctorat, 1986, Université de Besançon.

[122] Résolution 2005/55 de la Commission des droits de l'homme, du 20 avril 2005, 58e séance, document E-CN_4-RES-2005-55.

affirmé « la nécessité d'établir des liens nouveaux, équitables et globaux de partenariat et de solidarité à l'intérieur d'une même génération, ainsi que de promouvoir la solidarité entre générations pour la perpétuation de l'humanité » ; elle a aussi constaté « qu'une attention insuffisante a été accordée à l'importance de la solidarité internationale en tant qu'élément essentiel des efforts des pays en développement pour progresser dans la réalisation du droit au développement de leurs peuples et promouvoir la pleine jouissance des droits économiques, sociaux et culturels par tous ».

Parmi les mesures prises dans cette même résolution, la Commission des droits de l'homme a réaffirmé l'interdépendance des concepts de démocratie, de développement et de respect des droits de l'homme et des libertés fondamentales pour demander au Conseil économique et social de « nommer un expert indépendant sur les droits de l'homme et la solidarité internationale pour un mandat de trois ans, qui sera chargé d'étudier la question et d'élaborer un projet de déclaration sur le droit des peuples à la solidarité internationale [...] ». La Commission souhaite aussi que les droits appelés « droits de la troisième génération » ou « droit à la solidarité » soient « progressivement précisés au sein du mécanisme des Nations unies en faveur des droits de l'homme, afin de permettre de faire face aux défis croissants de la coopération internationale dans ce domaine ». Enfin, elle a décidé, « en tenant compte de l'urgente nécessité de continuer d'élaborer des directives, des normes et des principes en vue de promouvoir et protéger les droits intimement liés à la valeur fondamentale de solidarité, de nommer un expert indépendant sur les droits de l'homme et la solidarité internationale pour un mandat de trois ans [...] ».

Dans ce cadre, parmi ses nombreuses activités en faveur des droits de l'homme et de la solidarité internationale[123], l'experte indépendante Virginia Dandan a soumis un rapport en application de la résolution 21/10 du Conseil des droits de l'homme dans lequel elle a montré la nécessité de dépasser le simple cadre déjà établi consistant en l'assistance et la coopération internationales, l'aide, la charité ou l'assistance humanitaire, et qu'ayant un caractère « préventif et non correctif, elle [la solidarité internationale] devrait

---

[123] Par exemple, participation au Groupe de travail dans le cadre de la Conférence internationale intitulée Vienne+20 ; lors du deuxième anniversaire des Principes de Maastricht adoptés le 28 septembre 2011, elle a exhorté les États à prendre en considération un ensemble de lignes directrices dénommées « Principes de Maastricht relatifs aux obligations extraterritoriales des États dans le domaine des droits économiques, sociaux et culturels » ; elle a aussi encouragé les États à prendre en compte la solidarité internationale lors de la Conférence des Parties à la Convention-cadre des Nations unies sur les changements climatiques et de la Conférence des Parties agissant comme réunion des Parties au Protocole de Kyoto, tenue à Varsovie du 11 au 23 novembre 2013. Enfin, elle participe à des programmes de formation et d'éducation aux droits de l'homme. Rapport de l'Experte indépendante sur les droits de l'homme et la solidarité internationale, Virginia DANDAN, Conseil des droits de l'homme, 26e session, 1er avril 2014, document A/HRC/26/34, p. 3-7.

s'exercer dans le contexte des catastrophes aussi bien naturelles qu'anthropiques ».

Selon elle, l'objectif actuellement visé par les Nations unies est de passer du « simple concept ou principe de solidarité internationale à l'idée d'un droit à la solidarité internationale[124] ». Composé d'obligations positives telles que de « réguler les marchés financiers, de coopérer en vue de réglementer les flux migratoires sur une base solidaire », et d'obligations négatives comme celles de ne pas épuiser la biodiversité et les ressources naturelles ou leur causer des dommages irréversibles, le droit à la solidarité internationale devrait « renforcer les possibilités de participation, tout en responsabilisant davantage les parties prenantes aux niveaux national et international par l'institution de nouveaux devoirs et obligations, y compris le respect de la diversité culturelle et du droit à la paix[125] ».

Le droit à la solidarité internationale est nécessaire à la mise en œuvre du droit au développement et une aide en tant que valeur de base, culture commune pour la réalisation des droits de l'homme. Un avant-projet de *Déclaration sur le droit des peuples et des individus à la solidarité internationale*[126] sera présenté au Conseil des droits de l'homme dans sa version finale en 2017.

Après des consultations menées entre 2015 et 2016 au niveau régional auprès des représentants du plus grand nombre possible d'États d'Afrique, d'Europe orientale, d'Amérique latine et des Caraïbes, d'Asie et du Pacifique, du Moyen-Orient et d'Afrique du Nord, des contributions concrètes au texte d'avant-projet de Déclaration afin de clarifier des problèmes éventuels et de nouvelles recommandations en vue de la mise en œuvre concrète du droit à la solidarité internationale ont été présentées à l'experte indépendante[127].

L'avant-projet comporte la définition suivante : « le droit à la solidarité internationale est un droit fondamental dont chaque être humain jouit sur la base de l'égalité et de la non-discrimination. Il consiste à partager les avantages et les responsabilités d'une société internationale dans un ordre politique et économique juste et équitable où la viabilité des relations internationales, en

---

124 Rapport de Virginia DANDAN, Experte indépendante sur les droits de l'homme et la solidarité internationale, 68e session, 23 juillet 2013, document A/68/176, p. 9.

125 Rapport de l'Experte indépendante sur les droits de l'homme et la solidarité internationale, *ibid.*, p. 10.

126 Projet de document final sur les droits de l'homme et la solidarité internationale, 2 juillet 2012, document A/HRC/AC/9/4. L'avant-projet peut être lu en annexe du rapport de l'Experte indépendante sur les droits de l'homme et la solidarité internationale, Conseil des droits de l'homme, 26e session, 1er avril 2014, document A/HRC/26/34, p. 17-25.

127 Le contenu détaillé des débats figure dans le rapport de l'Experte indépendante sur les droits de l'homme et la solidarité internationale, Conseil des droits de l'homme, 32e session, 27 avril 2016, document A/HRC/32/43, p. 5-18.

particulier des relations économiques internationales, s'exerce grâce à des partenariats égalitaires et à la coexistence pacifique de tous les membres d'une communauté internationale caractérisée par sa diversité culturelle et dont l'objectif commun est la pleine réalisation de l'ensemble des droits de l'homme et des libertés fondamentales et l'élimination de la pauvreté et des inégalités entre les peuples et les États[128] ».

L'article 5 du projet de Déclaration précise que « le droit à la solidarité internationale s'entend d'un droit fondamental de l'homme qui permet aux peuples et aux individus de jouir librement, sur la base de l'égalité et de la non-discrimination, des avantages d'une société internationale harmonieuse régie par un ordre politique et économique juste et équitable, dans laquelle tous les droits de l'homme et toutes les libertés fondamentales sont pleinement exercés ».

Selon l'article 2 la solidarité internationale doit reposer, entre autres, sur les buts et principes de la Charte des Nations unies, la justice, l'équité, la coexistence pacifique, la non-ingérence, l'autodétermination, le respect mutuel et le principe de responsabilité dans les relations internationales ; la souveraineté permanente de chaque État sur ses richesses et ressources naturelles, le droit au développement, et enfin le respect mutuel et la responsabilité dans tous les partenariats mondiaux conclus entre des agents étatiques et/ou non étatiques dans l'optique du développement durable.

D'après l'article 6, « 1. Le droit à la solidarité internationale est reconnu à des individus, à des peuples, tels que les peuples autochtones et les minorités, et à des groupes et organisations de la société civile qui s'identifient eux-mêmes ou sont identifiés par d'autres, y compris les États, en tant tels. 2. Il est aussi reconnu aux individus ou entités atypiques qui partagent toutefois les mêmes valeurs et les mêmes préoccupations et sont structurés d'une manière ou d'une autre, à savoir : a) Les communautés locales qui ne sont pas ou peu représentées dans les associations ou organisations de la société civile ou sont tenues à l'écart de celles-ci ; b) Les groupes sociaux qui s'étendent au-delà des frontières nationales, tels que les diasporas et communautés transnationales ; ».

Enfin, selon l'article 9.3, « les États adoptent et appliquent effectivement des politiques et des programmes visant à protéger et promouvoir, notamment, la grande variété et la diversité culturelle des peuples et des individus qui composent la société internationale et leurs influences réciproques ; le droit de participer pleinement et librement au processus décisionnel aux échelons local et international ».

Traditionnellement, les droits de solidarité appartiennent à la collectivité (humanité ou peuples) et en ce sens ils s'opposent aux autres droits économiques, sociaux, culturels, civils et politiques, qui sont détenus par les individus. Cette affirmation peut trouver une limite dans le fait qu'une

---

[128] Rapport de l'Experte indépendante sur les droits de l'homme et la solidarité internationale, 23 juillet 2013, document A/68/176, *op.cit.*, p. 12.

dimension collective est désormais reconnue aux droits culturels et particulièrement en ce qui concerne les droits des collectivités autochtones. De plus, à travers l'humanité ou les peuples, ce sont bien les individus, les personnes qui sont visées. Enfin, les droits sociaux sont d'une certaine façon des droits de solidarité entre les individus d'une même nation. Les droits de solidarité impliquent une solidarité à une échelle différente, celle entre les peuples et entre les générations. « Au-delà de l'interdépendance des droits, c'est l'interdépendance des hommes qui est en cause dans les droits de solidarité[129] », et l'interdépendance des hommes et de leur environnement. À l'instar des droits sociaux, et des autres droits, acquis sur fond de lutte sociale, ces droits de solidarité sont marqués par l'histoire de l'humanité et de son développement, et reflètent les valeurs et les prises de conscience d'une époque.

L'existence d'un « droit à la diversité culturelle » impliquerait donc solidarité et responsabilité de tous, incluant les peuples, les pouvoirs publics, la société civile et le secteur privé. L'État ne serait plus le seul et unique garant et débiteur mais l'ensemble des communautés internationale et nationales seraient responsables. Cette idée de responsabilité a été introduite dans la Convention de Faro de 2005. L'idée de responsabilité individuelle et collective semble cheminer et s'imposer face aux notions classiques de droits et devoirs des individus et de l'État souverain. Elle questionne les relations traditionnelles entre les individus, les communautés et l'État. Cette notion de responsabilité se pose dans plusieurs domaines qui concernent précisément les droits de solidarité : responsabilité envers les dommages causés à l'environnement, envers les autres peuples (victimes de guerres, de spoliation de leurs terres, de massacres liés à une caractéristique culturelle…).

Malgré toute la bonne volonté, la question de la justiciabilité de tels droits se pose pour les rendre effectifs. La même question ainsi que celle de leur caractère programmatoire s'est longtemps posée à l'égard des droits dits de seconde génération : les droits économiques, sociaux et culturels n'étaient pas non plus considérés comme de vrais droits de l'homme.

Ils sont longtemps restés comme les « parents pauvres des droits de l'homme » mais leur effectivité a été renforcée grâce à l'adoption en 2008 du *Protocole facultatif au Pacte international relatif aux droits économiques, sociaux et culturels* instituant un mécanisme de plainte individuelle et de communications interétatiques devant un Comité (CODESC).

---

[129] Marie-Joëlle REDOR-FICHOT, « L'indivisibilité des droits de l'homme », *publication du Centre de Recherche sur les Droits Fondamentaux et les évolutions du droit*, n° 7, Université de Caen, 2009, p. 79-80.

Un Comité avec un rôle similaire aux mécanismes élaborés pour les droits dits de seconde génération pourrait être mis en place pour les droits de solidarité.

CONCLUSION DU CHAPITRE II

Il existe ainsi une interdépendance entre la protection des identités culturelles vulnérables, la sauvegarde de la diversité culturelle et les droits de l'homme. Il existe un lien étroit de protection mutuelle reconnu d'une part par les interprétations jurisprudentielles relativement récentes de la Cour européenne des droits de l'homme, du Comité des droits de l'homme et de la Cour interaméricaine des droits de l'homme, et d'autre part dans les instruments juridiques relatifs à la diversité culturelle, au patrimoine culturel ainsi que ceux concernant la protection des droits des personnes appartenant à des minorités et des droits des peuples autochtones adoptés par les Organisations internationales.

La défense de la diversité culturelle constitue un enjeu permanent pour les droits de l'homme afin de répondre à la question de savoir comment ces derniers peuvent protéger la diversité et les identités culturelles vulnérables tout en s'opposant aux dérives relativistes et à l'enfermement communautaire.

Les droits de l'homme civils et politiques ainsi que ceux à dimension culturelle, dits de la première génération, ont dans un premier temps apporté un début de réponse en montrant qu'ils portent en eux la capacité de protéger la diversité culturelle. La jurisprudence de la Cour strasbourgeoise interprète d'ailleurs certains droits issus de la Convention européenne et de ses protocoles en faveur de la protection d'identités culturelles et donc plus largement de la diversité culturelle.

Longtemps considérés comme des parents-pauvres des droits de l'homme, les droits économiques, sociaux et culturels jouent aussi un rôle essentiel dans la préservation des identités culturelles. Les droits et libertés culturels sont un moyen de prendre en compte la diversité culturelle et leur respect constitue le socle de base pour protéger directement les identités culturelles individuelles et indirectement leur dimension collective. Mais le sujet des droits et libertés culturelles est toujours l'individu, qui les exerce seul ou en commun, de façon à ne pas accorder de droits à des collectivités.

Les droits et libertés culturels sont une voie médiane pour concilier la diversité culturelle et le relativisme culturel. Dès lors, « dans cet ensemble, les droits culturels ont naturellement une place particulière : leur respect garantit la participation de tous au patrimoine commun, ce capital de ressources que constitue la diversité culturelle [...]. Les droits culturels permettent de penser et de valoriser la diversité par l'universalité, et réciproquement[130] ».

Cependant cette capacité des droits de l'homme des première et deuxième générations risque d'être limitée par leur caractère éminemment individualiste. Depuis les années 2000, les droits de l'homme classiques sont confrontés à de nouveaux questionnements ayant pour point commun la dimension collective : la défense et la valorisation de la diversité culturelle en tant que patrimoine commun de l'humanité, la sauvegarde des identités culturelles des collectivités autochtones ou encore la préservation des patrimoines culturels et naturels sont les nouveaux enjeux.

Finalement, plus que sa défense, la valorisation de la diversité culturelle constitue bien plus qu'un enjeu pour les droits de l'homme : elle est un véritable défi pour eux qui n'avaient à l'origine pour finalité que la préservation de la liberté, de l'égalité et de la dignité des individus dans le cadre de sociétés démocratiques. Il semble bien que pour répondre à ces nouvelles exigences contemporaines de nouveaux droits à dimension collective fondés sur un principe de responsabilité et de solidarité, et appartenant à la troisième génération des droits de l'homme, commencent à être introduits dans le paysage juridique international.

Cependant l'introduction de ces nouveaux droits suscite un certain nombre de questions portant sur leur contenu exact et leur titularité.

---

[130] http://droitsculturels.org/ressources/, *op.cit.*, § 8.

CONCLUSION DU TITRE II

Les Nations unies et le Conseil de l'Europe, en tant qu'organisations intergouvernementales, jouent un rôle clef dans la recherche d'une conciliation entre les États et les communautés culturelles présentes sur leur territoire. Médiatrices, ces organisations ne représentent plus uniquement les intérêts étatiques mais défendent aussi par leur action normative les identités culturelles vulnérables des minorités, des peuples autochtones, et plus largement encore la diversité culturelle.

De plus, la notion de diversité n'est pas un nouveau paradigme du droit international[131], en ce qu'elle n'est pas un nouveau modèle pour réguler les sociétés humaines, mais elle fait l'objet d'une complexification, d'un enrichissement des catégories qui la composent et qui sont souvent étroitement liées : par exemples, la catégorie des peuples autochtones et celles des patrimoines culturels et naturels.

Sa sauvegarde constitue pour les Nations unies et pour le Conseil de l'Europe une nouvelle éthique et une finalité supplémentaire du droit international des droits de l'homme.

L'action normative de ces organisations montre enfin que l'objet du droit international des droits de l'homme n'est plus seulement de protéger et de promouvoir les droits et libertés individuels mais aussi, en tenant compte de la réalité de la diversité culturelle qui caractérise nos sociétés démocratiques contemporaines, de redéfinir les contours d'un projet de vie collectif fondé sur une nouvelle approche des relations humaines et de la différence. « Loin d'être un système statique de normes, le droit doit être conçu comme un processus dynamique de prise de décision en vue de réaliser certaines valeurs[132] ». Étant un droit vivant, il acquiert alors une nouvelle fonction, complémentaire de la précédente : il porte un projet de société, celui d'un vivre ensemble dans le respect de la diversité culturelle.

La recherche d'une conciliation des identités culturelles sámi et corse avec leurs États respectifs s'inscrit dans cette perspective globale. La protection de leurs identités culturelles spécifiques par les États norvégien et français fait écho à cette prise de conscience de la communauté internationale et aux travaux récents des Nations unies et du Conseil de l'Europe.

---

[131] « La diversité comme nouveau paradigme du droit international », intervention du Professeur Tullio SCOVAZZI dans le cadre du colloque intitulé *La diversité dans la gouvernance internationale*, organisé par l'Institut de hautes études internationales et du développement, le 22 février 2013 à Genève.

[132] Thuan CAO-HUY, « Droit et relations internationales », *in Le droit en procès*, éd. PUF, 1983, p.176.

CONCLUSION DE LA PREMIERE PARTIE

Les premiers pas sur le chemin d'une conciliation impliquent l'expression d'une volonté réelle des parties. Les Corses et le peuple sámi ont pris l'initiative d'inciter leurs États respectifs à reconnaitre la spécificité de leurs identités culturelles et à en préserver la vitalité. Leurs influences sur l'élaboration de normes les concernant ou l'acquisition d'un statut consultatif sur les scènes nationales, régionales et internationales n'ont pas été ponctuelles mais elles s'inscrivent dans la continuité et contribuent, en résonnance avec d'autres mouvements de minorités ou de peuples autochtones dans le monde (comme les Kanak en Nouvelle-Calédonie), si ce n'est à une « révolution silencieuse » selon les termes de Kofi Annan[133], tout au moins à une redéfinition des relations qu'ils entretiennent avec les États, notamment unitaires.

Aucune conciliation n'étant envisageable sans le consentement des États, leur rôle est essentiel. Celui des États français et norvégien sera plus particulièrement étudié au cours de la deuxième Partie mettant en relief les cadres étatiques élaborés en concertation avec les Sámi et les Corses à travers leurs institutions représentatives. Depuis la fin des années 1990 et davantage encore depuis l'aube des années 2000, un consensus international d'ordre philosophique, juridique et politique en faveur d'une démarche de conciliation est exprimé par les États à travers les travaux des organisations internationales défendant la démocratie, les droits de l'homme, le dialogue interculturel et la diversité culturelle. L'acceptation par la majorité des États de sauvegarder et promouvoir la spécificité d'identités culturelles souvent vulnérables constitue une avancée majeure et décisive favorisant un *modus vivendi*, une compréhension mutuelle au sein de sociétés plurielles.

« La conciliation a pour but de prendre en compte équitablement les savoirs et les points de vue en présence[134] ». Mais cette équité suppose une remise en cause d'une vision ethnocentrée des relations et des cultures. Les instruments déclaratoires ou contraignants récemment adoptés par les Nations unies et le Conseil de l'Europe affirment que chaque culture est porteuse de sens, qu'elle a sa dignité et sa valeur intrinsèque. D'aucun peut voir en cette amorce d'évolution, le questionnement plus profond d'un « impérialisme

[133] Kofi ANNAN, « The Quiet Revolution », *Global Governance*, vol. 4, n°2, avril-juin 1998, éd. Lynne Rienner Publishers, p. 123-138.

[134] Rapport explicatif de la *Convention-cadre du Conseil de l'Europe sur la valeur du patrimoine culturel pour la société* adoptée par le Comité des Ministres le 13 octobre 2005.

protéiforme »[135] afin de concilier, dans le respect des droits de l'homme, des valeurs, des cultures et des modes de vie perméables les uns aux autres.

Qualifier les Sámi et les Corses, ou plus largement les communautés culturelles, de « parties » suppose que les États norvégien et français les considèrent comme des interlocuteurs, à égalité. Or, ce n'est pas tout à fait le cas.

Certes, bien que sujets originaires du droit, les États partagent désormais la qualité de sujet du droit avec des sujets dérivés du droit : les organisations internationales et dans certains cas les individus. De plus, beaucoup d'éléments nous invitent à réfléchir sur la place et la qualité, dans l'ordre juridique interne et international, des collectivités autochtones et de la collectivité territoriale de Corse. Si une capacité d'initiative ne leur est pas expressément reconnue, les peuples autochtones savent utiliser des tribunes internationales, régionales et nationales, qui elles, possèdent une personnalité juridique, sont qualifiées de sujets dérivés du droit, pour faire entendre leurs revendications identitaires, participer et influencer l'élaboration des normes les concernant dans les domaines économiques, politiques, culturels et fonciers.

Pour autant, les États restent titulaires de la souveraineté interne et externe qu'ils exercent, et sont toujours les sujets originaires du droit. Aussi les États unitaires se méfient particulièrement des entités infra-étatiques comme les collectivités autochtones qui revendiquent des droits de groupe risquant alors de dépecer l'État et de porter atteinte à son intégrité territoriale. L'octroi de droits fonciers sur des territoires et ressources naturelles, dans le cadre de l'exercice du droit à l'autodétermination, même cantonné à son volet interne, ou encore la possibilité que des peuples autochtones deviennent titulaires d'une souveraineté même d'ordre symbolique et sans l'exercer sont clairement ressentis comme une menace pour le caractère indivisible des États unitaires.

Ainsi, à l'instar d'autres groupes infra-étatiques, les Sámi et les Corses sont des acteurs dynamiques cherchant à devenir à moyen ou à long terme de véritables parties à la conciliation.

135 Expression empruntée à Stéphane PESSINA-DASSONVILLE, *Le statut des peuples autochtones. A la croisée des savoirs*, *op.cit.*, p. 11.

DEUXIEME PARTIE

Une (ré)conciliation favorisée par la création de cadres étatiques dynamiques

En 1991 la Commission de Venise dans son rapport explicatif sur le projet de *Convention européenne pour la protection des minorités* affirmait que « l'adoption de mesures en droit interne est un prérequis pour résoudre le problème des minorités nationales. En premier lieu, les structures étatiques devraient garantir l'autonomie des minorités que ce soit à travers un système fédéral, la régionalisation, ou encore l'accord d'un statut particulier à certains territoires définis[1] » (§10). Certes, ce projet de Convention n'a finalement pas abouti mais sous l'évolution progressive de la considération portée à la diversité culturelle par les organes interétatiques dans les débats publics, la *Convention-cadre pour la protection des minorités nationales* et la jurisprudence de la Cour européenne des droits de l'homme ont érigé le principe de pluralisme culturel en valeur d'une société véritablement démocratique et ont fait de « L'État [l'] ultime garant du pluralisme[2] ».

Dès lors, afin de garantir la pluralité des opinions et des idées mais aussi la diversité des identités et des cultures, l'État a désormais une double obligation : celle négative, de ne pas entraver la liberté des membres de minorités de perpétuer leur culture, et celle, positive, de créer un cadre juridique propre à la préservation, au développement et à l'expression des caractéristiques linguistiques, religieuses et ethniques des individus membres des minorités[3].

Toutefois, « il ne s'agit pas de traiter chaque personne en fonction de son origine ou de son appartenance, mais de garantir à chacun la faculté de choisir librement de conserver, d'adopter ou de rejeter une culture, une religion, une tradition. »

Le pluralisme est ainsi « étroitement lié au respect de l'autonomie des individus qui désigne leur capacité à déterminer leur existence[4] ».

Les instruments de protection européenne et internationale relatifs aux droits des minorités et des peuples autochtones incitent les Etats à favoriser une (ré)conciliation en élaborant des cadres étatiques dynamiques prenant en compte l'altérité et la pluralité sur leur territoire. Ils laissent cependant la mise en œuvre des droits énoncés à la discrétion des États à travers l'élaboration d'arrangements internes entre les minorités concernées et les acteurs étatiques.

La mise en place d'un cadre étatique adapté peut impliquer des réformes constitutionnelles et la mise en place d'institutions favorables à la conservation et au développement des identités culturelles et de la diversité. En effet, « la

---

[1] Traduction personnelle, document CDL(1991)8, 11 mars 1991.

[2] CEDH, *Informationverein c. Autriche*, 24 novembre 1993, req. n° 13914/88 ; 15041/89 ; 15717/89 ; 15779/89 ; 17207/90§ 38, *in* Julie RINGELHEIM, *Diversité culturelle et droits de l'homme. La protection des minorités par la Convention européenne des droits de l'homme*, éd. Bruylant, 2006, p. 425.

[3] CEDH, *Gorzelik c. Pologne,* 17 février 2004, req. n° 44158/98, § 93.

[4] Julie RINGELHEIM, *ibid.*, p. 426.

reconnaissance et le respect véritables de la diversité des identités entrainent dès lors pour l'État des obligations qui dépassent le domaine de la liberté d'expression et d'association [qui sont des droits de l'homme] : pour garantir aux individus la possibilité réelle de vivre selon leurs traditions, leur héritage culturel ou leurs croyances religieuses, il peut s'avérer nécessaire d'introduire certains aménagements dans les lois et institutions[5] ».

La mise en œuvre du principe de pluralisme culturel est dépendante de la qualité du dialogue entre les représentants des minorités culturelles et leurs États et permet ainsi un rapprochement des « nations »[6]. Les aménagements internes choisis par les États diffèrent selon leurs traditions juridiques et politiques, leurs histoires et leurs formes d'organisation. C'est pourquoi les États unitaires norvégien et français ont adopté des instruments de résolution des conflits différents ; ils constituent ainsi des exemples de mise en œuvre différenciées du principe de pluralisme culturel **(Titre I)**.

Quelle que soit les mesures adoptées pour respecter le principe de pluralisme culturel, les États et les minorités culturelles sont appelés à une démarche essentielle : celle de la concertation fondée sur le dialogue entre les parties car la recherche d'un consensus est au cœur même de la conciliation.

La recherche d'un consensus entre les parties porte sur la nature des instruments juridiques instituant des aménagements internes mais aussi sur les conditions de leur exercice. Dans la pratique et lorsqu'elles sont « négociées », certaines notions pourtant distinctes en théorie peuvent alors être rapprochées. Le rapprochement des cultures et des peuples suppose parfois un rapprochement de notions, qui dans certains cas, peuvent se ressembler dans leurs résultats. Ce double rapprochement amène à l'élaboration de cadres étatiques complexes permettant de prendre en compte l'altérité **(Titre II).**

---

[5] Julie RINGELHEIM, *ibid.*, p. 398.

[6] Cette notion est entendue ici dans un sens large selon la définition de Will KYMLICKA. La nation désigne alors « une communauté historique, plus ou moins institutionnelle, occupant un territoire donné, ou sa terre natale, et partageant une langue et une culture distincte. "Nation", en ce sens sociologique, est très proche de l'idée de "peuple" ou de "culture". Ces concepts sont d'ailleurs souvent définis par renvoi les uns aux autres. », Will KYMLICKA, *La citoyenneté multiculturelle. Une théorie libérale du droit des minorités*, éd. La découverte, Paris, 2001, p. 24.

TITRE I

Des mises en œuvre du principe de pluralisme culturel différenciées en France et en Norvège

Depuis les années 1990, les textes de droit international et européen relatifs à la diversité culturelle et à la protection juridique des peuples autochtones et des minorités nationales soutiennent la volonté politique des États désireux de redéfinir les relations intercommunautaires et de réformer leur ordre juridique interne pour mieux accueillir et valoriser la diversité culturelle sur leurs territoires.

Les États restent cependant prudents dans l'application, la mise en œuvre des principes audacieux énoncés par les préambules des textes relatifs à la diversité culturelle, au patrimoine culturel européen, ou encore aux droits des minorités et des peuples autochtones. À propos de l'État français, et bien que celui-ci n'ait encore ratifié aucun instrument de protection internationale ou européenne des minorités et des peuples autochtones, Jean-Marie Pontier a montré que « l'État est sollicité par le dessous (collectivités régionales, groupements culturels divers) et par le dessus (organisations européennes et internationales) d'aller beaucoup plus loin que ce qu'il a accepté de faire jusqu'à présent, de renoncer à ce qu'il a été, de devenir autre[7] ».

Il s'agit alors de concilier certaines dispositions du droit international et européen protégeant la diversité des identités ethniques et culturelles et valorisant ainsi le respect du pluralisme culturel, avec la prudence et les traditions constitutionnelles des États concernés, qui risqueraient sinon de vivre « une véritable révolution culturelle[8] ».

Ni le droit international ni le droit européen n'imposent de modèle préconçu et ils laissent une grande marge d'appréciation aux États pour élaborer en concertation avec les représentants des minorités culturelles un cadre étatique adéquat. La recherche d'une conciliation est vivement encouragée par le droit international à travers la construction d'un partenariat entre les États et leurs minorités culturelles.

Le droit international et européen laisse la mise en œuvre du principe de pluralisme culturel à la discrétion des États, tout en incitant les parties à dialoguer et à élaborer des arrangements internes constructifs.

Pour mettre en œuvre le principe du pluralisme culturel, la France et la Norvège, tous deux États unitaires, ont adopté des solutions différentes affectant l'un dans son organisation interne et l'autre par l'octroi de droits catégoriels spécifiques.

La France ne reconnaît pas officiellement l'existence de minorités culturelles sur son territoire, mais, ayant été confrontée à des revendications identitaires

---

[7] Jean-Marie PONTIER, « Entre le local, le national et le supranational : les droits culturels », *AJDA*, éd. Dalloz, 2000, p. 60.

[8] Jean-Marie PONTIER, *ibid.*

régionales (basques, corses, bretonnes et alsaciennes), elle a choisi de renforcer la décentralisation territoriale pour respecter la diversité des identités culturelles régionales, reconnue par l'État français comme une autre forme du pluralisme culturel aux côtés du pluralisme polyethnique existant sur son territoire. L'État français a fait évoluer la fonction initiale de la décentralisation territoriale afin que celle-ci constitue un cadre juridique et administratif permettant la protection de l'identité culturelle corse. Ainsi la décentralisation territoriale est utilisée par la France dans sa recherche d'une conciliation avec l'identité culturelle régionale corse **(Chapitre I)**.

En revanche, dans sa recherche d'une conciliation avec l'identité culturelle sámi, la Norvège, qui a choisi la reconnaissance légale des minorités nationales et du peuple autochtone sámi sur son territoire, a opté pour une mise en œuvre du droit à l'autodétermination interne **(Chapitre II)**.

CHAPITRE I

Décentralisation territoriale et identité culturelle régionale corse

Dans sa jurisprudence récente la Cour européenne des droits de l'homme a inclus la diversité « des traditions culturelles, des identités ethniques et des cultures aux côtés de la pluralité des idées et des opinions, et des convictions religieuses, des idées et concepts artistiques littéraires et socio-économiques[9] », pour définir la notion de pluralisme culturel, et justifier l'obligation des États d'adopter des mesures, allant au-delà des libertés classiques en particulier les libertés d'expression et d'association (droits civils et politiques à dimension culturelle) pour protéger et mettre en œuvre ce pluralisme sur leurs territoires.

Dès lors, selon la Cour européenne des droits de l'homme, « l'État – ultime garant du pluralisme – a [...] l'obligation d'assurer un cadre juridique qui permette aux individus d'exprimer, de préserver et de développer leur identité ethnique, culturelle, linguistique ou religieuse [...]. Cette obligation peut se traduire par deux types d'exigences : d'une part, des mesures visant spécifiquement à soutenir une culture en position vulnérable peuvent être requises pour garantir aux personnes qui s'identifient à celle-ci la possibilité effective de la préserver ; d'autre part, l'État doit tenir compte de la situation spécifique des minorités culturelles et agir de manière à éviter d'entraver leur liberté de perpétuer leur culture[10] ».

Invoquant le principe constitutionnel d'indivisibilité et d'unicité du peuple français, l'État français ne reconnaît pas officiellement l'existence de minorités culturelles sur son territoire et il interprète la diversité culturelle sous l'angle de la mondialisation : d'une part, le respect de la diversité culturelle correspond à celui des identités culturelles liées à l'immigration sur son territoire (ce qui fait de la France officiellement un État polyethnique) ; d'autre part, il correspond à la promotion des industries culturelles européennes. La diversité culturelle est associée à la pluralité des expressions artistiques et des idées, liant étroitement diversité culturelle et exception culturelle française[11].

Jusqu'alors aucune référence juridique n'a encore été faite quant à l'existence de minorités nationales. De même que la présence de peuples autochtones au sein de la République a jusqu'à présent été réfutée, même si une fragile évolution à ce sujet se profile : d'abord avec la reconnaissance du peuple Kanak en Nouvelle-Calédonie par les Accords dits de Nouméa signés le 5 mai 1998[12] ; ils se traduisent par la révision constitutionnelle du 20 juillet 1998[13], qui a inséré un titre XIII régissant son statut de collectivité *sui generis* dans la Constitution de 1958. Ensuite un amendement à la Loi pour la reconquête de la biodiversité, de

---

[9] CEDH, arrêt *Gorzelik et autres c. Pologne,* 17 février 2004, requête n° 44158/98, § 92.

[10] Julie RINGELHEIM, *Diversité culturelle et droits de l'homme. La protection des minorités par la Convention européenne des droits de l'homme,* éd. Bruylant, 2006, p. 425-426.

[11] portal.unesco.org/culture/en/files/.../11865000553France.doc/France.doc,p.18.

[12] Accord sur la Nouvelle-Calédonie signé à Nouméa le 5 mai 1998, *JORF* n° 121 du 27 mai 1998 p. 8039.

[13] Loi constitutionnelle n° 98-610 du 20 juillet 1998 *relative à la Nouvelle-Calédonie.*

la nature et des paysages insérant les termes « communautés autochtones et locales » avait été adopté par l'Assemblée nationale[14] le 7 mars 2016. Cependant, cette expression a finalement été abandonnée pour être remplacée par celle de « communauté d'habitants » lors de l'adoption définitive de la loi par le Parlement le 20 juillet 2016[15].

Dans cette perspective, les spécificités culturelles ne sont pas prises en compte par l'octroi de droits spécifiques (culturels ou politiques) à des groupes de personnes mais plutôt par des adaptations du cadre étatique à travers des réformes institutionnelles et constitutionnelles menées dans le cadre de la décentralisation territoriale. Ce ne sont pas des groupes qui sont titulaires de droits collectifs, mais ce sont certains territoires où résident des minorités culturelles (certes non juridiquement reconnues comme telles) qui se voient accorder des statuts dérogatoires.

Pourtant, d'un point de vue technique, que la décentralisation soit fonctionnelle ou territoriale elle ne vise pas à répondre à des revendications identitaires culturelles liées à un État unitaire polyethnique (comme la France), mais, établissant des transferts de compétences de l'État unitaire vers des entités locales, elle a pour objectif une meilleure gestion administrative du territoire et un renforcement de la démocratie locale. Cet aménagement de l'État unitaire vise un équilibre des pouvoirs et le rapprochement des citoyens vers le processus de décision « favorisant l'émergence d'une démocratie de proximité[16] ».

Le respect du pluralisme culturel implique-t-il nécessairement pour les États d'accorder des droits culturels universels et catégoriels ou bien ce principe peut-il être respecté par d'autres moyens, comme l'adoption de mesures relatives à l'organisation interne de l'État ?

La décentralisation territoriale en tant que mode d'organisation administrative d'un État réussit-elle à mettre en œuvre le principe de pluralisme culturel défendu par la Cour européenne dans sa jurisprudence récente ?

La fonction décentralisatrice en Norvège diffère de celle en France, qui a évolué pour offrir une réponse à des revendications identitaires. L'invocation du principe constitutionnel d'indivisibilité avec un peuple français insécable justifie l'impossible articulation de la décentralisation territoriale avec l'octroi de droits catégoriels. La décentralisation se conçoit alors comme une alternative à la reconnaissance de droits spéciaux **(I)**. Pourtant la décentralisation territoriale

---

[14] L'amendement a été déposé par la députée guyanaise Chantal BERTHELOT dans le cadre de l'étude par les parlementaires de la loi sur la biodiversité.

[15] Loi n° 2016-1087 du 8 août 2016 *pour la reconquête de la biodiversité, de la nature et des paysages*, *JORF* n° 184 du 9 août 2016. Cette loi est le prolongement de la *Convention sur la diversité biologique*, conclue à Rio en 1992, et elle autorise la ratification du *Protocole de Nagoya sur l'accès aux ressources génétiques et le partage juste et équitable des avantages découlant de leur utilisation.*

[16] Site de l'Assemblée nationale, dossier sur la décentralisation de 1789 à 2010, consultable sur le site http://www.assemblee-nationale.fr/histoire/decentralisation.asp.

pourrait aussi constituer un cadre juridique permettant un exercice encadré et limité de droits culturels **(II)** sans que ceux-ci soient pour autant reconnus et énoncés officiellement. Il y aurait finalement complémentarité et non antagonisme entre la décentralisation territoriale et l'exercice de droits culturels universels et catégoriels.

I. La décentralisation territoriale, une alternative à la reconnaissance de droits spéciaux

À l'origine, en France comme en Norvège la fonction de la décentralisation n'est pas de protéger et de valoriser des identités culturelles particulières ; ce n'est pas l'objectif premier de la décentralisation **(*§ 1*)**. Afin de répondre à des revendications identitaires, l'octroi de droits spéciaux, comme en Norvège, ou l'adoption de mesures décentralisatrices, comme en France, dépend de l'interprétation du principe constitutionnel d'indivisibilité **(*§ 2*)**.

§ 1. En France et en Norvège, des objectifs de la décentralisation initialement distincts de la protection des identités culturelles

Tant en France qu'en Norvège la décentralisation territoriale a une fonction de politique et de gestion administrative du territoire. Elle poursuit des objectifs politiques, économiques et sociaux. Rompant avec le modèle de l'État centralisé, elle est une réflexion sur l'organisation et la distribution des pouvoirs dans un État unitaire ; elle vise le développement économique, l'efficacité de l'action publique par le transfert de compétences, d'attributions et de ressources aux collectivités territoriales ; elle vise enfin à créer une démocratie de proximité.

En France, la conception de la décentralisation est cependant plus complexe que celle d'une gestion et de l'administration du territoire. Elle a été initiée dès le XVIIIe siècle dans le contexte de la Révolution, si bien qu'elle contient en elle les germes de la liberté politique **(**A**)** opposant les partisans du fédéralisme favorables à la prise en compte des particularismes notamment linguistiques, aux Jacobins prônant l'unicité et la centralisation.

En Norvège, la décentralisation a gardé sa fonction de gestion administrative du territoire **(**B**)**.

A. En France, une fonction d'administration du territoire mais contenant les ferments d'une liberté politique

La décentralisation n'a pas pour objectif premier de protéger et de valoriser les identités culturelles particulières, donc *a priori* elle se pose comme une alternative à la reconnaissance et à l'exercice de droits spéciaux pour des minorités culturelles. Ce n'est pas la décentralisation telle qu'initialement conçue qui pourrait mettre en œuvre le principe de pluralisme culturel.

Le processus de décentralisation a été amorcé dans le contexte de la Révolution française dès 1791[17] alors même que les partisans d'une République proclamaient le principe d'indivisibilité dans la Constitution et, s'employant à créer une nation indivisible, le jacobinisme avait pour objectif d'effacer tous les particularismes sur le territoire, notamment linguistiques.

D'un point de vue synthétique, « est décentralisé ce qui est enlevé au centre pour le transférer à la périphérie[18] ».

Elle est un mode d'organisation administrative d'un État qui peut avoir deux formes : fonctionnelle (ou technique), ou territoriale (ou politique).

La première forme « consiste à isoler de la masse des affaires publiques une activité dont la gestion sera confiée à un organisme spécialisé doté de la personnalité morale[19] ». Parmi les organismes spécialisés figurent par exemple des établissements publics tels que des hôpitaux publics ou les musées nationaux, ou des personnes publiques qualifiées, ou encore des personnes privées comme les associations soumises à la loi de juillet 1901. Mais si ces entités sont dotées de la personnalité morale et de moyens propres, elles ne disposent que d'une compétence d'attribution qui se limite à l'objet même du service fourni.

Les mesures adoptées pour l'île de Corse ne correspondent pas à cette forme de décentralisation mais à la décentralisation territoriale (ou politique). Dans ce cas, la décentralisation est « un processus d'aménagement de l'État unitaire [ou fédéral[20]] qui consiste à transférer des compétences administratives de l'État vers des entités (ou des collectivités locales) distinctes de lui[21] ». Les compétences transférées sont encadrées par la loi ou le règlement, laissant à l'autorité investie de ces compétences, une marge de manœuvre variable, plus ou moins forte. À

---

[17] Jean-Marc MAILLOT, Jean-Claude RICCI, *Institutions administratives*, éd. Hachette Supérieur, 2006, p. 37.

[18] Yves et François LUCHAIRE, *Décentralisation et constitution, Commentaire de la loi constitutionnelle relative à l'organisation décentralisée de la République*, éd. Economica, 2003, p. 13.

Nicolas KADA montre qu'à l'origine la déconcentration a précédé la décentralisation et qu'elle est « un mode d'organisation administrative plus ancien que la décentralisation ». La recentralisation de l'Administration a été mise en place sous la Convention (1792-1795) et elle a été renforcée sous Napoléon Bonaparte. Avec la loi du 28 pluviôse an VIII (17 février 1800), « la déconcentration triomphe… et les quelques premiers éléments de décentralisation sont désormais strictement limités, avant que la Monarchie de Juillet ne les restaure progressivement. », Nicolas KADA, « La réforme de l'État territorial », *Revue française d'administration publique* 2012/1, n° 141, p. 111 et p. 112.

[19] Jean-Marc MAILLOT, *Institutions administratives*, *op.cit.*, p. 28.

[20] « La décentralisation peut donc être le fait d'un État centralisé, mais un peu moins qu'auparavant, comme d'un État fédéral, mais un peu plus qu'auparavant », Yves et François LUCHAIRE, *Décentralisation et constitution, Commentaire de la loi constitutionnelle relative à l'organisation décentralisée de la République*, *op.cit.*, p. 13.

[21] « Qu'est-ce que la décentralisation ? », http://www.vie-publique.fr/decouverte-institutions/institutions/collectivites-territoriales/principes-collectivites-territoriales/qu-est-ce-que-decentralisation.html, consulté le 4 novembre 2013.

l'autonomie de gestion et de décision s'ajoute une autorité de tutelle, (le préfet) représentant l'État, qui depuis 1982 n'exerce pas de contrôle *a priori* sur l'opportunité des décisions prises par les collectivités territoriales mais un contrôle *a posteriori* sur la légalité de leurs actes[22]. S'y ajoute enfin un contrôle financier exercé par les chambres régionales des comptes, qui se prononcent sur la régularité de la gestion financière des entités décentralisées.

Dans le cadre de la décentralisation territoriale, les autorités décentralisées ne reçoivent pas de définition juridique, mais elles sont énumérées par l'article 72 de la Constitution de 1958, qui, depuis la révision constitutionnelle du 28 mars 2003[23], dispose que : « Les collectivités territoriales de la République sont les communes, les départements, les régions, les collectivités à statut particulier et les collectivités d'outre-mer régies par l'article 74. Toute autre collectivité territoriale est créée par la loi, le cas échéant en lieu et place d'une ou de plusieurs collectivités mentionnées au présent alinéa ».

Les collectivités territoriales de droit commun sont les communes, les départements et les régions. Les collectivités territoriales dérogatoires sont d'une part les collectivités d'outre-mer : elles-mêmes subdivisées en départements d'outre-mer et en régions d'outre-mer, dont font partie la Guadeloupe, la Guyane, la Martinique et La Réunion, qui sont en effet administrativement dédoublées, ayant donc sur leurs territoires des instances départementales et régionales, et qui sont soumises à l'article 73 de la Constitution de 1958 ; et les autres collectivités territoriales d'outre-mer incluant Mayotte, Saint-Pierre-et-Miquelon, Wallis-et-Futuna, la Polynésie française, Saint-Martin et Saint-Barthélemy, régies par l'article 74 de la Constitution. D'autre part, les collectivités territoriales à statut particulier sont constituées par la collectivité territoriale de Corse (CTC)[24] ainsi que par la ville de Paris et par la métropole de Lyon depuis la loi MAPTAM du 27 janvier 2014[25].

Certes, la finalité première de la décentralisation territoriale n'est pas de répondre aux revendications identitaires apparaissant sur le territoire de la République ; elle tente de répondre à un idéal démocratique consistant à « libérer le pouvoir central de tâches d'administration qui seront mieux assurées par des autorités locales élues, proches des administrés [...] on espère ainsi une amélioration du service rendu aux citoyens [...][26] ».

---

22 Loi n° 82-213 du 2 mars 1982 *relative aux droits et libertés des communes, des départements et des régions*, publiée au *JORF* n° 52 du 3 mars 1982.

23 Loi constitutionnelle n° 2003-276 du 28 mars 2003 *relative à l'organisation décentralisée de la République*, publiée au *JORF* n° 75 du 29 mars 2003, p. 5568.

24 Loi n° 2015-991, du 7 août 2015, *portant nouvelle organisation territoriale de la République*, publiée au *JORF* le 8 août 2015. Avec cette loi qui entrera en vigueur le 1er janvier 2018, la collectivité territoriale de Corse prendra le nom de collectivité de Corse et elle constituera une collectivité unique faisant fusionner la collectivité territoriale et les deux conseils départementaux de l'île.

25 Loi n° 2014-58 du 27 janvier 2014 *de modernisation de l'action publique territoriale et d'affirmation des métropoles* (MAPTAM).

26 Jean-Marc MAILLOT, *Institutions administratives*, *op.cit.*, p. 28.

Cependant, cette affirmation doit être nuancée car la décentralisation territoriale est plus complexe. Elle a aussi une dimension liée à la liberté politique qui était déjà mentionnée par Alexis de Tocqueville : « C'est dans la commune que réside la force des peuples libres. Les institutions communales sont à la liberté ce que les écoles primaires sont à la science, elles la mettent à la portée du peuple, elles lui en font goûter l'usage paisible et l'habituent à s'en servir. Sans institutions communales, une nation peut se donner un gouvernement libre, mais elle n'a pas l'esprit de la liberté.[27] »

Il semble que les lois plus récentes portant notamment sur le statut de la Corse et des collectivités d'outre-mer font écho à cette dimension et visent moins la proximité des services rendus aux citoyens que l'expression d'une forme de liberté politique accordée à des collectivités dotées de spécificités culturelles et historiques. Si la décentralisation dans sa première approche permet de « rapprocher le pouvoir des citoyens »[28], il semble que depuis la loi constitutionnelle du 28 mars 2003[29], qui ouvre « largement la porte à des réformes véritablement décentralisatrices », elle peut être davantage envisagée sous son autre angle : celui de la liberté politique, non pas en rapprochant le pouvoir central des citoyens mais en donnant une forme d'autonomie et donc de pouvoir aux citoyens, organisés en collectivités territoriales.

Il est important de préciser que les termes « pouvoir » et « autonomie » n'impliquent pas une perte de souveraineté de l'État au profit de collectivités locales qui sont des entités créées par l'État et sous son contrôle. Si la reconnaissance d'une certaine souveraineté des collectivités autochtones se pose et a fait l'objet de nombreux débats au sein des Nations unies lors de l'élaboration de la *Déclaration sur les droits des peuples autochtones*, adoptée en septembre 2007, en revanche, la question d'une souveraineté de la collectivité territoriale de Corse n'existe pas car « une souveraineté locale n'a pas sa place dans la tradition française »[30] conformément à l'article 3 de la Constitution, qui énonce :« La souveraineté nationale appartient au peuple qui l'exerce par ses représentants et par la voie du référendum. Aucune section du peuple ni aucun individu ne peut s'en attribuer l'exercice. »

B. *Une fonction de gestion administrative du territoire norvégien*

État unitaire[31], la Norvège a également adopté un processus de décentralisation, mais celui-ci n'a pas été organisé pour répondre à des

---

[27] Alexis DE TOCQUEVILLE, *De la démocratie en Amérique*, 1835, *in* Jean-Marc MAILLOT, *op.cit.*, p. 27.

[28] Yves et François LUCHAIRE, *Décentralisation et constitution, Commentaire de la loi constitutionnelle relative à l'organisation décentralisée de la République*, *op.cit.*, p. 63.

[29] Loi constitutionnelle n° 2003-276 du 28 mars 2003 *relative à l'organisation décentralisée de la République*, publiée au *JORF* n° 75 du 29 mars 2003, p. 5568.

[30] Jean-Marc MAILLOT, *Institutions administratives*, *op.cit.*, p. 27.

[31] La Norvège est une monarchie parlementaire et contient aussi dans sa Constitution un principe d'indivisibilité, ce qui montre que l'indivisibilité n'est pas propre à la république.

revendications identitaires. L'État norvégien reconnaît sur son territoire, aux côtés des personnes immigrées, l'existence de minorités nationales et du peuple autochtone sámi. La Norvège a une interprétation de son principe constitutionnel d'indivisibilité plus souple que la France, si bien que la mise en œuvre du principe de pluralisme culturel peut se réaliser non pas par l'adoption de mesures décentralisatrices mais par l'exercice de droits spéciaux tels que les droits culturels catégoriels ou de certains droits fonciers (pour les Sámi) composants du droit à l'autodétermination interne[32]. Par opposition, en France, ce processus d'aménagement de l'État unitaire a permis non seulement d'organiser le territoire et les compétences de chaque entité décentralisée, mais aussi il a permis de répondre à des revendications identitaires régionales et de pacifier les relations.

La Norvège pratique aussi la décentralisation sous ses deux formes, territoriale et fonctionnelle. La décentralisation territoriale est assimilée au terme d'« autonomie communale » *[Kommunalt selvstyre]*. Selon la loi sur l'administration locale du 25 septembre 1992, l'administration locale se divise en deux niveaux de collectivités territoriales, 19 « communes départementales » *[Fylkes kommuner]* et 430 « communes locales » *[Kommuner]*. Depuis 2002, 7 régions *[Region]* ont été créées, regroupant plusieurs départements afin de gérer leurs intérêts et leurs compétences communes et faire disparaître la catégorie des départements, mais cette question est toujours en discussion au sein du Parlement norvégien.

Motivées par un double souci de développement de la démocratie et d'égalité entre les citoyens, les premières lois norvégiennes sur la décentralisation territoriales instaurant les premiers éléments d'autonomie locale datent de 1837[33], dans la loi Alderman. Cette loi a posé les fondements de la décentralisation en définissant les droits et les responsabilités des autorités locales aux niveaux local et régional. Adoptées en pleine période de nationalisme norvégien[34], elles ne visaient pas non plus la protection des particularismes culturels liés à la présence des minorités skogfinn, kven ou à celle du peuple sámi. Elle visait la représentation démocratique des populations locales et l'égalité des citoyens norvégiens devant l'accès aux services, ce qui prend un sens particulier au regard de la géographie de ce vaste pays et des conditions de vie des populations à cette époque. En France, les timides mesures décentralisatrices au XVIIIe siècle devaient cohabiter avec la proclamation du principe d'indivisibilité de la République face aux courants fédéralistes montants.

Plus tard, et allant dans le même sens que les premières mesures décentralisatrices, la loi générale n° 107 sur les communes et les communes

[32] Cette solution est étudiée dans le chapitre suivant de ce Titre I.

[33] "Local government in Norway", publication du Norwegian Ministry of Local Government and Regional Development, août 2008, p. 7.

[34] La loi Alderman est intervenue dans un contexte agité et historique puisque la Norvège n'était pas encore indépendante du royaume de Suède (pour cela il faut attendre 1905) mais elle possédait depuis 1814 sa propre Constitution et son propre Parlement, le *Storting*.

départementales du 25 septembre 1992 énonce dans son article 1er qu'elle a pour objets « d'établir les conditions permettant une gestion populaire apte à fonctionner des communes locales et départementales », mais aussi « une administration rationnelle et efficace » et enfin « la prise en compte du développement durable ».

Ne répondant plus entièrement aux mêmes objectifs depuis 1982, la décentralisation à la française s'est complexifiée, contrairement à la décentralisation en Norvège.

Les départements et les communes ont administrativement le même statut. La capitale, Oslo, a le double statut de département et de municipalité. Le gouvernement central détient une autorité de contrôle sur les décisions des administrations locales dont l'activité de service public représente les deux tiers de la production nationale de services publics. La répartition des compétences entre les différents niveaux d'administration est prévue par le code des communes et s'apparente à celle existant en France. Les autorités départementales sont compétentes en matière d'éducation (entretien et équipement de l'enseignement secondaire), d'aménagement de l'espace (transports publics, voiries...), de développement économique (par des aides financières indirectes et directes aux entreprises dans le cadre d'une convention), et en matière culturelle et patrimoniale (musées, bibliothèques...).

En revanche elles ne sont pas compétentes en matière d'action sociale et sanitaire comme le sont en France les départements avec la loi du 22 juillet 1983 renforcée par la loi du 13 août 2004.

Les autorités municipales se sont vu transférer des compétences en matière d'éducation (écoles primaires et collèges, crèches), d'action sociale (notamment pour les personnes âgées), d'urbanisme (questions agricoles, routes, gestion de questions environnementales), santé, et culture (musées, bibliothèques, enseignement artistique).

Les départements et communes sont régis par des conseils élus et les élections ont lieu tous les quatre ans. Les conseils sont dirigés par un comité exécutif comprenant une sélection représentative de tous les groupes politiques représentés au conseil en question et un maire. L'État est représenté localement par les bureaux du préfet (appelé *fylkesmann*).

Ces compétences sont encore très similaires à celles attribuées aux communes françaises. Mais aucune de ces collectivités norvégiennes, bien qu'elles aient la personnalité juridique, n'a comme pour la collectivité territoriale de Corse un pouvoir d'adaptation des règlements nationaux aux spécificités de leur territoire ou de leur population.

L'organisation décentralisée est désormais inscrite dans la Constitution française de 1958 depuis la réforme constitutionnelle du 28 mars 2003 ; en revanche, la Constitution norvégienne ne contient aucune disposition sur l'autonomie locale, ni sur le statut et l'organisation des collectivités territoriales. Plusieurs propositions en vue de constitutionnaliser soit le concept d'« autonomie locale », soit celui de « démocratie locale » ont été déposées devant le *Storting*. Ce sujet, ainsi que celui de la ratification de la *Charte européenne de l'autonomie locale*[35], ont fait et font toujours l'objet en Norvège de nombreux débats politiques et juridiques[36].

§ 2. Le choix entre l'adoption de mesures décentralisatrices et l'octroi de droits spéciaux dépend de l'interprétation du principe d'indivisibilité

L'organisation unitaire d'un État serait-elle un obstacle à la reconnaissance de droits spéciaux ? En fait, il apparaît, en comparant les solutions adoptées par la France et par la Norvège, que le choix français de faire évoluer la fonction initiale de la décentralisation territoriale vers la prise en compte des particularismes culturels locaux tient davantage à l'interprétation donnée par l'État du principe constitutionnel d'indivisibilité qu'à sa forme unitaire. Si principe d'indivisibilité et octroi de droits spéciaux sont incompatibles en France (A), à l'inverse, en Norvège, une souplesse d'interprétation de l'indivisibilité permet l'octroi de droits spéciaux (B).

A. Principe d'indivisibilité et droits spéciaux : l'incompatibilité en France

La protection et la valorisation des identités culturelles au sein d'un État suppose l'application des droits de l'homme universels, droits civils, politiques, sociaux et culturels combinés à l'application du principe de non-discrimination, ainsi que la reconnaissance de droits spéciaux : droits culturels catégoriels, droits politiques spécifiques et, dans le cas particulier des peuples autochtones, des droits fonciers. Ces droits ne sont pas des privilèges, mais ils sont octroyés aux côtés du principe de non-discrimination pour instaurer l'égalité de traitement et préserver les caractéristiques et les traditions des minorités nationales et des peuples autochtones.

La mise en œuvre des libertés et droits individuels, incluant ceux à dimension collective tels que le droit à la liberté d'association ou la liberté de religion, ne pose pas de problème même au sein d'un État unitaire à condition que l'État soit démocratique. L'application de ces droits sous-tend l'idée même de démocratie. Mylène Bidault montre l'indissociable lien, la complémentarité des droits civils et politiques avec les droits culturels pour assurer le maintien de la forme

---

[35] Traité élaboré sous l'égide du Conseil de l'Europe, ouvert à signature le 15 janvier 1985 et entré en vigueur le 1er septembre 1988. La Norvège l'a ratifié le 26 mai 1989 et il est entré en vigueur le 1er septembre 1989.

[36] Sur cette question, voir l'étude de Eivind SMITH, « Vers une constitutionnalisation de l'autonomie communale en Norvège ? », in *Mouvement du droit public. Du droit administratif au droit constitutionnel. Du droit français aux autres droits, Mélanges en l'honneur du Professeur Franck Moderne*, Dalloz, 2004, p. 947-966.

démocratique d'un État : « sans droits culturels, nos démocraties sont superficielles[37] » car « les droits culturels sont au cœur de la réalisation pleine et entière du principe d'égalité, et la clé de l'amélioration, de l'approfondissement, du bon fonctionnement de nos démocraties ». La question du renforcement des droits culturels à travers notamment leur justiciabilité s'impose alors comme facteur démocratique.

Á l'instar de la Norvège[38], et alors que les droits culturels sont absents formellement du discours juridique français, la France a ratifié les instruments juridiques énonçant notamment des droits culturels universels. Dans un État démocratique, leur reconnaissance ne doit pas soulever *a priori* de difficultés majeures et elle s'impose d'elle-même. Mais le respect du pluralisme culturel est incomplet, il est inachevé si des droits catégoriels ne sont pas appliqués alors même qu'ils renforcent la protection de communautés spécifiques et vulnérables.

Les droits spéciaux comme les droits culturels catégoriels, les droits politiques spécifiques et les droits fonciers, parce qu'ils s'appliquent à une catégorie de personnes spécifiques, peuvent soulever des questions dans leur reconnaissance et leur application.

Ils supposent en premier lieu que l'État concerné admette officiellement l'existence de minorités ethniques, linguistiques ou culturelles, ou de peuples autochtones sur son territoire. Les droits culturels catégoriels et les droits politiques spécifiques supposent au préalable l'acceptation par l'État que sa population puisse être fragmentée et former plusieurs groupes selon leurs identités communes, ce qui peut poser problème par rapport notamment au principe d'indivisibilité énoncé dans les constitutions des États unitaires.

Que son administration soit centralisée avec des mesures de déconcentration ou qu'elle soit plus ou moins décentralisée de façon fonctionnelle ou territoriale, l'État unitaire est selon une définition synthétique « celui dans lequel une volonté politique unique s'impose à l'ensemble des citoyens, lesquels sont par conséquent soumis aux mêmes lois en tous domaines.[39] » Dans l'État unitaire « la puissance étatique est condensée en un centre unique d'impulsion, à partir duquel elle rayonne dans toute la société, par l'intermédiaire de relais territoriaux », par opposition au modèle fédéral, « dans lequel la puissance étatique est partagée entre deux niveaux distincts, l'un central, l'autre local, disposant chacun d'une sphère propre d'autonomie[40] ».

---

[37] Mylène BIDAULT, « Protection des droits culturels. Quelles actions pour l'Unesco ? », Division des droits de l'homme, Documents de travail de l'IIEDH, n° 5, octobre 2002, p. 7.

[38] La Norvège a ratifié sans réserve substantielles les Pactes internationaux le 13 septembre 1972 et ils sont entrés en vigueur le 3 janvier 1976.

[39] Bernard CHANTEBOUT, *Droit constitutionnel*, 20e édition, Dalloz, 2003, p. 56.

[40] Jacques CHEVALLIER, *L'État post-moderne*, LGDJ, 2004, p. 77-81.

En France, la mise en œuvre d'une forme du principe de pluralisme culturel pose problème puisque, d'organisation unitaire, cet État ne donne pas d'existence légale aux minorités nationales sur son territoire.

Cette absence de reconnaissance est étroitement liée à l'interprétation par le Conseil constitutionnel du principe d'indivisibilité. L'affirmation de ce principe remonte à la période révolutionnaire marquant la fin de l'Ancien Régime[41] : en instaurant une uniformité des règles et des territoires, il a permis de lutter contre le courant fédéraliste et de développer un pouvoir centralisé. Ce principe a été repris dans les constitutions françaises suivantes et l'article 1er de la Constitution du 4 octobre 1958 proclame l'indivisibilité de la République et, depuis la loi du 28 mars 2003[42], que son organisation est décentralisée.

L'indivisibilité « signifie l'unité du pouvoir normatif, c'est-à-dire l'unité du pouvoir politique, qui repose sur l'unicité du souverain qui ne peut être que le peuple français[43] ».

Il consiste donc en deux volets, l'unicité de la souveraineté d'abord. Elle implique une indivisibilité du pouvoir normatif : une seule catégorie de lois nationales peut être édictée, et, si des normes locales émanant d'autorités déconcentrées ou décentralisées sont tolérées, elles doivent être en conformité avec les lois nationales. Ce pouvoir politique s'exerce sur un territoire, mais si l'article 89 de la Constitution de 1958 protège l'intégrité du territoire, elle ne le définit ni géographiquement ni juridiquement. Il est envisagé d'une manière abstraite. S'il est protégé, il peut néanmoins faire l'objet d'une modification selon l'article 53 alinéa 3, ce qui signifie que « le territoire n'est pas conçu comme une donnée intangible[44] ». Michel Verpeaux montre comment une décision du Conseil constitutionnel[45] a validé un droit de sécession pour les îles des Comores « en interprétant de manière extensive l'article 53 qui ne concerne que la cession ou l'adjonction de territoire dans le cadre d'un traité international[46] ». L'article 53 alinéa 3 subordonne ce droit à l'initiative des autorités compétentes de la République et à une procédure de consultation des populations intéressées.

Sans être qualifiable de collectivité d'outre-mer, la Corse a géographiquement le statut d'insulaire et sa spécificité culturelle est aussi reconnue par la République, qui lui a accordé le statut de collectivité territoriale de Corse, la faisant entrer dans la catégorie des collectivités à statut particulier. Elle constitue bien un territoire géographiquement séparé et est culturellement distincte de la métropole. Si les

---

[41] Le décret du 25 septembre 1792 de la Convention nationale proclamait l'unité et l'indivisibilité de la République française pour lutter contre le courant fédéraliste.

[42] Loi constitutionnelle n° 2003-276 du 28 mars 2003, publiée au *JORF* du 29 mars 2003, p. 5568.

[43] Michel VERPEAUX, « L'unité et la diversité dans la République », *Les Nouveaux Cahiers du Conseil constitutionnel*, n° 42, LGDJ, 2014, p. 8.

[44] Michel VERPEAUX, *ibid.*, p. 10.

[45] Décision du Conseil constitutionnel n° 75-59 DC du 30 décembre 1975 *à propos de la loi relative aux conséquences de l'autodétermination des îles des Comores.*

[46] Michel VERPEAUX, « L'unité et la diversité dans la République », *op.cit.*, p. 10.

Corses avaient demandé[47] aussi leur indépendance, elle aurait pu être envisageable théoriquement en appliquant le raisonnement du Conseil dans sa décision de 1975 relative à l'île de la Corse. D'autant que le préambule de la Constitution et une décision du Conseil constitutionnel consacrent les « principes de libre détermination des peuples et de libre manifestation de leur volonté[48] ». De plus, comme le souligne Michel Verpeaux à propos de l'article 72-3 al.2 : « Le territoire deviendrait alors indivisible sans modification de la Constitution mais, paradoxalement, cette exigence ne pèserait que sur les collectivités situées outre-mer[49] ».

Cependant toute démarche en ce sens n'est pas envisageable car la décision du Conseil constitutionnel du 9 mai 1991[50] affirmant l'unicité du peuple français oppose la reconnaissance des spécificités culturelles des populations d'outre-mer à celle des populations de régions métropolitaines, et refuse la qualité de « peuple » à la population corse.

Cet obstacle à l'indépendance semble avoir été renforcé par l'introduction de deux éléments : d'une part, la décision du Conseil du 4 mai 2000[51], qui a éclairci le trouble quant aux titulaires du droit à l'autodétermination. L'approche extensive de la notion de « peuples des territoires d'outre-mer » se trouve désormais délimitée, circonscrite aux collectivités d'outre-mer excluant la Corse, « qui, bien qu'étant un territoire insulaire, ne fait traditionnellement pas partie de la catégorie des collectivités d'outre-mer et est rattaché[e] au territoire métropolitain[52] ». D'autre part, l'article 72-3 al. 2 par la loi constitutionnelle de 2003, dont on peut avoir une interprétation par analogie et qui peut être interprétée comme étant une réaction à la jurisprudence audacieuse du Conseil constitutionnel en 1975 : en énumérant les collectivités territoriales situées outre-mer attachées à la République, il interdit à ces territoires de ne plus appartenir à la République, à moins que la Constitution ne soit de nouveau révisée[53]. Cet

---

[47] Plus exactement, cette transformation statutaire aurait pu être réalisée de deux manières : soit en suivant la procédure législative établie dans le cadre du référendum de l'article 11 de la Constitution si le statut de l'île constituait un enjeu national intéressant les pouvoirs publics (ce qui semblait être le cas étant donné les nombreux attentats terroristes du FLNC) ; soit par une révision constitutionnelle pour aménager le nouveau statut élaboré avec le principe d'indivisibilité. *In* Félicien LEMAIRE, « La question de la libre détermination statutaire des populations d'outre-mer devant le Conseil constitutionnel (la décision n° 2000-428 DC du 4 mai 2000) », *Revue de droit public*, n° 3, 2000, p. 924.

[48] Considérant 5 de la décision n° 87-226 DC du 2 juin 1987 *relative à la loi organisant la consultation des populations intéressées de la Nouvelle-Calédonie et dépendances prévue par l'alinéa premier de l'article 1er de la loi n° 86-844 du 17 juillet 1986 relative à la Nouvelle-Calédonie*, *Recueil*, p. 34, publié au *JORF* du 4 juin 1987, p. 6058.

[49] Michel VERPEAUX, *ibid.*, p. 10.

[50] Décision n° 91-290 DC du 9 mai 1991 *relative à la loi portant statut de la collectivité territoriale de Corse.*

[51] Décision n° 2000-428 DC du 4 mai 2000 *relative à la loi organisant la consultation de la population de Mayotte.*

[52] Félicien LEMAIRE, « La question de la libre détermination statutaire des populations d'outre-mer devant le Conseil constitutionnel (la décision n° 2000-428 DC du 4 mai 2000) », *op.cit.*, p. 924.

[53] Yves et François LUCHAIRE, *Décentralisation et Constitution. Commentaire de la loi constitutionnelle relative à l'organisation décentralisée de la République*, *op.cit.*, p. 46.

article constitue un obstacle à l'indépendance de populations d'outre-mer vivant « au sein du peuple français » et s'applique *a fortiori* pour le territoire insulaire métropolitain de la Corse, dont la population appartient au peuple français.

Le principe d'indivisibilité correspond ensuite à l'unicité du peuple français énoncé à l'article 3 alinéa 1er de la Constitution et consacré dans les décisions du Conseil constitutionnel du 9 mai 1991 relative au statut de la Corse[54] et dans celle du 15 juin 1999 concernant la *Charte européenne des langues régionales ou minoritaires*[55]. Le Conseil constitutionnel avait alors considéré que certaines dispositions de la Charte étaient contraires à la Constitution en ce qu'elles confèrent des droits spécifiques à des « groupes » de locuteurs de langues régionales ou minoritaires à l'intérieur de « territoires » dans lesquels ces langues sont pratiquées et portaient ainsi atteinte aux principes constitutionnels d'indivisibilité, d'égalité et d'unicité du peuple français, les langues minoritaires ou régionales ne pouvant être employées que dans une sphère privée et la langue française étant la langue utilisée dans les rapports que les citoyens ont avec l'État.

À l'instar des peuples autochtones de la République et des minorités nationales, qui sont absents du discours juridique français, la catégorie des droits culturels est absente du discours juridique français[56]. Toutefois le paragraphe 13 du préambule de la Constitution du 27 octobre 1946 énonce un droit à la culture[57] qui recouvre surtout le droit à l'éducation et la volonté de déployer une démocratisation culturelle permettant à toutes les catégories de citoyens français d'accéder à la culture.

Cette disposition est le fondement de l'intervention culturelle des personnes publiques et du développement des politiques culturelles ; l'objectif étant, avant tout, la démocratisation culturelle, c'est-à-dire l'accès à la culture du plus grand nombre.

La création du ministère de la culture par le décret du 24 juillet 1959 a renforcé le choix des gouvernements français de mener des politiques culturelles ; il a pour missions « de rendre accessible les œuvres capitales de l'humanité, et d'abord de la France, au plus grand nombre possible de Français, d'assurer la plus vaste audience à notre patrimoine culturel et de favoriser la création des œuvres d'art et de l'esprit qui l'enrichissent[58] ».

---

[54] Décision n° 91-290 du 9 mai 1991 relative à la loi portant statut de la collectivité territoriale de Corse publiée au *JORF* du 14 mai 1991, p. 6350.

[55] Décision n° 99-412 DC du 15 juin 1999 relative à la Charte européenne des langues régionales ou minoritaires.

[56] Jean-Marie PONTIER, « Entre le local, le national et le supranational : les droits culturels », *AJDA*, Dalloz, n° 1, 2000, p. 50.

[57] « La Nation garantit l'égal accès de l'enfant et de l'adulte à l'instruction, à la formation professionnelle et à la culture. L'organisation de l'enseignement public gratuit et laïque à tous les degrés est un devoir de l'État », Préambule de la Constitution du 27 octobre 1946.

[58] Article 1er du décret n° 59-889 du 24 juillet 1959 portant organisation du ministère chargé des affaires culturelles, *JORF* du 26 juillet 1959, p. 7413.

Le décret du 10 mai 1982 relatif à l'organisation du ministère de la Culture précise que « le ministère chargé de la culture a pour mission : de permettre à tous les français de cultiver leur capacité d'inventer et de créer, d'exprimer librement leurs talents et de recevoir la formation artistique de leur choix, de préserver le patrimoine culturel national, régional ou des divers groupes sociaux pour le profit commun de la collectivité tout entière ; de favoriser la création des œuvres de l'art français dans le libre dialogue des cultures du monde[59] ».

Le décret du 24 mai 2012 relatif aux attributions du ministre de la Culture et de la Communication[60] rappelle la poursuite d'objectifs similaires et les ordonne en quatre axes : le développement des pratiques culturelles des citoyens français, la conservation et la mise en valeur du patrimoine, l'aide à la création contemporaine et à sa diffusion, et enfin l'action internationale de la France.

Le droit français ne reconnaît pas l'existence de droits culturels ni ne s'interroge sur leur place éventuelle dans l'ordre juridique ; le législateur a choisi de mener des politiques culturelles et non pas de reconnaître formellement l'existence de droits culturels.

En fait, il s'agit d'une absence de reconnaissance formelle des droits culturels, et non pas d'absence matérielle de ces droits : il n'existe pas de formule les désignant. « Notre droit reconnaît bien l'existence de ces droits culturels, mais à travers une autre formulation[61] », à savoir le droit à la culture.

Jean-Marie Pontier fait une distinction entre « silence » et « absence » : « Le terme d'absence est relativement neutre. Il signifie que l'expression de "droits culturels" n'est pas utilisée dans notre pays, cette absence pouvant s'expliquer par de multiples facteurs, sans que l'on puisse présumer une volonté d'écarter cette catégorie de droits », tandis que le silence signifie une réticence voire une hostilité explicite ou implicite au concept de droits culturels[62].

L'absence d'énumération de droits culturels dans le droit français est remplacée par un droit plus large, celui du droit à la culture, qui semble avoir été consacré par le paragraphe 13 du préambule de la Constitution de 1946. En fait, la disposition énonce un droit d'accès à la culture avec l'obligation pour l'État de « mener une politique de grands équipements culturels, de développer des formations prestigieuses de théâtre ou de musique, de conduire des politiques de soutien au cinéma[63] ». Il est question ici de politiques culturelles et de services

---

[59] Article 1er du décret n° 82-394 du 10 mai 1982 *relatif à l'organisation du ministère de la culture*, *JORF* du 11 mai 1982, p. 1346.

[60] Décret n° 2012-776 du 24 mai 2012 *relatif aux attributions du ministre de la Culture et de la Communication*, *JORF* du 25 mai 2012, p. 9266.

[61] Jean-Marie PONTIER, « Entre le local, le national et le supranational : les droits culturels », *op.cit.*, p. 51.

[62] Jean-Marie PONTIER, *ibid.*

[63] Pierre-Laurent FRIER, « La répartition des compétences entre l'État et le pouvoir local », *AJDA*, 2000, p. 59.

publics culturels qui semblent plus rassurants : « le service public est un terrain beaucoup plus sûr que les droits culturels, et certainement plus familier. Il est beaucoup moins risqué de parler en termes de services publics culturels qu'en termes de droits culturels. Le juge [administratif] peut maîtriser facilement le développement du service public culturel, beaucoup moins celui des droits culturels dont les potentialités d'expansion sont difficilement contrôlables.[64] » Car en arrière-plan se profile l'État et il est ainsi plus facile de faire prévaloir l'intérêt général sur l'intérêt local.

Le choix de ne pas reconnaître formellement l'existence de droits culturels est cohérent avec l'absence de reconnaissance légale de minorités ou de peuples autochtones de la République, qui seraient pourtant mieux protégés par la reconnaissance et la mise en œuvre de droits culturels universels et catégoriels tels qu'ils sont prévus par les instruments régionaux et internationaux de protection des droits de l'homme. L'article 72-3 de la Constitution utilise le terme de « populations d'outre-mer »[65] pour désigner les populations de la Guadeloupe, la Guyane, la Martinique, La Réunion, Mayotte, Saint-Barthélemy, Saint-Martin, Saint-Pierre-et-Miquelon, les îles Wallis-et-Futuna et la Polynésie française et Nouvelle-Calédonie. La catégorie qu'elles représentent n'est pas écartée du droit français puisque celui-ci tient compte de leur existence et de leurs spécificités culturelles et historiques à travers la reconnaissance d'un statut constitutionnel et l'élaboration de statuts juridiques particuliers liés à la décentralisation renforcée, mais elles sont absentes du droit français, il n'existe pas de reconnaissance formelle des peuples autochtones.

De même pour la Corse, le Conseil constitutionnel n'admet pas l'existence d'un peuple corse et avait censuré dans sa célèbre décision de 1991 l'emploi de l'expression « la communauté historique et culturelle vivante que constitue le peuple corse, composante du peuple français » figurant à l'article 1er du projet de loi élaboré par Pierre Joxe. Mais le Conseil avait tout de même consacré l'existence d'une réelle spécificité culturelle corse liée à son histoire et à son insularité.

Ce choix reflète aussi une conception encore dominante en France des droits de l'homme et de la culture. Cette dernière est encore essentiellement synonyme de liberté et d'expression artistique et littéraire et est liée aux droits d'auteurs, si bien que les droits culturels sont surtout conçus comme des droits à la culture à la fois universels et individuels. Les revendications identitaires régionales comme celles portées par les Corses et les revendications identitaires autochtones comme celles des Kanak en Nouvelle-Calédonie bousculent non seulement l'approche uniquement universaliste des droits de l'homme mais aussi la conception occidentale de la culture que défend la France. Les mouvements identitaires

---

[64] Jean-Marie Pontier, *ibid.*, p. 53.

[65] « La République reconnaît, au sein du peuple français, les populations d'outre-mer, dans un idéal commun de liberté, d'égalité et de fraternité », Article 72-3 de la Constitution.

montrent que la culture doit aussi être envisagée de façon élargie, selon une approche anthropologique au sens de « civilisations » et d'identités culturelles particulières. Dès lors, les droits culturels, jusqu'alors considérés comme les parents pauvres des droits de l'homme, deviennent des droits collectifs voire des droits de groupe afin de protéger des identités culturelles, des cultures au sens anthropologique du terme. Les droits culturels ne sont alors plus seulement universels mais peuvent aussi être catégoriels.

En conséquence, la culture est envisagée en tant que patrimoine matériel et immatériel de la France mais non à travers l'attribution de droits culturels spécifiques. Les identités culturelles sont donc appréhendées sous cet angle patrimonial et universalisant au sein de la République.

En appliquant cette logique à la Corse, ce ne sont pas les droits culturels et plus exactement les droits linguistiques des personnes vivant en Corse qui sont protégés mais la spécificité culturelle liée à l'insularité et à l'histoire de l'île. Il s'agit plus de protéger la Corse dans sa globalité culturelle et territoriale en tant que patrimoine matériel et immatériel appartenant à la République française depuis le XVIIIe siècle que d'assurer la protection des droits culturels des personnes corses. La langue corse est protégée par son enseignement non pas dans le but de protéger les droits des locuteurs corses (ce qui s'apparenterait à reconnaître un droit culturel catégoriel), mais dans le but de protéger la langue corse, comme les autres langues régionales telles que le breton ou l'alsacien, en tant qu'éléments du patrimoine immatériel français.

Les politiques publiques montrent que les identités régionales sont protégées en tant qu'éléments appartenant au patrimoine de la République. Cet aspect patrimonial est explicite par exemple à propos des langues régionales, qui restent subordonnées à la langue française, langue de la République dont la primauté est assurée à l'article 2 de la Constitution de 1958 ; l'article 75-1 de la Constitution figurant au titre XII relatif aux collectivités territoriales dispose que « les langues régionales appartiennent au patrimoine de la France ».

Face au principe d'unicité du peuple français, ce ne sont ni les locuteurs individuellement ni les groupes linguistiques qui sont protégés mais les langues régionales en elles-mêmes parce qu'elles entrent dans la composition du patrimoine immatériel de la France.

Ainsi, en France, la décentralisation territoriale se pose bien en alternative à la reconnaissance par l'État de droits spéciaux catégoriels : les particularismes culturels sont pris en compte par des politiques publiques culturelles, menées dans le cadre de la décentralisation sans cesse repensée et réaménagée, et non par la reconnaissance de droits culturels et politiques spéciaux.

Si l'interprétation donnée par le Conseil constitutionnel du principe d'indivisibilité empêche l'État français d'octroyer des droits spéciaux (de nature politique, culturelle ou foncière) et l'oblige à composer avec ce principe constitutionnel pour tenter de respecter le principe de pluralisme culturel, l'État norvégien a une interprétation différente de son principe constitutionnel d'indivisibilité lui permettant de ne pas utiliser la décentralisation mais plutôt de reconnaître des droits spéciaux à ses minorités culturelles. En ce sens, il semble que ce soit moins la forme unitaire de l'État que l'interprétation des principes constitutionnels le formant qui empêche la reconnaissance de droits spécifiques.

B. En Norvège, une souplesse d'interprétation de l'indivisibilité permet l'octroi de droits spéciaux

La Constitution de Norvège énonce elle aussi un principe d'indivisibilité du royaume et du peuple norvégiens dans son paragraphe premier : «Kongeriket Norge er et fritt, selvstendig, udelelig og uavhendelig rike.[66]»

À l'origine, dans le texte de 1814 et jusqu'en 1988, aucune référence n'a été faite aux minorités nationales rom, kven, skogfinn et au peuple sámi, alors même que des dispositions de la Constitution prévoyaient de protéger les droits civils et politiques des citoyens norvégiens[67]. Les dispositions sur le droit de vote montrent que l'État norvégien n'accordait pas de droits politiques ou civils spécifiques aux minorités nationales non assimilées : si l'article 50 précisait les conditions d'exercice du droit de vote et ne prévoyait pas de discriminations à l'encontre des femmes, il prévoyait tout de même un suffrage restreint voire censitaire. Parmi les potentiels exclus du suffrage, les Sámi et les autres minorités nationales se trouvaient particulièrement visés sauf s'ils s'assimilaient au mode de vie norvégien. Une fois assimilés, rien d'un point de vue légal ne semblait plus les empêcher de voter ou même d'être éligibles.

Lorsque la Constitution se référait au peuple de Norvège sous les termes de « norsk folk », aucune mention spéciale n'était faite quant à l'existence de minorités ou que ce peuple norvégien était composite dans sa réalité sociologique.

Cependant, après avoir mené des politiques d'assimilation à l'endroit de ses minorités pendant des décennies, depuis les années 1980 l'État norvégien s'est engagé aux plans international et national sur la voie de la réconciliation à travers la protection des identités culturelles minoritaires. L'amendement constitutionnel du 27 mai 1988 a ajouté l'article 110a reconnaissant l'existence des Sámi en tant que minorité. Il énonce : «Det paaligger Statens Myndigheder at lægge Forholdene til Rette for at den samiske Folkegruppe kan sikre og udvikle sit Sprog, sin Kultur og sit Samfundsliv[68]». L'introduction de cette disposition constitutionnelle montre que l'interprétation du principe d'indivisibilité donnée par l'État norvégien est plus souple et ne lui donne pas le même sens qu'en France : il ne s'agit pas de *l'unicité du peuple* comme le proclame la République

[66] « Le royaume de Norvège est libre, indépendant, indivisible et inaliénable. »

[67] Parmi elles, par exemple, le principe de non-rétroactivité des lois pénales prévu à l'article 97 ou la liberté d'expression énoncée à l'article 100.

[68] Sur cette question voir les développements détaillés dans le Chapitre II, Titre I, première Partie.

française mais de *l'unité d'un peuple*, celui de Norvège, au sein duquel coexistent plusieurs minorités nationales et un autre peuple, les Sámi. L'État norvégien reconnaît donc légalement l'existence des minorités nationales kven, skogfinn et rom, ainsi que celle du peuple transfrontalier sámi dont l'existence en tant que groupe et la protection de la culture sont désormais consacrées par le texte constitutionnel.

Pour autant la portée de cet amendement constitutionnel ne remet pas en cause le principe d'indivisibilité de l'État unitaire et doit être nuancée pour plusieurs raisons : d'abord, priorité à la protection constitutionnelle de la culture sámi[69] a été donnée grâce à la volonté et au travail de lobbying des deux plus influentes organisations sámi que sont le *Norske Reindriftsamers Landsforbund* (NRL) et le *Norske Samers Riksforbund* (NSR). À l'origine, le gouvernement était plutôt favorable à une loi organique comme celle qui fut d'ailleurs votée le 12 juin 1987, relative aux affaires sámi[70]. L'insertion de cette disposition dans la Constitution devait surtout servir de garantie contre les possibles résurgences des politiques d'assimilation.

De plus, si des droits à caractère culturel et linguistique peuvent être octroyés aux Sámi en tant que minorité, la question épineuse et complexe des droits fonciers spécifiques à la problématique autochtone a été volontairement éludée dans l'amendement constitutionnel norvégien[71]. Elle n'a été abordée qu'en juin 2005 lors de l'adoption de la loi sur le Finnmark *(Finnmarksloven)*, ce texte ne remettant pas en cause l'indivisibilité du territoire norvégien. Elle consiste surtout à gérer dans un conseil mixte, composé de Norvégiens non sámi et d'autres d'origine sámi, les difficultés liées au pâturage des rennes et aux propriétés privées notamment.

Enfin, et surtout, la portée de l'article 110a de la Constitution norvégienne est limitée car elle consiste en une simple déclaration de principes, mettant à la charge de l'État une obligation de moyen et non pas de résultat. L'interprétation donnée par le *Storting* et le *Samerettsutvalget* [72] confère ainsi à l'amendement une portée relativement limitée puisqu'il ne pose qu'un principe général de protection de la culture et de la langue sámi, sans reconnaître l'existence de droits spécifiques constitutionnellement garantis : « Il s'agit davantage d'énoncer un principe général et non pas d'établir des droits spécifiques dans la Constitution.[73] » En fait, au regard du respect du pluralisme culturel, l'article 110a exprime le choix de l'État norvégien de ne pas prendre d'action positive en soutenant les cultures de ses minorités nationales mais plutôt de ne pas entraver ou laisser entraver les

[69] NOU 1984:18 *Om samenes rettstilstand*, p.444-451.

[70] LOV 1987-06-12 nr. 56: *Lov om Sametinget og andre samiske rettsforhold (sameloven).*

[71] *«Utredningen inneholder således ikke klare standpunkter til spørsmålene om samers rett til land og vann. Dette var først og fremst tema for NOU 1997: 4 Naturgrunnlaget for samisk kultur»*, Ot.prp. nr.53 (2002-2003).

[72] Premier rapport du *Samerettsutvalget*, « On the Legal Position of the Saami », *in* NOU 1984: 18 Om samenes rettstilstand.

[73] Traduction personnelle à partir des termes employés par la commission chargée d'élaborer la proposition d'amendement, NOU 1984 : 18 *Om samenes rettsstilling*, p. 388.

initiatives sámi visant à protéger et à développer leur culture, leurs langues et leurs modes de vie. Les Sámi ont ici un rôle actif à jouer à travers leurs propres institutions représentatives démocratiques, mises en place par les autorités étatiques norvégiennes.

La reconnaissance d'un peuple norvégien composite, constitué de minorités culturelles, ne semble pas porter atteinte aux volets du principe d'indivisibilité de l'État unitaire norvégien parce que celui-ci ne parle pas d'unicité du peuple mais d'unité du peuple et qu'il ne remet pas en cause l'intégrité territoriale. Pourtant le principe d'indivisibilité est particulièrement susceptible d'être malmené par le statut de peuple autochtone des Sámi puisqu'avec lui se profilent les questions des droits fonciers sur les territoires qu'ils occupent ou utilisent depuis des temps immémoriaux, l'exercice de l'autodétermination interne et la souveraineté autochtone soulevée depuis les séances de préparation de la *Déclaration des Nations unies sur les droits des peuples autochtones*.

En fait, aucune des mesures adoptées pour le peuple sámi ne porte atteinte fondamentalement au principe d'indivisibilité de l'État unitaire norvégien.

D'abord, la Constitution mentionne l'existence des Sámi aux côtés du peuple norvégien ; elle ne le qualifie pas de peuple autochtone mais plutôt de « groupe de population » et elle n'énonce pas de droits positifs, individuels ou collectifs, spécifiques en leur faveur, ni même d'ailleurs en la faveur des autres minorités kven, skogfinn, ou rom. Elle ne créée pas de droits subjectifs pour les personnes d'origine sámi et n'énonce qu'une obligation de moyen pour l'État de ne pas entraver les initiatives permettant le développement de la culture et du mode de vie sámi.

De plus, sur un plan méthodologique, l'articulation du principe d'indivisibilité et de l'octroi de droits spécifiques repose sur des dialogues sans cesse renouvelés entre les autorités étatiques norvégiennes et les représentants sámi afin de créer entre eux des « accords et des arrangements constructifs » dans le but d'établir un « partenariat renforcé » selon les termes du Préambule de la *Déclaration des Nations unies sur les droits des peuples autochtones*[74]. Les premiers groupes de travail et les premières mesures légales telles que la loi sur les affaires sámi du 12 juin 1987 ont été instaurés avant même l'adoption de la *Convention n° 169 sur les droits des peuples indigènes et tribaux* par l'OIT en 1989.

---

[74] « Estimant également que les traités, accords et autres arrangements constructifs, ainsi que les relations qu'ils représentent, sont la base d'un partenariat renforcé entre les peuples autochtones et les États », Préambule de la *Déclaration des Nations Unies sur les droits des peuples autochtones* (2007).

Par ailleurs, les droits culturels tels que les droits linguistiques[75] et les droits politiques spécifiques comme le droit d'avoir leur propre organe démocratique délibérant (le *Sameting*) ont un fondement légal et la présence de l'État norvégien à travers la gestion, le financement[76] et les transferts de compétences est toujours forte. À la différence de la France, la Norvège n'inscrit pas les mesures internes adoptées pour les Sámi dans le cadre de la décentralisation mais dans la reconnaissance pour ce peuple autochtone de l'exercice d'une forme de leur droit à l'autodétermination interne affirmé non pas dans le droit interne norvégien mais dans les instruments de protection internationale des droits des peuples autochtones ratifiés par l'État norvégien.

Ensuite, à propos de la question de la souveraineté des collectivités autochtones, l'État norvégien a ratifié la *Déclaration des Nations unies sur les droits des peuples autochtones* (2007). À ce titre, il reconnaît au moins moralement l'existence d'une forme symbolique de souveraineté des peuples autochtones sur leurs territoires ancestraux et leur droit à l'autodétermination interne puisque, sans la formuler, il en organise l'exercice matériel en concertation avec les représentants sámi.

Par ailleurs, il est important de souligner que le *Sameting* est une assemblée sans territoire véritablement défini. Il est situé dans le nord de la Norvège, en Laponie, pour des raisons à la fois symboliques et pratiques, mais la Laponie n'a pas d'existence administrative en Norvège. Elle est une région géographique transfrontalière, répartie sur les États norvégien, suédois et finlandais, et elle n'a pas de statut juridique propre. Elle fait partie intégrante du territoire de ces États. Cette continuité géographique a pour conséquence que le *Sameting* norvégien (mais aussi ceux de Suède et de Finlande) est une assemblée nationale et non pas territoriale, contrairement à l'Assemblée de Corse qui, elle, bénéficie d'un territoire géographiquement délimité par son insularité et doté d'un statut administratif particulier.

Aussi, le Parlement sámi ne se substitue pas aux entités infra-étatiques que constituent les municipalités et les départements *(Fylker)*, créés dans le cadre de la décentralisation norvégienne amorcée en 1837.

Enfin, le *Sameting* n'est pas une institution indépendante de l'État norvégien, au contraire il en est une création et il s'incorpore dans une structure étatique

---

[75] « Les langues sämes et le norvégien ont une valeur et un statut égal » : *«Samisk og norsk er likeverdige språk. De skal være likestilte språk etter bestemmelsene i kapittel 3»*. Voir le § 1-5 de la loi n° 56 sur les Sámi *[Lov om Sametinget og andre samiske rettsforhold (sameloven)]*.

[76] La loi sur les Sámi de 1987 *(Sameloven)* énonce que le *Sameting* bénéficie d'une enveloppe budgétaire annuelle délivrée par le ministre des Finances, qui est lui-même compétent pour édicter les règles concernant les questions liées aux finances du *Sameting* : « *Sametinget kan delegeres myndighet til å forvalte de bevilgninger som bevilges til samiske formål over det årlige statsbudsjett. Departementet fastsetter reglement for Sametingets økonomiforvaltning* » (§ 2-1).

déjà existante. Ceci explique que cette assemblée nationale puisse être constituée de membres élus selon les conditions de vote national norvégien rappelées dans la loi sur les Sámi *(Sameloven)* aux paragraphes 2-5 à 2-11 et que les membres élus et représentatifs des citoyens norvégiens sámi soient issus de plusieurs municipalités du Nord au Sud, y compris d'Oslo[77].

Ainsi, la décentralisation en Norvège répond entièrement à un souci d'organisation du territoire, d'autonomie locale et de renforcement de la démocratie de proximité avec les citoyens norvégiens. En ce sens elle ressemble au rôle initial donné à la décentralisation en France. Mais là où la France a fait évoluer sa fonction première à cause de son interprétation du principe constitutionnel d'indivisibilité, la Norvège au contraire a maintenu cette fonction initiale de la décentralisation et a choisi d'adopter d'autres mesures pour répondre aux revendications identitaires de ses minorités nationales et du peuple autochtone sámi, se conformant ainsi plus que la France, aux exigences du droit international et de la Cour européenne des droits de l'homme en matière de respect et de mise en œuvre du pluralisme culturel.

La décentralisation en France a désormais une autre fonction que celle donnée en Norvège. Pourtant, à l'origine, ni en France ni en Norvège la décentralisation, qu'elle soit territoriale ou fonctionnelle, n'avait vocation première à protéger et valoriser l'existence d'identités culturelles singulières sur un territoire étatique.

II. La décentralisation territoriale, un cadre permettant un exercice encadré de droits culturels

En France, les droits culturels collectifs sont perçus comme des « droits de rupture de consensus sur les droits de l'homme[78] » entraînant une rupture de l'unité nationale. L'identité culturelle française se décline officiellement et juridiquement au singulier et non au pluriel à travers la reconnaissance de groupes et l'octroi de droits catégoriels.

Pourtant, l'identité culturelle française est composite, comme ont voulu le rappeler notamment les mouvements de revendications identitaires régionalistes basques ou corses.

En réponse l'État français s'est engagé dans des réformes, adoptées dans le cadre de la décentralisation, offrant davantage d'autonomie aux collectivités territoriales.

Plutôt que de reconnaître à des groupes des droits culturels collectifs, l'État français a choisi de faire évoluer et de complexifier sa politique de

[77] La liste est établie dans la loi n° 56 sur les Sámi dite *Sameloven*, § 2-4.

[78] Jean-Marie PONTIER, « Entre le local, le national et la supranational : les droits culturels », *op.cit.*, p. 54.

décentralisation, adoptant ainsi des mesures renforçant l'autonomie et le rôle en matière culturelle des collectivités territoriales.

En ce sens la fonction de la décentralisation en France a évolué (*§ 1*) : sa fonction initiale de gestion et de répartition des compétences sur le territoire entre l'État et des collectivités locales s'est enrichie de la fonction de protection d'identités culturelles distinctes telles que les identités culturelles régionales.

En Norvège au contraire, la décentralisation n'a pas évolué dans sa fonction initiale. La fonction de la décentralisation n'a pas évolué fondamentalement et le renforcement de l'autonomie communale ne sert pas à encadrer l'exercice de droits spéciaux ou à protéger l'identité culturelle des minorités kven, skogfinn, rom ou celle du peuple sámi.

La protection de leur identité culturelle n'est pas liée à un territoire, la culture n'est pas territorialisée. Les droits culturels universels et catégoriels sont accordés et exercés par les personnes. Le principe du pluralisme culturel est reconnu dans sa forme ethnique et religieuse et est appliqué à travers l'exercice du droit à l'autodétermination interne[79].

L'évolution de la fonction décentralisatrice en France a permis de faire évoluer le statut de la Corse. Ces modifications statutaires sont issues d'un partenariat moderne entre les représentants corses et les gouvernements français successifs (*§ 2*).

§ 1. Évolution de la fonction de la décentralisation territoriale

Si la question de l'octroi de droits catégoriels est évincée par l'interprétation du principe constitutionnel d'indivisibilité, les réponses aux revendications identitaires régionalistes corses se réalisent par une autre voie : celle de la décentralisation territoriale renforcée. C'est par ce processus que depuis 1982 la Corse a progressivement obtenu un statut dérogatoire faisant de l'île un « laboratoire institutionnel ». Il semble bien que le principe de libre administration (prônant l'autonomie dans la gestion et dans la prise de décision) participe au respect du pluralisme culturel car « cette relative autonomie permet aujourd'hui de traiter la diversité des situations locales afin d'y apporter des réponses adaptées[80] ».

Éléments constitutifs du patrimoine matériel et immatériel de la République française, les cultures régionales sont préservées et mises en valeur par des

---

[79] Ce droit concernant le cas du peuple sámi de Norvège est étudié dans le chapitre suivant intitulé « L'octroi aux Sámi d'un droit à l'autodétermination interne : une autre illustration de l'application du principe de pluralisme culturel ».

[80] Jean-Luc BŒUF et Manuela MAGNAN, *Les collectivités territoriales et la décentralisation*, éd. La Documentation française, 3e édition, 2007, p. 39.

politiques publiques dans le cadre de la décentralisation et non par l'octroi de droits culturels spécifiques, catégoriels.

Les identités culturelles locales sont appréhendées sous un angle patrimonial. Or la protection et la valorisation du patrimoine culturel est du ressort de l'État et, grâce à la décentralisation culturelle, du ressort aussi des collectivités territoriales. Progressivement on aboutit à une territorialisation de la culture, accentuant alors les liens entre identités culturelles locales et territoires.

Les collectivités territoriales, et en particulier la Corse, jouent un rôle dans la protection des identités culturelles locales, envisagées en tant que forme d'identité culturelle (A). Le rôle très actif de collectivités territoriales telles que la Corse en matière culturelle et le renforcement de la décentralisation favorisent un cheminement vers une conception évolutive de la culture et de la place traditionnelle des droits culturels dans le discours juridique français : le droit d'accès à la culture se trouverait complété par des droits culturels, en l'espèce linguistiques, exercés dans le cadre de la décentralisation. La question de la reconnaissance de droits linguistiques a été relancée (B).

A. Le rôle accordé aux collectivités territoriales dans la protection des identités culturelles locales

Depuis 1982 les lois successives relatives à la décentralisation ont progressivement renforcé le rôle des collectivités territoriales à la demande de celles-ci. Il se trouve que ce renforcement établi sur la base de partenariats entre l'État et les collectivités territoriales tend à respecter un aspect du pluralisme culturel.

La décentralisation culturelle a permis de mettre en œuvre des mesures protégeant les identités locales, envisagées en tant que forme d'identité culturelle[81], notamment à travers la sauvegarde des langues régionales, qui constituent l'identité linguistique d'un territoire. Cependant elle ne permet pas au pluralisme culturel dans sa forme ethnique ou religieuse de se réaliser.

Le rôle des collectivités territoriales dans le domaine culturel est relativement nouveau. Ni les premières lois sur la décentralisation ni la Constitution n'ont clairement et solidement attribué de compétences étendues aux collectivités territoriales en matière culturelle.

À cause de la tradition jacobine et centralisatrice de l'État français, les collectivités territoriales ne se voyaient pas accorder de compétences en matière culturelle, seuls des établissements publics dans le cadre de la décentralisation fonctionnelle détenaient des compétences dans ce domaine. Si bien que les premières mesures autorisant les interventions des collectivités territoriales dans

---

[81] Jean-Marie PONTIER, « Les données juridiques de l'identité culturelle », *Revue du droit public*, n° 5, 2000, p. 1271.

le domaine culturel n'ont pas été adoptées dès l'origine de la décentralisation (1791) mais seulement à partir de 1982, lorsque les premières compétences dans le domaine culturel ont été transférées à la Corse, faisant d'elle une « collectivité expérimentale », un « laboratoire institutionnel » de la République.

La loi du 2 mars 1982[82] avait alors reconnu à l'Assemblée régionale de Corse le pouvoir de définir « les actions qu'elle entend mener en matière culturelle après consultation des départements, et notamment au vu des propositions qui lui sont adressées par les communes ». Ce pouvoir a été renforcé d'abord avec la loi du 13 mai 1991 (dite « statut Joxe »)[83] organisant la collectivité territoriale de Corse (CTC) avec ses propres institutions (Assemblée, Conseil exécutif et Conseil économique, social et culturel), qui se juxtaposent aux deux départements existants, puis avec la loi du 22 janvier 2002, qui dégage des « blocs de compétences » et réaffirme le pouvoir de la collectivité territoriale de Corse de « définir et mettre en œuvre la politique culturelle en Corse », notamment l'enseignement de la langue corse de façon facultative dans le cadre des horaires normaux à l'école maternelle et primaire. Cette loi confère aussi « un rôle de liaison, de conseil et d'assistance aux collectivités locales en matière culturelle[84] ».

Depuis le statut Joxe de 1991 jusqu'à la loi de 2002, la CTC a vu ses compétences progressivement renforcées, notamment dans le domaine culturel. Elle a pleine compétence pour l'action culturelle : l'article 9 de la loi du 22 janvier 2002 *relative à la Corse* énonce que « la collectivité territoriale de Corse définit et met en œuvre la politique culturelle en Corse en concertation avec les départements et les communes, et après consultation du Conseil économique, social et culturel de Corse. » L'Assemblée de Corse a adopté, lors de la session des 24, 25 et 26 novembre 2005, le document d'orientation pour l'action culturelle de la collectivité territoriale de Corse. Dans le but de promouvoir et de diffuser la culture corse, elle a soutenu l'École nationale de musique et de danse, elle est à l'initiative de l'implantation du Centre d'art polyphonique à Sartène, et elle a soutenu la création du Centre des musiques traditionnelles.

La loi du 13 août 2004 *relative aux libertés et responsabilités locales*[85] vient compléter la loi sur les compétences du 22 juillet 1983[86], qui comportait très peu de dispositions sur la culture et répartissait avec l'État, à travers une clause générale, des compétences « minimalistes et réductionnistes » au profit des communes, départements et régions[87]. La loi du 13 août 2004 est le résultat de la réforme

---

[82] Loi n° 82-214 du 2 mars 1982 *portant statut particulier de la région de Corse : organisation administrative*, publiée au *JORF* du 3 mars 1982, p. 748.

[83] Loi n° 91-428 du 13 mai 1991 *portant statut de la collectivité territoriale de Corse*, publiée au *JORF* n° 111 du 14 mai 1991, p. 6318.

[84] Loi n° 2002-92 du 22 janvier 2002 *relative à la Corse*, publiée au *JORF* du 23 janvier 2002, p. 1503.

[85] Loi n° 2004-809 du 13 août 2004 *relative aux libertés et responsabilités locales*, publiée au *JORF* n° 190 du 17 août 2004, p. 14545.

[86] Loi n° 83-663 du 22 juillet 1983 complétant la loi n° 83-8 du 7 janvier 1983 *relative à la répartition de compétences entre les communes, les départements, les régions et l'État*, publiée au *JORF* du 23 juillet 1983.

[87] Jean-Marie PONTIER, « La décentralisation culturelle et la loi du 13 août 2004 », *RFDA*, 2005, p. 697.

constitutionnelle du 28 mars 2003. Elle organise un cadre général permettant un transfert de compétences en faveur des collectivités territoriales (régions, départements et groupements de communes). Parmi les compétences transférées figurent la gestion du patrimoine culturel, qui consiste en la responsabilité de l'inventaire général du patrimoine culturel, la possibilité de se voir transférer la propriété de monuments classés ou inscrits, et en l'organisation ainsi que le financement du cycle d'enseignement artistique. Selon l'article L.1 du code du patrimoine, « le patrimoine s'entend de l'ensemble des biens, immobiliers ou mobiliers, relevant de la propriété publique ou privée qui présentent un intérêt historique, artistique, archéologique, esthétique, scientifique ou technique ».

Mais la loi ne prend pas en compte les identités culturelles particulières ; elle ne reconnaît pas de droits culturels permettant de protéger les communautés culturelles ; et elle n'envisage la culture que sous son aspect patrimonial, tangible, composé de biens immobiliers ou mobiliers mais ne l'appréhende pas dans sa dimension immatérielle.

La loi de 2004 a renforcé la dimension territoriale de la culture, contribuant ainsi à créer une culture identitaire régionale mais intégrée dans un ensemble, celui de la nation française. Cette dimension régionale de la culture avait été déjà renforcée par la loi de 2002 *relative au statut de la Corse* et soulignée par l'Assemblée de Corse dans une délibération : « ces monuments structurent le paysage, y témoignent de l'empreinte humaine au travers des siècles, et font que l'environnement d'une communauté n'est comparable à aucun autre. En cela, ils sont des marqueurs essentiels de l'identité culturelle de la Corse[88] ».

Bien que l'État ait été sensibilisé le premier à la protection du patrimoine national et régional et ait mené une politique volontariste à l'échelon national avant que s'opère une prise de conscience à l'échelon local[89], les collectivités territoriales ont progressivement développé des politiques culturelles territoriales ayant pour objectif la préservation d'identités régionales. Cette démarche est originale en ce qu'elle singularise, fragmente mais élargit aussi le sentiment d'identité culturelle, qui n'est plus uniquement l'identification à la communauté nationale. Aussi progressivement les collectivités territoriales ne s'attachent pas seulement à protéger un patrimoine tangible composé par exemple de monuments historiques ou de pratiques vestimentaires et culinaires, mais aussi un patrimoine immatériel. Elles ont ainsi créé par exemple, des Centre régionaux du patrimoine, ou des Instituts culturels[90] dont « la mission est de promouvoir les expressions culturelles locales, émanations des folklores locaux et aussi

---

[88] Délibération n° 05/109 AC de l'Assemblée de Corse approuvant les grandes orientations de la politique de la collectivité territoriale de Corse dans le domaine du patrimoine, séance du 30 juin 2005.

[89] Jean-Marie PONTIER, « La décentralisation culturelle et la loi du 13 août 2004 », *op.cit.*, p. 699.

[90] Par exemple, l'Institut culturel basque, l'Institut culturel de Bretagne, l'Institut culturel occitan ou encore le Centre de ressources occitanes et méridionales.

manifestations d'une identité locale, infranationale[91] », ou encore elles veillent à la promotion des langues régionales corse, basque, bretonne, alsacienne, catalane, et occitane, en assurant leur enseignement en coopération avec l'État. L'intérêt porté aux langues régionales et leur promotion par les collectivités territoriales concernées est une expression importante du caractère territorial donné aux identités culturelles régionales.

Un second volet concerne le développement d'une diversité normative renforçant l'autonomie des collectivités territoriales.

La loi constitutionnelle du 28 mars 2003 *relative à l'organisation décentralisée de la République* renforce l'autonomie des collectivités territoriales d'abord en ne remettant pas en cause l'existence d'un pouvoir réglementaire propre[92] (exercé sous certaines réserves[93]), ensuite en insérant l'article 72-2 alinéa 1er, qui autorise la libre disposition des ressources, laissant les collectivités libres d'utiliser leurs ressources sans qu'elles aient l'obligation de les utiliser uniquement dans un but déterminé par le législateur. Cette possibilité, combinée au pouvoir décisionnel qui leur est attribué par l'article 72 alinéa 2 de la Constitution[94], donne aux collectivités le choix de développer selon leurs souhaits des financements visant à protéger et à valoriser le patrimoine culturel local situé sur leurs territoires.

Enfin, l'article 72 alinéa 4 de la Constitution autorise les collectivités territoriales, sous certaines conditions, à « déroger aux dispositions législatives ou réglementaires qui régissent l'exercice de leurs compétences ». Cependant cette disposition n'attribue pas aux collectivités un pouvoir législatif, mais seulement un pouvoir réglementaire. Toujours est-il que la Constitution autorise désormais les collectivités territoriales à énoncer des normes locales (qui certes auront la forme d'un acte réglementaire et soumis au contrôle du juge) à titre expérimental, pour un objet et une durée limités.

Ceci apparaît plus fortement encore à la lecture des dispositions de l'article 73 relatif à l'outre-mer après la loi constitutionnelle de 2003. La loi peut alors habiliter une collectivité d'outre-mer à procéder à des adaptations des lois ou des règlements relevant de sa compétence et même, sous certaines réserves, adopter

91 Eneritz ZABALETA, « Langues régionales, politiques publiques et cadre juridique français et international », mémoire, Université de Pau et des Pays de l'Adour, UFR droit, économie et gestion, p. 21.

92 Le pouvoir réglementaire des collectivités territoriales avait déjà été reconnu par le Conseil constitutionnel dans sa décision no 2001-454 du 17 janvier 2002 relative à la loi sur la Corse.

93 Le pouvoir réglementaire ainsi reconnu aux collectivités territoriales reste inférieur à la loi, ne peut remettre en cause la mise en œuvre des libertés publiques, fait toujours l'objet d'un contrôle administratif et donc le règlement local pourra toujours faire l'objet d'une annulation par le juge, et enfin ce pouvoir réglementaire local ne peut pas porter atteinte au pouvoir réglementaire du Premier ministre.

94 « Les collectivités territoriales ont vocation à prendre les décisions pour l'ensemble des compétences qui peuvent le mieux être mises en œuvre à leur échelon », art. 72 al. 2 de la Constitution énonçant le principe de subsidiarité.

des règles dans « des matières pouvant relever du domaine de la loi ». Le domaine culturel ne fait pas partie des domaines réservés, il peut donc relever de la compétence des collectivités, qui peuvent protéger et mettre en valeur leur patrimoine et leur identité culturelle.

Les réticences traditionnelles à l'égard de la notion de collectivité s'estompent alors qu'il s'agit d'accorder des droits à une collectivité. Mais il est vrai qu'il s'agit d'une collectivité territoriale, créée par l'État, dont les compétences ont été transférées par une loi en accord avec la Constitution et qui restent sous le contrôle de l'État.

Ainsi la fonction décentralisatrice a évolué pour s'enrichir et se complexifier : elle tente de répondre à des revendications identitaires d'ordre culturel. Elle se donne pour mission de protéger et valoriser davantage les patrimoines et les identités culturelles locales à travers l'octroi d'une plus grande autonomie des collectivités territoriales, qui deviennent à leur tour des acteurs essentiels dans le domaine culturel.

B. La question de la reconnaissance de droits linguistiques

Parmi les droits culturels qui pourraient être reconnus mais dont l'exercice serait alors très encadré figurent des droits linguistiques si le gouvernement français ratifiait la *Charte européenne des langues régionales ou minoritaires.*

Ce texte vise la protection et la promotion des langues régionales, minoritaires ou sans territoire en proposant des directives et des engagements aux États. Il n'énonce pas de droits linguistiques, mais il se fonde sur le droit pour chacun de pratiquer une langue régionale ou minoritaire tant dans la vie privée que dans la vie publique. Le paragraphe 3 du Préambule se réfère à deux instruments de protection européenne et internationale des droits de l'homme pour déclarer : « Considérant que le droit de pratiquer une langue régionale ou minoritaire dans la vie privée et publique constitue un droit imprescriptible, conformément aux principes contenus dans le Pacte international relatif aux droits civils et politiques des Nations Unies, et conformément à l'esprit de la Convention de sauvegarde des Droits de l'Homme et des Libertés fondamentales du Conseil de l'Europe ; ». L'article 4.2 rappelle que la Charte apporte une protection minimale aux langues : « Les dispositions de la présente Charte ne portent pas atteinte aux dispositions plus favorables régissant la situation des langues régionales ou minoritaires, ou le statut juridique des personnes appartenant à des minorités, qui existent déjà dans une Partie ou sont prévues par des accords internationaux bilatéraux ou multilatéraux pertinents. »

Ainsi en protégeant les langues régionales, minoritaires ou sans territoire, qui sont des vecteurs d'identités, la Charte européenne contribue, aux côtés des instruments de protection des droits des minorités, à préserver et à promouvoir des groupes de locuteurs dont l'identité culturelle est menacée. Les mesures mises en œuvre par les États engagés par la Charte permettent un exercice encadré de droits culturels, en l'espèce des droits linguistiques, sans pour autant devoir leur accorder une reconnaissance légale et sans avoir à désigner dans une liste précise les titulaires de ces droits, c'est-à-dire des groupes de locuteurs.

L'État français avait signé la *Charte européenne des langues régionales ou minoritaires* émanant du Conseil de l'Europe en joignant toutefois une déclaration interprétative le 7 mai 1999. Cette déclaration interprétative porte sur plusieurs points : d'une part, « elle ne vise pas à la reconnaissance et la protection de minorités, mais à promouvoir le patrimoine linguistique européen ». Elle ne confère donc pas de droits spécifiques à des « groupes » de locuteurs de langues régionales ou minoritaires, de sorte qu'elle ne porte pas atteinte au principe d'égalité des citoyens sans distinction de race, d'origine ou de religion. D'autre part, elle concerne l'usage du français par rapport à l'article 7-1 et aux articles 8, 9, et 10 de la Charte européenne. Invoquant l'article 2 de la Constitution, le gouvernement français avait interprété la Charte dans le sens que la langue française s'impose aux personnes morales de droit public et aux personnes de droit privé dans l'exercice d'une mission de service public et aux usagers dans leurs relations avec les administrations et services publics. De plus, l'enseignement et l'étude des langues régionales ou minoritaires, ainsi que l'enseignement de l'histoire et de la culture de ces langues doivent être facultatifs.
Enfin, le Gouvernement avait précisé qu'il fournirait au moment de la ratification de la convention une liste indiquant quelles langues régionales pourraient bénéficier des mesures de protection choisies au titre de la Partie III de la Charte.

La Norvège a ratifié la Charte et elle a fait une déclaration consignée dans l'acte de ratification déposé le 10 novembre 1993. Elle s'est engagée à appliquer à la langue sâme les dispositions des parties I, II, IV et V ainsi que les trente-cinq dispositions choisies au titre de la partie III.

En revanche, la Charte européenne n'a pas été ratifiée par la France car elle avait été déclarée contraire aux articles 1er et 2 de la Constitution énonçant les principes d'indivisibilité et d'égalité des citoyens, dans une décision du Conseil constitutionnel rendue le 15 juin 1999[95]. Dans sa décision, le Conseil constitutionnel avait décidé que certaines dispositions de la Charte combinées entre elles conféraient « des droits spécifiques à des "groupes" de locuteurs de langues régionales ou minoritaires, à l'intérieur de "territoires" dans lesquels ces langues sont pratiquées » et qu'ainsi elles portaient « atteinte aux principes constitutionnels d'indivisibilité de la République, d'égalité devant la loi et

[95] Décision no 99-412 DC du 15 juin 1999 relative à la Charte européenne des langues régionales ou minoritaires.

d'unicité du peuple français ». De plus, elles étaient également « contraires au premier alinéa de l'article 2 de la Constitution en ce qu'elles tendent à reconnaître un droit à pratiquer une langue autre que le français non seulement dans la "vie privée" mais également dans la "vie publique", à laquelle la Charte rattache la justice et les autorités administratives et services publics ».

Dès lors la ratification de la Charte ne pouvait intervenir qu'après révision de la Constitution.

La *Charte européenne des langues régionales ou minoritaires* est une convention qui vise les langues régionales ou minoritaires, les langues dépourvues de territoire et les langues officielles moins répandues, comprises en tant que dimension menacée du patrimoine culturel européen. Son objectif est de protéger et promouvoir les langues régionales ou minoritaires, et de favoriser l'emploi de ces langues dans la vie privée et publique.

La Charte n'établit pas une liste des langues européennes pouvant faire l'objet d'une protection, mais elle donne une définition des langues concernées. L'article 1a) de la partie I de la Charte entend par « langues régionales ou minoritaires », les langues : « i) pratiquées traditionnellement sur un territoire d'un État par des ressortissants de cet État qui constituent un groupe numériquement inférieur au reste de la population de l'État ; et ii) différentes de la (des) langue(s) officielle(s) de cet État », exception faite des dialectes de la langue officielle et des langues des migrants. Par « territoire dans lequel une langue régionale ou minoritaire est pratiquée », il convient d'entendre, aux termes de l'article 1b), « l'aire géographique dans laquelle cette langue est le mode d'expression d'un nombre de personnes justifiant l'adoption des différentes mesures de protection et de promotion » prévues par la Charte. Par « langues dépourvues de territoire » on entend, aux termes de l'article 1c), les « langues pratiquées par des ressortissants de l'État qui sont différentes de la (des) langue(s) pratiquée(s) par le reste de la population de l'État et qui, bien que traditionnellement pratiquées sur son territoire, ne peuvent être rattachées à une zone géographique particulière de celui-ci ».

Le texte européen prévoit deux mécanismes d'engagement de la part des États permettant d'adapter l'étendue de la protection aux langues concernées sur leur territoire et les coûts induits par la mise en œuvre des dispositions de la Charte. La Partie II définit les grands principes et objectifs sur lesquels les États doivent fonder leur politique, leur production normative et leur pratique ; applicables à tous les États et à toutes les langues, ils sont considérés comme le cadre nécessaire à la sauvegarde des langues menacées. Parmi ces principes figurent :

« - La reconnaissance des langues régionales ou minoritaires en tant qu'expression de la richesse culturelle.

- Le respect de l'aire géographique de chaque langue régionale ou minoritaire.
- La nécessité d'une action résolue de promotion.
- La facilitation et/ou l'encouragement de l'usage oral et écrit dans la vie publique et dans la vie privée.

- La mise à disposition de formes et de moyens adéquats d'enseignement à tous les stades appropriés.

- La promotion des échanges transfrontaliers.

- La prohibition de toute forme de distinction, discrimination, exclusion, restriction ou préférence injustifiées portant sur la pratique d'une langue régionale ou minoritaire et ayant pour but de décourager ou de mettre en danger le maintien ou le développement de celle-ci.

- La promotion par les États de la compréhension mutuelle entre tous les groupes linguistiques du pays.[96] »

La Partie III quant à elle énonce des règles plus précises et des engagements étatiques concrets pouvant être pris, au choix, dans les domaines tels que la justice, l'enseignement, les médias, l'administration, les services publics ou encore la vie économique, sociale et culturelle. Une grande souplesse est prévue par la Charte, qui ne vise pas à dépecer les États mais respecte leur souveraineté et leur intégrité territoriale tout en cherchant à protéger un patrimoine culturel européen commun. Les États doivent donc indiquer quelles langues pourront bénéficier des dispositions de la Charte et pour chacune de ces langues ils doivent choisir au minimum trente-cinq engagements. Selon la situation de chacune des langues, des dispositions à degrés variables sont applicables.

L'application de la Charte est contrôlée par un Comité d'experts chargé d'examiner des rapports périodiques présentés par les Parties.

La question de sa ratification par la France a été relancée en 2014 dans la mesure où cette convention vise à protéger et à promouvoir les langues régionales ou minoritaires, et non les minorités linguistiques, et qu'elle a pour objectif de « maintenir » et de « développer les traditions et la richesse culturelles de l'Europe », « de protéger et de promouvoir les langues régionales ou minoritaires en tant que telles ».

Le 28 janvier 2014 la proposition de loi constitutionnelle autorisant la ratification de la Charte a été adopté à une large majorité par l'Assemblée nationale[97]. Tout en respectant la déclaration interprétative et la décision du Conseil constitutionnel énoncées en 1999, il s'agissait de modifier la Constitution en ajoutant un article 53-3 au titre VI relatif aux traités et accords internationaux que la République peut conclure dans les domaines de la paix, du commerce, de l'organisation internationale, de l'état des personnes, concernant les modifications du territoire, et enfin en matière d'asile et de protection des droits de l'homme et des libertés fondamentales.

[96] « À propos de la Charte », document explicatif présenté sur le site du Conseil de l'Europe, http://www.coe.int/t/dg4/education/minlang/aboutcharter/default_fr.asp.

[97] Projet de loi constitutionnelle autorisant la ratification de la Charte européenne des langues régionales ou minoritaires, Assemblée nationale, session ordinaire de 2013-2014, 28 janvier 2014, texte adopté n° 283.

Mais, après avoir été déposé au Sénat par le garde des Sceaux le 31 juillet 2015[98], le texte a été rejeté par les sénateurs le 27 octobre 2015 en première lecture[99]. Le Sénat s'est appuyé sur les travaux de sa commission des lois.

Dans son rapport du 14 octobre 2015[100], cette commission a soulevé plusieurs arguments s'opposant à l'amendement constitutionnel.

D'abord, elle a souligné qu'en 1999 le gouvernement n'avait pas indiqué quelles langues seraient concernées par les mesures de protection de la Partie III de la Charte ; selon elle, cette absence de précision « laisse en suspens l'interrogation sur le périmètre des langues régionales ou minoritaires sur le territoire français.[101] » Elle explique que, depuis, des travaux de recensement des langues ont été menés et qu'un rapport du 15 juillet 2013[102] a été rendu par un comité consultatif pour la promotion des langues régionales et de la pluralité linguistique interne. Il mentionne l'existence d'environ 70 langues[103] sur le territoire de la république, ce qui, selon la commission des lois, compliquerait l'application de la Charte : « À ce jour, le Parlement ne connaît pas officiellement la liste des langues régionales ou minoritaires et des éventuelles langues dépourvues de territoire que le Gouvernement envisage pour le bénéfice des stipulations de la Charte[104] ». À cet argument le Conseil de l'Europe a défendu le projet de ratification de la Charte européenne en répondant qu'« à la lumière des critères susmentionnés, la Charte s'appliquerait aux sept langues régionales de France ci-après : le basque, le breton, le catalan, le corse, le néerlandais (flamand occidental et néerlandais standard), l'allemand (dialectes de l'allemand et

---

98 Texte présenté par Manuel Valls et Christiane Taubira, session extraordinaire du Sénat 2014-2015, n° 662, le 31 juillet 2015.

99 Les débats au Sénat sont exposés dans le compte rendu intégral, séance du mardi 27 octobre 2015, session ordinaire de 2015-2016, publié au *JORF* du mercredi 28 octobre 2015, n° 116 S. (C.R.), p. 9949 à 9989.

100 Rapport n° 52 (2015-2016) de Philippe Bas fait au nom de la commission des lois, déposé le 14 octobre 2015.

101 *Ibid.*, p. 25.

102 « Redéfinir une politique publique en faveur des langues régionales et de la pluralité linguistique interne », rapport à la ministre de la Culture et de la Communication, comité consultatif pour la promotion des langues régionales et de la pluralité linguistique interne, 15 juillet 2013. Ce rapport est consultable sur le site du ministère de la Culture et de la communication : http://www.culturecommunication.gouv.fr/Politiques-ministerielles/Langue-francaise-et-langues-deFrance/Politiques-de-la-langue/Langues-de-France/Langues-regionales/Rapport-du-Comiteconsultatif-pour-la-promotion-des-langues-regionales-et-de-la-pluralite-linguistique-interne-2013.

103 Elles sont réparties entre d'une part les langues de l'hexagone, parmi lesquelles figurent le basque, le breton, le catalan, le corse, les dialectes alémanique et francique (alsacien et francique mosellan), le flamand occidental, le franco-provençal, les langues d'oïl (franc-comtois, wallon, champenois, picard, normand, gallo, poitevin-saintongeais, lorrain, bourguignon-morvandiau), l'occitan ou langue d'oc (gascon, languedocien, provençal, auvergnat, limousin, vivaro-alpin), et les parlers liguriens. D'autre part, les langues de l'outre-mer comme les 28 langues kanak de Nouvelle-Calédonie. Enfin les langues non territoriales (arabe dialectal, arménien occidental, berbère, judéo-espagnol, romani, yiddish, langue des signes française).

104 Rapport n° 52 (2015-2016) de Philippe BAS, *op.cit.*, p. 42.

allemand standard, langue régionale d'Alsace-Moselle) et l'occitan. Par conséquent, les préoccupations actuellement exprimées dans le cadre du débat public sur l'application de la Charte, et notamment la difficulté à la gérer compte tenu d'un très grand nombre de langues régionales, sont totalement infondées[105] ».

De plus, l'usage des langues régionales et étrangères étant en constante diminution et le nombre de locuteurs de langues régionales baissant considérablement, la commission préfère rappeler le rapport précédent, dans lequel il a été proposé d'instaurer une loi permettant de « doter la France d'une "Charte nationale" prenant la forme d'un "Code des langues de France", *destiné à protéger les droits individuels des locuteurs des langues régionales*[106]. »[107]

Par ailleurs, la commission se réfère à la décision du Conseil constitutionnel pour rappeler que, si le Conseil n'interdit pas l'utilisation de langues régionales dans l'enseignement, la recherche et la communication audiovisuelle, et l'usage dans la vie privée, la combinaison d'une disposition du préambule et trois dispositions de l'article 7 de la Charte portait atteinte à la Constitution française. Or le projet tel qu'adopté par l'Assemblée nationale « n' [a pris] en compte qu'une partie seulement des objections du Conseil constitutionnel. En effet, elle ne vise pas le droit imprescriptible de pratiquer une langue régionale ou minoritaire dans la vie publique, figurant dans le préambule de la Charte, ni le respect de l'aire géographique de chaque langue régionale ou minoritaire par les divisions administratives, ni la prise en compte des besoins et des vœux des groupes de locuteurs, au travers d'organes créés à cet effet. Dès lors, adopter une telle proposition de révision conduirait tout de même, au regard de la décision du Conseil, à déroger à nos principes constitutionnels, du fait de certaines dispositions de la Charte non écartées.[108] »

En outre, la commission considère que la révision constitutionnelle est « juridiquement incohérente et inopportune, constituant une véritable impasse juridique », et que « les langues régionales bénéficient déjà d'une protection constitutionnelle qui permet au demeurant d'aller plus loin dans leur promotion.[109] » Les langues régionales ont déjà un statut dans la Constitution grâce à la loi constitutionnelle n° 2008-724 du 23 juillet 2008 *de modernisation des institutions de la Ve République*. Cette loi a permis l'insertion d'un nouvel article 75-1 affirmant que « les langues régionales appartiennent au patrimoine de la France ». Allant dans le même sens de reconnaissance des langues régionales ou minoritaires, l'Accord de Nouméa constitutionnalisé à l'article 77 de la Constitution par la loi constitutionnelle du 20 juillet 1998[110] dispose à son article 1.3.3 que « les langues kanak sont, avec le français, des langues d'enseignement

---

105 http://www.coe.int/t/dg4/education/minlang/default_fr.asp.

106 Nous soulignons.

107 Rapport n° 52 (2015-2016) de Philippe BAS, *op.cit.*, p. 29.

108 *Ibid.*, p. 35.

109 *Ibid.*, p. 39.

110 Loi constitutionnelle n° 98-610 du 20 juillet 1998 *relative à la Nouvelle-Calédonie*, publiée au *JORF* n° 166 du 21 juillet 1998 p 11143.

et de culture en Nouvelle-Calédonie. Leur place dans l'enseignement et les médias doit donc être accrue et faire l'objet d'une réflexion approfondie ».

Enfin, dans son argumentaire, la commission relève des imprécisions rédactionnelles, un risque d'incohérence dans l'ordre juridique interne et un risque de contradiction dans l'ordre juridique international[111].

Parallèlement, le Conseil d'État a été saisi le 24 juin 2015 et a lui aussi rendu un avis défavorable le 30 juillet 2015 sur le projet de loi autorisant la ratification de la Charte européenne[112].

Parmi les arguments soulevés, le Conseil d'État explique que « [...] la faculté de ratifier la Charte donnée par la nouvelle disposition constitutionnelle aurait introduit dans la Constitution une incohérence entre, d'une part, les articles 1er, 2 et 3 qui affirment les principes constitutionnels mentionnés dans la décision du Conseil constitutionnel du 15 juin 1999 et sont un fondement du pacte social dans notre pays et, d'autre part, la disposition nouvelle qui aurait permis la ratification de la Charte[113] ». De plus, il considère que la déclaration interprétative du 7 mai 1999 à laquelle l'Assemblée nationale se réfère « contredit l'objet de la Charte » : ainsi, « la référence à deux textes, la Charte et la déclaration, difficilement compatibles entre eux, [...] introduirait une contradiction interne génératrice d'insécurité juridique » et « produirait une contradiction entre l'ordre juridique interne et l'ordre juridique international, exposant [...] à des incertitudes dans les procédures contentieuses[114] ».

Ainsi, actuellement les mesures autorisant l'enseignement facultatif des langues régionales telles le corse, le basque ou encore l'alsacien le sont sur la base de la reconnaissance des spécificités régionales, éléments constitutifs du patrimoine culturel de la France, que la décentralisation va permettre de préserver et même de développer.

Pourtant, en pratique, il s'agit bien, sans le nommer, de permettre un exercice de droits culturels individuels, en l'espèce linguistiques, mais sans en désigner les titulaires (ce que le principe d'indivisibilité interdit) et en donnant un fondement juridique différent de celui des textes internationaux de protection des droits des minorités. Ce mouvement serait renforcé si la France finissait par ratifier la *Charte européenne des langues régionales ou minoritaires*, mais ce projet soulève encore trop de réticences au sein des institutions françaises.

---

[111] Rapport n° 52 (2015-2016) de Philippe BAS, *op.cit.*, p. 41-45.

[112] Avis sur le projet de loi constitutionnelle autorisant la ratification de la Charte européenne des langues régionales ou minoritaires, Conseil d'État, Assemblée générale, Section de l'intérieur, Séance du jeudi 30 juillet 2015, document n° 390.268.

[113] *Ibid.*, § 4.

[114] *Ibid.*, § 6.

§ 2. Les évolutions du statut de l'île de la Corse sont issues d'un partenariat moderne entre les représentants corses et les gouvernements français

L'élaboration d'un partenariat moderne entre les représentants corses et les gouvernements successifs est une démarche amplement soutenue et incitée par les discours politiques européens, en particulier par le Conseil de l'Europe et le Comité des régions ; cette volonté apparaît aussi dans le discours politique français. Elle est ainsi l'expression d'une volonté politique française et européenne (A).

Des éléments concrets mettent en place une relation consensuelle afin de préserver l'identité culturelle corse (B).

A. L'expression d'une volonté politique française et européenne

a. La volonté politique européenne

Tout en refusant le repliement identitaire et xénophobe, le Conseil de l'Europe prône depuis plusieurs décennies la décentralisation renforcée et même la régionalisation, qui, selon lui, ne vise pas à affaiblir l'unité nationale mais est un instrument efficace de prévention des conflits et des tensions permettant « de mieux prendre en compte les spécificités territoriales à l'intérieur d'un État et de répondre de façon plus adaptée aux aspirations politiques, sociales, culturelles, économiques et écologiques des habitants[115] ».

La Recommandation sur la démocratie locale et régionale en France[116] adoptée par le Congrès des pouvoirs locaux et régionaux le 25 mai 2000 a relevé la nécessité de « poursuivre le débat politique en France sur la décentralisation » et que ce processus « a constitué une rupture avec la tradition centralisatrice et une tentative réussie de réforme de l'État ».

La même Recommandation du Congrès des pouvoirs locaux et régionaux a relevé en outre que « l'exercice des compétences par la voie de la contractualisation représente [...] un moyen d'administration reconnu pour son efficacité et sa souplesse ».

Tout en reconnaissant que les mesures adoptées par l'État français contribuent à un renforcement de la démocratie régionale et que « les citoyens apprécient la consolidation d'une identité régionale », le Conseil de l'Europe avait incité celui-ci à ce que la collectivité territoriale de Corse soit dotée de plus d'autonomie et soit compétente pour adapter les décisions publiques de l'État à la spécificité insulaire, qu'il reconnaisse la caractère spécifique de la collectivité territoriale de Corse et qu'à ce titre lui soient transférés « de vastes blocs de compétences, notamment en matière d'aménagement du territoire, d'identité, de

---

115 Recommandation 65 (1999) du 17 juin 1999 sur l'état actuel et les perspectives de la régionalisation en Europe, Conseil de l'Europe, Congrès des pouvoirs locaux et régionaux.

116 Recommandation 78 (2000) du 25 mai 2000 sur la démocratie locale et régionale en France, Conseil de l'Europe, Congrès des pouvoirs locaux et régionaux, § 7.1 et 7.2.

culture, de langue et d'éducation[117] ». L'Assemblée territoriale de Corse devrait alors être dotée de « pouvoirs normatifs plus importants en rapport avec son identité insulaire et culturelle[118] ».

Le Congrès appelle aussi à des « initiatives conventionnelles ou de caractère politique » pour favoriser la coopération interrégionale et à la « négociation d'accords de coopération transfrontalière entre les collectivités territoriales[119] ».

Le Comité des régions contribue aussi à cette démarche de concertation, de coopération et de dialogues entre les acteurs concernés, notamment lors de l'Année européenne du dialogue interculturel lancée en 2008 afin de promouvoir la diversité culturelle. Dans un avis du 27 avril 2006 il insistait sur le rôle des pouvoirs locaux et régionaux dans la promotion du dialogue interculturel : « Une coopération doit s'instaurer à l'échelon local et régional associant les acteurs concernés sur le terrain.[120] »

b. La volonté politique française

L'idée d'instaurer un partenariat entre les collectivités territoriales et l'État se reflète aussi dans le discours français. L'instauration de la Commission Bady[121] en 2002 en est une illustration essentielle. Elle a été créée pour discuter de la répartition des compétences entre les différentes collectivités publiques, et entre l'État et les collectivités publiques, faisant de « la culture un domaine de compétence partagé entre l'État et les collectivités territoriales[122] ». La culture ne fait plus l'objet de décisions centralisées et unilatérales de la part de l'État, mais, par le processus de la décentralisation culturelle accentuée par la loi du 13 août 2004 et grâce à une plus grande autonomie des collectivités territoriales, la dimension culturelle incluant la protection d'identités culturelles locales et la valorisation de leurs patrimoines font désormais l'objet de politiques territoriales et culturelles définies en partenariat entre l'État et les collectivités territoriales.

La loi du 22 juillet 1983 exprimait une vision très réductrice des transferts culturels et de la culture en elle-même. Elle ne définissait pas de fil conducteur clairement établi en matière de politique culturelle et n'exprimait pas particulièrement le souhait de décentraliser en matière de politiques culturelles ; elle s'attachait surtout à traiter des archives, des bibliothèques, des enseignements

---

[117] Recommandation 78 (2000), *op.cit.*, § 7.9.4.

[118] *Ibidem.*

[119] Recommandation 6 (1994) relative à la Conférence sur la régionalisation en Europe : bilan et perspective, 3-5 juin 1993, § 22.4 et 28.

[120] Avis du Comité des régions du 27 avril 2006 sur la « Décision du Parlement européen et du Conseil relative à l'Année européenne du dialogue interculturel », COM (2005) 467, § 3.5.

[121] Jean-Pierre BADY, « Réflexions et propositions pour une politique nationale du patrimoine (État, collectivités territoriales et secteur privé) », Rapport de la commission Patrimoine et décentralisation, 18 novembre 2002.

[122] Jean-Marie PONTIER, « La décentralisation culturelle et la loi du 13 août 2004, *op.cit.*, p. 9.

artistiques mais ne mentionnait pas l'existence d'identités culturelles locales à protéger.

Pour passer d'une politique culturelle étatiste à une politique culturelle nationale, la loi du 27 février 2002[123] a été adoptée et son article 111 prévoyait « l'engagement, d'ici à mars 2003, d'expérimentations, d'une durée maximale de trois ans, par voie de conventions, afin de permettre aux collectivités territoriales, moyennant une compensation financière et la mise à disposition de personnels, d'exercer les compétences de l'État en matière de : conduite de l'inventaire ; instruction des mesures de classement ; inscription d'immeubles à l'inventaire supplémentaire ; participation aux travaux d'entretien et de réparation sur des bâtiments inscrits ; autorisation de travaux pour des bâtiments inscrits ou des bâtiments situés dans leur champ de visibilité ». Mais le champ d'étude de la loi a été cantonné à l'inventaire et à la protection des monuments et objets, espaces et immeubles d'intérêt patrimonial et n'englobe pas tout le patrimoine, qui n'est pas uniquement monumental, mais également artistique, archivistique, linguistique, ethnologique et archéologique.

Les évolutions du statut de la Corse expriment cette recherche de coopération, de conciliation, entre les différents acteurs concernés.

Il est vrai que les réformes ont été prises par à-coups, oscillant entre phases de répression lors de manifestations nationalistes et de violence terroriste, puis d'apaisement et d'ouverture. Mais les réformes adoptées au fur et à mesure faisant de l'île un « laboratoire institutionnel » sont le fruit d'une recherche de conciliation ; elles ont été adoptées dans un esprit de concertation en ce qu'elles n'ont pas été imposées unilatéralement par les gouvernements. Les statuts atypiques de la Corse dans le paysage administratif et juridique français sont issus de nombreux dialogues, d'arrangements internes entre les représentants corses et les gouvernements français qui se sont succédés.

B. Des éléments concrets mettent en place une relation consensuelle afin de préserver l'identité culturelle corse

Plus encore en Norvège pour le peuple sámi qu'en France (à part pour la Nouvelle-Calédonie avec les accords de Nouméa), la recherche de solutions concernant la reconnaissance d'identités culturelles, régionales et linguistiques (comme en France) ou ethniques (comme en Norvège) exprime dans le contenu et dans le processus d'élaboration un partenariat pouvant s'apparenter à une procédure quasi-contractuelle[124].

---

[123] Loi n° 2002-276 du 27 février 2002 *relative à la démocratie de proximité*, publiée au *JORF* du 28 février 2002, p. 3808.

[124] La contractualisation se traduit par de véritables contrats ou des procédures para-contractuelles ou simili-contractuelles, Jean-Marie PONTIER, « Les données juridiques de l'identité culturelle », *Revue du Droit public*, tome 116, n° 5, septembre-octobre 2000, p. 1279.

La protection légale des identités culturelles sámi et corse n'est plus le résultat d'une décision étatique unilatérale, mais elle est le fruit d'un consensus. L'esprit de concertation est au cœur même de la recherche d'une conciliation.

Le processus de la décentralisation territoriale (dont la décentralisation culturelle est une composante) a introduit progressivement une nouvelle approche de l'identité culturelle : la reconnaissance des identités culturelles régionales (et non plus seulement une identité culturelle nationale, unique et homogène) et leur consécration contractuelle proposant alors une alternative à leur gestion par des « actes unilatéraux classiques qui reflètent le point de vue assez utilitariste de la puissance publique[125] ».

En effet, ce cadre d'inspiration quasi-contractuel se traduit en France par plusieurs éléments : d'abord, les lois relatives à la décentralisation territoriale de 1982-1983 ont multiplié les partenariats entre l'État et les collectivités territoriales à travers la mise en place de financements croisés de nombreux projets culturels. Mais ce partenariat s'est essoufflé « par manque de lisibilité des politiques, lourdeurs des procédures et des négociations [...] tandis que les collectivités revendiquaient de nouvelles responsabilités correspondant à leur engagement financier[126] ».

Le partenariat s'est ensuite renouvelé sur la base de l'approfondissement de la décentralisation culturelle, à travers la recherche d'une meilleure répartition des compétences entre l'État, les collectivités territoriales, et même au-delà le secteur privé (associations et propriétaires privés) afin de passer d'une politique culturelle étatiste à une politique culturelle nationale. Ainsi, en amont de l'adoption de la loi du 13 août 2004, le ministère de la Culture a établi en 2002 une commission « Patrimoine et décentralisation », présidée par Jean-Pierre Bady, qui a proposé une série de dispositions traduisant la démarche consensuelle faite de négociations entre l'État et les collectivités territoriales, et visant à inclure davantage les autres partenaires. Il fut alors question de placer l'Inventaire général du patrimoine sous la responsabilité des régions, de confirmer la compétence de l'État en matière d'inscription et de classement mais d'associer davantage les propriétaires privés et publics à l'instruction des dossiers, enfin d'encourager les collectivités territoriales à sauvegarder les bâtiments liés à l'histoire ou à l'architecture de la collectivité. Cette dernière proposition a contribué à donner un caractère identitaire et local à la culture.

Les contrats de plan conclus entre l'État et les régions[127] sont un autre aspect de la protection concertée des identités culturelles de forme régionale, en

[125] Jean-Marie PONTIER, « Les données juridiques de l'identité culturelle », *op.cit.*, p. 1279.
[126] Jean-Marie PONTIER, « La décentralisation culturelle et la loi du 13 août 2004 », *op.cit.*, p. 700.
[127] Il y a eu plusieurs périodes ou générations de plans : 1994-1999, puis 2000-2006, puis 2007-2013 (en 2007 les contrats de plan État-Région sont devenus des contrats de projet État-Région), et pour la période actuelle 2014-2020.

accordant une place plus grande aux régions et à leur dimension culturelle. Créés par la loi Rocard du 29 juillet 1982[128], les contrats de plan État-Région sont des « documents par lesquels l'État et une région s'engagent sur la programmation et le financement pluriannuels de projets importants tels que la création d'infrastructures ou le soutien à des filières d'avenir.[129] »

La concertation s'exprime entre autres en ce que « le gouvernement, par l'intermédiaire du préfet de région, s'accorde avec l'exécutif de la région sur la réalisation de projets relatifs à l'aménagement du territoire régional et sur la part de chaque entité dans le financement[130] ». Le processus de négociation est particulièrement souligné à propos des crédits, des thématiques et de l'association des autres niveaux de collectivités aux projets.

Ainsi pour le Contrat de plan recouvrant la période de 2007 à 2013, les principaux domaines de contractualisation portaient sur les transports, l'enseignement supérieur et la recherche, le développement durable, l'agriculture et le secteur forestier, l'emploi et l'industrie, et la culture, plus précisément dans le domaine du patrimoine ou des équipements de spectacle.

Pour la nouvelle génération de contrats de plan, cinq orientations ont été adoptées pour 2014-2020 : l'enseignement supérieur et la recherche ; l'innovation, les filières d'avenir et l'usine du futur ; la couverture du territoire en très haut débit et le développement des usages du numérique ; la transition écologique et énergétique ; les mobilités multimodales.

L'objectif de ces contrats est de « renforcer la compétitivité et développer une économie durable au service de l'emploi, au service de l'égalité des territoires[131] ».

La langue et la culture corses ne semblent pas faire partie des thématiques abordées dans les contrats de plan (ou contrats de projets) mais sont prévues dans le cadre d'autres relations contractuelles avec l'État, plus précisément elles font l'objet de conventions additionnelles.

C'est le cas de la convention État-CTC relative à la langue et à la culture corses, qui tente de valoriser le potentiel de développement que constitue le patrimoine culturel et naturel de la Corse. Il s'agit plus exactement d'une convention portant sur un Plan régional de développement intitulé « Enseignement de la langue et culture corses » établi de 2007 à 2013 entre le président du conseil exécutif de la collectivité territoriale de Corse[132] et le ministère de l'Éducation et de la Recherche, et qui répond à une délibération antérieure de l'Assemblée de Corse du 1er juillet 2005, qui avait affirmé « l'importance de la langue corse en tant que lien social, patrimoine et ressource

---

128 Loi n° 82-653 du 29 juillet 1982 *portant réforme de la planification*.

129 Emmanuel GEORGES-PICOT, Association des Régions de France, www.arf.asso.fr.

130 *Ibidem.*

131 http://www.collectivites-locales.gouv.fr/contrats-projets-État-region

132 L'Assemblée de Corse avait auparavant approuvé le Plan Régional de Développement des Formations « Lingua è cultura corsa » dans une délibération du 29 juin 2006 n° 06/107 AC.

du développement de la Corse[133] ». Les travaux de ce Plan régional de développement avaient pour « projet sociétal »[134] « l'objectif à long terme de conduire tous les élèves à un bilinguisme équilibré français-corse » mais ouvert au plurilinguisme, et l'intégration de la langue et de la culture corses à tous les niveaux d'enseignement et de formation.

---

133 Délibération de l'Assemblée de Corse du 1er juillet 2005, n° 05/112 approuvant les orientations stratégiques pour le développement et la diffusion de la langue corse.

134 Publication de la collectivité territoriale de Corse, Direction de la Formation, de l'Enseignement et de la Recherche, juillet 2007, p. 8-56. Consultable sur le site www.corse.fr.

CONCLUSION DU CHAPITRE I

La décentralisation territoriale a été utilisée en France pour répondre à un pluralisme culturel fondé sur des spécificités culturelles régionales ou territoriales comme pour les collectivités d'outre-mer, et non sur des identités fondées sur l'ethnie ou la religion.

À cause du principe constitutionnel d'indivisibilité, le peuple français n'est pas sécable et la décentralisation territoriale s'est donc officiellement posée comme une alternative à la reconnaissance de droits collectifs attribués à des groupes. Les spécificités culturelles régionales sont donc protégées par la décentralisation en tant qu'éléments constitutifs du patrimoine culturel de la République française. Les collectivités territoriales dont l'autonomie a été renforcée jouent un rôle dans la préservation et la valorisation du patrimoine culturel régional et local.

La culture corse est préservée selon cette approche décentralisatrice et territoriale et les évolutions statutaires de l'île sont issues de nombreuses concertations entre les gouvernements successifs et les représentants insulaires.

Si la France a une conception traditionnelle de la diversité culturelle et de la culture, attachées à l'exception culturelle française et à la vie intellectuelle et artistique, les forts mouvements de revendication identitaire régionaux, notamment corses, l'ont amenée à enrichir timidement sa perception de la culture par une approche plus anthropologique, liée à l'identité. La culture n'est pas seulement liée à l'art et aux lettres en tant que productions de l'esprit, ou liée à l'accès à la culture ; elle n'est pas seulement nationale et homogène ; elle est en réalité composite et, devenant un vecteur d'identité(s) au sens anthropologique, elle est aussi porteuse de sens pour la collectivité.

Parallèlement, dans un esprit de concertation, l'État développe des relations de dialogue avec les représentants des collectivités territoriales. Le statut hybride de la Corse et le renforcement des compétences de la collectivité territoriale de Corse expriment cette recherche commune d'accords consensuels, ou, selon un vocable plus actuel, « un partenariat moderne ».

En conséquence et dans une vision prospective, il semble que la décentralisation puisse constituer un cadre rassurant, délimité mais aussi évolutif, dynamique et adaptable pour qu'un cheminement puisse s'opérer : le droit d'accès à la culture et à l'enseignement énoncé dans la Constitution de 1946 pourrait côtoyer certains droits culturels, en particulier des droits linguistiques individuels, afin de respecter plus largement le pluralisme culturel.

L'État norvégien n'est, en revanche, pas empêché par son principe d'indivisibilité pour admettre la présence de minorités nationales sur son territoire et leur octroyer des droits culturels universels et spécifiques. Nul besoin de faire évoluer la fonction initiale de la décentralisation : elle ne sert pas de cadre juridique pour répondre aux revendications identitaires du peuple sámi ou des minorités nationales kven, skogfinn ou rom. La Norvège a choisi une autre façon de mettre en œuvre le principe de pluralisme culturel.

CHAPITRE II

Autodétermination interne
et identité culturelle autochtone sámi

L'exercice d'éléments constitutifs de l'autodétermination interne par les Sámi illustre une autre application du principe de pluralisme culturel.

Lié par ses engagements internationaux concernant les droits des peuples autochtones[1], l'État norvégien est confronté à la question de la reconnaissance et des modalités d'exercice de droits fonciers et de l'autodétermination interne pour le peuple autochtone sámi. Il présente une réponse autre que celle de la France aux revendications identitaires sur son territoire.

À la différence de la France, la décentralisation territoriale norvégienne n'a pas évolué dans sa fonction première : elle ne constitue pas un cadre permettant l'expression et la protection d'identités culturelles régionales et de leurs patrimoines ; mais, en tant qu'instrument de gestion et d'administration, elle favorise la démocratie de proximité et renforce le principe d'égalité entre les citoyens norvégiens. Les unités territoriales norvégiennes *(fylker, kommunaler fylker* et *region)* ne jouent pas le même rôle que les collectivités territoriales françaises dans le développement d'une culture identitaire territorialisable.

Dans l'approche norvégienne, la protection de l'identité culturelle sámi n'est pas liée à un territoire strictement défini, solution que l'État français a choisie pour la collectivité territoriale de Corse. Elle est au contraire rattachée à l'origine ethnique et linguistique des personnes qui s'auto-identifient comme sámi, sont réparties sur l'ensemble du territoire norvégien, sont certes intégrées à l'ensemble de la population scandinave mais souhaitent maintenir leur identité culturelle collective distinctive à travers l'exercice de droits fonciers sur leurs ressources et territoires ancestraux, de droits culturels et politiques dans le cadre de l'autodétermination interne.

En organisant pour les Sámi les conditions d'exercice d'une autonomie culturelle et politique fondées sur la concertation dès les années 1980, la

---

[1] Il existe trois instruments juridiques en vigueur relatifs aux peuples autochtones : deux textes émanant de l'OIT et juridiquement contraignants, la *Convention n° 107 sur les populations aborigènes et tribales* de 1957 et la *Convention n° 169 sur les peuples indigènes et tribaux* de 1989, et la *Déclaration sur les droits des peuples autochtones* adoptée par l'Assemblée générale des Nations unies le 13 septembre 2007. La Convention de 1957 n'entre pas dans le champ d'étude car, devenue obsolète à cause de sa vision intégrationniste, elle ne correspond pas à la démarche de la Norvège à l'égard des Sámi lorsque les gouvernements successifs ont cherché à conserver et à promouvoir leur identité culturelle à partir des années 1970. De plus, elle n'est plus ouverte à ratification bien qu'elle soit toujours en vigueur dans certains pays, ce qui n'est pas le cas en Norvège.
La Norvège a ratifié la Convention n° 169 de l'OIT le 20 juin 1990 et a voté en faveur de la *Déclaration sur les droits des peuples autochtones.*

Norvège s'est montrée précurseur en matière de protection des minorités et des peuples autochtones. Avec l'adoption de la *Convention nº 169 relative aux peuples indigènes et tribaux* en 1989 puis de la *Déclaration sur les droits des peuples autochtones* en 2007, le droit international relatif aux peuples autochtones s'est progressivement modernisé. Le droit interne norvégien est resté cependant cohérent avec ces normes internationales **(I)**.

Conformément aux recommandations des Nations unies, l'État norvégien conçoit la mise en œuvre du droit à l'autodétermination interne à travers une approche pragmatique et concertée entre les gouvernements successifs et les représentants sámi **(II)**.

I. Un droit interne norvégien cohérent avec le droit international relatif aux droits des peuples autochtones

Précurseur à la fin des années 1980 dans le traitement juridique du peuple sámi sur son territoire, le droit norvégien est cohérent avec les normes de droit international relatives aux peuples autochtones en ce que ces deux systèmes se répondent sur deux éléments clefs.

D'une part, concernant la reconnaissance juridique et formelle d'un droit pour les peuples autochtones à l'autodétermination interne : celle-ci est problématique tant dans le droit interne norvégien que dans les instruments de protection internationale des droits des peuples autochtones ***(§ 1)*** parce qu'elle soulève des questions épineuses comme la possibilité de décider de son statut économique, social, politique et culturel, le rôle et l'étendue des compétences des institutions autochtones, les droits fonciers sur les terres et les ressources naturelles qu'ils occupent ou utilisent depuis des temps immémoriaux. Ces thèmes liés à l'autochtonie font craindre aux États la sécession ou le morcellement de leur territoire ainsi que l'instabilité à l'intérieur de leurs frontières, voire une remise en cause de leur souveraineté.

D'autre part, certes la *Déclaration sur les droits des peuples autochtones* formule le droit à l'autodétermination interne et représente un consensus politique international sur les droits reconnus aux peuples autochtones mais ce texte n'a pas de force juridique contraignante, elle n'a qu'une valeur déclaratoire avec une portée politique et morale. Le texte de référence doté d'une force obligatoire pour les États reste donc la Convention nº 169 émanant de l'OIT, qui ne reconnaît pas explicitement un droit à l'autodétermination interne. Dès lors il s'agit moins de déclarer l'existence formelle d'un tel droit que d'insister sur sa mise en œuvre à travers des arrangements internes entre les représentants autochtones et les gouvernements étatiques.

Ainsi, la cohérence du système norvégien avec le système normatif international en matière de droits des peuples autochtones apparaît en ce qu'ils ne se prononcent pas nécessairement en faveur d'une reconnaissance formelle et contraignante de l'autodétermination interne mais ils ont une conception commune de l'exercice de l'autodétermination interne en ce qu'il doit être concerté entre les gouvernements et les peuples autochtones (*§ 2*).

§ 1. Une reconnaissance formelle problématique de l'autodétermination interne

Si certaines constitutions nationales comme la Loi fondamentale mexicaine[2] mentionnent expressément le droit à l'autodétermination des peuples autochtones, d'autres s'en abstiennent. C'est le cas du droit norvégien, qui ne formule pas explicitement le droit pour les Sámi à l'autodétermination interne (A). Pendant longtemps les normes internationales protectrices des droits des peuples autochtones n'ont pas non plus reconnu formellement aux autochtones un droit à l'autodétermination (B).

A. L'absence de reconnaissance formelle de l'autodétermination interne dans le droit norvégien

En droit norvégien, ni la Constitution, ni la loi n'énoncent un droit à l'autodétermination interne pour les Sámi. Ce droit n'a pas de fondement légal ou plus exactement n'a pas d'assise formelle dans le discours juridique norvégien.

La Constitution norvégienne n'énonce pas un droit à l'autodétermination interne pour les Sámi. Pourtant elle avait été amendée le 27 mai 1988 pour insérer l'article 110a, nouvellement article 108[3], invitant les autorités étatiques à prendre les mesures adéquates et nécessaires pour ne pas entraver la

[2] « La réforme de 2001 constitue un progrès par rapport aux textes constitutionnels qui ne mentionnaient même pas le terme d'indigène. Il est incontestable que des droits leur sont reconnus, cependant, ceci paraît insuffisant face à l'exigence d'un État véritablement inclusif. » Cependant « La réforme de 2001 ne prévoit pas la formation d'instances autonomes en tant que formes de gouvernement propres aux indigènes ». Sur l'histoire, la réforme constitutionnelle et ses limites, voir Akuavi ADONON, « Le droit étatique mexicain et les populations indigènes : fonction de reconnaissance ou fonction d'intégration », *Droit et cultures* [En ligne], 56 | 2008-2, mis en ligne le 6 juillet 2011, consulté le 6 octobre 2014. http://droitcultures.revues.org/187.

[3] La Constitution norvégienne a fait l'objet d'une réforme le 13 mai 2014. Parmi les modifications apportées au texte constitutionnel, l'article 110a est devenu le nouvel article 108, mais son contenu reste inchangé. Pour cette raison et pour plus de cohérence avec les ressources doctrinales et officielles, qui avant la réforme ne se réfèrent qu'à l'ancien article, la thèse traitera de cette disposition sous sa première nomenclature.

préservation et le développement de la culture, de la langue et du mode de vie sámi[4].

Outre l'absence de formulation claire, le fait que cet article ne pose pas d'obligation juridique pour les autorités étatiques mais plutôt un principe moral et politique participe à l'idée selon laquelle le droit à l'autodétermination interne n'a pas de place précise dans le droit norvégien. D'ailleurs aucun droit spécifique culturel, politique ou foncier n'est inscrit dans la Constitution ; y trouver la formulation d'un droit à l'autodétermination interne aurait donc été surprenant car cela ne correspond pas à la logique interne de la Constitution.

Le droit à l'autodétermination interne semble ne pas avoir de place, ne pas avoir été prévu par les autorités étatiques norvégiennes. L'absence de place formelle signifie-t-elle pour autant que ce droit n'a pas été envisagé par les gouvernements successifs et les représentants sámi ? Cette absence est-elle volontaire ? Quels peuvent en être les intérêts ou les enjeux ?

Parmi les raisons possibles, peuvent être invoqués les balbutiements de la protection de cette culture autochtone et plus largement de l'autochtonie. La période de l'assimilation, dont l'apogée s'est fait ressentir en plein nationalisme romantique pendant le XIXe siècle, ne s'est progressivement terminée qu'à partir des années 1960. Les années 1980 ont été marquées par la prise de conscience idéologique des autorités étatiques et d'une grande majorité de la population norvégienne de la nécessité de préserver la diversité des cultures et en particulier l'identité du peuple autochtone sámi.

Les réformes politiques et juridiques nationales, avec notamment l'instauration des deux Commissions[5] chargées par le gouvernement norvégien d'étudier les droits des Sámi, s'inscrivent aussi dans un contexte international : elles correspondent à une approche toute différente des sociétés autochtones jusqu'alors perçues comme des sociétés vouées à être assimilées puis à disparaître. L'adoption en 1989 de la *Convention n° 169 relative aux peuples indigènes et tribaux* est un témoignage de cette évolution idéologique. Jusqu'alors les questions relatives aux peuples autochtones n'avaient été régies par aucun texte, si ce n'est par la *Convention n° 107 relative aux populations aborigènes et tribales* adoptée par l'OIT en 1957. Sa vocation essentiellement intégrationniste ne visait pas la préservation et le développement des cultures autochtones à travers la protection de leurs institutions et de leurs terres.

---

[4] L'ancien article 110a et nouvellement article 108 de la Constitution énonce : *«Det påligger statens myndigheter å legge forholdene til rette for at den samiske folkegruppe kan sikre og utvikle sitt språk, sin kultur og sitt samfunnsliv.»*

[5] Le *Samerettsutvalget* a été institué par le gouvernement le 10 octobre 1980 mais il n'est pas un comité permanent. Il se compose de la Commission sur les droits civils et politiques sámi d'une part, et de la Commission sur les droits culturels sámi d'autre part.

D'autres raisons peuvent être avancées ; parmi celles-ci, une volonté de souplesse : un droit qui n'est pas figé par l'écrit est plus facilement adaptable aux nouvelles situations, aux évolutions. Il échappe à la rigidité que peut impliquer le formalisme. Et en même temps, sa mise en œuvre implique une concertation, des dialogues entres les parties concernées, ce qui correspond à la pratique de la démocratie consociationnelle, caractéristique des pays scandinaves.

Une autre raison pourrait être soulevée : la reconnaissance formelle d'un droit à l'autodétermination pourrait entrer en conflit avec le principe constitutionnel d'indivisibilité. Et les Sámi n'ont pas le statut légal de peuple autochtone ; ni la loi-cadre du 12 juin 1987 ni l'ancien article 110a de la Constitution ne les qualifient de peuple autochtone.

Enfin, un souci de cohérence avec les dispositions de la Convention n° 169 ratifiée par la Norvège peut constituer une dernière raison. Cet instrument contraignant n'énonce pas formellement de droit à l'autodétermination interne, la communauté internationale en 1989 n'étant pas prête à assumer les enjeux liés à ce droit, notamment la question épineuse des droits fonciers. En Norvège, la question des droits fonciers fait l'objet de nombreuses études et d'une loi sur le Finnmark, adoptée le 17 juin 2005 *(Finnmarksloven)*.

En revanche, la Convention n° 169 préfigurait le droit à l'autodétermination interne dans bon nombre de ses dispositions, qui, sans l'énoncer, incitent à le mettre en œuvre dans le droit interne des États consentants. La force juridiquement contraignante de ce texte suffit peut-être, sans qu'il soit besoin de donner à ce droit un énoncé formel dans le droit norvégien.

Malgré l'absence de reconnaissance explicite du droit à l'autodétermination interne dans le droit norvégien, la formulation de l'article 110a de la Constitution norvégienne et celle de la loi de 1987 relative aux questions sámi pourraient cependant être interprétées dans le sens d'une reconnaissance indirecte et implicite d'un droit pour les Sámi à l'autodétermination interne.

L'article 110a, nouvellement article 108, énonce en effet qu'il appartient aux autorités étatiques de créer les conditions appropriées de sorte que le peuple Sámi puisse être capable de préserver et de développer sa langue, sa culture et son mode de vie[6].

L'expression norvégienne « [...] den sámike Folkegruppe kan sikre [...] » signifie que « la population sámi puisse être en mesure d'assurer, d'être capable de ». Malgré la formulation indirecte et ancienne, elle doit être interprétée de

[6] *«Det paaligger Statens Myndigheter at lægge Forholdene til Rette for at den sámiske Folkegruppe kan sikre og udvikle sit Sprog, sin Kultur og sit Samfundsliv.»*

manière extensive : les autorités norvégiennes doivent non seulement ne pas entraver mais aussi organiser les conditions appropriées, ce qui inclut l'adoption de normes juridiques et de mesures politiques pour que les Sámi *eux-mêmes* puissent préserver et promouvoir leur identité culturelle. Il y a dans cette expression les germes d'une reconnaissance implicite du doit à l'autodétermination interne. L'article 110a de la Constitution appelle à un rôle actif et responsable de la part des Sámi dans la préservation et la promotion de leurs langues, de leurs modes de vie et de leur culture. La responsabilité de l'État est de fournir des conditions appropriées afin de ne pas entraver la vitalité de la culture sámi, mais il appartient au peuple sámi lui-même de décider des solutions les plus adéquates parmi les possibilités offertes[7] par le droit norvégien et le droit international.

Le raisonnement est le même à propos de la *loi nº 56 du 12 juin 1987 relative au Parlement Sámi et autres questions intéressant les Sámi*. Elle a pour objectif de rendre possible pour les Sámi de Norvège la sauvegarde et le développement de leurs langues, de leur culture et de leurs modes de vie[8]. Elle institue à ce titre le Parlement national[9] sámi (appelé *Sámediggi* en langue sâme et *Sameting* en norvégien[10]) et lui octroie des compétences administratives et politiques en tant qu'organe consultatif auprès des autorités étatiques dans les domaines économique, culturel, éducatif et environnemental. Elle fixe les conditions de

---

7 *"The language in the Constitutional article is phrased in the old-fashioned language of the Constitution, -but read in a more modern language it would read: enabling the Saami themselves to preserve and develop their language, culture and way of life and this is actually the way it has to be understood. This means that the Constitution as amended calls for an active and responsible role for the Saami parliament in preserving and promoting the Saami langage, culture and way of life". In* Anders J.H. EIRA, « A comparison of Aboriginal peoples in Canada and Saami in Norway », Kommunal og Regionaldepartementet, IMER og Maktutredningen multidisciplinary conference, 5th november 2001, consulté le 12/08/2005 sur le site www.odin.dep.no.

8 *« Lovens formål er å legge forholdene til rette for at den sámiske folkegruppe i Norge kan sikre og utvikle sitt språk, sin kultur og sitt samfunnsliv »* § 1-1, *Lov om Sametinget og andre sámiske rettsforhold (sameloven)*, LOV-1987-06-12-56.

9 Aux fins des élections à ce Parlement, la Norvège est divisée en treize circonscriptions, chacune élit trois représentants élus au scrutin direct et parmi des Sámi inscrits sur les listes électorales sámi. Pour être inscrit sur ces listes électorales autochtones, les personnes doivent répondre à des conditions cumulatives qui sont énumérées à l'article 2.6 de la loi du 12 juin 1987 : toute personne doit fournir une déclaration attestant qu'elle se considère sámi, et elle doit, soit parler la langue sámi à la maison, soit avoir encore ou avoir eu un parent ou des grands-parents parlant la langue sâme à la maison.

10 L'appellation *Sámediggi* en langue sâme n'est pas maintenue dans la thèse car dans les textes officiels norvégien et dans les travaux des Nations unies, le Parlement sámi est plus couramment désigné en norvégien sous le terme *Sameting(et)*. Ce choix de rédaction se fonde sur un souci de clarté et de cohérence, mais, par respect de la culture sâme, il serait plus approprié de nommer leur institution démocratique autochtone *Sámediggi*.

l'utilisation des langues sâmes dans la sphère privée et dans ses rapports avec l'État.

Cette loi ne prévoit ni explicitement ni formellement le droit à l'autodétermination interne, mais elle reprend la formulation de l'article 110a de la Constitution selon laquelle les autorités étatiques doivent rendre possible pour les Sámi la conservation de leurs langues et de leurs modes de vie. Les autorités étatiques leur laissent une grande part d'initiative et de responsabilités dans la préservation de leur identité culturelle autochtone.

En fait, il semble bien que l'absence de formulation de l'autodétermination interne dans le droit norvégien pourrait se justifier par l'idée selon laquelle, si ce droit est en effet inscrit dans de nombreux instruments juridiques contraignants ou déclaratoires, « la pratique des États établit qu'il s'agit d'un principe plus que d'un droit au contenu bien défini, qu'il s'agit d'un principe politico-juridique, dont la fonction essentielle est de légitimer ou de délégitimer des comportements[11] ». Au moment des réformes initiées dans les années 1960-1980, et en cohérence avec le droit international, qui avait circonscrit le droit des peuples à disposer d'eux-mêmes aux peuples anciennement colonisés, l'État norvégien considérait probablement l'autodétermination non pas comme un droit inhérent au statut de peuple autochtone mais comme un principe politico-juridique destiné à apaiser les conflits[12] et les tensions entre les Sámi et les Norvégiens d'origine non sámi.

Cette posture pourra peut-être évoluer avec le vote de l'État norvégien en faveur de la *Déclaration des Nations unies sur les droits des peuples autochtones*, qui reconnaît expressément un véritable droit à l'autodétermination interne pour les peuples autochtones.

L'absence d'un droit pour les Sámi à l'autodétermination interne inscrit dans le droit norvégien est regrettable selon les institutions représentatives sámi, qui aspirent à une reconnaissance formelle de ce droit : "The Sámi Council strongly advocates the acknowledgement of Indigenous peoples' right of self-determination. This can be accomplished through various arrangements within the framework of a nation-state, but should not be formally limited to only such arrangements." Dans le même sens, Lars Anders Baer avait souligné : "It's crucial that governments recognize our right to self-determination. Based on

[11] Jean-François GUILHAUDIS, « Autodétermination », *Répertoire de droit international*, éd. Dalloz, décembre 1998, § 41.

[12] Le conflit d'Alta-Kautokeino dans les années 1980 a précisément amené les autorités étatiques norvégiennes à engager des réformes internes sur les droits culturels en concertation avec les représentants sámi. Dans le prolongement la Norvège avait ensuite ratifié la Convention n° 169 émanant de l'OIT.

such recognition, we can – together with the respective governments – begin to discuss the practical implementation of this right."[13]

B. La difficile reconnaissance de l'autodétermination interne par le droit international relatif aux peuples autochtones

L'approche des Nations unies concernant le droit des peuples à disposer d'eux-mêmes est conditionnée par l'environnement politique international[14], ce qui en fait une notion fluctuante. L'ensemble des États a jusqu'alors appréhendé les collectivités autochtones comme des groupes voués à être assimilés, et, portés par la crainte d'une atteinte à leur intégrité territoriale, à leur souveraineté et à leur stabilité interne, ils leur ont dénié le statut de « peuple ». Les travaux menés au sein des Nation unies durant les deux dernières Décennies sur les peuples autochtones ont fait des Nations unie « le creuset de l'autochtonie »[15], aboutissant d'une part à une lente acceptation des collectivités autochtones en tant que peuples **(a)** et d'autre part à l'émergence du droit à l'autodétermination interne des peuples autochtones en tant que norme en droit international, ce qui contribue à moderniser ce dernier **(b)**.

a. La lente acceptation par les Nations unies des collectivités autochtones en tant que peuples

L'usage international désigne indistinctement les collectivités autochtones sous les termes de population et de peuple(s). Au sein des Nations unies, la terminologie a fait débat et a doublement évolué. Ces évolutions terminologiques en faveur des autochtones ont des implications quant à la reconnaissance officielle et à l'exercice de leurs droits politiques, culturels et fonciers au sein des États, dans le cadre de l'autodétermination interne.

D'abord l'expression « populations aborigènes et tribales » figurant dans la *Convention nº 107 relative aux populations aborigènes et tribales*, adoptée par l'OIT en 1957, a été remplacée en 1989 dans la *Convention nº 169 relative aux peuples indigènes et tribaux* puis, dans la *Déclaration sur les droits des peuples autochtones*, adoptée par

[13] Lars-Anders BAER, « The right to self-determination and the case of the Sámi », *in* Pekka AIKIO, Martin SCHEININ (dir.), *Operationalizing the right of indigenous peoples to self-determination*, Institutet för mänskliga rättigheter, Åbo Akademi University, 2000, p. 230.

[14] Philippe MOREAU DEFARGES, « L'Organisation des Nations Unies et le droit des peuples à disposer d'eux-mêmes », *Politique étrangère*, nº 3, 1993, p. 659.

[15] Françoise MORIN, « L'ONU comme creuset de l'autochtonie », Revue *Parcours anthropologiques*, nº 5, 2005.

l'Assemblée générale des Nations unies en 2007, par le terme « peuple » autochtone.

L'article 1 § 3 de la Convention nº 169 précise cependant immédiatement que « l'emploi du terme *peuples* dans la présente convention ne peut en aucune manière être interprété comme ayant des implications de quelque nature que ce soit quant aux droits qui peuvent s'attacher à ce terme en vertu du droit international. »

Bien que modifiée par rapport à la Convention nº 107, la Convention nº 169 reflète toujours une logique étatique : tout en énonçant des mesures visant à sauvegarder le respect des identités sociales et culturelles des peuples autochtones, elle continue de protéger cependant les intérêts étatiques en donnant la primauté aux institutions et à l'intégrité territoriale des États. Dans ce texte, les peuples autochtones commencent à être considérés comme des sociétés distinctes insérées au sein des États constitués, mais leurs institutions ne sont certainement pas considérées comme les égales des institutions étatiques et le mode de vie autochtone reste marginalisé et seulement toléré. L'État est en effet la forme d'organisation politique et sociale la plus répandue et il est considéré comme la forme la plus aboutie, primant toujours sur toutes les autres formes d'organisation de la société. Les sociétés autochtones sont alors tolérées, mais, confrontées à l'État et à ses intérêts, elles deviennent toujours secondaires.

La terminologie dans les travaux des Nations unies a évolué sur un second plan : l'utilisation du pluriel pour se référer aux peuples autochtones et non plus à un monde autochtone homogène. Les initiatives lancées par les Nations unies avaient d'abord pris position en faveur du singulier et s'intitulaient *International Year for the World's Indigenous People* (1993) et *International Decade for the World's Indigenous People*[16] (1995-2004). Il est étonnant qu'alors que la *Déclaration sur les droits des peuples autochtones* a été adoptée en 2007, la seconde Décennie internationale[17] lancée pour la période 2005-2014 mentionne toujours le monde autochtone, au singulier, probablement pour répondre aux craintes des États quant à d'éventuelles demandes de sécession.

---

16 *First International Decade of the World's Indigenous People*, première Décennie proclamée par l'Assemblée générale des Nations unies dans sa résolution du 21 décembre 1993, résolution A/RES/48/163.

17 *Second International Decade of the World's Indigenous People,* deuxième Décennie proclamée par la résolution des Nations unies du 20 décembre 2004, résolution A/RES/59/174.

Le terme « peuple » ne reçoit pas de définition par les instruments juridiques internationaux[18] et il n'existe pas de consensus des États au niveau de leurs pratiques. Pour accentuer le caractère imprécis de la définition, en droit la notion de « peuple » désigne l'ensemble des citoyens d'un État tandis qu'en « sociologie elle évoque un patrimoine, une identité et un sentiment d'appartenance communs[19] ».

Selon le Professeur Guilhaudis[20], élaborer une définition de la notion de peuple serait techniquement possible, mais le véritable obstacle est d'ordre politique : les États craignent pour l'intégrité de leurs territoires et de leur souveraineté[21].

Les Nations unies ont tenté de cerner la notion de peuple en se fondant sur la notion de territoires non autonomes. Elles invoquent les dispositions du chapitre XI de la *Charte des Nations unies*, de la résolution 742 (VIII) de l'Assemblée générale[22], et des principes approuvés dans la résolution 1541 (XV) du 15 décembre 1960[23]. Mais tous ces textes concernent l'accès à l'indépendance de peuples colonisés. Ils n'envisagent pas que l'autodétermination puisse être souhaitée par des peuples autochtones et exercée uniquement dans son volet interne au sein même des États. En ayant circonscrit la qualification de peuple aux seuls peuples anciennement colonisés, les États considéraient que les groupes autochtones ne constituaient pas des peuples, et n'étaient donc pas des sujets de droit international. Cette théorie a d'ailleurs permis aux États de nier toute valeur juridique aux traités, accords et arrangements constructifs réalisés entre les peuples autochtones et les puissances coloniales sur leurs territoires.

---

[18] Étroitement liée à la notion de souveraineté populaire, la notion de peuple a remplacé dans les instruments internationaux celui de « nations », attaché au principe des nationalités.

[19] Rapport du Rapporteur spécial sur la situation des droits de l'homme et des libertés fondamentales des populations autochtones, Commission des droits de l'homme, cinquante-huitième session, 4 février 2002, document E/CN.4/2002/97, p. 27.

[20] Il se fonde sur la résolution 1542 (XV) des Nations unies, du 15 décembre 1960, intitulée « Communication de renseignements au titre de l'alinéa *e* de l'Article 73 de la Charte ». Elle a énuméré une liste de territoires qu'elles qualifient de non autonomes sous l'administration de l'Espagne et du Portugal, que ceux-ci considèrent comme des « provinces d'outre-mer ».

[21] Jean-François GUILHAUDIS, *Relations internationales contemporaines*, JurisClasseur, Litec, Paris, 2010, p. 71.

[22] Résolution 742 (VIII), intitulée *« Factors which should be taken into account in deciding wether a territory is or is not a territory whose people not yet attained a full measure of self-government »*, adoptée par l'Assemblée générale lors de sa 8e session, le 27 novembre 1953.

[23] Résolution 1541 (XV), du 15 décembre 1960, intitulée « Principes qui doivent guider les États Membres pour déterminer si l'obligation de communiquer des renseignements, prévue à l'alinéa *e* de l'Article 73, leur est applicable ou non », adoptée par l'Assemblée générale lors de sa 15e session.

Il aura fallu attendre les années 1970 pour que ce sujet soit abordé par les institutions spécialisées des Nations unies de manière indirecte à travers les thèmes liés à la discrimination raciale, aux droits des minorités nationales, à la décolonisation et à l'autodétermination[24]. Plusieurs organisations non gouvernementales (ONG)[25] et les organisations autochtones[26] ont eu un rôle moteur et dynamique dans l'inscription des problématiques autochtones sur l'Agenda des Nations unies et dans la formation d'un mouvement autochtone mondial. Ces activités ont abouti en 1976 à l'organisation par des ONG internationales de la Conférence sur la « Discrimination à l'encontre des populations autochtones dans les Amériques », qui s'est tenue au Palais des Nations de Genève.

Cette Conférence a eu une portée historique car « pour la première fois dans l'histoire, les représentants autochtones pouvaient dialoguer avec les délégués gouvernementaux et faire entendre leur voix sur les liens particuliers qui les unissaient à la terre, sur l'importance du droit et des coutumes traditionnels, sur les problèmes posés par l'exploitation des ressources naturelles dans leur territoire et leur manque de contrôle sur ces exploitations, sur la nécessité de respecter leur culture et de protéger leur héritage, et sur leur volonté d'autodétermination.[27] »

A l'issue de cette Conférence fut élaboré un *projet de Déclaration des principes pour la défense des nations et des peuples autochtones de l'hémisphère occidental.* Cette Déclaration fut proposée à Genève par les nations autochtones des deux Amériques afin de remplacer les lacunes du droit international les concernant et le temps que soit révisée la Convention n° 107, seul instrument qui régissait depuis 1957 les rapports entre les États et les peuples autochtones.

Durant la Conférence, certains États[28], refusant aux autochtones la qualité de « peuple », ont fait valoir que le droit des peuples à disposer d'eux-mêmes ne

---

24 Dans les années 1960 le juriste représentant le Guatemala, Augusto WILLEMSEN-DIAZ, a présenté un rapport relatif à la discrimination et a intégré pour la première fois les autochtones à cette problématique. S'en est suivie l'étude du rapporteur Jose R. MARTINEZ-COBO initiée en 1971 et achevée en 1983.

25 L'*International Work Group for Indigenous Affairs* (IWGIA) et *Survival International* sont les organisations pionnières en matière de défense des droits des peuples autochtones. L'une et l'autre ont obtenu un statut consultatif auprès du Conseil économique et social (ECOSOC), respectivement en 1989 et en 2005.

26 Les premières organisations internationales autochtones ont été créées en 1975, le *World Council of Indigenous Peoples* (WCIP a un statut consultatif auprès du Conseil économique et social depuis 1981) et l'*International Indian Treaty Council* (IITC a obtenu un statut consultatif auprès du Conseil économique et social en 1997).

27 Françoise MORIN, « L'ONU comme creuset de l'autochtonie », *op.cit.*, p. 11.

28 Par exemple dans les années 1990 le Brésil et le Canada continuaient d'appliquer la théorie « blue water » ou « salt water » pour limiter les effets de la décolonisation aux territoires outre-mer. Ainsi l'autodétermination pouvait s'appliquer en Inde ou à une liste de territoires définis mais pas aux Iroquois. À l'inverse, le Danemark était favorable à l'utilisation du terme « peuples »

devait pas leur être appliqué. Ces mêmes États préféraient les qualifier de « minorités » ou bien de « populations », ou encore de « communautés », de « tribus » ou enfin de « groupes ».

Il existe cependant sur cette question de la qualification des autochtones, comme sur celle de l'autodétermination interne et celle des droits fonciers, un consensus international autochtone massif : ces derniers ont revendiqué la qualification de « peuples », déclinée au pluriel, et réfuté celle de « peuple » (au singulier) et de « populations », pourtant jusqu'alors la seule admise par la *Convention nº 107 relative aux populations aborigènes et tribales*. En fait, même le projet de *Document final de la Conférence mondiale sur les droits de l'homme* de juin 1993 contenait à plusieurs reprises l'utilisation du singulier pour se référer aux sociétés autochtones[29].

Les enjeux liés aux qualificatifs « populations » et « peuple autochtone » au singulier d'une part, et « peuples autochtones » au pluriel d'autre part sont directement associés à la reconnaissance des peuples autochtones en tant que sociétés politiques distinctes et à la réfutation d'un monde autochtone homogène. Aux côtés de cet enjeu idéologique figurent d'autres enjeux clefs de cette lutte terminologique liés à l'évolution des droits des autochtones et donc au maintien de la vitalité de leurs identités culturelles : l'octroi du droit à l'autodétermination interne, la reconnaissance d'une forme de souveraineté, même symbolique, et l'exercice de droits fonciers sur leurs terres ancestrales.

Connue sous l'expression « la bataille du *S* », cette revendication est essentielle pour les autochtones et s'est fait entendre avec insistance dès les années 1990[30] pendant la *Conférence mondiale sur les droits de l'homme* qui s'est tenue à Vienne en juin 1993 et tout au long de la phase de rédaction du projet de *Déclaration sur les droits des peuples autochtones*. Le risque pour les délégations autochtones était de limiter la portée des droits énoncés. À l'occasion de cette Conférence mondiale, Erica-Irene Daes a souligné l'importance d'utiliser l'expression « peuples autochtones » au pluriel ; l'emploi du singulier étant

---

autochtones. Douglas SANDERS, « Developing a modern international law on the rights of indigenous peoples », Rapport pour la Canadian Royal Commission on Aboriginal People, University of British Columbia, December 1994, p. 5.
Disponible sur le site de Union of British Columbian Indian Chiefs, www.ubcic.bc.ca/docs/Developing.doc.

[29] International Year of the World's Indigenous People, 1993, G.A. res. 48/133, 48 U.N. GAOR Supp. (nº 49) at 251, U.N. Doc. A/48/49 (1993).

[30] Par sa résolution 1995/32 du 3 mars 1995, la Commission des droits de l'homme a décidé de se doter d'un groupe de travail chargé d'élaborer un projet de déclaration des droits des peuples autochtones, en prenant en considération le projet proposé par la Sous-Commission de la promotion et de la protection des droits de l'homme présentée dans sa résolution 1994/45 du 26 août 1994.

l'expression d'une idéologie raciste et de discrimination raciale. Elle insiste sur le fait que les peuples autochtones constituent des sociétés diverses et distinctes les unes des autres et qu'elles sont dotées de la même humanité et des mêmes droits que les autres peuples.

b. L'émergence d'une norme en droit international pour les peuples autochtones : vers un droit modernisé

Le droit à l'autodétermination, ou droit des peuples à disposer d'eux-mêmes, est une notion fluctuante selon les époques et les enjeux. « Le droit des peuples à disposer d'eux-mêmes n'est pas une notion cohérente, ni stable. Depuis sa proclamation par la Révolution française à la fin du XVIIIe siècle, ce principe ne cesse d'être réinterprété en fonction de l'histoire, de la situation des peuples[31] ».

Une première interprétation est en effet apparue au siècle des Lumières[32] ; à l'origine, il n'est pas un droit mais plutôt un principe étroitement lié à l'idéologie des droits de l'homme et à la souveraineté populaire et concernant uniquement le régime politique. Dans son acception initiale, il consiste en la possibilité pour les peuples de se gouverner eux-mêmes à l'intérieur des États et de bénéficier d'un régime démocratique.

Depuis le XVIIIe siècle, un glissement s'est opéré de l'autonomie et de la liberté de l'individu par rapport à l'État vers l'autonomie d'une communauté réunie autour d'une langue commune et formant une nation par rapport à une domination étrangère.

Le *discours en quatorze points*[33] du président Wilson prônait en 1918 l'autonomie gouvernementale pour le cas des « peuples de l'Autriche-Hongrie » et des « nations sous la domination turque », préférant le terme de « développement autonome » à celui d'« autodétermination », qu'il n'utilise pas. Le *Pacte de la Société des Nations* ne mentionne pas non plus le principe d'autodétermination. Il pose seulement dans son article 1er la liberté de gouvernement comme condition d'admission au sein de la SDN ; « cette

---

[31] Philippe MOREAU DEFARGES, « L'Organisation des Nations Unies et le droit des peuples à disposer d'eux-mêmes », *op.cit.*, p. 670.

[32] L'article 2 titre XIII du projet de Constitution « girondine » de février 1793 énonçait : « [La République française] renonce solennellement à réunir à son territoire des contrées étrangères, sinon d'après le vœu librement émis de la majorité des habitants, et dans le cas seulement où les contrées qui solliciteront cette réunion ne seront pas incorporées et unies à une autre nation, en vertu d'un pacte social, exprimé dans une constitution antérieure et librement consentie. » *In* Antonio CASSESE, *Self-Determination of Peoples. A Legal Reappraisal*, Cambridge University Press, 1995, p. 11.

[33] Programme de paix en quatorze points présenté par le président Wilson devant le Congrès américain le 8 janvier 1918.

disposition fut interprétée comme signifiant qu'un État devait avoir le plein contrôle de sa politique interne et de ses relations extérieures[34] ». L'expression « droit des peuples à disposer d'eux-mêmes » n'était pas encore utilisée au profit plutôt du principe des nationalités, qui exprime l'idée que toute nation doit avoir le droit de se constituer en État. Mais le principe des nationalités « [...] est éminemment perturbateur de l'ordre territorial établi et, surtout quand il est employé en retenant une conception objective de la nation, il peut servir de justification à une politique impérialiste (cas du pangermanisme) [...].[35] »

L'autodétermination des peuples n'est devenue un droit inscrit dans un instrument juridique qu'au cours de la Seconde Guerre mondiale[36] le 14 août 1941, dans la *Charte de l'Atlantique*[37]. Le troisième point de ce texte déclare le droit de tous les peuples de choisir leur propre forme de gouvernement et que soient restaurées la souveraineté et l'autonomie gouvernementale de tous les peuples en ayant été dépossédés par la force.

Après la Seconde Guerre mondiale, le sens du droit à l'autodétermination a évolué et son contenu s'est complexifié. Le droit des peuples constitués en États à disposer d'eux-mêmes s'est enrichi du droit des peuples coloniaux à l'indépendance. Cette approche constitue la forme dite externe ou verticale de l'autodétermination. Elle conçoit le droit à l'autodétermination « comme un droit à la décolonisation, réservé à la libération des peuples colonisés dans les territoires non métropolitains ». Il représente alors le droit de « faire sécession [...] en vue d'accéder à l'indépendance[38] ».

Cependant avec le phénomène de la décolonisation « le droit des peuples s'est aussi appauvri : la question des régimes politiques est sortie de son champ d'application[39] » pour restreindre sa mise en œuvre aux peuples émancipés et leur permettre d'accéder à l'indépendance et de se constituer en États[40].

---

[34] Christian CHARBONNEAU, « Le droit des peuples à disposer d'eux-mêmes : un droit collectif à la démocratie... et rien d'autre », *Revue québécoise de droit international*, volume 9, 1995, p. 113.

[35] Jean-François GUILHAUDIS, *Relations internationales contemporaines*, *op.cit.*, p. 53.

[36] Christian CHARBONNEAU, *op.cit.*, p. 113-114.

[37] Elle a été signée entre le Premier ministre du Royaume-Uni, Churchill, et le président des États-Unis, Roosevelt. Elle énonce « certains principes sur lesquels ils fondent leurs espoirs en un avenir meilleur pour le monde et qui sont communs à la politique nationale de leurs pays respectifs ». Cette série de principes devait servir au maintien de la paix et de la sécurité internationale.

[38] Hélène PERRIN, « Les peuples autochtones, à l'origine d'un renouveau du principe d'autodétermination ? », *in* Jean-Claude FRITZ, Frédéric DEROCHE, Gérard FRITZ et Raphaël PORTEILLA (dir.), *La nouvelle question indigène. Peuples autochtones et ordre mondial*, Paris, éd. L'Harmattan, 2005, nouvelle édition 2014, p. 261-273 et p. 263-265.

[39] Jean-François GUILHAUDIS, « Autodétermination », *op.cit.*, § 8.

[40] Sur les modalités de formation de l'État, telle que la fusion par exemple, voir Jean-François GUILHAUDIS, *Relations internationales contemporaines*, *op.cit.*, p. 68 *s.*

Le droit des peuples à disposer d'eux-mêmes est désormais reconnu comme un droit universel collectif et inscrit dans de nombreux instruments juridiques à portée universelle ou régionale. Parmi eux, les articles 1.2 et 55 de la *Charte des Nations unies* (1945), l'article 1er commun au *Pacte international sur les droits civils et politiques* et au *Pacte international sur les droits économiques, sociaux et culturels* des Nations unies (1966), qui énoncent que « tous les peuples ont le droit de disposer d'eux-mêmes. En vertu de ce droit, ils déterminent librement leur statut politique et assurent librement leur développement économique, social et culturel ». Il figure aussi dans plusieurs déclarations de l'Assemblée générale des Nations unies telles que la *Déclaration sur l'octroi de l'indépendance aux pays et aux peuples coloniaux*[41], la *Déclaration sur les principes du droit international touchant les relations amicales et la coopération entre États*[42], ou encore la *Déclaration sur la souveraineté permanente sur les ressources naturelles*[43]. La Cour internationale de Justice s'est aussi prononcée sur ce droit dans de nombreuses affaires[44] traduisant la complexité de ce droit.

Des instruments régionaux aussi énoncent le droit des peuples à disposer d'eux-mêmes, dans le cadre de la CSCE tels que *l'Acte final de la Conférence sur la sécurité et la coopération en Europe*[45] (1975), le *Document final de la Réunion de Vienne*[46] (1989) ou la *Charte de Paris pour une nouvelle Europe*[47] (1990) ; et enfin, pour

[41] Résolution 1514 (XV) relative à la « Déclaration sur l'octroi de l'indépendance aux peuples et aux pays coloniaux », du 14 décembre 1960.

[42] Résolution 2625 (XXV) relative aux « Principes du droit international relatifs aux relations amicales et la coopération entre les États », du 24 octobre 1970.

[43] Résolution 1803 (XVII) portant sur « le droit des peuples sur leurs ressources naturelles », du 14 décembre 1962.

[44] Par exemple, avis sur la Namibie (CIJ, AC 21 juin 1971, Rec. CIJ, p. 16), avis sur le Sahara occidental (du 16 octobre 1975, Rec. CIJ, p.12), affaire du Timor oriental (du 30 juin 1995, Portugal c. Australie, Rec. CIJ, § 29).

[45] 8e principe de l'*Acte final de la Conférence sur la sécurité et la coopération en Europe*, adopté le 21 juillet 1975.

[46] 4e principe du *Document final de la Réunion de Vienne*, adopté le 17 janvier 1989.

[47] La *Charte de Paris pour une nouvelle Europe*, adoptée le 21 novembre 1990, réaffirme dans la section « Relations amicales entre les États participants » « [...] l'égalité de droits des peuples et leur droit à l'autodétermination conformément à la Charte des Nations unies et aux normes pertinentes du droit international dans ce domaine, y compris celles qui ont trait à l'intégrité territoriale des États ».

Par ailleurs une mention spéciale pour les minorités est prévue à plusieurs reprises dans la Charte : « Nous affirmons que l'identité ethnique, culturelle, linguistique et religieuse des minorités nationales sera protégée et que les personnes appartenant à ces minorités ont le droit d'exprimer, de préserver et de développer cette identité sans aucune discrimination et en toute égalité devant la loi » puis : « résolus à encourager la contribution précieuse des minorités nationales à la vie de nos sociétés, nous nous engageons à améliorer encore leur situation. Nous réaffirmons notre profonde conviction que des relations amicales entre nos peuples ainsi que la paix, la justice, la stabilité et la démocratie exigent que l'identité ethnique, culturelle, linguistique et religieuse des minorités nationales soit protégée et que des conditions favorables à la promotion de cette identité soient créées ».

l'Afrique, l'article 20[48] de la *Charte africaine des droits de l'homme et des peuples*[49] (1981).

Bien qu'il crispe les États autour de leur crainte de la sécession, le principe du droit des peuples à disposer d'eux-mêmes a été reconnu coutume générale du droit international contemporain par la Cour internationale de justice dans son arrêt de 1995 sur le Timor oriental[50]. En se fondant sur la *Charte des Nations unies* et la pratique de l'Organisation des Nations Unies, la Cour a aussi affirmé qu'il constitue un droit opposable *erga omnes*. Selon l'article 55 du chapitre IX de la Charte, le « respect du principe de l'égalité des droits des peuples et de leur droit à disposer d'eux-mêmes » sont sources de « relations pacifiques et amicales » entre les nations.

Le droit des peuples à disposer d'eux-mêmes a longtemps été appliqué et confiné aux peuples anciennement colonisés[51], et refusé aux peuples autochtones puisque ceux-ci ne recevaient pas la qualification de « peuples » mais celle de « communautés », « groupes », « populations »[52] ou celle de « peuple autochtone » au singulier.

En revendiquant d'une part le statut de peuples, et d'autre part une souveraineté (même symbolique) sur leurs territoires ancestraux, un statut politique et la conservation de leurs identités culturelles propres à travers leurs organisations démocratiques autochtones, « les demandes des peuples indigènes contribuent à bouleverser la problématique du droit des peuples à disposer d'eux-mêmes. Dans la vision classique, ce droit repose sur une équation simple, évidente : un peuple = un État [...]. En cette fin de XXe siècle, les peuples indigènes [...] confirment qu'il y a beaucoup de manières [...] de concevoir le droit des peuples à disposer d'eux-mêmes[53] ».

---

[48] L'article 20.1 affirme que : « Tout peuple a droit à l'existence. Tout peuple a un droit imprescriptible et inaliénable à l'autodétermination. Il détermine librement son statut politique et assure son développement économique et social selon la voie qu'il a librement choisie. »

[49] *Charte africaine des droits de l'homme et des peuples* adoptée par l'Organisation de l'unité africaine, nouvellement appelée Union africaine, document CAB/LEG/67/3 rev. 5, 21 I.L.M. 58 (1982), 27 juin 1981, entrée en vigueur le 21 octobre 1986.

[50] *Timor oriental (Portugal c. Australie)*, arrêt, [1995], C.I.J, Rec. 102, par. 29.

[51] Voir, entre autres, Linos-Alexandre SICILIANOS, « L'ONU et la démocratisation de l'État : systèmes régionaux et ordre juridique universel », Publications de la Fondation Marangopoulos pour les droits de l'homme, Série n° 5, éd. Pédone, 2000, p. 121-129.

[52] Les populations « sont les cibles des politiques publiques au travers de la définition des catégories utilisées par les recensements et les statistiques » tandis que les peuples sont sujets du droit international. Irène BELLIER, « Échelles de gouvernance. Penser l'autodétermination des peuples autochtones dans la globalisation », Congrès de l'Association Française d'Ethnologie et d'Anthropologie intitulé « No(s) Limit(es) », Septembre 2011, Paris, France, p. 1-12.

[53] Philippe MOREAU DEFARGES, « L'Organisation des Nations Unies et le droit des peuples à disposer d'eux-mêmes », *op.cit.*, p. 668.

« Le droit à la décolonisation, qui, lui, est reconnu par la très grande majorité des États et dont le domaine d'application est circonscrit, ne constitue qu'une des facettes d'un véritable droit, plus large, des peuples à disposer d'eux-mêmes. Les modalités de ce droit demandent cependant à être clairement définies [...].[54] » Rodolpho Stavenhagen a en effet rappelé qu'il existait plusieurs aspects de l'autodétermination et qu'elle était devenue non plus seulement un principe politique ou moral mais une idée-force : "self-determination has become [...] an *idée force* of powerful magnitude, a philosophical stance, a moral value, a social movement, a potent ideology, that may also be expressed, in one of its many guises, as a legal right in international law.[55]"

Un accord essentiel a finalement été trouvé au sein du Groupe de travail sur les droits des peuples autochtones[56] pour interpréter la notion d'autodétermination de façon dichotomique : l'autodétermination se compose d'une dimension externe et d'une dimension interne afin d'amoindrir le risque qu'en reconnaissant aux autochtones le statut de peuples ils invoquent un droit de sécession.

Le droit à l'autodétermination a donc été étendu depuis peu aux situations en dehors du contexte de la décolonisation, en particulier en faveur des peuples autochtones et uniquement dans son volet interne, mais constamment refusé aux minorités nationales[57].

« L'autodétermination des peuples autochtones signifie surtout l'autonomie politique et administrative au niveau local ou régional, restreinte à des sphères qui ne mettent pas en jeux les intérêts vitaux de l'État, par exemple la sécurité ou la politique étrangère [...]. L'autodétermination externe est celle exercée par les États souverains ou concédée aux peuples susceptibles de former un État (principalement dans le cadre de la politique de décolonisation), tandis que l'autodétermination interne se confond avec l'autonomie gouvernementale ou administrative au sein des structures étatiques établies.[58] »

---

[54] Christian CHARBONNEAU, *op.cit.*, p. 111.

[55] Rodolpho STAVENHAGEN, "Self-determination: right or demon?" *in International Human Rights in context. Law, politics, morals*, Henry J. STEINER et Philip ALSTON (dir.), Oxford, University Press, 2000.

[56] "Explanatory Note concerning the Draft Declaration on the Rights of Indigenous Peoples", Erica-Irene DAES, document E/CN.4/Sub.2/1993/26/Add.1, § 17.

[57] Théodore CHRISTAKIS, *Le droit à l'autodétermination en dehors des situations de décolonisation*, Centre d'Études et de Recherches internationales et communautaires, Université d'Aix Marseille III, éd. La Documentation française, 1999, p. 587-616.

[58] Alain FENET, Geneviève KOUBI, Isabelle SCHULTE-TENCKHOFF, *Le droit et les minorités nationales*, éd. Bruylant, Bruxelles, 2000, p. 67-68.

L'autodétermination intervient en matière politique mais aussi économique (libre disposition de leurs richesses, de leurs terres et de leurs ressources naturelles, et le droit d'assurer librement leur développement économique) et enfin en matière culturelle et sociale.

La *Convention nº 169 relative aux peuples indigènes et tribaux* et la *Déclaration sur les droits des peuples autochtones* se placent dans une optique opposée à celle de l'assimilation et énoncent des standards minimum de protection dans les domaines de la non-discrimination, du respect de l'intégrité culturelle, de la préservation des terres et des ressources naturelles, du droit à l'éducation et au développement, et de l'autodétermination. Ils ne prennent pas en compte l'organisation des États : qu'ils soient d'organisation unitaire ou fédérale, les normes énoncées constituent des *minima* pour préserver la vitalité des sociétés autochtones ainsi que le respect des buts énoncés par la *Charte des Nations unies* (démocratie, respect des droits de l'homme, paix). Ces normes sont susceptibles d'être appliquées quelle que soit la forme de l'État concerné.

La Convention nº 169 marque un tournant décisif dans l'évolution des droits des peuples autochtones. Elle a contribué à l'émergence et au développement d'un droit international moderne quant aux peuples autochtones.

Elle porte en elle tous les germes de l'autodétermination interne, mais elle ne le formule pas explicitement. La Convention n'énonce pas ce droit formellement, mais elle organise matériellement les conditions de son exercice.

L'autodétermination est exprimée, voire quasiment définie, dès le préambule de la Convention[59] sans pour autant être nommée. Il en est de même à l'article 7 §§ 1 et 4, qui énonce que les peuples autochtones ont le droit de décider de leurs propres priorités concernant leur développement « dans la mesure où celui-ci a une incidence sur leur vie, leurs croyances, leurs institutions et leur bien-être spirituel et les terres qu'ils occupent ou utilisent d'une autre manière, et d'exercer autant que possible un contrôle sur leur développement économique, social et culturel propre. En outre, lesdits peuples doivent participer à l'élaboration, à la mise en œuvre et à l'évaluation des plans et programmes de développement national et régional susceptibles de les toucher directement ».

L'autodétermination est ensuite reprise et disséminée dans l'ensemble de la Convention sous la forme d'éléments constitutifs de cette liberté politique, économique, sociale et culturelle. Il incombe ainsi aux gouvernements de prendre des mesures instituant une action coordonnée avec les peuples concernés favorisant la pleine réalisation des droits économiques, sociaux et

---

[59] « Prenant acte de l'aspiration des peuples en question à avoir le contrôle de leurs institutions, de leurs modes de vie et de leur développement économique propres et à conserver et développer leur identité, leur langue et leur religion dans le cadre des États où ils vivent ».

culturels (article 2) ; de reconnaître et de protéger l'intégrité des valeurs, des pratiques sociales, culturelles et spirituelles des peuples (article 5) ; les gouvernements devront mettre en place ou permettre de conserver les coutumes et les institutions représentatives autochtones (articles 6 et 8) à condition qu'elles ne soient pas incompatibles avec les normes internationales protectrices des droits de l'homme. Sur la question des droits fonciers, la Convention n° 169 se distingue de la Convention n° 107 adoptée en 1957 en ce qu'elle prend bien plus en compte la dimension territoriale[60]. Rappelant la dimension spirituelle qui lie les peuples autochtones avec leurs territoires ancestraux et les ressources naturelles qui s'y trouvent (article 13), elle reconnaît qu'ils détiennent à ce titre des droits de propriété et de possession sur les terres qu'ils occupent traditionnellement (article 14 §§ 1 et 2), ainsi que le droit de participer à l'utilisation, à la gestion et à la conservation des ressources naturelles dont sont dotées leurs terres (article 15). Ils ont aussi le droit de ne pas être déplacés des terres qu'ils occupent et de retourner sur leurs terres traditionnelles (article 16).

La *Déclaration sur les droits des peuples autochtones* reprend et renforce même dans ses dispositions les droits à la non-discrimination, à l'intégrité culturelle, au développement économique, à l'éducation et à l'emploi, et les droits à la terre.

Elle ajoute un élément crucial qui constitue une avancée réelle pour les peuples autochtones. Affirmant dès son préambule et en son article 2 que les peuples autochtones constituent des peuples et qu'ils « sont égaux à tous les autres peuples[61] », la Déclaration énonce explicitement le droit pour les peuples autochtones à l'autodétermination interne : « En vertu de ce droit, ils déterminent librement leur statut politique et recherchent librement leur développement économique, social et culturel » (article 3). Les peuples autochtones « dans l'exercice de leur droit à l'autodétermination, ont le droit d'être autonomes et de s'administrer eux-mêmes pour tout ce qui touche à leurs affaires intérieures et locales, ainsi que de disposer des moyens de financer leurs activités autonomes » (article 4).

---

[60] Les évolutions figurant dans la Convention n° 169 sont reflétées dans les évolutions jurisprudentielles du Comité des droits de l'homme, de la Commission interaméricaine des droits de l'homme et de la Cour interaméricaine des droits de l'homme sur le droit de propriété, notamment dans l'affaire rendue le 31 août 2001 *Mayagna Awas Tingni Community c/ Nicaragua*, *in* S. James ANAYA, *Indigenous Peoples in International Law*, Oxford University Press, 2004, p. 144-145.

[61] « Affirmant que les peuples autochtones sont égaux à tous les autres peuples, tout en reconnaissant le droit de tous les peuples d'être différents, de s'estimer différents et d'être respectés en tant que tels » (Préambule) et « Les autochtones, peuples et individus, sont libres et égaux à tous les autres et ont le droit de ne faire l'objet, dans l'exercice de leurs droits, d'aucune forme de discrimination fondée, en particulier, sur leur origine ou leur identité autochtones » (article 2).

La notion de liberté, en particulier la liberté de choisir, n'est plus seulement un droit individuel mais aussi un droit des peuples, et elle se trouve au cœur des dispositions de cette Déclaration. De nombreuses références y sont faites explicitement : par exemple, à l'article 2, la formule « peuples libres et égaux » n'est pas sans rappeler l'article 1er de la Déclaration des droits de l'homme et du citoyen de 1789, qui énonce que les « hommes naissent libres et égaux en droits » ; de même « le droit de déterminer librement » (article 3), « [...] si tel est leur choix » (article 5) ou encore, à l'article 7 § 2, « le droit de vivre dans la liberté ». La liberté de choisir apparaît aussi indirectement, en filigrane, à travers le droit de tous les peuples d'être différents, la contribution à la diversité, la nécessité de mettre fin à toutes les formes d'oppression, ou le droit de ne pas subir d'assimilation forcée.

La Déclaration de 2007 fait de l'autodétermination interne des peuples autochtones non pas un principe politico-juridique mais bien un droit, et un droit collectif élaboré sur le même modèle que celui prévu par les articles 1ers des Pactes internationaux onusiens (1966), qui énoncent : « 1. Tous les peuples ont le droit de disposer d'eux-mêmes. En vertu de ce droit, ils déterminent librement leur statut politique et assurent librement leur développement économique, social et culturel ». De cette manière « la Déclaration constitue un rappel de ces droits, une contextualisation de la situation particulière des peuples autochtones ; elle agit à titre de réparation aux violations systématiques de ce droit subies par les peuples autochtones et acceptées en vertu d'un historique consensus international.[62] »

La Déclaration de 2007 va vers une institutionnalisation du droit à l'autodétermination interne pour les peuples autochtones. Elle a actuellement le statut de *soft law*[63]. Jusqu'alors ce principe n'avait été converti sous une forme normative que pour les peuples anciennement colonisés. Alors que la Convention no 169 organise matériellement une autonomie pour les peuples autochtones, la Déclaration va plus loin en formulant un droit à l'autodétermination interne dont les titulaires sont les peuples autochtones et elle tend à donner un fondement légal à l'autodétermination interne, à lui donner une forme normative aussi pour les peuples autochtones.

Cependant, dans la mesure où ce texte est une Déclaration, il n'a pas de force juridique contraignante ; la reconnaissance juridique de l'autonomie des sociétés autochtones conserve donc encore une portée morale ou politique, à

---

[62] Leslie CLOUD, « Autodétermination », programme de recherches SOGIP, 15 juin 2011. Consulté sur le site de l'École des Hautes Etudes en Sciences Sociales : http://www.sogip.ehess.fr/spip.php?article144.

[63] Mauro BARELLI, « The Role of Soft Law in the International Legal System : The Case of the United Nations Declaration on the Rights of Indigenous Peoples », *International and Comparative Law Quarterly*, volume 58, Cambridge University Press, 2009, p. 957.

moins qu'elle ne soit légalement reconnue par le droit interne des États sur les territoires desquels ces sociétés se trouvent. L'attitude des États pour respecter ce droit est donc essentiel, en particulier sa reconnaissance dans leur système normatif national.

La Déclaration laisse d'ailleurs aux États concernés le soin de définir les modalités d'exercice de ce droit, notamment à travers l'autonomie telle que préconisée par l'article 4. La mise en œuvre de ce droit n'est pas imposée, mais elle repose sur une liberté laissée aussi aux États d'adopter les mesures appropriées en concertation avec les représentants autochtones. Il appartient alors aux États d'utiliser leur propre appareil étatique (institutionnel et normatif) pour déterminer les modalités d'exercice du droit à l'autodétermination interne.

La modernité de ce texte s'exprime alors sur trois plans : d'une part, sa reconnaissance formelle bien qu'ayant une portée plus politique, éthique, symbolique que véritablement juridique, de droits collectifs à la terre et à l'autodétermination interne ; d'autre part elle contribue à balayer les clichés assimilationnistes et racistes en affirmant dès son préambule que « toutes les doctrines, politiques et pratiques qui invoquent ou prônent la supériorité de peuples ou d'individus en se fondant sur des différences d'ordre national, racial, religieux, ethnique ou culturel sont racistes, scientifiquement fausses, juridiquement sans valeur, moralement condamnables et socialement injustes ». La Déclaration veut ainsi faire admettre que les peuples autochtones constituent des sociétés distinctes ayant la même valeur que les sociétés construites sur le modèle occidental. Enfin, si la Convention n° 169 invitait déjà les États membres et les représentants autochtones à se concerter afin d'adopter des mesures appropriées, la Déclaration de 2007 insiste particulièrement sur un tel esprit de conciliation. Elle indique des normes minimales (article 43) et il appartient aux États et aux institutions représentatives autochtones de s'accorder sur les conditions de mise en œuvre de ces droits afin de trouver un accord, un équilibre entre la préservation de l'intégrité territoriale et de la souveraineté étatique d'une part, et la vitalité et le développement harmonieux des sociétés autochtones d'autre part.

Ainsi, les représentants autochtones ont montré depuis le début des travaux élaborés au sein des Nations unies qu'ils sont des acteurs internationaux dynamiques et qu'ils ont apporté une précieuse contribution quant à la définition des concepts et l'élaboration des normes les concernant. Ils constituent aussi des partenaires moteurs à propos du suivi et de la mise en œuvre de leurs droits au niveau national, voire régional, lorsque le peuple autochtone concerné est un peuple transfrontalier comme le peuple sámi.

Le droit international relatif aux droits des peuples autochtones se modernise en ce qu'il a commencé, depuis la fin des années 1980 et d'une façon plus évidente encore dans les années 2000, à ne plus concevoir les États comme le seul sujet de droit, seul doté d'une souveraineté et décidant de façon unilatérale. La *Convention relative aux peuples indigènes et tribaux* (1989) et la *Déclaration sur les droits des peuples autochtones* (2007) reflètent particulièrement cette évolution : les peuples autochtones sont désormais considérés comme des sociétés distinctes, ils sont des acteurs et des partenaires essentiels dans l'élaboration d'arrangements internes constructifs ; ils sont dotés d'une souveraineté, même si celle-ci reste éminemment symbolique, et sont titulaires d'un droit à l'autodétermination interne ainsi que de droits fonciers sur les territoires qu'ils utilisent ou occupent depuis des temps immémoriaux.

Le droit interne norvégien et le droit international relatif aux droits des peuples autochtones peuvent être rapprochés en ce que, s'ils ont longtemps eu des réticences à formuler explicitement et à donner un fondement légal à l'autodétermination interne, ils préconisent tous les deux une approche souple et concertée de ce droit entre les gouvernements et les représentants autochtones.

§ 2. Un exercice concerté du droit à l'autodétermination interne

L'expérience positive de la Norvège concernant ses relations avec le peuple sámi à partir des années 1980 et particulièrement dans la mise en œuvre d'éléments constitutifs de l'autodétermination interne (sans pour autant que celle-ci soit pleinement réalisée) a pu servir de modèle ou de référence pour la communauté des États lors de l'élaboration de la Convention n° 169 et de la *Déclaration des Nations unies sur les droits des peuples autochtones*. Les expériences nationales réussies ont en effet leur importance en ce qu'elles peuvent influencer les autres États et ainsi amorcer des évolutions et un enrichissement du droit international sur des points initialement épineux. Quelquefois les expériences nationales permettent de faire progresser les débats au niveau des institutions internationales et d'intégrer des concepts *a priori* problématiques dans de nouveaux instruments juridiques plus ou moins contraignants, à charge pour les États de les mettre en œuvre. En ce sens, le droit international et les droits internes des États fonctionnent en tandem, ils s'influencent mutuellement, ils sont interdépendants.

L'exercice par les Sámi d'éléments constitutifs du droit à l'autodétermination interne n'a pas de fondement juridique explicite puisque les Sámi eux-mêmes n'ont pas le statut de peuple autochtone dans le droit norvégien. Ils n'exercent pas une entière autodétermination interne ; la Norvège a ouvert la voie vers ce droit, mais celui-ci n'est pas pleinement réalisé.

En fait, l'exercice de ces éléments de l'autodétermination interne résulte de la pratique par l'État norvégien de la démocratie consociationnelle. La pratique norvégienne de la démocratie consociationnelle, en tant que démocratie inclusive, constitue ainsi le fondement politique de l'exercice par les Sámi d'une forme de l'autodétermination (A).

De plus, l'expérience norvégienne a pu sensibiliser voire influencer les autres États au moment de l'élaboration de la *Convention relative aux peuples indigènes et tribaux* et, plus tard, de celle de la *Déclaration sur les droits des peuples autochtones.* Le droit international relatif aux droits des peuples autochtones s'inspire alors des expériences nationales positives comme celle vécue par la Norvège. Proposant à son tour un modèle de démocratie inclusive, à l'instar de la pratique norvégienne, le droit international relatif aux droits des peuples autochtones se trouve alors modernisé par ses appels à la concertation et à la construction de partenariats entre les États et les représentants autochtones (B).

A. La pratique norvégienne de la démocratie consociationnelle : fondement politique de l'exercice par les Sámi d'une forme de l'autodétermination

L'exercice de ce droit est en théorie doublement problématique pour l'État norvégien, en ce qu'il pourrait porter atteinte à sa souveraineté et à son intégrité territoriale, et semble inconciliable avec le principe constitutionnel d'indivisibilité du royaume.

Pourtant, si le droit norvégien ne formule ni dans sa Constitution ni dans ses lois un droit pour le peuple sámi à l'autodétermination interne, il en prévoit cependant certaines conditions d'exercice à travers quelques lois, la jurisprudence de la Cour Suprême *(Høyesterett)* et par des accords politiques entre les représentants sámi et les gouvernements norvégiens successifs.

L'exercice pour le peuple sámi d'un droit à l'autodétermination interne n'a pas de fondement juridique dans le droit norvégien, mais il a un fondement de nature politique, la pratique d'une démocratie consociative, c'est-à-dire, une démocratie participative et inclusive.

Exercé sur une base quasi-contractuelle, il est le fruit d'une culture du dialogue et de nombreuses concertations entre les gouvernements norvégiens successifs et les représentants sámi. Les structures étatiques instaurées pour l'exercice de ce droit sont issues d'arrangements internes.

L'approche norvégienne de ce droit n'est donc pas formelle mais pragmatique et issue de dialogues multipartites car la pratique d'une démocratie consociative, selon les termes d'Arend Lijphart, sous-tend les sociétés scandinaves et irrigue ainsi toute la vie politique et publique.

L'organisation de l'autodétermination interne pour les Sámi est ainsi l'expression d'un consensus politique et juridique vivant entre les représentants autochtones et les gouvernements norvégiens.

Cette approche permet une double articulation de ce droit épineux, non seulement avec le principe constitutionnel d'indivisibilité mais aussi avec les instruments de droit international récemment adoptés par les Nations unies concernant la protection de la diversité culturelle, de la biodiversité et des droits des peuples autochtones et qui appellent eux aussi à la concertation, à la coopération à travers des partenariats renforcés entre les peuples autochtones et leurs gouvernements.

Le modèle de la démocratie consociative est étroitement associé à Arend Lijphart, qui l'a analysé dès 1960 à partir des systèmes politiques des pays scandinaves, des Pays-Bas et de la Belgique, qui gardent une réelle stabilité politique malgré leurs sociétés fragmentées sur un plan religieux, linguistique, ou sur d'autres critères culturels. Il ne s'agit pas de politiques d'accommodation mais plutôt de systèmes, de caractéristiques d'ordre institutionnel qui permettent de dégager un consensus dans des sociétés profondément divisées au plan ethnique, linguistique ou religieux (comme le Canada, l'Afrique du Sud...).

Arend Lijphart a identifié quatre caractéristiques communes partagées par ces systèmes politiques dits consociationnels et qui s'opposent aux démocraties de type majoritaire : une coalition gouvernementale, une autonomie segmentaire dans le domaine culturel, un veto pour la minorité politique (entendu comme la non-exclusion de la minorité dans la prise de décision) et l'usage des élections à la proportionnelle (au lieu d'un système majoritaire) permettant notamment une meilleure représentation des minorités et des femmes[64]. Cela entraîne des gouvernements inclusifs, un système multipartite et une influence du corporatisme et des syndicats.

Selon Arend Lijphart, les pays nordiques font partie de ces démocraties consociatives, bien qu'elles soient institutionnellement de type majoritaire.

Les pays scandinaves ont développé une culture de la démocratie caractérisée par trois dimensions : la liberté par l'exercice de droits et libertés fondamentaux garanti par l'État, la participation à travers la possibilité de

---

64 Arend LIJPHART, "Consensus and Consensus Democracy : Cultural, Structural, Functional, and Rational-Choice Explanations", *Scandinavian Political Studies*, vol. 21, n° 2, Scandinavian University Press, 1998, p. 105.

prendre part aux décisions politiques, notamment celles concernant directement les citoyens impliqués, et l'égalité, qui s'exprime par l'opportunité et l'égal accès offerts à tous les citoyens de participer aux débats politiques nationaux.

C'est sur cette troisième dimension, l'égale participation de tous les citoyens dans le processus décisionnel, que la Scandinavie se distingue des autres systèmes politiques pluralistes[65]. "In the past twenty years *participation* and *equality* emerged as the paramount and core values of Scandinavian democracy. [...] civil rights, liberty and freedom have received less attention. Why? the answer is that there are no significant challenges to these constitutional and civil liberties in Scandinavia. They are taken largely for granted, even by radical opponents of current political trends.[66]"

Cette prise de conscience idéologique et politique a pour conséquence que les démocraties scandinaves se trouvent désormais dans une logique non pas adversative mais plutôt coopérative. L'objectif étant d'éviter les conflits, la démocratie scandinave a choisi d'être inclusive. Elle intègre tous les avis mêmes divergents ou minoritaires, en comptant avec ces avis *(cum associatio)* et non pas contre, comme dans une logique majoritaire.

Dépassant les clivages politiques et idéologiques, la démocratie est ainsi devenue plus une culture qu'une idéologie[67].

Bien que la pensée d'A. Lijphart ait évolué entre 1968 et 1999[68], il a dressé une typologie des démocraties se fondant sur deux dimensions[69] : d'une part le

---

[65] "The first element is *liberty* [...]. The second is *participation* [...]. Finally there is the dimension of *equality* [...]. It is particularly in this third dimension that the recent Scandinavian debate has differed from other pluralistic political systems." *In* Eric S. EINHORN, John A. LOGUE, "The Scandinavian Democratic Model", *Scandinavian Political Studies*, vol. 9, n° 3, 1986, p. 196.

[66] Eric S. EINHORN, John A. LOGUE, *Ibid.*, p. 197.

[67] "*Democracy has become less an ideology and more a culture. Herbert Tingsten called democracy a supraideology: one is a democrat, but then a conservative, liberal, or socialist*", Eric S. EINHORN, John A. LOGUE, *Ibid.*, p. 197.

[68] Selon Lijphart, la démocratie consensuelle et la démocratie consociative sont très proches en ce qu'elles sont des formes de gouvernement non majoritaires, voire anti-majoritaires ; c'est pourquoi il avait transformé, rebaptisé la démocratie consociative en démocratie consensuelle. *In* Arend LIJPHART, "Democratic Politic Systems, Types, Cases, Causes, and Consequences", *Journal of Theoretical Politics*, 1.1, 1989, p. 39.

« Si le Lijphart de la maturité, c'est-à-dire depuis les années 1990, recommande le modèle consensuel non seulement aux sociétés culturellement hétérogènes, mais à toutes les sociétés démocratiques, sans exclure les sociétés culturellement homogènes, on ne devrait pas comprendre le modèle consensuel comme un équivalent approximatif de la démocratie consociative, mais plutôt comme un équivalent approximatif de la démocratie consociative "plus" la démocratie dépolitisée. » Miroslav NOVAK, « Les concepts utilisés dans le modèle consensuel de la démocratie : entre Sartori et Lijphart », *in* C. THIRIOT, M. MARTY, E. NADAL (dir.), *Penser la politique comparée : Un état des savoirs théoriques et méthodologiques*, éd. Karthala, Paris, 2004. p. 158.

[69] L'opposition faite par A. Lijphart entre les deux modèles de la démocratie (modèle consensuel d'une part, et modèle majoritaire d'autre part) a fait l'objet d'analyses critiques, notamment par

choix des élites politiques d'adopter une attitude concurrentielle ou de coopération, et d'autre part l'existence de sociétés culturellement hétérogènes (ou segmentées) ou bien homogènes. En effet, si les sociétés sont culturellement homogènes, selon que les élites politiques sont concurrentielles ou coopératives, la démocratie sera centripète (le modèle anglo-saxon en serait un exemple) ou elle sera dépolitisée (ou consensuelle). En revanche si les sociétés sont culturellement segmentées (hétérogènes) et si les élites politiques sont concurrentielles ou coopératives, la démocratie qui en résulte sera centrifuge (comme en France par exemple) ou bien elle sera une démocratie consociative[70].

Le modèle de démocratie en Norvège a évolué : elle a été jusque dans les années 1960 une démocratie consensuelle composée d'une société en apparence homogène et d'élites coopératives ; puis, à partir des années 1980, en ayant accepté la fragmentation culturelle de sa société, ou en d'autres termes lorsqu'elle s'est acceptée comme un État multiculturel (car officiellement à la fois multinational et polyethnique, pour reprendre les définitions de Will Kymlicka[71]), et dès lors qu'elle s'est engagée dans des réformes internes adoptées à l'égard des Sámi et de ses autres minorités nationales, la Norvège est devenue une démocratie consociative.

La pratique de la démocratie consociative dans les pays scandinaves entraîne plus de facilité pour les gouvernements à interpréter de façon souple leur principe constitutionnel d'indivisibilité. L'habitude de la concertation, de la coopération, du consensus dans lequel les minorités politiques et les avis divergents sont pris en compte, sont intégrés dans le processus de décision a pour conséquence une approche pragmatique et concertée de l'autodétermination interne pour le peuple sámi.

On aboutit à une forme de gouvernance à plusieurs niveaux *(multi-level governance)*. L'objectif de ces démocraties consensuelles ou consociatives est d'éviter les conflits et les tensions internes. L'octroi et la pratique de

---

G. Sartori. Selon lui « aucune démocratie réellement existante dans le monde ne s'attache de façon absolue à la règle de la majorité », et ainsi la pratique constitutionnelle britannique respecte les droits des minorités autant que les autres types de démocraties. *The Theory of Democracy Revisited, Part One: The Contemporary Debate*, Chatham House Publishers, New Jersey, 1987, p. 239.
Aussi refuse-t-il le terme « démocratie consensuelle » car cela signifierait que le modèle majoritaire de Westminster ne s'appuie pas sur le consensus ; or pour lui « le maniement du consensus est la vraie essence de toute gouvernance démocratique ». Les deux types de systèmes démocratiques s'appuient sur la pratique du consensus. In *Comparative Constitutional Engineering. An Inquiry into Structures, Incentives and Outcomes*, New York University Press, New York, 1994.

70 Miroslav NOVAK, « Les concepts utilisés dans le modèle consensuel de la démocratie : entre Sartori et Lijphart », *in Penser la politique comparée : Un état des savoirs théoriques et méthodologiques*, *op.cit.*, p. 157.

71 Will KYMLICKA, « La citoyenneté multiculturelle », *op.cit.*

l'autodétermination interne se pose alors comme un instrument, un outil du *power-sharing*[72] servant cet objectif de paix. "The power-sharing systems all followed the same general pattern: an inclusive government consisting of reprensentatives of all the important rival groups; as much autonomy for these groups as possible; proportionnality in representation and appointments; and a formal or informal minority veto power with regards to the most vital and fundamental matters.[73]"

La concertation entre les gouvernements norvégiens et les représentants sámi a pu être facilitée par deux facteurs : non seulement la culture de la démocratie inclusive et participative – en effet si institutionnellement la démocratie scandinave est majoritaire, en réalité dans la pratique elle est consociative[74] – mais aussi l'absence de droit coutumier et d'institutions autochtones propres aux Sámi puisque détruits ou mis à mal par la politique d'assimilation menée jusque dans les années 1960. La combinaison de ces facteurs a entraîné pour les deux partenaires (étatique et autochtone) la nécessité de redessiner les contours des nouvelles institutions sámi et d'en élaborer le contenu.

Le modèle relationnel fondé sur des partenariats entre les peuples autochtones et les États, tel que proposé par les Nations unies, est celui déjà pratiqué par la Norvège à travers son type de démocratie. Les instruments relatifs à la protection de la diversité culturelle ainsi que ceux plus spécifiques sur les droits des peuples autochtones adoptés depuis les années 1990 et surtout les années 2000 par les organes et institutions spécialisées onusiens (UNESCO, OIT) instaurent des mécanismes qui s'inspirent des démocraties consociatives comme en Norvège. L'harmonisation paraît alors plus aisément envisageable entre les mécanismes défendus par les normes internationales récentes protégeant les droits des peuples autochtones ainsi que les problématiques qui leur sont attachées (protection des ressources naturelles, de la biodiversité, des savoir-faire traditionnels…) et le système juridique norvégien, voire plus largement les démocraties nordiques.

---

[72] Ce terme anglo-saxon inventé par Sir Arthur LEWIS à propos de la situation de l'Afrique du Sud entre 1953 et 1965 est utilisé par Arend LIJPHART comme synonyme de « consociatif », *in* Arend LIJPHART, "Consensus and Consensus Democracy: Cultural, Structural, Functional, and Rational-Choice Explanations", *op.cit.*, p. 100.

[73] Arend LIJPHART, *ibid.*, p. 101.

[74] David ARTER, *Democracy in Scandinavia. Consensual, majoritarian or mixed?*, Manchester University Press, Manchester, 2006, p. 21 et 260.

B. *Un droit international incitant à la concertation entre les États et les représentants autochtones*

Ni la *Convention nº 169 relative aux peuples indigènes et tribaux*, qui pose les bases de l'autodétermination interne, ni la *Déclaration sur les droits des peuples autochtones*, qui formule explicitement un droit pour les peuples autochtones à l'autodétermination interne, n'incitent les États à reconnaître expressément dans leur droit interne le droit pour les peuples autochtones situés sur leur territoire à l'autodétermination interne.

En revanche, ces deux textes exhortent les États, quelle que soit leur organisation unitaire ou fédérale à se concerter avec les représentants autochtones sur les modalités d'exercice de ce droit. Aucune disposition de la Convention ou de la Déclaration ne prend en compte la forme des États pour mettre en œuvre le droit à l'autodétermination interne. La forme unitaire ne serait donc pas un obstacle en elle-même et le principe d'indivisibilité ne serait pas incompatible avec le droit à l'autodétermination interne.

En fait, si la reconnaissance formelle d'un tel droit peut poser des difficultés par rapport au principe d'indivisibilité, il semble bien cependant que lorsque les modalités d'exercice du droit à l'autodétermination interne font l'objet d'arrangements constructifs entre l'État et ses autochtones, alors les notions d'indivisibilité et d'autodétermination interne deviennent conciliables.

État précurseur de cet esprit de conciliation, la Norvège a choisi cette solution à l'égard du peuple sámi ; cette expérience nationale entre en résonance avec l'esprit des dispositions d'un droit international modernisé et protégeant les droits des peuples autochtones.

En ce sens, droit norvégien et normes internationales relatives aux droits des peuples autochtones sont cohérents car ces systèmes appellent à la conciliation à travers la pratique de la concertation des différents partenaires.

L'esprit de conciliation s'exprime au sein des Nations unies, devenues le « creuset de l'autochtonie »[75] au cours des séances de travaux préparatoires, et plus concrètement il s'exprime dans le *corpus* de la Convention nº 169 et de la Déclaration adoptée en 2007.

Lors de l'élaboration de la *Déclaration des Nations unies sur les droits des peuples autochtones*, tous les participants étaient appelés à « se livrer à une réflexion dans un esprit de consensus et de souplesse », à faire des propositions « dans le sens d'un compromis ». « […] toutes les délégations [devaient faire] preuve de

---

[75] Selon les termes de Françoise MORIN, « L'ONU comme creuset de l'autochtonie », *op.cit.*

souplesse et d'esprit de conciliation[76] ». Le but était d'arriver à un consensus des États pour que la Déclaration devienne une norme de référence utile aux autochtones et aux États dans leurs relations avec eux. L'esprit de conciliation apparaît dès le préambule de la Déclaration, qui se réfère aux traités, accords et autres arrangements constructifs passés entre les États et les peuples autochtones, à « un partenariat renforcé », aux « relations harmonieuses et de coopération », et proclame que la Déclaration constitue « un idéal à atteindre dans un esprit de partenariat et de respect mutuel ». En revanche il n'apparaît pas dans le préambule de la Convention n° 169, qui a été rédigée en vue de supprimer les derniers aspects d'assimilation contenus dans la Convention de 1957.

La recherche d'une conciliation se traduit par les appels à la concertation contenus dans les dispositions de plusieurs instruments plus ou moins contraignants et traitant des peuples autochtones.

Le 25 juin 1993, les représentants de 171 États ont adopté par consensus la *Déclaration et le Programme d'action de Vienne de la Conférence mondiale sur les droits de l'homme.*

Ils n'énoncent pas expressément des droits pour les peuples autochtones, mais ils invitent à élaborer des arrangements internes dans un esprit de conciliation : « Considérant l'importance de la promotion et de la protection des droits des populations autochtones et le fait que l'on contribue, par ces moyens, à la stabilité politique et sociale des États dans lesquels ils vivent, les États devraient, conformément au droit international, prendre des mesures constructives concertées pour leur garantir le respect de tous les droits de l'homme et de toutes les libertés fondamentales, en vertu des principes d'égalité et de non-discrimination, et reconnaître la valeur et la diversité de leurs identités, de leurs cultures et de leur organisation sociale.[77] »

De même, la *Convention n° 169 sur les peuples indigènes et tribaux* et la *Déclaration sur les droits des peuples autochtones* sont des outils visant à stimuler et renforcer le dialogue entre les gouvernements et les groupes autochtones. La Convention n° 169 pose une obligation générale à l'article 2[78] dans ce sens mais sans préciser exactement l'ampleur et le contenu ou les modalités de la participation des peuples autochtones.

Dans leurs dispositions, la Convention et la Déclaration appellent à la concertation selon différentes procédures : soit par la consultation des peuples

---

[76] Président rapporteur du groupe de travail lors de l'élaboration du projet de Déclaration, document E/CN.4/2006/79, 22 mars 2006 p. 4-5.

[77] Première partie, § 2.

[78] « Il incombe aux gouvernements, avec la participation des peuples intéressés, de développer une action coordonnée et systématique en vue de protéger les droits de ces peuples et de garantir le respect de leur intégrité. »

autochtones[79] à travers leurs propres institutions représentatives et/ou celles de l'État, soit par la participation à l'élaboration et à la mise en œuvre des plans et programmes nationaux et régionaux susceptibles de les concerner[80], soit par l'élaboration de traités, accords ou arrangements constructifs[81].

De nouveaux termes clefs sont apparus au cours de la rédaction du projet de *Déclaration sur les droits des peuples autochtones* : « la concertation » et « le partenariat renforcé entre les États et les peuples autochtones ».

La recherche d'un partenariat entre les États et les peuples autochtones a été annoncée par l'Assemblée générale des Nations unies dès le lancement de la première Décennie internationale des populations autochtones (1995-2004) ayant pour thème « Populations autochtones : partenariat dans l'action ». Elle avait « pour objectif de renforcer la coopération internationale en vue d'aider à résoudre les problèmes que rencontrent les peuples autochtones dans des domaines tels que les droits de l'homme, la culture, l'environnement, le développement, l'éducation et la santé ». La seconde Décennie (2005-2015) a pour thème « Le Partenariat pour l'action et la dignité »[82].

L'accent est donc particulièrement mis sur la recherche de partenariats[83] entre les États et les peuples autochtones, sur les questions politiques et culturelles et, en matière de droits fonciers, à travers la problématique de la mise en œuvre de l'autodétermination interne.

Cette approche se reflète spécifiquement dans la *Déclaration sur les droits des peuples autochtones* par l'exigence de recueillir le consentement préalable, libre et éclairé des communautés autochtones. Elle n'est pas prévue par la Convention n° 169, qui emploie seulement les termes de « consultation » et de « participation de ces communautés ».

La concertation[84] et le partenariat[85] énoncés par la Déclaration de 2007 dans le but de préserver les patrimoines culturels et naturels des autochtones vont

---

[79] Article 6, article 15 § 2 et article 16 de la Convention n° 169 ; et aussi les articles 15 § 2, 17 § 2, 19, 30 § 2, 32 § 2 et 36 de la Déclaration.

[80] Article 7 de la Convention n° 169 et article 18 de la Déclaration.

[81] Rapporteur spécial de la Sous-Commission, M. Alfonso MARTÍNEZ, dans son deuxième rapport intermédiaire sur l'étude des traités, accords et autres arrangements constructifs entre les États et les populations autochtones, document E/CN.4/Sub.2/1995/27, § 48 à 129.

[82] Programme d'action pour la deuxième Décennie internationale des populations autochtones, document A/60/270.

[83] Action commune entre organismes différents dans un but déterminé, http://www.cnrtl.fr/definition/concertation.

[84] Articles 11, 12 § 2, 22, 27 et 31 de la Déclaration.

[85] « Estimant également que les traités, accords et autres arrangements constructifs, ainsi que les relations qu'ils représentent, sont la base d'un partenariat renforcé entre les peuples autochtones et les États » et « Proclame solennellement la Déclaration des Nations unies sur les droits des

plus loin que la simple consultation. La concertation suppose à la base une consultation des citoyens, mais elle exige ensuite que les parties trouvent un accord en vue d'élaborer les décisions en commun[86].

La concertation et le partenariat impliquent une dimension quasi-contractuelle, faisant des peuples autochtones de véritables partenaires de dialogues, et impliquent une égalité entre les partenaires de la concertation. La relation entre les peuples autochtones et les États trouve un équilibre dans lequel les peuples autochtones ne sont plus des cibles passives des politiques publiques décidées par les États mais sont des interlocuteurs visibles, des sujets de droits collectifs capables d'influencer les décisions les affectant.

Cet esprit de conciliation est d'autant plus important que pour les peuples autochtones l'autodétermination n'a pas pour objectif de créer un État indépendant mais plutôt, avec l'aide des institutions internationales, de développer et promouvoir des arrangements spécifiques et contextuels pour protéger la culture et les institutions de ces peuples à l'intérieur de la structure étatique où ils vivent. Selon James Anaya, "in relation to indigenous peoples living within independent states, the current practice is for states to adopt reforms in favor of indigenous groups on the basis of negotiations or consultations with them[87]".

La démarche d'établir des partenariats entre les peuples autochtones et les États n'est pas qu'un vœu abstrait et théorique émanant de textes de droit international modernisés.

Elle est aussi soutenue voire encouragée par diverses institutions dont la pratique met en œuvre les droits fondamentaux de ces peuples, notamment à travers le respect de l'exigence du consentement préalable, libre et éclairé des communautés autochtones sur les décisions susceptibles de les affecter[88]. Comme le souligne Albane Geslin[89], le droit pour les communautés

---

peuples autochtones, dont le texte figure ci-après, qui constitue un idéal à atteindre dans un esprit de partenariat et de respect mutuel », Préambule de la Déclaration de 2007.

[86] Selon la définition du Centre national de ressources textuelles et lexicales, la concertation est un mode d'administration ou de gouvernement dans lequel les administrés, les citoyens, les salariés, etc., sont consultés, et les décisions élaborées en commun avec ceux qui auront à les appliquer ou à en supporter les conséquences ; « discussion en vue d'aboutir à un accord », http://www.cnrtl.fr/definition/concertation.

[87] S. James ANAYA, « Self-determination as a collective human right under contemporary international law », *Operationalizing the right of indigenous peoples to self-determination*, Institute for Human Rights, Åbo Akademi University, 2000, p. 13-15.

[88] En particulier en ce qui concerne leurs terres qui font l'objet de grands projets hydrauliques ou de concessions pour l'industrie extractive ou d'une militarisation.

[89] Albane GESLIN, « La protection internationale des peuples autochtones : de la reconnaissance d'une identité transnationale autochtone à l'interculturalité normative », *Annuaire français de droit international*, LVI, CNRS Editions, Paris, 2010, p. 669.

autochtones d'exprimer leur consentement au préalable est essentiel car il est une des ramifications du droit à l'autodétermination interne.

Plusieurs institutions contribuent à la mise en œuvre des dispositions de la *Déclaration sur les droits des peuples autochtones*, et notamment sur la question de l'obtention du consentement préalable, libre et éclairé des communautés autochtones sur des décisions politiques dans les domaines pouvant les affecter (article 32 § 2 de la Déclaration), contribuant ainsi à l'instauration d'un partenariat avec les communautés autochtones.

En tant qu'institution financière internationale finançant des projets et ayant une action de terrain, la Banque mondiale, à travers sa branche privée, la Société financière internationale (SFI), porte un regard privilégié sur les problématiques autochtones. Albane Geslin[90] montre comment sa position a évolué entre 2005 et 2011 et que ses hésitations à intégrer officiellement la *Déclaration sur les droits des peuples autochtones* au sein de ses règles environnementale et de viabilité sociale[91] sont probablement liées à sa dépendance financière avec un État qui avait été le dernier à ne pas accepter la Déclaration. Dans un rapport publié en 2005[92], elle s'alignait donc encore sur la Convention n° 169, qui exige seulement une consultation des communautés autochtones alors que d'autres instruments[93] (directives et recommandations) au contraire posaient déjà l'obligation de recueillir le consentement des peuples concernés. Par cette position elle considérait que ce qui devenait pourtant un principe émergent (l'obtention du consentement préalable, libre et éclairé des communautés autochtones) ne traduisait pas pour autant l'apparition d'une norme coutumière.

Cependant les critères de performance de la SFI ont été révisés et dans la version applicable depuis le 1er janvier 2012[94] des changements apparaissent clairement en faveur des peuples autochtones. Certains intitulés ont été

---

90 Albane GESLIN, *Ibid.*, p. 669 et p. 670.

91 Les règles sociales et environnementales énoncées par la SFI ont été adoptées en 2006 et sont appelées « Critères de Performance », elle en a fixé huit : Évaluation et système de gestion sociale et environnementale, Main-d'œuvre et conditions de travail, Prévention et réduction de la pollution, Hygiène, sécurité et sûreté communautaires, Acquisition des terres et déplacement forcé, Conservation de la biodiversité et gestion durable des ressources naturelles, Populations autochtones et enfin Héritage culturel.

92 *World Bank Legal note on Indigenous Peoples*, April 8, 2005, § 28, consultable sur le site www.worldbank.org.

93 Point d) de la recommandation du CEDR n° 23 du 18 août 1997, article 30 du projet onusien dans la version de 1994, projet de déclaration interaméricaine.

94 Elles sont consultables sur le site de la SFI (57 pages) http://www.ifc.org/wps/wcm/connect/38fb14804a58c83480548f8969adcc27/PS_French_2012_Full-Document.pdf?MOD=AJPERES.

modifiés, et notamment, dans les deux dernières normes, les termes de « populations autochtones » ont été remplacées par ceux de « peuples autochtones » (Norme de Performance 7), et « héritage culturel » est devenu « patrimoine culturel » (Norme de Performance 8). Les termes de la *Déclaration des Nations unies sur les peuples autochtones* ont en effet été pris en considération dans la dernière version de 2012, mais la Norme de Performance 7 de la SFI ne se réfère jamais à la Déclaration des Nations unies. La Déclaration n'est pas mentionnée.

Pourtant cette norme reconnaît que les peuples autochtones constituent des groupes sociaux dont les identités culturelles sont distinctes de celles des groupes dominants au sein de la société nationale, qu'ils ont des droits sur leurs territoires, terres et ressources naturelles, qu'ils peuvent être vulnérables et qu'ils constituent des partenaires de développement ; elle énonce à ce sujet : « Par ailleurs, les Peuples autochtones peuvent jouer un rôle en matière de développement durable par la promotion et la gestion d'activités et d'entreprises en tant que partenaires de développement. » Tout en respectant les droits fondamentaux ainsi que la culture et les savoirs traditionnels des peuples autochtones, la SFI s'engage à « établir et maintenir avec les Peuples autochtones affectés par un projet pendant toute sa durée une relation permanente fondée sur la consultation et la participation éclairées (CPE) ; et à obtenir le consentement libre, préalable et éclairé (CLPE) des Peuples autochtones lorsque les circonstances décrites dans la présente Note de performance existent[95] ».

La participation, la consultation, l'information sur la conception, la mise en œuvre et les résultats attendus, ainsi que le consentement des peuples autochtones doivent se faire au moyen de leurs institutions et en respectant le processus collectif de décision. Le consentement préalable, libre et éclairé doit être issu de négociations de bonne foi entre le client et les communautés autochtones.

Il est nécessaire de l'obtenir si le projet envisagé a des « impacts sur les terres et les ressources naturelles soumises au régime de propriété traditionnel ou aux droits d'usage coutumiers », de même si un déplacement et une réinstallation des communautés est inévitable, et enfin si le projet risque d'avoir un impact considérable sur le patrimoine culturel essentiel (aspects culturels, cérémoniaux ou spirituels incluant certaines zones naturelles, les savoirs et les pratiques traditionnels).

Théoriquement les peuples autochtones peuvent participer aux bénéfices résultant des projets envisagés : « Les projets du secteur privé peuvent créer des opportunités permettant aux Peuples autochtones de participer et de bénéficier

[95] Note de performance 7, p. 47.

des activités liées à un projet tout en satisfaisant leurs aspirations en termes de développement économique et social. »

De même, les organes de surveillance institués par l'OCDE ainsi que le Comité pour l'élimination de la discrimination raciale (CERD) jouent un rôle essentiel dans la mise en œuvre du droit à l'autodétermination interne et des droits fonciers des peuples autochtones.

Les Principes directeurs de l'OCDE[96] ont été révisés puis adoptés par 42 pays le 25 mai 2011. Parmi les principes modifiés figure une partie portant sur le respect des droits de l'homme[97] par les États et les entreprises multinationales. Conformément aux lignes directrices des Nations unies, « les États ont le devoir de protéger les droits de l'homme, et les entreprises, quels que soient leurs taille, secteur d'activité, contexte opérationnel, structure de propriété et organisation, doivent respecter les droits de l'homme partout où elles exercent leurs activités[98] ».

Le document ne mentionne pas explicitement la *Déclaration sur les droits des peuples autochtones*, mais il s'y réfère indirectement. Les peuples autochtones se trouvent ainsi protégés dans leurs droits à la fois par des instruments de protection universelle des droits de l'homme (la *Déclaration universelle des droits de l'homme*, le *Pacte international relatif aux droits civils et politiques*, le *Pacte international relatif aux droits économiques, sociaux et culturels* et la *Déclaration de l'Organisation internationale du Travail sur les principes et droits fondamentaux au travail*) ainsi que par des instruments de protection catégorielle du fait de leur potentielle vulnérabilité : « Les entreprises doivent respecter les droits de l'homme des personnes qui appartiennent à des catégories spécifiques ou de populations qui méritent une attention particulière, dès lors qu'elles risquent d'avoir une incidence négative sur ces droits. Dans ce contexte, les instruments des Nations unies ont précisé les droits des populations autochtones ; des personnes appartenant à des minorités nationales ou ethniques, religieuses et linguistiques ; des femmes ; des enfants ; des personnes handicapées ; et des travailleurs migrants et leurs familles.[99] »

Cependant, ces Principes directeurs n'exigent pas explicitement d'obtenir le consentement préalable des communautés autochtones, ils ne mentionnent que l'obligation pour les entreprises « d'entrer en communication et en consultation avec les collectivités directement concernées par les politiques de l'entreprise en matière d'environnement, de santé et de sécurité » (Principe V.2.b). Les peuples

---

[96] OCDE, « Les principes directeurs de l'OCDE à l'intention des entreprises multinationales », éd. OCDE, 2011. Disponible sur le site http://dx.doi.org/10.1787/9789264115439-fr.

[97] « Les principes directeurs de l'OCDE à l'intention des entreprises multinationales », *ibid.*, p. 37 à 42.

[98] *Ibid.*, p. 38.

[99] *Op.cit.*, p. 39.

autochtones sont des collectivités selon les travaux des Nations unies, cette disposition peut donc s'appliquer à eux. Mais *a priori* il ne s'agit que d'une consultation qui ne pose pas la même exigence qu'une concertation. Il existe encore une relative ambiguïté à ce sujet : le texte n'est pas spécialement clair, bien qu'il fasse allusion indirectement à la Déclaration.

En revanche, les rapports de certains Points de Contact Nationaux (PCN) apparaissent plus engagés sur ce point. Tel est le cas du *UK National Contact Point for the OECD*, qui avait rendu un rapport à la demande de l'ONG *Survival International* à l'encontre de la compagnie minière britannique *Vedanta Resources Plc*[100].

Par ses interprétations concernant la nature des droits énoncés par la *Déclaration sur les droits des peuples autochtones*, le Comité pour l'élimination de la discrimination raciale (CERD) contribue aussi à mettre en œuvre un droit à l'autodétermination interne et des droits fonciers pour les peuples autochtones, fondé sur la recherche de partenariats entre ces communautés et leurs États, à travers notamment l'obtention du consentement libre et éclairé des autochtones.

Bien que la *Déclaration* n'ait pas de caractère juridiquement contraignant et qu'elle ne prévoie aucun mécanisme spécifique de mise en application, le Comité la considère tout de même comme une source du droit international et les droits inscrits dans ce texte ont une nature coutumière. Dans son rapport de 2008 le Comité pour l'élimination des discriminations raciales a affirmé que la Déclaration était un moyen supplétif d'interprétation : les principes qu'elle énonce doivent être utilisés pour « interpréter les obligations de l'État partie au titre de la Convention en ce qui concerne les populations autochtones[101] ». Ces dispositions énonçant des « principes forment désormais un corpus normatif de valeur coutumière indépendamment de l'*instrumentum* qui les porte[102] ». Les États sont donc invités par le Comité sur l'élimination des discriminations raciales à appliquer les dispositions conventionnelles par lesquelles ils sont liés et les dispositions de *soft law* énoncées par la *Déclaration sur les droits des peuples autochtones*[103].

---

[100] *In* Albane GESLIN, « La protection internationale des peuples autochtones : de la reconnaissance d'une identité transnationale autochtone à l'interculturalité normative », *op.cit.*, p. 671.

[101] Rapport du CEDR, 72e et 73e sessions, *Examen des rapports, observations et renseignements présentés par les États parties*, document A/63/18, 2008, § 500, p. 93.

[102] Albane GESLIN, « La protection internationale des peuples autochtones : de la reconnaissance d'une identité transnationale autochtone à l'interculturalité normative », *op.cit.*, p. 675.

[103] *Concluding observations of the UN Committee on the Elimination of Racial Discrimination on the Initial and Thirds Reports of Indonesia*, CERD/C/IDN/CO/3, 15th august 2007, § 17.

Sur le plan juridictionnel, les jurisprudences de la Cour interaméricaine des droits de l'homme et de la Commission africaine des droits de l'homme et des peuples[104] contribuent à la reconnaissance des droits de propriété des communautés autochtones sur leurs territoires ancestraux, et à renforcer le principe du consentement préalable de ces communautés face à toute restriction de leur droit de propriété[105]. Leurs jurisprudences se fondent respectivement sur une interprétation dynamique et extensive de la *Convention américaine des droits de l'homme* (dans son article 21 sur les droits de propriété)[106] et de la *Charte africaine des droits de l'homme et des peuples* aux côtés de la *Déclaration sur les droits des peuples autochtones*. Ces textes sont cités directement et considérés comme une source du droit, et pas seulement comme un moyen supplétif d'interprétation comme le font d'autres institutions comme le CEDR et d'autres organes régionaux de protection des droits fondamentaux comme le Tribunal de première instance de l'Union Européenne[107], qui s'appuient sur la Déclaration afin d'interpréter les autres instruments protégeant les droits fondamentaux. La Cour européenne des droits de l'homme n'a pas encore développé de jurisprudence liée aux problématiques des peuples autochtones.

Ainsi, le droit international relatif à la protection des droits des peuples autochtones a été modernisé par sa démarche de conciliation incitant les États à élaborer des arrangements internes fondés sur la concertation et le partenariat entre les gouvernements et les représentants autochtones. L'approche recommandée par les organes et les institutions spécialisées des Nations unies se rapproche de la pratique de la démocratie consociative, telle qu'expérimentée en Norvège.

L'État norvégien s'est en effet engagé à partir des années 1960 dans une série d'études menées par deux comités spécialement mandatés pour étudier les droits des Sámi, puis dans les années 1980 dans des réformes institutionnelles et constitutionnelles pour donner un cadre étatique organisant l'exercice par les Sámi d'éléments constitutifs de l'autodétermination interne.

---

[104] Instituée par l'article 30 de la Charte africaine, la Commission est « chargée de promouvoir les droits de l'homme et des peuples et d'assurer leur protection en Afrique ». La Commission se compose de onze membres qui siègent à titre personnel et indépendant et non en tant que représentants de leurs pays. Selon l'article 45 de la Charte, elle a pour fonctions de protéger et promouvoir les droits de l'homme et des peuples en Afrique, d'interpréter les dispositions de la Charte et exécuter toutes autres tâches qui lui seront éventuellement confiées par la Conférence des Chefs d'État et de Gouvernement de l'OUA.

[105] Albane GESLIN, *op.cit.*, p. 672-674.

[106] Jean DHOMMEAUX, « Les communautés autochtones et tribales dans la jurisprudence de la Cour interaméricaine des droits de l'homme », et Karine RINALDI, « Le droit des populations autochtones et tribales à la propriété dans le système interaméricain des droits de l'homme », *in* Ludovic HENNEBEL et Hélène TIGROUDJA, *Le particularisme interaméricain des droits de l'homme*, éd. Pedone, Paris, 2009.

[107] *Inuit Tapiriit Kanatami et a. c. Parlement et Conseil*, affaire T-18/10 R du 30 avril 2010.

Le principe constitutionnel d'indivisibilité s'est accommodé de la mise en œuvre d'éléments relatifs à l'autodétermination interne car la Norvège a développé une démocratie intégrative et participative à l'égard de ses minorités culturelles, fondée sur une culture du dialogue et de la concertation multipartite, caractéristiques des démocraties consociatives.

En ce sens, la conception norvégienne de ce droit n'est pas théorique et rigide, mais elle est pragmatique et concertée, ce qui rend sa mise en œuvre flexible, conformément aux recommandations du droit international.

II. Un exercice du droit à l'autodétermination interne pragmatique et concerté entre les gouvernements et les représentants autochtones

Les Sámi revendiquent depuis les années 1960 la possibilité de décider pour les affaires les concernant et sont des partenaires dynamiques de l'État norvégien dans la mise en œuvre de l'autodétermination interne (*§ 1*).

En concertation avec les représentants sámi, les gouvernements norvégiens successifs ont élaboré pour ce peuple autochtone un régime d'autonomie politique et culturelle (*§ 2*).

§ 1. Les Sámi, des partenaires dans la mise en œuvre de l'autodétermination interne

Avant de montrer le rôle joué par le Parlement national sámi (*Sameting* ou *Sámediggi* en langue sâme) dans l'instauration d'une coopération avec les autorités étatiques norvégiennes (A), il convient de présenter brièvement la position sámi à propos de l'autodétermination (B).

A. La position sámi quant à l'autodétermination

Soulignant qu'une partie des personnes sámi considèrent que leur identité sámi relève davantage de la sphère privée que de la sphère publique, Bjarne Melkevik montre que « cette structure duelle introduit [...] un déchirement qui peut amener un reniement complet de ses racines samées, ou du moins un refoulement. [...] Ce processus d'assimilation est prédominant dans la société norvégienne, et les attitudes d'acceptation ou de refus de ce processus déchirent littéralement le peuple samé[108] ». Certes, le mode de vie norvégien actuel peut paraître plus attrayant pour les jeunes générations, mais les nombreuses décennies de culpabilisation identitaire et de discriminations subies dans le passé ont aussi certainement une influence sur les choix individuels.

Dans cette perspective, il est plus juste de parler *des* revendications sámi en matière d'autodétermination. Les divergences de convictions sur ce sujet peuvent se répartir en trois grands axes représentés par les organisations politiques autochtones.

En Norvège, une minorité de Sámi est favorable à la reconnaissance d'un droit à l'autodétermination dans sa dimension interne et externe. Invoquant l'article 1er commun aux Pactes internationaux de 1966 et la *Charte des Nations unies*, cette minorité prône un droit à l'autodétermination indissociable du droit de sécession. Pour eux, les Sámi sont un peuple constitué en nation avec ses propres symboles : hymne national, drapeau[109] depuis le 15 août 1986, fête nationale célébrée le 6 février[110], des langues distinctes des langues scandinaves, une économie traditionnelle, des représentants politiques, un Parlement sámi et des territoires ancestraux. Selon eux, les éléments constitutifs d'un État, à savoir un territoire, une population et un gouvernement, sont réunis ou en cours d'élaboration.

D'autres Sámi, minoritaires eux aussi, sont en revanche très sceptiques quant à l'exercice d'un tel droit. Ils ne revendiquent pas l'autodétermination. Même s'ils se qualifient d'autochtones, ils n'exigent pas de traitement distinct de celui des minorités nationales.

Cette position les singularise par rapport aux revendications majoritaires et actuelles des autres peuples autochtones portées sur la scène internationale.

Il existe en effet au sein de l'Instance permanente sur les questions autochtones un consensus global autochtone en ce qui concerne leurs droits et en particulier leurs droits fonciers et leur droit à l'autonomie.

Le discours ambiant représentant la majorité des peuples autochtones ne souhaite pas une coopération ou un partenariat avec leurs gouvernements respectifs pour exercer leur droit à l'autodétermination interne ; refusant

---

108 Bjarne MELKEVIK, « Autochtones et droit : le nouveau droit norvégien des Samés (Lapons) », *Les Cahiers de droit*, Volume 32, no 1, 1991, p. 33-57, consulté sur le site http://id.erudit.org/iderudit/043065ar

109 Les couleurs rouge, vert, jaune et bleu sont les couleurs des Sámi et les cercles représentent le soleil et la lune. Les motifs s'inspirent des tambours chamanes et du poème *Paiven parneh* (« Les fils du soleil ») écrit par le Sámi Anders FJELLNER (1795-1876).

110 Cette date a été choisie parce qu'elle a une valeur symbolique : le 6 février 1971, à Trondheim, un grand nombre de Sámi s'étaient réunis pour la première fois pour évoquer les problèmes de leur peuple à l'égard des États.

l'intervention de l'État dans le contrôle de leurs affaires autochtones, ils souhaitent obtenir leurs propres institutions représentatives élues démocratiquement, un pouvoir de décision, de gestion et de contrôle dans les domaines les concernant directement en matières linguistique, d'éducation, de santé, de religion, d'économie et en matière foncière sur les terres, territoires et ressources naturelles qu'ils occupent ou utilisent depuis des temps immémoriaux.

L'ensemble des représentants autochtones se placent dans une perspective de rhétorique sur leurs droits (« the rights discourse » ou « rights rhetoric ») au sein des organes des Nations unies pour faire évoluer les instruments juridiques internationaux. Pendant l'élaboration de la *Déclaration des Nations unies sur les droits des peuples autochtones* (DDPA), les délégations autochtones souhaitaient une reconnaissance inconditionnelle et sans équivoque de leurs droits et notamment de leur droit à l'autodétermination interne[111].

La très grande majorité des Sámi ne se situe pas dans cette démarche. Elle a choisi une voie médiane. D'une part, le droit à l'autodétermination n'est pas revendiqué dans son volet externe car, à l'instar de la plupart des autres peuples autochtones, les Sámi n'ont jamais souhaité faire sécession pour se constituer en État souverain et indépendant : "The aim of our advocacy for our right of self-determination has nothing to do with the creation of western style nation-state [...]. Most indigenous peoples do not aim for independance in the form of a sovereign state. We are only trying to get greater control over our lives and futures.[112]"

D'autre part, ce sont eux qui utilisent le moins le discours sur les droits inconditionnels, préférant construire une relation fondée sur la concertation et le partenariat avec leurs gouvernements : "They have the closest relationships with governments of any of the indigenous representatives, often as part of government delegations. They have accepted advisory Sami parliaments in Finland, Norway and Sweden, a kind of arrangement that North American Indigenous peoples would quickly reject. They do not dissent from the self-determination rights language that has become the common language of the indigenous delegations, but they do not emphasize it themselves.[113]" En ce

---

[111] "*Indigenous representatives seek an unambiguous, unconditional recognition of the rights of indigenous peoples to self-determination. The Working Group resisted such language.*" Cette position s'explique par le fait que dans les tentatives de rédaction de l'article 3 de la Déclaration adoptée en 2007 la reconnaissance d'un droit à l'autodétermination était contextualisée ou soumise à conditions. En 1992, une version proposait : "*Indigenous peoples have the right of self-determination, in accordance with international law*". Douglas SANDERS, « Developing a Modern International Law on the Rights of Indigenous Peoples », *op.cit.*, p. 18.

[112] Lars-Anders BAER, « The right to self-determination and the case of the Sámi », *op.cit.*, p. 230.

[113] Douglas SANDERS, « Developing a Modern International Law on the Rights of Indigenous Peoples », *op.cit.*, p 18.

sens, ils se rapprochent plus de la majorité des Corses à la fois dans la ligne des revendications et dans la relation étroite et politique qu'ils entretiennent avec leurs gouvernements.

Une originalité des revendications sámi porte sur la coopération transfrontalière et régionale déjà instaurée. Dans les années 1970-1980, les Sámi de Suède, de Finlande et de Norvège se sont mobilisés pour lutter ensemble pour la reconnaissance d'un droit à l'autodétermination interne dans leurs États respectifs et, animés par un sentiment de solidarité autochtone transnational et par le projet de l'émergence d'une nation sámi transfrontalière, une majorité des représentants Sámi reste favorable à la reconnaissance d'un droit exercé à une échelle régionale, où, par exemple, les Parlements nationaux sámi fusionneraient en un seul et unique Parlement autochtone.

Cependant, et cela constitue une autre originalité de la situation sámi, alors que la *Convention nº 169 relative aux peuples indigènes et tribaux*[114] et la *Déclaration des Nations unies sur les droits des peuples autochtones*[115] incitent les États à conserver et à développer les institutions traditionnelles des autochtones, le peuple autochtone transfrontalier sámi n'a pas, ou plutôt n'a plus, d'institutions ou de structures traditionnelles autochtones propres leur permettant d'exercer une autonomie dans la gestion de leurs affaires. Ils ne disposent pas non plus de leurs propres ordres normatifs. Leurs structures traditionnelles et leurs modes d'organisation sociale propres ont été considérablement fragilisés par l'installation et la confrontation avec les scandinaves, puis détruites lors de la politique d'assimilation[116] menée dès le XIXe siècle.

De ce fait, ce sont les États norvégien, suédois et finlandais qui ont dû recréer en concertation avec les représentants autochtones les conditions d'exercice d'un droit à l'autodétermination interne. Le *Sameting* est donc un organe créé par une loi votée par le Parlement national norvégien *(Storting)* et non pas une structure originellement autochtone ; il en est de même pour les Parlements sámi suédois et finlandais. La reconstruction d'institutions sámi ainsi que la détermination de leurs compétences a impliqué, et implique toujours, un véritable sens du dialogue et de la concertation.

---

[114] Le paragraphe 6 de la Convention reconnaît que les « lois, valeurs, coutumes et perspectives ont souvent subi une érosion », les articles 5b), 6a) et c), et 8b) visent à garantir le respect et le renforcement des institutions autochtones.

[115] Les paragraphes 6 et 9 du préambule de la Déclaration ainsi que les articles 5, 18 et 20.

[116] Par exemple, en Finlande, alors que la renniculture est une activité économique traditionnelle sámi, cette activité est en fait exercée en majorité par des personnes d'origine non sámi, si bien que l'organisation politique des éleveurs de rennes représente à peine les Sámi.

B. Le rôle du Parlement sámi dans l'instauration d'une coopération avec les autorités étatiques norvégiennes

Pour respecter le principe du pluralisme culturel, l'État norvégien s'est engagé dans une série de réformes dans les années 1980. Ces réformes constituent seulement un cadre juridique général organisant en faveur des Sámi des éléments d'autodétermination interne. Mais ce cadre n'est pas rigide, il est formulé en des termes assez généraux de sorte que des mesures plus spécifiques et plus précises puissent être adoptées pour mieux s'adapter aux évolutions du droit international et aux aspirations des Sámi concernant leurs droits à la terre et leurs droits culturels.

Ainsi la réforme constitutionnelle insérant l'article 110a par l'amendement du 27 mai 1988 – nouvellement article 108 depuis la réforme récente du 13 mai 2014 – ne confine pas les autorités étatiques dans une obligation de résultat, mais elle pose un cadre général minimum ; elle fixe une ligne de conduite pour les autorités norvégiennes.

De même la loi-cadre n° 56 du 12 juin 1987 instaurant le Parlement sámi et relative aux questions sur les Sámi établit un cadre général à propos des élections au *Sameting* et de l'utilisation des langues sâmes. Elle a été modifiée par la loi n° 78 du 21 décembre 1990 pour accorder à cette langue minoritaire un statut égal avec le norvégien et donner aux locuteurs sâmes le droit d'utiliser leur langue dans leurs rapports avec les autorités locales et régionales[117].

Enfin, la loi n° 85 relative aux relations juridiques et à la gestion des terres[118] *(Finnmarksloven)* a été adoptée le 17 juin 2005. Le but de cette loi est énoncé dans son article 1er. Il s'agit de faciliter la gestion des terres et des ressources naturelles dans le comté du Finnmark, dans une approche équilibrée et respectueuse de l'environnement pour le bénéfice de ses résidents, en particulier comme base pour la culture des Sámi, en ce qui concerne l'agriculture, l'utilisation de terres non cultivées, l'activité commerciale et la vie sociale.

L'élaboration de ce cadre étatique vivant et évolutif ne résulte pas de politiques gouvernementales unilatérales mais plutôt d'une coopération entre l'État norvégien et des représentants sámi issus de diverses organisations

---

[117] Sur les conditions d'utilisation de la langue sâme, voir le onzième rapport périodique du Comité pour l'élimination de la discrimination raciale, Norvège, 43e session, 28 avril 1993, document CERD/C/210/Add.3, § 9 à 11.

[118] Lov 2005-06-17 nr 85 : *Lov om rettsforhold og forvaltning av grunn og naturressurser i Finnmark fylke (finnmarksloven).*

politiques[119] dans un premier temps (avant l'instauration en 1987 du *Sameting*) puis issus du Parlement sámi en tant qu'élus.

Dès 1956 le gouvernement norvégien avait mandaté une Commission chargée d'étudier les droits des Sámi, mais la politique poursuivie visant l'intégration culturelle s'est avérée contradictoire et elle n'a pas débouché sur des réformes favorables aux Sámi[120].

Entre 1960 et 1990, avant l'instauration du Parlement national sámi, et dans la mesure où les Sámi n'avaient plus d'institutions autochtones propres (rôle joué anciennement par les *siidas*), ce sont les organisations politiques sámi qui ont été les premiers acteurs de la défense de leur identité culturelle collective et les premiers interlocuteurs des gouvernements.

Certes, ils n'étaient pas véritablement des partenaires dans les prises de décision du gouvernement, mais ils influençaient dans une mesure très relative l'orientation politique concernant leur peuple.

Parmi les organisations politiques qui ont pu contribuer à préserver l'identité sámi avec les politiques gouvernementales norvégiennes, le Conseil sámi norvégien *(Norsk Samerådet)* a joué un rôle certain. En tant qu'organisation politique, il devait contribuer à renforcer l'auto-identification des Sámi en tant que groupe ethnique[121].

Les membres étaient nommés par le roi mais sur proposition des organisations sámi représentantes des éleveurs de rennes et des pêcheurs et des conseils municipaux situés en Laponie. Il a remplacé depuis 1964 l'ancien Conseil de province sámi *(Provincial Sami Council)* créé en 1953 pour assister le gouverneur du Finnmark dans les affaires culturelles, économiques et foncières touchant l'identité culturelle sámi.

Le *Norsk Sameråd* était un organe non élu soumis aux règles de droit public, créé par une résolution du roi et ayant une fonction consultative sur les questions économiques, culturelles et sociales liées au peuple sámi. À partir des années 1980, il a été placé sous les auspices du ministère du Travail et des Municipalités, et servait d'organe consultatif auprès de cet organe étatique, mais aussi auprès des autorités municipales.

---

119 Ces différentes organisations corporatistes et politiques sámi sont présentées dans un chapitre précédent (Première Partie, Titre I, Chapitre II).

120 La contradiction résidait d'une part dans la volonté d'intégrer les Sámi sur un plan économique et social afin de favoriser l'égalité sur ce plan, et d'autre part de consolider la culture sámi sur le plan administratif afin de prévenir les politiques d'assimilation. Oystein STEINLIEN, « The Sámi Law: A Change of Norwegian Government Policy Toward the Sámi Minority? », *Canadian Journal of Native Studies*, 9(1): 1-14, p. 4-5.

121 Henry MINDE, « The challenge of Indigenism : The struggle for Sámi Land Rights and Self-government in Norway 1960-1990 », *in* Svein JENTOFT, Henry MINDE, Ragnar NILSEN (dir.), *Indigenous Peoples: Resource Management and Global Rights*, Eburon Academic Publishers, Delft, 2003, p. 78.

Les autorités étatiques centralisées et décentralisées avaient l'obligation de consulter le *Norsk Samerâd* pour les politiques concernant les affaires économiques et culturelles des Sámi[122]. Il a participé à l'établissement du *Sameting* et à la définition de ses compétences, puis il a été remplacé par ce dernier.

À la suite du conflit d'Alta-Kautokeino, le gouvernement avait appointé le 10 octobre 1980 deux commissions mixtes composées de personnes d'origine sámi et non sámi : le *Samerettsutvalget* (Comité sur les droits culturels, politiques et fonciers des Sámi) et le *Sami Kulturutvalget* (Comité sur la culture sámi).

L'insertion de l'article 110a de la Constitution en 1989 et la loi du 12 juin 1987 portant création du Parlement sámi sont issus des travaux de ces deux commissions gouvernementales[123].

L'étude des droits fonciers des Sámi dans le Finnmark a donné lieu à d'autres rapports du Comité[124] rendus entre 1993 et 1997, et c'est sur cette base que la loi de 2005 sur le Finnmark a finalement été adoptée.

Le Parlement sámi *(Sameting* ou *Sámediggi)* est un organe représentatif administratif et une institution politique. Il concrétise le droit politique que le législateur accorde aux Sámi[125]. Il est élu directement au suffrage universel[126]. Son mandat est d'exprimer la volonté et de représenter les intérêts du peuple sámi. « Il s'agit donc d'une institution samée, élue par les Samés et pour les Samés[127] ».

---

[122] Kristian MYNTTI, « The Nordic Sámi Parliaments », *in* Pekka AIKIO, Martin SCHEININ (dir.), *Operationalizing the right of indigenous peoples to self-determination*, *op.cit.*, p. 203-221.

[123] Le Comité sur les droits des Sámi *(Samerettsutvalget)* a rendu son premier rapport le 15 juin 1984. Voir NOU 1984: 18 *om samenes rettsstilling*, 15 juni 1984.

« *Denne utredningen var grunnlaget for vedtakelsen av Grunnloven § 110 a og lov 12. juni 1987 nr. 56 om Sametinget og andre sámiske rettsforhold.* » *In Bakgrunn og mandat for Samerettsutvalgets arbeid*, juillet 2007, site du ministère de la justice www.regjeringen.no.

[124] NOU 1993: 34 *Rett til og forvaltning av land og vann i Finnmark*, NOU 1994: 21 *Bruk og forvaltning av land og vann i Finnmark i historisk perspektiv*, NOU 1997: 5 *Urfolks landrettigheter etter folkerett og utenlandsk rett.*

[125] Bjarne MELKEVIK, « Autochtones et droit : le nouveau droit norvégien des Samés (Lapons) », *op.cit.*, p. 36, p. 51 et p. 56.

[126] Selon la loi du 12 juin 1987, l'inscription sur les listes électorales dépend d'un critère objectif (linguistique) et d'un critère subjectif, qui est un engagement personnel se matérialisant par une déclaration faite par les personnes se considérant Sámi. Bjarne Melkevik précise que la situation des personnes non sámi mariées avec des personnes sámi, ou vivant depuis longtemps dans un environnement culturel sámi a fait l'objet de nombreuses controverses. Désormais il devient possible d'intégrer la culture sámi sans pour autant en posséder le caractère ethnique ; ainsi « l'inscription sur la liste électorale samée constitue un acte volontaire, qui relève de la conscience personnelle de chacun », Bjarne MELKEVIK, « Autochtones et droit : le nouveau droit norvégien des Samés (Lapons) », *ibidem*, p. 51.

[127] Bjarne MELKEVIK, *ibidem*, p. 50.

Il a vu ses compétences se renforcer par la loi, ce qui a accru son pouvoir d'influence auprès des organes étatiques, faisant de lui un interlocuteur privilégié du gouvernement.

Les mesures concernant les droits culturels, linguistiques et fonciers des Sámi sont toujours élaborées en concertation avec le *Sameting*[128]. Les deux Parlements nationaux, le *Sameting* et le *Storting*, travaillent sans cesse en étroite coopération pour la mise en œuvre des dispositions de la *Convention nº 169 relative aux droits des peuples indigènes et tribaux* ainsi que pour celles de la *Déclaration sur les droits des peuples autochtones*, notamment en matière de droits fonciers, ceux-ci soulevant des difficultés particulières : en effet, la Laponie, dont fait partie le comté du Finnmark, ne constitue pas un territoire géographiquement séparé de la Norvège, n'est pas exclusivement habitée par des Sámi mais aussi par des Norvégiens d'origine non sámi, et la présence de ces deux groupes dans cette région se vérifie depuis plus de cent ans.

Le *Sameting* vote, se prononce et même participe à l'élaboration des projets de lois affectant le peuple sámi. Il ne s'agit pas d'une simple consultation formelle mais bien d'une véritable coopération, d'un partenariat entre les organes de l'État norvégien et les Sámi, en particulier entre les élus du Parlement national Sámi et les élus du Parlement national norvégien, dont les travaux et les échanges ressemblent aux « navettes » pratiquées dans le droit constitutionnel français entre l'Assemblée nationale, le Sénat et éventuellement le Conseil constitutionnel.

La démarche de la concertation est encouragée par le *Sameting*, qui insiste sur l'importance de ses échanges et de ses dialogues avec le gouvernement norvégien[129].

La volonté d'instaurer un partenariat et de faire des Sámi des interlocuteurs à égalité avec les Norvégiens se traduit par cet aspect institutionnel où ce sont

---

[128] Par exemple, un document de travail de la Commission parlementaire sur les affaires juridiques concernant le projet de loi sur le Finnmark était intitulé « Consultation entre le *Sameting* et la Commission parlementaire *Storting* ». Il présentait un échange entre les deux Parlements nationaux à propos de la mise en œuvre de la *Convention nº 169 sur les droits des peuples indigènes et tribaux* à travers l'élaboration de la loi sur le Finnmark. *Konsultatsjoner mellom Sametinget og Stortingets Justiskomité om Finnmarksloven,* Tana, 24 juin 2004.

Voir aussi le document de travail « *Utkast til innstilling fra Stortingets Justiskomité til Finnmarksloven* », Sak 19/05.

[129] Le *Sameting* souhaite souligner l'importance du mécanisme des rapports d'évaluation entre le gouvernement norvégien et le Parlement sámi. Il est convaincu que c'est seulement à travers un dialogue ouvert, confiant et clair qu'il est possible de parvenir aux solutions dont [les Sámi ont] le plus besoin : *«Sametinget ønsker å understreke hvor viktig den etablerte rapporteringsmekanismen mellom den norske regjering og Sametinget er. Sametingets syn er at det bare er gjennom en åpen og tydelig dialog vi kan komme frem til løsningene vi har mest behov for». Ibid.*

deux Parlements nationaux qui coopèrent en vue d'exercer les modalités d'exercice d'une forme d'autodétermination.

Par ailleurs, le *Sameting* et le gouvernement norvégien soumettent chacun des rapports séparés à la Commission d'experts pour l'application des conventions et recommandations (CEACR), organe de contrôle de l'Organisation internationale du Travail[130].

§ 2. La construction concertée d'un régime d'autonomie culturelle pour les Sámi

N'ayant pas prévu formellement de droit pour les Sámi à l'autodétermination interne dans son droit interne et étant une démocratie consociative, l'État norvégien a développé une approche pragmatique de ce droit.

Cette approche fondée sur le dialogue, la consultation et bien plus encore la concertation avec les Sámi à travers leur institution représentative parlementaire (le *Sameting*) s'oppose à une approche dogmatique, purement théorique de l'autodétermination. En fait, l'État norvégien ne théorise pas l'autodétermination en tant que règle, mais il évalue les enjeux et les avantages réels et concrets qu'elle est susceptible d'apporter.

Le Comité sur les droits des Sámi *(Samerettsutvalget)* avait affirmé que l'État norvégien n'était lié par aucune obligation internationale légale concernant l'autodétermination : "with reference to the term self-determination the Commission concluded that this term did not constitute any legal rights for the Saami people, neither in the context of the Charter of the United Nations or under the 1966 covenants, or any binding international instrument". Mais le Comité avait ensuite précisé que cela ne dispensait pas l'État norvégien de prendre toutes les mesures nécessaires en vue d'assurer la protection et la promotion de la culture sámi, mesures incluant le *self-governement* : "The conclusion does not preclude the state authorities from establishing legal or other measures to meet the needs necessary to protect and promote the Sami culture, including the right to self-government[131]".

---

[130] *«I 1994 ble ILO informert om en avtale mellom Sametinget og den norske regjering, som førte til at både Sametinget og regjeringen leverte egne rapporter, noe som belyste meningsforskjellene når det gjelder anvendelsen av ILO-konvensjon nr. 169 i Norge.»*, *Om Sametingets virksomhet 2008*, St.meld. nr. 43 (2008-2009).

[131] Anders J. H. EIRA, Conférence du 5 novembre 2001 intitulée « A comparison of Aboriginal peoples in Canada and Saami in Norway ». Les actes sont consultables sur le site du Ministère norvégien du développement régional, Kommunal og Regionaldepartementet, http://odin.dep.no.

Non théorisé par le droit norvégien, le droit à l'autodétermination interne s'exerce sous la forme d'arrangements élaborés entre le *Sameting* et le gouvernement norvégien, tendant ainsi vers un régime d'autonomie. L'autonomie politique et culturelle est conçue alors comme un moyen d'exercer l'autodétermination interne. "Self-government or autonomy may be the principal means through which the right of self-determination will be exercised by indigenous peoples. However such arrangements cannot be interpreted as the only way by which peoples may exercise their right to self-determination[132]".

En 1994, lors de l'élaboration de la *Déclaration sur les droits des peuples autochtones*, l'État norvégien avait affirmé à propos de l'article 3 que la notion d'autodétermination dans le contexte de l'autochtonie devait être comprise comme la faculté de s'administrer librement à l'intérieur du cadre étatique. Dans cette perspective l'État norvégien met l'accent sur la participation politique et démocratique des Sámi dans les prises de décision sur les sujets les concernant, à travers leur institution politique, le *Sameting*, qui constitue le partenaire privilégié du gouvernement norvégien.

Parmi les nombreuses pratiques adoptées par les États permettant aux peuples autochtones ou à des minorités ethniques, linguistiques ou culturelles de déterminer leurs statuts politique, économique, social et culturel se présentent les régimes d'autonomie[133].

Cette deuxième forme de l'autodétermination a été prise en compte après les années 1960 et en constitue la dimension interne ou horizontale. De façon synthétique, elle constitue la possibilité pour des entités sociologiques comme les minorités culturelles de déterminer librement leur statut politique et d'assurer librement leur développement économique, social et culturel, mais au sein du cadre juridique et politique de leurs États d'appartenance et sans avoir le droit de faire sécession.

---

[132] John B. HENRIKSEN rappelle ici que les arrangements internes sont des exemples pratiques de la mise en œuvre de l'autodétermination interne, mais ils restent des moyens au service d'une finalité plus éloignée : l'autodétermination. *In* « Implementing of the Rights of self-determination of indigenous peoples », *Indigenous Affairs*, october 2001, éd. IWGIA, 3/01, p. 230.

[133] Considérée non comme un concept mais plutôt comme une nébuleuse, il n'existe pas de définition de l'autonomie (ou *self-government*) en droit international, mais la doctrine en a donné une approche : voir le Professeur James CRAWFORD, *The Creation of States in International Law*, Oxford University Press, 2007 ; et Hurst HANNUM, Richard B. LILLICH, « The Concept of Autonomy in International Law », *The American Journal of International Law,* éd. American Society of International Law, vol. 74, n° 4, oct. 1980, p. 858-889.

Les régimes d'autonomie peuvent se décliner selon plusieurs modèles[134] : l'autonomie culturelle, qui ne repose pas sur des bases territoriales mais se justifie par les spécificités linguistiques et culturelles du groupe ; ou bien l'autonomie territoriale, lorsque le groupe en question vit sur un territoire géographiquement délimité. Tous les habitants du territoire sans considération de leurs origines ethniques, linguistiques ou culturelles sont soumis aux pouvoirs législatif, exécutif et judiciaire, qui sont représentés à travers une Assemblée législative locale élue, des autorités administratives locales, et des Cours de justice locales indépendantes ; l'autonomie peut aussi être ethno-territoriale : tel est le cas des îles Åland[135], où les habitants qui sont dotés de la même origine suédoise ont une citoyenneté finlandaise régionale spécifique. Membre du Conseil nordique, cette région est dotée d'un Parlement et d'un gouvernement élu.

Enfin, l'autonomie ethno-politique n'a pas de base territoriale, mais elle est fondée sur des spécificités culturelles et linguistiques. Elle assure au groupe concerné une participation effective sur les sujets juridiques et administratifs qui le concernent directement. Lorsque le groupe est un peuple autochtone, cette forme d'autonomie lui permet aussi d'obtenir un droit de contrôle et de gestion sur leurs territoires et ressources naturelles ancestraux.

L'autonomie se conçoit comme un moyen d'apaiser et de prévenir les éventuels conflits entre les entités infra-étatiques et les États tout en restant sujet à l'autorité étatique et sans remettre en cause l'intégrité territoriale des États : "Autonomy is both a manifestation and an instrument for the accomodation of diversity[136]".

La question de savoir si un régime d'autonomie ou de *self-government* constituent une des formes d'exercice du droit à l'autodétermination ou bien si ces notions se différencient de l'autodétermination n'est pas encore tranchée, il n'existe pas de consensus international[137].

Soulevant l'existence de divers degrés et formes d'autonomie adoptés par les États pour les peuples autochtones, le Professeur Miguel Alfonso Martinez considère que l'autonomie fait partie de la catégorie plus large de

---

134 Voir, entre autres, Kristian MYNTTI, « The right of indigenous peoples to self-determination and effective participation », in *Operationalizing the right of indigenous peoples to self-determination*, Institute for Human Rights, Åbo Akademi University, 2000, p. 85-130.

135 La loi sur l'autonomie d'Åland, adoptée le 12 octobre 1951 et confirmée en 1990 par un statut d'État libre associé. L'autonomie des îles Åland est prévue par l'article 120 de la Constitution finlandaise.

136 Zelim A. SKURBATY, *Beyong one dimensional state: an emerging right to autonomy?*, éd. Martinus Nijhoff Publishers, 2004, p. XXXIV.

137 John B. HENRIKSEN, « Implementing of the Rights of self-determination of indigenous peoples », *op.cit.*, p. 15.

l'autodétermination : "the right to autonomy and the right to self-government must be regarded as emerging principles of customary international law and as falling within the wider framework of the right to self-determination.[138]"

L'opinion de John B. Henriksen, sámi d'origine, est plus nuancée à ce propos. Il considère que l'autodétermination est une finalité en soi et que l'autonomie et le *self-government* ne sont que des exemples de moyens permettant d'exercer ce droit : "Although autonomy and self-government may be the principal means through which the right of self-determination may be exercised by indigenous peoples, these should not be interpreted as the only way by which indigenous peoples may exercise their right of self-determination.[139]"

Parmi les formes d'autonomie déjà identifiées, le gouvernement norvégien a choisi à partir des années 1980 et en concertation avec le Comité sur les droits des Sámi *(Samerettsutvalget)* de développer un régime d'autonomie culturelle et politique à travers la mise en place d'institutions politiques autochtones, en l'espèce, le *Sameting*, et à travers la reconnaissance progressive de leurs droits fonciers conformément aux exigences de la Convention n° 169 et de la *Déclaration sur les droits des peuples autochtones*. Dans le cas de la Norvège, la reconnaissance des droits à la terre et sur les ressources naturelles n'a pas pour objectif de constituer une base territoriale pour l'exercice d'une autonomie territoriale qui risquerait de dériver vers la revendication de l'autodétermination dans sa forme externe et fragiliser ainsi l'intégrité territoriale norvégienne. La reconnaissance de leurs droits fonciers participe en réalité à l'exercice d'une autonomie culturelle mais ne sont pas des supports de l'autonomie, ils ne forment pas une base pour exercer l'autonomie.

La solution de l'autonomie ethnico-politique semble peu appropriée car elle suppose une séparation des populations forte et distincte alors que la population norvégienne est mixte. Sámi et non Sámi vivent ensemble sans distinction ethnique. Beaucoup de Sámi habitent dans la capitale et des personnes non sámi vivent en Laponie, notamment dans le Finnmark. Aussi, une telle distinction essentiellement portée sur l'appartenance ethnique, avec tous les dangers qu'elle suppose, ne correspond pas à la logique norvégienne. Les Sámi disposent d'une institution spéciale en tant que peuple autochtone et non pas parce qu'ils seraient ethniquement distincts de la majorité des Norvégiens.

---

[138] Rapport non édité sur l'étude des traités, accords et autres arrangements constructifs entre les États et les populations autochtones, distribué lors de la seizième session du Groupe de travail sur les peuples autochtones, juillet 1998, *in* John B. HENRIKSEN, *ibid.*

[139] John B. HENRIKSEN, *ibid.*, p. 16.

La solution de l'autonomie territoriale ne pouvait pas être retenue pour le peuple sámi pour plusieurs raisons : d'abord, l'absence de territoire Sápmi géographiquement distinct de celui de la Norvège (il n'y a pas de situation d'insularité comme en Corse), et ensuite la mixité des populations sámi et norvégienne, qui a pour double conséquence une répartition de la population sámi sur l'entièreté du territoire norvégien (et en particulier dans la capitale) et la présence en Laponie de personnes d'origine sámi et non sámi depuis plus de cent ans et qui entrent souvent en concurrence pour exercer leurs droits privés sur les terres agricoles d'une part et leur droit collectif à pratiquer la renniculture de l'autre (cet aspect économique étant considéré comme faisant partie de la culture traditionnelle sámi).

Finalement, la solution retenue par les pays scandinaves (Norvège, Suède et Finlande) pour le peuple autochtone et transfrontalier sámi repose sur le principe de la participation politique effective et sur une autonomie dans les domaines culturels et linguistiques exercée institutionnellement à travers l'existence du Parlement national sámi, véritable clef de voûte de l'autonomie culturelle (A). Peuple autochtone et non pas seulement minorité ethnique et linguistique, leur autonomie est accompagnée d'une reconnaissance progressive et partagée de droits fonciers (B).

A. Le Parlement sámi, clef de voûte institutionnelle de l'autonomie culturelle

Le Parlement sámi est une clef de voûte institutionnelle à plusieurs égards.

D'abord, le *Sameting* est un acteur politique essentiel pour la population sámi car il peut fédérer les opinions et les intérêts divergents exprimés parmi celle-ci. Il peut rechercher un consensus sámi pour faire émerger une volonté commune et renforcer la conscience d'une identité culturelle sámi. Aussi, il est un acteur politique important à la fois sur la scène internationale, particulièrement auprès des Nations unies dans les travaux portant sur la protection des droits des peuples autochtones, et en matière de coopération transfrontalière nordique.

Ensuite, les compétences et les pouvoirs du Parlement sámi ne sont pas prévus par la Constitution mais par le législateur. Selon l'article 2 § 1 de la loi du 12 juin 1987, le domaine d'intervention du *Sameting* est assez large ; il englobe toutes les affaires qui selon sa propre opinion concernent les intérêts du peuple sámi[140]. Cette liberté laissée au Parlement sámi dans la délimitation de son champ de compétence est tout de même encadrée par l'article 110a de la Constitution, dont il ressort que « les domaines de compétences du *Sameting*

[140] Cet article énonce : *«Sametingets arbeidsområde er alle saker som etter tingets oppfatning særlig berører den samiske folkegruppe.»*

englobent les domaines culturels, économiques, légaux, sociaux, éducatifs, linguistiques, et autres, et ce dans la mesure où ils touchent aux conditions de vie des Samés.[141] »

De plus, le *Sameting* est un réel partenaire pour les autorités étatiques norvégiennes dans leur application de la Convention n° 169 émanant de l'OIT.

Selon l'alinéa 2 de l'article 2 § 1 de la loi sur les Sámi du 12 juin 1987, cette institution politique est en effet dotée d'un pouvoir consultatif auprès du gouvernement norvégien. Le Parlement sámi peut, de sa propre initiative et dans les domaines relevant de sa compétence, soulever et émettre des propositions auprès des autorités étatiques et des organisations privées[142]. Bjarne Melkevik souligne ainsi le rôle du *Sameting* en tant que partenaire du gouvernement norvégien grâce à ses initiatives politiques : « Ce dernier aspect démontre bien que le *Sameting* est conçu en termes de politiques d'initiative et de défense active. Dans une large mesure, nous pouvons considérer cette dimension active du *Sameting* comme la plus intéressante de ses fonctions, car elle lui permet de développer une perspective d'ensemble qui peut guider une politique cohérente auprès du gouvernement central.[143] »

Le *Sameting* a aussi un droit de supervision et d'intervention auprès des administrations étatique, départementale ou municipale, et auprès des administrations privées. Lorsque les décisions prises par ces administrations risquent de porter atteinte aux intérêts du peuple sámi, le *Sameting* a la possibilité de demander d'être consulté au préalable[144].

Le pouvoir décisionnel du Parlement sámi, initialement limité à la distribution des subventions octroyées par l'État aux organisations et aux artisans sámi, a été renforcé. Le pouvoir décisionnel s'exerce désormais dans des domaines comme l'éducation, l'enseignement dans les écoles maternelles, la langue et la culture[145].

---

141 Bjarne MELKEVIK, « Autochtones et droit : le nouveau droit norvégien des Samés (Lapons) », *op.cit.*, p. 52.

142 *«Sametinget kan av eget tiltak reise og avgi uttalelse om alle saker innenfor sitt arbeidsområde. Det kan av eget tiltak også legge fram saker for offentlige myndigheter og private institusjoner m.v.* », article 2 § 1 de la loi du 12 juin 1987.

143 Bjarne MELKEVIK, « Autochtones et droit : le nouveau droit norvégien des Samés (Lapons) », *ibid.*, p. 53.

144 L'article 2 § 2 de la loi de 1987 dispose : *«Andre offentlige organer bør gi Sametinget anledning til å uttale seg før de treffer avgjørelse i saker på Sametingets arbeidsområde.»*

145 Comité des droits de l'homme, Examen des rapports présentés par les États parties en vertu de l'article 40 du pacte, cinquième rapport périodique, Norvège, 11 avril 2005, document CCPR/C/NOR/2004/5, p. 57.

Enfin, le *Sameting* a un pouvoir de consultation depuis un accord-cadre qu'il a passé avec le gouvernement norvégien le 11 mai 2005[146]. Cet accord tente de se conformer avec les dispositions de la Convention n° 169 de l'OIT et il prévoit la mise en œuvre de procédures de consultation dans les matières affectant les intérêts des Sámi, avec l'obligation de la part du gouvernement norvégien d'informer le *Sameting* sur les enjeux et les stades d'évolution des projets à venir, d'établir des objectifs et des priorités selon les domaines et les zones géographiques, et de définir les modalités des consultations. Cependant, les domaines dans lesquels les Sámi peuvent être affectés ne sont pas spécifiquement prévus par cet accord-cadre[147] ; cela signifie que les autorités étatiques et le *Sameting* doivent alors conclure, chaque fois que cela est nécessaire, des accords spéciaux concernant des questions spécifiques[148].

Par exemple en matière de droits fonciers, la loi sur le Finnmark *(Finnmarksloven)* répond aux exigences modernes de partenariat avec les Sámi, à travers le rôle qu'elle donne au *Sameting* dans la gestion des terres et ressources du Finnmark par le *Finnmarkseiendommen.* Le *Sameting* doit établir et transmettre des directives concernant les impacts des politiques locales et gouvernementales menées sur les terres non cultivées, sur la préservation et le développement de la culture sámi dans le comté de Finnmark.[149]

B. *La reconnaissance progressive et partagée de droits fonciers*

Les réponses apportées par l'État à propos de la reconnaissance des droits fonciers limitent et définissent la nature et la portée de l'autonomie accordable

---

[146] Procédures de consultations entre les autorités étatiques et le Parlement sámi signées le 11 mai 2005, disponibles en anglais sur le site du gouvernement norvégien : http://www.regjeringen.no/en/dep/fad/Selectedtopics/Sami-policy/midtspalte/PROCEDURES-FOR-CONSULTATIONS-BETWEENSTA.html?id=450743

[147] James ANAYA, Report of the Special Rapporteur on the situation of human rights and fundamental freedoms of indigenous people, « The situation of the Sami people in the Sápmi region of Norway, Sweden and Finland », Human Rights Council, 18e session, 12 juin 2011, document A/HRC/18/XX/Add.Y, p. 6, note de bas de page n° 5.

[148] Rapport de la Commission d'experts pour l'application des conventions et recommandations, Applications des normes internationales du travail, Conférence internationale du Travail, 99e session, Rapport III, Partie 1 A, 2010, Genève, p. 843.

[149] «*Sametinget kan gi retningslinjer for hvordan virkningen for sámisk kultur, reindrift, utmarksbruk, næringsutøvelse og samfunnsliv av endret bruk av utmark skal bedømmes. Retningslinjene skal godkjennes av departementet. Departementet prøver om retningslinjene ligger innenfor rammen av første punktum, og om de er utformet på egnet måte.*
I saker om endret bruk av utmark skal statlige, fylkeskommunale og kommunale myndigheter vurdere hvilken betydning endringen vil ha for sámisk kultur, reindrift, utmarksbruk, næringsutøvelse og samfunnsliv. Sametingets retningslinjer skal legges til grunn ved vurderingen av sámiske interesser etter første punktum.» Paragraphe 4 de la loi sur le Finnmark *(Finnmarksloven).*

aux autochtones, la reconnaissance d'une autonomie territoriale n'étant ni souhaitée, ni réalisable en Norvège vu la mixité de population et les risques de conflits interethniques qu'une telle proposition pourrait engendrer en des temps éventuellement troublés.

Tant que la loi ne s'était pas prononcée sur la question des droits fonciers, la jurisprudence de la Cour Suprême norvégienne *(Høyesterett)* a tenté d'établir une ligne de conduite en faveur de la reconnaissance des droits coutumiers. Elle traduit cette difficulté à accorder aux Sámi des droits spécifiques en ce domaine.

À partir de 1968 une série de décisions de la Cour Suprême a traduit la prise de conscience de l'État norvégien quant à la nécessité de préserver l'identité culturelle sámi.

Un certain nombre de ces décisions ont été incitées par des recommandations du Parlement national norvégien insistant sur la nécessité de refléter les coutumes, les modes de vie et la conception de la justice des Sámi dans les arrêts des Cours de justice.

Les arrêts *Selbu* et *Svartskogen* respectivement rendus par la Cour Suprême les 21 juin 2001 et 7 octobre 2001 sont des exemples précis de cette évolution en matière de droits des Sámi à la terre et montrent que le droit coutumier autochtone a été, au fil des décennies, de plus en plus souvent reconnu par les tribunaux ainsi que par l'administration publique. Ils constituent des revirements de jurisprudence.

En effet, la Cour Suprême avait précédemment rendu des décisions, dont l'affaire *Korssjofjel* du 18 novembre 1988, dans lesquelles s'opposaient des éleveurs de rennes sámi et des propriétaires fonciers à propos du pâturage des rennes sur des terres agricoles privées[150]. La reconnaissance des intérêts privés ou celle des droits collectifs autochtones étaient alors en jeu.

Dans l'affaire *Korssjofjel*, la Cour Suprême avait précisé que les éleveurs sámi n'avaient le droit de faire paître leurs rennes dans ce district que s'ils avaient acquis le droit d'usage de la zone en question conformément au droit norvégien. Les propriétaires des terres en cause prétendant que les éleveurs sámi n'avaient pas de droit d'usage sur les terres en cause devaient supporter la charge de la preuve et prouver qu'ils avaient eux-mêmes bien acquis un droit d'usage conformément à la législation norvégienne, c'est-à-dire par un usage remontant à des temps immémoriaux (en droit norvégien, pendant plus de cent ans), ou par un contrat de bail, ou encore par une autorisation d'expropriation délivrée à la discrétion des autorités locales et nationales, et après tentative de

[150] La renniculture pose un problème pratique pour les éleveurs car les rennes utilisent de vastes espaces différents chaque année. La superficie des districts accordée n'est donc pas suffisante pour le pacage, si bien qu'il arrive que les rennes empiètent sur des propriétés privées, zones illégales de pâturage.

négociations à l'amiable. Dans la mesure où les propriétaires agricoles réussirent à prouver par écrit leur usage, le droit leur fut accordé.

Les arrêts *Selbu* et *Svartskogen* portent sur des faits similaires et soulèvent les mêmes questions de droit concernant le statut juridique du peuple sámi et son droit à la terre. Dans l'arrêt *Selbu*, des éleveurs sámi vivant dans le comté du Sør-Trøndelag voulaient faire une utilisation communautaire de leurs pâturages ancestraux à Selbu, alors que différents propriétaires terriens en revendiquaient l'utilisation privée avec le soutien de la Commission officielle de Laponie. La Cour suprême réunie en session plénière rappela dans sa décision que les éleveurs de rennes sámi avaient le statut de peuple autochtone d'après la *Convention nº 169 relative aux peuples indigènes et tribaux*. Elle statua en faveur des éleveurs sámi, les autorisant à exercer leur droit de pacage des rennes sur des terres privées non cultivées, et non pas seulement dans un des districts prédéterminés.

Dans l'affaire *Svartskogen*, des Sámi du comté de Troms revendiquaient un droit de propriété collective sur une superficie de 116 km^2 appelée Svartskogen. Ils admettaient ne pas en être les propriétaires légaux au regard du droit norvégien, mais ils soutenaient en être les propriétaires légitimes depuis des temps immémoriaux. La décision de la Commission des terres non clôturées *(Utmarkskommisjonen)*, pour qui le territoire en question était la propriété de l'État, fut infirmée par celle de la Cour Suprême. Les Sámi n'avaient certes pas apporté la preuve de leur droit de propriété devant l'Administration publique norvégienne, mais ceci se trouvait justifié par une différence culturelle et linguistique significative entre les Norvégiens et les locaux sámi. Aussi, les demandeurs sámi avaient pu en revanche apporter la preuve de leur possession des terres de Svartskogen, ce qui les qualifiait de propriétaires. Tout au long de sa jurisprudence, la Cour suprême ne s'est pas référée explicitement et formellement aux dispositions pertinentes de la Convention nº 169, mais tout son raisonnement était implicitement fondé sur cet instrument.

L'adoption par le Parlement national norvégien (*Storting*) de la loi sur le Finnmark (appelée *Finnmarksloven*) le 17 juin 2005[151] constitue une avancée et une solution concernant la question des droits fonciers. Conformément aux articles 6 et 7 de la Convention nº 169, cette loi a fait l'objet de nombreux dialogues entre le gouvernement norvégien, le Parlement national sámi, la Commission permanente du *Storting* sur la justice et le Conseil du comté de Finnmark. Ces échanges ouverts ont abouti à une vraie concertation entre ces

[151] *Lov om rettsforhold og forvaltning av grunn og naturressurser i Finnmark fylke (finnmarksloven)*, 17 juin 2005, LOV-2005-06-17-85.

différents acteurs, ce qui a permis à la loi sur le Finnmark d'être avalisée par le *Sameting* à l'unanimité[152].

Prenant en compte les dispositions de la *Convention nº 169 relative aux peuples indigènes et tribaux*, la loi sur le Finnmark tente de concilier les intérêts et les activités économiques privés des particuliers non sámi, ceux de l'État et ceux des Sámis tout en veillant à préserver l'identité culturelle sámi dans le comté de Finnmark. Concernant la gestion des terres et des ressources naturelles dans le cadre d'activités économiques comme la renniculture ou la pêche, la loi indique que son application doit conjuguer à la fois le respect des normes relatives aux droits des minorités et des peuples autochtones et les dispositions incluses dans les accords conclus avec d'autres États en matière de pêche dans les eaux frontalières[153].

Dans son paragraphe 6[154], la loi sur le Finnmark prévoit le transfert de la propriété de 95 % des terres du Finnmark à un organisme spécialement créé *(Finnmarkseiendommen*, Organisme foncier du Finnmark*)*, qui présente l'avantage d'être administré par un conseil *(Finnmarkseiendommens styre)* dont la composition répond à des exigences de parité et de mixité ethnique puisque trois membres sont élus par le Conseil du comté de Finnmark et trois autres membres par le Parlement sámi. Les intérêts des éleveurs de rennes sámi peuvent être ainsi mieux représentés[155].

Cette loi ne résout pas entièrement les difficultés soulevées en ce qui concerne les droits fonciers des Sámi en tant qu'autochtones. En un sens, elle reste ambiguë, mais elle correspond à la logique norvégienne en ce qu'elle est l'expression même de la recherche d'une conciliation concernant les droits à la terre.

Elle ne s'oppose pas à la reconnaissance pour les Sámi de droits collectifs et individuels fondés sur une utilisation depuis des temps immémoriaux, sur les terres et ressources du Finnmark. Mais ces droits acquis doivent être partagés avec des Norvégiens d'origine non sámi qui pratiquent aussi l'élevage de rennes, l'agriculture sur ces terres, ou la pêche, et ces droits peuvent avoir été acquis sur une tout autre base (comme la prescription) que celle des temps ancestraux. Les droits reconnus ne sont donc pas exclusivement accordés au peuple autochtone

---

[152] Rapport de la Commission d'experts pour l'application des conventions et recommandations, *op.cit.*, p.843.

[153] *«Loven gjelder med de begrensninger som følger av ILO-konvensjon nr. 169 om urfolk og stammefolk i selvstendige stater. Loven skal anvendes i samsvar med folkerettens regler om urfolk og minoriteter og bestemmelser i overenskomster med fremmede stater om fisket i grensevassdragene.»* (§ 3).

[154] *«Finnmarkseiendommen (Finnmárkkuopmodat) er et eget rettssubjekt med sete i Finnmark som skal forvalte grunn og naturressurser mv. som den eier i samsvar med lovens formål og reglene i loven her for øvrig.»* (§ 6).

[155] *«Blant medlemmene valgt av Sametinget skal minst ett styremedlem og vedkommendes varamedlem være representanter for reindriften.»* (§ 7)

sámi alors que la renniculture est une activité économique traditionnelle des Sámi et qu'elle constitue une base de leur identité culturelle.

La loi sur le Finnmark ne précise pas non plus la nature des droits reconnus : droits de propriété, simple droit d'usage, et/ou droit de contrôle et de gestion ? Elle ne s'est pas prononcée sur la question des droits de propriété collectifs sur les terres et les ressources naturelles du Finnmark. Elle confie la définition du contenu et de la portée des droits collectifs et individuels reconnus à une Commission d'investigation *(Finnmarkskommisjonen,* Commission Finnmark[156]*)* et à un Tribunal spécial (Tribunal des terres non cultivées du Finnmark), qui les étudiera à la lumière des dispositions du droit international et notamment des articles 8 et 14 de la Convention n° 169 incitant à la prise en compte des coutumes et du droit coutumier des peuples autochtones lorsque les États mettent en place leur législation nationale.

La loi sur le Finnmark est bien l'expression d'une conciliation ; elle peut être insatisfaisante pour certains Sámi, plus radicaux, qui pourraient souhaiter une reconnaissance exclusive de leurs droits sur les terres et les ressources qu'ils utilisent ou occupent depuis des temps immémoriaux. Cependant cette position ne s'inscrirait pas dans une démarche de conciliation des intérêts, dans l'idée d'un partage et de coexistence pacifique voulue par l'État norvégien.

La question pourrait probablement être de nouveau soulevée à moyen ou long terme, à la lumière des exigences des dispositions de la *Déclaration des Nations unies sur les droits des peuples autochtones.* D'un autre côté il ne semble pas que la Convention n° 169, adoptée par l'OIT, ou la Déclaration des Nations unies prévoient que la reconnaissance et l'exercice des droits fonciers soient exclusivement à la faveur des peuples autochtones.

Les droits fonciers ainsi reconnus dans une démarche de concertation entre les autorités étatiques et le Parlement sámi participent à la coexistence des citoyens norvégiens sámi et non sámi, à concilier l'indivisibilité territoriale et politique de l'État norvégien avec l'exercice de l'autonomie culturelle des Sámi, et ils ne constituent en rien une base territoriale pour l'exercice du droit à l'autodétermination. Ils sont en revanche considérés comme nécessaires à la survie et au développement harmonieux de la culture autochtone sámi, qui est quasiment déterritorialisée.

---

[156] Elle est prévue au paragraphe 24 de la loi sur le Finnmark et elle a été instituée par un décret royal du 14 mars 2008.

CONCLUSION DU CHAPITRE II

L'État norvégien offre un exemple d'articulation de sa norme constitutionnelle énonçant le principe d'indivisibilité du royaume avec le régime d'autonomie culturelle et politique qu'il octroie au peuple sámi, en cohérence avec les instruments de droit international relatif aux droits des peuples autochtones.

D'abord, les autorités étatiques norvégiennes n'ont pas accordé au peuple sámi le statut légal de peuple autochtone. Ni la loi n° 56 du 12 juin 1987 relative au Parlement sámi et autres questions intéressant les Sámi[157], ni l'article 110a de la Constitution amendée le 27 mai 1988 ne qualifient les Sámi comme tels. Les mesures octroyées afin de préserver le patrimoine culturel et naturel et leur identité culturelle sont fondées sur le respect des engagements internationaux de la Norvège en matière de protection des droits des peuples autochtones.

Au plan institutionnel, le *Sameting*, institution représentative autochtone représentant l'ensemble des Sámi sur le territoire national, a été créé dès 1987 et il a vu ses pouvoirs renforcés avec l'octroi d'un pouvoir décisionnel dans certains domaines tels que l'éducation ou les langues sâmes. Cependant il est privé de base territorialement définie : situé dans le comté de Finnmark, cette localisation en territoire lapon (le *Sápmi*) n'a qu'une portée symbolique, la Laponie n'étant qu'un vaste territoire géographique transfrontalier non doté d'un statut juridique propre. Elle est divisée par les frontières étatiques et soumise aux droits nationaux norvégien, suédois ou finlandais. De cette façon l'intégrité territoriale et la souveraineté de l'État norvégien ne sont pas menacées. De plus, le *Sameting* reste un organe subsidiaire, créé par la loi norvégienne et dont les compétences sont définies et encadrées par le droit norvégien. De cette façon il n'échappe pas au droit norvégien, auquel il est soumis.

Par ailleurs, la question des droits fonciers n'est pas entièrement résolue malgré l'adoption avec l'approbation de la majorité du *Sameting* de la loi sur le Finnmark *(Finnmarksloven)* en 2005. Celle-ci laissant en suspens certaines questions comme celle de la reconnaissance d'un droit de propriété collectif des Sámi sur les terres et les ressources naturelles qu'ils utilisent depuis des temps immémoriaux, la question pourrait se poser dans l'avenir vu les dispositions en la matière de la *Déclaration des Nations unies sur les peuples autochtones*.

[157] Elle est entrée en vigueur le 24 février 1989 et a été modifiée par la loi n° 78 du 21 décembre 1990.

Enfin, aucun texte norvégien n'accorde officiellement le droit à l'autodétermination interne aux Sámi. Dès lors les autorités étatiques n'appliquent pas directement en l'état les dispositions de la Convention n° 169 et de la *Déclaration sur les droits des peuples autochtones* mais après concertation et dialogues multipartites entre les différents acteurs étatiques et autochtones, ce qui correspond à la pratique norvégienne de la démocratie consociative telle qu'identifiée par Arend Lijphart.

En ce sens, l'exemple norvégien montre qu'une approche formelle et dogmatique de ces deux notions, principe d'indivisibilité et autodétermination interne, est source d'interprétation rigide et donc source de conflits internes ; en revanche une approche pragmatique et concertée aboutissant à l'élaboration d'arrangements internes entre les représentants autochtones et les gouvernements étatiques est plus constructive et source d'apaisement dans les relations de l'État avec ses minorités.

Il confirme enfin que « présenter le droit des peuples ne consiste pas à décrire un droit dont les bénéficiaires, la portée et les modalités d'exercice sont bien définis et reconnus, mais à rendre compte, du point de vue du droit positif, d'une pratique internationale foisonnante, hétérogène et où les contradictions ne sont pas absentes[158] ».

---

[158] Jean-François GUILHAUDIS, « Autodétermination », *Répertoire de droit international*, décembre 1998, § 4.

CONCLUSION DU TITRE I

Les États français et norvégien présentent des modèles différents d'application du principe de pluralisme culturel sur leur territoire.

Si l'Etat norvégien reconnaît l'existence de minorités sur son territoire et protège leurs identités culturelles individuelles et collectives sur la base de leurs spécificités ethniques et linguistiques, l'Etat français au contraire ne reconnaît pas l'existence de minorités nationales ou ethniques et linguistiques, il protège alors l'identité culturelle régionale corse en tant qu'élément appartenant au patrimoine culturel français.

La Norvège a choisi d'octroyer aux Sámi un régime d'autonomie culturelle incluant l'instauration d'une institution représentative, l'exercice de droits spéciaux tels que des droits linguistiques et elle s'achemine vers la reconnaissance de droits fonciers sur les terres et ressources naturelles que le peuple sámi occupe ou utilise depuis des temps immémoriaux.

La France a choisi de répondre aux revendications identitaires corses en refusant l'exercice de droits collectifs à des groupes mais plutôt en octroyant un statut spécifique au territoire insulaire corse, celui de collectivité territoriale de Corse, dans le cadre de la décentralisation territoriale.

Au-delà de ces divergences, les expériences nationales française et norvégienne montrent qu'une mise en œuvre réussie du pluralisme culturel repose sur une réelle concertation voire un partenariat moderne pour élaborer des arrangements internes entre les acteurs étatiques et les minorités culturelles à travers leurs institutions représentatives.

Elles montrent ensuite que l'esprit de consensualisme est au cœur même de la recherche d'une conciliation entre les intérêts étatiques, d'une part et la préservation d'identités culturelles minoritaires, d'autre part. Il redéfinit les relations entre les États et leurs citoyens ainsi que les entités infra-étatiques établis sur leur territoire (collectivités territoriales, minorités ou peuples autochtones). L'obtention du consentement des peuples autochtones, leur consultation, la concertation, l'élaboration d'arrangements internes constructifs en sont l'expression et sont les termes utilisés dorénavant par le droit international et européen. C'est dans cette nouvelle conception des relations que réside la modernité du droit international et des systèmes juridiques nationaux.

TITRE II

Des cadres étatiques complexes prenant en compte l'altérité

Depuis la fin des années 1990, les travaux du Conseil de l'Europe ainsi que ceux de l'Organisation des Nations Unies, notamment les travaux de l'Organisation des Nations Unies pour l'éducation, la science et la culture (UNESCO) ont initié un mouvement global de décloisonnement des catégories[1]. De nouveaux termes comme l'« interculturalité » ou le « dialogue interculturel »[2] *(cross cultural dialogue)* ou encore l'« internormativité »[3] sont

[1] La catégorie désigne dans un second sens « les notions fondamentales qui, apparaissant dans l'ordre juridique ou la pensée juridique comme une ordonnance rationnelle et systématique, se définissent relativement les unes aux autres, par une série de caractères génériques et spécifiques. » Dans une acception plus vague, elle représente « tout concept, toute notion juridique », Gérard CORNU, Association Henri Capitant, *Vocabulaire juridique*, éd. Puf, 2006, p. 135. Parmi les catégories visées plus spécialement on pense aux acteurs étatiques et infra-étatiques que représentent les minorités et les peuples autochtones, les collectivités locales, mais aussi les notions (droit à l'autodétermination, décentralisation territoriale, autonomie locale).

[2] Selon le Conseil de l'Europe, le dialogue interculturel participe à la protection des minorités, à la gestion des conflits et du maintien de la paix et il favorise la diversité culturelle des sociétés européennes ainsi que la cohésion sociale. Ces éléments constitutifs du dialogue interculturel apparaissent dans plusieurs instruments juridiques qu'il a adoptés : parmi eux la *Convention-cadre pour la protection des minorités nationales* énonce à l'article 6 que « Les Parties veilleront à promouvoir l'esprit de tolérance et le dialogue interculturel, ainsi qu'à prendre des mesures efficaces pour favoriser le respect et la compréhension mutuels et la coopération entre toutes les personnes vivant sur leur territoire, quelle que soit leur identité ethnique, culturelle, linguistique ou religieuse, notamment dans les domaines de l'éducation, de la culture et des médias ». De même, l'Annexe de la *Déclaration d'Opatija sur le dialogue interculturel et la prévention des conflits*, adoptée par des ministres européens responsables des affaires culturelles le 22 octobre 2003 en Croatie, définit le dialogue interculturel comme suit : « Cette expression désigne tant les instruments servant à promouvoir et à protéger la notion de démocratie culturelle que les éléments matériels et immatériels pouvant favoriser toutes les formes de diversité culturelle, qui se manifestent en de multiples identités individuelles et collectives, en des changements et en de nouvelles formes d'expression culturelle. Le dialogue interculturel doit prendre en compte toutes les composantes possibles de la culture, sans exception, qu'elles soient culturelles *stricto sensu* ou de nature politique, économique, sociale, philosophique ou religieuse. En d'autres termes, le dialogue interconfessionnel et interreligieux doit être envisagé dans ses conséquences culturelles et sociales par rapport à la sphère publique ».
Cependant, Jürgen ENDRES explique que « d'un point de vue scientifique, il n'existe pas pour l'instant de définition universelle du dialogue interculturel, mais simplement des approximations variables de cette notion et d'autres, telles celles de "dialogue des civilisations" ou de "dialogue interreligieux" utilisées comme synonymes ou du moins dans des sens complémentaires [...] ». L'auteur montre comment le dialogue est une forme d'interaction sociale dans le règlement, la prévention des conflits et la gestion de la paix. Il existe plusieurs formes de dialogues (des civilisations, des religions et des cultures). Il explique par ailleurs comment cette notion de dialogue interculturel a émergé dans les années 1990 et comment sa nécessité s'est imposée par différents facteurs (dissolution de l'ex-URSS, vagues de migrations, élargissement de l'Union européenne, terrorisme islamiste). Le dialogue interculturel a été approprié et inséré dans les travaux de l'Union européenne, du Conseil de l'Europe et de l'Unesco, dès les années 1990. *In* Jürgen ENDRES, « Le "dialogue interculturel" au Conseil de l'Europe, à l'Union européenne et à l'Unesco : état des lieux », publication du Département fédéral de l'intérieur, Secrétariat d'État à

apparus en particulier dans les instruments de protection des langues régionales ou minoritaires, de la diversité culturelle ainsi que dans ceux relatifs à la protection des droits des peuples autochtones et des minorités. L'utilisation du préfixe *inter-* désigne l'idée de « relation entre », d'« échanges », de « réciprocité »[4]. De même, l'utilisation des préfixes *multi-* ou *pluri-* devant les notions d'États ou de cultures ou encore de systèmes normatifs a donné naissance à de nouvelles notions tels le pluralisme juridique, le plurilinguisme ou l'existence d'États pluri-ou multiculturels. Ces notions ont intégré les travaux des Nations unies et du Conseil de l'Europe.

L'ensemble de ces termes exprime ainsi l'altérité et la pluralité des systèmes normatifs, des cultures et des notions. Ils expriment aussi un processus de décloisonnement au sens de dépassement des catégories formellement établies pour tenter de les rapprocher, de créer un lien entre elles. Ainsi il devient possible de créer un lien ou de redéfinir des relations entre les acteurs étatiques et les acteurs non étatiques, entre le gouvernement étatique central et les collectivités locales ou les collectivités autochtones, entre le droit à l'autodétermination interne et le principe d'autonomie locale, afin d'intégrer l'altérité au sein d'un espace politique et juridique commun. « Pour construire un espace politique commun, encore faut-il reconnaître l'autre [...]. L'enjeu n'est pas de tenter de masquer les différences existant entre ces peuples au nom d'une commune vision du monde. L'enjeu est celui de l'altérité.[5] » Il ne s'agit pas de nier ou de masquer les différences mais de construire par le dialogue un ensemble cohérent pour composer avec les différences.

Il semble qu'ainsi, en rapprochant des catégories *a priori* distinctes, les cultures et les peuples sont aussi rapprochés, et les relations pacifiées. Toute démarche de réciprocité, de dialogues et d'échanges sont des outils permettant d'apaiser les conflits et de créer des liens harmonieux entre les peuples, et entre les États et leurs minorités culturelles. Comme le souligne Albane Geslin, « le

---

l'éducation et à la recherche SER contribuant à l'Année internationale du rapprochement des cultures, Berne, Suisse, 2010, 53 p.

[3] L'internormativité est vue comme l'« ensemble des phénomènes constitués par les rapports qui se nouent entre deux catégories, ordres ou systèmes de normes », Jean CARBONNIER, « Internormativité », *in* André-Jean ARNAUD (dir.), *Dictionnaire encyclopédique de théorie et de sociologie du droit*, 2e éd., LGDJ, Paris, 1993, p. 313.

En fait, dans la *Convention nº 169 de l'OIT relative aux droits des peuples indigènes et tribaux* ainsi que dans la *Déclaration des Nations unies relative aux droits des peuples autochtones*, l'internormativité n'est pas nommée, mais elle apparaît envisageable dans les dispositions relatives aux institutions sociales, économiques, politiques et culturelles des peuples autochtones ainsi que dans la reconnaissance de leurs droits coutumiers sous réserve qu'ils respectent les droits et libertés fondamentales énoncés dans les instruments internationaux de protection des droits de l'homme.

[4] Eléments de définition issus du Centre national de ressources textuelles et lexicales, www.cnrtl.fr

[5] Albane GESLIN, « La protection internationale des peuples autochtones : de la reconnaissance d'une identité transnationale autochtone à l'interculturalité normative », *Annuaire Français de Droit International*, LVI, 2010, éd. CNRS, Paris, p. 681.

droit semble le seul outil à la disposition de la communauté internationale, des États et des communautés autochtones elles-mêmes pour établir un lieu de dialogue et de reconnaissance. Beaucoup en appellent donc à l'internormativité et à une approche interculturelle du droit[6] ».

De plus, « derrière le défi de l'altérité [...] se profile le défi de la complexité[7] ».

En effet, la reconnaissance de l'Autre à l'échelle étatique entraîne un autre mouvement : celui d'une complexification des cadres étatiques et des relations juridiques entre les catégories établies.

Rapprocher certaines catégories traditionnellement distinctes aboutit à une complexification des cadres étatiques : elle peut concerner les systèmes normatifs (notamment par la reconnaissance du pluralisme juridique et des systèmes coutumiers), la mise en œuvre d'institutions propres à des minorités culturelles et coexistant avec les institutions étatiques, la complexification dans la forme et les caractéristiques traditionnelles des États unitaires, ceux-ci pouvant devenir mixtes, composites dans leur organisation. Il n'existerait pas alors un seul et unique visage de l'État unitaire mais une réelle diversité[8] dans cette catégorie aussi.

La distinction entre certaines notions aussi devient moins simple. Par exemple, par certains aspects et dans un certain contexte, la distinction entre l'autodétermination interne et l'autonomie locale peut s'estomper : comme en France, où des mesures prises dans le cadre de la décentralisation territoriale renforcée accordent des statuts spéciaux à certaines entités infra-étatiques afin de préserver leur spécificité culturelle ; mais sans être nommées ces mesures s'apparentent quelquefois à des mesures d'autonomie politique et culturelle.

La France et la Norvège présentent deux modèles d'États unitaires prenant en compte l'altérité et la pluralité présentes sur leur territoire. Ces États connaissent aussi un processus de complexification principalement à cause des mesures adoptées dans le cadre de la décentralisation territoriale renforcée pour l'un et dans la mise en œuvre d'une autonomie culturelle et politique pour l'autre, afin de maintenir la vitalité des identités culturelles corse et sámi. Le statut de la Corse obtenu dans le cadre de la décentralisation territoriale renforcée et l'exercice par les Sámi de certains éléments constitutifs de

---

[6] Albane GESLIN, *ibid.*, p. 680.

[7] A. ADONON, C. PLANÇON, C. EBERHARD, « Les cultures juridiques », *in* Albane GESLIN, « La protection internationale des peuples autochtones : de la reconnaissance d'une identité transnationale autochtone à l'interculturalité normative », *op.cit.*, p. 683.

[8] « Aucun État européen ne correspond aujourd'hui à la version classique de l'État unitaire dont la France jacobine et napoléonienne fut le symbole et le modèle. Les structures traditionnelles de l'État unitaire ont été affectées par un double mouvement [...] », dont le renforcement de l'autonomie locale/régionale : « Le développement de l'autonomie locale et régionale (c'est-à-dire toutes les réformes de décentralisation) a lui-même beaucoup contribué à changer la physionomie de l'État unitaire. », Michel MERCIER, « Pour une République territoriale : l'unité dans la diversité », Rapport d'information 447, tome 1 (1999-2000), consulté sur le site du Sénat, http://www.senat.fr/rap/r99-447-1/r99-447-1.html

l'autodétermination interne aboutissent à un résultat pragmatique comparable. Cela incite à opérer une tentative de rapprochement des notions juridiques que sont l'autodétermination interne et l'autonomie locale[9] **(Chapitre I).**

Le processus de complexification que ces États connaissent au plan constitutionnel et institutionnel afin de prendre en compte l'altérité sur leur territoire a questionné leur organisation unitaire, mais surtout il contribue à l'émergence d'États unitaires modernisés **(Chapitre II).**

---

[9] Le terme d'autonomie locale est utilisé ici parce qu'étant plus générique, il est employé par le Conseil de l'Europe dans la *Charte européenne de l'autonomie locale*. Le terme de décentralisation territoriale n'est pas utilisé en Norvège ; il est lié à un contexte plus spécifiquement français. Cependant les deux processus sont étudiés ensemble dans le chapitre I de ce titre.

CHAPITRE I

Autodétermination interne et autonomie locale : la tentative d'un rapprochement des notions juridiques

Quels liens peuvent éventuellement exister entre l'autodétermination interne et l'autonomie locale ? Formellement chacune de ces notions[10] a une place distincte dans les instruments de droit international traitant de l'une ou de l'autre. Ainsi la *Charte européenne de l'autonomie locale*, adoptée par le Conseil de l'Europe le 15 octobre 1985, porte sur l'autonomie locale des collectivités locales, tandis que l'autodétermination interne est désormais reconnue dans la *Déclaration des Nations unies sur les droits des peuples autochtones* (2007).

D'un point de vue formel et substantiel, l'autodétermination interne et l'autonomie locale sont des notions distinctes, apparemment imperméables l'une à l'autre.

L'État norvégien partage cette distinction. L'autodétermination dans sa forme interne revendiquée par le peuple autochtone sámi se distingue de l'autonomie communale appliquée aux collectivités locales ; elles ne se confondent pas. A l'inverse, le droit français ne reconnaît l'autodétermination que dans son volet externe et ne reconnaît pas formellement l'autodétermination interne. Mais, dans la pratique, la distinction entre l'autodétermination interne et l'autonomie locale n'est pas si évidente.

L'enjeu est de prendre en compte l'altérité qui s'exprime en l'espèce dans la diversité des cultures existant sur les territoires d'États unitaires.

Au plan international et régional, les Nations unies et l'Union européenne travaillent dans un sens commun promouvant les échanges interculturels, le pluralisme juridique, le dialogue interculturel, et les relations de coopération à égalité entre tous les acteurs de la vie civile et politique. Un processus global de décloisonnement est engagé.

Au plan national, des États comme la Belgique – initialement État unitaire – considèrent le fédéralisme comme une réponse à la question de la diversité culturelle et des revendications identitaires d'ordre culturel et linguistique ; d'autres États comme la France et la Norvège, confrontés à la même question, ont choisi de maintenir leur organisation unitaire tout en adoptant des mesures spécifiques pour tenter de répondre à ces questions.

---

[10] La démarcation est floue entre le terme de notion et celui de concept, mais ils se distinguent en ce que la notion suppose « l'idée d'un objet préexistant, presque sous une forme matérielle », et il existe « une forme d'indécision quant aux éléments qui constituent ledit objet ». Avec le concept, on est en présence « d'une construction de l'esprit utilisée pour faire éclore le savoir [...] il est par conséquent d'emblée produit de l'esprit, et non résultat de l'expérience. » Cette construction mentale « se propose de saisir, de mettre en ordre des objets ». Guy QUINTANE, « Les notions juridiques et les outils langagiers de la science du droit », in *Les notions juridiques, Journée d'étude de la promotion d'agrégation de droit public*, (dir.) Guillaume TUSSEAU, éd. Economica, 2009, p. 11.

En France, les mesures adoptées à l'égard de la Corse et de certaines collectivités situées en outre-mer, en particulier pour les Kanak en Nouvelle-Calédonie, interrogent la distinction jusqu'alors bien établie entre l'autodétermination interne et l'autonomie locale, plus exactement le principe de libre administration des collectivités territoriales.

Un décloisonnement, au sens de rapprochement fonctionnel, de ces notions juridiques serait-il possible ? Certaines mesures adoptées dans le cadre de la décentralisation territoriale renforcée visant à préserver une spécificité culturelle constituent-elles une forme d'exercice de l'autodétermination interne ? La décentralisation renforcée menée en France à l'égard de la collectivité territoriale de Corse et de certaines collectivités situées dans l'outre-mer (en particulier la Nouvelle-Calédonie) n'emprunterait-elle pas, sans la nommer, à la notion d'autodétermination interne ? À moins qu'en France la décentralisation territoriale n'offre un cadre juridique et administratif permettant à certaines collectivités territoriales de pratiquer d'une manière informelle l'autodétermination interne ?

S'interroger sur la possibilité d'un rapprochement fonctionnel de ces notions suppose d'abord une démarche de comparaison de l'autodétermination interne et de l'autonomie locale **(I)**. Puis de recentrer l'étude autour du cas spécifique français pour montrer les potentialités d'adaptation et d'évolution de la décentralisation territoriale. L'autodétermination interne et la décentralisation territoriale ont toutes les deux des applications à géométrie variable sur le territoire français **(II)**.

I. Droit à l'autodétermination interne et droit à l'autonomie locale : quelques éléments de comparaison

Il ne s'agit pas dans cette section de comparer les notions d'autodétermination interne et d'autonomie locale en dressant une liste exhaustive de toutes les divergences et des possibles rapprochements entre ces notions, mais plutôt d'en proposer quelques traits caractéristiques à titre indicatif en comparant les dispositions de la *Convention nº 169 relative aux peuples indigènes et tribaux* et celles de la *Déclaration des Nations unies sur les droits des peuples autochtones* d'une part, avec celles de la *Charte européenne de l'autonomie locale*[11] d'autre part.

Il est quasiment impossible de se fonder sur des expériences nationales car en matière d'autodétermination interne et d'autonomie locale elles présentent

[11] Texte adopté par le Conseil de l'Europe le 15 octobre 1985. Un *Protocole additionnel à la Charte européenne de l'autonomie locale sur le droit de participer aux affaires des collectivités locales* a été adopté par le Conseil de l'Europe le 16 novembre 2009, mais par son objet, cet instrument ne sera pas utilisé pour cette section.

une grande diversité[12], allant d'une simple autonomie locale à une autonomie très élargie comme pour le Groenland, accordée par le royaume du Danemark depuis 1979 et renforcée par la loi sur l'autonomie du Groenland entrée en vigueur le 21 juin 2009[13].

Si des divergences justifient le cloisonnement théorique des droits à l'autodétermination interne et à l'autonomie locale *(§ 1)*, quelques rapprochements inattendus entre ces droits *(§ 2)* invitent à s'interroger sur la distinction classiquement établie entre l'autodétermination interne et l'autonomie locale ; puis ils invitent à proposer un éventuel rapprochement afin de montrer que ces droits sont complexes et qu'ils peuvent s'imbriquer, s'enchevêtrer. Ils ne sont pas interchangeables, mais ils peuvent sur certains points se ressembler voire se confondre.

Ils sont avant tout à géométrie variable et ils exigent une grande souplesse dans leur mise en œuvre. L'article 34 de la *Convention n° 169 sur les droits des peuples indigènes et tribaux* énonce que « La nature et la portée des mesures à prendre pour donner effet à la présente convention doivent être déterminées avec souplesse, compte tenu des conditions particulières à chaque pays ». D'une certaine manière, cette disposition, qui reflète une approche politique et méthodologique, pourrait être appliquée aussi en matière d'autonomie locale.

---

[12] Par exemple les revendications d'autonomie gouvernementale par les peuples autochtones au Canada, *in* Jill WHERRETT, « L'autonomie gouvernementale des autochtones », Bulletin d'actualité 96-2F, Division des affaires politiques et sociales, Révisé le 17 juin 1999, 22 p. Consultable sur le site de la Bibliothèque du Parlement du Canada, http://www.parl.gc.ca/Content/LOP/researchpublications/962-f.htm.

[13] Cette loi a établi des autorités autonomes comprenant un Parlement *(Inatsisartut)* et un gouvernement groenlandais *(Naalakkersuisut)*, qui sont considérés comme des partenaires égaux au gouvernement danois. Les transferts de compétences en matières législative, administrative et de finances publiques sont encadrés par la Constitution danoise, mais, le 7 octobre 2009, une notification de la loi a été présentée aux Nations unies afin d'élargir les compétences des autorités groenlandaises. Désormais les autorités autonomes du Groenland seraient compétentes pour « l'administration de la justice, y compris la création de tribunaux ; le service pénitentiaire et de probation ; la police ; le droit, la comptabilité et l'audit des sociétés ; les activités relatives aux ressources minérales ; l'aviation ; la capacité juridique ; le droit de la famille et le droit des successions ; les étrangers et les contrôles aux frontières ; l'environnement de travail ; ainsi que les règlements financiers et la supervision. » Certains domaines appartenant à la souveraineté étatique danoise restent tout de même en dehors de la compétence du Groenland : il s'agit de la Constitution, de la nationalité, de la Cour suprême, de la politique étrangère, de la politique de sécurité, du taux de change et de la politique monétaire. Cependant, des accords internationaux peuvent être négociés et conclus par le Groenland au nom du royaume du Danemark avec des États étrangers et des organisations internationales à condition qu'ils concernent exclusivement le Groenland et qu'ils soient en relation avec les domaines de responsabilité attribués au Groenland. Cette possibilité ne concerne pas les accords en vertu du droit international touchant à la politique de défense et de sécurité, ainsi que les accords en vertu du droit international qui s'appliquent au Danemark ou qui sont négociés au sein d'une organisation internationale dont le royaume du Danemark est membre. *In* « Mise en œuvre de la Déclaration de l'ONU sur les droits des peuples autochtones », Guide pour les parlementaires n° 23, Union interparlementaire (UIP), Genève, 2014, p. 15-17.

§ 1. Des divergences justifiant le cloisonnement de ces droits[14]

Les divergences entre l'autodétermination interne et l'autonomie locale portent sur leur contenu (A) et sur les conditions de leur mise en œuvre (B).

A. Concernant le contenu

Les destinataires (ou titulaires) de ces droits **(a)** ainsi que leurs missions respectives (ou l'objet sur lequel ils portent) **(b)** diffèrent.

a. Les destinataires (ou titulaires)

Même si elles ne sont pas toujours expressément mentionnées dans les Constitutions des États, les collectivités territoriales ou collectivités locales en tant que « personne[s] morale[s] correspondant à la population occupant un territoire et administrée par des institutions spécifiques[15] » sont les bénéficiaires exclusives et directes de l'autonomie locale.

Sur un plan terminologique, les expressions « collectivité territoriale » et « collectivité locale » sont synonymes. En France, depuis la loi constitutionnelle du 28 mars 2003, les collectivités locales sont désormais appelées collectivités territoriales. Cette dernière expression figurait déjà dans la Constitution de 1946. L'expression « collectivités locales » n'était plus fondée juridiquement car elle ne désignait que les communes et les départements ; tandis que la formulation « collectivités territoriales » désigne une catégorie plus large incluant les territoires d'outre-mer et elle permet la création d'autres collectivités territoriales[16].

Dans les autres États européens, « la terminologie n'est pas homogène lorsqu'il est question de caractériser de manière générale des autorités administratives locales décentralisées [...] ». Tel est le cas en Norvège, où, comme en Suède, il n'existe que deux niveaux de collectivités locales, il s'agit

---

14 L'autodétermination interne a été hissée au rang de droit par la *Déclaration des Nations unies sur les droits des peuples autochtones* et l'autonomie locale est aussi un droit car, selon l'article 3 § 1 de la *Charte européenne de l'autonomie locale*, « par autonomie locale, on entend le droit et la capacité effective pour les collectivités locales de régler et de gérer, dans le cadre de la loi, sous leur propre responsabilité et au profit de leurs populations, une part importante des affaires publiques ». En droit français, la doctrine utilise souvent le concept d'autonomie locale et le principe de libre administration comme des synonymes, or la libre administration est une liberté fondamentale des collectivités locales. Voir Louis FAVOREU et André ROUX, « La libre administration des collectivités territoriales est-elle une liberté fondamentale ? », *Cahiers du Conseil constitutionnel*, 12/2002, p. 88-92.

15 Julien MARTIN, « Centralisation et décentralisation », *in* P. MBONGO, F. HERVOUËT, C. SANTULLI (dir.), *Dictionnaire encyclopédique de l'État*, éd. Berger-Levrault, Paris, décembre 2014, p. 121-125.

16 François LUCHAIRE et Yves LUCHAIRE, *Droit de la décentralisation*, éd. PUF, collection Thémis, 1989, p. 86.

des *kommune* et des *fylkeskommune*, que l'on peut traduire par communes et communes départementales. Le terme *kommune* est synonyme de collectivité locale.

Compte tenu de cette hétérogénéité, et à l'instar de Gérard Marcou, « nous retiendrons l'expression "collectivité locale", comme la plus générale et la plus neutre par apport aux systèmes juridiques nationaux. C'est aussi celle utilisée dans la version française de la *Charte européenne de l'autonomie locale* du Conseil de l'Europe de 1985[17] ».

En France, depuis la révision constitutionnelle du 28 mars 2003, l'article 72 énonce que « les collectivités territoriales de la République » sont les communes, les départements (auxquels s'ajoutent les départements d'outre-mer : Guadeloupe, Guyane, Martinique et la Réunion) et les régions (auxquelles s'ajoutent les régions d'outre-mer : Guadeloupe, Guyane, Martinique et La Réunion). En tant que collectivités territoriales dotées d'un statut de droit commun, elles suivent les mêmes règles de fonctionnement. Schématiquement elles sont composées d'une assemblée délibérante élue au suffrage universel direct, d'un pouvoir exécutif élu par l'assemblée et d'un conseil économique et social régional pour les régions. Parmi les collectivités territoriales viennent ensuite les collectivités à statut particulier, dont fait partie notamment la collectivité territoriale de Corse, et enfin les collectivités d'outre-mer régies par l'article 74 de la Constitution (à savoir Mayotte, Saint-Pierre-et-Miquelon, les îles Wallis-et-Futuna, la Polynésie française et, depuis la loi du 21 février 2007, Saint-Martin et Saint-Barthélemy).

En revanche, « la Nouvelle-Calédonie n'entre pas dans la nouvelle catégorie des collectivités d'outre-mer établie par la réforme constitutionnelle de mars 2003[18] ». Elle est régie par le titre XIII de la Constitution et dispose d'un statut entre indépendance et gouvernement autonome. Par le caractère unique que lui confère son statut, elle est considérée comme une collectivité *sui generis*.

Toutes les collectivités locales, qu'elles soient françaises ou norvégiennes, ont été créées par la loi ou par la constitution des États. En tant qu'autorités administratives non étatiques, elles n'existent juridiquement que par la volonté étatique et par un artifice légal (l'artifice étant la loi ou la Constitution). Cette position ne cherche pas à correspondre à celle de la théorie de la fiction, qui considère que les personnes morales sont uniquement des artifices créés par le législateur, le seul sujet de droit étant par nature l'individu, les collectivités locales apparaissant dans cette logique comme des « créations arbitraires de

---

[17] Gérard MARCOU, « Les collectivités locales dans les Constitutions des États unitaires en Europe », *Les nouveaux cahiers du Conseil constitutionnel*, éd. LGDJ, n° 42, 2014, p. 63-64.

[18] Jean-Luc BŒUF, Manuela MAGNAN, *Les collectivités territoriales et la décentralisation*, éd. La Documentation française, 3e édition, Paris, 2007, p. 97.

l'État[19] » sans réalités collectives particulières. Il ne s'agit pas de nier l'évidence selon laquelle les collectivités locales correspondent le plus souvent à des réalités locales historiques et/ou sociologiques que l'État n'a fait que consacrer[20]. Bien entendu, « les collectivités territoriales sont des objets saisis par le droit mais aussi une réalité historique, politique et sociale[21] », comme c'est le cas de manière flagrante avec la Collectivité territoriale de Corse, l'Alsace ou encore les territoires situés outre-mer.

Mais l'existence juridique de ces collectivités locales, la consécration juridique de leurs réalités historiques et sociologiques résultent de la volonté de l'État, qui a consacré leurs existences formellement et par la mise en place d'institutions pour leur fonctionnement : ainsi « chaque institution administrative a une vocation qui lui est assignée par les textes constitutionnels, législatifs ou réglementaires qui la régissent[22] ». Les collectivités locales sont fondées, se sont construites sur des réalités historiques et sociologiques, mais la reconnaissance formelle de leur existence et leurs fonctionnements propres liés à la diversité de leurs statuts (statut de droit commun ou statuts particuliers) procèdent d'artifices étatiques.

Les titulaires du droit à l'autonomie locale sont les collectivités locales tandis que les titulaires du droit à l'autodétermination interne sont désormais les peuples autochtones.

Leur existence est une réalité aux plans sociologique et historique même si un État refuse de reconnaître légalement leur existence et de leur accorder une protection légale, et même s'il n'existe pas encore de consensus international sur la définition du terme *peuple*.

Depuis les années 1990, grâce à la *Convention n° 169 relative aux peuples indigènes et tribaux*, émanant de l'OIT, qui organise matériellement le droit à l'autodétermination interne pour les peuples autochtones, et grâce à la *Déclaration des droits des peuples autochtones*, adoptée par les Nation unies en 2007, qui reconnaît formellement ce droit, ce sont les collectivités autochtones qui sont les destinataires du droit à l'autodétermination interne, en tant que peuples[23], en tant que « nation autochtone » ou « communauté »[24], en tant que

---

[19] Jean-Bernard AUBY, *La décentralisation et le droit*, éd. LGDJ, Paris, 2006, p. 133. L'auteur explique que cette théorie s'oppose à la théorie de la réalité, qui défend l'idée qu'au contraire les collectivités locales ont le statut de réalités en soi, que l'État vient simplement consacrer.

[20] Bien que comme le souligne Jean-Bernard AUBY *(ibid.*, p. 135*)*, mettre en avant des continuités historiques discutables risque d'ignorer les ruptures historiques. « Dans son rapport aux citoyens, dans ses fonctions, dans ses pouvoirs, la commune moderne n'a pas grand-chose à voir avec les paroisses d'Ancien Régime, même si elle en épouse les frontières. Et que dire des départements, plus encore des régions, dans lesquels les origines historiques, lorsqu'elles existent, n'ont généralement pas plus que le statut de traces homéopathiques ? ».

[21] Virginie LANCERON, *in* P. MBONGO, F. HERVOUËT, C. SANTULLI (dir.), *Dictionnaire encyclopédique de l'État*, éd. Berger-Levrault, Paris, décembre 2014, p. 146-149.

[22] Jean-Marc MAILLOT, *Institutions administratives*, Hachette Supérieur, Paris, 2006, p. 74.

[23] L'article 1-3 de la *Convention n° 169 sur les droits peuples indigènes et tribaux* précise avec force que « L'emploi du terme *peuples* dans la présente convention ne peut en aucune manière être interprété

sociétés organisées, pérennes et distinctes de celles majoritaires qui les ont englobées. Les destinataires de ce droit sont donc des sociétés humaines préexistantes aux États, et non des entités administratives créées par la loi ou la Constitution d'un État.

b. Les missions respectives (l'objet)

Dans le cadre de l'autonomie locale, les collectivités territoriales ont pour mission, selon les termes définis par la loi qui les prévoit, la gestion des affaires et des intérêts publics locaux[25]. Ces entités infra-étatiques sont des « structures politico-administratives distinctes des organes de l'État chargées de la gestion des affaires publiques sur un territoire géographiquement délimité au nom de l'intérêt de sa population [...]. Le visage du local est multiple et dépend de la tradition culturelle de chaque État mais il existe un noyau dur de statut commun à toutes les collectivités territoriales[26] ». Concrètement l'État opère le transfert d'un ensemble de matières : urbanisme, développement économique, voirie, transports urbains, fourniture d'eau potable, déchets, services sociaux, logement, services de santé, éducation.

Depuis les premières lois décentralisatrices de 1982, « dans le cas de la France, le domaine d'action des collectivités territoriales est garanti par le double système de la clause générale de compétence et de blocs de compétences de chacune des différentes catégories de collectivités territoriales[27] ».

En Norvège, la pratique de la décentralisation traduit le souhait de favoriser un peuplement décentralisé dans la totalité d'un vaste pays à la topographie et au climat difficiles. Si la décentralisation est pratiquée avec les premières lois relatives à la création des *kommune* dès 1837, la loi du 25 septembre 1992[28]

---

comme ayant des implications de quelque nature que ce soit quant aux droits qui peuvent s'attacher à ce terme en vertu du droit international ».

[24] L'article 9 de la *Déclaration sur les droits des peuples autochtones* énonce que « Les autochtones, peuples et individus, ont le droit d'appartenir à une communauté ou à une nation autochtone, conformément aux traditions et coutumes de la communauté ou de la nation considérée [...] ».

[25] La notion d'affaires locales est une notion difficilement saisissable car il n'existe pas d'affaires locales ou nationales par nature, mais elles sont définies par les dispositions de la Constitution ou de la loi.

Schématiquement, la notion d'affaires locales est « entendue comme désignant les questions que les collectivités territoriales sont habilitées à traiter. [...] dans l'ensemble il apparaît un consensus sur le choix des matières déléguées par l'État, surtout quand la répartition effectuée sur le fondement du meilleur échelon possible de gestion au regard de l'exigence de proximité repose sur une incontestable logique [...]. Les transferts de compétence de l'État aux collectivités territoriales ne cessent de se développer », *in* Jean-Marc MAILLOT, *Institutions administratives, op.cit.*, p. 58-59.

[26] Virginie LANCERON, *Dictionnaire encyclopédique de l'État, op.cit.*, p. 146-149.

[27] Virginie LANCERON, *Ibid.*

[28] *Lov om kommuner og fylkeskommuner av 25. september 1992 nr. 107.*

organise la répartition et les transferts de compétence entre les entités décentralisées et l'État[29].

L'objet de l'autodétermination interne est la reconnaissance par la communauté internationale des États du droit pour les peuples autochtones à « déterminer librement leur statut politique et rechercher librement leur développement économique, social et culturel[30] ».

Dans le cadre de l'autodétermination interne, il ne s'agit pas de laisser aux collectivités autochtones le soin de gérer des affaires publiques locales mais de leur laisser le pouvoir de décider et de gérer les affaires les concernant. En un sens les intérêts et les affaires gérés sont aussi publics, mais en fait ils ne le sont que partiellement puisqu'ils ne concernent qu'une partie fragmentée de la population de l'État, à savoir le peuple autochtone, et ils ne sont pas nécessairement locaux puisque l'autodétermination interne n'exige pas de base territoriale pour être exercée. Il ne s'agit pas de « prendre en charge les intérêts de la population d'un territoire précis[31] » mais de la prise en charge par les représentants autochtones eux-mêmes des intérêts de leurs communautés.

L'article 4 de la *Déclaration des Nations unies sur les droits des peuples autochtones* énonce que « les peuples autochtones, dans l'exercice de leur droit à l'autodétermination, ont le droit d'être autonomes et de s'administrer eux-mêmes pour tout ce qui touche à leurs *affaires intérieures et locales*[32], ainsi que de disposer des moyens de financer leurs activités autonomes ».

Les termes « affaires intérieures et locales » ne figurent pas dans la Convention n° 169 de l'OIT. Ni la *Convention n° 169 relative aux peuples indigènes et tribaux* ni la *Déclaration sur les droits des peuples autochtones* ne donnent de définition théorique de ce qui constitue la catégorie des « affaires intérieures et/ou locales » concernant les peuples autochtones, ni ne formulent de principes abstraits, mais elles donnent des éléments concrets permettant de guider les États et de conforter les peuples autochtones dans la détermination des affaires les concernant. Il s'agit de tous les éléments concernant leur développement économique, social, culturel et le libre choix de leur statut politique, et qui contribuent ainsi de façon générale à préserver leurs identités culturelles propres. Plus concrètement, seront donc impliqués leurs institutions, leurs valeurs et leurs coutumes, leurs droits coutumiers, leurs modes de vie, leurs langues, leurs croyances spirituelles et leurs religions, l'éducation, la santé, leurs terres/territoires et les ressources naturelles qu'ils utilisent depuis des temps immémoriaux, leurs activités économiques comme l'artisanat, les industries rurales et communautaires ou encore des activités économiques traditionnelles comme la pêche, la chasse et la cueillette, et enfin les contacts et la coopération

[29] Voir la publication « Local Government in Norway », publiée par le Norwegian Ministry of Local Government and Regional Development, 2008, p. 17-20, consultée sur le site www.regjeringen.no.

[30] Article 3 de la *Déclaration des Nations unies sur les droits des peuples autochtones.*

[31] Jean-Luc BŒUF, Manuela MAGNAN, *Les collectivités territoriales et la décentralisation*, *op.cit.*, p. 7.

[32] Nous soulignons.

transfrontalière avec d'autres peuples autochtones. On retrouve ces éléments concrets dans le *Projet de Déclaration interaméricaine relative aux droits des peuples autochtones*[33] émanant de la Commission interaméricaine des droits de l'homme.

Une différence de taille apparaît aussi en ce que, dans le cadre de l'autonomie locale, il y a transfert des compétences étatiques vers des entités infra-étatiques dans des domaines déterminés le plus souvent par la loi ou par la Constitution. Tandis que dans le cadre de l'autodétermination interne il ne s'agit pas d'un transfert de compétences de la part de l'État mais, selon les termes des instruments internationaux de protection des droits des peuples autochtones, de la reconnaissance de leurs « droits à » ou « droits de » préexistant à la formation des États[34].

Enfin, la gestion et la décision concernant les affaires internes de la communauté autochtone se font conformément aux coutumes, traditions, lois et institutions des peuples autochtones à travers leurs propres institutions autochtones, et dans le respect des obligations internationales relatives aux droits de l'homme ; tandis que dans le cadre de l'autonomie locale, les collectivités locales prennent certes en compte les spécificités culturelles de la population et du territoire, mais la gestion des affaires publiques locales ne se fait pas exclusivement conformément aux coutumes, traditions et institutions de la population répartie sur leur territoire. La gestion se fait selon le principe de libre administration, et conformément aux lois nationales concernant la répartition des compétences entre l'État et ses collectivités locales.

---

[33] L'article XV, § 1 énonce que « Les États reconnaissent que les populations indigènes ont droit à déterminer librement leur situation politique et à promouvoir librement leur développement économique, social et culturel et ont par conséquent droit à l'autonomie ou au gouvernement indépendant en ce qui concerne leurs affaires internes et locales, y compris la culture, la religion, l'éducation, l'information, les moyens de communication, la santé, le logement, l'emploi, le bien-être social, les activités économiques, l'administration des terres et des ressources, l'environnement et l'admission de non membres ; ainsi que les ressources et les moyens pour financer ces fonctions autonomes » ; et l'article XVI affirme que « Les populations indigènes ont le droit de conserver et de renforcer leurs systèmes juridiques indigènes et de les appliquer dans les affaires internes de leurs communautés, y compris les systèmes de propriétés immobilières et de ressources naturelles, la solution de conflits internes et de conflits entre les communautés indigènes, la prévention et la répression pénale et le maintien de la paix et de l'harmonie internes ». *Projet de Déclaration interaméricaine relative aux droits des peuples autochtones*, adopté par le Groupe de travail des populations autochtones lors de sa 11e session par la Résolution 1994/45 de l'Assemblée générale du 26 août 1994, document AG/RES.1022 (XIX-O/89).

[34] Tant la Convention no 169 que la Déclaration formulent « le droit pour les peuples autochtones à/de [...] ». Aussi une lecture combinée des considérants du préambule de la *Déclaration des Nations unies sur les droits de peuples autochtones* vont dans ce sens : « Préoccupée par le fait que les peuples autochtones ont subi des injustices historiques à cause, entre autres, de la colonisation et de la dépossession de leurs terres, territoires et ressources, ce qui les a empêchés d'exercer, notamment, leur droit au développement conformément à leurs propres besoins et intérêts » (§ 5), et en particulier le paragraphe 6 : « Consciente de la nécessité urgente de respecter et de promouvoir les droits intrinsèques des peuples autochtones, qui découlent de leurs structures politiques, économiques et sociales et de leur culture, de leurs traditions spirituelles, de leur histoire et de leur philosophie, en particulier leurs droits à leurs terres, territoires et ressources ».

Selon la *Charte européenne de l'autonomie locale*, l'exercice de l'autonomie locale repose sur deux piliers, « qui sont la liberté d'action, d'une part, et des moyens suffisants, d'autre part. Le premier se décompose en deux volets : la "sécurité juridique" et "la liberté juridique". Le second a trait aux moyens juridiques, humains et financiers de l'autonomie locale[35] ».

Il existe par ailleurs au plan européen une plus grande harmonisation entre les États concernant les modalités d'exercice de l'autonomie locale. La *Charte européenne de l'autonomie locale* traduit et en même temps renforce ce consensus européen. Ce qui n'est pas le cas en matière d'autodétermination interne, qui est le plus souvent difficilement accordée par les États et les nombreuses années houleuses de préparation au sein des Nations unies pour l'adoption de la *Déclaration sur les droits des peuples autochtones* en témoignent. Comme le souligne Théodore Christakis, « Si l'autonomie, qui a plusieurs dimensions et connaît plusieurs formes et degrés, est de manière croissante, retenue comme solution sur le plan du droit interne même par des États traditionnellement unitaires, il est clair qu'un droit général n'a pas encore fait son apparition dans le droit international.[36] »

B. Concernant les conditions de mise en œuvre

Les divergences entre l'autodétermination interne et l'autonomie locale portent en outre sur les conditions de leur mise en œuvre. Elles concernent l'assise territoriale **(a)**, la personnalité juridique **(b)** et l'existence d'un contrôle de l'État **(c)**.

a. L'assise territoriale

L'assise territoriale est une exigence requise dans le cadre de l'autonomie locale mais non nécessaire pour l'exercice de l'autodétermination interne.

Pour exercer l'autonomie locale, une base territoriale et délimitée par l'État est nécessaire puisque ce sont les collectivités locales, en tant qu'institutions administratives[37], qui sont les titulaires de ce droit. « Le ressort territorial de

---

[35] « La charte européenne de l'autonomie locale : la vérification d'une convergence entre l'évolution en Europe et en France », Étude du service des collectivités territoriales nº 1 (2006-2007), 15 janvier 2007, consultable sur le site http://www.senat.fr/ct/ct07-01/ct07-01.html

[36] Théodore CHRISTAKIS, *Le droit à l'autodétermination en dehors des situations de décolonisation*, Monde européen et international, Centre d'Études et de Recherches Internationales et Communautaires, Université d'Aix-Marseille III, La Documentation française, Paris, 1999, p. 513.

[37] Les institutions administratives sont caractérisées en droit français par une grande diversité dans la forme, et dans les fonctions administratives qu'elles assument. Personnes morales, elles sont dotées de la personnalité juridique. Parmi elles figurent les personnes publiques : « l'État, les collectivités territoriales décentralisées (communes, départements, régions, collectivités d'outre-mer), des établissements publics classiques et des établissements publics territoriaux, des groupements d'intérêt public », Jean-Marc MAILLOT, *Institutions administratives, op.cit.*, p. 72.

l'institution administrative porte la marque de ses missions, de sorte que sa localisation et ses dimensions peuvent être extrêmement variées.[38] »

Généralement la demande de la part des peuples autochtones à exercer l'autodétermination interne s'accompagne d'une demande de reconnaissance de droits fonciers sur un territoire et sur des ressources naturelles délimités. Ainsi, il arrive qu'« à côté des collectivités de droit commun [communes, départements, régions] certaines entités locales disposent d'un statut spécifique, ce qui est notamment le cas des territoires indigènes ou de peuples autochtones, définis par la loi ou par la Constitution. Des territoires sur lesquels s'appliquent des règles dérogatoires au droit commun : *indigenous protected areas* en Australie, *Indian reserves* au Canada, *Territorios indigenas* en Colombie…[39] ».

Si « la création de toute nouvelle institution administrative pose le problème, parfois très délicat, de la délimitation de son ressort territorial[40] », cette question ne se pose pas de façon systématique dans le cadre de l'exercice de l'autodétermination interne.

En effet dans la mesure où l'autodétermination interne peut revêtir plusieurs formes d'autonomie, alors elle peut aussi s'exercer sans base territoriale définie. Il n'y a pas de lien systématique entre l'autodétermination interne et la dimension territoriale. Revendiquer la protection effective d'une « différence ne signifie pas toujours revendiquer un territoire[41] » et toute culture ne se rapporte pas nécessairement à un territoire.

La gestion des affaires et des intérêts de la collectivité autochtone ne dépend pas nécessairement et ne varient pas en fonction de l'étendue du territoire. Le territoire peut jouer un rôle dans certains cas, notamment dans le cadre de l'octroi d'une autonomie territoriale, mais il n'est pas strictement nécessaire pour exercer une forme de l'autodétermination interne.

Par exemple, les Sámi exercent une autonomie culturelle et politique sans base territoriale juridiquement reconnue. Les mesures protectrices de la culture sámi n'ont pas vocation à s'appliquer uniquement en Laponie sur le territoire très vaste et ancestral des Sámi, mais elles s'appliquent à l'ensemble des personnes qui se définissent sámi (selon le critère subjectif de l'auto-identification et selon les critères posés par la loi du 12 juin 1987[42]). Certes, le *Sameting* est implanté dans une partie du territoire ancestral sápmi le comté de Finnmark, pour une raison essentiellement symbolique et probablement pour des raisons d'ordre sociologique et politique, mais il est surtout une assemblée

---

38 Jean-Marc MAILLOT, *ibid.* p. 74.

39 Virginie LANCERON, *op.cit.*

40 Jean-Marc MAILLOT, *ibidem.*

41 Bertrand BADIE, « Sens de la différence », *in* Paul De DECKKER, Jean-Yves FABERON (dir), *L'État pluriculturel et les droits aux différences,* actes du colloque organisé à Nouméa du 3 au 5 juillet 2002, éd. Bruylant, 2003, p. 16.

42 *Lov om Sametinget og andre samiske rettsforhold (sameloven)* [Loi du 12 juin 1987 sur le Sameting et autres questions relatives aux Sámi].

nationale autochtone sans territoire légalement délimité. Cette institution administrative n'a pas de ressort territorial autre que celui du territoire national norvégien. De plus, les Sámi n'ont pas un droit de propriété collectif et exclusif sur les terres et les ressources naturelles de Laponie. Des raisons pratiques et humaines liées à l'histoire de la Norvège impliquent un partage de ce territoire ancestral entre les Sámi et les personnes non sámi.

Les cas de la Corse et de la Nouvelle-Calédonie fournissent d'autres exemples.

La collectivité territoriale de Corse (CTC) est une île et par cette insularité géographique la dimension territoriale de cette collectivité locale est renforcée. Les habitants de cette collectivité à statut particulier n'exercent pas de droit à l'autodétermination interne. En revanche la CTC exerce une autonomie locale renforcée comparée aux collectivités territoriales de droit commun.

La Nouvelle-Calédonie est aussi une île et elle dotée du statut de collectivité *sui generis* (sans entrer dans la catégorie des collectivités territoriales d'outre-mer de la République). Elle bénéficie d'un gouvernement évoluant progressivement de l'autonomie vers une éventuelle indépendance selon les résultats des scrutins prochains. Contrairement aux apparences, ce n'est pas le caractère insulaire de cette collectivité qui a joué un rôle décisif dans la mise en œuvre du processus d'autodétermination interne car d'autres territoires situés en outre-mer (comme Mayotte en tant que département d'outre-mer) sont des îles et ne disposent pas d'un statut autonome.

b. La personnalité juridique

De façon schématique, la personnalité juridique conditionne l'autonomie organique et fonctionnelle des entités infra-étatiques. Elle permet aux collectivités locales d'ester en justice et elle leur donne une autonomie administrative ainsi que leurs propres budgets et personnels. Les collectivités locales ne sont pas des administrations émanant de l'État mais sont des personnes morales[43].

L'attribution de la personnalité juridique est acquise aux collectivités locales par la *Charte européenne de l'autonomie locale*, qui en prévoit les éléments constitutifs dans son préambule[44] et dans ses articles 3[45], 9[46] et 11[47].

---

[43] La personne morale est un groupement de personnes ou de biens doté de la personnalité juridique, donc titulaire de droit et d'obligations, abstraction faite de la personne des membres qui la composent. Raymond GUILLIEN et Jean VINCENT, *Lexique des termes juridiques*, Paris, Dalloz, 22e édition, 2014-2015, p. 487.

[44] « Affirmant que cela suppose l'existence de collectivités locales dotées d'organes de décision démocratiquement constitués et bénéficiant d'une large autonomie quant aux compétences, aux modalités d'exercice de ces dernières et aux moyens nécessaires à l'accomplissement de leur mission » (Préambule).

Elle leur est aussi reconnue en droit français : la loi constitutionnelle de 2003 ne la mentionne pas explicitement, mais elle la prévoit tout de même[48] à travers la reconnaissance du principe constitutionnel de libre administration[49].

La Collectivité territoriale de Corse dispose ainsi de la personnalité juridique. Le droit norvégien octroie la personnalité juridique aux collectivités locales *(kommune* et *fyllkeskommune)*[50], en revanche il ne reconnaît pas aux Sámi en tant que peuple autochtone cette capacité juridique. En droit international, elle est cependant une question actuelle dont la réponse est évolutive pour les peuples autochtones[51].

c. Le contrôle de l'État

Quelle est la nature du contrôle étatique sur les actes émanant des collectivités locales dans le cadre de leur exercice de l'autonomie locale par rapport à ceux émis par les organes représentatifs des peuples autochtones dans le cadre de l'autodétermination interne ?

La *Charte européenne de l'autonomie locale* prévoit dans son article 8 l'exercice d'un contrôle administratif de légalité ou d'opportunité à l'encontre des actes des collectivités territoriales prévu par la Constitution ou par la loi en vue d'assurer le respect de la légalité et des principes constitutionnels. « Le contrôle dit d'opportunité ne peut s'exercer que sur les tâches se rattachant aux missions

---

[45] « Par autonomie locale, on entend le droit et la capacité effective pour les collectivités locales de régler et de gérer, dans le cadre de la loi, sous leur propre responsabilité et au profit de leurs populations, une part importante des affaires publiques. » (Article 3)

[46] « Les collectivités locales ont droit, dans le cadre de la politique économique nationale, à des ressources propres suffisantes dont elles peuvent disposer librement dans l'exercice de leurs compétences. » (Article 9.)

[47] « Les collectivités locales doivent disposer d'un droit de recours juridictionnel afin d'assurer le libre exercice de leurs compétences et le respect des principes d'autonomie locale qui sont consacrés dans la Constitution ou la législation interne. » (Article 11)

[48] Bertrand-Raymond GUIMDO, « Constitution et décentralisation depuis la réforme constitutionnelle du 18 janvier 1996 », *Revue juridique et politique des États francophones*, n° 7, avril-juin 2005, p. 210.

[49] La révision constitutionnelle du 28 mars 2003 a confirmé le principe de libre administration des collectivités territoriales, qui était déjà présent dans l'article 87 de la Constitution de 1946. Désormais l'article 72 énonce ce principe : « Les collectivités territoriales de la République sont les communes, les départements, les régions, les collectivités à statut particulier et les collectivités d'outre-mer [...]. Toute autre collectivité territoriale est créée par la loi [...]. Dans les conditions prévues par la loi, ces collectivités s'administrent librement par des conseils élus et disposent d'un pouvoir réglementaire pour l'exercice de leurs compétences. »

[50] L'octroi de la personnalité juridique aux collectivités locales norvégiennes est rappelé dans la loi du 19 mai 2006 relative au droit de contrôle sur les documents publics, entrée en vigueur en janvier 2009. [*Offentleglova : Lov 19. mai 2006 nr 16 om rett til innsyn i dokument i offentleg verksemd.*]

[51] La question de l'éventuelle attribution de la personnalité juridique aux peuples autochtones par le droit international est abordée dans la Première Partie, Titre I, Chapitre II, section 2 intitulée « Des acteurs transnationaux bénéficiant d'une nouvelle visibilité ».

"déléguées" aux collectivités par une autorité supérieure.[52] » Ni le contrôle de tutelle de la part de l'État ni la tutelle exercée par une collectivité locale sur une autre ne sont autorisés.

Selon les termes de l'article 8 § 2 de la Convention n° 169, les peuples autochtones ont le droit de conserver leurs coutumes et institutions tant qu'elles sont compatibles avec les droits fondamentaux définis par le système juridique national et avec les instruments internationaux relatifs aux droits de l'homme.

Les divergences entre les notions d'autonomie locale et d'autodétermination interne sont les plus évidentes. Mais un rapprochement fonctionnel peut tout de même être opéré.

§ 2. Quelques rapprochements inattendus entre l'autodétermination interne et l'autonomie locale

Plusieurs arguments jouent en faveur de cette tentative de rapprochement des notions d'autodétermination interne et d'autonomie locale. Ils concernent leur normativité et leurs objectifs (A). Des éléments constitutifs de l'autonomie locale se rapprochent de ceux de l'autodétermination interne (B).

A. Leurs objectifs et leur normativité

L'autodétermination interne et l'autonomie locale sont mues par un idéal politique commun (a) et un seuil de normativité (b) longtemps questionné.

a. L'autodétermination interne et l'autonomie locale sont mues par un idéal politique commun

Cet idéal politique commun repose sur trois piliers : la démocratie, la liberté et la diversité culturelle.

D'abord, l'autodétermination interne et l'autonomie locale contribuent toutes deux au renforcement de la démocratie exercée par des entités infra-étatiques, qu'elles soient des peuples autochtones ou des collectivités locales.
« La décentralisation est volontiers associée à la philosophie démocratique et libérale puisqu'elle implique une certaine autonomie administrative et suppose la participation des gouvernés au pouvoir de décision. Rien de plus démocratique en effet que de confier aux citoyens la gestion de leurs affaires, de leur laisser la possibilité de décider ce qui leur semble le meilleur. Les

---

[52] Patrice WILLIAMS-RIQUIER, « La charte européenne de l'autonomie locale : un instrument juridique international pour la décentralisation », *Revue française d'administration publique*, 2007/1, n° 121-122, p. 191-202.

Constitutions démocratiques affirment le principe de décentralisation en reconnaissant l'existence de collectivités territoriales ou locales »[53].

Ce premier pilier figure dans la *Charte européenne de l'autonomie locale*, qui l'énonce explicitement à plusieurs reprises dans son préambule[54], en particulier au considérant 8 : « Conscients du fait que la défense et le renforcement de l'autonomie locale dans les différents pays d'Europe représentent une contribution importante à la construction d'une Europe fondée sur les principes de la démocratie et de la décentralisation du pouvoir ; ».

La Charte oblige les États parties à garantir l'indépendance politique, administrative et financière des collectivités locales. Ce fondement démocratique est particulièrement défendu au niveau européen par le Conseil de l'Europe, gardien des droits de l'homme, qui avait reconnu et créé la Conférence permanente des pouvoirs locaux et régionaux de l'Europe en tant qu'organe représentatif des collectivités locales au plan européen.

En protégeant et en renforçant le rôle et les droits des collectivités locales à travers la reconnaissance d'un droit à l'autonomie locale, la Charte permet à ces entités infra-étatiques d'être plus proches du citoyen et lui donne la possibilité de participer effectivement aux décisions le concernant. De cette façon, « la Charte incarne même l'idée que le degré d'autonomie dont jouissent les collectivités locales peut être considéré comme la pierre d'achoppement d'une démocratie véritable »[55].

L'octroi de l'autodétermination interne aux peuples autochtones participe également au renforcement et au développement de la démocratie, en ce qu'elle est une solution de résolution et même de prévention des conflits. Elle contribue à la démocratie en ce qu'elle consiste à laisser une collectivité autochtone déterminer librement son statut politique et assurer son développement économique, social et culturel.

À l'instar du Conseil de l'Europe au niveau régional, les Nations unies contribuent largement au développement de la paix et de la démocratie au niveau international. En luttant pour la paix et contre toutes les formes de discrimination notamment à l'encontre des minorités et des peuples autochtones au sein de leurs États d'appartenance, les instruments de protection internationale des droits des peuples autochtones contribuent

---

[53] Charles CADOUX, *Droit constitutionnel et institutions politiques*, Tome 1, 4e édition, Cujas, Paris, 1995, p. 50-51.

[54] « Considérant que les collectivités locales sont l'un des principaux fondements de tout régime démocratique ; Considérant que le droit des citoyens de participer à la gestion des affaires publiques fait partie des principes démocratiques communs à tous les États membres du Conseil de l'Europe ; Convaincus que c'est au niveau local que ce droit peut être exercé le plus directement ; » voir les considérants 4, 5 et 6 du préambule de la Charte.

[55] Rapport explicatif de la *Charte européenne de l'autonomie locale*, 15 octobre 1985, p. 3. Consultable sur le site du Conseil de l'Europe,
http://conventions.coe.int/Treaty/FR/Reports/Html/122.htm.

indirectement à la démocratie au sein des États concernés. Le considérant 11 de la *Déclaration sur les droits des peuples autochtones* souligne « la contribution de la démilitarisation des terres et territoires des peuples autochtones à la paix, au progrès économique et social et au développement, à la compréhension et aux relations amicales entre les nations et les peuples du monde ».

La *Convention relative aux peuples indigènes et tribaux*, qui n'énonce pas formellement un droit à l'autodétermination interne mais l'organise matériellement, s'appuie sur la *Déclaration universelle des droits de l'homme* et les deux Pactes internationaux relatifs aux droits économiques, sociaux culturels, politiques et civils (1966), qui contiennent eux aussi des dispositions portant sur le développement de la démocratie.

Ensuite, la notion de liberté est au cœur de ces deux notions à la fois dans leur étymologie commune et dans ce qu'elles instaurent.

Pour reprendre les termes de Théodore Christakis, l'autodétermination interne est entendue comme « le droit de certains groupes à l'intérieur d'un État à l'autonomie et à la libre adoption de décisions substantielles les concernant [...]. L'étymologie même du mot autonomie témoigne du rapprochement de cette notion avec celle de l'autodétermination. Tirant son origine du grec *autonomia* (mot composé de *autos* = soi-même et *nomos* = loi), le terme désigne la faculté de se doter de ses propres normes et plus généralement la capacité de se gouverner soi-même, de manière plus ou moins indépendante du pouvoir central »[56].

L'autonomie locale repose sur cette même démarche dans la reconnaissance et l'octroi par les États aux collectivités locales d'une liberté de régler et de gérer une part des affaires publiques. Le terme liberté, et son corollaire la responsabilité, est récurrent tout au long du texte de la *Charte européenne de l'autonomie locale* : par exemple, lorsqu'elle définit l'autonomie locale dans son article 3 § 1 : « Par autonomie locale, on entend le droit et la capacité effective pour les collectivités locales de régler et de gérer, dans le cadre de la loi, sous leur propre responsabilité et au profit de leurs populations, une part importante des affaires publiques » ou bien lorsqu'elle précise, à l'article 3 § 2, que « ce droit est exercé par des conseils ou assemblées composés de membres élus au suffrage libre, secret, égalitaire, direct et universel et pouvant disposer d'organes exécutifs responsables devant eux [...] » ; ou encore, à l'article 7 § 1, que « le statut des élus locaux doit assurer le libre exercice de leur mandat. », pour la libre disposition de ressources et de leur politique dans leurs propres domaines de compétence (articles 9 § 1 et 7).

En droit français, l'article 72 de la Constitution énonce clairement que « […] les collectivités s'administrent librement par des conseils élus et disposent d'un pouvoir réglementaire pour l'exercice de leur compétence ». Le principe de libre

---

[56] Théodore CHRISTAKIS, *Le droit à l'autodétermination en dehors des situations de décolonisation, op.cit.*, p. 513.

administration implique une liberté des collectivités locales par rapport au pouvoir central et par rapport aux autres collectivités territoriales. L'interdiction de la tutelle concerne celle de l'État et celle d'une collectivité locale sur une autre.

Tant dans l'autonomie locale que pour l'autodétermination interne, la faculté de disposer d'un pouvoir normatif, même encadré par la loi ou par la Constitution, est un élément clef, constitutif de la liberté.

Enfin, l'autodétermination interne et l'autonomie locale sont deux notions participant au développement de la diversité culturelle au sein des États.

En permettant à une collectivité autochtone de préserver ses caractéristiques ethniques, culturelles, linguistiques, ses institutions, son droit coutumier et ses traditions, ainsi que ses terres et les ressources naturelles qu'elle utilise depuis des temps immémoriaux, le droit à l'autodétermination interne contribue à la défense de la diversité culturelle.

La *Convention n° 169 relative aux peuples indigènes et tribaux* insiste explicitement dans son préambule sur « la contribution particulière des peuples indigènes et tribaux à la diversité culturelle et à l'harmonie sociale et écologique de l'humanité ainsi qu'à la coopération et à la compréhension internationales » (considérant 7). De même la *Déclaration sur les droits des peuples autochtones* confirme dans son préambule que « tous les peuples contribuent à la diversité et à la richesse des civilisations et des cultures, qui constituent le patrimoine commun de l'humanité » (considérant 2).

La préservation de la diversité culturelle n'est pas un but expressément reconnu dans la *Charte européenne de l'autonomie locale*, mais il est tout de même possible de l'envisager en tant qu'objectif indirect, ou plus exactement en tant qu'une des conséquences de l'autonomie locale. Par la prise en compte des spécificités locales historiques et sociologiques des territoires et des populations qu'elles administrent et par la mise en œuvre de leurs politiques culturelles, les collectivités locales dotées d'une large autonomie peuvent participer à la préservation d'un des visages de la diversité culturelle. Ceci apparaît fortement en France, où la décentralisation territoriale est utilisée pour répondre à des revendications identitaires, notamment avec le cas de la collectivité territoriale de Corse, illustrant une diversité culturelle régionale, ou avec la Nouvelle-Calédonie, pour une diversité culturelle autochtone.

La Suisse constitue une autre expérience nationale témoignant que l'autonomie locale peut contribuer à la diversité culturelle : « La principale caractéristique qui détermine la diversité culturelle en Suisse est la souveraineté des collectivités locales et régionales, collectivités qui ont une compétence première, pleine et entière notamment en matière fiscale, éducative et culturelle. »[57]

---

[57] Bernard WICHT, « La diversité culturelle : le sens d'une idée », *Diversité culturelle et mondialisation*, ouvrage collectif, éd. Autrement, collection Mutations, n° 233, p. 19.

b. La question du « seuil de normativité »[58]

L'autodétermination et l'autonomie locale ont toutes deux connu une évolution au plan international sur la question de savoir si ce sont de véritables droits ou bien des principes politiques.

Au regard du droit international, l'autodétermination a en effet d'abord été considérée comme un principe politique, et non comme un véritable droit. Elle a acquis ce statut progressivement, dès 1945 pour certains auteurs, qui considèrent que la *Charte des Nations unies* aurait « transformé le principe du droit des peuples en règle générale du droit »[59], ou, selon une autre partie de la doctrine, plus tard, dans le contexte de la décolonisation à travers les nombreux instruments juridiques adoptés par les Nations unies[60].

Elle a acquis définitivement le statut de règle du droit international avec l'arrêt de la Cour internationale de Justice dans l'affaire du Timor oriental, dans lequel celle-ci déclare que le droit des peuples à disposer d'eux-mêmes est un droit opposable *erga omnes*[61]. « Une grande partie de la doctrine s'accorde aujourd'hui sur le fait que le droit à l'autodétermination des peuples colonisés constitue une norme impérative »[62] de *jus cogens.*

Pendant des décennies le droit international n'a pas admis l'existence d'un droit général à l'autodétermination interne[63].

La reconnaissance d'un droit à l'autodétermination interne pour les minorités nationales fait l'objet d'un refus constant par le droit international : ni le *Pacte international relatif aux droits civils et politiques*, ni les textes de protection spécifique des minorités, dont la *Déclaration des droits des personnes appartenant à des minorités nationales ou ethniques, religieuses et linguistiques* et la *Convention-cadre pour la protection des minorités nationales*, ne se réfèrent à un potentiel droit à l'autodétermination interne ou à un droit général à l'autonomie. Un régime d'autonomie peut cependant être mis en place dans le cadre d'un traité et faire

---

58 Expression empruntée à PROSPER WEIL, « Vers une normativité relative en droit international ? », *RGDIP*, 1982, p. 9.

59 Spyros CALOGEROPOULOS STRATIS, *Le droit des peuples à disposer d'eux-mêmes*, Bruxelles, Bruylant, 1973, p. 11.

60 On pense notamment à la *Déclaration sur l'octroi de l'indépendance aux pays et aux peuples coloniaux*, Résolution 1514 (XV) de l'Assemblée générale du 14 décembre 1960 ; la résolution 1803 (XVII) du 14 décembre 1962 intitulée *« Souveraineté permanente sur les ressources naturelles »* ; ou encore l'article 1er commun au *Pacte international relatif aux droits civils et politiques* et au *Pacte international relatif aux droits économiques, sociaux et culturels* adoptés en 1966.

61 *Rec. CIJ*, 1995, § 29.

62 Théodore CHRISTAKIS, *Le droit à l'autodétermination en dehors des situations de décolonisation, op.cit.*, p. 27.

63 Asbjørn Eide, l'autodétermination interne fait partie des « moyens possibles de faciliter la solution par des voies pacifiques et constructives de problèmes dans lesquels des minorités sont impliquées », Sous-Commission de la lutte contre les mesures discriminatoires et de la protection des minorités, document E/CN.4/Sub.2/1993/34 (1993), § 88.

l'objet d'une protection découlant alors non pas d'un droit général des peuples mais du droit des traités respectant le principe *pacta sunt servanda*[64].

Une évolution normative a été amorcée avec la question de la reconnaissance d'un droit général à l'autodétermination interne pour les peuples autochtones.

La majorité des États étant initialement hostiles à la reconnaissance formelle d'un tel droit et à la qualification de « peuple » pour les autochtones, la *Convention nº 169 concernant les peuples indigènes et tribaux* ne mentionne pas l'existence d'un tel droit. L'autodétermination reste alors un principe que cet instrument conventionnel se contente d'organiser matériellement. Le principe d'autodétermination interne a alors dans ce contexte une valeur *de lege ferenda*[65] : « la Convention ne se réfère pas explicitement aux notions d'autodétermination et d'autonomie mais semble y aboutir étant donné ses nombreuses dispositions garantissant le respect des institutions indigènes »[66].

Cette affirmation est nuancée par Théodore Christakis, qui explique qu'« une telle conclusion doit être quelque peu nuancée, non seulement au regard du caractère vague des articles de la convention, qui apparaissent beaucoup plus comme des recommandations faites aux États que comme des droits reconnus aux peuples, mais aussi au regard des travaux préparatoires, qui limitent souvent la portée de ces recommandations. Il a par exemple été précisé par le BIT, au cours de débats, que si la convention posait un objectif de consultations des peuples autochtones, ceci ne signifiait pas que de ces consultations devait résulter l'obtention d'un accord ou d'un consentement de la part des autochtones, la reconnaissance d'un droit de veto étant jugée inacceptable par plusieurs États »[67].

La *Déclaration sur les droits des peuples autochtones* consacre expressément dans ses articles 3 et 4 l'autodétermination interne comme un véritable droit, et non pas comme un principe, pour ces collectivités. Bien que ce texte n'ait pas de force juridique contraignante, l'autodétermination interne pour les peuples autochtones fait désormais partie de la *lex lata.*

Malgré les variations terminologiques faisant osciller l'autonomie locale entre le statut de principe et celui de véritable droit des collectivités territoriales,

---

[64] *Interprétation du Statut du Territoire de Memel (Royaume-Uni, France, Italie & Japon c. Lithuanie)*, arrêt du 11 août 1932, CPJI, Série A/B, nº 49. Voir aussi Théodore CHRISTAKIS, *op.cit.*, p. 577-586.

[65] « Expression qui signifie littéralement : "selon la loi à proposer", c'est-à-dire en se référant à la loi telle que l'on souhaiterait qu'elle soit faite [...]. Le *de lege ferenda* définit la position du juriste, le jugement de valeur qu'il porte sur une règle du droit pour en suggérer et en formuler la réforme qui lui paraît nécessaire. » Consulté sur le site http://www.locutio.net/modules.php?name=Encyclopedia&op=content&tid=6611.

[66] Norbert ROULAND, Stéphane PIERRE-CAPS, Jacques POUMAREDE, *Droit des minorités et des peuples autochtones*, *op.cit.*, p. 410.

[67] Conférence internationale du Travail, 1989, CR.25, § 74, *in* Théodore CHRISTAKIS, *Le droit à l'autodétermination en dehors des situations de décolonisation, op.cit.*, p. 595.

tant dans le droit européen que dans les droits internes norvégien et français, elle est désormais reconnue comme un droit des collectivités locales.

Depuis 1985, les États membres du Conseil de l'Europe affirment sans ambiguïté à l'article 2 de la *Charte européenne de l'autonomie locale* que l'autonomie locale est un droit[68] attribué par les États à leurs collectivités locales et qu'il devrait figurer dans la loi ou la Constitution des États[69]. Le Rapport explicatif du Conseil de l'Europe utilise le terme « principe » et précise que, selon l'article 2, « le principe de l'autonomie locale doit être consacré dans des textes législatifs ». Les États ont donc l'obligation de formaliser ce principe soit dans la Constitution soit dans une loi ordinaire.

Ce n'est cependant pas la seule formalisation d'un principe qui en fait un véritable droit. Elle contribue à son respect, mais attribuer un fondement constitutionnel à l'autonomie ne garantit pas l'étendue de sa protection.

Dans de nombreux États l'autonomie locale est une tradition et n'a pas toujours de fondements juridiques. L'autonomie locale pourrait alors être perçue comme un simple principe d'organisation, mais il est cependant considéré comme un droit trouvant sa justification dans la tradition d'États unitaires déjà décentralisés.

La question s'est posée en Norvège, par exemple. L'autonomie communale n'est protégée ni par la Constitution ni par la loi ordinaire[70]. Malgré l'absence de fondement constitutionnel (l'article 1er ne fait que déclarer que le royaume de Norvège est indivisible), l'autonomie locale est bien un droit détenu par les collectivités locales *(fylke* et *fylke kommune).* Il aurait acquis le caractère de droit coutumier constitutionnel, mais le tribunal de grande instance d'Oslo a jugé que l'autonomie communale ne bénéficiait pas de la protection constitutionnelle[71]. Pour le moment encore l'autonomie communale ne bénéficie ni d'un

---

68 « Par autonomie locale, on entend le droit et la capacité effective pour les collectivités locales de régler et de gérer, dans le cadre de la loi, sous leur propre responsabilité et au profit de leurs populations, une part importante des affaires publiques », art. 3, § 1.

69 Le comité d'experts gouvernementaux placé sous l'autorité du Comité directeur pour les questions régionales et municipales a toutefois admis que les pays qui n'ont pas de Constitution écrite pourraient éprouver des difficultés particulières ou même se trouver dans l'impossibilité de prendre cet engagement. De même pour les pays dans lesquels l'amendement de la Constitution nécessite l'approbation d'une majorité spéciale du Parlement ou de l'ensemble de la population par voie de référendum, le principe d'autonomie locale pourrait ne pas être consacré dans la Constitution. Rapport explicatif de la *Charte européenne de l'autonomie locale*, p. 4. Consultable sur le site du Conseil de l'Europe :
http://rm.coe.int/CoERMPublicCommonSearchServices/DisplayDCTMContent?documentId=09000016800ca474.

70 L'autonomie communale n'est pas protégée par la loi n° 107 sur les communes et les communes départementales du 25 septembre 1992.

71 Eivind SMITH, « Vers une constitutionnalisation de l'autonomie communale en Norvège ? », *Mouvement du droit public. Du droit administratif au droit constitutionnel. Du droit français aux autres droits, Mélanges en l'honneur du Professeur Franck Moderne*, Dalloz, 2004, p. 951.

fondement constitutionnel ni de la protection constitutionnelle. Le fondement constitutionnel devra intervenir par un amendement de la Constitution ; il est l'« instrument de garantie de l'autonomie communale : ce qui est décidé dans la Constitution ne peut être ni modifié ni ignoré par la loi ordinaire ».

La protection constitutionnelle dépend de la portée de la norme constitutionnelle servant de fondement. Certaines dispositions peuvent être de simples déclarations n'offrant alors qu'une protection relativement faible, plus fragile, car celle-ci aura peu de poids juridique par rapport à l'État. D'autres peuvent créer de véritables droits et obligations mis en œuvre et contrôlés par des moyens juridiques comme les tribunaux. « Pour qu'on puisse parler de *protection constitutionnelle* dans le vrai sens du terme », deux éléments doivent être présents : « l'un est la mesure dans laquelle cette disposition impose des limites qui ne pourront pas être transgressées par la loi ordinaire et l'étendue de ces limites. L'autre est la faculté dont disposent ou non les communes de faire trancher par des moyens juridictionnels les litiges portant sur l'étendue de ces limites ainsi que de faire respecter celles-ci par les mêmes moyens. »[72]

En France, l'autonomie bénéficie d'un fondement et d'une protection constitutionnelle. La première inscription du principe de libre administration apparaît dans la Constitution de 1946, à son article 87 : « les collectivités territoriales s'administrent librement par des conseils élus au suffrage universel ». Il a ensuite été repris dans la Constitution de 1958 à son article 72, qui dispose, après avoir énoncé les collectivités territoriales : « Dans les conditions prévues par la loi, ces collectivités s'administrent librement par des conseils élus et disposent d'un pouvoir réglementaire pour l'exercice de leurs compétences. »

Le « principe de libre administration des collectivités territoriales » constitue d'abord un fondement idéologique et un instrument de mise en œuvre de la décentralisation. Il est la transcription en des termes administratifs de l'idéologie politique de la démocratie représentative[73] et du pluralisme : « La libre administration des collectivités territoriales, telle qu'elle est aujourd'hui entendue, manifeste, en venant rompre l'uniformité de notre organisation administrative, la prise en compte de la diversité des groupes humains vivant sur le territoire national et consacre par le développement de statuts particuliers l'apparition d'un véritable pluralisme en matière administrative. »[74]

Comme l'autodétermination interne accordée aux peuples autochtones, le principe de libre administration constitue une opposition au pouvoir de l'État, il

[72] Eivind SMITH, *ibid.*, p. 960.

[73] Michel TROPER, Colloque sur la libre administration des collectivités locales, université de Franche-Comté, Presses Universitaires, Aix-Marseille/Economica, 1989, *in* Jean-Marc MAILLOT, *Institution administratives*, *op.cit.*, p. 47.

[74] Jean-Pierre BIZEAU, « Pluralisme et démocratie », *Revue du droit public*, n° 2, mars- avril 1993, p. 513 à 542.

borne son pouvoir et constitue un instrument au service d'un combat pour les libertés d'entités infra-étatique, qu'elles soient des collectivités territoriales ou des collectivités autochtones. « La libre administration exprime un droit qui est reconnu aux collectivités et qu'elles opposent à l'État. »[75] Cette logique d'opposition ne semble pas ressortir des relations de l'État norvégien avec ses collectivités locales puisque l'organisation étatique résulte d'une longue tradition décentralisée.

Ce principe est devenu non plus seulement une idéologie liée à la démocratie mais une logique d'organisation de l'État. Et son existence en tant que droit est garantie par des dispositions constitutionnelles.

Le principe de libre administration constitue un droit pour les collectivités territoriales enraciné dans l'histoire de la République avec les premières lois sur la décentralisation adoptées au XIXe siècle (loi départementale de 1871 et la loi municipale de 1884), puis protégé par l'article 72 au titre XII et par l'article 34 de la Constitution de 1958.

Certes, le terme « principe » de libre administration est employé, mais il s'agit bien d'un principe doté d'une force juridique et ayant une valeur constitutionnelle. Cette valeur découle non seulement de sa place dans la Constitution, ce qui lui confère un aspect formel, mais aussi par une décision du Conseil constitutionnel du 14 janvier 1999[76]. Celui-ci a déclaré contraire à la Constitution une disposition législative, au nom du principe de libre administration des collectivités territoriales résultant de l'article 72 de la Constitution. « On ne peut trouver meilleure preuve de l'existence et de la force juridique d'un principe constitutionnel [...]. »[77] Le principe de libre administration des collectivités locales a deux faces qui expriment sa portée normative : l'une, mentionnée à l'article 34 de la Constitution, fonde la compétence du législateur par rapport au pouvoir réglementaire, et l'autre face montre que ce principe limite la compétence du législateur. Dans une décision lors d'un contrôle de constitutionnalité à propos d'une loi modifiant les modes d'élection de l'Assemblée territoriale de la Nouvelle-Calédonie[78], le Conseil a affirmé que les dispositions constitutionnelles qui consacrent la libre administration des collectivités territoriales sont au nombre des normes constitutionnelles de référence dont le respect s'impose au législateur[79].

[75] Jean-Marc MAILLOT, *Institution administratives*, *op.cit.*, p. 47.
[76] Conseil constitutionnel, décision n° 98-407 DC du 14 janvier 1999.
[77] Jacques-Henri STAHL, « Le principe de libre administration a-t-il une portée normative ? », *Les nouveaux Cahiers du Conseil constitutionnel*, n° 42, janvier 2014, LGDJ, p. 32.
[78] Décision n° 79-104 DC du 23 mai 1979.
[79] Jacques-Henri STAHL, *op.cit.*, p. 36.

B. *Des éléments constitutifs de l'autonomie locale se rapprochent de ceux de l'autodétermination interne*

Les éléments constitutifs et les mécanismes mis en place contribuent à rapprocher les notions d'autodétermination interne et d'autonomie locale. Des éléments sont relatifs à leur contenu (a) et d'autres se rapportent à leurs conditions d'exercice (b).

a. Des éléments relatifs à leur contenu

Ils concernent l'existence d'un pouvoir normatif encadré par la loi, d'un domaine de compétences propres déterminé par la loi ou par la Constitution, l'existence d'institutions propres aux collectivités locales et aux collectivités autochtones, et le droit d'association avec d'autres collectivités.

1. Un pouvoir normatif encadré par la loi

L'autonomie locale et l'autodétermination interne sont toutes deux accordées par l'État et mis en place dans le cadre étatique. Elles ont vocation à être exercées au sein même des États. En théorie ni l'une ni l'autre ne mettent en péril l'intégrité territoriale et la souveraineté politique des États car elles n'aboutissent pas à l'indépendance d'entités infra-étatiques (collectivités autochtones ou territoriales), mais elles permettent d'accorder une relative autonomie dans divers domaines (culturel et politique par exemple) à ces collectivités.

Tant la *Charte européenne de l'autonomie locale* que les deux instruments de protection des droits des peuples autochtones *(Convention n° 169 relative aux peuples indigènes et tribaux* et *Déclaration sur les droits des peuples autochtones)* incitent à une révision des relations classiques entre les États et leurs entités infra-étatiques (collectivités autochtones ou collectivité locales) pour les amener non plus à une relation verticale unilatérale et centralisatrice mais plutôt à une relation dite circulaire et horizontale, caractérisée par la consultation des entités infra-étatiques pour toutes les décisions les concernant, la coopération et le dialogue entre les collectivités elles-mêmes et entre les collectivités et leurs États.

L'article 3 de la Charte européenne reconnaît un pouvoir réglementaire aux collectivités locales, mais celui-ci reste un pouvoir local. Il ne fait pas concurrence au pouvoir réglementaire national, auquel il reste subordonné, et il reste enfermé dans les limites des compétences que la loi ou la Constitution lui ont assignées.

De même, l'article 8 de la *Convention nº 169 relative aux peuples indigènes et tribaux* et l'article 34[80] de la *Déclaration sur les droits des peuples autochtones* affirment la nécessité pour les États de reconnaître les systèmes ou les coutumes juridiques des collectivités autochtones[81]. Mais ils précisent ensuite que cette reconnaissance ne peut se faire qu'à condition que ceux-ci soient compatibles avec le système juridique international et les instruments internationaux de protection des droits de l'homme. Aussi, aucun de ces deux textes ne mentionne explicitement l'existence d'un pouvoir normatif des institutions représentatives des peuples autochtones qui pourrait échapper au contrôle étatique.

Par exemple, le *Sameting* norvégien répond à cette logique. Selon l'article 2-1 de la loi nº 56 du 12 juin 1987 il ne peut émettre de sa propre initiative que des avis consultatifs et faire des propositions auprès des autorités publiques et d'acteurs privés dans les domaines de compétences qui lui sont reconnus par la loi norvégienne, en d'autres termes ceux concernant les thématiques du peuple sámi. Depuis peu il a acquis un pouvoir de décision dans certains domaines.

2. Un domaine de compétences propres déterminé par la loi ou par la Constitution

Selon l'article 4 § 1 de la *Charte européenne de l'autonomie locale*, un domaine de compétences propres est attribué aux collectivités locales par la loi ou par la Constitution. Selon Virginie Lanceron, « le visage du local est multiple et dépend de la tradition culturelle de chaque État mais il existe un noyau dur de statut commun à toutes les collectivités territoriales : transfert d'un ensemble de matières – urbanisme, développement économique, voirie, transports urbains, fourniture d'eau potable, déchets, services sociaux, logement, services de santé, éducation. Dans le cas de la France, le domaine d'action des collectivités territoriales est garanti par le double système de "la clause générale de compétence" et de "blocs de compétences" de chacune des différentes catégories de collectivités territoriales »[82] ; ce à quoi il faut ajouter la consécration du principe de subsidiarité prévu à l'article 72, al. 2 de la Constitution française. Le rapprochement s'exprime moins en ce qui concerne les collectivités de droit commun et plus fortement à l'égard des collectivités dotées d'un statut spécifique.

D'après la Convention nº 169 et la Déclaration des Nations unies, les collectivités autochtones sont compétentes pour les matières les concernant

---

[80] « Les peuples autochtones ont le droit de promouvoir, de développer et de conserver leurs structures institutionnelles et leurs coutumes, spiritualité, traditions, procédures ou pratiques particulières et, lorsqu'ils existent, leurs systèmes ou coutumes juridiques, en conformité avec les normes internationales relatives aux droits de l'homme. » (Article 34 de la Déclaration des Nations unies.)

[81] Encore faut-il accepter que le pouvoir de faire le droit ne résulte pas exclusivement de l'État.

[82] Virginie LANCERON, *Dictionnaire encyclopédique de l'État*, p. 146 à 149.

afin de déterminer librement leur statut politique, et leur développement économique, social et culturel.

Ces textes ne prévoient pas formellement de listes exhaustives concernant la répartition des compétences entre les institutions représentatives autochtones et l'État. Mais elles apparaissent en filigrane dans certains articles : par exemple, en matière de santé, l'article 25 de la Convention n° 169 indique que les services de santé doivent autant que possible être organisés au niveau communautaire, planifiés en concertation avec les peuples autochtones et assurés sous leur propre responsabilité.[83] Aussi, le personnel formé doit être autant que possible issu des communautés locales. L'État doit lui donner des moyens à cet effet. Un autre exemple peut être cité en matière d'éducation : l'article 27 de la Convention souhaite que les membres des peuples autochtones bénéficient d'une formation et participent à l'exécution des programmes d'éducation « afin que la responsabilité de la conduite desdits programmes puisse être progressivement transférée à ces peuples s'il y a lieu ».

Enfin, l'article 7 prévoit que les peuples autochtones ont le *droit de décider* pour leur développement lorsqu'il a une incidence « sur leur vie, leurs croyances, leurs institutions et leur bien-être spirituel et les terres qu'ils occupent ou utilisent d'une autre manière, et d'exercer autant que possible un contrôle sur leur développement économique, social et culturel propre. En outre, lesdits peuples doivent participer à l'élaboration, à la mise en œuvre et à l'évaluation des plans et programmes de développement national et régional susceptibles de les toucher directement ».

Les compétences du Parlement sámi ont un fondement légal, mais leur étendue et leurs domaines ne sont énoncés ni dans l'article 110a de la Constitution ni dans la loi.

Cependant, à la lecture de la disposition constitutionnelle 110a, un champ de compétences émerge : l'État norvégien a la responsabilité morale et politique de ne pas entraver la préservation des langues sâmes, de leur culture et de leurs modes de vie. La loi n° 56 du 12 juin 1987 instaurant le *Sameting* ne fournit pas non plus une liste exhaustive et détaillée des compétences du Parlement sámi,

---

[83] « 1. Les gouvernements doivent faire en sorte que des services de santé adéquats soient mis à la disposition des peuples intéressés ou doivent leur donner les moyens leur permettant d'organiser et de dispenser de tels services sous leur responsabilité et leur contrôle propres, de manière à ce qu'ils puissent jouir du plus haut niveau possible de santé physique et mentale.

« 2. Les services de santé doivent être autant que possible organisés au niveau communautaire. Ces services doivent être planifiés et administrés en coopération avec les peuples intéressés et tenir compte de leurs conditions économiques, géographiques, sociales et culturelles, ainsi que de leurs méthodes de soins préventifs, pratiques de guérison et remèdes traditionnels.

« 3. Le système de soins de santé doit accorder la préférence à la formation et à l'emploi de personnel de santé des communautés locales et se concentrer sur les soins de santé primaires, tout en restant en rapport étroit avec les autres niveaux de services de santé. » (Article 25 de la Convention n° 169 de l'OIT.)

mais son article 2-1 instaure une compétence générale selon laquelle le *Sameting* est compétent dans tous les domaines qui affectent le peuple sámi[84].

Selon l'article 1-1, l'objectif de cette loi est de permettre aux Sámi de Norvège de préserver et de développer leurs langues, leur culture et leurs modes de vie. On comprend alors que ces domaines relèvent de la compétence du *Sameting*.

Dans la pratique, ses domaines de compétences s'élargissent et tendent à correspondre à la Convention n° 169 de l'OIT, que la Norvège a ratifiée le 20 juin 1990.

Il est compétent à la fois en tant qu'organe politique et organe administratif avec une fonction consultative auprès des autorités centrales en matière linguistique, culturelle, éducative, économique, en matière de santé et de vie sociale, de coopération transfrontalière ainsi que pour les questions relatives à la protection de la nature, à la terre, aux territoires, et aux ressources naturelles.

3. L'existence d'institutions propres aux collectivités locales et aux collectivités autochtones

L'article 3 § 2 de la *Charte européenne de l'autonomie locale* prévoit que l'exercice de l'autonomie locale exige la présence d'institutions démocratiquement élues à travers l'existence de conseils ou assemblées composés de membres élus au suffrage libre, secret, égalitaire, direct et universel et pouvant disposer d'organes exécutifs responsables devant eux.

Les deux instruments internationaux de protection des droits des peuples autochtones mentionnent que l'autodétermination interne s'exerce à travers le maintien, la reconnaissance et le renforcement des institutions autochtones[85]. « Dans certains cas, le terme "institutions" est utilisé pour décrire des institutions ou organisations concrètes, alors que dans d'autres cas, ce terme peut avoir un sens plus général qui englobe les us, les coutumes et les caractéristiques culturelles des peuples autochtones. »[86] Il peut s'agir de leurs structures politiques, économiques et sociales lorsqu'elles ont pu être préservées des longues politiques d'assimilation menées à leur encontre par les États.

---

[84] *«Sametingets arbeidsområde er alle saker som etter tingets oppfatning særlig berører den samiske folkegruppe.»* § 2-1 de la loi n° 56 du 12 juin 1987.

[85] L'article 5 de la Déclaration des Nations unies énonce : « Les peuples autochtones ont le droit de maintenir et de renforcer leurs institutions politiques, juridiques, économiques, sociales et culturelles distinctes, tout en conservant le droit, si tel est leur choix, de participer pleinement à la vie politique, économique, sociale et culturelle de l'État » et l'article 33 § 2 de ce même texte précise que « Les peuples autochtones ont le droit de déterminer les structures de leurs institutions et d'en choisir les membres selon leurs propres procédures ».
Dans la Convention n° 169 de l'OIT, l'article 6 traite du rôle des institutions autochtones dans les relations avec les États.

[86] « Les droits des peuples autochtones et tribaux dans la pratique. Guide sur la Convention n° 169 de l'OIT », *Programme pour la promotion de la Convention n° 169*, Département des normes internationales du travail, 2009, p. 50.

Dans le cas des Sámi, le terme « institutions autochtones » doit être compris dans son sens général car la période d'assimilation culturelle menée à leur encontre a considérablement déstructuré leur culture et leurs modes de vie aux plans économique, politique et social. Les *Sameting* en Norvège, en Suède et en Finlande, en tant qu'institutions politiques autochtones et organes représentatifs démocratiques, ont été créés par les lois norvégienne, suédoise et finlandaise[87]. Ils sont régis par les règles de l'Administration publique.

Les représentants sont élus au suffrage direct par les membres de la communauté sámi « à partir de listes établies par les organisations nationales des Sámi et les partis politiques norvégiens ou à partir de listes locales. Le fonctionnement au quotidien est géré par le président du Parlement et le conseil exécutif, qui représente toujours la majorité de l'assemblée plénière. Les assemblées plénières sont présidées par un bureau »[88].

4. Le droit d'association avec d'autres collectivités locales

Il est mentionné à l'article 10 de la *Charte européenne de l'autonomie locale* et il consiste à reconnaître le droit de coopérer et de s'associer avec les autres collectivités locales pour réaliser des tâches d'intérêt commun, avec pour limites le cadre de la loi et le respect de leurs propres compétences. Cette coopération entre collectivités locales peut être nationale ou en dehors des frontières nationales.

Ce droit ressemble au droit pour les peuples autochtones de s'associer avec d'autres peuples autochtones dans le cadre de la coopération transfrontalière. Ce droit pour les peuples autochtones est exprimé à l'article 32 de la *Convention relative aux peuples indigènes et tribaux*[89] et à l'article 36 de la Déclaration sur les droits des peuples autochtones[90].

---

[87] Loi n° 56 du 12 juin 1987 pour la Norvège. En Suède, le Parlement sámi a été établi par une loi de décembre 1992 et les élections ont lieu tous les quatre ans. Il est dirigé par un bureau composé de cinq personnes issues de partis politiques sámi *(SOU 1989:41)*. En Finlande, la loi n° 974 du 17 juillet 1995 a instauré le Parlement sámi.

[88] Eva JOSEFSEN, « Les Saamis et les parlements nationaux : Canaux d'influence politique » (Étude de cas / Parlement / Les Saamis) , in *Promouvoir des parlements inclusifs : représentation des minorités et des peuples autochtones au Parlement*, publication de l'UIP et du PNUD, 2010, p. 18.

[89] « Les gouvernements doivent prendre les mesures appropriées, y compris au moyen d'accords internationaux, pour faciliter les contacts et la coopération entre les peuples indigènes et tribaux à travers les frontières, y compris dans les domaines économique, social, culturel, spirituel et de l'environnement » (art. 32 de la Convention n° 169).

[90] « Les peuples autochtones, en particulier ceux qui vivent de part et d'autre de frontières internationales, ont le droit d'entretenir et de développer, à travers ces frontières, des contacts, des relations et des liens de coopération avec leurs propres membres ainsi qu'avec les autres peuples, notamment des activités ayant des buts spirituels, culturels, politiques, économiques et sociaux. » (Art. 36-1 de la Déclaration des Nations unies sur les peuples autochtones.)

b. Des éléments relatifs à leurs conditions d'exercice

Ces éléments concernent le droit de recours juridictionnel, l'autonomie financière et l'obligation pour les États de consulter les collectivités locales et les collectivités autochtones.

1. Le droit de recours juridictionnel

Selon l'article 11 de la *Charte européenne de l'autonomie locale*[91], les collectivités locales disposent d'un droit de recours juridictionnel pour assurer le respect du libre exercice de leurs compétences.

La mise en œuvre de ce droit suppose que des procédures de contrôle soient intégrées dans les ordres juridiques nationaux : il peut se faire par un contrôle juridictionnel à condition que l'autonomie locale soit prévue par la Constitution ; il suppose la présence d'une Cour constitutionnelle et l'existence d'une procédure permettant aux collectivités d'exercer un recours devant cette instance pour défendre leurs prérogatives. Lorsque l'autonomie locale est prévue par la loi, le contrôle peut se faire par un ordre de juridictions administratives, comme en France, palliant alors l'absence de régime de recours des collectivités devant une Cour constitutionnelle.

« En statuant par voie d'exception, les juridictions civiles (comme en Scandinavie, par exemple) peuvent enfin, elles aussi, assurer un contrôle de conformité des actes ou décisions qui remettraient en cause la sphère d'autonomie des collectivités territoriales. »[92]

Les peuples autochtones ont aussi le droit à un tel recours juridictionnel pour faire valoir leurs droits par application de l'article 12 de la Convention n° 169 de l'OIT[93].

La procédure peut être engagée soit individuellement soit par l'intermédiaire de leurs organes représentatifs. La *Déclaration sur les droits des peuples autochtones* affirme aussi un droit à un recours juridictionnel sous l'article 40[94] et insiste sur

---

91 Selon l'article 11 de la Charte, « les collectivités locales doivent disposer d'un droit de recours juridictionnel afin d'assurer le libre exercice de leurs compétences et le respect des principes d'autonomie locale qui sont consacrés dans la Constitution ou la législation interne ».

92 « La charte européenne de l'autonomie locale : la vérification d'une convergence entre l'évolution en Europe et en France », Étude du service des collectivités territoriales, n° 1, 15 janvier 2007.

93 « Les peuples intéressés doivent bénéficier d'une protection contre la violation de leurs droits et pouvoir engager une procédure légale, individuellement ou par l'intermédiaire de leurs organes représentatifs, pour assurer le respect effectif de ces droits. Des mesures doivent être prises pour faire en sorte que, dans toute procédure légale, les membres de ces peuples puissent comprendre et se faire comprendre, au besoin grâce à un interprète ou par d'autres moyens efficaces. » (Article 12 de la Convention n° 169.)

94 « Les peuples autochtones ont le droit d'avoir accès à des procédures justes et équitables pour le règlement des conflits et des différends avec les États ou d'autres parties et à une décision rapide en la matière, ainsi qu'à des voies de recours efficaces pour toute violation de leurs droits individuels et collectifs. Toute décision en la matière prendra dûment en considération les coutumes, traditions, règles et systèmes juridiques des peuples autochtones concernés et les

la nécessité de prendre en compte toutes les particularités liées à l'autochtonie de ces personnes (coutumes, traditions, systèmes juridiques, institutions) et à se référer aux instruments internationaux de protection des droits de l'homme.

Mais la différence avec les collectivités locales est que « l'accès à la justice » dans le cas des peuples autochtones est entendu dans un sens élargi et n'est pas uniquement juridictionnel.

Selon le Programme des Nations unies pour le développement (PNUD), il est « la capacité d'un individu à demander et obtenir une action en justice auprès d'institutions juridiques formelles ou informelles, conformément aux normes relatives aux droits de l'homme ». Cet organisme a identifié six phases dans le processus d'accès à la justice[95] : le premier consiste en la protection juridique à travers la reconnaissance des droits au sein des systèmes juridiques; ce qui donne ensuite le droit de solliciter une action en justice auprès des mécanismes officiels ou traditionnels ; le deuxième porte sur la sensibilisation au fonctionnement du système juridique, permettant aux individus d'avoir connaissance des recours juridiques possibles auprès des systèmes juridiques officiels ou traditionnels. Le troisième, l'aide et le conseil juridiques, qui comprennent l'accès à l'expertise nécessaire pour engager ou mener des poursuites judiciaires. Le quatrième, le jugement en tant que processus visant à choisir le type de réparation ou de compensation le plus adapté, réglementé par le droit formel dans le cadre d'un tribunal ou par les systèmes juridiques traditionnels. Le cinquième, l'application des ordres, décisions et arrangements issus du jugement prononcé par une institution officielle ou traditionnelle. Et le sixième, les rôles de surveillance et de contrôle des systèmes juridiques par la société civile et la veille parlementaire.

Les peuples autochtones ne sont pas toujours en mesure d'avoir connaissance de leurs droits fondamentaux et de leurs droits spécifiques, ni en mesure de comprendre les mécanismes et les procédures d'accès à la justice. L'accès à la justice est donc envisagé afin d'obtenir réparation, selon les mécanismes juridiques officiels et coutumiers mais aussi par d'autres acteurs tels que les organisations non gouvernementales, les médias ou les commissions parlementaires par exemple.

2. L'autonomie financière

L'article 9 de la *Charte européenne de l'autonomie locale* vise par ailleurs l'autonomie financière des collectivités locales à travers la mise à disposition de ressources financières propres à celles-ci : « Les collectivités territoriales disposent d'un minimum d'autonomie financière c'est-à-dire d'un budget et de la libre disposition de ressources suffisantes. En effet, on peut difficilement imaginer une collectivité sans pouvoir budgétaire et sans moyens propres de

---

normes internationales relatives aux droits de l'homme. » (Article 40 de la Déclaration des Nations unies.)

[95] Guide sur la Convention n° 169 de l'OIT, *op.cit.*, p. 85.

financement car on passerait alors de la décentralisation à la déconcentration. [...] La libre administration implique un certain pouvoir budgétaire, mais il n'est pas certain qu'elle exige un véritable pouvoir fiscal. »[96]

En droit français, en effet, le pouvoir fiscal relève de la compétence du législateur énoncée à l'article 34 de la Constitution, et « le Conseil constitutionnel a refusé de consacrer l'argument avancé par certains requérants selon lequel le principe de libre administration impliquerait qu'une commune puisse déterminer seule le montant de ses impôts locaux et la destination des fonds ainsi prélevés »[97].

Comme dans le cas de l'autonomie locale, l'autonomie financière des parlements autonomes autochtones impliquerait un pouvoir budgétaire mais pas un pouvoir fiscal.

La Convention n° 169 n'évoque pas une autonomie financière pour les peuples autochtones. Ce sont les États qui ont l'obligation d'apporter une aide, un soutien financier, matériel et humain aux projets et aux développements des autochtones. L'article 6c) de la Convention n° 169 pose l'obligation pour les gouvernements de fournir aux peuples autochtones « les ressources nécessaires » afin de développer leurs institutions et leurs initiatives. L'article 27 § 3 impose lui aussi que des ressources appropriées soient fournies pour créer leurs propres institutions et moyens d'éducation.

Dans ces deux articles le terme « ressources » peut être compris comme englobant des moyens matériels, humains et financiers.

La dimension financière est clairement abordée à l'article 23 § 2 de la Convention, qui énonce que les États doivent, à la demande des peuples intéressés, leur fournir « lorsque c'est possible, une aide technique et financière appropriée qui tienne compte des techniques traditionnelles et des caractéristiques culturelles de ces peuples ainsi que de l'importance d'un développement durable et équitable ».

Ainsi, la Convention n° 169 n'instaure pas directement une autonomie financière des institutions autochtones, mais elle fait peser sur les États une obligation de subvenir aux besoins des peuples autochtones de manière « appropriée ». Elle a tout de même pour finalité à long terme une forme d'autonomie économique et financière des collectivités autochtones.

Aux côtés des mesures luttant contre les discriminations des collectivités autochtones, toutes les dispositions spéciales en faveur de la reconnaissance de leurs droits fonciers (droit de propriété sur leurs terres et ressources naturelles,

---

[96] Loïc PHILIP, « L'autonomie financière des collectivités territoriales », *Cahiers du Conseil constitutionnel*, n° 12, Dossier : « Le droit constitutionnel des collectivités territoriales », mai 2002, consultable sur le site du Conseil constitutionnel, http://www.conseil-constitutionnel.fr/conseil-constitutionnel/francais/nouveaux-cahiers-du-conseil/cahier-n-12/l-autonomie-financiere-des-collectivites-territoriales.52100.html.

[97] Déc. 291 DC du 6 mai 1991, cons. 27 et 29. *In* Loïc PHILIP, « L'autonomie financière des collectivités territoriales », *ibid.*

indemnisations, interdiction des déplacements...), les dispositions concernant le respect de leurs institutions politiques, économiques, sociales, et le développement de leurs activités économiques traditionnelles, contribuent à stabiliser et à renforcer le développement économique et financier des peuples autochtones. Elles enrayent leur appauvrissement économique en respectant leurs moyens d'autosubsistance, comme le recommande l'article 23 § 1 de la Convention n° 169 : « L'artisanat, les industries rurales et communautaires, les activités relevant de l'économie de subsistance et les activités traditionnelles des peuples intéressés, telles que la chasse, la pêche, la chasse à la trappe et la cueillette, doivent être reconnus en tant que facteurs importants du maintien de leur culture ainsi que de leur autosuffisance et de leur développement économiques. Les gouvernements doivent, avec la participation de ces peuples, et, s'il y a lieu, faire en sorte que ces activités soient renforcées et promues. » Ils pourront ainsi assurer leur développement économique, social, politique et culturel.

Une évolution sur cette question d'autonomie financière a eu lieu avec l'adoption en 2007 de la *Déclaration sur les droits des peuples autochtones*.

L'article 4 de cet instrument déclaratoire international dispose en effet que « les peuples autochtones, dans l'exercice de leur droit à l'autodétermination, ont le droit d'être autonomes et de s'administrer eux-mêmes pour tout ce qui touche à leurs affaires intérieures et locales, ainsi que de disposer des moyens de financer leurs activités autonomes ». Cet article est relié à l'article 3 affirmant un droit à l'autodétermination interne.

L'article 4 signifie que les dotations des budgets destinés aux parlements autonomes des peuples autochtones émanent des parlements nationaux et sont alloués en concertation avec les représentants autochtones. Les budgets ne sont donc pas décidés unilatéralement par l'État. L'autonomie financière des parlements autochtones consiste en une autonomie dans la gestion des ressources, des fonds alloués par les États, en fonction de leurs projets, de leurs priorités liés aux affaires les concernant et dans les domaines de compétence qui leur ont été transférés[98].

En Norvège, pour le *Sameting*, « le Parlement sami reçoit des fonds du budget du gouvernement central. En principe, il est libre d'allouer les fonds en fonction de ses priorités politiques. Chaque année, le Parlement sami adopte son propre budget et ses propres propositions de nouvelles initiatives et allocations dans le cadre des priorités des Samis au titre du budget du gouvernement pour l'année suivante. Le gouvernement national détermine la mesure dans laquelle il prendra en compte les soumissions du Parlement sami lors de la préparation des propositions pour le budget de l'État. Le budget du Parlement comprend moins de la moitié des fonds alloués à des fins sami sur le

---

[98] « Mise en œuvre de la Déclaration de l'ONU sur les droits des peuples autochtones », Guide pour les parlementaires, n° 23, Union interparlementaire (UIP), Genève, 2014, p. 43.

budget national. Depuis 1989, le budget du Parlement sami a augmenté chaque année. »[99]

3. L'obligation de consulter les collectivités locales et les collectivités autochtones

Les collectivités locales doivent être consultées au cours des processus de planification et de décision pour toutes les questions les concernant directement, d'après l'article 4 § 6 de la *Charte européenne de l'autonomie locale.* La consultation préalable peut être directe ou indirecte et elle concerne les questions entrant dans le champ de compétences des collectivités locales et celles qui sont en dehors de leur sphère de compétences mais qui les concernent indirectement par l'impact que les décisions auraient sur elles. Par exemple, il peut être envisagé de créer une collectivité territoriale dotée d'un statut particulier ou de modifier son organisation[100], dans cette situation les électeurs de la collectivité en cause peuvent être consultés ; ou bien en cas de modification des limites territoriales de la collectivité, l'article 5 de la Charte précise que la collectivité doit être consultée « préalablement, éventuellement par voie de référendum là où la loi le permet », mais d'autres modes de consultation sont possibles[101].

Sauf urgence, la procédure de consultation doit respecter des délais et des modalités, de sorte que les collectivités puissent exercer une influence sur les décisions ; elles n'ont cependant pas de droit de veto : « Pour le rapport explicatif, la Charte ne propose [pas] ici un droit de veto mais juge indispensable une consultation préalable, directe ou indirecte, de la collectivité

---

[99] « Mise en œuvre de la Déclaration de l'ONU sur les droits des peuples autochtones », Guide pour les parlementaires n° 23, *op.cit.*, p. 48.

[100] Par exemple la consultation organisée le 6 juillet 2003 portant sur le nouveau statut de la Corse. Adopté par le Parlement le 28 mai 2003, le projet de loi gouvernementale, permettant la tenue d'un référendum en Corse, portait sur la modification de la carte administrative de l'île. Les électeurs inscrits dans l'île devaient alors répondre à la question : « Approuvez-vous les orientations proposées pour modifier l'organisation institutionnelle de la Corse figurant en annexe de la loi n° 2003-486 du 10 juin 2003 ? ». Les électeurs opposés au projet ont finalement remporté la majorité des suffrages. Le texte prévoyait de créer une collectivité territoriale unique qui se serait substituée à la collectivité territoriale et aux deux départements de la Corse-du-Sud et de la Haute-Corse. La collectivité unique aurait été administrée par une assemblée délibérante, appelée Assemblée de Corse, et par un conseil exécutif élu par l'Assemblée de Corse et responsable devant elle. Elle aurait bénéficié d'une compétence générale pour les affaires insulaires et aurait pu disposer de la personnalité morale, et être la seule habilitée à recevoir le produit des impôts et à recruter du personnel. Le texte de loi prévoyait également que la collectivité unique serait alors subdivisée en deux conseils territoriaux, échelons de proximité pour la mise en œuvre des décisions sur le terrain, avec, pour limites territoriales, celles de la Corse-du-Sud et de la Haute-Corse. Jean-Paul PELLEGRINETTI « Au nom de la modernité : le référendum du 6 juillet 2003 en Corse *», Cahiers de la Méditerranée* n° 68 (2004), Modernité et insularité en Méditerranée, éd. Centre de la Méditerranée moderne et contemporaine, p. 169.

[101] « En France, la réforme constitutionnelle du 28 mars 2003 a consacré le "référendum local" notamment sur les sujets mentionnés aux articles 4-1 et 5 de la Charte. » *In* « La charte européenne de l'autonomie locale : la vérification d'une convergence entre l'évolution en Europe et en France », *op.cit.*

sur des propositions – celles qui ont trait à la modification des limites territoriales – qui “revêtent évidemment une importance fondamentale pour une collectivité locale et ses citoyens” »[102].

Cette obligation de consulter est plus complexe et soulève l'opposition de nombreux États en ce qui concerne la problématique des peuples autochtones car en théorie une obligation de consultation n'implique pas nécessairement l'obligation de recueillir le consentement libre et éclairé des communautés autochtones.

L'article 6 § 2 de la *Convention nº 169 relative aux peuples indigènes et tribaux* précise tout de même que « les consultations effectuées en application de la présente convention doivent être menées de bonne foi et sous une forme appropriée aux circonstances, en vue de parvenir à un accord ou d'obtenir un consentement au sujet des mesures envisagées ». L'obligation de les consulter à travers leurs propres institutions représentatives s'applique particulièrement en matière de droits fonciers (selon les articles 7 § 4 et 15 § 2) ou en cas de déplacements (article 16).

Dans la *Déclaration sur les droits des peuples autochtones*, la consultation et même la concertation des peuples autochtones sont recommandées de façon impérieuse. Par exemple l'article 31 § 2 énonce à propos du patrimoine culturel et naturel qu'« En concertation avec les peuples autochtones, les États prennent des mesures efficaces pour reconnaître ces droits et en protéger l'exercice ». Le corps de la Déclaration est émaillé de dispositions intégrant les termes « accords », « consentement préalable », ou « concertation ».

Il s'agit ainsi pour les États d'obtenir le consentement préalable, libre et éclairé des peuples autochtones pour certaines réalisations portant atteinte à leurs territoires (article 10), ou avant d'adopter et d'appliquer des mesures législatives ou administratives susceptibles de les concerner (article 19). Dans certains cas, la Déclaration exige de parvenir à un accord, par exemple sur une indemnisation équitable en cas de déplacement (article 10).

Considérer les peuples autochtones comme des interlocuteurs à égalité avec les représentants des gouvernements étatiques constitue l'esprit de cet instrument. La Déclaration insiste sur le nouveau mode de relations que les États doivent entretenir avec leurs peuples autochtones : ni assimilationniste ni paternaliste, mais plutôt dans la conciliation et la bienveillance, la coopération et le dialogue.

---

102 *Ibid.*

II. Autodétermination interne et décentralisation territoriale : applications à géométrie variable sur le territoire français

Les droits à l'autonomie locale et à l'autodétermination interne ont été comparés dans la section précédente et quelques rapprochements ont été soulignés.

L'expression « décentralisation territoriale » se substitue dans cette section à celle d'autonomie locale énoncée par l'article 3 de la *Charte européenne de l'autonomie locale*[103] car elle est utilisée dans un contexte principalement français[104] et elle correspond mieux au contexte politique et culturel français.

Les autres États, soit n'emploient pas cette expression, lui préférant celle de « self government » ou « local government », soit n'ont pas conceptualisé la notion d'État centralisé et ils ne connaissent donc pas le processus de décentralisation. Or il existe beaucoup d'États non centralisés, comme les pays scandinaves ou le Royaume-Uni, dans lesquels il existe une longue tradition d'autonomie locale ou régionale. Ceci montre que l'autonomie locale ne s'inscrit pas nécessairement dans le processus de la décentralisation territoriale.

La décentralisation territoriale « d'un point de vue statique est un mode d'organisation d'un État, dans lequel l'État confie à des entités dotées de la personnalité morale un pouvoir de décision. Sur un plan un peu plus dynamique, la décentralisation peut être perçue comme le mouvement consistant à accorder une autonomie croissante à ces mêmes entités infra-étatiques. Il s'agit alors d'une politique publique. [...] La décentralisation territoriale consiste à conférer une certaine autonomie à une entité déterminée en fonction d'une base territoriale et humaine »[105]. La décentralisation territoriale est à la fois un mode d'organisation de l'État unitaire[106] et un processus. Au contraire de l'autonomie locale, elle n'est pas un droit.

L'autodétermination interne est reconnue formellement par l'article 3 de la *Déclaration sur les droits des peuples autochtones* en tant que droit inhérent aux peuples autochtones ; celui-ci la définit comme la possibilité pour les collectivités autochtones de « déterminer librement leur statut politique et de

---

103 « Par autonomie locale, on entend le droit et la capacité effective pour les collectivité locales de régler et de gérer, dans le cadre de la loi, sous leur propre responsabilité et au profit de leurs populations, une part importante des affaires publiques. » (Article 3 de la *Charte européenne de l'autonomie locale*.)

104 « Ce terme n'est employé quasiment qu'en France et on n'en trouve pas de traduction dans les États étrangers. » Julien MARTIN, « Centralisation et décentralisation », *Dictionnaire encyclopédique de l'État*, *op.cit.*, p. 121-125.

105 Julien MARTIN, « Centralisation et décentralisation », *ibid.*

106 « Elle est une façon d'articuler l'État avec les réalités locales [...] la décentralisation est une forme d'aménagement de l'État unitaire, dans laquelle des autorités administratives non étatiques gèrent des affaires administratives particulières dans un certain rapport d'indépendance vis-à-vis des administrations d'État », Jean-Bernard AUBY, *La décentralisation et le droit*, *op.cit.*, p. 127.

rechercher librement leur développement économique, sociale et culturel ». L'article 4 de ce même texte précise que dans l'exercice de ce droit, les peuples autochtones « ont le droit d'être autonomes et de s'administrer eux-mêmes pour tout ce qui touche à leurs affaires intérieures et locales, ainsi que de disposer de voies et moyens de financer leurs activités autonomes ».

Autodétermination interne et décentralisation territoriale sont donc des notions bien distinctes sur un plan formel et *a priori* cloisonnées, sans lien substantiel entre elles.

Pourtant, Théodore Christakis montre que « même des États démocratiques unitaires comme la France, qui refusent catégoriquement de reconnaître l'existence sur leur sol de "minorités" (et de surcroît de "peuples"), tiennent pourtant compte des spécificités locales et répondent en partie à certaines revendications des groupes de leur population (comme par exemple le cas de la Corse) »[107], auquel on peut ajouter certains territoires situés en outre-mer comme la Nouvelle-Calédonie. En France, la prise en compte de ces spécificités culturelles se fait dans le cadre de la décentralisation territoriale.

Les statuts spéciaux progressivement octroyés à la collectivité territoriale de Corse ou à la Nouvelle-Calédonie, par exemple, ont été adoptés dans le cadre de la décentralisation territoriale et ils s'apparentent dans les résultats obtenus à une forme de l'autodétermination interne. Ces exemples concrets invitent à questionner la distinction jusqu'alors affirmée par la République française au nom du principe constitutionnel d'indivisibilité.

L'interprétation du principe constitutionnel d'indivisibilité suppose une incompatibilité entre l'autodétermination interne et la décentralisation territoriale (*§ 1*). Dans la pratique, la souplesse dans certaines applications respectives montre leur potentiel d'adaptation de l'une à l'autre. La décentralisation territoriale renforcée pourrait ainsi devenir un cadre étatique permettant un exercice informel du droit à l'autodétermination interne (*§ 2*).

§ 1. L'incompatibilité supposée de l'autodétermination interne avec la décentralisation territoriale

L'État français a une approche prudente de l'autodétermination (A), qu'elle associe toujours au contexte de la décolonisation ; et le droit norvégien dissocie l'autodétermination interne et l'autonomie locale (B).

[107] Théodore CHRISTAKIS, *Le droit à l'autodétermination en dehors des situations de décolonisation, op.cit.*, p. 509.

A. La prudence du droit français face à l'autodétermination

L'autodétermination interne est inexistante dans le discours juridique traditionnel alors que la décentralisation territoriale a plusieurs fondements juridiques depuis les décrets des 2 et 17 mars 1791 créant l'organisation communale, la loi n° 82-213 du 2 mars 1982 relative aux droits et libertés des communes, des départements et des régions. Elle a même acquis une valeur constitutionnelle depuis la loi constitutionnelle n° 2003-276 du 28 mars 2003, qui précise, à l'article 1er affirmant l'unité de la République, que son organisation est décentralisée. Des mesures attribuant un statut juridique et administratif particulier à certaines collectivités territoriales souhaitant préserver leur identité culturelle ont été adoptées dans le cadre de la décentralisation territoriale et non sur le fondement d'une reconnaissance d'un droit pour ces collectivités à l'autodétermination interne.

Si l'organisation décentralisée de la République a une valeur constitutionnelle, en revanche, « la France adopte une position traditionnellement rigide et fermée à l'égard du droit à l'autodétermination »[108] et ne l'envisage officiellement que dans son volet externe.

La notion d'autodétermination interne dérange, voire est taboue dans le discours et dans la pensée politique et juridique française. La France a officiellement soutenu l'adoption de la *Déclaration sur les droits des peuples autochtones* en 2007, mais sans s'engager davantage, ni n'a ratifié la *Convention n° 169 relative aux peuples indigènes et tribaux*, qui organise matériellement, mais sans pour autant le reconnaître formellement, le droit de ces peuples à l'autodétermination interne.

En France, la reconnaissance de l'autodétermination trouve un fondement dans la jurisprudence du Conseil constitutionnel quant à l'interprétation de l'article 53 de la Constitution de 1958. Elle n'est reconnue que dans son aspect externe relatif à l'accès à l'indépendance d'un territoire et d'un peuple. L'autodétermination dans le discours juridique officiel est indissociable d'un contexte de décolonisation et de sécession.

En revanche, le volet interne de l'autodétermination (compris comme la faculté pour une collectivité de pouvoir s'autogérer, s'autoadministrer sur les affaires la concernant à travers ses propres institutions démocratiques) n'a pas de reconnaissance ni de fondement juridique. Elle n'est même pas formulée. Elle est absente du discours juridique officiel.

Et pour lever toute ambiguïté l'État a toujours maintenu le principe d'unicité du peuple français en refusant au peuple corse la qualification de peuple par la célèbre décision du Conseil constitutionnel rendue en 1991 et a réformé par la suite la Constitution par la loi constitutionnelle relative à

---

[108] Proposition de loi constitutionnelle relative à la révision de certaines dispositions de la Constitution française, présentée par M. Richard TUHEIAVA, enregistrée à la Présidence du Sénat le 21 mai 2013, session ordinaire 2012-2013, n° 591.

l'organisation décentralisée de la République, du 28 mars 2003[109]. Parmi les changements amenés, le terme « peuples d'outre-mer » est devenu « populations d'outre-mer » avec l'article 72-3. Le peuple français est donc insécable, et si *de facto* historiquement il est composé de nations et de peuples différents, cette réalité sociologique des peuples n'a pas de consécration juridique.

La réforme constitutionnelle de 2003 a cependant entraîné d'autres changements vers davantage de responsabilités et de liberté pour les collectivités territoriales, ainsi que la tolérance envers une forme très circonstanciée de pluralisme juridique sur le territoire de la République.

Le préambule de la Constitution française du 4 octobre 1958, dans son alinéa 2, évoque en effet « le principe de la libre détermination des peuples », mais d'une part ce principe « évoque plus l'adhésion à la République que la sécession »[110], et d'autre part, les dispositions de l'article 53, alinéa 3 de la constitution de la République française, qui prévoient que « nulle cession, nul échange, nulle adjonction de territoire n'est valable sans le consentement des populations intéressées », ne visait nullement, au moment où il a été rédigé, le droit à l'autodétermination. En effet, « [...] pas plus que l'article 27 de la constitution de 1946, l'article 53 de la Constitution de 1958, qui s'en inspire fortement, ne prévoit expressément le droit à l'autodétermination des peuples rattachés à la République française [...] Il n'ouvre donc pas *a priori* le droit pour un territoire partie intégrante de la République de réclamer son indépendance. »[111] Il a été modelé par le législateur, l'exécutif et le Conseil constitutionnel pour répondre aux nécessités du contexte de la décolonisation[112].

Le référendum, qui « constitue indéniablement un principe de droit coutumier, consacré par des résolutions nombreuses et concordantes de l'ONU »[113], a été pratiqué par la France[114] sur le fondement des articles 11 ou 53 de la constitution et a pu apparaître comme la manifestation de l'exercice du droit des peuples à disposer d'eux-mêmes. Mais initialement l'article 53 ne concerne que les cessions, les échanges ou les adjonctions de territoire.

La doctrine du Professeur Capitant en 1967, confirmée ensuite par une décision du Conseil constitutionnel du 30 décembre 1975 relative à l'accession

---

109 Loi constitutionnelle n° 2003-276 du 28 mars 2003 *relative à l'organisation décentralisée de la République*, publiée au *JORF* n° 75 du 29 mars 2003, p. 5568.

110 Proposition de loi constitutionnelle relative à la révision de certaines dispositions de la Constitution française, présentée par M. Richard TUHEIAVA, *op.cit.*

111 Jean-François DOBELLE, « Référendum et droit à l'autodétermination », *Pouvoirs. Revue française d'études constitutionnelles et politiques*, n° 77, avril 1996 - Le référendum, p. 42-61. Consultée en ligne sur le site: http://www.revue-pouvoirs.fr/Referendum-et-droit-a-l.html, p. 58.

112 Jean-François DOBELLE, *ibid.*.

113 Jean-François DOBELLE, *ibid.*, p. 55.

114 « [...] la France a été, de toutes les nations, celle qui a le plus souvent recouru, et de loin, au référendum d'autodétermination », Jean-François DOBELLE, *ibid.*, p. 61.

des Comores à l'indépendance,[115] a élargi l'interprétation de l'article 53 en incluant la sécession, l'accession à l'indépendance d'un territoire se faisant par l'établissement d'un traité international, plus exactement d'une reconnaissance d'État par la France.

Michel Verpeaux a souligné que l'interprétation donnée par le Conseil constitutionnel à propos de l'article 53 était audacieuse car aucun traité ne peut être conclu puisque le partenaire n'a pas la capacité de conclure un tel traité ; c'est pourquoi les accords d'Évian du 18 mars 1962 n'ont pas été conçus comme un traité[116].

Les référendums s'inscrivent bien dans le cadre d'une politique de sécession dans le contexte de la décolonisation[117].

L'autodétermination n'est comprise que dans son volet externe, qui permet notamment l'accession à l'indépendance d'un territoire.

Par exemple, la France avait accordé l'autodétermination au peuple algérien par la loi du 14 janvier 1961 et dans une déclaration du 3 juillet 1962, après avoir organisé plusieurs référendums conformément à l'article 11 de la Constitution. Plus récemment, des référendums sont organisés entre 2014 et 2018 sur l'autodétermination de la Nouvelle-Calédonie. Comme la Polynésie française, elle est d'ailleurs considérée par une résolution des Nations unies comme un des territoires non autonomes à décoloniser et dont « les populations ne s'administrent pas encore complètement elles-mêmes »[118].

Le droit à la sécession est soumis à conditions : l'article 53 tel qu'interprété par le Conseil constitutionnel exige que l'initiative de ce droit émane « des autorités compétentes de la République », ce qui implique l'intervention d'une loi nationale, d'une part, et que la procédure comprenne la consultation « des populations intéressées », d'autre part.

L'article 72-3 alinéa 2 introduit par la loi constitutionnelle du 28 mars 2003 exprime une réaction contre la jurisprudence du Conseil constitutionnel sur

---

[115] Décision n° 75-59 DC du 30 décembre 1975 portant sur la loi *relative aux conséquences de l'autodétermination des îles des Comores*, *JORF* du 3 janvier 1976, p. 182. Recueil, p. 26 : « Considérant que les dispositions de cet article doivent être interprétées comme étant applicables, non seulement dans l'hypothèse où la France céderait à un État étranger ou bien acquerrait de celui-ci un territoire, mais aussi dans l'hypothèse où un territoire cesserait d'appartenir à la République pour constituer un État indépendant ou y être rattaché ; » (considérant 2).

[116] Michel VERPEAUX, « L'unité et la diversité dans la République », *Les nouveaux cahiers du Conseil constitutionnel*, LGDJ, n° 42, janvier 2014, p. 10.

[117] Parmi les référendums d'autodétermination figurent l'Algérie (8 janvier 1961, 8 avril 1962, 1er juillet 1962), les Comores (22 décembre 1974), Mayotte en 1976, et la Nouvelle-Calédonie actuellement « collectivité d'outre-mer *sui generis* », avec un statut unique et transitoire (5 juin 1987, 6 novembre 1988, 11 mai 2014 et les deux prochains jusqu'en 2018), *in* Jean-François DOBELLE, *op.cit.*, p. 56-58.

[118] Résolution adoptée par l'Assemblée générale le 11 décembre 2013, document A/RES/68/92 pour la Nouvelle-Calédonie ; et pour la Polynésie française, résolution du 11 décembre 2013, document A/RES/68/93.

l'interprétation élargie de l'article 53 : il énumère les territoires des collectivités situées outre-mer quel que soit leur statut, reconnus par la République et donc appartenant à la République française. « La notion de "populations d'outre-mer" est définie à la fois géographiquement puisque celles-ci sont "ultramarines" et juridiquement car elles correspondent aux territoires qui sont définis par l'alinéa 2 de l'article 72-3 complété par la loi constitutionnelle n° 2008-724 du 23 juillet 2008, qui énumère les collectivités qui sont situées outre-mer. La Corse, qui ne fait pas partie de cette liste, ne comprend donc pas de populations ultramarines »[119].

Cette disposition peut être comprise comme subordonnant l'accès à l'indépendance de ces territoires à une révision de la constitution, ce qui va à l'encontre de la solution initiale, dans laquelle un traité international suffit et admet que le territoire n'est pas une donnée intangible. Avec l'introduction de cet article 72-3, le territoire deviendrait alors « divisible » seulement si la constitution est modifiée. Mais « paradoxalement, cette exigence ne pèserait que sur les collectivités situées outre-mer »[120].

Finalement, la décision du Conseil constitutionnel du 15 février 2007[121] a remis en cause l'interprétation selon laquelle il serait nécessaire de réviser la constitution avant l'accession par un territoire de la République à son indépendance. Dans cette décision, le Conseil insiste sur l'exigence du consentement de la population et non sur la révision de la constitution, sinon, en ajoutant cette condition, la loi contredirait l'article 53 du texte constitutionnel, qui n'exige que le consentement des populations concernées[122].

L'expression « consentement des populations intéressées » figurant aux articles 53 et 72-3 remplace celle de « peuples » utilisée dans la Constitution de 1946. Les « populations intéressées » ne concernent pas l'ensemble des citoyens de la République française, qui consentirait ou non à la sécession d'un territoire, mais seulement les personnes dont le territoire est concerné.

---

119 Michel VERPEAUX, « L'unité et la diversité dans la République », *op. cit*, p. 15.

120 Michel VERPEAUX, *ibid.*, p. 10.

121 Décision n° 2007-547 DC du 15 février 2007 relative à la loi organique portant dispositions statutaires et institutionnelles relatives à l'outre-mer.

122 « Considérant qu'aux termes du deuxième alinéa de l'article L.O. 6111-1 du code général des collectivités territoriales, résultant de l'article 3 de la loi organique : "Mayotte fait partie de la République. Elle ne peut cesser d'y appartenir sans le consentement de sa population et sans une révision de la Constitution" ; que le législateur organique a ainsi entendu rappeler que, par la révision constitutionnelle du 28 mars 2003, le constituant a inscrit Mayotte parmi les collectivités territoriales de la République ; qu'il a également entendu rappeler que la Constitution fait du consentement de la population de Mayotte une condition indispensable à l'accession à l'indépendance de cette collectivité ; que, pour autant, il ne pouvait, sans empiéter sur les pouvoirs du constituant, y ajouter une condition tenant à une révision préalable de la Constitution ; que, par suite, sont contraires à cette dernière les mots : "et sans une révision de la Constitution" figurant à l'article L.O. 6111-1 précité ; » (considérant 13).

L'interprétation stricte du principe constitutionnel d'indivisibilité en ce qui concerne l'unicité du peuple français, donnée par le Conseil constitutionnel dans sa célèbre décision du 9 mai 1991[123] et confirmée dans la décision du 15 juin 1999 sur la *Charte européenne des langues régionales ou minoritaires*[124], rend en pratique quasiment inapplicable le « principe de la libre détermination des peuples » énoncé dans la Constitution de 1958.

Pourtant « au plan international, le droit à l'autodétermination est un droit collectif qui ne peut être mis en œuvre qu'au niveau d'un "peuple" reconnu comme tel. Or, il n'existe pas de critères objectifs permettant de déterminer avec certitude systématique les titulaires du droit à l'autodétermination »[125]. La France joue de ce silence, de cette fragilité du droit international.

Contrairement aux apparences, cette conception rigide du peuple français a été renforcée par l'insertion de l'expression « populations » lors de la loi constitutionnelle de 2003 : quels sont finalement les peuples que la constitution reconnaît après la révision de 2003 ? Le texte constitutionnel originel distinguait entre le peuple français et les peuples des territoires d'outre-mer ; l'article 1er énonçait en effet : « La République et les peuples des territoires d'outre-mer qui, par un acte de libre détermination, adoptent la présente Constitution instituent une Communauté. La Communauté est fondée sur l'égalité et la solidarité des peuples qui la composent. »

Il semble bien que le terme « populations » remplace astucieusement celui de « peuples d'outre-mer », qui risquait de permettre d'ouvrir la porte et de légitimer des revendications identitaires, et notamment la revendication d'une reconnaissance d'un statut de peuples autochtones de la République et, de là, d'un droit à l'autodétermination interne fondé en droit international sur l'article 3 de la *Déclaration des droits des peuples autochtones* adoptée en 2007 par les Nations unies et que la France a d'ailleurs soutenue officiellement dans son élaboration et en faveur de laquelle elle a voté : « En votant, en 2007, en faveur de l'adoption de la déclaration des Nations unies sur les droits des peuples autochtones, la France s'est engagée à respecter ses dispositions sur l'ensemble de son territoire, y compris dans les collectivités d'outre-mer. Elle s'attache donc à prendre en compte les aspirations exprimées par les populations autochtones, dans le respect du principe constitutionnel d'égalité des citoyens. Selon ce principe et celui de l'indivisibilité de la République, qui interdisent la mise en place d'un régime juridique distinct entre les citoyens qui créerait des catégories de population avec des droits différents, aucune disposition juridique affectant spécifiquement les populations autochtones ne peut être prise. Au sein

---

123 Décision n° 91-290 DC du 9 mai 1991, cons. 12.

124 Décision n° 99-412 DC du 15 juin 1999, cons. 5.

125 Proposition de loi constitutionnelle relative à la révision de certaines dispositions de la Constitution française, présentée par M. Richard TUHEIAVA, *op.cit.*

des Nations unies, la France coopère activement avec les mécanismes pertinents en la matière […] .»[126]

Ainsi, les articles 53 et 72-3 de la Constitution encadrent et limitent considérablement la reconnaissance d'un droit à l'autodétermination externe et le volet interne de l'autodétermination ne trouve pas de base légale dans les dispositions constitutionnelles.

Pourtant l'autodétermination dans son volet interne semble avoir une existence juridique avec le préambule de la Constitution du 27 octobre 1946, qui fait partie du bloc de constitutionnalité. Dans les paragraphes 16, 17 et 18, les « populations d'outre-mer » (termes utilisés par l'article 72-3 al. 1 de la Constitution de 1958 depuis la réforme du 28 mars 2003) sont qualifiées de « peuples d'outre-mer » et il est reconnu que la France forme avec les peuples d'outre-mer une Union composée de « nations et de peuples qui mettent en commun ou coordonnent leurs ressources et leurs efforts pour développer leurs civilisations respectives, accroître leur bien-être et assurer leur sécurité » (§ 17). Bien plus, le dernier paragraphe énonce que « la France entend conduire les peuples dont elle a pris la charge à la liberté de s'administrer eux-mêmes et de gérer démocratiquement leurs propres affaires ; écartant tout système de colonisation fondé sur l'arbitraire, elle garantit à tous l'égal accès aux fonctions publiques et l'exercice individuel ou collectif des droits et libertés proclamés ou confirmés ci-dessus ».

La définition même de l'autodétermination est ici donnée, mais immédiatement le terme de colonisation est accolé, si bien que l'ambiguïté initialement levée est finalement revenue. Autodétermination et décolonisation semblent ainsi indissociables.

B. La dissociation en droit norvégien de l'autodétermination interne et de l'autonomie locale

L'autodétermination dans ses formes interne, d'abord, et externe, ensuite, a été expérimentée par la nation norvégienne lorsqu'après avoir fait adopter sa propre Constitution *(Grunnloven)* le 17 mai 1814, elle s'est séparée du royaume de Suède en 1905, avec lequel elle avait formé une Union personnelle depuis le traité de Kiel, signé le 14 janvier 1814 et qui transférait le territoire norvégien appartenant au royaume de Danemark-Norvège à Bernadotte le futur roi de Suède.

Ni dans sa version initiale, ni dans sa version révisée en 2013 la Constitution norvégienne ne mentionne l'autodétermination. L'article 1er énonce que le

---

126 Réponse du ministère des Affaires étrangères à la question écrite n° 09601 de M. Jean-Étienne ANTOINETTE (Guyane) lors de la 14e législature du Sénat, publiée dans le *JO Sénat* du 26 décembre 2013, p. 3716.

royaume de Norvège est libre, indépendant, indivisible et inaliénable, mais le texte de la Constitution ne prévoit pas expressément de dispositions relatives aux modalités de cession, d'échange, d'adjonction de territoire, ni le cas de la sécession, comme le fait l'article 53 (et son interprétation élargie) de la Constitution française de 1958.

Aucune disposition sur ce sujet n'a été introduite car elle n'aurait pas d'utilité pour deux raisons principales : d'abord, la dimension homogène de la nation norvégienne, qui a été cultivée et encouragée par le contexte du nationalisme romantique au XIXe siècle (au moment où la constitution a été adoptée, l'identité sámi était culpabilisée par les politiques d'assimilation menées à son encontre) ; ensuite l'absence de revendications identitaires concernant l'accès à l'indépendance (aucune minorité nationale ni le peuple autochtone sámi ne revendiquent la sécession).

En revanche la reconnaissance et l'exercice d'une forme d'autodétermination interne a été revendiquée par le peuple sámi à partir des années 1960. Elle a été octroyée par l'État norvégien sous la forme d'une autonomie personnelle et culturelle accompagnée de la reconnaissance de certains droits fonciers sur les terres ancestrales des Sámi dans le comté de Finnmark, situé en Laponie norvégienne. Cette autodétermination interne s'exerce sans base territoriale et à travers les compétences du Parlement national sámi (le *Sameting*).

Cependant l'octroi de cette autodétermination interne aux Sámi n'a pas de fondement juridique. Ni la loi relative au Parlement sámi et autres questions relatives aux affaires sámi (1987), ni l'article 110a de la constitution introduit en 1989 ne prévoient formellement ce droit[127]. L'exercice de ce droit repose sur un engagement moral et politique à l'égard du peuple sámi du fait de la tradition d'une démocratie consociative d'une part, et plus tard sur les engagements internationaux[128] relatifs aux droits de l'homme pris par l'État norvégien, d'autre part. Cette forme d'autonomie n'est pas non plus exercée dans le cadre d'une politique décentralisatrice.

La décentralisation territoriale est nommée plutôt autonomie communale ou locale[129], en norvégien, *selvstyre*, qui signifie littéralement « autogestion ». Dans ce contexte, autonomie communale et autogestion communale sont synonymes et elles correspondent à la décentralisation territoriale en France et en

[127] Ce point est traité dans le chapitre II, Titre I, Deuxième Partie, « Autodétermination interne et identité culturelle autochtone sámi », section 1, § 1, A, « L'absence de reconnaissance formelle de l'autodétermination interne dans le droit norvégien ».

[128] Les deux pactes internationaux des Nations unies de 1966, la *Convention de l'OIT n° 169 relative aux droits des peuples indigènes et tribaux*, et plus récemment la *Déclaration des Nations unies sur les droits des peuples autochtones*, adoptée en 2007.

[129] Le terme « communal » en droit norvégien renvoie aux deux entités que sont les communes locales et les communes départementales. Le débat sur la décentralisation (ou plutôt sur l'autonomie communale) se situe aux deux niveaux, celui des communes et des départements.

particulier au principe de libre administration des collectivités locales. « Dans les Constitutions, les collectivités locales sont caractérisées soit par le mot "autonomie", soit par l'expression "libre administration" [...]. Ces expressions sont en fait synonymes et ne se différencient que par des particularités linguistiques – sauf en France depuis la révision de 2003, puisque le terme "autonomie" a été introduit dans un sens fort à l'article 74 pour certaines collectivités d'outre-mer. »[130] Les Constitutions d'Espagne, de Grèce ou d'Italie, par exemple, utilisent le terme « autonomie », tandis qu'en Allemagne et en Scandinavie, notamment en Suède et en Norvège, l'expression « self-government » est plutôt utilisée. « Autonomie locale » ou « self-government », ces notions correspondent en français à la « libre administration ». Il s'agit bien de la même notion juridique.

L'autonomie communale suppose pour la commune (ou le département) la liberté de choisir[131] des solutions différentes de celles retenues par les autres communes et une liberté d'action dans le cadre de la loi.

L'autonomie locale n'est pas prévue par la Constitution norvégienne[132]. L'article 1er, qui énonce que le royaume de Norvège est indivisible signifie surtout que la Norvège ne peut pas être organisée selon un modèle fédéral.

Bien qu'un de ses objets soit « d'établir les conditions permettant une gestion populaire apte à fonctionner » (article 1er), la loi générale sur les communes et les communes départementales du 25 septembre 1992, qui vise aussi le développement durable et une administration rationnelle et efficace, ne prévoit pas explicitement de dispositions contraignantes protégeant l'autonomie communale[133].

L'autonomie communale n'a donc de fondement ni dans la Constitution ni dans la loi. Elle est en revanche protégée par la *Charte de l'autonomie locale* (1985) émanant du Conseil de l'Europe, que la Norvège a ratifiée, sans réserve, le 26 mai 1989. La Charte utilise le terme plus neutre et général de « collectivité locale » pour prendre en compte l'hétérogénéité des systèmes juridiques européens.

---

130 Gérard MARCOU, « Les collectivités locales dans les Constitutions des États unitaires en Europe », *Les Nouveaux Cahiers du Conseil constitutionnel*, n° 42, LGDJ, Lextenso, Issy-les-Moulineaux, janvier 2014, p. 70.

131 « Cette liberté de choix peut concerner l'organisation interne des communes, la manière dont sont traitées les affaires, et/ou les résultats de ce traitement. [...] Le plus important critère de "l'autonomie communale" doit être le dernier, à savoir la liberté de choisir ce qui doit être fait ou pas fait dans un minimum de domaines ayant une certaine importance pour les habitants de la commune », Eivind SMITH, « Vers une constitutionnalisation de l'autonomie communale en Norvège ? », *op.cit.*, p. 949.

132 Sur le débat que cette question soulève, voir Eivind SMITH, « Vers une constitutionnalisation de l'autonomie communale en Norvège ? », *ibid.*, p. 948-966.

133 Eivind SMITH, *ibid.*, p. 951.

En Norvège, l'autonomie locale et l'autodétermination interne sont dissociables pour plusieurs raisons.

D'abord, elles n'ont pas les mêmes objectifs : la finalité de l'autonomie communale est toujours le bien public ou l'intérêt général local, tandis que l'autodétermination interne vise la liberté dans la gestion et la prise de décision d'une communauté définie ; l'autonomie communale a pour objectif de développer la démocratie et de renforcer le principe d'égalité entre les citoyens norvégiens. Elle a uniquement une fonction administrative et ne constitue pas un cadre étatique destiné à répondre aux revendications identitaires du peuple sámi ou des minorités nationales kven, skogfinn ou rom.

De plus, l'autonomie communale et l'autodétermination interne n'ont pas les mêmes destinataires : l'ensemble des citoyens sans distinction ethnique ou linguistique dans un territoire défini, commune ou département, d'un côté, et de l'autre des personnes constituant une collectivité dotée de caractéristiques culturelles, ethniques et linguistiques. L'autodétermination interne est reconnue aux Sámi en tant que peuple autochtone et exercée à travers l'autonomie culturelle par les membres répartis sur l'ensemble du territoire national, tandis que l'autonomie communale concerne directement les collectivités locales norvégiennes mais aussi plus largement l'ensemble des citoyens norvégiens sur un territoire délimité en améliorant la proximité des services, le principe d'égalité, et une administration plus efficace.

En revanche, l'autonomie communale et l'autodétermination interne ont toutes deux des fondements juridiques fragiles en droit norvégien : ni l'une ni l'autre ne sont expressément, formellement reconnues comme un droit puisqu'elles ne sont pas constitutionnalisées, ni même prévues par la loi. Si elles ne sont en effet pas formellement consacrées par des textes juridiques, les lois sur la décentralisation existant depuis le XIXe siècle et la loi de 1987 sur l'instauration du Parlement sami organisent matériellement leur existence. Elles ne sont pas nommées, mais leur contenu et les conditions de leur mise en œuvre sont définis par des lois.

L'autonomie communale a acquis au fil du temps le caractère de « droit coutumier constitutionnel ». L'autodétermination interne exercée uniquement par les Sámi résulte de nombreuses concertations entre les gouvernements et les représentants sámi.

Enfin, à l'instar de l'autodétermination interne, l'exercice de l'autonomie communale trouve son fondement dans les engagements internationaux de l'État norvégien, mais ces instruments sont différents : la *Déclaration des Nations unies sur les droits des peuples autochtones* pour l'une et la *Charte européenne sur l'autonomie locale* émanant du Conseil de l'Europe pour l'autre.

Ainsi, en Norvège, l'autodétermination interne et l'autonomie communale sont des notions distinctes, imperméables. Cette distinction théorique classique faite par la doctrine et par les textes de droit international est partagée par l'État norvégien, qui attribue une fonction différente à chacune de ces notions.

Dans cette perspective, un décloisonnement de ces deux notions ne peut avoir lieu et n'est pas non plus souhaitable puisque la problématique de la protection de l'identité culturelle autochtone sámi est prise en compte par un instrument juridique plus adapté et plus pertinent que l'autonomie locale.

§ 2. La décentralisation territoriale renforcée : un cadre étatique permettant un exercice informel du droit à l'autodétermination interne ?

Les statuts juridiques des collectivités d'outre-mer, en particulier ceux de la Nouvelle-Calédonie et de la Polynésie française, ainsi que ceux de la Corse, ont été adoptés dans le cadre du processus de décentralisation territoriale ; ils nous invitent tout de même à nous demander dans quelle mesure l'État français n'applique-t-il pas déjà une forme d'autodétermination sans la nommer, sans la formuler clairement, à travers la mise en œuvre de mesures spécifiques visant à préserver la culture de minorités culturelles dont la reconnaissance légale est problématique au regard des principes constitutionnels d'indivisibilité et d'égalité ?

Ni le constituant ni le législateur ne reconnaissent formellement un droit à l'autodétermination interne sur le territoire français, mais, par le processus de la décentralisation territoriale renforcée et les mesures audacieuses adoptées pour l'outre-mer, l'État semble organiser matériellement son exercice pour préserver les spécificités culturelles de certaines collectivités territoriales.

Cette piste est renforcée par une réponse du ministre des Affaires étrangères donnée en 2013 à un sénateur de la Guyane demandant la ratification par la France de la Convention n° 169 de l'OIT. Il déclare qu'« en votant, en 2007, en faveur de l'adoption de la déclaration des Nations unies sur les droits des peuples autochtones, la France s'est engagée à respecter ses dispositions sur l'ensemble de son territoire, y compris dans les collectivités d'outre-mer. […] ». Puis, après avoir rappelé l'engagement actif de la France au sein des Nations unies concernant la thématique autochtone et son vote en faveur de la *Déclaration sur les peuples autochtones* en 2007, le ministre a justifié l'absence de ratification de la Convention n° 169 en affirmant que « cet instrument international attribue aux peuples autochtones des droits collectifs contraires à nos principes constitutionnels d'égalité et d'indivisibilité de la République ». Il a souligné ensuite que « cette incompatibilité n'a cependant jamais constitué un obstacle à l'adoption de politiques ambitieuses en faveur des peuples autochtones. Dans les départements et les collectivités d'outre-mer, la France a adopté des mesures pour assurer la participation pleine et entière des peuples autochtones à la prise de décisions qui concernent directement ou indirectement leurs modes de vie. Elle a pris en considération les traditions culturelles et les aspirations de ces populations, notamment s'agissant des questions relatives à la terre, qui ont reçu des réponses individualisées. Elle a favorisé l'enseignement des langues et des cultures régionales locales ainsi que la restauration, la préservation et la protection des sites des peuples autochtones »[134].

Seulement l'autodétermination interne est bien un droit associé au concept de « peuple », concept qui est la pierre d'achoppement avec le droit français puisque le Conseil constitutionnel a rappelé dans de nombreuses décisions, dont celle de 1991, la valeur constitutionnelle du « peuple français », qui n'est en aucun cas fragmenté. Cette interprétation constitue un réel obstacle à la reconnaissance formelle et officielle de l'autodétermination interne : qui en serait bénéficiaire ? Si le droit international reconnaît ce droit aux peuples, les collectivités territoriales ne peuvent pas être titulaires de ce droit. Mais serait-il possible de ne pas associer systématiquement son exercice et ses titulaires ? Les titulaires exercent ce droit, mais est-il possible d'exercer l'autodétermination interne sans être pour autant directement titulaire de ce droit ?

Dans l'hypothèse où certaines collectivités territoriales bénéficieraient de mesures s'apparentant à l'autodétermination interne, cette dernière pourrait alors ne pas être toujours envisagée comme un droit détenu par un peuple mais comme un principe d'organisation et de gestion de la différence permettant la préservation de spécificités culturelles.

En ne reconnaissant pas formellement l'autodétermination interne mais en adoptant pour certaines de ces collectivités territoriales des mesures qui s'y apparentent, la démarche de la France ressemble à celle de la majorité des États parties à l'OIT lors de l'élaboration en 1989 de la *Convention nº 169 relative aux droits des peuples indigènes et tribaux*. Ce texte conventionnel ne reconnaît pas formellement un droit à l'autodétermination interne pour les peuples indigènes et tribaux mais l'organise matériellement à travers des mesures concrètes.

Il semble bien que le statut hybride dont la Corse a été progressivement dotée emprunte à l'autonomie **(A)**. Les statuts spéciaux de la Polynésie et de la Nouvelle-Calédonie ne permettent-ils pas « une entrée à pas feutrés » de l'autodétermination interne dans le paysage juridique français ? **(B)**

A. Le statut hybride de la collectivité territoriale de Corse : une forme d'autonomie

Les mesures relatives à la Corse ont été adoptées dans le cadre de la décentralisation, or « la décentralisation est volontiers associée à la philosophie démocratique et libérale puisqu'elle implique une certaine autonomie administrative et suppose la participation des gouvernés au pouvoir de décision. Rien de plus démocratique en effet que de confier aux citoyens la gestion de

[134] Réponse du ministère des Affaires étrangères à la question écrite nº 09601 de M. Jean-Étienne ANTOINETTE, *op.cit.*, p. 3716.

leurs affaires, de leur laisser la possibilité de décider ce qui leur semble le meilleur. »[135]

L'adoption progressive des mesures pour la Corse exprime de la part de l'État français l'acceptation et la recherche de solutions s'apparentant à l'autonomie[136]. La France n'est pas isolée dans son intérêt pour les solutions d'autonomie. Les formes d'autonomie séduisent bon nombre d'États, y compris ceux de structure unitaire. Relevant qu'il existe plus de cinquante États dans le monde qui ont intégré dans leur structure l'idée de l'autonomie politique, Daniel Elazar[137] a souligné l'émergence récente de gouvernements parallèles au niveau infra-étatique en même temps que les États eux-mêmes acceptent d'intégrer des ensembles supra-étatiques comme l'Union européenne. Ce double mouvement rend les relations entre États plus complexes et interdépendantes.

Selon Théodore Christakis, à la fin des années 1990 « au moins onze des quinze États membres ont fait appel à des solutions d'autonomie variées qui vont de la fédération (Allemagne, Autriche, Belgique) à la reconnaissance d'un statut spécial à certaines collectivités territoriales (telle la France avec ses TOM ou encore avec le statut particulier de la Corse), en passant par des solutions d'autonomie, de régionalisation et de dévolution plus ou moins poussées [...] »[138]. Avec la loi du 13 mai 1991[139] des auteurs comme Thierry Michalon percevaient déjà les germes d'une autonomie **(a)** ; cette perception s'est renforcée avec la loi du 22 janvier 2002, qui mène la Corse vers une forme d'autonomie renforcée **(b)**.

---

135 Charles CADOUX, *Droit constitutionnel et institution politique*, *in* Théodore CHRISTAKIS, *Le droit à l'autodétermination en dehors des situations de décolonisation*, p. 509.
Voir aussi, mais à propos de l'outre-mer, Marc JOYAU, « Décentralisation et autonomie : qui influence qui ? », *in* J.-M. REGNAULT (dir.), *François Mitterrand et les territoires français du Pacifique*, Les Indes savantes 2003, p. 67 à 72.

136 Marc JOYAU montre qu'en droit public français, l'autonomie est une notion ambigüe, qui a même pu être considérée en 1996 par A. MOYRAND comme « un concept magique ». Selon lui, il est malgré tout possible d'en dégager une définition fondée sur quelques critères : d'abord, il faut que ce régime confère à la collectivité qui en est dotée, la possibilité d'édicter elle-même ses propres normes ; ensuite le pouvoir normatif reconnu à une collectivité territoriale doit présenter certaines caractéristiques d'« indépendance » qui toutefois n'est pas absolue sinon elle serait équivalente à l'indépendance, à la sécession ; le pouvoir normatif doit être « indépendant quant à sa source (c'est -à- dire qu'il ne résulte d'aucune délégation et qu'il puisse s'exercer directement sur le fondement de la Constitution de l'Etat dans lequel il s'inscrit), ou qu'il le soit quant à ses conditions d'exercice (c'est-à-dire qu'il permette de bénéficier d'une réelle liberté dans le choix des mesures à prendre ». Marc JOYAU, « Décentralisation adaptation, autonomie » in FABERON J-Y. (dir.), *L'Outre-mer français. La nouvelle donne institutionnelle*, Paris, collection Les études de La Documentation française, 2004.

137 Daniel J. ELAZAR, *Federal systems of the world – A handbook of federal, confederal and autonomy arrangements*, London, Stockton (Longman), 1994, 2nd édition, p. xi.

138 Théodore CHRISTAKIS, *ibid.*, p. 515-516.

139 Loi n°91-428 du 13 mai 1991 *portant statut de la collectivité territoriale de Corse*, *JORF* du 14 mai 1991, p. 6350.

a. Les germes d'une autonomie

La Corse, désormais qualifiée de collectivité territoriale à statut particulier aux côtés de Paris, de Lyon et de Marseille, a obtenu plusieurs statuts juridiques au fil des décennies jusqu'à bénéficier d'un statut unique, celui de collectivité territoriale de Corse par la loi du 13 mai 1991, dite statut Joxe. Implantant des institutions (Assemblée de Corse, conseil exécutif et conseil économique, social et culturel) cette loi visait une autonomie de gestion.

Certains auteurs comme Thierry Michalon, s'interrogeant sur la fin d'une catégorisation de la décentralisation et de l'autonomie, ont considéré que le statut de la Corse en 1991 empruntait déjà au régime des territoires d'outre-mer autonomes. Il a considéré que la notion d'autonomie avait déjà « fait son entrée dans notre droit interne comme régime d'administration locale distinct de la décentralisation par la loi du 22 décembre 1961 relative à l'organisation des Comores »[140]. Cette loi prévoyait dans son article 1er que « l'archipel des Comores forme au sein de la République française un territoire d'outre-mer doté de la personnalité juridique et jouissant de l'autonomie interne dans les conditions prévues par la présente loi »[141].

Mais il ne semble pas pour autant que l'autonomie se différencie clairement de la décentralisation territoriale. Cette idée ne peut être proposée qu'avec le recul gagné par d'autres réformes prononcées ces dernières décennies, en particulier l'adoption de la loi de 2002 pour le statut de la Corse et la révision constitutionnelle de 2003, qui, tout en insérant à l'article 2 de la Constitution que l'organisation de la République est décentralisée, a introduit les articles 72 à 75-1 (Titre XII) relatifs aux collectivités territoriales et le Titre XIII portant création d'une nouvelle catégorie *sui generis* à savoir la Nouvelle-Calédonie. Toutes ces réformes aboutissent en effet à reconnaître des statuts d'autonomie variés, mais elles le sont toujours dans le cadre de la décentralisation territoriale.

b. Vers une forme d'autonomie renforcée

Lionel Jospin avait déclaré que « l'unité n'est pas forcément l'uniformité »[142] et la loi du 22 janvier 2002[143] a complété le statut de la Corse en renforçant les compétences de la collectivité territoriale de Corse et en lui conférant un pouvoir d'adaptation des règlements nationaux à condition d'y avoir été habilité par la loi. Un large pouvoir réglementaire autonome lui est octroyé, mais le

---

[140] Thierry MICHALON, « La Corse entre décentralisation et autonomie. Vers la fin des catégories ? », *Revue française de droit administratif*, 7 (5), sept-oct. 1991, p. 732.

[141] Loi n° 61-1412, *JORF* 1961, p. 11822.

[142] Lionel JOSPIN, « Mon pari pour la Corse », *Le Nouvel Observateur*, 17 août et 23 août 2000, p. 26 et 29.

[143] Loi n° 2002-92 du 22 janvier 2002 *relative à la Corse*, *JORF* du 23 janvier 2002, p. 1503.

pouvoir législatif lui est refusé[144], alors que le gouvernement prévoyait à l'article 1er du projet de loi (article L.4424-2 IV du Code général des collectivités territoriales) que si l'Assemblée de Corse estimait rencontrer des difficultés d'application des dispositions législatives en vigueur ou en cours d'élaboration liées aux spécificités de l'île, elle pouvait demander que le législateur par une délégation de compétence lui offre la possibilité d'expérimenter une attribution et ainsi lui confère le pouvoir de fixer des normes applicables. Si en effet le Conseil constitutionnel a admis que des adaptations peuvent avoir lieu, elles doivent l'être dans l'intérêt général et à titre expérimental ; la durée d'autorisation étant donc limitée. Mais en aucun cas le législateur ne peut déléguer sa compétence à une autre autorité, et « ni l'Assemblée de Corse ni le conseil exécutif ne peuvent se voir attribuer des compétences ressortissant du domaine de la loi »[145]. L'Assemblée de Corse peut toutefois de sa propre initiative ou à la demande du conseil exécutif présenter des propositions tendant à modifier ou à adopter des dispositions législatives ou réglementaires concernant les compétences, l'organisation ou le fonctionnement de la collectivité territoriale de Corse ainsi que le développement économique, social et culturel de l'île.

Contrairement à d'autres grandes îles méditerranéennes, les institutions insulaires corses ne détiennent pas de pouvoir normatif. « La plupart des îles importantes bénéficient, au sein de nos nations d'Europe, d'un statut d'autonomie bien plus marqué que les évolutions envisagées pour la Corse, la différence étant que les Constitutions italienne, espagnole et portugaise ont prévu ces évolutions, ce qui n'est pas le cas de la France »[146].

Par la loi de 2002 les compétences de la collectivité territoriale de Corse sont étendues selon quatre principales catégories : celles-ci portent sur l'identité culturelle, incluant l'éducation et la transmission de la langue corse, l'aménagement et le développement du territoire, ainsi que le développement économique, l'environnement et les services de proximité.

La Convention n° 169, qui certes s'applique aux peuples indigènes et tribaux, propose aux États parties des pistes pour organiser sur leurs territoires et dans leur droit interne des mesures d'autodétermination interne. Ce texte n'énonce pas explicitement de droit à l'autodétermination interne, et d'ailleurs aucune de ses dispositions ne la nomme. En revanche, elle l'organise matériellement. La

---

[144] Le Conseil constitutionnel avait en effet déclaré qu'« en ouvrant au législateur, fût-ce à titre expérimental, dérogatoire et limité dans le temps, la possibilité d'autoriser la collectivité territoriale de Corse à prendre des mesures relevant du domaine de la loi, la loi déférée est intervenue dans un domaine qui ne relève que de la Constitution », décision n° 2001-454 DC du 17 janvier 2002 concernant la loi relative à la Corse.

[145] Conseil constitutionnel, décision n° 91-290 du 9 mai 1991.

[146] Pierre FERRARI, « Collectivités territoriales à statut spécial, commentaire de la loi du 22 janvier 2002 relative à la Corse », *AJDA*, février 2002, p. 86.

démarche de l'État français semble s'en rapprocher : ne pas nommer officiellement mais prendre des mesures variées permettant une réalisation plus ou moins éloignée de l'autodétermination interne.

La lecture de quelques dispositions de la Convention n° 169 invite à réfléchir sur la situation de la Corse depuis la loi du 22 janvier 2002. Les plus significatives qui pourraient se rapporter à la situation de la collectivité territoriale de Corse portent sur plusieurs éléments.

À titre indicatif et de façon schématique, peuvent être soulignés : le respect et le développement des identités culturelles distinctes à travers la transmission de la langue et de la culture minoritaire se traduisent pour la Corse par l'enseignement de la langue et de la culture corse dans les écoles aux heures normales, mais cet enseignement n'est pas rendu obligatoire. De plus, la mise en place et l'attribution de compétences à des institutions politiques, économiques et culturelles propres pourraient correspondre à la création et aux attributions de l'Assemblée délibérante de Corse, à son conseil exécutif et au conseil économique, social et culturel de l'île. Par ailleurs, une certaine autonomie financière et des ressources propres, ainsi que celles relatives aux droits fonciers pourraient trouver écho dans une certaine mesure avec les dispositions liées à l'aménagement et au développement durable de la Corse afin de protéger leur environnement sans gêner le développement économique, social et culturel de l'île. Par exemple, les articles L. 4424-33 du Code général des collectivités territoriales, L. 112-11, L. 112-2 et L. 31461-1 du Code rural affirment la compétence de la collectivité territoriale pour déterminer les grandes orientations du développement agricole, rural et forestier de l'île. La mise en œuvre dépend toutefois d'une convention passée entre la collectivité territoriale de Corse et l'État.

Cependant il est vrai que « le processus corse, même s'il s'est inspiré des apports liés à l'évolution des statuts des anciens TOM, ne va pas jusqu'à reconnaître à la Corse un statut identiques à celui de la Polynésie, ni *a fortiori* ne lui donne latitude de délibérer en matière législative, comme dans le cas des "lois du pays" reconnues pour la Nouvelle-Calédonie »[147].

B. *Les statuts de la Nouvelle-Calédonie et de la Polynésie française : « une entrée à pas feutrés »[148] de l'autodétermination interne ?*

L'outre-mer français a fait l'objet d'une réorganisation par la révision constitutionnelle du 28 mars 2003 et par la loi de programme pour l'outre-mer

---

[147] Jean-Luc BŒUF, Manuela MAGNAN, *Les collectivités territoriales et la décentralisation*, *op.cit.*, p. 87.

[148] Expression empruntée à Félicien LEMAIRE, « La question de la libre détermination statutaire des populations d'outre-mer devant le Conseil constitutionnel. La décision n° 2000-428 DC du 4 mai 2000 », *Revue du droit public*, n° 3, 2000, p. 930.

du 21 juillet 2003[149]. Si les mesures adoptées s'apparentent pour certaines collectivités qui sont situées en outre-mer, en particulier pour la Nouvelle-Calédonie et pour la Polynésie française, à des éléments constitutifs de l'autodétermination interne, elles ne le sont pas au titre d'une reconnaissance par l'État de peuples autochtones car l'article 72-3 de la Constitution ne reconnaît que l'existence de « populations d'outre-mer ».

Le principe de « la libre détermination des peuples » tel que mentionné dans le préambule de la Constitution[150] et interprété par le Conseil constitutionnel dans sa jurisprudence[151] trouve à s'appliquer dans ce cadre. Malgré l'emploi du terme « peuple », le principe s'applique aux populations d'outre-mer reconnues au sein du peuple français. Il s'agit bien de l'exercice d'une sorte d'autodétermination interne puisque une proposition de loi tendant à l'indépendance serait irrecevable (bien que le gouvernement puisse prendre l'initiative d'une consultation populaire tendant à l'indépendance), mais, en les nommant et en les énumérant (sauf la Nouvelle-Calédonie et les terres australes et antarctiques), la Constitution confirme leur intégration, leur appartenance à la République française. Pour autant, elle laisse la loi leur déterminer des statuts juridiques variés tenant compte de leurs spécificités locales et culturelles. Il semble donc bien que le principe constitutionnel de « la libre détermination des peuples » soit appliqué dans son volet interne mais dans le cadre de la décentralisation territoriale puisque régi entre autres par le nouvel article 74 après la révision constitutionnelle de 2003 énonçant que l'organisation de la République est décentralisée.

En fait, Félicien Lemaire montre qu'il s'agit avant tout de la reconnaissance de la libre détermination statutaire, qui n'est admise que pour les collectivités d'outre-mer ; elle est fortement encadrée et limitée par la compétence exclusive du législateur de détermination des statuts territoriaux. Le *droit* à la libre détermination des populations d'outre-mer ne consisterait en fait qu'en la

[149] Loi n° 2003-660, du 21 juillet 2003, de programme pour l'outre-mer. Elle a été modifiée et complétée par une série de lois : la loi n° 2007-224 du 21 février 2007, loi n° 2008-126 du 13 février 2008, loi n° 2009-594 du 27 mai 2009, loi n° 2009-1673 du 30 décembre 2009, et l'ordonnance n° 2010-1307 du 28 octobre 2010.

[150] « Le peuple français proclame solennellement son attachement aux Droits de l'homme et aux principes de la souveraineté nationale tels qu'ils ont été définis par la Déclaration de 1789, confirmée et complétée par le préambule de la Constitution de 1946, ainsi qu'aux droits et devoirs définis dans la Charte de l'environnement de 2004. En vertu de ces principes et de celui de la libre détermination des peuples, la République offre aux territoires d'outre-mer qui manifestent la volonté d'y adhérer des institutions nouvelles fondées sur l'idéal commun de liberté, d'égalité et de fraternité et conçues en vue de leur évolution démocratique. » Préambule de la Constitution française de 1958.

[151] Décisions du Conseil constitutionnel n° 228 DC, du 2 juin 1987, n° 428 DC, du 4 mai 2000, et n° 435 DC, du 7 décembre 2000.

possibilité pour ces populations d'être consultées sur un changement de statut, mais elles ne bénéficieraient pas d'un *droit* à un changement de statut[152].

Les collectivités situées en outre-mer ne bénéficient pas d'un statut juridique uniforme, au contraire elles sont réparties selon des catégories différentes[153] .

Les départements et régions d'outre-mer (DOM et ROM)[154] d'une part, qui sont soumis au régime législatif de l'identité législative prévu à l'article 73 de la Constitution. Les lois et règlements nationaux sont applicables de plein droit, mais, afin de prendre en compte les spécificités culturelles, la loi du 21 février 2007 a autorisé que des adaptations soient possibles à condition que le Parlement ait habilité les conseils généraux et régionaux, qu'elles concernent les domaines de compétence de ces collectivités, et enfin qu'elles ne portent pas atteinte à une liberté publique ou à un droit protégé par la Constitution. Ces collectivités peuvent aussi élaborer des règlements relevant du domaine de la loi sauf dans les matières régaliennes et sauf si ces règles portent atteinte à un droit ou à une liberté prévus par la Constitution. La loi de 2003 prévoit d'autre part l'existence des collectivités d'outre-mer (COM)[155]. Elles sont régies par l'article 74 de la Constitution, qui prévoit un régime de spécialité législative et d'autonomie, mais chacune de ces collectivités a un statut différent afin de tenir compte de leurs intérêts propres.

Initialement la Polynésie appartient à la catégorie des COM. Mais son statut d'autonomie a considérablement évolué[156] pour finalement la faire sortir de cette catégorie. Dotée d'une autonomie renforcée, la Polynésie est désormais qualifiée de « pays d'outre-mer au sein de la République ».

Un statut d'autonomie renforcée lui a été accordé par la loi du 27 février 2004[157]. Plusieurs dispositions de cette loi adoptée dans le cadre du processus de décentralisation contiennent des éléments rappelant l'autodétermination interne, même si elle ne reconnaît pas les Polynésiens comme un « peuple » détenteur d'un droit à l'autodétermination.

L'article 1er de cette loi prévoit que « la Polynésie française se gouverne librement et démocratiquement, par ses représentants élus et par la voie du référendum local, dans les conditions prévues par la présente loi organique ».

---

152 Félicien LEMAIRE, « La question de la libre détermination statutaire des populations d'outre-mer devant le Conseil constitutionnel. La décision n° 2000-428 DC du 4 mai 2000 », *op.cit.*, p. 931.

153 « Quiconque observe le fonctionnement juridique concret des collectivités territoriales ne peut qu'être frappé par la diversité des pratiques, les changements dans la forme et le contenu même des actes, les variations dans la tonalité des relations juridiques [...]. Il ne faut sûrement pas exagérer cette part de différenciation juridique territoriale, mais on ne peut pas nier qu'elle existe », Jean-Bernard AUBY, *La décentralisation et le droit*, *op.cit.*, p. 57.

154 La Guadeloupe, la Martinique, la Guyane, et la Réunion.

155 Mayotte, Saint-Pierre-et-Miquelon, Saint-Barthélemy et Saint-Martin, Wallis-et-Futuna.

156 La loi du 12 juillet 1977 avait accordé une autonomie administrative et financière, la loi du 6 septembre 1984 modifiée par les lois du 12 juillet 1990 et du 20 février 1995 avait accordé une autonomie interne.

157 Loi organique n° 2004-192 du 27 février 2004 *portant statut d'autonomie de la Polynésie française.*

Par ailleurs, « la République garantit l'autonomie de la Polynésie française ; elle favorise l'évolution de cette autonomie, de manière à conduire durablement la Polynésie française au développement économique, social et culturel, dans le respect de ses intérêts propres, de ses spécificités géographiques et de l'identité de sa population. »

L'article 4 précise que « la Polynésie française est représentée au Parlement et au Conseil économique, social et environnemental dans les conditions définies par les lois organiques ». L'article 5 crée et modifie des institutions : « Les institutions de la Polynésie française comprennent le président, le gouvernement, l'assemblée et le conseil économique, social et culturel. »

En tant que pays d'outre-mer de la République, la Polynésie se gouverne par ses propres représentants élus et par référendum local. L'organisation de la Polynésie emprunte au régime parlementaire dans ses institutions et leur fonctionnement. Le président est élu par l'assemblée délibérante de la Polynésie et il représente la collectivité d'outre-mer et dirige le gouvernement local, dont il a fixé la composition en nommant les ministres ; il dirige aussi l'action de l'administration.

Les membres de l'assemblée délibérante sont élus au suffrage universel direct et elle a pour fonctions de voter le budget de la collectivité, contrôler l'action du président et du gouvernement, dont elle peut engager la responsabilité en votant une motion de censure. Elle peut être dissoute par décret du présent de la République.

Par rapport aux autres collectivités, la Polynésie a connu un accroissement notable de ses compétences. Elle a le pouvoir d'adopter des délibérations et surtout les « lois du pays », qui concernent le droit civil, le droit du travail, la santé publique, le droit de l'environnement, l'emploi local et la fiscalité. Ces matières relèvent en principe du domaine de compétences de la loi (article 34 de la Constitution). Bien que les lois du pays interviennent dans des matières du domaine de la loi, elles restent tout de même des actes administratifs réglementaires sur lesquels le Conseil d'État exerce son contrôle de conformité à la loi et à la Constitution.

Le Conseil économique, social et culturel donne un avis consultatif sur les lois du pays et tous projets à caractère économique et social. Le Haut conseil de la Polynésie conseille le président et le gouvernement pour l'élaboration des lois du pays et l'adoption de leurs délibérations. Des mesures préférentielles organisant des transferts de biens fonciers peuvent être prises en faveur des personnes justifiant d'une durée de résidence suffisante en Polynésie ou de personnes mariées à ces résidents de longue durée[158].

---

158 Jean-Luc BŒUF et Manuela MAGNAN, *Les collectivités territoriales et la décentralisation*, *op.cit.*, p. 96.

Ces éléments ne sont pas sans rappeler les articles 3[159], 4[160] et 5[161] mais aussi 18[162], 19 et 20 de la *Déclaration sur les droits des peuples autochtones* lorsqu'ils reconnaissent le droit pour les peuples autochtones de s'administrer eux-mêmes pour tout ce qui touche à leurs affaires intérieures locales, de maintenir leurs institutions politiques, juridiques, économiques, sociales et culturelles distinctes tout en conservant le droit de participer pleinement à la vie politique, économique, sociale et culturelle de l'État ; ou encore le droit de participer à la prise de décisions par l'intermédiaire de leurs représentants qu'ils ont eux-mêmes choisis ; ou enfin lorsque la Déclaration leur reconnaît le droit de donner leur consentement préalable, libre et éclairé avant d'adopter des mesures législatives susceptibles de les affecter.

Le statut unique de la Nouvelle-Calédonie[163] va plus loin encore dans la conjugaison des principes constitutionnels de libre administration et de libre détermination des peuples pris dans son volet interne. Ce statut très particulier dont « l'ambition affirmée n'est rien moins que l'accession de la Nouvelle-Calédonie [...] à un degré d'autonomie sans équivalent, par transfert de compétences régaliennes, monnaie, défense, justice, affaires étrangères, avec un statut international »[164] exprime bien les fortes potentialités d'adaptation du principe de libre administration. Des transferts de compétences régaliennes ont déjà été mis en place, par exemple en matière fiscale, et d'autres sont encore à

---

159 Article 3 : « Les peuples autochtones ont le droit à l'autodétermination. En vertu de ce droit, ils déterminent librement leur statut politique et assurent librement leur développement économique, social et culturel. »

160 Article 4 : « Les peuples autochtones, dans l'exercice de leur droit à l'autodétermination, ont le droit d'être autonomes et de s'administrer eux-mêmes pour tout ce qui touche à leurs affaires intérieures et locales, ainsi que de disposer des moyens de financer leurs activités autonomes. »

161 Article 5 : « Les peuples autochtones ont le droit de maintenir et de renforcer leurs institutions politiques, juridiques, économiques, sociales et culturelles distinctes, tout en conservant le droit, si tel est leur choix, de participer pleinement à la vie politique, économique, sociale et culturelle de l'État. »

162 Article 18 : « Les peuples autochtones ont le droit de participer à la prise de décisions sur des questions qui peuvent concerner leurs droits, par l'intermédiaire de représentants qu'ils ont eux-mêmes choisis conformément à leurs propres procédures, ainsi que le droit de conserver et de développer leurs propres institutions décisionnelles. »

Article 19 : « Les États se concertent et coopèrent de bonne foi avec les peuples autochtones intéressés – par l'intermédiaire de leurs propres institutions représentatives – avant d'adopter et d'appliquer des mesures législatives ou administratives susceptibles de concerner les peuples autochtones, afin d'obtenir leur consentement préalable, donné librement et en connaissance de cause. »

Article 20 : « 1. Les peuples autochtones ont le droit de conserver et de développer leurs systèmes ou institutions politiques, économiques et sociaux, de disposer en toute sécurité de leurs propres moyens de subsistance et de développement et de se livrer librement à toutes leurs activités économiques, traditionnelles et autres. »

163 Voir Jean-Yves FABERON, « Nouvelle-Calédonie : la souveraineté partagée entre l'émancipation de la France et l'intégration à la France », Thierry MICHALON (dir.), *Entre assimilation et émancipation. L'outre-mer français dans l'impasse ?*, éd. Les Perséides, Rennes, 2006, p. 329-349.

164 Jean-Marc MAILLOT, *Institutions administratives*, *op.cit.*, p. 85.

venir ; ils ont fait l'objet de réflexions de la part du gouvernement dans le cadre de deux missions s'étalant sur deux périodes, l'une entre 2011 et 2013 et l'autre entre 2014 et 2016.

Ces transferts de compétences régaliennes interrogent la souveraineté étatique. Stéphane Pessina Dassonville[165] montre que pour autant les transferts de compétences qui ont déjà eu lieu ne portent pas atteinte à la souveraineté de l'État français. Le concept de souveraineté a évolué depuis la Seconde Guerre mondiale sous l'effet notamment de la mondialisation. De plus, il n'existe pas de souveraineté absolue car tout État souverain est engagé dans des interdépendances. Enfin plusieurs compétences régaliennes ont déjà été transférées à la Nouvelle-Calédonie par les Accords de Nouméa (en matière d'ordre public, de fiscalité, de relations internationales, de justice, de défense) sans que la souveraineté de l'État français ne soit fondamentalement remise en question.

Collectivité *sui generis*, la Nouvelle-Calédonie est régie par le titre XIII de la Constitution (aux articles 76 et 77) et « n'entre pas dans la nouvelle catégorie des collectivités d'outre-mer établie par la réforme de 2003 »[166]. Mais elle appartient encore à la catégorie des collectivités territoriales de la République puisque nommée au titre XII (article 72-3) de la Constitution.

Les dispositions des Accords de Nouméa avaient été signées le 5 mai 1998[167] entre le Gouvernement et les principaux partis politiques du territoire. Ils donnaient un statut provisoire et dérogatoire en attendant que la Nouvelle-Calédonie se détermine entre l'indépendance et un gouvernement autonome. Par maints aspects les dispositions de cet accord s'inspirent de la *Convention nº 169 relative aux peuples indigènes et tribaux*, que la France n'a cependant pas encore ratifiée.

Selon l'article 2 de la loi constitutionnelle du 20 juillet 1998[168], les accords ont dû être approuvés par « les populations de la Nouvelle-Calédonie »[169]. Cette démarche ressemble à l'exigence de consulter les peuples autochtones afin d'obtenir leur consentement préalable, libre et éclairé lorsqu'il s'agit d'adopter des mesures législatives susceptibles de les concerner[170].

---

165 Stéphane PESSINA DASSONVILLE, *in* « L'autodétermination de la Nouvelle-Calédonie : débats entre loyalistes et indépendantistes », Conférence organisée par l'association des anciens élèves du master 2 droit public approfondi de l'université de Rouen, le 24 mars 2016.

166 Jean-Luc BŒUF et Manuela MAGNAN, *Les collectivités territoriales et la décentralisation*, *op.cit.*, p. 97.

167 Accord sur la Nouvelle-Calédonie signé à Nouméa le 5 mai 1998, *JORF* nº 121 du 27 mai 1998 p. 8039.

168 Loi constitutionnelle nº 98-610 du 20 juillet 1998 *relative à la Nouvelle-Calédonie*, *JORF* nº 166 du 21 juillet 1998, p. 11143.

169 Les populations de ce territoire sont composées des Kanak, peuple autochtone, et d'un peuplement venu de l'extérieur, principalement de la métropole.

170 Article 19 de la *Déclaration sur les droits des peuples autochtones* (2007) et article 6 de la Convention nº 169 de l'OIT.

Le préambule des accords reconnaît l'existence du peuple autochtone kanak[171] et l'identité bafouée de ce peuple, dont le territoire a été colonisé au XIXe siècle et qui est devenu une possession française. Il reconnaît les discriminations et les spoliations foncières dont ont été victimes les kanak, ainsi que la nécessité d'accorder à ces populations la possibilité d'assurer, dans « un destin commun », le développement économique, politique, social et culturel de la Nouvelle-Calédonie[172]. Le préambule (dans son paragraphe 6) et l'article 1er de la Convention n° 169 portant sur le champ d'application de la Convention rappellent aussi ces données historiques communes à la majorité des peuples autochtones[173].

Par ailleurs sur un plan institutionnel, les Accords de Nouméa avaient donné lieu à la loi constitutionnelle du 20 juillet 1998, qui organisait des transferts progressifs de compétence (article 3 de la loi) qualifiés de définitifs par l'article 77 de la Constitution. Une citoyenneté locale n'autorise qu'à certains habitants justifiant d'une durée de résidence, et formant ainsi un corps électoral spécial, le droit de participer à l'élection des assemblées de province et du Congrès. La loi prévoit une préférence locale en matière d'emploi et donne une valeur législative à certains actes du Congrès (les lois du pays), sur lesquels le Conseil constitutionnel exerce un contrôle *a priori*. « La loi constitutionnelle du 20 juillet 1998 complétée par celle du 3 février 2007 revêt à maints égards une portée novatrice et originale, en ce qu'elle instaure une relation de nature fédérale innomée entre la République et l'une de ses collectivités – qui n'a d'ailleurs plus la qualité de collectivité territoriale. »[174]

Des institutions coutumières composées d'un Sénat coutumier et de conseils coutumiers sont reconnus, ce qui correspond à la Convention n° 169 mentionnant tout au long de ses dispositions la nécessité de maintenir et de

171 Le préambule utilise les termes de « population d'origine », « peuple kanak » et « peuple autochtone ».

172 « Les signataires des accords de Matignon ont donc décidé d'arrêter ensemble une solution négociée, de nature consensuelle, pour laquelle ils appelleront ensemble les habitants de Nouvelle-Calédonie à se prononcer. »

173 « Notant que, dans de nombreuses parties du monde, ces peuples ne peuvent jouir des droits fondamentaux de l'homme au même degré que le reste de la population des États où ils vivent et que leurs lois, valeurs, coutumes et perspectives ont souvent subi une érosion; » (§ 6) ; « La présente convention s'applique : (a) aux peuples tribaux dans les pays indépendants qui se distinguent des autres secteurs de la communauté nationale par leurs conditions sociales, culturelles et économiques et qui sont régis totalement ou partiellement par des coutumes ou des traditions qui leur sont propres ou par une législation spéciale ; (b) aux peuples dans les pays indépendants qui sont considérés comme indigènes du fait qu'ils descendent des populations qui habitaient le pays, ou une région géographique à laquelle appartient le pays, à l'époque de la conquête ou de la colonisation ou de l'établissement des frontières actuelles de l'État, et qui, quel que soit leur statut juridique, conservent leurs institutions sociales, économiques, culturelles et politiques propres ou certaines d'entre elles. » (Article 1er)

174 Stéphane DIEMERT, « L'histoire constitutionnelle de l'outre-mer sous la Ve République », *Les Nouveaux Cahiers du Conseil constitutionnel*, n° 35, avril 2012.

renforcer le rôle des institutions sociales, économiques, culturelles et politiques des peuples autochtones.

Les Kanak sont régis, pour l'ensemble du droit civil, par leurs coutumes, lesquelles s'imposent aux juges étatiques, qui sont assistés, lorsqu'ils l'appliquent, par des assesseurs coutumiers. Le rôle des coutumes et droits coutumiers sont régis par le chapitre 1.2 des accords de Nouméa. Cependant à cause du principe de l'unité du droit pénal au sein de la République, le droit pénal coutumier kanak n'est pas reconnu par le droit français[175].

Cette reconnaissance des coutumes et des droits coutumiers des peuples autochtones est également exigée par la Convention n° 169 dans plusieurs articles : les mesures prises par les gouvernements doivent respecter les traditions et les coutumes (article 2 § 2).

« En appliquant la législation nationale aux peuples intéressés, il doit être dûment tenu compte de leurs coutumes ou de leur droit coutumier. Les peuples intéressés doivent avoir le droit de conserver leurs coutumes et institutions dès lors qu'elles ne sont pas incompatibles avec les droits fondamentaux définis par le système juridique national et avec les droits de l'homme reconnus au niveau international » (article 8) et même en matière pénale le droit coutumier doit être respecté à condition qu'il soit compatible avec les droits de l'homme (article 9).

Mais en droit français cette reconnaissance de la place de la coutume kanak est limitée par deux facteurs : seul le statut civil coutumier est reconnu, excluant ainsi la matière pénale, et il faut que la relation implique deux citoyens de statut coutumier kanak. La coutume ne s'applique pas dans les relations juridiques mixtes lorsqu'elles impliquent un citoyen de statut de droit commun et un citoyen de statut coutumier kanak, ou bien deux citoyens relevant de statuts personnels différents. Dans ces cas, le droit commun seulement est applicable.

Toute la protection et tout le développement du patrimoine culturel kanak, en ce qui concerne notamment l'utilisation des langues, trouvent aussi leur place dans les Accords de Nouméa (au chapitre 1.3) comme l'exigent les articles 28 et 30 de la Convention n° 169 et le paragraphe 3 de son préambule : « Prenant acte de l'aspiration des peuples en question à avoir le contrôle de leurs institutions, de leurs modes de vie et de leur développement économique propres et à conserver et développer leur identité, leur langue et leur religion dans le cadre des États où ils vivent »).

Les accords de Nouméa reconnaissent l'attachement des Kanak à la terre (« L'identité de chaque Kanak se définit d'abord en référence à une terre ») et prévoient des mesures y afférant régies par le chapitre 1.4. Elles mettent en place l'Agence de développement rural et d'aménagement foncier (ADRAF) et

---

[175] Valérie PARISOT, « Justice pénale républicaine et doit coutumier kanak », *in* Stéphane PESSINA DASSONVILLE, *Le statut des peuples autochtones. À la croisée des savoirs*, *op.cit.*, p. 183-208.

prévoient que « les terres coutumières doivent être cadastrées pour que les droits coutumiers sur une parcelle soient clairement identifiés. De nouveaux outils juridiques et financiers seront mis en place pour favoriser le développement sur les terres coutumières, dont le statut ne doit pas être un obstacle à la mise en valeur ». Les terres coutumières « seront constituées des réserves, des terres attribuées aux "groupements de droit particulier local" et des terres qui seront attribuées par l'ADRAF pour répondre aux demandes exprimées au titre du lien à la terre. Il n'y aura plus ainsi que les terres coutumières et les terres de droit commun. Des baux seront définis par le Congrès, en accord avec le Sénat coutumier, pour préciser les relations entre le propriétaire coutumier et l'exploitant sur les terres coutumières. Les juridictions statuant sur les litiges seront les juridictions de droit commun avec des assesseurs coutumiers ».

Des référendums organisés en 2014 et en 2018 offrent la possibilité aux habitants de se prononcer sur l'accès à l'indépendance de cette collectivité *sui generis* ou sur son rattachement à la France.

À ce sujet, Arnaud de Raulin[176] a expliqué que dans la pratique la conception traditionnelle opposant les « loyalistes » aux « indépendantistes » n'est plus pertinente dans le débat actuel car il n'existe pas de pensée binaire incarnée en deux blocs distincts et opposés.

Il existe plutôt une échelle de solutions multiples allant de la plus « souverainiste » à la plus « loyaliste ».

La première possibilité est la position indépendantiste, qui réside dans l'accession à la pleine souveraineté.

La deuxième possibilité serait d'obtenir un statut d'État associé, comme les États fédérés de Micronésie, par exemple. Elle serait dotée d'une souveraineté fondée sur un traité liant les deux États souverains que seraient alors la France et la Nouvelle-Calédonie, comme le permet d'ailleurs la Constitution française dans son article 88[177] titre XIV relatif à la francophonie et aux accords d'association.

La troisième solution serait d'être pays associé comme c'est le cas des îles Cook dans l'océan Pacifique, qui sont un État associé avec la Nouvelle-Zélande. Dans ce cas, il n'y aurait qu'un seul État souverain (la France) et la Nouvelle-Calédonie serait une entité au sein de la République avec des compétences très étendues, de sorte qu'elle exercerait l'autodétermination interne.

Enfin la quatrième possibilité serait de maintenir un *statu quo* et d'augmenter l'autonomie institutionnelle, mais dans le cadre d'une décentralisation poussée.

---

[176] Arnaud DE RAULIN, « L'autodétermination de la Nouvelle-Calédonie : débats entre loyalistes et indépendantistes », Conférence organisée par la faculté de droit de l'université de Rouen, le 24 mars 2016, *op.cit.*

[177] « La République peut conclure des accords avec des États qui désirent s'associer à elle pour développer leurs civilisations. » (Article 88 de la Constitution.)

Il montre aussi que dans la mesure où l'autonomie ne fait que progresser dans l'histoire des relations entre l'État français et la Nouvelle-Calédonie, il n'est pas impossible qu'un accord spécial émerge, de sorte qu'il conduirait à une sorte de « fédéralisme à la française »[178] avec une souveraineté interne et qui permettrait de préserver les liens avec l'Union européenne, notamment pour continuer à bénéficier des financements en tant que pays et territoires d'outre-mer (PTOM).

Enfin, quel que soit le degré d'autonomie choisi, l'enjeu n'est pas seulement la remise en cause du concept d'État unitaire, mais il concerne aussi la survie économique de ces populations : les habitants de la Nouvelle-Calédonie vivent dans une culture anglo-saxonne qui a une approche pragmatique des concepts et ils peuvent constater que beaucoup d'États indépendants dans cette région du Pacifique ont un développement économique difficile.

Les Kanak ont proclamé une *Charte du Peuple kanak*, créée, validée et signée par les autorités des huit aires coutumières de Nouvelle-Calédonie le 12 avril 2014[179]. Ce texte historique tente de se réapproprier les accords de Nouméa, mais dans une perspective d'autochtonie, et non plus dans la logique de la décentralisation territoriale et de son principe constitutionnel de libre administration des collectivités. Ainsi elle prévoit notamment que l'ensemble des chefferies serait constitué en Assemblée du peuple kanak chargée « d'exercer les attributs de la souveraineté autochtone kanak ». L'actuel Sénat coutumier aurait le rôle d'exécutif de cette Assemblée.

Ainsi la révision constitutionnelle du 28 mars 2003 a permis des évolutions significatives au sein de la République dans l'articulation des principes constitutionnels de libre administration des collectivités et de libre détermination des peuples, ou plus exactement des populations d'outre-mer. La notion d'autonomie semble même avoir trouvé une place formelle dans la Constitution grâce à l'article 74 al. 7 de la Constitution consacré aux collectivités d'outre-mer (COM) : il autorise une « modulation du régime de spécialité au cas par cas »[180] et il prévoit explicitement la possibilité pour certaines de ces collectivités d'intervenir dans le domaine législatif. Il reconnaît

---

[178] Sur ce point, voir aussi Stéphane PESSINA DASSONVILLE, « Regard sur la singulière évolution des relations institutionnelles entre la France et la Nouvelle-Calédonie : une dynamique fédéraliste fluctuante depuis 60 ans », dans le cadre du Colloque international pluridisciplinaire intitulé « Fédéralisme, Décentralisation et Régionalisation de l'Europe », organisé à la faculté de droit de Rouen par le Centre Universitaire Rouennais d'Etudes Juridiques (CUREJ), l'Institut de Recherche Interdisciplinaire Homme Société (IRIHS), l'Association Alumni des Anciens étudiants du Master II Services et Politiques Publics et le Centre de Gestion de la Seine-Maritime, les 5 et 6 novembre 2015.

[179] Voir le site du Sénat coutumier, http://www.senat-coutumier.nc/le-senat-coutumier/la-charte-du-peuple-kanak

[180] Stéphane DIEMERT, « L'histoire constitutionnelle de l'outre-mer sous la Ve République », *op.cit.*, § 10.

à certaines COM (sauf la Nouvelle-Calédonie, pour laquelle l'article 74 ne s'applique pas) une autonomie leur permettant de prendre des mesures préférentielles en faveur de leurs habitants en matière d'accès à l'emploi ou de protection du patrimoine foncier par exemple. Leurs actes sont aussi soumis à un contrôle juridictionnel spécifique du Conseil d'État.

Valorisant la rupture avec le centralisme et la recherche d'un consensus autour des statuts des collectivités territoriales, Félicien Lemaire[181] conclut qu'il faut « féliciter le Conseil constitutionnel de rendre possible cette transformation dans l'État, dans la mesure où il s'agit désormais d'envisager l'exercice du droit à l'autodétermination davantage comme une possibilité de faire vivre au sein d'une République consolidée les particularismes locaux, plutôt que comme l'expression d'un ultimatum entre l'indépendance formelle et le *statu quo* ».

---

[181] Félicien LEMAIRE, « La question de la libre détermination statutaire des populations d'outre-mer devant le Conseil constitutionnel. La décision n° 2000-428 DC du 4 mai 2000 », *op.cit.*, p. 931.

CONCLUSION DU CHAPITRE I

D'un point de vue conceptuel, l'autodétermination interne et l'autonomie locale sont des droits qui se distinguent formellement et substantiellement.

L'approche de la Norvège concernant ces notions reflète cette distinction établie : les revendications identitaires du peuple sámi sont prises en compte par des éléments de l'autodétermination interne, tandis que l'autonomie locale est appliquée uniquement aux collectivités locales norvégiennes.

Dans la pratique, les solutions aux revendications identitaires de minorités culturelles adoptées par les États sont foisonnantes et hétérogènes ; la France, avec la décentralisation territoriale renforcée, en est une illustration.

La décentralisation territoriale n'est pas un droit mais un mode d'organisation d'un État unitaire. Il semble donc inenvisageable de considérer la décentralisation comme une modalité ou une déclinaison de l'autodétermination interne, qui, elle, est un droit dont les bénéficiaires sont les peuples qui l'exercent dans des situations étroitement encadrées par le droit international. La décentralisation ne peut figurer aux côtés de l'autonomie, même si cette dernière offre de nombreuses variations selon les formes et les degrés qu'un État lui accorde.

Cependant, le cas français montre qu'un décloisonnement de ces catégories juridiques est envisageable. La décentralisation territoriale peut servir de cadre étatique permettant un exercice informel de l'autodétermination interne[182]. Certes, l'autodétermination interne ne trouve pas (encore) sa place formellement dans le droit français à cause de l'interprétation du principe d'indivisibilité, mais elle peut être organisée matériellement par le législateur si son exercice s'inscrit dans le cadre de la décentralisation territoriale, qui, elle, a une valeur constitutionnelle.

Pratiquer la décentralisation renforcée n'exclut pas l'exercice d'une forme de l'autodétermination interne. L'une et l'autre peuvent coexister ; l'une peut même exister dans le cadre de l'autre.

De plus, la notion d'autodétermination suscite beaucoup de crispations de la part des États tant elle résonne comme une possible atteinte à leur intégrité territoriale et à leur souveraineté. Elle aurait pourtant peut-être intérêt à être

[182] Une réponse positive dans ce sens est aussi partagée par Sylvie HU, dans son étude sur « La reconnaissance au profit de certaines collectivités territoriales situées outre-mer d'un droit à l'autodétermination interne. Contribution à l'étude des articles 73, alinéa 7 et 72-4 de la Constitution française du 4 octobre 1958 », mémoire en vue de l'obtention du DEA sous la direction de François ORAISON, université de la Réunion, 2003-2004, 81 p.

« dédramatisée » car elle se compose de deux dimensions, l'une externe et l'autre interne, et si elle est énoncée dans des instruments internationaux, sa mise en œuvre par les États n'a pas vocation à s'appliquer de manière homogène et selon une approche théorique et systématique. La diversité des applications nationales montre qu'il est possible de lui donner une dimension à la fois fonctionnelle et relationnelle.

En ce sens, l'autodétermination interne est un droit à géométrie variable.

C'est la flexibilité dans les modalités de mise en œuvre laissée aux États tant par la *Charte européenne de l'autonomie locale* que par la *Convention nº 169 relative aux peuples indigènes et tribaux* et par la *Déclaration sur les droits des peuples autochtones* qui permet un rapprochement fonctionnel de ces notions.

Ainsi, l'autodétermination interne et la décentralisation territoriale ont toutes deux des applications à géométrie variable[183] qui se déclinent comme un nuancier de couleurs. Ce sont des instruments flexibles, adaptables aux diverses situations que l'État rencontre sur son territoire. L'autodétermination peut s'exercer selon plusieurs aspects de l'autonomie (personnelle, territoriale, politique, ou encore culturelle). La décentralisation territoriale française, afin de prendre en compte les réalités locales et répondre à certaines revendications identitaires, offre autant la capacité d'accorder un statut de droit commun à des collectivités territoriales que celle d'accorder des statuts particuliers, comme à la Corse, ou encore celle de créer une collectivité *sui generis*, comme pour la Nouvelle-Calédonie.

---

183 L'expression est utilisée par Jean-Marc MAILLOT à propos de la décentralisation en France : « ce mécanisme diversifié aboutit à une décentralisation à géométrie variable », *in Institutions administratives*, *op.cit.*, p. 42.

CHAPITRE II

L'émergence d'Etats unitaires modernisés

Le respect du pluralisme culturel sur le territoire d'un État démocratique implique pour lui l'élaboration d'aménagements institutionnels et constitutionnels susceptibles d'avoir une incidence sur son organisation étatique. Les réformes internes menées par l'État concerné peuvent faire évoluer sa structure initiale.

Plusieurs exemples comme celui de l'État fédéral du Canada avec les revendications d'accession à l'indépendance du Québec[1], mais aussi les cas de la Belgique[2], de l'Italie, de l'Espagne, et également celui du Royaume-Uni depuis la dévolution des pouvoirs à l'Écosse et au Pays de Galles en 1997 et le nouveau statut de l'Irlande du Nord en 1998[3], montrent comment l'organisation étatique, la forme étatique, peut se trouver affectée par ces aménagements constitutionnels et institutionnels, au point que l'on peut se demander quelquefois si l'État initialement et formellement unitaire l'est encore ou bien s'il n'a pas évolué vers une forme attenante au fédéralisme.

L'État unitaire, à condition d'être démocratique, est susceptible d'évoluer progressivement afin de devenir un État unitaire complexe[4].

Il apparaît qu'il existe plusieurs manières pour un État d'être complexe : par exemple en devenant un État hybride[5], comme les systèmes italien (État régional) ou espagnol (État autonomique), qui sont les plus représentatifs de ce modèle mixte. Un État unitaire peut aussi se complexifier en développant un fédéralisme asymétrique comme le Danemark avec les îles Féroé et Åland[6], ou bien le Portugal, qui est aussi un État unitaire mais dont l'article 6 de la Constitution[7] qualifie seulement les territoires ultra-marins des Açores et de

---

[1] Si le statut du Québec était davantage renforcé, « on aboutirait ainsi à un remodelage profond du système canadien et à une évolution de celui-ci vers une quasi-confédération à deux », Jacques-Yvan MORIN et José WOEHRLING, *Les Constitutions du Canada et du Québec – Du régime français à nos jours*, *in* Marie-Gabrielle CALAMARTE-DOGUET, *Les collectivités territoriales à statut particulier entre autonomie et contrôle- Étude comparative d'une catégorie atypique*, Thèse en vue de l'obtention du doctorat, Université de Paris I, 2001, sous la direction de Jacques ZILLER, p. 419 et p. 413 à 431.

[2] La Belgique a longtemps été un État unitaire avant de devenir un État fédéral en 1993.

[3] Louis FAVOREU, Patrick GAÏA, Richard GHEVONTIAN, Jean-Louis. MESTRE, Otto PFERSMANN, André ROUX, Guy SCOFFONI, *Droit constitutionnel*, Précis Dalloz, 17e édition, 2015, p. 485.

[4] Il s'agit d'un État unitaire « qui sans perdre son unité de structure, présente cependant de grandes diversités locales d'administration et surtout de législation, voire de juridiction », Charles CADOUX, *Droit constitutionnel et Institutions politiques*, Tome 1, Théorie générale des institutions politiques, 4e édition, Cujas, 1995, p. 53.

[5] Le terme hybride est employé par Carolina CERDA-GUZMAN, *Droit constitutionnel et Institutions de la Ve République*, 2e édition, Gualino, p. 48.

[6] Jacques ZILLER, « Existe-t-il un modèle européen d'État pluriculturel ? », *in* Paul DE DECKKER et Jean-Yves FABERON (dir.), *L'État pluriculturel et les droits aux différences*, Bruylant, 2003.

[7] L'article 6 de la Constitution du Portugal énonce : « 1 - L'État est unitaire et observe tant dans son organisation que son action l'autonomie des régions insulaires et les principes de la subsidiarité, de l'autonomie des collectivités territoriales et de la décentralisation démocratique de l'administration.

Madère de régions autonomes et les dote d'une forte autonomie interne dans les domaines législatif et exécutif alors qu'il n'existe pas d'autres collectivités territoriales de niveau régional et que celles existant au niveau municipal ont une autonomie réduite comparée à celle accordée dans les autres pays de l'Union européenne[8].

« Une forme étatique peut sembler inchangée, alors que précisément son contenu actuel ne répond plus à son affichage constitutionnel.[9] » Avec la révision constitutionnelle française du 28 mars 2003 traitant des statuts des collectivités situées à l'outre-mer, des auteurs comme Félicien Lemaire rapprochent par certains aspects la France de la forme hybride ; d'autres auteurs tels Thierry Michalon[10], Florence Faberon[11] ou encore Jean Gicquel[12] vont même plus loin en considérant que la Nouvelle-Calédonie « évolue vers la condition d'un État fédéré *sui generis* via la constitutionnalisation de l'accord de Nouméa » avec l'insertion de l'article 77 (Titre XIII portant dispositions transitoires relatives à la Nouvelle-Calédonie) dans la Constitution française.

Mais est-il pertinent de faire le même constat concernant la préservation par les États français et norvégien des particularismes culturels sámi et corse : les réformes statutaires de la Corse ont-elles eu une incidence sur la forme unitaire de l'État français au point de remettre celle-ci fondamentalement en question ? Les mesures protectrices de la culture autochtone sámi amènent-elles la Norvège à connaître elle aussi une telle évolution ?

« 2 - Les archipels des Açores et de Madère sont des régions autonomes dotées d'un statut politique et administratif et d'organes de gouvernement qui leur sont propres. »

[8] Jacques ZILLER, « Les États européens et les territoires ultra-marins placés sous leur souveraineté », *Nouveaux Cahiers du Conseil constitutionnel,* n° 35, avril 2012, article consultable sur le site du Conseil constitutionnel : http://www.conseil-constitutionnel.fr/conseil-constitutionnel/francais/nouveaux-cahiers-du-conseil/cahier-n-35/les-États-europeens-et-les-territoires-ultra-marins-places-sous-leur-souverainete.105485.html.

[9] Vlad CONSTANTINESCO et Stéphane PIERRE-CAPS, *Droit constitutionnel*, Thémis droit, PUF, 6e édition, 2014, p. 260.

[10] Thierry MICHALON, « Pour la Nouvelle-Calédonie, l'hypothèse fédérale », *in* Jean-Yves FABERON, (dir.), *L'avenir statutaire de la Nouvelle-Calédonie*, Paris, La Documentation française, 1997, p. 221-241.

[11] L'auteure montre comment la solution politique du fédéralisme a pu irriguer le processus de décolonisation de la France envers ses colonies, et en particulier pour la Nouvelle-Calédonie. « Dans le lien d'avenir en débat entre la France et la Nouvelle-Calédonie, le fédéralisme donne des réponses, d'autant plus qu'il laisse place à l'imagination politique et juridique. […] il en existe pratiquement autant d'applications que de cas. Il pourrait permettre à la Nouvelle-Calédonie d'accéder à un statut d'État tout en composant un ensemble structuré avec la France, de participer à un ensemble fédéral tout en préservant une autonomie authentique. » Florence FABERON, « Le fédéralisme, solution française de décolonisation : le cas de la Nouvelle-Calédonie », p. 3, consulté sur le site de l'Université de droit d'Oslo, https://www.jus.uio.no/english/research/news-and-events/events/conferences/2014/wccl-cmdc/wccl/papers/ws2/w2-faberon.pdf.

[12] Jean GICQUEL et Jean-Éric GICQUEL, *Droit constitutionnel et institutions politiques,* éd. Lgdj, 29e édition, 2015, p. 88.

En d'autres termes, avec les réformes sur la Corse et celles sur les Sámi, la France et la Norvège tendent-elle à évoluer vers une forme d'État régional ou ont-elles gardé leur forme traditionnellement unitaire, sachant que l'État unitaire est un idéal type qui ne s'illustre pas dans les faits, qu'aucun État unitaire pur n'a été ni n'est praticable ?[13]

La forme d'autonomie que les États français et norvégien ont accordée à la Corse et aux Sámi est encadrée à fois par leur Constitution ou par le législateur et par les institutions mises en place par eux-mêmes. L'État tient ainsi toujours les rênes de l'autonomie qu'il accorde.

Certes, les réformes sur les statuts des Sámi et de la Corse questionnent, mais jusqu'alors elles n'ont pas transformé ces États, qui, tout en s'adaptant à des revendications identitaires, ont pu tout de même maintenir leur structure unitaire **(I)**.

Toutefois, les efforts d'adaptation entrepris par ces États pour maintenir la vitalité des identités culturelles corse et sámi ont contribué à moderniser le visage de l'État unitaire en faisant d'eux des États unitaires décentralisés et pluriculturels **(II)**.

I. Le maintien de la structure unitaire des États français et norvégien

Certains marqueurs, comme le développement des compétences internationales des collectivités territoriales d'outre-mer[14], ou les réformes institutionnelles portant sur un nouveau statut juridique de la Polynésie française et de la Nouvelle-Calédonie, avec transfert de compétences régaliennes, parlent en faveur d'une mutation du visage unitaire de l'État français, au point que des auteurs comme Thierry Michalon ou Félicien Lemaire évoquent le statut d'État fédéré *sui generis* pour la Nouvelle-Calédonie ou celui d'État proche du modèle régional italien.

Toutefois, la France et la Norvège sont restées des États unitaires malgré les aménagements de leurs institutions et de leurs constitutions afin de prendre en compte les particularismes locaux sámi et corse sur leurs territoires. Les États unitaires français et norvégien ont certes accepté d'assouplir leurs exigences de conformité avec le principe constitutionnel d'indivisibilité en créant des statuts singuliers pour protéger les cultures sámi et corse, mais aucun ne semble avoir profondément remis en cause la structure unitaire des États français et

---

[13] Vlad CONSTANTINESCO, Stéphane PIERRE-CAPS, *op.cit.*, p. 261.

[14] Circulaire n° 34914 du ministre des Affaires étrangères et européennes et de la ministre chargée de l'Outre-mer, ayant pour objet les compétences exercées par les collectivités territoriales d'outre-mer en matière internationale, 2012, http://circulaires.legifrance.gouv.fr/pdf/2012/03/cir_34914.pdf.

norvégien. Le potentiel d'adaptation de ces États face aux revendications identitaires corse et sámi (*§ 1*) doit alors être souligné. Malgré la différence de solutions adoptées, le maintien de la structure unitaire des États français et norvégien repose sur un mode similaire de gestion de la différence (*§ 2*).

§ 1. Le potentiel d'adaptation des États français et norvégien face aux revendications identitaires corse et sámi

Les efforts et les tentatives d'adaptation sont au cœur même de la recherche de conciliation. Pourtant, souvent, dans la mise en œuvre d'une forme d'autonomie, les États s'élèvent contre le risque de transformation de leur forme unitaire à travers une atteinte à leur principe constitutionnel d'indivisibilité et à leur souveraineté. D'une certaine manière, « les choses se passent comme si les États unitaires poussés vers le fédéralisme (ou en tout cas à un degré très abouti de décentralisation) refusaient d'opter pour la forme fédérale déclarée et s'en tenaient à une situation hybride [...].[15] »

Une brève présentation des caractéristiques de l'État mixte (ou régional) (A) révèle que celles-ci ne sont pas partagées par les États français et norvégien dans leurs relations avec la collectivité territoriale de Corse et le peuple sámi (B).

A. Les caractéristiques de l'État mixte

a. Le modèle des États mixtes

Le modèle des États mixtes – ou en situation hybride – apparaît dans le paysage juridique à partir de l'étude de systèmes complexes tels que l'Italie, l'Espagne, ou la Belgique avant qu'elle ne devienne un État fédéré en 1993. Ces États mixtes, ou États unitaires complexes, sont appelés États autonomiques ou régionaux, en référence à l'État autonomique espagnol et à l'État régional italien.

La doctrine reconnaît unanimement l'évolution des structures de ces États unitaires, pouvant aller même jusqu'à devenir un État fédéral comme la Belgique depuis 1993, mais elle se divise quant à savoir s'il s'agit d'une véritable nouvelle forme d'État[16], une troisième catégorie intercalée entre l'État unitaire et l'État fédéral, ou bien s'il s'agit toujours d'un État unitaire ayant poussé très

---

[15] Michel MERCIER, « Pour une république territoriale : l'unité dans la diversité », Rapport d'information 447, tome 1, 1999-2000, consulté sur le site du Sénat, www.sénat.fr.

[16] Telle est la position par exemple de Jean GICQUEL : « l'État autonomique ou régional ou de la dévolution est une catégorie supplémentaire qu'il faut intercaler entre État unitaire et État fédéral. » Elle est une forme intermédiaire. *In* Jean GICQUEL et Jean-Éric GICQUEL, *Droit constitutionnel et institutions politiques*, LGDJ, 27e édition, 2013.

loin le processus de décentralisation, et constituant alors une forme transitoire vers les formes composées d'État[17].

Ainsi, pour Francis Hamon et Michel Troper, il existe seulement deux catégories de formes d'État et ils ne considèrent pas les États hybrides comme constituant une troisième catégorie en tant que telle. Pour ces auteurs, l'État régional est un État unitaire qui a connu une expérience de décentralisation très poussée, la plus aboutie. Ils précisent que « le degré le plus élevé de décentralisation est celui de l'État régional, dans lequel les sujets des normes locales, regroupés en régions relativement vastes, doivent leur autonomie non à la loi, mais à la constitution nationale[18] ».

D'autres auteurs comme Louis Favoreau[19] sont plus circonspects en reconnaissant que l'État régional (ou État autonomique ou États des autonomies) est un État intermédiaire qui « se situe dans une position intermédiaire entre l'État unitaire classique (comme la France) et l'État fédéral ». Mais ils s'interrogent tout de même : « on peut légitimement se demander s'il s'agit là d'une forme nouvelle d'État ou plutôt d'une forme transitoire, une étape dans un processus d'évolution vers le fédéralisme. »

Certains auteurs déconsidèrent cette forme d'État hybride, qui ne serait autre que le fruit d'un échec : « Cette nouvelle forme d'organisation, empreinte d'hybridité, se révèle comme le fruit d'un échec, celui de l'État unitaire à la française, qui ne permit pas d'intégrer les pluralismes culturels des pays concernés.[20] »

Selon Philippe Ardant et Bertrand Mathieu[21], il existe plusieurs formes d'États selon leur degré d'unification juridique. La variété des formes et des organisations des États « témoigne de la diversité des cheminements historiques que chaque culture politique a empruntés ».

---

[17] Cette idée est défendue par exemple par Vlad CONSTANTINESCO et Stéphane PIERRE-CAPS, pour qui « L'État régional est une forme particulière d'État unitaire qui marque une transition vers les formes composées d'État. Elle est une forme d'État à la charnière entre formes simples et formes complexes. », *op.cit.,* p. 260-279.De même pour Carolina CERDA-GUZMAN, *Droit constitutionnel et Institutions de la Ve République*, *op.cit.*, p. 47-48.
Sur ce point, voir surtout les actes du colloque international tenu à Angers les 23 et 24 mai 2007, organisé par le Laboratoire de recherches sur les actes juridiques, LARAJ, *L'État régional, une nouvelle forme d'État ? Un exemple de recomposition territoriale en Europe et en France*, Jean FOUGEROUSE (dir.), Bruxelles, Bruylant, 2008 ; et aussi les actes des journées d'études du Centre d'études politiques et constitutionnelles du laboratoire Ermees, *L'État autonomique : forme nouvelle ou transitoire en Europe ?*, Christian BIDEGARAY (dir.), Actes des journées d'études du Centre d'études politiques et constitutionnelles du laboratoire Ermees, éd. Economica, Paris, 1994.

[18] Francis HAMON et Michel TROPER, *Droit constitutionnel*, LGDJ, Paris, 34e édition, 2013, p. 78.

[19] Louis FAVOREU et autres, *Droit constitutionnel*, *op.cit.*, p. 485.

[20] Jean-Pierre DUPRAT, *in* Jean GICQUEL et Jean-Éric GICQUEL, *Droit constitutionnel et institutions politiques*, *op.cit.*, p. 88.

[21] Philippe ARDANT, Bertrand MATHIEU, *Droit constitutionnel et institutions politiques*, 26e édition, LGDJ, Lextenso, 2014, p. 42-43.

La forme d'un État est influencée par plusieurs facteurs : l'histoire politique, le résultat de ses expériences, et répond à des éléments objectifs comme la taille et la localisation de la population, les conditions géographiques[22].

On distingue traditionnellement les États unitaires (qui peuvent être centralisés ou décentralisés) et les États composés incluant la confédération, les États fédéraux[23], et les États régionaux ou autonomiques et dans lesquels coexistent plusieurs centres de production du droit. « Entre les États fédéraux et les États unitaires, de nombreuses situations intermédiaires peuvent se rencontrer, qui font penser qu'il y a parfois des différences de degré plus que de nature sur une échelle qui irait de l'État le plus unitaire jusqu'à la fédération pure.[24] »

Dans sa définition, l'État mixte répond à des mécanismes spécifiques qui le caractérisent.

Dans ces États, une véritable autonomie politique est accordée à des entités, communautés ou régions autonomes. Le droit à l'autonomie est prévu par la Constitution de ces États, mais si le droit à l'autonomie est reconnu constitutionnellement, le statut des communautés infra-étatiques a seulement une valeur législative et doit être approuvé par l'État, qui vérifie, à travers sa cour constitutionnelle, la compatibilité de ces statuts avec les dispositions de la constitution.

Les entités infra-étatiques sont dotées d'un pouvoir normatif autonome mais qui reste partagé et encadré par l'État central[25]. Cet élément les distingue du modèle unitaire décentralisé. Carolina Cerda-Guzman[26] montre que la régionalisation va plus loin que la décentralisation car elle octroie une autonomie législative aux régions : il ne s'agit pas seulement d'un pouvoir d'élaboration de règles d'application de la loi mais d'un véritable pouvoir autonome de production du droit car elles peuvent adopter des textes de loi.

De plus, ces régions ou communautés ont comme dans le fédéralisme des compétences dont la répartition est organisée par la constitution et non pas par la loi. Ces compétences instaurent une autonomie politique et elles dépassent celles de collectivités territoriales dans un État unitaire. L'autonomie politique implique aussi une autonomie statutaire à travers l'élaboration de leur propre statut. Chaque région et communauté a en effet « la capacité juridique de se

---

[22] Vlad CONSTANTINESCO, Stéphane PIERRE-CAPS, *Droit constitutionnel*, *op.cit.*, p. 260-279.

[23] « Cette forme se définit comme l'union de plusieurs entités qui se présentent comme des États mais elles sont dépourvues de certaines compétences. » Carolina CERDA-GUZMAN, *Droit constitutionnel et Institutions de la Ve République*, *op.cit.*, p. 47-48 ; voir aussi Olivier BEAUD, *Théorie de la fédération*, PUF, 2009.

[24] Philippe ARDANT, Bertrand MATHIEU, *Droit constitutionnel et institutions politiques*, *op.cit.*, p. 42.

[25] Dominique CHAGNOLLAUD, *Droit constitutionnel contemporain*, t. 1, Dalloz, 6e édition, Paris, 2009, p. 20-21 et p. 190-196. Selon lui, les États régionaux sont des États unitaires qui sont allés très loin dans le processus de décentralisation mais se distinguent des États décentralisés en ce qu'ils ont confié à des collectivités régionales une large autonomie et surtout un pouvoir législatif autonome.

[26] Carolina CERDA-GUZMAN, *Droit constitutionnel et Institutions de la Ve République, op.cit.*

doter de son propre statut, qui sera reconnu et protégé par l'État comme partie intégrante de son propre ordre juridique[27] ». L'autonomie politique suppose aussi une autonomie institutionnelle par la mise en place d'institutions politiques comme une Assemblée législative et un Conseil de gouvernement ; et enfin l'autonomie législative par élaboration de textes de loi dans des domaines précis.

Enfin, la juridiction constitutionnelle joue un rôle spécifique en ce qu'elle arbitre les éventuels conflits concernant la répartition des compétences entre les niveaux territoriaux telle qu'elle est prévue par la Constitution[28].

Cependant ces États restent des États unitaires en ce qu'il existe un contrôle sur les actes des collectivités régionales et que ces dernières ne disposent pas d'un pouvoir constituant ou d'auto-organisation. De plus, ils diffèrent de l'État fédéral en ce que dans les États régionaux certaines régions ou communautés peuvent avoir une autonomie plus ou moins prononcée que d'autres alors que dans les États fédéraux, les États fédérés ont tous le même degré d'autonomie.

Une autre différence avec l'État fédéral réside dans la dimension formelle : ces États restent formellement unitaires. Leur Constitution précise leur caractère unitaire en ce qu'ils sont des États indivisibles proclamant l'unité de la nation[29]. Enfin, une autre différence d'importance avec l'État fédéral consiste en l'absence d'autonomie constitutionnelle et juridictionnelle : les statuts adoptés par ces États mixtes doivent être approuvés par le Parlement national, et faire même l'objet d'un contrôle de constitutionnalité par la Cour constitutionnelle de l'État. Elles n'ont pas non plus d'autonomie juridictionnelle[30].

Les États régionaux craignent eux aussi une dislocation de leur souveraineté et de leur intégrité territoriale car derrière cette aspiration à l'autonomie se cachent bien souvent des revendications identitaires à tendance communautariste qui risquent de déséquilibrer l'État central, et remettre ainsi en cause la primauté de l'appartenance à un État à la faveur d'appartenances régionales ou linguistiques, par exemple. C'est pour cette raison que le Tribunal constitutionnel espagnol a validé en 2010 le nouveau statut d'autonomie de la

---

[27] Jean GICQUEL et Jean-Éric GICQUEL, *Droit constitutionnel et institutions politiques, op.cit.*, p. 89.

[28] Philippe ARDANT, Bertrand MATHIEU, *Droit constitutionnel et institutions politiques*, *op.cit.*, p. 43.

[29] L'article 2 de la Constitution de l'Espagne du 27 décembre 1978 énonce : « La Constitution est fondée sur l'unité indissoluble de la nation espagnole, patrie commune et indivisible de tous les Espagnols. Elle reconnaît et garantit le droit à l'autonomie des nationalités et des régions qui la composent et la solidarité entre elles. » De même l'article 5 de la Constitution italienne du 22 décembre 1947 dispose que : « La République, une et indivisible, reconnaît et favorise les autonomies locales ; elle réalise dans les services qui dépendent de l'État la plus large décentralisation administrative ; elle adapte les principes et les méthodes de sa législation aux exigences de l'autonomie et de la décentralisation. »

[30] Carolina CERDA-GUZMAN, *op.cit.*

Catalogne mais qu'il a censuré certaines dispositions[31] reconnaissant le concept de « nation catalane » ainsi que l'obligation linguistique du catalan dans les écoles et les administrations, et les dispositions remettant en cause la supériorité de l'État central sur la Catalogne[32].

b. Des exemples nationaux : l'Italie et l'Espagne

L'Italie, l'Espagne ou encore la Belgique ont pour point commun l'existence d'un pluralisme culturel fortement revendiqué sur leurs territoires.

En Belgique, le pluralisme est essentiellement linguistique et il s'articule autour de trois communautés culturelles, francophone, flamande et germanophone, correspondant à trois régions politiques au niveau régional (wallonne, flamande et bruxelloise).

En Italie, les diversités régionales sont prises en compte par la Constitution du 27 décembre 1947. Elle reste un État unitaire dans la Constitution mais reconnaît tout de même une forte autonomie politico-administrative aux entités infra-étatiques que sont les régions. Dans une certaine mesure, ce modèle se rapproche de celui de la France.

La Constitution reconnaît ainsi deux types de régions : d'une part celles à statut ordinaire, régies par le droit commun, et d'autre part celles à statut spécial (régies par l'article 131), dont le droit est dérogatoire à cause des forts particularismes de ces régions : selon l'article 116[33], par exemple, la Sicile et la

---

[31] Le Tribunal constitutionnel espagnol a aussi censuré les dispositions statutaires créant un département de justice de la Catalogne. Certains auteurs en viennent à s'interroger sur l'existence et le contenu de l'autonomie des communautés espagnoles, voir notamment D. ROCA, « Vers la fin de l'État des autonomies en Espagne ? À propos du nouveau statut d'autonomie de la Catalogne », *R.F.D.C.*, vol. n° 71, 2007, p. 861 ; Hubert ALCARAZ et Olivier LECUCQ, « L'État des autonomies après l'arrêt du Tribunal constitutionnel espagnol sur le nouveau statut de la Catalogne », *R.F.D.A.*, 2011, p. 403.

[32] « Le 23 janvier 2013 le Parlement de la généralité de Catalogne a voté une résolution conférant au peuple catalan "un caractère de sujet politique et juridique souverain". Le 25 mars 2014, le Tribunal constitutionnel a jugé que "l'autonomie n'est pas la souveraineté", que cette dernière réside dans le peuple espagnol et que dans "le cadre de la Constitution, une communauté autonome, ne peut de manière unilatérale convoquer un référendum d'autodétermination", la Catalogne peut seulement tenter d'obtenir de révision de la constitution espagnole. » Philippe ARDANT et Bertrand MATHIEU, *Droit constitutionnel et institutions politiques, op.cit.*, p. 42-43.

[33] « Des formes et des conditions particulières d'autonomie sont attribuées au Frioul-Vénétie Julienne, à la Sardaigne, à la Sicile, au Trentin-Haut Adige/Südtirol et au Val d'Aoste, selon les statuts spéciaux respectifs adoptés par loi constitutionnelle.

La région autonome du Trentin-Haut Adige/Südtirol se compose des provinces autonomes de Trente et de Bolzano.

Des formes et des conditions particulières d'autonomie concernant les matières visées au troisième alinéa de l'article 117 et les matières visées au deuxième alinéa dudit article aux lettres *l)*, pour ce qui est de l'organisation de la justice de paix, *n)* et *s)*, peuvent être attribuées, par la loi de l'État, à d'autres régions, à l'initiative de la région intéressée, après avoir reçu l'avis des collectivités locales, dans le respect des principes fixés par l'article 119. Ladite loi est adoptée par

Sardaigne sont spéciales pour leur insularité et pour leur développement économique, le Trentin-Haut-Adige pour la protection des minorités de langue allemande et ladine ; la loi constitutionnelle du 31 janvier 1963 reconnaît un statut particulier à la minorité slovène dans le Frioul-Vénétie Julienne.

Les régions n'ont pas toutes les mêmes compétences ni la même autonomie, qui peut être administrative, fiscale, politique et/ou statutaire. « Chaque statut organise en effet la forme régionale de gouvernement par des institutions propres à travers un pouvoir législatif (le conseil régional), un pouvoir exécutif (la junte régionale) et son président (le président de la junte), dans le cadre des principes fixés par la Constitution. Toutes les régions disposent d'un pouvoir législatif au même titre que l'État, d'une intensité variable.[34] » Selon l'article 117, l'État garde des compétences exclusives dans de nombreux domaines[35]. Il existe des compétences concurrentes dans lesquelles les régions légifèrent, mais dans le respect des principes fixés par la Constitution ; et, depuis la réforme constitutionnelle n° 3 du 18 octobre 2001, les matières non énumérées reviennent aux régions. Elles ont aussi une compétence exclusive depuis la réforme constitutionnelle de 2005 dans les matières de la santé, de l'éducation et de la police locale. « La réforme constitutionnelle de 2001 a introduit certains

---

les chambres à la majorité absolue de leurs membres, sur la base d'une entente entre l'État et la région intéressée. » Article 116 de la Constitution modifié par la loi de révision n° 3, du 18 octobre 2001.

[34] Vlad CONSTANTINESCO, Stéphane PIERRE-CAPS, *Droit constitutionnel*, *op.cit.*, p 264.

[35] « Le pouvoir législatif est exercé par l'État et les Régions dans le respect de la Constitution [...]. L'État a le pouvoir exclusif de légiférer dans les matières suivantes :

a) politique étrangère et relations internationales de l'État ; relations de l'État avec l'Union européenne ; droit d'asile et statut juridique des ressortissants d'États qui ne sont pas membres de l'Union européenne ;

b) immigration ;

c) relations entre la République et les confessions religieuses ;

d) défense et forces armées ; sécurité de l'État ; armes, munitions et explosifs ;

e) monnaie, protection de l'épargne et marchés financiers ; protection de la concurrence ; système de change ; système fiscal et comptable de l'État ; harmonisation des budgets publics [ajouté par la loi constitutionnelle du 20 avril 2012] ; péréquation des ressources financières ;

f) organes de l'État et lois électorales respectives ; référendums d'État ; élection du Parlement européen ;

g) ordre et organisation administrative de l'État et des établissements publics nationaux ;

h) ordre public et sécurité, à l'exclusion de la police administrative locale ;

i) citoyenneté, état civil et registres de l'état civil ;

l) juridiction et règles de procédure ; loi civile et loi pénale ; justice administrative ;

m) fixation des niveaux essentiels des prestations se rapportant aux droits civils et sociaux qui doivent être garantis sur l'ensemble du territoire national ;

n) normes générales en matière d'éducation ;

o) sécurité sociale ;

p) législation électorale, organes directeurs et fonctions fondamentales des communes, des provinces et des villes métropolitaines ;

q) douanes, protection des frontières nationales et prophylaxie internationale ;

r) poids, mesures et temps légal ; coordination des informations, coordination statistique et informatique des données de l'administration étatique, régionale et locale ; œuvres de l'esprit ;

s) protection de l'environnement, de l'écosystème et du patrimoine culturel. »

éléments de fédéralisme au sein de l'État régional comme en témoigne l'inversion du critère de répartition des compétences au profit des régions.[36] » Les régions restent dépendantes de l'État central italien pour leurs ressources.

En Espagne[37], l'État a traditionnellement maintenu une structure homogène et centralisatrice, en particulier sous le régime de Franco, de 1939 à 1975, alors qu'elle contient sur son territoire une diversité historique ethnique, culturelle et linguistique très forte.

La Constitution a été réformée en 1978 en choisissant d'assouplir les principes de l'État unitaire et centralisé pour les remplacer par un État territorialement décentralisé et divisé en 17 communautés autonomes. La Constitution espagnole fut la première à reconnaître le caractère multinational et le plurilinguisme de la société espagnole. L'État espagnol est considéré comme un modèle hybride fondé sur le binôme « principe de l'unité de la nation espagnole » (avec son corollaire, l'indivisibilité territoriale) et « autonomie des nations et des régions ».

Il faut cependant préciser que la pression ethnopolitique adressée à l'État espagnol émane surtout de la Catalogne, du Pays Basque et dans une moindre mesure de la Galicie.

À l'instar des nationalistes corses, les nationalistes basques se sont fondés sur un argument d'ordre ethnique pour revendiquer un droit à l'autodétermination dans sa forme externe et utilisent la violence terroriste contre l'État central. Le nationalisme catalan s'apparenterait davantage à du régionalisme et se pose comme une alternative culturelle à l'hégémonie castillane.

La Constitution énumère les compétences réparties entre les entités infra-étatiques et l'État central dans ses articles 148 et 149 de façon ambiguë et complexe provocant de nombreux conflits. Elle accorde dans son article 3 une place spécifique au plurilinguisme et à la diversité culturelle : « 1. Le castillan est la langue espagnole officielle de l'État. Tous les Espagnols ont le devoir de le connaître et le droit de l'utiliser. 2. Les autres langues espagnoles sont aussi officielles dans leurs communautés autonomes respectives conformément à leurs statuts. 3. La richesse de la diversité linguistique de l'Espagne est un patrimoine culturel qui fait l'objet d'un respect et d'une protection spéciales. »

---

[36] Vlad CONSTANTINESCO, Stéphane PIERRÉ-CAPS, *op.cit.*, p. 265.

[37] Gurutz JAUREGUI, « Spain : Political Autonomy and Ethnic Accomodation », *The accomodation of cultural diversity. Case-studies*, Ed. Crawford Young, Macmillan Press LTD, Great-Britain, 1999, p. 157- 175.

B. *Des caractéristiques actuellement non partagées par la France et par la Norvège en ce qui concerne leurs relations avec la collectivité territoriale de Corse et le peuple sámi.*

a. La situation actuelle

Les statuts successifs accordés à la Corse ont entraîné de nombreux questionnements liés au principe d'égalité des citoyens, au principe de libre administration des collectivités territoriales, au principe d'indivisibilité du peuple français et du territoire énoncés dans la Constitution, mais pour autant ils n'ont pas amené la France à se considérer comme un État mixte.

La Constitution française ne prévoit pas de droit à l'autonomie ; et la collectivité de Corse ne dispose pas d'une entière autonomie politique.

En effet, elle ne dispose pas d'un pouvoir normatif autonome au sens d'autonomie législative. Selon l'article 72 de la Constitution, qui régit les collectivités territoriales, elle a seulement un pouvoir réglementaire et peut « lorsque, selon le cas, la loi ou le règlement l'a prévu, déroger, à titre expérimental et pour un objet et une durée limités, aux dispositions législatives ou réglementaires qui régissent l'exercice de leurs compétences ».

Le Conseil constitutionnel n'est donc pas compétent et n'a pas à exercer de contrôle de constitutionnalité sur les actes réglementaires adoptés par la collectivité de Corse.

Ensuite, même si l'État admet légalement l'existence d'une culture spécifique corse, cet aspect culturel n'est pas mentionné dans la constitution de 1958 comme c'est le cas pour les différentes particularités culturelles et linguistiques dans les constitutions belge (avant que celui-ci ne devienne un État fédéral), italienne ou espagnole.

De plus, la collectivité de Corse appartient à la catégorie des collectivités territoriales à statut particulier régies par les articles 72, 72-1 et 72-2 de la Constitution. Ses compétences sont déterminées par le législateur à travers les lois du 2 mars 1982, du 13 mai 1991, du 22 janvier 2002 et de la loi portant nouvelle organisation territoriale de la République du 7 août 2015 (dite Loi NOTRe)[38]. La Corse n'a donc pas d'autonomie statutaire.

Seule une relative autonomie institutionnelle existe grâce à la mise en place d'institutions politiques régionales propres à la collectivité de Corse : l'Assemblée de Corse, le Conseil économique et social et le Conseil exécutif de Corse.

---

[38] Article 30 de la loi n° 2015-991, du 7 août 2015, *portant nouvelle organisation territoriale de la République*, publiée au *JORF* le 8 août 2015. Avec cette loi, la Corse constituera une collectivité unique faisant fusionner la collectivité territoriale et les deux conseils départementaux de l'île à compter du 1er janvier 2018.

En droit norvégien, l'ancien article 110a (nouvellement article 108) énoncé par la Constitution norvégienne *Grunnloven* n'apporte pas d'ambiguïté quant à la forme unitaire de l'État norvégien. Aucune dimension mixte pouvant faire évoluer la Norvège vers un État régional n'apparaît dans la Constitution malgré la reconnaissance d'une culture minoritaire sámi et, partant, d'un réel pluralisme culturel sur son territoire. La disposition constitutionnelle énonce que les autorités norvégiennes devront prendre toutes les mesures pour maintenir la vitalité et permettre le développement de la culture autochtone sámi mais n'instaure pas d'autonomie politico-administrative[39], elle reste vague sur les moyens institutionnels et légaux à mettre en œuvre. Le Parlement national sámi et ses compétences, les droits spéciaux, linguistiques et progressivement fonciers qui sont accordés au peuple sámi ne sont pas prévus par cet article 110a de *Grunnloven* mais par le législateur dans les lois de 1989 et de 2005 (expliquées dans les chapitres précédents). Ces textes ne créent pas d'autonomie statutaire du peuple sámi ni d'autonomie législative pour le *Sameting*.

Une autonomie politique est ébauchée, et sera probablement développée ultérieurement, à travers l'existence d'institutions politiques sámi.

L'autonomie accordée actuellement est une autonomie culturelle.

b. Perspectives d'évolution

Formellement la France est un État unitaire uniquement décentralisé car l'article 1er de la Constitution affirme le principe d'indivisibilité de la République et son organisation décentralisée[40]. Pourtant depuis la réforme portée par la loi constitutionnelle du 28 mars 2003[41], le texte fondateur contient aussi désormais des dispositions constitutionnelles entraînant un doute quant au maintien à long terme du caractère strictement unitaire de l'État.

Il s'agit en particulier des dispositions concernant le titre XIII régissant le statut de la Nouvelle-Calédonie ou celles relatives à la Polynésie française[42]. Les revendications identitaires et les statuts accordés à ces collectivités situées en outre-mer renforcent le phénomène de la diversité juridique territoriale (ou différenciation territoriale du droit) et celui de l'autonomisation du pouvoir normatif local, reflété en particulier par la catégorie d'actes dénommés lois du pays, qu'un rapport du Conseil d'État considère comme l'expression d'un

---

[39] Sur la notion d'autonomie politique, voir Théodore CHRISTAKIS, *L'autodétermination interne en dehors des situations de décolonisation*, *op.cit.*, p. 533 *s.*

[40] « La France est une République indivisible, laïque, démocratique et sociale. Elle assure l'égalité devant la loi de tous les citoyens sans distinction d'origine, de race ou de religion. Elle respecte toutes les croyances. Son organisation est décentralisée. »

[41] Loi constitutionnelle n° 2003-276, du 28 mars 2003, *relative à l'organisation décentralisée de la République.*

[42] La Polynésie dispose depuis la loi du 27 février 2004 du pouvoir d'émettre des lois du pays dans les matières relevant de sa compétence. Pour le moment encore ces actes n'ont qu'un caractère administratif et leur contentieux est confié au Conseil d'État.

pouvoir législatif autonome[43]. Ces collectivités situées en outre-mer pourraient à moyen ou à long terme faire évoluer la forme unitaire de l'État français, qui emprunterait avec ces cas précis à la forme de l'État régional.

Quant à la Corse, cette collectivité voit déjà son existence et sa particularité être inscrites dans la Constitution à l'article 72 alinéa 1er, qui lui reconnaît un profil dérogatoire en tant que « collectivité à statut particulier » parmi les autres collectivités territoriales. Cette disposition pourrait potentiellement être interprétée d'une manière propre à justifier de nouvelles réformes allant dans le sens de l'autonomie.

De plus, à la différence des autres collectivités territoriales de droit commun, les institutions politiques mises en place pour faire fonctionner la collectivité territoriale de Corse (CTC) vont dans le sens d'une autonomie : Assemblée de Corse, Conseil exécutif et Conseil Économique et Social de Corse. Cependant, l'Assemblée n'a reçu de compétences par le législateur que pour gérer les affaires de la CTC et non pas les affaires des autres collectivités territoriales qui la composent (départements, communes), conformément au principe de libre administration des collectivités territoriales empêchant la tutelle de l'une sur l'autre. Le fait que l'Assemblée n'ait pas compétence pour gérer toutes les affaires de la Corse, en tant que territoire insulaire, bloque cependant la possibilité d'évolution vers une région autonome au sens d'un État régional.

Sur certains points précis, tels que le pouvoir normatif de l'Assemblée territoriale et l'enseignement du corse, on pourrait penser qu'il existe une différence d'opinion concernant le devenir de la Corse entre la volonté politique des gouvernements et du législateur, d'une part, et celle du Conseil constitutionnel, d'autre part, qui se pose en garant de valeurs républicaines et de l'État unitaire, gênant alors d'éventuelles évolutions sur le dossier de la Corse.

Par exemple, l'Assemblée territoriale dispose déjà, « dans la limite des compétences qui lui sont dévolues », d'un pouvoir normatif local ; elle peut « demander à être habilitée par le législateur à fixer des règles adaptées aux spécificités de l'île », mais les délibérations de l'Assemblée gardent une valeur réglementaire et non pas législative bien que cet aspect eût été envisagé par la loi de 2002. Une décision du Conseil constitutionnel du 17 janvier 2002 n'avait pas validé ce projet[44].

Autre exemple, l'enseignement de la langue corse reste facultatif, optionnel, comme l'exige le Conseil constitutionnel dans la même décision du 17 janvier 2002 (considérant 25), qui se fonde sur le principe d'égalité entre les usagers et les agents publics, et l'article 2 alinéa 1er de la Constitution, énonçant que « la

---

[43] Edwige BELLIARD, Catherine de SALINS, *Collectivités territoriales et obligations communautaires : étude adoptée le 23 octobre 2003 par l'assemblée générale du Conseil d'Etat*, La Documentation française, 2004, p. 31.
[44] Décision du Conseil constitutionnel n° 2001-454 DC, du 17 janvier 2002.

langue de la République est le français ». Pourtant il avait été envisagé par le gouvernement dans ce domaine aussi une évolution en faveur d'un enseignement « généralisé » qui aurait été une voie médiane entre l'enseignement facultatif et l'enseignement obligatoire. Il aurait permis « d'offrir à tous les élèves l'enseignement d'une discipline dans toutes les écoles, par exemple sur une portion du territoire français, tout en autorisant les parents à refuser pour leurs enfants que cet enseignement soit dispensé.

La différence entre le "facultatif" et le "généralisé" résiderait alors dans le fait que les parents puissent demander qu'un enseignement facultatif soit dispensé à leurs enfants tandis qu'ils garderaient la liberté de refuser un enseignement qui serait généralisé[45] ».

Enfin, la Commission des compétences législatives et réglementaires issue de l'Assemblée territoriale de Corse a émis un rapport en 2013, dans lequel elle propose des lignes directrices établissant un bilan et les évolutions statutaires souhaitées[46].

Dans ce rapport, elle regrette le caractère ineffectif et sans portée des pouvoirs de l'Assemblée, et particulièrement les compétences normatives spécifiques, qu'elle considère trop faiblement dérogatoires et sans efficacité.

Plus important encore, elle suggère une modification de la Constitution qui prendrait en compte la situation de la Corse à travers deux possibilités.

La première consisterait en l'insertion d'un nouvel article 72-5 consacré à la question corse. Dans ce cas, la Commission propose que les dispositions de cet article rappellent d'abord « que la Corse constitue une collectivité territoriale de la République à statut particulier dont une loi organique, après avis de l'assemblée délibérante, définit l'organisation, le régime électoral, les compétences et les ressources. Elles pourraient préciser que le statut particulier détermine les conditions dans lesquelles les lois et règlements sont applicables en Corse. Elles devraient à cet égard disposer que les lois et règlements peuvent faire l'objet d'adaptations tenant aux caractéristiques et contraintes particulières de la collectivité. Elles pourraient dans cet esprit rappeler les contraintes subies par la Corse du fait de son insularité et de son relief. Elles pourraient aussi évoquer les spécificités culturelles de la Corse, et son identité. Dans les conditions fixées par la loi organique, ces adaptations normatives pourraient être, le cas échéant, décidées par la Collectivité elle-même dans les matières où s'exercent ses compétences, si elle y a été habilitée, à sa demande, selon le cas,

---

[45] Louis FAVOREU, Laurence GAY, Valérie LANISSON, Didier RIBES, Michel VERPEAUX, « Jurisprudence du Conseil constitutionnel. 1er janvier-31 mars 2002 », *Revue française de droit constitutionnel*, 2/2002, n° 50, p. 385-445, consulté sur le site www.cairn.info/revue-francaise-de-droit-constitutionnel-2002-2-page-385.htm.

[46] Rapport de la Commission des compétences législatives et réglementaires sur le projet de réforme institutionnelle, Assemblée de Corse, session des 26 et 27 septembre 2013, « Les institutions particulières de la Corse. Le constat et les évolutions nécessaires », 63 p., www.corse.fr/file/143181/.

par la loi ou le règlement (cette habilitation ne pourrait intervenir si étaient en cause les conditions essentielles d'exercice d'une liberté publique ou d'un droit constitutionnellement garanti). [47] »

Une seconde voie possible serait d'ouvrir à la Corse le bénéfice des articles 73 et 74 de la Constitution, jusqu'alors réservés, selon l'article 72-3 de la Constitution, aux collectivités situées outre-mer. La Commission justifie cette proposition par un rapprochement des caractéristiques géographiques, culturelles et historiques, ainsi que par l'éloignement dû à l'insularité, de celles des collectivités situées en outre-mer. Ainsi « un développement des possibilités constitutionnelles de *gouvernement local autonome*[48] seraient par ailleurs en parfaite cohérence avec l'évolution constitutionnelle à l'œuvre dans de nombreux États unitaires de l'Union européenne, qu'il s'agisse de l'Espagne, de l'Italie, du Royaume-Uni ou de la Belgique, et pourrait ainsi préfigurer l'extension de cette ouverture au territoire proprement continental de la France.[49] »

Outre la question de l'accroissement du pouvoir normatif de l'Assemblée et de l'identité corse, les autres points soulevés par la Commission portent sur les questions linguistique, foncière et celles relative à la fiscalité des successions. Enfin, la Commission suggère des pistes pour améliorer la gouvernance, d'une part en matière de coopération entre les deux niveaux de collectivités[50], et d'autre part concernant le fonctionnement de la collectivité territoriale de Corse.

L'ensemble de ces éléments laisse à penser que de nouvelles évolutions statutaires de la CTC pourraient être envisagées ou du moins débattues à moyen ou à long terme, d'autant plus que, sur un plan politique, la liste nationaliste a remporté les élections à l'Assemblée de Corse en décembre 2015[51].

En ce qui concerne les éventuelles évolutions statutaires des Sámi, la question devrait être appréhendée sous l'angle de leur droit à

---

[47] Rapport de la Commission des compétences législatives et réglementaires sur le projet de réforme institutionnelle, Assemblée de Corse, session des 26 et 27 septembre 2013, *op.cit.*, p. 22.

[48] Nous soulignons.

[49] *Ibid.*, p. 23.

[50] Les deux niveaux superposés sont d'un côté la CTC et de l'autre les autres collectivités territoriales (communes et départements) qui composent la CTC. Le Conseil constitutionnel avait explicitement rappelé dans sa décision n° 2001-454 DC du 17 janvier 2002 (consid. 7 et 29) l'interdiction pour la CTC d'exercer une tutelle sur les autres collectivités de Corse. L'article L.4424-1 nouveau du code général des collectivités territoriales affirme en effet que l'Assemblée territoriale de Corse ne peut régler par ses délibérations que les affaires de la collectivité territoriale de Corse, et non pas celles des autres collectivités de l'île. Et, à propos de l'examen des compétences nouvellement transférées à la collectivité territoriale, le Conseil répète qu'aucune de celles-ci « ne méconnaît les compétences propres des communes et des départements ou n'établit de tutelle d'une collectivité territoriale sur une autre » (consid. 29).

[51] Les prochaines élections devraient se tenir en juin 2021.

l'autodétermination interne, tel que reconnu par la *Déclaration des Nations unies sur les droits des peuples autochtones* (2007). L'État norvégien choisira peut-être un jour d'accorder au peuple sámi le statut légal ou constitutionnel de peuple autochtone. Il est possible qu'il s'engage dans de nouvelles réformes législatives afin de renforcer le degré et la nature de l'autonomie des Sámi, de sorte que ceux-ci exercent davantage d'éléments constitutifs de l'autodétermination interne.

À propos de leurs droits fonciers, leur territoire ancestral est imbriqué au territoire national, il forme un ensemble géographique en continuité avec la Norvège. Bien que la loi de 2005 sur le Finnmark *(Finnmarksloven)* constitue déjà une avancée dans le respect des droits fonciers des Sámi, elle reste lacunaire sur plusieurs points[52], et notamment sur la reconnaissance d'un droit de propriété collectif des Sámi sur leurs territoires et ressources naturelles ancestrales. Les plus impliqués, les Sámi, éleveurs de rennes et pêcheurs résidant dans le comté de Finnmark, sont susceptibles d'attendre des avancées sur la question foncière. Mais celle-ci sera probablement toujours traitée par le gouvernement norvégien non pas en termes d'exclusivité des droits en faveur des Sámi (ou des Norvégiens d'origine non sámi) mais en fonction d'un équilibre social, d'une répartition équitable et pragmatique[53].

Quoi qu'il en soit, les Sámi réclamant une véritable indépendance sont ultra-minoritaires ; la volonté de la majorité consiste plus en une reconnaissance symbolique de leur titre de propriété sur leur territoire ancestral, mais en aucun cas elle ne souhaite de séparation avec l'État norvégien, bien au contraire.

La coopération transfrontalière nordique constitue quant à elle un véritable enjeu et un moteur certain pour de nouvelles évolutions concernant les droits collectifs des Sámi. Le *Sameråd* (ou *Saami Council*), organisation non gouvernementale transfrontalière, a été créé afin de promouvoir les droits collectifs des Sámi en tant que peuple autochtone transfrontalier. Depuis plusieurs années la *Convention nordique Sámi* est en cours d'élaboration et de négociation avec les différents gouvernements des États concernés[54]. Ce nouvel

---

52 Le contenu ainsi que les apports et les lacunes de cette loi sont expliqués précédemment dans une section 2, § 2, B), chapitre II « Autodétermination interne et identité culturelle autochtone sámi », Titre I, Deuxième Partie.

53 "*[…] ownership and effective utility rights are only part of a larger picture. Administrative control provides great opportunities of controlling the use of the areas. Harmonizing ownership and user rights in relation to the administration regulations so that the overall consequences of Sámi legislation is efficient and balanced, will represent a great challenge.*" Carsten SMITH, "The Development of Sami Rights since 1980", *in* Terje BRANTENBERG, Janne HANSEN, Henry MINDE (dir.), *Becoming Visible - Indigenous Politics and Self-Government*, University of Tromsø, Sámi dutkamiid guovddáš - Centre for Sámi Studies, Norway, 1995.

54 Ce point est développé au §2 intitulé « Une nouvelle visibilité grâce aux organisations internationales et régionales », Section 2 du chapitre II, Titre I, Première partie.

instrument international de protection des droits de l'homme, et en particulier des droits du peuple sámi, aura pour objectif de confirmer et de renforcer les droits collectifs des Sámi afin de leur permettre de préserver et de développer leurs langues, leur culture et leurs modes de vie avec le moins d'interférence possible avec les frontières étatiques : "to confirm and strengthen such rights for the Sámi people as to allow the Sámi people to safeguard and develop their language, culture, livelihoods and way of life with the least possible interference by national borders" (article 1er)[55].

§ 2. Le maintien de la structure unitaire des États français et norvégien repose sur un mode similaire de gestion de la différence

La protection et la promotion de la culture corse s'inscrivent dans le processus de décentralisation territoriale amorcé en 1982 avec les premières lois sur la décentralisation. La France a choisi ce mécanisme en réponse aux revendications identitaires corses.

Le Conseil constitutionnel, dans sa célèbre décision du 9 mai 1991 relative à la loi portant statut de la collectivité territoriale de Corse, avait explicitement rappelé l'indivisibilité du peuple français.

Ces deux éléments clefs (l'indivisibilité du peuple et le choix de préserver la culture corse dans le cadre de la décentralisation territoriale) font apparaître la démarche de l'État pour gérer la différence liée à une culture minoritaire : l'intégration de la spécificité culturelle dans un tout, dans une globalité. La culture corse ne se trouve pas détachée, isolée, de la nation et du territoire national malgré son insularité.

Les organes délibérants de la collectivité territoriale de Corse sont créés par le législateur et leurs domaines de compétences sont aussi déterminés par la loi. L'État, en l'espèce à travers le pouvoir législatif, est toujours présent et gère la différence en tenant les rênes d'une autonomie administrative, politique ou culturelle qu'il accorde lui-même.

En Norvège, l'État a choisi de préserver et de développer la culture sámi à travers la mise en œuvre d'éléments constitutifs de l'autodétermination interne instaurant une autonomie culturelle et politique. Mais ce mode de gestion de la différence n'a pas eu d'incidence profonde sur l'unité nationale et territoriale norvégienne.

D'abord, sur un plan technique et symbolique, la présence (bien que non permanente) au sein du gouvernement des deux Comités relatifs aux droits

---

[55] Le projet en cours d'élaboration est accessible en anglais sur le site *Artic governance project*, http://www.arcticgovernance.org/the-nordic-sámi-convention-international-human-rights-self-determination-and-other-central-provisions.4644711-142902.html.

culturels, politiques et fonciers des Sámi confirme la démarche norvégienne d'intégrer la spécificité culturelle de ce peuple autochtone au sein des organes étatiques.

De plus, dans la mesure où il n'y a plus de rassemblement territorial des Sámi, cette autonomie est personnelle en ce qu'elle relève de la volonté, du choix et de la conscience de chaque personne sámi de décider librement de vivre son identité autochtone et de revendiquer son choix afin qu'il soit protégé juridiquement.

L'ancien article 110a de la Constitution pose une discrimination positive et reconnaît au peuple sámi un droit collectif à la protection de leur culture. Mais dans la pratique, ce droit est exercé à travers le *Sameting* qui représente les intérêts des Sámi. Aussi, ce droit collectif est mis en œuvre par des arrangements institutionnels et normatifs avec le gouvernement central norvégien.

Les conditions et les modalités de mise en œuvre de cette autonomie relèvent de la compétence du législateur, qui en fixe avec précision l'étendue et les limites.

Le *Sameting* doit son existence et ses compétences initiales à la loi-cadre adoptée par le *Storting* le 12 juin 1987. Dans le même sens, la loi sur le Finnmark adoptée le 17 juin 2005 a tenté d'initier un début de réponse quant à la question des droits fonciers des Sámi dans le comté de Finnmark et a instauré une mixité ethnique et culturelle au sein de l'organe de gestion du Finnmark, mais elle ne reconnaît pas un droit de propriété collective des Sámi sur les terres du Finnmark

Ainsi les aspects culturels, politiques et fonciers liés à la problématique de l'autochtonie, s'inscrivent toujours dans un contexte national et dépendent des organes nationaux étatiques.

En France comme en Norvège, la différence liée à l'état de minorité culturelle et/ou linguistique est intégrée au sein des organes étatiques. Elle est institutionnalisée soit dans des organes soit dans des institutions démocratiques autochtones (le *Sameting* pour les Sámi) ou régionales (l'Assemblée territoriale de Corse pour la collectivité territoriale de Corse), mais ces dernières sont toujours rattachées aux structures étatiques : dans leur création même, dans la délimitation de leurs compétences et dans les moyens concrets de leur fonctionnement.

Les institutions représentatives corses et sámi, qui attestent pourtant de la spécificité et de la vitalité de ces cultures, sont créées et encadrées par leurs États respectifs. L'autonomie culturelle et politique, à des degrés divers, n'échappe pas aux États, qui à la fois en deviennent les garants et en gardent le contrôle.

Ainsi l'autonomie n'affecte pas l'unité nationale ni ne porte atteinte à l'unité territoriale des États français et norvégien. Le processus de décentralisation territoriale en France empêche un démembrement territorial; en Norvège, l'absence de revendication d'indépendance de la part des Sámi se conjugue avec l'absence de problématique liée à la décolonisation. L'ensemble de ces éléments a pour effet de maintenir ces cultures minoritaires au sein des États, dans un contexte national global, tout en respectant leurs spécificités.

En ce sens, les réformes portant statut de la collectivité territoriale de Corse et celles concernant les Sámi, à la fois dans leur conception et dans leur mise en œuvre, expriment le choix des États d'institutionnaliser des différences liées à des différences culturelles, ethniques et/ou linguistiques plutôt qu'une remise en cause fondamentale de leur structure unitaire.

Finalement, les mesures affectant la Corse et le peuple Sámi s'inscrivent moins, pour le moment encore, dans un mouvement général de remise en cause de l'État unitaire *per se* que dans une réflexion profonde, un questionnement de la notion d'État-nation évoluant progressivement vers des États pluriculturels.

En effet, moins que la remise en question des États français et norvégien en tant qu'États unitaires, les mesures relatives aux statuts juridiques de la Corse et du peuple Sámi ont ouvert la voie à une mise en cause de l'État-nation pour aboutir à une approche renouvelée de la définition classique de l'État unitaire : désormais, et cette piste est particulièrement renforcée par l'évolution des statuts de territoires situés outre-mer, un État unitaire n'est plus nécessairement un État centralisé et culturellement homogène comme il a longtemps été défini classiquement.

La France et la Norvège se sont engagées dans un processus de décentralisation territoriale et la modernité de ces États unitaires résidait initialement dans leur organisation décentralisée. Mais avec la prise en compte au plan institutionnel, voire constitutionnel, d'un pluralisme culturel présent sur leur territoire, la France et la Norvège montrent qu'un État unitaire peut être certes décentralisé mais aussi pluriculturel.

La démarche de conciliation menée par les États français et norvégien en faveur des identités corse et sámi contribue ainsi au développement d'une vision modernisée de l'État unitaire : ce dernier est certes capable d'être décentralisé, mais aussi de reconnaître et d'institutionnaliser un pluralisme culturel existant sur son territoire. Un État unitaire moderne serait alors décentralisé et pluriculturel.

II. Des États unitaires décentralisés et pluriculturels

La notion d'État unitaire décentralisé et ses différentes applications au sein du Royaume de Norvège et de la République française ont été précisées dans les chapitres précédents mais celle d'État pluriculturel est plus ambiguë car elle renvoie à une notion voisine, celle de l'État multiculturel. Cette possible confusion rend la notion d'État pluriculturel plus difficile à cerner.

Le multiculturalisme est un concept de sciences sociales qui désigne plusieurs formes de pluralisme culturel lié aux différents modes d'intégration de groupes minoritaires différenciés selon leur origine ethnique, leur langue ou encore leur affiliation religieuse au sein de la société dans son ensemble.

Il suscite un débat profond entre ses adversaires, qui voient en lui une forme de communautarisme ou de « ghettoïsation », et ses partisans, qui dénoncent l'intégration comme une forme d'impérialisme culturel[56].

Selon une définition donnée par l'UNESCO[57], ce terme comporte trois volets interdépendants : dans une acception démographique, le multiculturalisme désigne l'existence factuelle de groupes ethniques différents dans une société ou dans un État. Selon un usage politique, il se rapporte aux programmes de politiques publiques comportant des éléments éducatifs, linguistiques, économiques et sociaux ainsi que des mécanismes institutionnels spécifiques destinés à gérer la diversité multi-ethnique et multiculturelle de manière démocratique. Enfin selon un usage idéologico-normatif, il est une réponse à la diversité culturelle. Il constitue « un slogan et un modèle pour l'action politique quant à la place des personnes avec une identité culturelle différente ». Il va « de pair avec le respect et l'acceptation des principes constitutionnels et des valeurs communes d'une société » et il permet de maintenir une cohésion sociale. Quelques pays comme la Suède, le Canada et l'Australie ont officiellement adopté ce modèle.

Cependant, si le terme « multiculturalisme » est utilisé dans les discours politiques il ne se confond pas avec celui de « pluralisme culturel ». Ils ne sont pas synonymes et ne sont donc pas interchangeables[58]. D'ailleurs, l'expression « multiculturalisme » n'apparaît ni dans la jurisprudence de la CEDH, ni dans les instruments de droit international ou de droit européen portant sur la diversité culturelle, les droits des minorités nationales et des peuples autochtones, ou sur la protection du patrimoine culturel. L'expression employée est plutôt celle de « pluralisme culturel » ou de « sociétés pluriculturelles », insistant ainsi davantage sur l'interaction de groupes et d'individus différents mais assemblés dans un esprit de fraternité, d'unité et dans une compréhension des relations interculturelles, plutôt qu'une approche quantitative et la juxtaposition de groupes différenciés institutionnellement.

Par exemple, l'article 2 de la *Déclaration universelle de l'UNESCO sur la diversité culturelle*, du 2 novembre 2001, énonce que « dans nos sociétés de plus en plus

---

[56] Will KYMLICKA, *La citoyenneté multiculturelle. Une théorie libérale du droit des minorités*, Éditions La Découverte, 2001, p. 23.

[57] Christine INGLIS, « Multiculturalisme : nouvelles réponses de politiques publiques à la diversité », UNESCO MOST Policy Paper n° 4, Série Politiques Sociales, 1996, p. 16 *et s.*

[58] Sur ce point voir Geneviève KOUBI, « Brèves remarques à propos d'une distinction entre multiculturalisme et pluriculturalisme », *Revue hellénique des droits de l'homme*, 2005, n° 28, p. 1177 à 1199.

diversifiées, il est indispensable d'assurer une interaction harmonieuse et un vouloir vivre ensemble de personnes et de groupes aux identités culturelles à la fois plurielles, variées et dynamiques. Des politiques favorisant l'intégration et la participation de tous les citoyens sont garantes de la cohésion sociale, de la vitalité de la société civile et de la paix.

Ainsi défini, le pluralisme culturel constitue la réponse politique au fait de la diversité culturelle. Indissociable d'un cadre démocratique, le pluralisme culturel est propice aux échanges culturels et à l'épanouissement des capacités créatrices qui nourrissent la vie publique ».

Will Kymlicka parvient à réconcilier les deux termes en expliquant que « le terme multiculturel désigne différentes formes du pluralisme culturel [...] ». Selon lui, le multiculturalisme est un terme générique qui peut être lié soit à un pluralisme culturel multinational, soit à un pluralisme culturel polyethnique.

Il montre que lorsque le pluralisme culturel a pour source la coexistence de plusieurs nations (au sens de communauté historique, plus ou moins institutionnelle, occupant un territoire donné, ou sa terre natale, et partageant une langue et une culture distinctes. Dans ce cas la nation est sociologiquement très proche de l'idée de peuple ou de culture), l'État n'est pas un État-nation mais un État multinational[59]. Et, lorsque le pluralisme culturel a pour source l'immigration, il s'agit d'un État polyethnique.

L'auteur cite, à titre d'exemples, les États-Unis et le Canada comme États à la fois multinationaux et polyethniques et donc multiculturels à ces deux titres ; tandis que Jean-Yves Faberon et Pierre De Deckker[60] citent en exemple les États belge, canadien, suisse, vietnamien et les États-Unis d'Amérique comme étant des États pluriculturels.

Dans certains États, les deux formes de pluralisme culturel apparaissent. C'est le cas par exemple en Norvège, où plusieurs cultures ou nations[61] sont juridiquement reconnues et coexistent sur le même territoire avec la majorité culturelle scandinave : les minorités nationales (skogfinn, kven et rom) et le peuple autochtone sámi. L'État unitaire norvégien constitue de ce fait un État

---

[59] Will KYMLICKA, *La citoyenneté multiculturelle*, *op.cit.*, p. 23 et 25.

[60] Jean-Yves FABERON et Pierre DE DECKKER (dir.), *L'État pluriculturel et les droits aux différences*, *op.cit.*, Actes du colloque organisé à l'Institut de Recherche pour le développement de Nouméa (Nouvelle–Calédonie), du 3 au 5 juillet 2002, Bruylant, Paris, 2003.

[61] Traditionnellement, la nation peut être conçue de deux manières opposées : l'une objective caractérise la nation par des éléments tels la communauté de langue, de territoire ou l'appartenance à une même race. L'autre conception, dite subjective et appliquée en France, définit la nation par le « vouloir vivre collectif » (Renan). Cette conscience nationale est alimentée par la communauté de mœurs, de langue et d'histoire.

Selon Will KYMLICKA, la nation désigne « une communauté historique, plus ou moins institutionnelle, occupant un territoire donné, ou sa terre natale, et partageant une langue et une culture distinctes. Le terme de "nation" est alors très proche de l'idée de "peuple" ou de "culture" », in *La citoyenneté multiculturelle : une théorie libérale du droit des minorités*, *op.cit.*, p. 24.

multinational. Et, autorisant les vagues d'immigration sur son territoire, il est aussi un État polyethnique. De ce fait, l'État unitaire norvégien est un État officiellement multiculturel.

Dans le pluralisme culturel multinational, l'État contient plus d'une nation, et les cultures numériquement moins importantes constituent des minorités nationales.

La formation de ce type d'État peut être volontaire (quand différentes cultures acceptent de créer une fédération comme la Belgique ou la Suisse) ou non (quand une communauté culturelle, comme les populations indigènes de Nouvelle-Zélande, est envahie et conquise par une autre, ou qu'elle est cédée par une puissance impériale à une autre ou que sa terre d'origine est occupée par des colons). Les frontières des pays multinationaux ont été tracées pour inclure le territoire occupé par des cultures autonomes et préexistantes.

Par exemple, de nombreuses démocraties occidentales sont multinationales : les États-Unis abritent des minorités nationales comme les Portoricains, et autres groupes qui furent incorporés par la colonisation ou la conquête. Les Amérindiens et chacun de ces peuples intégrés à la fédération américaine disposent de pouvoirs spéciaux leur permettant de se gouverner eux-mêmes. Ces groupes ont aussi des droits relatifs à l'usage de la langue et de la terre. C'est le cas des populations inuit en Alaska et des Amérindiens. Ces groupes tentent de protéger leur statut de communauté culturellement distincte, parallèle à la culture majoritaire et exigent leur autonomie sous une forme ou une autre[62].

Le pluralisme culturel polyethnique résulte quant à lui de l'immigration individuelle et familiale. Les immigrés recherchent une certaine reconnaissance de leur identité culturelle, mais leur objectif n'est pas de devenir une nation autonome et séparée de la nation d'accueil mais d'être intégrés en en modifiant les institutions et les lois pour qu'elles soient mieux adaptées à leurs spécificités culturelles.

Dans les années soixante, la politique menée à l'égard de ces immigrants était l'assimilation considérée comme un facteur de stabilité politique ; mais aujourd'hui elle est synonyme d'ethnocentrisme et de dénigrement des cultures étrangères.

Le refus de l'assimilation et leur espérance d'une reconnaissance de leurs droits à une plus grande expression de leurs particularités culturelles ne signifient pas qu'ils souhaitent instaurer une société parallèle à la société majoritaire mais qu'ils veulent intégrer et exercer leur droit à la participation effective au sein des institutions et organismes publics de la société qui les accueille[63].

---

[62] Will KYMLICKA, *op.cit.*, p. 23.
[63] *Ibid.*

La France est officiellement un État unitaire polyethnique dû aux vagues successives d'immigration. Officiellement, la République française n'est pas un État multinational à cause de son refus persistant de reconnaître légalement l'existence de minorités nationales sur son territoire. Elle n'emploie ni les termes « minorités nationales » ni « peuples autochtones » et officiellement n'en reconnaît pas davantage l'existence juridique sur son territoire. Seule l'existence des « minorités visibles » est reconnue et désigne des catégories de minorités liées à une orientation sexuelle, l'existence d'un handicap, l'origine ethnique ou l'appartenance religieuse. La France, ne reconnaissant pas de pluralisme culturel multinational sur son territoire, n'a ratifié aucun instrument régional ou universel de protection des droits des minorités ou des peuples autochtones et a émis une réserve à l'article 27[64] du *Pacte international relatif aux droits civils et politiques* (1966).

Will Kymlicka souligne par ailleurs l'ambiguïté du terme « multiculturel », qui ne distingue pas entre multinationalité et polyethnicité : « ces dénominations sont moins usitées que le terme "multiculturel"[65] ».

Pour lui, « un État est multiculturel si ses membres appartiennent à différentes nations (État multinational) ou s'ils ont émigré à partir de différentes nations (État polyethnique) ». Mais il n'est pas convaincu que les femmes, les homosexuels et les personnes handicapées forment des « cultures » ou des « subcultures » distinctes, bien que la marginalisation de ces groupes sociaux « transcende les frontières ethniques et nationales » et que l'oppression de ces groupes doive être « combattue en tous lieux ». Selon lui « l'ensemble des différences relatives à des appartenances collectives concernant une perspective morale ou l'identité personnelle » ne forme pas une source du multiculturalisme, bien que des associations et mouvements formés par ces groupes sociaux dans leur lutte contre leur marginalisation perpétrée par la société nationale ou le groupe ethnique auquel ils appartiennent considèrent leur lutte en faveur du multiculturalisme[66].

Une autre difficulté se présente : la qualification étatique ne correspond pas toujours à la dimension sociétale, sociologique. Dans son ouvrage *Le multiculturalisme*, Meidad Bénichou ne se prononce pas sur l'existence d'un État multiculturel français, mais il soutient que les vagues migratoires que la France a connues depuis la fin du XIXe siècle ont construit une société française multiculturelle : « Peut-on pour autant considérer que la société française soit multiculturelle ? [...] L'histoire de France nous enseigne qu'il n'y a jamais eu de

---

[64] Parmi les réserves émises par la France lors de sa ratification du Pacte le 4 novembre 1980, figure celle concernant l'article 27 : « Le Gouvernement français déclare, compte tenu de l'article 2 de la Constitution de la République française, que l'article 27 n'a pas lieu de s'appliquer en ce qui concerne la République. »

[65] Will KYMLICKA, *La citoyenneté multiculturelle, une théorie libérale du droit des minorités*, *op.cit.*, p. 32.

[66] Will KYMLICKA, *ibid.*, p. 35-36.

peuples premiers en France et que l'immigration a constitué un moteur dans la formation du pays.[67] »

Une société peut être multiculturelle mais pas l'État au sens d'avoir reconnu et intégré dans ses institutions, dans son cadre national, la diversité culturelle présente sur son territoire et portée par ses citoyens.

Jacques Ziller précise qu'il n'existe pas de modèle ni de définition de l'État pluriculturel en Europe. Ce concept ne renvoie pas à une politique culturelle (comme pourrait le faire une politique multiculturaliste) mais à des ensembles de valeurs, de cultes et de modes de vie spécifiques. Il s'agit d'analyser les manifestations d'une différenciation culturelle collective. L'État-nation, qui s'est développé au XIXe siècle, et le droit des peuples à disposer d'eux-mêmes (dans son volet externe) ont conduit à l'effacement de l'État pluriculturel[68].

Ainsi, les termes « multiculturels » ou « pluriculturels », s'ils sont synonymes dans le langage courant[69], renvoient en réalité à des contextes nationaux, des expériences nationales précises. On choisira le terme « multiculturel » pour évoquer le multiculturalisme au sens anglo-saxon (pratiqué aux États-Unis, par exemple) et pour désigner les programmes politiques mis en place par la Norvège dans ses relations avec ses immigrés et ses minorités nationales (rom, kven et skogfinn) ainsi que le peuple sámi. La Norvège est bien un État multiculturel à deux titres : à la fois en tant qu'État polyethnique et en tant qu'État multinational.

En revanche, le terme « État pluriculturel » sera utilisé dans le contexte national français pour évoquer deux sources précises de son pluralisme culturel : d'une part, les particularismes régionaux (illustrés par les spécificités culturelles corse, basque, bretonne et alsacienne) et d'autre part, les identités culturelles des collectivités situées en outre-mer.

Dans cette perspective, les revendications identitaires et les évolutions des statuts juridiques de la Corse ont questionné l'État-nation (caractérisé par la volonté d'une homogénéisation culturelle) et contribuent à une prudente émergence d'un État français pluriculturel ***(§ 1)***. Tandis que l'État norvégien va plus loin dans son choix : désormais officiellement État multiculturel, il s'engage dans la voie du multiculturalisme, dans lequel s'inscrit le destin du peuple sámi et son droit à l'autodétermination interne ***(§ 2)***.

---

[67] Meidad BENICHOU, *Le multiculturalisme*, Thèmes et Débats Société, Éditions Bréal, Rosny, 2006, p. 112.

[68] Jacques ZILLER, « Existe-t-il un modèle européen d'État pluriculturel entre la France unitaire "indivisible", et la Belgique et la Suisse fédérales ? », *in L'État pluriculturel et les droits aux différences, op.cit.*

[69] Michel BOURSE, « Interculturel ou multiculturel : itinéraires sémantiques et évolution idéologique », *Signes, Discours et Sociétés* [en ligne], 1. Interculturalité et intercommunication, 24 juin 2008. Disponible sur Internet : http://www.revue-signes.info/document.php?id=495.

§ 1. La contribution du statut juridique de la Corse à la prudente émergence d'un État français pluriculturel

Dans le discours juridique français le terme « État multiculturel » n'est jamais employé pour qualifier la République française mais celui d'État « pluriculturel » lui est préféré. Ce choix sémantique est soutenu par une raison : son utilisation dans un contexte européen, voire strictement français, laissant aux pays de culture anglo-saxonne le terme « multiculturel » car renvoyant à une politique multiculturaliste et à la reconnaissance de plusieurs « nations » closes sur un même territoire étatique. Cette posture politique et juridique serait contraire au principe d'indivisibilité tel qu'énoncé dans la Constitution française et tel qu'interprété par le Conseil constitutionnel dans sa jurisprudence constante.

Si la France est aussi, d'un point de vue sociologique, une société multiculturelle[70], le modèle républicain auquel la France est attachée s'oppose à une reconnaissance et à la pratique d'une politique multiculturaliste, qui s'apparente dans l'esprit et le discours français au communautarisme. Les principes constitutionnels et républicains d'égalité et d'indivisibilité font obstacle en France à tout régime politique multiculturel impliquant l'octroi de droits à des groupes. La place accordée à l'individu permet de reconnaître au moins que « ce ne sont pas seulement les sociétés mais les personnes qui sont multiculturelles[71] ».

La notion de pluralisme culturel n'est pas vraiment nouvelle dans le discours politique français ; elle apparaît en réalité dès le début du XXe siècle dans la pensée évolutive de Jean Jaurès (A).

En fait, les évolutions statutaires de la Corse s'inscrivent plus largement dans des innovations juridiques récentes en faveur d'un pluralisme démocratique (B).

A. Le pluralisme culturel dans la pensée de Jean Jaurès

Dès 1905 Jean Jaurès a reconnu l'existence d'un pluralisme culturel en France et il a tenté de l'articuler avec le modèle républicain. Sa pensée a évolué entre 1905 et 1914 : initialement les identités sociales et culturelles devaient être dépassées ou englobées dans un tout plus large, à savoir la République. L'unité étant le but ultime de la République.

Sa pensée a évolué vers un monisme républicain au cours de la dernière décennie de sa vie car le contexte mondial l'y poussait en raison des vagues

---

[70] Meidad BENICHOU, *op.cit.*, p. 112 *et s.*

[71] Michel WIEVIORKA, « Le multiculturalisme est-il la réponse ? », *Cahiers internationaux de sociologie*, vol. CV, 1998, p. 233-260.

d'immigration, la question des minorités nationales, les premières revendications d'autonomie de certaines colonies. Tout en affirmant que le repli identitaire sur les traditions n'est pas une solution et que l'unité reste un objectif en soit, Jaurès pose un regard « plus attentif à la diversité de ces cultures, que l'unité humaine à ses yeux n'est pas destinée à abolir mais au contraire à réaliser pleinement[72] ».

Il commence à appliquer son idée du pluralisme au cas de l'école républicaine, qui refuse de laisser paraître les particularités religieuses, régionales ou sociales. Les identités singulières sont alors gommées et transcendées par l'idéal de la citoyenneté et de l'intérêt général. Jean Jaurès s'interroge sur les deux sources du pluralisme culturel existant à ce moment sur le territoire national : d'une part, la place des langues et plus largement des identités régionales (dénommées alors les « petites patries ») à accorder au sein de la France républicaine ; d'autre part, les identités socioprofessionnelles, qui sont considérées comme la seconde source de pluralisme culturel et posent elles aussi la question de leur place au sein de la République et notamment à l'école : « l'école doit-elle offrir aux enfants de paysans ou d'ouvriers la même culture nationale et citoyenne ou faut-il qu'elle s'ouvre à des savoirs différenciés en fonction des milieux sociaux ?[73] »

Pour Jean Jaurès ces différences sont réelles et elles doivent s'inscrire dans une dynamique plus large, nationale. Les identités particulières ne doivent pas être instrumentalisées par des politiques. Avec des termes modernes, on peut dire qu'il était en faveur de la reconnaissance factuelle d'une société multiculturelle mais pas en faveur des politiques multiculturalistes favorisant l'autonomie d'entités culturelles et portant atteinte à l'égalité des droits et à l'affirmation de l'universalité, éléments auxquels Jean Jaurès était fortement attaché.

Concernant l'enseignement des langues régionales, il admet dès 1911 que les élèves puissent apprendre les langues régionales, mais pour éviter une réification de ces langues et un repliement identitaire, celles-ci doivent être utilisées dans une perspective comparatiste dépassant le cadre national : « le but pour l'instituteur n'est pas de ré-enseigner l'occitan en soi, mais d'utiliser ce qu'en savent ses élèves pour qu'ils fassent le lien entre la langue qu'ils parlent avec leurs parents et d'autres langues parentes, le français, tout comme l'espagnol ou le portugais. L'occitan doit ainsi servir dans l'école primaire, pour les classes populaires, de substitut vivant au latin qu'apprennent seules les élites des lycées. La finalité n'est pas de nourrir chez l'enfant le sentiment d'une

---

[72] Œuvres de Jean JAURES, auteurs secondaires Jean-Numa DUCANGE et Marion FONTAINE, *Recueil d'articles et de discours. Le Pluralisme culturel*, t.17, Fondation Jean-Jaurès, éd. Fayard, 2014, p. 28.

[73] Œuvres de Jean JAURES, *op.cit.*, p. 33.

particularité réifiée ; au contraire l'enjeu est de l'ouvrir au vaste monde, c'est-à-dire de lui faire comprendre les affinités qui existent entre différentes langues, en l'occurrence celles qui structurent une civilisation latine à portée internationale, de l'Espagne à l'Argentine en passant par la France.[74] »

L'idée essentielle qui se construit ici à travers le domaine de l'éducation et qui continue d'irriguer le droit français et même les instruments internationaux de protection des droits des personnes appartenant à des minorités, c'est la liberté de l'individu de choisir son appartenance ou non à un groupe. Le refus du communautarisme, contraire à l'idéal républicain, est aussi explicitement exprimé : « l'appartenance assignée se mue en choix et entraîne, non vers un quelconque repli corporatiste ou communautaire mais vers le mouvement d'émancipation.[75] »

La pensée de Jean Jaurès a une résonance éminemment moderne en ce qu'il est internationaliste et parce qu'entre 1905 et 1914 il aura insisté « sur le caractère dynamique et profondément historique des identités, que celles-ci soient religieuses, ethniques ou sociales. Pour Jaurès, ces appartenances ne sont pas des totalités closes et figées, mais des éléments mouvants, aptes à recouvrir un sens positif ou négatif, à aller dans le sens de l'émancipation ou de l'exclusion, suivant les moments historiques et aussi la manière dont on les traite. Le second élément touche à l'idée que la reconnaissance, provisoire ou durable, des spécificités peut et doit aller avec l'affirmation de l'universalité et de l'égalité des droits, qui est le fondement de l'unité à venir[76] ».

L'œuvre de Jean Jaurès, républicain convaincu, a permis de poser les bases de la réflexion et de proposer une ouverture en faveur du pluralisme culturel tout en l'intégrant dans un cadre national global. Depuis, de nombreuses évolutions ont eu lieu, confirmant cette ouverture au pluralisme. Les évolutions statutaires de la Corse s'inscrivent plus largement dans des innovations juridiques récentes en faveur d'un pluralisme démocratique.

B. *Les évolutions statutaires de la Corse s'inscrivent plus largement dans des innovations juridiques récentes en faveur d'un pluralisme démocratique*

La reconnaissance d'un État français pluriculturel se fait avec une grande prudence à double titre : d'une part, au nom des principes constitutionnels d'indivisibilité et d'égalité, et au nom d'une résistance à une hégémonie culturelle anglo-saxonne, le « multiculturel » en France est un terme tabou ; d'autre part, parce que la coexistence de plusieurs cultures sur le territoire n'est actée que par le législateur et non par la Constitution, même si cette dernière

[74] Œuvres de Jean JAURES, *ibid.*, p. 38.
[75] *Ibid.*, p. 44.
[76] Œuvres de Jean JAURES, *op.cit., p. 60.*

énonce des différences dans les catégories de collectivités territoriales et dans leurs régimes juridiques. On pense ici à la collectivité territoriale de Corse, qui fait partie des collectivités à statut particulier et à la Nouvelle-Calédonie, régie par le Titre XIII de la Constitution.

L'État français reconnaît l'existence de sources bien précises du pluralisme culturel sur son territoire : il s'agit des vagues d'immigration, des spécificités culturelles régionales et celles de collectivités situées en outre-mer. Mais il a toujours refusé d'admettre l'existence de minorités nationales sur son territoire ; de même qu'il avait refusé, à travers la célèbre décision du Conseil constitutionnel de 1991, d'accorder aux Corses le statut de « peuple », réaffirmant l'unicité du peuple français. Officiellement la France n'est pas un État multinational et il se définit comme un État-nation (la nation étant sociologiquement très proche du terme peuple ou culture). La notion de « droits de groupe » est toujours un obstacle face aux principes traditionnels d'indivisibilité et d'égalité.

Cependant, plusieurs éléments parlent en faveur d'une évolution vers un pluralisme démocratique[77] sans pour autant remettre en cause l'indivisibilité de la République.

D'abord, l'obstacle lié à la notion de « groupe » ou de « droits de groupes » semble contournable par une autre préférence sémantique, celle de la « collectivité ». Dans le cadre de la décentralisation territoriale, le principe de la libre administration des collectivités territoriales posé par l'article 72 de la Constitution accorde une personnalité juridique aux collectivités territoriales ; or certaines comme la collectivité territoriale de Corse portent sur leur territoire des revendications identitaires liées à la préservation de leurs identités culturelles collectives. Cependant dans sa décision de mai 1991, le Conseil constitutionnel avait catégoriquement refusé de reconnaître l'existence d'un « peuple corse » et de là de lui attribuer la qualité d'entité juridique collective.

La non-reconnaissance de minorités nationales est nuancée par la reconnaissance par le législateur de l'existence de spécificités culturelles, d'histoires collectives régionales, et par la timide et progressive reconnaissance de l'existence de peuples autochtones de la République. Par exemple, l'accord de Nouméa reconnaissant l'existence d'un peuple autochtone kanak[78] et les évolutions statutaires organisant un transfert de compétences en faveur de la Nouvelle-Calédonie tendent à faire changer cette posture officielle[79] en allant vers la lente reconnaissance officielle d'un État pluriculturel.

---

[77] Voir les développements à ce sujet de Norbert ROULAND, « Le droit français devient-il multiculturel ? », *Revue Droit et société*, Complexités à l'œuvre, n° 46, 2000, p. 530-545.

[78] Alain CHRISTNACHT, « La reconnaissance du peuple kanak par le droit français », *in* Stéphane PESSINA-DASSONVILLE, *Le statut des peuples autochtones. À la croisée des savoirs, op.cit.*, p. 97-108.

[79] Jean-Yves FABERON et Pierre DE DECKKER, *L'État pluriculturel et les droits aux différences,* Actes du colloque organisé à Nouméa du 3 au 5 juillet 2002, *op.cit.*

De plus, une augmentation de la spécificité institutionnelle des collectivités territoriales, dont les régimes juridiques sont très diversifiés, se trouve renforcée par l'absence d'exigence de la part du Conseil constitutionnel d'une uniformité des structures territoriales : le législateur peut créer de nouvelles catégories de collectivités territoriales et leur attribuer un statut spécifique, ce qui rompt avec l'objectif de l'assimilation[80].

Ensuite une forme de pluralisme juridique (à moins qu'il ne s'agisse que d'une « diversité juridique autorisée »[81]), certes encadré, se développe sur le territoire français, questionnant alors l'unité du pouvoir normatif : le statut des lois du pays en Nouvelle-Calédonie et en Polynésie française, ainsi qu'un pouvoir réglementaire et d'adaptation des règlements nationaux depuis la réforme constitutionnelle du 28 mars 2003. Pour la Corse, les délibérations de l'Assemblée territoriale ont une valeur réglementaire et, dans le respect de l'article 21 de la Constitution, la CTC peut être habilitée par la loi à fixer des règles adaptées à la spécificité de l'île.

Enfin, la position de la France concernant la diversité linguistique progresse, même lentement, puisque la possibilité de ratifier la *Charte européenne des langues régionales ou minoritaires* a été de nouveau présentée : le gouvernement avait fait une proposition de révision de la Constitution dans un sens favorable. Il avait proposé d'insérer une déclaration interprétative, datant du 7 mai 1999, précisant que le terme « groupe » visait une addition d'individus et non une entité autonome, titulaire de droits.

Ainsi les mesures prises en faveur d'une plus grande autonomie de la Corse afin de mieux préserver son identité culturelle s'inscrivent dans une démarche de l'État français plus globale tendant à le faire devenir officiellement un État pluriculturel.

La Norvège a choisi de s'engager dans la reconnaissance et la valorisation de son caractère multinational et à ce titre elle s'intéresse à une forme de politique du multiculturalisme sans pour autant viser le modèle anglo-saxon.

§ 2. Le choix de la Norvège en faveur d'une politique du multiculturalisme

Dans la recherche d'une coexistence pacifique au sein de société de plus en plus multiculturelle, la solution du multiculturalisme est une voie potentielle. Il s'agit d'une notion d'origine anglo-saxonne très controversée, que le sociologue Uli Windisch définit comme la notion « sans doute la plus connotée idéologiquement et politiquement, car elle est aussi une notion militante, utilisée dans la lutte politique. Il est par conséquent difficile d'en donner une définition unique, scientifique et acceptée par tous. Elle prolonge l'idée de maintien des

[80] Norbert ROULAND, « Le droit français devient-il multiculturel ? », *op.cit.*, p. 541.
[81] Norbert ROULAND, *ibid.*, p. 522.

cultures d'origine tout en la radicalisant. Elle tend ensuite par extension à valoriser, inconditionnellement, tout groupe minoritaire ou minorisé (groupes ethniques, femmes, homosexuels, handicapés…). Le multiculturalisme va encore de pair avec la "déconstruction", la critique de la culture et de la civilisation "blanches" au profit d'une apologie des cultures minoritaires, autres, marginalisées, dominées, noires, etc.[82] »

Bernard Wicht estime que ce concept a déjà montré ses limites. Il s'agit selon lui « d'une collection de particularismes culturels différents où aucune cohérence véritable n'est recherchée entre les parties d'un tout très composite. En définitive, le multiculturalisme ne propose aucun vouloir-vivre-ensemble et conduit, en dernière instance, à une certaine "balkanisation" des sociétés[83] ».

Le multiculturalisme peut avoir plusieurs acceptions, il n'a pas de définition précise et unique, mais il a pour limites le respect de la liberté individuelle, de la dignité humaine et des droits et libertés fondamentaux.

Dans un premier sens, il désigne une situation de fait, un état social qui dépeint la coexistence de plusieurs cultures sur le territoire d'un État.

Dans un sens encore plus large, il englobe « un ensemble très vaste de groupes sociaux non ethniques que la société a, pour des raisons diverses, exclus ou marginalisés[84] ». Les groupes vulnérables visés sont notamment les personnes en situation de handicap, les femmes, les homosexuels…

Il peut aussi désigner un régime socio-politique voire un programme politique visant plus à valoriser et à promouvoir le pluralisme culturel que l'assimilation[85], et suppose donc un engagement de l'État par l'adoption de mesures socio-politiques à travers la mise en œuvre du droit à la différence, telles que la discrimination positive *(affirmative action)* ou l'octroi de droits culturels catégoriels (le multiculturalisme rejetant la forme de l'État-nation).

Dans le sens premier du multiculturalisme, la Norvège est un État multiculturel puisqu'il reconnaît officiellement l'existence de minorités culturelles liées à des mouvements d'immigration et celle de minorités nationales traditionnellement, historiquement liées à la Norvège (les Kven et les Skogfinn) ainsi que l'existence d'un peuple autochtone, les Sámi.

---

[82] Uli WINDISCH, « Immigration, quelle intégration ? Quels droits politiques ? », Rapport pour la Commission fédérale des étrangers à l'intention du Conseil fédéral, Lausanne, L'Âge d'Homme, 2000, p. 15 *et s.*

[83] Bernard WICHT, « La diversité culturelle : le sens d'une idée », *Diversité culturelle et mondialisation*, Paris, Éditions Autrement, 2004, n° 233, p. 11.

[84] Will KYMLICKA, *La citoyenneté multiculturelle, op.cit.*, p. 33.

[85] Le multiculturalisme a initialement un cadre très précis et contextualisé : il renvoie aux politiques de soutien de la polyethnicité (donc en matière d'immigration), s'opposant à la politique d'assimilation, au sein des institutions francophones ou anglophones menées au Canada dans les années soixante-dix.

Face à cette donnée sociologique, l'État norvégien a adopté une ligne politique tenant au multiculturalisme bien que le terme « multiculturalisme » ne figure expressément dans le discours juridique norvégien.

Les documents officiels promeuvent la tolérance, l'intégration et le refus du racisme, mais des éléments concrets plus significatifs expriment l'intérêt norvégien porté aux politiques multiculturalistes : d'abord, le ministère de l'Intégration sociale, des Enfants et de l'Égalité *(Barne-, likestillings- og inkluderingsdepartementet*[86]*)* héberge depuis 2010 une administration spécialement chargée de l'Intégration et de la Diversité ayant pour mission de lutter contre le racisme et de promouvoir une société tolérante et multiculturelle[87].

De plus, entre 2005 et 2013, le Parlement norvégien a voté en faveur de nombreuses lois protégeant spécifiquement les personnes appartenant à une minorité visible. Le gouvernement a également mis en place au sein de ce même ministère un *ombudsman*[88] et un tribunal traitant de toutes les plaintes relatives à une discrimination portant sur le genre, le handicap, l'orientation sexuelle ou l'origine ethnique[89].

Cette volonté politique s'exprime dans des domaines précis (en particulier dans le secteur de l'éducation) non seulement par des mesures prévenant les formes de discrimination à l'encontre de ces populations et favorisant leur intégration à la population scandinave, mais aussi par des mesures spécifiques comme des droits culturels catégoriels afin de valoriser leurs spécificités culturelles. Le choix de l'État norvégien de s'inspirer du multiculturalisme, concept anglo-saxon, n'est pas si étonnant car la Norvège est certes membre du Conseil de l'Europe et de l'Espace économique européen, mais, ne faisant pas partie de l'Union européenne, elle est liée aussi aux États-Unis par des partenariats politiques et économiques et en reçoit une certaine influence culturelle.

Ensuite, en synthétisant les nombreuses mesures que l'État norvégien a adoptées pour les Sámi – la réforme constitutionnelle ayant permis l'inclusion de l'article 110a posant une discrimination positive en faveur des Sámi, la mise en place d'institutions politiques propres aux Sámi (le *Sameting* ou bien le Conseil sámi *Samerådet* permettant une coopération inter-nordique), la loi sur le

---

[86] Site du ministère accessible en anglais :
https://www.regjeringen.no/en/dep/bld/organisation/departments/id325/

[87] http://www.queensu.ca/mcp/immigrant/evidence/Norway.html

[88] Voir la loi norvégienne relative à l'égalité de traitement et mettant en place le comité de lutte contre les discriminations : Ot.prp. nr. 34 (2004-2005) *Om lov om Likestillings- og diskrimineringsombudet og Likestillings- og diskrimineringsnemnda (diskrimineringsombudsloven)*.
L'ombudsman a un site Internet : http://www.ldo.no/
Et le tribunal aussi : http://www.diskrimineringsnemnda.no/wips/702143727/

[89] Voir les lois norvégiennes : *likestillingsloven,* lov nr. 59/2013 (loi sur l'égalité) ; *diskrimineringsloven om etnisitet,* lov nr. 60/2013 (loi contre la discrimination fondée sur l'ethnicité) ; *diskriminerings- og tilgjengelighetsloven,* lov nr. 61/2013 (loi contre la discrimination fondée sur le handicap) ; *diskrimineringsloven om seksuell orienteering,* lov nr. 58/2013, (loi contre la discrimination fondée sur l'orientation sexuelle) ; *arbeidsmiljøloven kapittel 13 om vern mot diskriminering,* lov nr. 62/2005 (chapitre 13 du code du travail portant sur la protection contre les discriminations).

Finnmark et son mode de gestion des terres traditionnelles sámi, l'octroi de droits linguistiques –, il apparaît que l'ensemble de ces mesures nationales s'intègre plus globalement dans une politique multiculturelle car des mesures spéciales ont aussi été adoptées pour maintenir la vitalité d'autres cultures minoritaires comme celles des Skogfinn, des Kven ou des Rom.

Enfin, l'État norvégien a ratifié les instruments de droit international luttant contre toutes les formes de discrimination et surtout ceux promouvant les droits des minorités et des peuples autochtones. Ces textes incitent les États à admettre leur dimension multiculturelle, à accorder des droits individuels et collectifs et à mettre en œuvre, en particulier pour les peuples autochtones, le droit à l'autodétermination interne. L'ensemble de ces dispositions contribuent à ce que les États deviennent multiculturels[90] au plan institutionnel.

Toutefois, les mesures spéciales et les programmes de valorisation de la diversité des cultures[91] que la Norvège a développées n'affectent pas fondamentalement l'organisation de l'État norvégien, qui reste bien un État unitaire.

La première raison tient au fait que l'État norvégien se définit toujours dans sa Constitution comme un État unitaire fondé sur le principe d'indivisibilité. Une autre raison tient à ce que la Norvège n'a accordé de droits de groupe ni à ses minorités kven, skogfinn et rom, ni même au peuple autochtone sámi. Elle leur a accordé les droits de l'homme individuels et certains droits collectifs, dont les titulaires sont les individus qui les exercent collectivement dans le cadre national défini par l'État. Mais elle n'octroie pas de droits de groupe, même pour le peuple autochtone sámi : même si la Norvège a voté en faveur de la *Déclaration des Nations unies sur les droits des peuples autochtones*, texte reconnaissant formellement un droit pour les collectivités autochtones à l'autodétermination interne, aucune norme norvégienne ne le prévoit formellement pour le peuple sámi. En revanche, l'État norvégien s'engage dans cette voie, de manière très progressive et avec prudence, et, à ce titre, elle autorise l'exercice par les Sámi de certains éléments constitutifs de l'autodétermination interne.

Pour le moment le peuple sámi exerce une autonomie politique et culturelle à travers une institution politique autochtone (le *Sameting* ou *Sámediggi* en sâme), des droits linguistiques exercés par les individus sámi dans le respect de leur volonté individuelle, une protection constitutionnelle et légale de leur mode de vie, de leurs langues et de leur culture.

---

[90] Sur ce point, voir James ANAYA, « International Human Rights law and Indigenous Peoples: The Move Toward the Multicultural State », *Arizona Journal of International and Comparative Law*, vol. 21, 2004, p. 13, consultable sur le site www.lexisnexis.com.

[91] Voir aussi le programme OXLO (Oslo Extra Large), mené depuis 2001 et favorisant l'interculturalité : "*26% of the city's total population are foreign-born. Out of these 19% are first-generation, whilst second generation make up 7%. The ethnic composition of the city's population in descending order comprises: Pakistani-3.60%; Pakistani descedent-3.6%; Somali-2%; Swedish-1.5%; Polish-1.5%; Tamil-1.2%; Iraqi-1%; Turkish-1%; Marrocan-0.9%; Vietnamese-0.9%; Iranian-0.9%.*"
https://www.coe.int/t/dg4/cultureheritage/culture/Cities/oslo_en.asp

Concernant, la problématique des droits fonciers, celle-ci reste une question épineuse dans le droit norvégien : la loi norvégienne ne reconnaît pas au peuple autochtone sámi un droit de propriété collective sur l'ensemble des terres et ressources naturelles situées dans le comté de Finnmark – éventuellement un droit de propriété collectif à valeur strictement symbolique sur les terres ancestrales sámi (en particulier dans le comté de Finnmark) pourrait être envisagé. Mais par la loi de juin 2005 sur le Finnmark *(Finnmarksloven)*, fruit d'un large consensus entre les représentants sámi, les autorités étatiques et les personnes non sámi, l'État norvégien n'est plus propriétaire de la quasi-totalité des terres et ressources naturelles situées dans le comté de Finnmark. Des évolutions sont en cours.

CONCLUSION DU CHAPITRE II

Jusqu'à présent, les mesures visant la préservation et le développement des identités culturelles sámi et corse n'ont pas profondément bouleversé l'organisation unitaire des États norvégien et français ; elles n'ont mené ni au fédéralisme asymétrique ni même à un État régional.

En revanche, elles permettent de pointer plusieurs enjeux qui participent tous à une approche modernisée de l'État unitaire.

D'abord, tant les réformes adoptées pour la Corse dans le cadre de la décentralisation territoriale renforcée que celles amorçant la mise en œuvre d'un droit à l'autodétermination interne pour le peuple sámi contribuent à redéfinir les relations entre le pouvoir central et les entités infra-étatiques et ainsi à chercher dans un esprit de concertation un point d'équilibre amenant à la conciliation : « les formes d'État fixeront pour chaque État le point d'équilibre entre la dynamique du centre et de la périphérie […].[92] » C'est précisément cette tension vers un *point d'équilibre* qui contribue à la recherche d'une conciliation entre des identités culturelles périphériques et l'État unitaire.

Ensuite, elles invitent à réfléchir sur le dépassement des oppositions traditionnelles entre les catégories d'États, États unitaires d'une part et États fédéraux d'autre part. Elles montrent la possibilité d'une progression allant des États fortement décentralisés à celle de l'État régional – ou autonomique – ou encore celle d'un État unitaire accordant une autonomie politique et culturelle pratiquée dans le cadre d'un programme tenant au multiculturalisme (sans pour autant aller jusqu'au multiculturalisme à l'américaine). Il semble que la Norvège ait fait ce choix, sans que ce programme politique n'affecte fondamentalement sa structure étatique.

Enfin, si les États français et norvégien ont maintenu leur structure unitaire, les réformes adoptées pour répondre aux revendications corse et sámi contribuent à l'acceptation par ces États de leur caractère pluriculturel, tant dans leur réalité sociologique qu'au plan institutionnel.

Plus largement, ces réformes statutaires participent ainsi au développement d'une vision modernisée de la notion d'État unitaire : un État unitaire peut-être décentralisé et pluriculturel. Dans cette approche renouvelée de l'État unitaire, celui-ci n'a plus à être officiellement un État-nation et sa modernité ne réside plus seulement en son organisation décentralisée. La modernité de l'État unitaire réside aussi désormais dans sa capacité d'adaptation au pluralisme culturel présent sur son territoire en lui accordant une forme et un degré variables d'autonomie tout l'intégrant au sein de ses structures étatiques. La conciliation réside dans l'institutionnalisation de la différence au sein des États, au lieu de la rejeter.

---

[92] Vlad CONSTANTINESCO, Stéphane PIERRE-CAPS, *op.cit.*, p. 260.

CONCLUSION DU TITRE II

Dans les travaux des Nations unies et du Conseil de l'Europe relatifs aux droits des peuples autochtones, à la diversité culturelle et à l'autonomie locale, l'altérité est prise en compte par deux mouvements complémentaires : la liberté de s'administrer et le pluralisme culturel et juridique/les relations interculturelles.

Les notions d'autodétermination interne et d'autonomie locale, en ce qu'elles désignent la liberté de s'administrer pour les collectivités autochtones d'une part et pour les collectivités locales d'autre part, peuvent être rapprochées à certains égards. La décentralisation territoriale en France, en tant que principe d'organisation administrative, semble être devenue un cadre étatique dans lequel certaines collectivités territoriales bénéficiant d'un statut spécial peuvent exercer une autonomie culturelle et politique sans pour autant que celle-ci ne soit formulée.

Les organisations internationales incitent les États concernés par le pluralisme culturel sur leur territoire à élaborer un cadre étatique complexifié, tout en leur laissant une marge de manœuvre dans la mise en place des mesures internes pertinentes. L'État norvégien a choisi d'amorcer l'exercice par les Sámi d'un droit à l'autodétermination interne et l'État français a opté pour des réformes instaurées dans le cadre de la décentralisation territoriale renforcée.

Lorsque les États décident de les mettre en œuvre, ces notions deviennent pour eux un facteur d'évolution dans leur organisation et elles ont la capacité de les moderniser dans leur approche du pluralisme culturel présent sur leur territoire. Sous leur influence, ces États deviennent des États unitaires décentralisés et pluriculturels.

CONCLUSION DE LA DEUXIEME PARTIE

Revendiquer la reconnaissance et la protection effective d'une « différence ne signifie pas toujours revendiquer un territoire[93] ». La plupart des peuples autochtones, ne revendiquent que les moyens d'exercer l'autodétermination interne ; aussi d'un point de vue sociologique les cultures sont perméables les unes aux autres et les mouvements de population sont réels.

Considérer que les cultures sont territorialisables paraît alors dangereux : « la pire des gaffes méthodologiques était dès lors commise : […] on admettait que toute culture se rapportait nécessairement à un agrégat social territorialisable ; celui-ci était inévitablement homogène, regroupant des individus dont l'identification était unanime, exclusive et non négociable. »[94] Certes, « la pluralité des cultures a une dimension éminemment politique, mais n'est pourtant réductible à aucun ordre territorialisable[95] ».

Le fédéralisme a longtemps été considéré comme la réponse la mieux adaptée aux revendications identitaires, mais les États unitaires ont aussi développé des éléments de réponses, qui certes questionnent leurs identités constitutionnelles, mais pour autant ne transforment pas fondamentalement leur organisation unitaire. Ils les font parfois évoluer vers des États mixtes, plus complexes ; mais surtout ils les font devenir des États officiellement pluriculturels.

Les États français et norvégien en sont les illustrations. Ils ont choisi une mise en œuvre différenciée du principe de pluralisme culturel en adoptant des outils juridiques et administratifs *a priori* bien distincts : la décentralisation renforcée pour l'un, et l'autodétermination interne pour l'autre. Ces notions apportent une réponse apaisante et constructive aux revendications identitaires sámi et corse, contribuant ainsi à une (ré)conciliation avec les États norvégien et français.

Ces deux exemples montrent aussi que, dans la pratique et lorsqu'elles font l'objet de dialogues pour être appliquées, des notions en théorie distinctes peuvent être rapprochées.

Quel que soit le cadre étatique élaboré et quelles que soient les adaptations internes choisies, la recherche d'une conciliation suppose le dialogue des parties. La démarche de concertation s'oppose aux décisions unilatérales et autoritaires, et participe ainsi à la prévention des conflits. La mise en œuvre du principe de pluralisme culturel prôné par les travaux de l'UNESCO et par la

---

[93] Bertrand BADIE, « Sens de la différence », *in* Paul DE DECKKER et Jean-Yves FABERON (dir.), *L'État pluriculturel et les droits aux différences*, *op.cit.*, p. 16.

[94] *Ibid.*, p. 11.

[95] *Ibid.*, p. 9.

jurisprudence de la CEDH exige, pour qu'elle soit sur le mode de la (ré)conciliation, un dialogue permanent entre les parties concernées, plus exactement entre les représentants des minorités et les gouvernements des États. L'adoption de statuts internes spécifiques doit reposer sur un « partenariat moderne »[96], et non sur des décisions étatiques élaborées et imposées unilatéralement.

Ainsi, c'est précisément le rapprochement des parties à travers la recherche d'un consensus par le dialogue et le rapprochement de notions *a priori* distinctes qui créent un mouvement, ce qui confère aux cadres étatiques un caractère dynamique, évolutif et adaptable renforçant ainsi leur efficacité.

L'élaboration de cadres étatiques adaptés est en réalité davantage un processus dynamique qu'un résultat achevé ou un aboutissement.

[96] Expression utilisée dans le rapport final de la Commission royale sur les peuples autochtones, « People to People, Nation to Nation », 1996, site du ministère des Affaires autochtones et Développement du Nord Canada,
http://www.aadnc-aandc.gc.ca/fra/1100100014597/1100100014637« People to People, Nation to Nation ».

CONCLUSION GÉNÉRALE

Cette étude a eu pour objet de réfléchir aux différents moyens offerts par le droit international et européen, et par les pratiques internes des États, afin de concilier l'octroi d'un statut spécial permettant d'exercer une autonomie culturelle et/ou politique, en réponse à des revendications identitaires régionales et autochtones, avec la forme unitaire empruntée par la majorité des États.

Les États unitaires français et norvégien ont présenté des exemples différents d'articulation de leur principe constitutionnel d'indivisibilité avec les exigences européennes d'application du pluralisme culturel et avec les normes internationales protectrices de la diversité culturelle, des droits des peuples autochtones et des personnes appartenant à des minorités nationales ou ethniques, religieuses et linguistiques, celles-ci accordant des droits catégoriels et collectifs, voire des droits de groupe comme le droit à l'autodétermination interne désormais reconnu aux peuples autochtones.

La France et la Norvège n'ont pas exactement la même interprétation du principe d'indivisibilité, l'une insistant sur l'unicité du peuple français, et l'autre sur l'unité du peuple norvégien, composé des minorités nationales rom, skogfinn, kven et du peuple autochtone transfrontalier sámi. L'État français ne reconnaissant pas officiellement l'existence de minorités nationales ou de peuples autochtones sur son territoire – cette affirmation tend cependant à être nuancée avec les évolutions statutaires concernant le peuple kanak en Nouvelle-Calédonie –, il n'a encore ratifié aucun instrument international ou européen protecteur de ces catégories. En revanche, la Norvège les a tous ratifiés.

En étudiant les relations que les populations corse et sámi ont vécues avec les États français et norvégien, ou plus largement, nordiques, il ressort que concilier la préservation d'identités culturelles minoritaires avec la forme unitaire d'un État ne va pas toujours de soi. La procédure de conciliation est le résultat d'un long processus. Elle repose avant tout sur la volonté des parties et elle est élaborée par elles sur le mode de la concertation.

Dans une première partie, nous avons d'abord montré que l'initiative et la réalisation de la conciliation reposent sur la volonté dynamique des parties.

Á partir de leur rattachement officiel aux États dano-norvégien et français, les Sámi et les Corses ont connu à partir du XVIIIe siècle une longue période de domination économique, politique, culturelle et territoriale relayée par des politiques et pratiques discriminatoires et d'assimilation culturelle, sans aucune protection juridique de la part d'un système normatif international, lui-même en pleine élaboration. En pleine période d'affirmation de l'État moderne puis des États-nations, les Sámi et les Corses, qui constituaient des entités sociales et culturelles non étatiques, sont alors devenus des minorités de fait.

Cette absence de protection juridique, tant nationale qu'internationale, a réveillé leur conscience identitaire. Afin de maintenir la vitalité de leurs identités culturelles collectives, leurs représentants ont joué un rôle actif indispensable et ont fait preuve de dynamisme en ce qu'ils ont pris l'initiative de demander à leurs gouvernements respectifs l'élaboration concertée d'un statut juridique adapté à leurs revendications. Á partir des années 1980, grâce à leur dynamisme politique, les Sámi ont obtenu le statut juridique de minorité nationale ethnique et linguistique. Il faudra attendre 1991 pour que la Corse bénéficie d'un premier statut particulier fondé non pas sur l'ethnicité mais sur la spécificité historique, culturelle et linguistique du territoire insulaire corse.

Les Sámi et les Corses ont pour point commun d'avoir œuvré, sur la scène nationale, internationale et régionale, pour passer du statut « d'objets vivants du droit » à celui de nouveaux « sujets du droit ». Á travers leurs institutions représentatives démocratiques, ils constituent désormais des acteurs non étatiques subnationaux et transnationaux, visibles sur les scènes internationale et régionale (nordique et européenne).

Si les représentants corses et sámi ont réussi à participer à l'élaboration de leurs statuts juridiques particuliers prenant en compte leurs spécificités culturelles, malgré tout, sans le consentement des États, rien n'est possible. Or, à partir des années 1990, pour diverses raisons, liées notamment au maintien de la paix, au renforcement de la démocratie et au développement des droits de l'homme, la majorité des États ont pris conscience de la nécessité de protéger les droits des personnes appartenant à des minorités et les droits des peuples autochtones. Leurs travaux au sein des Nations unies, du Conseil de l'Europe et de l'Union européenne ont mené à l'adoption, aux côtés des instruments de protection universelle des droits de l'homme, d'instruments de protection catégorielle des minorités et des peuples autochtones, puis, plus largement, des instruments visant la sauvegarde du patrimoine culturel et du patrimoine naturel, ainsi que la diversité culturelle avec son corollaire, le dialogue interculturel. La problématique de la sauvegarde des identités culturelles collectives corse et sámi s'inscrit dans la thématique plus large de la défense de la diversité culturelle, que l'UNESCO avait qualifiée en 2001 de « patrimoine commun de l'humanité ». Les organisations européennes et internationales ont fait de sa défense un nouveau projet pour la société et un enjeu pour les droits de l'homme.

Celles-ci jouent un double rôle dans la recherche d'une conciliation entre les intérêts étatiques et la préservation d'identités culturelles collectives singulières. En tant qu'organisations intergouvernementales, elles sont parties à la conciliation ; et, en défendant non plus strictement les intérêts étatiques mais aussi désormais les droits de l'homme, des minorités et des peuples autochtones et la diversité des cultures, les organisations internationales se posent en médiatrices dans la conciliation. Porteuses d'une nouvelle éthique et contribuant à moderniser le droit international, elles incitent les États à redéfinir leurs relations avec leurs minorités.

Le point commun essentiel de l'ensemble des textes présentés réside en ce qu'ils appellent tous au dialogue interculturel et à l'élaboration de partenariats modernes fondés sur la concertation entre les États concernés et leurs minorités. Le fait que ces textes constituent des cadres destinés aux États, établissent des directives à l'attention des États, sans pour autant véritablement reconnaître des droits aux peuples autochtones ou aux personnes appartenant à des minorités, constitue la faiblesse mais aussi la force de cet arsenal juridique. Il énonce un *minimum* de standards offrant une protection minimale. Mais les gouvernements qui le souhaitent peuvent, en concertation avec les représentants de leurs minorités, élargir, mieux adapter et améliorer la protection prévue.

Dans une deuxième partie, nous avons ensuite montré que la (ré)conciliation était favorisée par la création de cadres étatiques dynamiques. L'adjectif dynamique est entendu dans son second sens, celui de mouvement impliquant alors des questionnements et des adaptations.

Le processus de réformes internes adoptées par les États français et norvégien à l'égard de la Corse et des Sámi n'a pas été uniquement ponctuel et n'est pas achevé. Il a été initié dans les années 1980, il a évolué et continue de se complexifier encore aujourd'hui. De nouvelles perspectives d'évolution existent et ont été récemment soulevées par l'Assemblée territoriale de Corse concernant une évolution statutaire proche de celle créée pour l'outre-mer. Du côté des Sámi, la question de la reconnaissance d'un droit de propriété collectif sur leurs terres ancestrales en Laponie reste encore en suspens, la loi sur le Finnmark adoptée en 2005 ne s'étant pas prononcée sur cette question. En matière de coopération régionale nordique, un nouvel instrument de gouvernance régionale et de coopération transfrontalière a été élaboré par les Parlements sámi de Finlande, de Suède et de Norvège. Mais cette *Convention nordique sámi* ("Nordic sami convention") qui énonce des dispositions relatives notamment aux droits de l'homme et à l'exercice du droit à l'autodétermination interne par le peuple sámi est toujours en phase de négociation avec les gouvernements respectifs.

Les exemples des États français et norvégien avec la Corse et le peuple sámi démontrent que la recherche d'une conciliation suppose une adaptation perpétuelle des cadres étatiques et un questionnement des catégories classiquement établies.

En effet, en analysant d'abord les moyens choisis par les États français et norvégien pour répondre aux revendications identitaires des communautés culturelles corses et sámi, il ressort qu'ils se distinguent clairement sur le plan formel.

La Norvège a une culture traditionnelle de la démocratie consociative, si bien que la démarche d'une conciliation avec les Sámi s'est rapidement imposée tant aux représentants sámi qu'aux gouvernements successifs. Aussi, l'État norvégien est un État décentralisé, comme la France, mais, tandis qu'en France les fonctions de la décentralisation ont évolué, se sont complexifiées afin de prendre en compte les spécificités identitaires régionales, en Norvège, la décentralisation a gardé sa finalité originelle : la gestion administrative du territoire.

L'État norvégien a choisi de s'engager dans des réformes internes légales, constitutionnelles et institutionnelles, octroyant un droit collectif pour le peuple sámi à la protection de sa culture, de sa langue et de son mode de vie. Afin d'exercer ce droit, un Parlement national sámi *(Sameting* en norvégien et *Sámediggi* en sâme*)* a été institué par la loi du 12 juin 1987. Régulièrement consulté par le gouvernement pour les affaires concernant le peuple sámi, le *Sameting* a vu ses compétences être renforcées depuis sa création. Le droit norvégien ne reconnaît toujours pas formellement aux Sámi le statut de peuple autochtone. Cependant, il permet au peuple autochtone sámi d'exercer des éléments constitutifs de l'autodétermination interne à travers une autonomie culturelle et politique, et la lente reconnaissance de droits fonciers en territoire Sápmi, situé en partie dans le comté de Finnmark. Cette autonomie est fondée sur les engagements internationaux contractés par l'État norvégien, dans le domaine des droits des peuples autochtones. La Norvège a en effet ratifié la *Convention nº 169 relative aux peuples indigènes et tribaux*, qui reconnaît des droits collectifs et organise matériellement les conditions d'exercice du droit à l'autodétermination interne, officiellement accordée aux peuples autochtones seulement depuis 2007 dans la *Déclaration des Nations unies sur les droits des peuples autochtones,* en faveur de laquelle la Norvège avait alors voté.

La France, au contraire de la Norvège, ne reconnaît pas officiellement l'existence de minorités nationales sur son territoire. L'identité culturelle corse est donc protégée dans le cadre de la décentralisation territoriale, qui se pose alors comme une alternative à la reconnaissance de droits collectifs, sources d'atteinte au principe constitutionnel d'indivisibilité. L'identité culturelle corse, en particulier la langue corse, est protégée en tant qu'élément constitutif du patrimoine culturel de la République française. L'identité culturelle corse n'est pas prise en compte à travers les caractéristiques ethniques d'un « peuple corse », qualification refusée par le Conseil constitutionnel, mais par les lois du 13 mai 1991 et du 22 janvier 2002 octroyant à l'île de la Corse, en tant que territoire, le statut de collectivité territoriale à statut particulier et dotée d'institutions propres.

Grâce à ces réformes statutaires, et au fil du temps, les représentants corses se sont imposés comme des interlocuteurs des pouvoirs centraux et de véritables partenaires dans les politiques de gestion locale. Les institutions représentatives de la collectivité territoriale de Corse ont pu progressivement développer avec l'État français un esprit de concertation concernant le statut hybride de la Corse et le renforcement de ses compétences dans les domaines politique, économique, social et culturel pour les affaires la concernant.

Ensuite, en s'appuyant sur les exemples sámi et corse, nous avons également cherché à illustrer comment le questionnement de notions juridiques classiquement distinctes peut contribuer à une procédure de (ré)conciliation.

D'abord, l'exemple précis de la France montre qu'un décloisonnement des notions de décentralisation territoriale et d'autodétermination interne est envisageable. Si la distinction entre décentralisation territoriale et autodétermination interne s'impose au plan formel, il arrive dans certains cas qu'au regard du résultat obtenu, sur un plan matériel, la distinction entre les deux notions ne soit plus si évidente ni tranchée. En matière d'autodétermination interne, la pratique des États est hétérogène et foisonnante, et sa mise en œuvre peut passer par des formes et des degrés variables d'autonomie. La décentralisation a la capacité de constituer un cadre étatique évolutif et adaptable, dans lequel il semble possible de mettre en œuvre des éléments apparentés à l'autodétermination interne.

L'autodétermination interne et la décentralisation territoriale sont toutes deux à géométrie variable. Elles ont toutes les deux une dimension fonctionnelle et relationnelle. Ce sont des notions flexibles, adaptables aux différentes revendications identitaires que l'État rencontre sur son territoire et qui peuvent, l'une et l'autre, servir d'instrument pacificateur.

Toutefois, si elles peuvent être comparées et rapprochées sur certains points, elles ne sont pas interchangeables, sinon la revendication politique et philosophique des peuples autochtones à exercer leur droit à l'autodétermination interne serait vidée de son sens.

De plus, les réformes législatives et institutionnelles adoptées par les États norvégien et français à l'égard de la collectivité territoriale de Corse (dénommée collectivité de Corse à partir de 2018) et du peuple autochtone sámi ne bouleversent pas encore fondamentalement leur structure unitaire. En revanche, elles modernisent la vision classique de l'État unitaire en mettant en cause l'équation traditionnelle de l'État unitaire/État-nation. Ainsi, à l'instar des États français et norvégien, un État unitaire peut avoir une organisation décentralisée et être pluriculturel. Ce constat montre que, dans la pratique, les États unitaires ont des capacités d'adaptation hétérogènes et quelques fois insoupçonnées. Ils peuvent s'adapter en élaborant des aménagements internes compatibles avec leur principe constitutionnel d'indivisibilité. Cette souplesse potentielle renvoie à l'image du roseau qui se plie, sans rompre, dans la fable *Le Chêne et le Roseau* de Jean de La Fontaine.

En conclusion, cette étude a voulu démontrer que la recherche d'*une* conciliation dépend, en réalité, de la recherche d'une pluralité de conciliations interdépendantes, d'ordre culturel et humain, et d'ordre conceptuel.

Aussi, dans le cadre de la problématique minoritaire, une conciliation (au sens de voie médiane) ne peut pas être un aboutissement définitif : les solutions adoptées par les États ne peuvent pas toujours être systématisées. Les cas des Sámi et de la Corse le reflètent – mais aussi, selon d'autres études, le cas de l'outre-mer, et notamment celui du Pacifique Sud et ses « *Pacific Ways* » conçus, selon Marc Joyau et Emmanuel-Pie Guiselin, comme la recherche d'un mode consensuel des problématiques. La recherche de conciliations relève davantage de la casuistique et constitue un processus complexe, qui dépend pour sa réalisation de plusieurs critères : une volonté politique de la part des États et des minorités actives, une approche pragmatique de notions et de concepts juridiques traditionnellement connotés péjorativement car théoriquement conflictuels avec les attributs de la souveraineté étatique, et enfin une adaptation des cadres étatiques menée dans un esprit de concertation grâce à de multiples dialogues entre les parties à la conciliation.

Sur un plan formel, la conciliation est un accord entre des parties afin de régler un conflit à l'amiable. Dans la pratique, la conciliation exprime un mouvement vers l'Autre ; elle suppose un esprit de concertation et d'adaptation afin de prendre en compte la diversité et l'altérité.

PRINCIPAUX SIGLES ET ABREVIATIONS

AFDI : *Annuaire français de droit international*

AFRI : *Annuaire Français de Relations Internationales*

AJDA : *Actualité juridique de droit administratif*

JORF : Journal officiel de la République française

RCADI : *Recueil des cours de l'Académie de droit international de la Haye*

RDP : *Revue du droit public et de la science politique en France et à l'étranger*

RFDA : *Revue Française de droit Administratif*

RFDC : *Revue française de droit constitutionnel*

RGDIP : *Revue générale de droit international public*

RTDH : *Revue trimestrielle des droits de l'Homme*

CEDH : Cour européenne des droits de l'Homme

CTC : Collectivité territoriale de Corse

CIJ : Cour internationale de justice

Com. D.H : Comité des droits de l'Homme

Cour EDH : Cour européenne des droits de l'Homme

CPJI : Cour permanente de justice internationale

ECOSOC : Economic and Social Council (Conseil économique et social des Nations unies)

FMI : Fonds Monétaire International

IWGIA : International Work Group for Indigenous Affairs

Norges Høyesterett : Cour suprême de justice norvégienne

Norges Regjering : Gouvernement norvégien

OI : Organisation internationale

OIT : Organisation internationale du Travail

ONG : Organisation non gouvernementale

ONU : Organisation des Nations unies

OSCE : Organisation pour la sécurité et la coopération en Europe

PNUD : Programme des Nations unies pour le développement

Sametinget ou Sámediggi : Parlement national sámi

SDN : Société des Nations

Stortinget : Parlement national norvégien

UIP : Union interparlementaire

UNESCO : Organisation des Nations unies pour l'éducation, la science et la culture

UNPFII : United Nations Permanent Forum on Indigenous Issues (Instance permanente sur les questions autochtones)

Cons. : Considérant

DDPA : Déclaration sur les droits des peuples autochtones

DUDH : Déclaration universelle des droits de l'Homme

LOV : Loi norvégienne

Meld. St : *Melding til Stortinget*

NOU : *Norges offentlige utredninger*

Ot.prp. : *Odelstingsproposisjon*

St.prp. : *Proposisjon til Stortinget*

BIBLIOGRAPHIE

A. OUVRAGES SPECIALISES

1. La Corse

AJCHENBAUM Y. M. (dir.), ANDREANI J-L., *La Corse, histoire d'une insularité*, éd. Éditions 84, collection Librio Document, mai 2005, 93 p.

CARATINI R., *La Corse. Un peuple, une histoire*, Paris, éd. Archipel, 2009, 300 p.

CRETTIEZ X., *La Question Corse*, Bruxelles, éd. Complexe, 1999, 261 p.

LEFEVRE M., *Géopolitique de la Corse. Le modèle républicain en question*, Paris, éd. L'Harmattan, 2000, 335 p.

LOUGHLIN J., OLIVESI C. (dir.), *Autonomie insulaires : vers une politique de la différence pour la Corse ?*, Ajaccio, publication du Centre européen des questions de minorités, éd. Albiana, 1999, 203 p.

ORSINI L., *Les Arrêtés Miot*, Angers, La Marge édition, 1990, 231 p.

PELLEGRINETTI J-P., ROVERE A., *La Corse et la République. La vie politique du second Empire au début du XXIe siècle*, Paris, éd. Seuil, avril 2004, 688 p.

RENUCCI J., *La Corse*, Paris, Que sais-je ?, PUF, 2001, 128 p.

ROUSSEAU J.-J., *Projet de Constitution pour la Corse*, Paris, éditions Nautilus, 2000, 91 p.

SALVINI G., *Justification de la révolution de Corse et de la ferme résolution prise par les corses de ne plus jamais se soumettre à la domination génoise* (1779), traduit par François PIAZZA, éd. Alain Piazzola, 2010

TUFFELLI C., *Justification de la Corse française. Du Général Paoli au Général Bonaparte. 1755-1796*, Marseille, éd. Autres Temps, 2007, 381 p.

VERGE-FRANCESCHI M., *Paoli, un Corse des Lumières*, Paris, Fayard, 2008, 637 p.

VINCENS E., *Histoire de la République de Gênes*, éd. Firmin Didot frères, 1842. Ouvrage numérisé par la Bibliothèque nationale de France consultable sur Gallica, et réimprimé par la Librairie le Chapitre, 2014

2. Les Sámi

BAER L.-A., "The right to self-determination and the case of the Sámi", in Pekka AIKIO et Martin SCHEININ (dir.), *Operationalizing the right of indigenous peoples to self-determination*, Institutet för mänskliga rättigheter, Åbo Akademi University, 2000, p.230.

BANK N., KOIVUROVA T., *The Proposed Nordic Saami Convention. National and International Dimensions of Indigenous Property Rights*, Oxford and Portland, Oregon, éd. Hart Publishing, 2013, 436 p.

BJERKLI B., SELLE P., (dir), *Samepolitikkens utvikling*, Copenhagen, éd. Gyldendal, 2015, 432 p.

DELAPORTE Y., *Le regard de l'éleveur de rennes, Laponie norvégienne : essai d'anthropologie cognitive*, Louvain, éd. Peeters, 2002, 336 p.

HENRIKSEN J-B., *Saami Parliamentary Co-Operation. An Analysis*, éd. Nordic Sámi Institute & IWGIA, 1999, 100 p.

JERNSLETTEN R., "The Sami Movement in Norway: ideology and practice 1900-1940", in *Samebevegelsen i Norge. Idé og strategi 1900-1940*, Tromsø, Sámi dutkamiid guovddáš - Senter for samiske studier, Université de Tromsø, 1998, 190 p.

MINDE H., "The challenge of Indigenism : The struggle for Sámi Land Rights and Selfgovernment in Norway 1960-1990", in JENTOFT S., MINDE H., NILSEN R. (dir.), *Indigenous Peoples: Resource Management and Global Rights*, Delft, Eburon Academic Publishers, 2003, 328 p.

MYNTTI K., "The Nordic Sámi Parliaments", in *Operationalizing the right of Indigenous Peoples to Self-Determination*, p. 203-221.

RAVNA Ø., *Finnmarksloven - og retten til jorden i Finnmark*, Copenhagen, Gyldendal, 2013, 517 p.

RAVNA Ø., "Recognition of Indigenous Lands through the Norwegian 2005 Finnmark act: an important example for other countries with indigenous people?" in HERRMANN T M., MARTIN T., *Indigenous Peoples' Governance of Land and Protected Territories in the Arctic*, Springer International Publishing, 2016, p. 189.

SEMB A-J., « Ett folk? Samenes plass », in Hanne Marthe NARUD, Knut HEIDAR og Tore GRØNLI (dir.) *Stortingets historie 1964-2014*, Bergen, Fagbokforlaget, 2014.

SILLANPÄÄ L., *Political and administrative responses to Sami self-determination*, Helsinki, The Finnish society of Sciences and Letters, 1994, 258 p.

SMITH C., "The Development of Sami Rights since 1980", in BRANTENBERG T., HANSEN J., MINDE H. (dir.), *Becoming Visible - Indigenous Politics and Self-Government*, University of Tromsø, Norway, Sámi dutkamiid guovddáš - Centre for Sámi Studies, 1995, 247 p.

STĘPIEŃ A., PETRÉTEI A., KOIVUROVA T., "Sámi Parliaments in Finland, Norway, and Sweden", in H. MALLOY T., OSIPOV A., VIZI B., *Managing Diversity through Non-Territorial Autonomy: Assessing Advantages, Deficiencies, and Risks*, Oxford, University Press, 2015, p. 117s.

THUEN T., *Quest for equity: Norway and the Saami challenge*, Memorial University of Newfoundland / Institute of Social and Economic Research, éd. St. John's, 1995, 300 p.

TURI J., *Récit de la vie des Lapons*, Paris, éd. L'Harmattan, 2000, 299 p.

3. Identités et diversité culturelles

BAUDART A., « Les ambiguïtés du droit à la différence », *in République et particularismes*, éd. La Documentation française, Paris, n° 909, février 2005, 120 p.

BENICHOU M., *Le multiculturalisme*, Paris, collection Thèmes et Débats société, éd. Bréal, Rosny 2006, 127 p.

BIAD A., « Le dialogue des cultures et des civilisations : nouveau défi pour le Partenariat Euro-méditerranéen », p. 131-143, *in* LABOUZ M.-F., WISE M. (dir.), *La diversité culturelle en questions(s)/Cultural Diversity in Questions(s)*, Bruxelles, Bruylant, 2005, 336 p.

BORTOLOTTO C. (dir.), *Le patrimoine culturel immatériel. Enjeux d'une nouvelle catégorie*, Paris, éd. Maison des Sciences de l'Homme, 2011, 252 p.

CONSTANT F., *Le Multiculturalisme,* Paris, collection Dominos, éd. Flammarion, 2000, 177 p.

de DECKKER P., FABERON J-Y. (dir), *L'État pluriculturel et les droits aux différences,* actes du colloque organisé à Nouméa du 3 au 5 juillet 2002, éd. Bruylant, 2003, 536 p.

DIECKHOFF A., *La nation dans tous ses États, les identités nationales en mouvement,* Paris, éd. Flammarion, 2008, 341 p.

ENDRES J., « Le "dialogue interculturel" au Conseil de l'Europe, à l'Union européenne et à l'Unesco : état des lieux », publication du Département fédéral de l'intérieur, Secrétariat d'État à l'éducation et à la recherche SER contribuant à l'Année internationale du rapprochement des cultures, Berne, Suisse, 2010, 53 p.

FONTAINE M., *Au-delà du XIXe siècle ? Jaurès, la République et le pluralisme culturel,* Paris, collection Les Essais, Fondation Jean Jaurès, octobre 2014, 86 p.

INGLIS C., « Multiculturalisme : nouvelles réponses de politiques publiques à la diversité », UNESCO MOST Policy Paper n° 4, Série Politiques Sociales, 1996, 86 p.

JAURES J., *Œuvres de Jean Jaurès. Le pluralisme culturel,* Paris, volume 17, par Jean-Numa DUCANGE, Marion FONTAINE, éd. Fayard, août 2014, 625 p.

KYMLICKA W., MESURE S., *Les identités culturelles*, Paris, Comprendre, éd. PUF, 2000, 422 p.

LE ROY LADURIE E., *Histoire de France des régions : la périphérie française, des origines à nos jours*, Paris, éd. du Seuil, collection Points Histoire, 2005, 440 p.

MESNARD A.-H., « Langue(s), culture(s) et identité(s) », *in* AKANDJI-KOMBÉ J.-F. (coord.), *L'homme dans la société internationale. Mélanges en hommage au Professeur Paul Tavernier*, Bruxelles, éd. Bruylant, 2014, p. 1545.

MEYER-BISCH P. (dir.), « Les droits culturels. Projet de déclaration », éd. UNESCO / éd. Universitaires, 1998, 52 p.

NAFZIGER J. A. R., SCOVAZZI T., *« Le patrimoine culturel de l'humanité - The Cultural Heritage of Mankind »*, Leiden/Boston, Académie de droit international de la Haye, Martinus Nijhoff, 2008, 879 p.

NICOLAU G., HOURQUEBIE F. (dir.), *Cultures juridiques en quête de dialogue*, *Cahiers d'anthropologie du droit,* Laboratoire d'anthropologie juridique de Paris, UMR de droit comparé, Paris 1, éd. Karthala, 2013-2014, 312 p.

PESSINA DASSONVILLE S., « Pourquoi et comment protéger le patrimoine culturel immatériel ? Approche critique (Les savoirs traditionnels, les ressources génétiques et les expressions culturelles traditionnelles, éléments du patrimoine immatériel) », *in* BARY M., CAVALVANTE LOBATO A. O. (dir.), *Diversités du patrimoine – Approche comparée en droits brésilien et français*, éd. Presse universitaires de Rennes, 2014, 204 p.

RENAN E., « Qu'est-ce qu'une nation ? » (Conférence prononcée le 11 mars 1882 à la Sorbonne), in *Qu'est-ce qu'une nation ? Littérature et identité nationale de 1871 à 1914*, Texte de la conférence publié en texte intégral, FOREST P. (dir.), collection : Littérature vivante, éd. Pierre Bordas et fils, 1991.

SEDJARI A., *Culture et cultures : un défi pour les droits de l'Homme*, Paris, éd. L'Harmattan, 2012, 455 p.

TAYLOR C., *Multiculturalisme. Différence et démocratie*, Paris, éd. Flammarion, collection Champs Essais, 2009, 139 p.

WICHT B., « La diversité culturelle : le sens d'une idée » *in Diversité culturelle et mondialisation*, DIOUF A. (dir.), éd. Autrement, collection revue Autrement Mutations, novembre 2004, p. 10-28.

WIEVIORKA M., *Une société fragmentée ? Le multiculturalisme en débat*, Paris, La Découverte, 1996, 334 p.

WIEVIORKA M., « Quelle place pour la diversité culturelle ? », *in République et particularismes*, éd. La Documentation française, Paris, n° 909, février 2005, 120 p.

YOUNG C. (dir.), *The accommodation of cultural diversity. Cases studies*, Great-Britain, Macmillan Press LTD, 1999, 212 p.

4. Minorités et Peuples autochtones

AIKIO P., SCHEININ M., *Operationalizing the Right of Indigenous Peoples to Self-Determination*, Institute for Human Rights, Åbo Akademi University, 2000, 251 p.

ALLEN S., XANTHAKI A., *Reflections on the UN Declaration on the Rights of the Indigenous peoples*, Oxford, Hart Publishing, 2011, 619 p.

ANAYA J., *Indigenous Peoples in International Law*, Oxford University Press, 2004, 408 p.

BELLIER I. (dir.), *Peuples autochtones dans le monde, les enjeux de la reconnaissance,* Paris, 2013, L'Harmattan, 369 p.

BENOÎT-ROHMER F., *La question minoritaire en Europe : vers un système cohérent de protection des minorités nationales,* Strasbourg, Publication de l'Institut International de la démocratie, éd. Conseil de l'Europe, 1996, 183 p.

BOEV Y., *Introduction au droit européen des minorités*, Paris, éd. L'Harmattan, 2008, 434 p.

BOKATOLA I-O., *L'Organisation des Nations Unies et la protection des minorités*, Bruxelles, Bruylant, collection « Organisation internationale et relations internationales », n° 25, 1992, 308 p.

CHALIAND G. (dir.), *Les minorités à l'âge de l'État-nation*, Paris, Groupement pour les droits des minorités, collection « Géopolitiques et stratégies », éd. Fayard, 1985, 324 p.

CLAUDE Jr. I. L., *National Minorities, An International Problem*, Cambridge, Harvard University Press, 1955, 256 p.

DELPÉRÉE F., « Les modes classiques de protection des minorités », *in* DELPEREE F., TROCSANYI L. (dir.), *L'unité et la diversité de l'Europe, les droits des minorités. Les exemples belges et hongrois*, Bruxelles, Centre d'études constitutionnelles et administratives, éd. Bruylant, 2003, p.93-108.

DHOMMEAUX J., « Les communautés autochtones et tribales dans la jurisprudence de la Cour interaméricaine des droits de l'homme », *in* HENNEBEL L., TIGROUDJA H., *Le particularisme interaméricain des droits de l'homme*, éd. Pedone, Paris, 2009, p.183214.

FENET A., KOUBI G., SCHULTE-TENCKHOFF I., *Le droit et les minorités : analyses et textes,* Bruxelles, éd. Bruylant, 2000, 661 p.

FILOCHE G., « Droit international et droits territoriaux des peuples autochtones : un terrain mouvant », *in Études en l'honneur du Professeur Alain FENET. Un droit pour des hommes libres*, Paris, Litec, 2008, p. 71- 89.

FOUQUES DUPARC J., *La protection des minorités, de race, de langue et de religion, étude de droit des gens*, Paris, éd. Dalloz, 1922, 369 p.

HERRMANN T. M., MARTIN T., *Indigenous Peoples' Governance of Land and Protected Territories in the Arctic*, éd. Springer International Publishing, 2016, 256 p.

KARPE P., *Le droit des collectivités autochtones*, éd. L'Harmattan, Paris, 2008, 286 p.

KYMLICKA W., *La citoyenneté multiculturelle, une théorie libérale du droit des minorités,* Paris, éd. La Découverte, 2001, 349 p.

JENTOFT S., MINDE H., NILSEN R., *Indigenous Peoples. Resource Management and Global Rights*, Pays-Bas, éd. Eburon Delft, 2003.

LEGER M. (dir), *Des peuples enfin reconnus. La quête de l'autonomie dans les Amériques*, Montréal, éd. Ecosociété, 1994, 312 p.

MELKEVIK B., OTIS G., *Peuples autochtones et normes internationales. Analyse et textes relatifs au régime de protection identitaire des peuples autochtones*, Cowansville, éd. Yvon Blais, 1996, 218 p.

MORIN F., *La Déclaration des Nations Unies sur les droits des peuples autochtones à l'épreuve du temps (2007-2012)*, Cahiers DIALOG, n° 2012-05, Réseau de recherche et de connaissances relatives aux peuples autochtones (DIALOG) et Institut national de la recherche scientifique (INRS), Montréal, 2012, 37 p.

OTIS G., « La tolérance comme fondement et limite de droits identitaires autochtones », *in* DUMOUCHEL P., MELKEVIK B. (dir.), *Tolérance, pluralisme et histoire,* éd. L'Harmattan , Montréal, 1998, p. 95-105.

PESSINA DASSONVILLE S. (dir.), *Le statut des peuples autochtones. A la croisée des savoirs*, Les Cahiers d'anthropologie du droit, Laboratoire d'anthropologie juridique de Paris, UMR de droit comparé – Paris I, éd. Karthala, Paris, 2012, 382 p.

RINALDI K., « Le droit des populations autochtones et tribales à la propriété dans le système interaméricain des droits de l'homme », *in* HENNEBEL L., TIGROUDJA H., *Le particularisme interaméricain des droits de l'homme*, éd. Pedone, Paris, 2009, p.215-250.

ROULAND N. (dir.), PIERRE-CAPS S., POUMAREDE J., *Droit des minorités et des peuples autochtones*, Paris, éd. Presses universitaires de France, Collection Droit politique et théorique, 1996, 581 p.

SCHULTE-TENCKHOFF I., « L'autre et le Traité. Pour une anthropologie des Traités autochtones », *Études en l'honneur du Professeur Alain FENET. Un droit pour des hommes libres*, Paris, Litec, 2008, p. 239-251

TÄGIL S., *Ethnicity and Nation Building in the Nordic World,* Southern Illinois University Press, 1995, 384 p.

TAVERNIER P., « Minorités et facteurs de tensions en Europe », pp. 17-33, *in* GRIGORIOU P., *Questions de minorités en Europe,* Bruxelles, Presses interuniversitaires européennes, 1994, 345 p.

TAVERNIER P., « Quelques réflexions sur la protection des minorités par la Cour européenne des droits de l'homme », *Études en l'honneur du Professeur Alain FENET. Un droit pour des hommes libres*, Paris, Litec, 2008, p. 253- 261

TIOUKA A., « Les peuples autochtones de Guyane : qui sont-ils ? », *in* SCHULTETENCKHOFF I. (dir.), *Altérité et droit. Contributions à l'étude du rapport entre droit et culture*, Bruxelles, éd. Bruylant, 2002, p. 242-262.

5. Droit des peuples à disposer d'eux-mêmes

ANAYA S. J., "Self-determination as a collective human right under contemporary international law", *in* Pekka AIKIO and Martin SCHEININ, *Operationalizing the right of indigenous peoples to self-determination*, Turku, Institute for Human Rights, Åbo Akademi University, 2000, 251 p.

BENCHIKH M., « Souveraineté des Etats, droits des peuples à l'auto-détermination et droits humains », *in* AKANDJI-KOMBÉ J.-F. (coord.), *L'homme dans la société internationale. Mélanges en hommage au Professeur Paul Tavernier*, éd. Bruylant, Bruxelles, 2014, p. 3-33.

CASSESE A., *Self-Determination of Peoples: A Legal Reappraisal*, Cambridge University Press, 1995, 396 p.

CALOGEROPOULOS STRATIS S., *Le droit des peuples à disposer d'eux-mêmes*, Bruxelles, Bruylant, 1973, 389 p.

CLARK D., WILLIAMSON R., *Self-Determination: International Perspectives*, London, éd. Macmillan press, 1996, 407 p.

CHRISTAKIS T., *Le droit à l'autodétermination en dehors des situations de décolonisation*, Paris, Monde européen et international, Centre d'Etudes et de Recherches Internationales et Communautaires, Université d'Aix-Marseille III, La Documentation française, 1999, 676 p.

GAYIM E., *The principle of Self-Determination, a study of its Historical and Contemporary Legal Evolution,* Oslo, Norwegian Institute of Human Rights, n° 5, décembre 1990.

HANNUM H., *Autonomy, Sovereignty and Self-determination. The Accomodation of Conflicting Rights*, University of Pennsylvania Press, 1996, 552 p.

HUET V., *Le principe de l'autodétermination des peuples. Concept et application concrète*, Paris, collection L'Harmattan, 2013, 230 p.

JAUREGUI G., « Spain : Political Autonomy and Ethnic Accomodation », *The accomodation of cultural diversity. Case-studies*, Great-Britain, éd. Crawford Young, Macmillan Press LTD, 1999, p. 157- 175.

LAPIDOTH R., *Autonomy: Flexible Solutions to Ethnic Conflicts*, Institute of Peace, Washington, 1996, 298 p.

MALLOY H. T., OSIPOV A., VIZI B., *Managing Diversity through Non-Territorial Autonomy: Assessing Advantages, Deficiencies, and Risks,* Oxford, University Press, 2015, 336 p.

MOORE M., *National Self-Determination and Secession,* éd. Oxford University Press, 1998, 285 p.

MYNTTI K., "The right of indigenous peoples to self-determination and effective participation", in *Operationalizing the right of indigenous peoples to self-determination*, Institute for Human Rights, Åbo Akademi University, 2000, p. 85-130.

PERRIN H., « Les peuples autochtones, à l'origine d'un renouveau du principe d'autodétermination ? », *in* FRITZ J. Cl., DEROCHE Fr., FRITZ G., PORTEILLA R. (dir.), *La nouvelle question indigène. Peuples autochtones et ordre mondial*, Paris, éd. L'Harmattan, 2006, 505 p.

SKURBATY Z. A., *Beyond a One-Dimensional State: An emerging Right to Autonomy,* Leiden, Raoul Wallenberg Institute of Human Rights and Humanitarian Law and the Danish Insitute for Human Rights, éd. Martinus Nijhoff Publishers, 2005, 578 p.

STAVENHAGEN R., "Self-determination: right or demon?" in *International Human Rights in context. Law, politics, morals,* STEINER H. J., ALSTON P. (dir.), Oxford, University Press, 2000, 1497 p.

TAVERNIER P., « Variations sur le thème de l'autodétermination des peuples (de Reims à La Haye) », in *Droit du pouvoir, pouvoir du droit : mélanges offerts à Jean Salmon,* Bruxelles : Bruylant, 2007, p. 1095-1110.

6. Droits de l'homme

BEDJAOUI M., « Droits de l'homme : la nécessaire conciliation entre universalité et diversité », *in* AKANDJI-KOMBÉ J.-F. (dir.), *L'homme dans la société internationale. Mélanges en hommage au Professeur Paul Tavernier,* Bruxelles, éd. Bruylant, 2014, p. 547.

DECAUX E. (dir.), *Le Pacte international relatif aux droits civils et politiques, commentaire article par article,* Paris, éd. Economica, 2011, 996 p.

GONZALES G., « La contribution de la CEDH au dialogue entre les civilisations », *in* AKANDJI-KOMBÉ J.-F. (coord.), *L'homme dans la société internationale. Mélanges en hommage au Professeur Paul Tavernier,* Bruxelles, éd. Bruylant, 2014, p. 1529.

MEYER-BISCH P., « Les droits culturels, une catégorie sous-développée des droits de l'homme », Fribourg, collection « Interdisciplinaire : droits de l'homme », éd. Universitaires, 1993, 362 p.

SMITH E., *Les droits de l'homme dans le droit national en France et en Norvège,* Paris, éd. Economica, 1990, 204 p.

TAVERNIER P. (dir.), *Quelle Europe pour les droits de l'homme ? La Cour de Strasbourg et la réalisation d'une "union plus étroite" (35 années de jurisprudence : 1959-1994),* Bruxelles, éd. Bruylant, 1996, 513 p.

TAVERNIER P., « Le système de protection juridique des droits de l'Homme dans l'Union européenne et le système de la Convention européenne des droits de l'Homme », pp. 131-149, in DORMOY D. (dir.) : *L'Union européenne et les organisations internationales,* Bruxelles, Bruylant, 1997, 460 p.

7. Formes de l'État et droit constitutionnel

ARTER D., *Democracy in Scandinavia. Consensual, majoritarian or mixed?,* Manchester et New-York, Manchester University Press, 2006, 287 p.

BACHE I., FLINDERS M., *Multi-level Governance,* Oxford University Press, 2005, 237 p.

BEAUD O., *Théorie de la fédération,* Paris, PUF, 2009, 456 p.

BIDEGARAY C. (dir.), *L'État autonomique : forme nouvelle ou transitoire en Europe ?,* Paris, actes des journées d'études du Centre d'études politiques et constitutionnelles du laboratoire Ermees, éd. Economica, 1994, 204 p.

CHEVALLIER J., *L'État post-moderne,* LGDJ, 2014, 272 p.

ELAZAR D. J., *Federal systems of the world – A handbook of federal, confederal and autonomy arrangements,* London, Stockton (Longman), 1994.

FOUGEROUSE J. (dir.), *L'Etat régional, une nouvelle forme d'Etat ? Un exemple de recomposition territoriale en Europe et en France*, Bruxelles, éd. Bruylant, 2009, 405 p.

LEMAIRE F., *Le principe d'indivisibilité de la République*, éd. Presses universitaires de Rennes, coll. L'Univers des normes, 2010, 292 p.

SARTORI G., *Comparative Constitutional Engineering. An Inquiry into Structures, Incentives and Outcomes*, New York University Press, New York, 1994, 219 p.

SMITH E. (dir.), *Constitutional Justice Under Old Constitutions*, éd. Kluwer Law International, 1995, 402 p.

VIOLA A., *La notion de République dans la jurisprudence du Conseil Constitutionnel*, Paris LGDJ, 2002, p. 59-91 et 212.

8. <u>Décentralisation</u>

AUBY J.-A., *La décentralisation et le droit*, éd. LGDJ, Paris, 2006, 160 p.

BŒUF J.-L., MAGNAN M., *Les collectivités territoriales et la décentralisation,* Paris, La Documentation française, 2007, 164 p.

DELPEREE F., « La décentralisation à la belge et à la française : voisines ou cousines ? », p. 141- 149, *in La Constitution et les valeurs. Mélanges en l'honneur de Dmitri Georges Lavroff*, Paris, éd. Dalloz, 2005, 615 p.

DOUENCE J.-C., « Libre administration et organisation décentralisée », p. 441-447, *in Le droit administratif : permanences et convergences. Mélanges en l'honneur de Jean-François Lachaume*, Paris, éd. Dalloz, 2007, 1122 p.

LUCHAIRE F., LUCHAIRE Y., *Droit de la décentralisation*, Paris, éd. PUF, collection Thémis, 1989.

LUCHAIRE Y., LUCHAIRE F., *Décentralisation et constitution. Commentaire de la loi constitutionnelle relative à l'organisation décentralisée de la République,* Paris, éd. Economica, 2003, 68 p.

NEMERY J.-C. (dir.), *Quelle nouvelle réforme pour les collectivités territoriales françaises ?*, éd. L'Harmattan, Paris, 2010, 359 p.

PONTIER J-M., *La décentralisation française*, Paris, éd. LGDJ, janvier 2016, 184 p.

VERPEAUX M., RIMBAULT C., WASERMAN F., *Les collectivités territoriales et la décentralisation*, Paris, éd. La Documentation Française, 2013, 168 p.

9. <u>Outre-mer</u>

FABERON J.-Y., FAYAUD V., REGNAULT J.-M., *Destins des collectivités politiques d'Océanie. Peuples, populations, nations, États, territoires, pays, patries, communautés, frontières*, actes du colloque international organisé du 7 au 10 mars 2011 à Nouméa, Presses universitaires d'Aix-Marseille, 2011, collection Droit d'outre-mer, 878 p.

FABERON J.-Y., MENNESSON T. (dir.) *Peuple premier et cohésion sociale en Nouvelle-Calédonie. Identités et rééquilibrages,* Actes du colloque organisé à Nouméa les 30 et 31 août 2012 par la Maison de la Mélanésie-Paul de Deckker, Presses universitaires d'Aix-Marseille, 2012, Collection Droit d'outre-mer, 47 p.

FABERON J.-Y., ZILLER J., *Droit des collectivités d'Outre-mer*, LGDJ, 2007, 564 p.

JOYAU M., « Décentralisation et autonomie : qui influence qui ? », *in* J.-M. REGNAULT (dir.), *François Mitterrand et les territoires français du Pacifique*, Les Indes savantes 2003, p. 67 à 72.

JOYAU M., « Décentralisation adaptation, autonomie » *in* FABERON J-Y. (dir.), *L'Outremer français. La nouvelle donne institutionnelle*, Paris, collection Les études de La Documentation française, 2004, 224 p.

JOYAU M. et GUISELIN E-P. (dir.), *États et Constitutions du Pacifique Sud. States and Constitutions of the South Pacific,* Nouvelle-Zélande, numéro spécial de la *Revue Juridique Polynésienne*, Hors-Série n°11, éd. Association de Législation Comparée des Pays du Pacifique, 2010, 351 p.

JOYAU M, « Peuples, populations, nations, États, territoires, pays, patries, communautés, frontières : naissance des mots », p. 31-41 (volume 1 : Théories et pratiques), *in* FABERON J.-Y., FAYAUD V. et. REGNAULT J.-M. (dir.), *Destins des collectivités politiques d'Océanie*, Actes du colloque organisé à Nouméa du 7 au 10 mars 2011, collection Droit d'outre-mer, éd. Presses Universitaires d'Aix-Marseille, novembre 2011, 440 p. (2 volumes).

JOYAU M., « Pays d'outre-mer et statut d'autonomie », p. 211-220, *in* CHICOT P.-Y., ETIEN R.et TEISSERENC P. (dir.), *L'influence des régimes juridiques des collectivités territoriales d'outre-mer sur l'évolution de l'Etat français*, Actes du colloque organisé les 3 et 4 novembre 2011 par le CERAL de l'Université Paris 13 et le CRPLC de l'Université des Antilles et de la Guyane, Paris, collection Actes et études, éd. Cujas, octobre 2013, 272 p.

JOYAU M., « L'exercice de compétences normatives par les collectivités territoriales d'outremer », *in* WOEHRLING J.-M. (dir.), *Du droit local à la territorialisation du droit. Perspectives et limites*, Institut du Droit Local Alsacien-Mosellan, 2014, p. 81.

LAFARGUE R., *La coutume face à son destin. Réflexions sur la coutume judiciaire en Nouvelle-Calédonie et la résilience des ordres juridiques infra-étatiques*, Paris, Droit et Société, volume n° 22, LGDJ, 2010, 417 p.

MICHALON T., « Pour la Nouvelle-Calédonie, l'hypothèse fédérale », *in* FABERON J.-Y., (dir.), *L'avenir statutaire de la Nouvelle-Calédonie*, Paris, La Documentation française, 1997, 276 p.

MICHALON T. (dir.), *Entre assimilation et émancipation : l'outre-mer dans l'impasse ?*, Rennes, éd. les Perséides, 2005, 528 p.

B. <u>ARTICLES DE DOCTRINE</u>

1. <u>La Corse</u>

BERNARD M., « Les statuts de la Corse », *Cahiers du Conseil constitutionnel,* n° 12 (Dossier : Le droit constitutionnel des collectivités territoriales), mai 2002.

BRIQUET J-L., « Le problème corse », *Regards sur l'actualité*, n° 240, avril 1998, éd. La Documentation française, p. 25-37.

CASULA M., « L'identité corse : une relation récursive entre identités et territoires vécus », *Nouvelles perspectives en sciences sociales*, vol. 2, n° 1, 2006, 9-67 p.

CRETTIEZ X., « L'évolution du problème corse », *Regards sur l'actualité,* n° 283, juillet-août 2002, éd. La Documentation française, p. 93-109.

FERRARI P., Collectivités territoriales à statut spécial, commentaire de la loi du 22 janvier 2002 relative à la Corse, *AJDA*, février 2002, p. 89-99.

MALNES R., "The One and Indivisible Republic? The Constitutional Debate on Corsican Autonomy", *in Political Leadership in a global Age. The Experiences of France and Norway*, BALDERSHEIM H., DALOZ J.-P. (dir.), England, Ashgate Publishing, 2003, p. 109-123.

MARCOU G., « Le projet de statut pour la Corse : une menace pour l'Etat républicain », *Revue politique et parlementaire*, novembre 2000 - février 2001, p. 125-135.

MICHALON T., « La Corse entre décentralisation et autonomie, vers la fin des catégories ? », *Revue française de droit administratif*, 7(5) sept.-oct. 1991, p.738

PASTOREL J-P., « Les nouvelles compétences de la collectivité territoriale de Corse », *Revue française de droit administratif*, juillet-août 2002, n°4, p.685-695.

PELLEGRINETTI J-P., « Au nom de la modernité : le référendum du 6 juillet 2003 en Corse », Modernité et insularité en Méditerranée, *Cahiers de la Méditerranée* n° 68 (2004), éd. Centre de la Méditerranée moderne et contemporaine, p. 169-183.

POLI J-F., « À travers les nouvelles compétences culturelles de la collectivité territoriale de Corse, réflexions sur l'action culturelle », *Revue française de droit administratif*, juillet-août 2002, n°4, p. 696-701.

PONGY M., THURIOT F., « La régionalisation des politiques culturelles : l'exemple de la Corse », *AJDA*, Dalloz, 2000, p.83-97.

SANGUIN A-L., « Périphéricité et ultrapériphéricité insulaires dans l'Union européenne », *L'Espace Politique*, n°2, 2007, [En ligne] http://espacepolitique.revues.org/857.

VERPEAUX M., FAVOREU L., « Décision n°2001- 454 DC du 17 janvier 2002, loi relative à la Corse », *Revue française de droit constitutionnel*, avril-juin 2002, n°50. - p.410-423

VERPEAUX M., « Décision n°2001-454 DC du 17 janvier 2002 : loi relative à la Corse », *Les Petites affiches*, 23 septembre 2002, n°190, p. 7-13.

Publication collective de l'Institut de la gouvernance territoriale et de la décentralisation (IGTD), « Corse, une *région autonome* dans la République : dossier », *Pouvoirs locaux. Les cahiers de la décentralisation*, décembre 2000, vol. IV, n°47, p. 49-118.

2. Les Sámi

EIRA A. J. H., "A comparison of Aboriginal peoples in Canada and Saami in Norway", actes de la conférence du 5 novembre 2001 consultables sur le site du Ministère norvégien du développement régional, Kommunal og Regionaldepartementet, http://odin.dep.no.

HAGTVEDT VIK H., SEMB A-J., "Who Owns the Land? Norway, the Sami and the ILO Indigenous and Tribal Peoples Convention", *International Journal on Minority and Group Rights*, vol. 20, 2013, p. 517- 550.

HELANDER E., "The Sami people: demographics, origin, economy, culture" *in Majority-Minority Relations: the case of the Sami in Scandinavia. Guovdageaidnu, Norway : report of the World Commission on Culture and Development*, 2-4 July 1993, éd. Royal Norwegian Ministry of Cultural Affairs, Norwegian National Commission for UNESCO, Nordic Sami Institute, 1994, p. 23-34.

JERNSLETTEN R., "The Land Sales Act of 1902 as a Mean of Norwegianization", *Acta Borealia*, vol. 3(1), 1986, p. 3-20.

JOSEFSEN E., « Les Saamis et les parlements nationaux : Canaux d'influence politique », *in Promouvoir des parlements inclusifs : la représentation des minorités et des peuples autochtones au Parlement*, publication du PNUD et de l'UIP, Mexique, 2010, p. 3-27.

LEHTOLA V.-P., "The Traditional Sámi Society", *Gáldu*, Ressource Center for Indigenous Peoples.

MELKEVIK B., « Autochtones et droit : le nouveau droit norvégien des Samés (Lapons) », *Les Cahiers de droit*, volume 32, n° 1, 1991, p. 33-57.

MINDE H., "Sami Land Rights In Norway: A Test Case for Indigenous Peoples", *International Journal on Minority and Group Rights*, vol. 8, n°. 2/3, "Special Issue on Sami Rights in Finland, Norway, Russia and Sweden", 2001, éd. Brill, p.107-125.

MINDE H., "Assimilation of the Sami - Implementation and Consequences", *Aboriginal Policy Research Consortium International* (APRCi), 2005, Paper 196.

PEDERSEN S., "The Coastal Sámi of Norway and their rights to traditional marine livelihood", *Arctic Review on Law and Politics*, vol. 3, 1/2012 p. 51–80.

RAVNA Ø., « The Finnmark Act 2005 Clarification Process and Trial "Within a Reasonable Time" », *Nordic Journal of Human Rights*, vol. 29, n° 2-3, Universitetsforlaget (Tromsø), 2011, p.184-205.

SEMB A-J., "How norms affect policy – The case of Sami policy in Norway", *International Journal on Minority and Group Rights*, vol. 8, 2001, p. 177-222.

SEMB A-J., "Sami self-determination in the making?", *Nations and Nationalism*, vol. 11, n°4, octobre 2005, p. 531-549.

SEMB A.-J., « From "citizens" via "citizens plus" to "dual political membership"? Status, aspirations, and challenges ahead », *Ethnic and Racial Studies*, vol. 35, n° 9, 1, éd. Routledge, septembre 2012, p.1654-1672.

SMITH E., "Constitutional Protection of Minorities: The Rights and Protection of the Sami Population in Norway", *Scandinavian Studies in Law*, éd. Almquist & Wiksell internasjonal, vol. 34, 1990, p 235-259.

STEINLIEN O., "The Sámi Law: A Change of Norwegian Government Policy Toward the Sámi Minority?", *Canadian Journal of Native Studies*, 9(1): 1-14, p.4-5.

STRÖMGREN J., « Le Sápmi », in *The Indigenous World*, Copenhagen, International Work Group for Indigenous Affairs (IWGIA), 2011, p.29.

SVENSSON T. G., "Sami Ethnicity and Policy-conflict and compromise regarding Development in the North", *Journal Nomadic Peoples*, n° 28, 1991, p.124.

THUEN T., La gestion interne de la diversité, La relation de l'État avec les Sames et les Norvégiens, *Revue Ethnologie Française*, 2009/2, Volume 39, éd. PUF, p. 265-274.

VALKEPÄÄ N.-A., "The Alta-case : A story about how another hydroelectric dam-project was forced through in Norway", *Journal of Indigenous Affairs*, n° 3-4, Copenhagen, International Work Group for Indigenous Affairs, 1999, p. 56-63.

3. <u>Identités et diversité culturelles</u>

BIBAULT M., « Ce que déclarer des droits culturels veut dire », *Droits fondamentaux*, n° 7, janvier 2008 - décembre 2009, p. 11.

BOURSE M., « Interculturel ou multiculturel : itinéraires sémantiques et évolution idéologique », *Revue Signes, Discours et Sociétés* 1. Interculturalité et intercommunication, 24 juin 2008. [Disponible sur Internet : http://www.revuesignes.info/document.php?id=495. ISSN 1308-8378.]

BROMBERGER C., MEYER M., « Cultures Régionales en débat », Cultures régionales. Singularités et revendications, *Ethnologie française*, vol. 33, n° 3, 2003, p. 357.

BUI-XUAN O., « La destinée universaliste des droits culturels : les articles 22 et 27 de la Déclaration universelle des Droits de l'homme », *Cahiers de la recherche sur les droits fondamentaux*, Presses universitaires de Caen, n° 7, 2009, p. 133-142.

COURBOT C., « De l'acculturation aux processus d'acculturation, de l'anthropologie à l'histoire. Petite histoire d'un terme connoté », *Hypothèses* 1/2000 (3), p. 121-129.

FAVEL B., « Les problématiques européennes », *Culture et recherche,* n° 116-117, printemps-été 2008.

FRAISSEIX P., « La France, les langues régionales et la Charte européenne des langues régionales et minoritaires », *Revue française de droit administratif*, Paris, 2001, p.59.

GOY R., « La protection du patrimoine culturel immatériel », *Les Annales de droit*, n° 6, éd. PURH, 2012, p. 73-127.

HEINICH N., « Le Patrimoine culturel immatériel. Enjeux d'une nouvelle catégorie », *Gradhiva, Revue d'anthropologie et d'histoire des arts*

HLIOUI BERRADIA N., « La restitution, au cœur du droit des peuples à leur patrimoine culturel », *Revue Lamy Droit de l'immatériel*, n° 79, février 2012, p. 99.

KISS A.-C., « La notion de patrimoine commun de l'humanité », *Recueil des cours de l'Académie de la Haye*, volume n° 175, Brill-Nijhoff, Leiden - Boston, 1982, 99-256 p.

KOUBI G., « Brèves remarques à propos d'une distinction entre multiculturalisme et pluriculturalisme », *Revue hellénique des droits de l'homme*, 2005, n° 28, p. 1177-1199.

LACORNE D., « Pour un multiculturalisme modéré », *Le Débat,* n° 97, novembre-décembre, 1997, p. 158-167.

MEYER-BISCH P., « Du "droit au patrimoine" : l'approche innovante des articles 1 et 2 de la Convention de Faro », *in Le patrimoine et au-delà*, éd. du Conseil de l'Europe, Strasbourg, novembre 2009, p. 66.

MIFSUD BONNICI U., « Le droit fondamental au patrimoine culturel. La contribution de la Convention de Faro à la reconnaissance et à la sauvegarde de ce droit », *Le patrimoine et au-delà*, éd. du Conseil de l'Europe, novembre 2009.

OBATON V., « La promotion de l'identité culturelle européenne depuis 1946 », Institut Européen de l'Université de Genève, Euryopa études 3, mars 1997, 141 p.

PONTIER J.-M., « Les données juridiques de l'identité culturelle », *RDP*, tome 116, n° 5, septembre-octobre 2000, p. 1271-1289.

PONTIER J.-M., « Entre le local, le national et le supranational : les droits culturels », *AJDA*, éd. Dalloz, 2000, p.50-57.

ROULAND N., « La tradition juridique française et la diversité culturelle », *Revue droit et société*, n° 27, 1994, p.380-418.

ROULAND N., « Le droit français devient-il multiculturel ? », *Revue droit et société*, Complexités à l'œuvre, n° 46, 2000, p. 519-545.

SYMONIDES J., « Les droits culturels : une catégorie négligée des Droits de l'homme », *Revue internationale des sciences sociales*, nº 158, décembre 1998, p. 619-632. de VARENNES F., « Langues officielles *versus* droits linguistiques : l'un exclut-il l'autre ? », *Droit et cultures* 63 | 2012-1 [En ligne : http://droitcultures.revues.org/2880].

WIEVIORKA M., "Is multiculturalism the solution?", *Ethnic and Racial Studies,* vol. 21, nº 5, September 1998, p. 881-910.

4. Minorités et Peuples autochtones

ANNAN K., "The Quiet Revolution", *Global Governance*, vol. 4, nº 2, avril-juin 1998, éd. Lynne Rienner Publishers, p. 123-138.

ANAYA J., "International Human Rights law and Indigenous Peoples: The Move Toward the Multicultural State", *Arizona Journal of International and Comparative Law*, vol. 21, nº 1, 2004, 49 p.

BARELLI M., "The Role of Soft Law in the International Legal System: The Case of the United Nations Declaration on the Rights of Indigenous Peoples", *International and Comparative Law Quarterly*, volume 58, Cambridge University Press, 2009, p. 957.

BELLIER I., « Les peuples autochtones aux Nations unies : un nouvel acteur dans la fabrique des normes internationales », *Critique internationale*, nº 54, 1/2012, p. 61-80.

BEN ACHOUR Y., « Souveraineté étatique et protection internationale des minorités », *RCADI*, 1994/1, p. 321-461.

BENOÎT-ROHMER F., « La Convention-cadre du Conseil de l'Europe pour la protection des minorités nationales », *European Journal of International Law*, vol. 6, nº 1, 1995.

BENOÎT-ROHMER F., « La Cour de Strasbourg et la protection de l'intérêt minoritaire : une avancée décisive sur le plan des principes ? », *RTDH*, 2001, p. 999-1015.

BENOÎT-ROHMER F., « La représentation des minorités dans les Parlements d'Europe centrale et orientale », *Revue française de droit constitutionnel*, décembre 1993, nº 15, PUF, p. 499-515.

COLAVITTI R., « La responsabilité de protéger : une architecture nouvelle pour le droit international des minorités », *Revue ASPECTS*, nº 2, 2008, p. 33-50.

COLLETTE-LEVEQUE M., « Droit constitutionnel et droits des peuples autochtones : compatibilités et antinomies », communication dans le cadre de l'Atelier « Le constitutionnalisme : un produit d'exportation ? », organisée par l'Association française de droit constitutionnel, 2005. [Communication disponible en ligne : http://www.droitconstitutionnel.org/congresmtp/textes7/collette-leveque.pdf]

COSTES C., « La biopiraterie, les savoirs traditionnels et le droit », in *Ikewan, Le journal des peuples premiers,* édité par la *Commission Internationale pour les Droits des Peuples Indigènes*, nº 67, janvier-février-mars 2008, p. 3-11.

GESLIN A., « La protection internationale des peuples autochtones : de la reconnaissance d'une identité transnationale autochtone à l'interculturalité normative », *Annuaire français de droit international,* CNRS Éditions, 2010, p. 657-687.

GESLIN A., O'MEARA D., « Droit international et politique nationale à l'épreuve de la notion de "peuple(s) indigène(s)" en Afrique du Sud », *Revue générale de droit international public*, Tome 115, n° 1, 2001, p.141-156.

HENRIKSEN J. B., "Implementing of the Rights of self-determination of indigenous peoples", *Indigenous Affairs*, octobre 2001, éd. IWGIA, 3/01, p. 230.

IWGIA (collectif), International Work Group for Indigenous Affairs « The Indigenous World 2005 », *Journal of Indigenous world*, Copenhagen, 2005, p. 38-51

KOUBI G., « Distinguer entre droits individuels et droits collectifs », 3 février 2008. [En ligne : http://koubi.fr/spip.php/spip.php?article13].

KOUBI G., « Vers une organisation des Nations-Unies indigènes et autochtones », 1er juin 2009, Droit cri-Tic.

[http://www.koubi.fr/spip.php?article278&var_recherche=Vers%20une%20organisation %20des%20Nations%20unies]

LEVRAT N., « La protection des minorités dans les systèmes fédéraux », *RTDH*, n° 30, avril 1997, p. 229- 271.

MORIN F., « L'ONU comme creuset de l'autochtonie », *Parcours anthropologiques*, n° 5, 2005, p. 35-42.

PARISOT V., « L'autochtonie, reflet d'une identité spécifique ? Les enjeux d'une nouvelle catégorie juridique », Institut de recherche juridique de la Sorbonne de l'Université Paris 1 Panthéon Sorbonne, à paraître.

PIERRE-CAPS S., « Karl RENNER et l'Etat multinational. Contribution juridique à la solution d'imbroglios politiques contemporains », *Revue droit et Société*, n° 27, 1994, p. 421-441.

PIERRE-CAPS S., « Les minorités et la notion de représentation », *Cahiers du Conseil constitutionnel*, n° 23, février 2008.

PORTEILLA R., DEROCHE F., « Le mouvement international des peuples autochtones : Bilan, enjeux et perspectives », publication de l'Université de Bourgogne, décembre 2004., 18 p.

RAMU S., « Le statut des minorités au regard du Pacte international relatif aux droits civils et politiques », *RTDH*, n° 51, 2002, p. 587-628.

REGOURD S. (dir.), « De l'exception à la diversité culturelle », Problèmes politiques et sociaux, *La documentation française*, n° 904, septembre 2004, 118 p.

RIGAUX F., « Mission impossible : la définition de la minorité », *RTDH*, n° 30, 1997, p. 155175.

SMIRNOVA I., "Indigenous peoples' protection in the inter-american human rights system", *L'Europe des libertés*, 2006-2007.

SUR S., « L'OSCE et les minorités. Bilan et perspectives » in *Les minorités dans l'espace OSCE*, *Annuaire Français de Relations Internationales*, volume VIIII, janvier 2007, publications du Centre Thucydide, p. 97-105.

SZUREK S., « La République française et le droit des minorités. Le point de vue de l'internationaliste », Dossier : l'identité constitutionnelle, *Revue générale de droit international public*, n° 3, Tome 118, Pédone, 2014, 780 p.

STAVENHAGEN R., "The Rights of Indigenous Peoples: Closing a Gap in Global Governance", *Global Governance, A Review of Multilateralism and International Organizations*. Vol. 11, n° 1, January-March 2005, p.17-23.

THEY M., « Le contrôle des communautés autochtones sur leurs terres et ressources naturelles traditionnelles », *Perspectives internationales* n° 33, publication de l'IREDIES, éd. A. Pedone, Paris, 2013, 122 p.

VERHOEREN J., « Les principales étapes de la protection internationale des minorités », RTDH, 1997, p.178-203

5. Droit des peuples à disposer d'eux-mêmes

BELLIER I., « Echelles de gouvernance. Penser l'autodétermination des peuples autochtones dans la globalisation », Congrès de l'Association Française d'Ethnologie et d'Anthropologie intitulé « No(s) Limit(es) », Septembre 2011, Paris, France, p.1-12.

CHARBONNEAU C., « Le droit des peuples à disposer d'eux-mêmes : un droit collectif à la démocratie… et rien d'autre », *Revue québécoise de droit international*, volume 9, 1995, p. 113.

CHRISTAKIS T., *Le droit à l'auto-détermination en dehors des situations de décolonisation*, Centres d'Études et de Recherches internationales et communautaires, Université d'Aix Marseille III, éd. La Documentation française, 1999, p. 587-616.

DOBELLE J.-F., « Référendum et droit à l'autodétermination », *Pouvoirs. Revue française d'études constitutionnelles et politiques*, n° 77, avril 1996, p. 42-61.

GUILHAUDIS J.-F., « Autodétermination », *Répertoire de droit international*, éd. Dalloz, décembre 1998.

GUILHAUDIS J.-F., « Séparation, sécession et sécurité humaine », *Revue Arès* n° 17, volume XIX, Fascicule 1, avril 2001, p. 27-39.

HANNUM H., LILLICH R. B., "The Concept of Autonomy in International Law", *The American Journal of International Law*, Vol. 74, n° 4 (Oct. 1980), éd. American Society of International Law, p. 858-889.

MOREAU DEFARGES P., « L'Organisation des Nations unies et le droit des peuples à disposer d'eux-mêmes », *Politique étrangère,* n° 3, 1993, p. 659-671.

« Dissolution de l'Union suédo-norvégienne, Traités du 29 octobre 1905. Procès-verbal de signature dressé à Stockholm le 26 octobre 1905 », *The American Journal of International Law*, vol. 1, n° 2, avril 1907, p. 167-179.

6. État unitaire

ALCARAZ H. et LECUCQ O., « L'État des autonomies après l'arrêt du Tribunal constitutionnel espagnol sur le nouveau statut de la Catalogne », *R.F.D.A.*, n° 2, mars-avril 2011, p. 403-422.

BERNARD M., « Le droit constitutionnel des collectivités territoriales », *Cahiers du Conseil constitutionnel,* n° 12, mai 2002.

BLAKER STRAND V., « Forholdet mellom den norske Grunnlovens menneskerettigheter, de internasjonale menneskerettighetskonvensjonene og ordinær lovgivning – Særlig om religionsfrihet og vern mot diskriminering », *Retfærd. Nordisk Juridisk Tidsskrift*, 30, n° 4/119, Oslo, 2007, p.1-23.

COSTA-LASCOUX J., « République et particularismes », Problèmes politiques et sociaux, *La documentation française*, n° 909, février 2005, 120 p.

DARESTE P., « La dernière crise politique en Norvège », *Revue des Deux Mondes*, 15 novembre 1884, p. 347-368.

EINHORN E. S., LOGUE J. A., "The Scandinavian Democratic Model", in *Scandinavian Political Studies*, vol. 9, n° 3, 1986, p. 193- 208.

FAVOREU L., GAY L., LANISSON V., RIBES D., VERPEAUX M., « Jurisprudence du Conseil constitutionnel. 1er janvier-31 mars 2002 », *Revue française de droit constitutionnel*, 2/2002, n° 50, p. 385-445.

GRÜNDLER T., « La République française, une et indivisible ? », *Revue du droit public et de la science politique en France et à l'étranger*, mars 2007, n° 2, p.445-477

GUIMDO D., « Constitution et décentralisation depuis la réforme constitutionnelle du 18 janvier 1996 », *Revue juridique et politique des États francophones*, n° 7, avril-juin 2005.

HAUTAMÄKI V.-P., "Authoritative interpretation of the constitution: A Comparison of Argumentation in Finland and Norway", *Electronic journal of comparative law*, vol. 6.3, October 2002.

LAVIALLE C., « Du nominalisme juridique. Le nouvel article 75-1 de la Constitution du 4 octobre 1958 », *Revue française de droit administratif*, novembre-décembre 2008, p. 1110-1115.

LIJPHART A., "Democratic Politic Systems, Types, Cases, Causes, and Consequences", *Journal of Theoretical Politics*, 1(1), 1989, p. 39.

LIJPHART A., "Consensus and Consensus Democracy: Cultural, Structural, Functional, and Rational-Choice Explanations", *Scandinavian political studies*, vol. 21, n° 2, Scandinavian University Press, 1998, p. 99-1008.

MARCOU G., « Le principe d'indivisibilité de la République », *Pouvoirs*, n° 100, janvier 2002, p.45-65.

MERLEY N., « Le découpage du territoire : de l'unité à la diversité », *in La loi du 28 pluviôse an VIII*, CURAPP, éd. PUF, 2000, p. 101-113.

MICHALON T., « La république française, une fédération qui s'ignore ? » *Revue de droit public*, 1982, p.662 s.

ROCA D., « Vers la fin de l'État des autonomies en Espagne ? À propos du nouveau statut d'autonomie de la Catalogne », *Revue française de droit constitutionnel*, n° 71, 2007, p. 861-892.

VERPEAUX M., « L'unité et la diversité dans la République », *Les nouveaux Cahiers du Conseil Constitutionnel*, n° 42, LGDJ, 2014, p. 7-16.

7. Décentralisation

DELCAMP A., Le modèle français de libre administration face aux autres modèles européens, *Annuaire des collectivités locales*, tome 17, 1997. p. 73-99.

FAVOREU L., ROUX A., « La libre administration des collectivités territoriales est-elle une liberté fondamentale ? », *Nouveaux cahiers du Conseil constitutionnel*, 12/2002, p. 8892.

KADA N., « La réforme de l'État territorial », *Revue française d'administration publique* 2012/1, n° 141, p. 109-120.

MARCOU G., « Les collectivités locales dans les constitutions des Etats unitaires en Europe », *Nouveaux cahiers du Conseil constitutionnel*, n° 42, LGDJ, Issy-les-Moulineaux, 2014, p. 63-87.

PHILIP L., « L'autonomie financière des collectivités territoriales », dossier « Le droit constitutionnel des collectivités territoriales », *Nouveaux cahiers du Conseil constitutionnel*, n° 12, mai 2002.

PONTIER J.-M., « La décentralisation culturelle et la loi du 13 août 2004 », *RFDA*, éd. Dalloz, 2005, p. 697-723.

ROUX A., « Autonomie régionale et locale et constitution. Contribution à l'étude de la situation en Norvège », *Annuaire International de Justice Constitutionnelle*, vol.22, Economica, 2006, p. 293-308.

SMITH E., « Vers une constitutionnalisation de l'autonomie communale en Norvège ? », *Mouvement du droit public. Du droit administratif au droit constitutionnel ; Du droit français aux autres droits. Mélanges en l'honneur du Professeur Franck Moderne*, Paris, Dalloz, 2004, p.947-966.

STAHL J.-H., « Le principe de libre administration a-t-il une portée normative ? » *Nouveaux cahiers du conseil Constitutionnel*, n° 42, LGDJ, Issy-les-Moulineaux, 2014, p. 31-41.

WILLIAMS-RIQUIER P., « La charte européenne de l'autonomie locale : un instrument juridique international pour la décentralisation », *Revue française d'administration publique*, 2007/1, n°121-122, p. 191-202.

8. <u>Outre-mer</u>

FABERON F., « Le fédéralisme, solution française de décolonisation : le cas de la Nouvelle-Calédonie », 16 p., Site de l'Université de droit d'Oslo, https://www.jus.uio.no/english/research/news-and-events/events/conferences/2014/wccl-cmdc/wccl/papers/ws2/w2-faberon.pdf

FABERON J-Y. (dir.), « L'outre-mer français : la nouvelle donne institutionnelle », *La Documentation française*, 2004.

FABERON, J.-Y. *et al.*, « Les autochtones français d'outre-mer : populations ou peuples ? », *Droit et cultures*, n° 37, 1999, Paris, L'Harmattan, p. 21-148.

DIEMERT S., « L'histoire constitutionnelle de l'outre-mer sous la Ve République », *Nouveaux cahiers du Conseil constitutionnel*, n° 35, avril 2012.

LEMAIRE F., « La question de la libre détermination statutaire des populations d'outre-mer devant le Conseil constitutionnel. La décision n° 2000-428 DC du 4 mai 2000 », *RDP*, n° 3, 2000, p. 908-931.

ZILLER J., « Les États européens et les territoires ultra-marins placés sous leur souveraineté », *Nouveaux cahiers du Conseil constitutionnel*, n° 35, avril 2012.

9. Droits de l'homme

(de) ALBUQUERQUE C., « Protocole facultatif au Pacte international relatif aux droits économiques, sociaux et culturels instituant un mécanisme de plainte », *Droits fondamentaux*, n° 7, janvier 2008-décembre 2009, 4 p.

BENOÎT-ROHMER F., « La Cour européenne des droits de l'homme et la défense des droits des minorités nationales », *RTDH,* n° 563, 2002, p. 563-586.

BIZEAU J.-P., « Pluralisme et démocratie », *RDP*, n° 2, mars- avril 1993, p. 513-542.

DELMAS-MARTY M., IZORCHE M.-L., « Marge nationale d'appréciation et internationalisation du droit », *Revue internationale de droit comparée*, vol. 52, n° 4, 2000, p. 753-780.

DHOMMEAUX J., « La jurisprudence du Comité des droits de l'homme (1987-1991) », *AFDI*, vol. 37, n° 1, 1991, p. 514-552.

GROSBON S., « Ratification française du Protocole Facultatif au Pacte international relatif aux droits économiques, sociaux et culturels : Ce qui avait de l'importance, ce qui n'en avait pas », *La Revue des droits de l'homme*, *Actualités Droits-Libertés*, [En ligne], 8 décembre 2014.

HOFFMANN F., RINGELHEIM J., « Par-delà l'universalisme et le relativisme : La Cour européenne des droits de l'homme et les dilemmes de la diversité culturelle », *Revue interdisciplinaire d'études juridiques*, 2004, n° 52, p. 109-142.

IMBERT P.-H., « La France et les Traités relatifs aux droits de l'homme », *Annuaire français de droit international*, 1980, volume 26, p.31-43.

LOCHAK D., « Penser les droits catégoriels dans leur rapport à l'universalité », *La Revue des droits de l'homme* [En ligne], 3 | 2013.

PELLOUX R., « Vrais ou faux droits de l'homme », *Revue des sciences morales et politiques*, 1952, p. 67.

PELLOUX R., « L'arrêt de la Cour européenne des droits de l'homme dans l'affaire linguistique belge », *Annuaire français de droit international*, volume 14, 1968. p. 201216.

PELLOUX R., « Réflexions sur les libertés collectives », *Revue des droits de l'homme*, volume 11, n° 2, 1969.

REDOR-FICHOT M.-J., « L'indivisibilité des droits de l'homme », publication du *Centre de Recherche sur les Droits Fondamentaux et les évolutions du droit*, n° 7, Université de Caen, 2009, p. 75-86.

ROSENBERG D., « L'indifférence du juge européen aux discriminations subies par les Roms (En marge de l'arrêt *Chapman*) », *RTDH*, n° 1017, 2001, p.1017-1033.

ROUSSEAU D., « Les droits de l'homme de la troisième génération », *Revue interdisciplinaire d'études juridiques*, n° 19, 1987, p. 29.

URIBE VARGAS D., « La troisième génération des droits de l'homme conférence », *RCADI,* volume n° 184, éd. Brill-Nijhoff, Leiden- Boston, 1984, p. 355-376.

VASAK K., « Le droit international des droits de l'homme », *RCADI*, 1974-IV, T.140.

10. Droit international

CANSACCHI DI AMELIA G., « Identité et continuité des sujets internationaux », *RCADI*, Brill-Nijhoff, Leiden –Boston, 1970, volume n° 130, 1-94 p.

WEIL P., « Vers une normativité relative en droit international ? », *RGDIP*, 1982, p. 5-47

C. THESES ET MEMOIRES

BIDAULT M., *La protection internationale des droits culturels*, éd. Bruylant, 2010, 560 p.

BOUZIRI N., *La protection des droits civils et politiques par l'O.N.U*, éd. L'Harmattan, 2003, 604 p.

BOYER A., *Le statut constitutionnel des territoires d'outre-mer et l'État unitaire. Contribution à l'étude des articles 74, 75, 76 de la Constitution du 4 octobre*, éditions Economica, 1999, 301p.

CALAMARTE-DOGUET M.-G., *Les collectivités territoriales à statut particulier entre autonomie et contrôle : étude comparative d'une catégorie atypique*, université Panthéon-Sorbonne, 2001, 522 p.

DESROSES M., *Le principe de libre détermination des peuples et la Constitution française du 4 octobre 1958 :contribution à l'étude de l'article 53 alinéa 3*, université Paul Cézanne, Aix-Marseille 3, 2002, 644 p.

GINDRE DAVID C., *Essai sur la loi du pays calédonienne. La dualité de la source législative dans l'état unitaire français,* éd. L'Harmattan, Paris, 2008, 638 p.

GUEGUEN R., *L'action internationale des collectivités territoriales françaises dans le cadre de l'État unitaire*, université Paul Cézanne, 2009, 599 p.

GUILHAUDIS J.-F., *Droit des peuples à disposer d'eux-mêmes*, Presse universitaire de Grenoble, éd. Hardcover, 1976.

HLIOUI BERRADIA N., *Les droits au patrimoine culturel : approche internationale et régionale*, université de Rouen, 2012, 408 p.

HU S., *La reconnaissance au profit de certaines collectivités territoriales situées outre-mer d'un droit à l'autodétermination interne : contribution à l'étude des articles 73, alinéa 7 et 72-4 de la Constitution française du 4 octobre 1958*, Mémoire, Université de La Réunion, 2004, 80 p.

FILOCHE G., *Ethnodéveloppement, développement durable et droit en Amazonie*, éd. Bruylant, 2007, 649 p.

RINGELHEIM J., *Diversité culturelle et droits de l'homme. La protection des minorités par la Convention européenne des droits de l'homme*, collection du centre des droits de l'homme de l'Université catholique de Louvain, éd. Bruylant, Bruxelles, 2006, 490 p.

SABER E. H., *Essai sur les droits de solidarité dans la société internationale contemporaine : vers une troisième génération de droits de l'homme ?* université de Franche-Comté, 1986, 358 p.

TAXIL B., *Recherches sur la personnalité juridique internationale : l'individu entre ordre interne et ordre international*, Université de Paris I, 2005, 785 p.

ZABALETA E., « Langues régionales, politiques publiques et cadre juridique français et international », Mémoire, Université de Pau et des pays de l'Adour, UFR droit, économie et gestion, 151 p.

TABLE DES MATIERES

Structures éditoriales du groupe L'Harmattan

L'Harmattan Italie
Via degli Artisti, 15
10124 Torino
harmattan.italia@gmail.com

L'Harmattan Hongrie
Kossuth l. u. 14-16.
1053 Budapest
harmattan@harmattan.hu

L'Harmattan Sénégal
10 VDN en face Mermoz
BP 45034 Dakar-Fann
senharmattan@gmail.com

L'Harmattan Cameroun
TSINGA/FECAFOOT
BP 11486 Yaoundé
inkoukam@gmail.com

L'Harmattan Burkina Faso
Achille Somé – tengnule@hotmail.fr

L'Harmattan Guinée
Almamya, rue KA 028 OKB Agency
BP 3470 Conakry
harmattanguinee@yahoo.fr

L'Harmattan RDC
185, avenue Nyangwe
Commune de Lingwala – Kinshasa
matangilamusadila@yahoo.fr

L'Harmattan Congo
219, avenue Nelson Mandela
BP 2874 Brazzaville
harmattan.congo@yahoo.fr

L'Harmattan Mali
ACI 2000 - Immeuble Mgr Jean Marie Cisse
Bureau 10
BP 145 Bamako-Mali
mali@harmattan.fr

L'Harmattan Togo
Djidjole – Lomé
Maison Amela
face EPP BATOME
ddamela@aol.com

L'Harmattan Côte d'Ivoire
Résidence Karl – Cité des Arts
Abidjan-Cocody
03 BP 1588 Abidjan
espace_harmattan.ci@hotmail.fr

Nos librairies en France

Librairie internationale
16, rue des Écoles
75005 Paris
librairie.internationale@harmattan.fr
01 40 46 79 11
www.librairieharmattan.com

Librairie des savoirs
21, rue des Écoles
75005 Paris
librairie.sh@harmattan.fr
01 46 34 13 71
www.librairieharmattansh.com

Librairie Le Lucernaire
53, rue Notre-Dame-des-Champs
75006 Paris
librairie@lucernaire.fr
01 42 22 67 13

www.ingramcontent.com/pod-product-compliance
Lightning Source LLC
LaVergne TN
LVHW011220061026
849535LV00001BA/107
* 9 7 8 2 1 4 0 3 3 1 1 8 3 *